经以济世

建德尚美

贺教育部

重大攻关项目

心正主纂

李程林

教育部哲学社會科学研究重大課題攻関項目

"十四五"时期国家重点出版物出版专项规划项目

数据驱动的
公共安全风险治理

DATA DRIVEN PUBLIC SECURITY
RISK GOVERNANCE

沙勇忠

等著

中国财经出版传媒集团

经济科学出版社
Economic Science Press
·北京·

图书在版编目（CIP）数据

数据驱动的公共安全风险治理/沙勇忠等著 . -- 北京：经济科学出版社，2022.11
教育部哲学社会科学研究重大课题攻关项目 "十四五" 时期国家重点出版物出版专项规划项目
ISBN 978 - 7 - 5218 - 4362 - 0

Ⅰ. ①数… Ⅱ. ①沙… Ⅲ. ①公共安全 - 风险管理 - 研究 Ⅳ. ①D035.29

中国版本图书馆 CIP 数据核字（2022）第 223688 号

责任编辑：孙丽丽　胡蔚婷
责任校对：隗立娜
责任印制：范　艳

数据驱动的公共安全风险治理

沙勇忠　等著

经济科学出版社出版、发行　新华书店经销

社址：北京市海淀区阜成路甲 28 号　邮编：100142

总编部电话：010 - 88191217　发行部电话：010 - 88191522

网址：www. esp. com. cn

电子邮箱：esp@ esp. com. cn

天猫网店：经济科学出版社旗舰店

网址：http://jjkxcbs. tmall. com

北京季蜂印刷有限公司印装

787 × 1092　16 开　38.75 印张　770000 字

2023 年 2 月第 1 版　2023 年 2 月第 1 次印刷

ISBN 978 - 7 - 5218 - 4362 - 0　定价：156.00 元

（图书出现印装问题，本社负责调换。电话：010 - 88191545）

（版权所有　侵权必究　打击盗版　举报热线：010 - 88191661

QQ：2242791300　营销中心电话：010 - 88191537

电子邮箱：dbts@ esp. com. cn）

课题组主要成员

首席专家　　沙勇忠

主要成员　　柴国荣　　牛春华　　文　宏　　詹　建
　　　　　　　　施水才　　刘　刚　　陆　莉　　王　超
　　　　　　　　邵瑞华　　赵发珍　　宋向嵘　　张庆霞
　　　　　　　　呼军艳　　赵盼盼　　严　玲　　黄宝媛
　　　　　　　　赵官虎　　王万凤　　何　路　　魏兴飞
　　　　　　　　付　磊　　陆　瑶　　龚　倩　　许　倩

总　序

哲学社会科学是人们认识世界、改造世界的重要工具，是推动历史发展和社会进步的重要力量，其发展水平反映了一个民族的思维能力、精神品格、文明素质，体现了一个国家的综合国力和国际竞争力。一个国家的发展水平，既取决于自然科学发展水平，也取决于哲学社会科学发展水平。

党和国家高度重视哲学社会科学。党的十八大提出要建设哲学社会科学创新体系，推进马克思主义中国化、时代化、大众化，坚持不懈用中国特色社会主义理论体系武装全党、教育人民。2016 年 5 月 17 日，习近平总书记亲自主持召开哲学社会科学工作座谈会并发表重要讲话。讲话从坚持和发展中国特色社会主义事业全局的高度，深刻阐释了哲学社会科学的战略地位，全面分析了哲学社会科学面临的新形势，明确了加快构建中国特色哲学社会科学的新目标，对哲学社会科学工作者提出了新期待，体现了我们党对哲学社会科学发展规律的认识达到了一个新高度，是一篇新形势下繁荣发展我国哲学社会科学事业的纲领性文献，为哲学社会科学事业提供了强大精神动力，指明了前进方向。

高校是我国哲学社会科学事业的主力军。贯彻落实习近平总书记哲学社会科学座谈会重要讲话精神，加快构建中国特色哲学社会科学，高校应发挥重要作用：要坚持和巩固马克思主义的指导地位，用中国化的马克思主义指导哲学社会科学；要实施以育人育才为中心的哲学社会科学整体发展战略，构筑学生、学术、学科一体的综合发展体系；要以人为本，从人抓起，积极实施人才工程，构建种类齐全、梯队衔接的高校哲学社会科学人才体系；要深化科研管理体制改革，发挥高校人才、智力和学科优势，提升学术原创能力，激发创新创造活力，建设中国特色新型高校智库；要加强组织领导、做好统筹规划、营造良好学术生态，形成统筹推进高校哲学社会科学发展新格局。

哲学社会科学研究重大课题攻关项目计划是教育部贯彻落实党中央决策部署的一项重大举措，是实施"高校哲学社会科学繁荣计划"的重要内容。重大攻关项目采取招投标的组织方式，按照"公平竞争，择优立项，严格管理，铸造精品"的要求进行，每年评审立项约 40 个项目。项目研究实行首席专家负责制，鼓励跨学科、跨学校、跨地区的联合研究，协同创新。重大攻关项目以解决国家现代化建设过程中重大理论和实际问题为主攻方向，以提升为党和政府咨询决策服务能力和推动哲学社会科学发展为战略目标，集合优秀研究团队和顶尖人才联合攻关。自 2003 年以来，项目开展取得了丰硕成果，形成了特色品牌。一大批标志性成果纷纷涌现，一大批科研名家脱颖而出，高校哲学社会科学整体实力和社会影响力快速提升。国务院副总理刘延东同志做出重要批示，指出重大攻关项目有效调动各方面的积极性，产生了一批重要成果，影响广泛，成效显著；要总结经验，再接再厉，紧密服务国家需求，更好地优化资源，突出重点，多出精品，多出人才，为经济社会发展做出新的贡献。

作为教育部社科研究项目中的拳头产品，我们始终秉持以管理创新服务学术创新的理念，坚持科学管理、民主管理、依法管理，切实增强服务意识，不断创新管理模式，健全管理制度，加强对重大攻关项目的选题遴选、评审立项、组织开题、中期检查到最终成果鉴定的全过程管理，逐渐探索并形成一套成熟有效、符合学术研究规律的管理办法，努力将重大攻关项目打造成学术精品工程。我们将项目最终成果汇编成"教育部哲学社会科学研究重大课题攻关项目成果文库"统一组织出版。经济科学出版社倾全社之力，精心组织编辑力量，努力铸造出版精品。国学大师季羡林先生为本文库题词："经时济世　继往开来——贺教育部重大攻关项目成果出版"；欧阳中石先生题写了"教育部哲学社会科学研究重大课题攻关项目"的书名，充分体现了他们对繁荣发展高校哲学社会科学的深切勉励和由衷期望。

　　伟大的时代呼唤伟大的理论，伟大的理论推动伟大的实践。高校哲学社会科学将不忘初心，继续前进。深入贯彻落实习近平总书记系列重要讲话精神，坚持道路自信、理论自信、制度自信、文化自信，立足中国、借鉴国外，挖掘历史、把握当代，关怀人类、面向未来，立时代之潮头、发思想之先声，为加快构建中国特色哲学社会科学，实现中华民族伟大复兴的中国梦做出新的更大贡献！

教育部社会科学司

前　言

风险是现代社会的一个基本属性，也是公共安全治理的逻辑起点。随着大数据时代的来临，公共安全风险的数据特征发生了重要变化，具体表现在：移动互联网、物联网及传感器等技术的广泛应用极大拓展了风险数据源的种类；公共安全主体因同时扮演着数据使用者和创造者的双重角色导致数据规模迅速增加；公共安全风险数据中的非结构化数据（如网络日志、音频、视频、图片、地理位置信息等）所占比重越来越大；大数据的价值密度远远低于传统关系型数据库中的数据。这些数据特征的变化给传统的公共安全风险治理带来了巨大挑战：在技术层面，公共安全风险数据获取、数据处理和数据分析需要新的技术方法；在组织层面，部门之间条块分割所形成的"数据烟囱""数据孤岛""数据壁垒"问题需要对传统僵化的组织结构实行变革；在制度层面，信息公开、数据资产产权及交易、开放数据、数据共享等方面的政策法规和标准等亟须建立。这意味着大数据作为环境要素和内生变量，对公共安全风险治理理论重构和模式变革提出了现实要求。

与此同时，公共安全风险治理在理论演进和变革方向上一直因应大数据的理论诉求和实践要求：其一，公共安全风险治理的重心由重视事后应对转向重视事前预防，回归风险和风险治理本身；其二，风险识别和风险评估在对象上由单一风险转向关联风险、综合风险和新兴风险，要求大范围、多类型、跨主体的风险数据感知，以及基于数据融合的耦合风险评估与多因素综合联动分析，发现隐蔽的风险及风险演化特征；其三，风险控制要求基于风险识别和风险评估结果，按照复杂系统理论进行风险预测和决策分析，实时精准地进行风险预警和风险处置，并将风险沟通贯穿于风险识别、风险评估和风险控制全过程。这意味着数据驱动的公共安全风险治理命题的提出，既是新时期公共安全风险治理理论变革的内在要求，也是对数据成为公共安全风险治理新的环境要素和内生变量这一重大现实需求的理论回应。

数据驱动的公共安全风险治理作为一个全新的研究主题，提出了一系列需要研究的关键科学问题。例如，各类公共安全风险数据的分布特征及变化规律、公共安全风险数据治理体系构建、基于"物理——社会——信息"三元空间的风险感知及关键风险识别、数据驱动的公共安全耦合风险评估与多因素综合联动分析、基于海量异构多模态社会媒体数据的公众风险认知及风险态度评估、基于多主体行为数据分析的风险沟通计划及策略、基于大数据挖掘的公共安全风险快速预警、数据驱动的公共安全风险决策与动态仿真、数据驱动的公共安全风险治理平台与技术等。对这些关键科学问题的解答涉及对传统风险理论的系统反思（提出了风险二重性理论）、风险研究范式及其演进的理论归纳（由传统范式到实证范式再到数据驱动范式）、公共安全风险治理流程关键环节（风险识别、风险评估、风险控制、风险沟通）的理论阐释、公共安全风险治理模式的重构（"情景——结构——过程——价值"）、数据驱动公共安全风险治理生成路径（技术——组织——制度）等。这些关键问题无疑具有理论前沿性和现实挑战性，其研究在知识建构上不仅将促进公共安全风险治理理论的重塑和实践模式的创新，也将为国家安全治理体系与治理能力现代化赋予新的领域内涵和最佳实践。

基于上述学术思考和目标追求，在教育部哲学社会科学研究重大课题攻关项目"大数据驱动的城市公共安全风险研究"（16JZD023）资助下，项目团队在已有相关研究的基础上，与学界同仁一道对这些重要主题与分主题进行了研究探索，并以项目结题报告为基础，勉力写出该学术专著。考虑到在普遍意义上探析数据驱动公共安全风险治理问题和规律的需求优先性，我们弱化了项目中的"城市"背景，将著作命名为《数据驱动的公共安全风险治理》。作为国内该领域的首部学术专著，《数据驱动的公共安全风险治理》致力于提供该领域基础性的知识框架，从公共安全数据治理和风险治理双重耦合视角，探析数据驱动公共安全风险治理的理论内涵、研究范式、技术方法、最佳实践、生成路径等，力图呈现出新的视野、新的综合和新的发现。

本书由沙勇忠提出写作大纲，项目团队成员分头撰写，最后由沙勇忠统稿。各章的写作分工如下：第一章：沙勇忠，陆莉；第二章：王超；第三章：王超，沙勇忠；第四章：陆莉；第五章：邵瑞华，黄宝媛；第六章：邵瑞华，严玲，沙勇忠；第七章：赵发珍，赵官虎，王万凤；第八章：牛春华；第九章：詹建，何路；第十章：赵发珍，魏兴飞，沙勇忠。硕士研究生付磊、魏兴飞承担了全书的技术校对工作。

在本书出版之际，感谢教育部哲学社会科学研究重大课题攻关项目对本研究的支持，感谢经济科学出版社付出的智慧和辛劳。同时，向我们引用、参考过的文献作者表示由衷的谢意，他们的工作是我们研究的基础和重要的学术资源。数据驱动的公共安全风险治理是一个正在开放式发展的新领域，本书还有诸多问题和不足之处，真诚欢迎大家批评指正，共同以知识建构者的姿态服务于我国新时期的公共安全风险治理实践。

沙勇忠

2022 年 8 月 25 日于兰州大学

摘　要

　　数据驱动公共安全风险治理是大数据背景下公共安全风险治理发展的新模式，研究如何通过体制设计、组织安排、数据赋能以及价值认同将不同参与主体联系起来，通过结构重组、流程再造、技术嵌入以及价值重塑形成数据驱动的公共安全风险治理格局。

　　本书致力于提供该领域基础性的知识框架，从公共安全数据治理和风险治理双重耦合视角，探析数据驱动公共安全风险治理的理论内涵、研究范式、技术方法、最佳实践、生成路径等。具体包括公共安全风险治理研究的逻辑进路，公共安全风险研究范式及其演进，数据驱动公共安全风险治理理论框架，公共安全风险大数据治理，数据驱动的公共安全风险识别、风险评估、风险控制及风险沟通，数据驱动的公共安全风险治理平台与技术，数据驱动的公共安全风险治理路径等内容。除系统梳理国际范围内数据驱动公共安全风险治理的知识积累和最佳实践之外，还面向数据驱动公共安全风险治理这一新领域知识体系建构的学术目标，力图呈现出新的视野、新的综合和新的发现。

　　本书读者对象为政府部门、高等院校、研究机构以及应急管理相关产业部门的有关人员和企业管理决策者。

Abstract

Data-driven public security risk governance is an emerging model for enhancing public security risk management in the big data era. It examines how to connect stakeholders through system design, organizational arrangements, data empowerment, and value creation. It also explores forming a data-driven approach by restructuring, reengineering processes, integrating technology, and remodeling values.

With a dual perspective of public security data governance and risk governance, this book provides a foundational framework. It explores the theoretical foundations, research paradigms, technical methods, best practices, and roadmaps for data-driven public security risk governance. Specifically, the content of this book includes the logical approach of public security risk governance research, the public security risk research paradigm and its evolution, the theoretical framework of data-driven public security risk governance, the big data governance of public security risks, the data-driven public security risk identification, risk assessment, risk control and risk communication, the data-driven public security risk governance platform and technology, and the data-driven public security risk governance path, etc. By systematically reviewing international knowledge and practices, this book constructs a new body of knowledge for data-driven public security risk governance. It offers novel perspectives, syntheses, and discoveries to advance this emerging field.

The book serves government agencies, universities, research institutes, and emergency management stakeholders. It also informs enterprise risk management and decision-making.

目录
Contents

Contents

1

第一章

绪 论

以互联网、人工智能、云计算等信息技术融合而成的大数据时代（The Era of Big Data）所带来的数据洪流（Data Deluge）、信息浪潮和技术革命已经来临，越来越多的数字化手段被广泛应用于公共安全风险治理领域，推动解决复杂性风险问题和突发事件应急管理问题，对公共安全风险治理及其创新的影响与日俱增。在此背景下，大数据技术和思维催生了新的公共安全风险治理理念、治理工具和治理方式，这不仅意味着公共安全风险治理模式的转型和治理水平的提升，也意味着国家治理体系和治理能力现代化发展了新的内涵。本章介绍了数据驱动公共安全风险治理的三个关键概念范畴，阐述了公共安全风险研究的逻辑进路，并运用知识图谱方法分析国际上数据驱动公共安全风险治理领域的研究进展与发展态势。

第一节 大数据、公共安全与风险治理

一、大数据

（一）大数据的内涵与特征

"大数据"最早是由托夫勒于 1980 年在其所著的《第三次浪潮》一书中提

出的。2008 年 9 月，《科学》杂志发表文章 "*Big Data：Science in the Petabyte Era*"，自此 "大数据" 开始被广泛传播。但目前对于大数据的内涵尚无完全一致的理解，全球 IT 研究与顾问咨询公司高德纳（Gartner）认为，大数据是指需要新处理模式才能具有更强的决策力、洞察发现力和流程优化能力的海量、高增长率和多样化的信息资产。维基百科（Wikipedia）对大数据的定义为：所涉及的资料量规模巨大到无法通过目前主流软件工具，在合理时间内采集、管理并处理成为帮助企业经营决策的关键资讯。麦肯锡全球研究所（MiKinsey Global Institute）的定义为：无法在一定时间内用传统数据库软件工具对其内容进行采集、存储、管理和分析的数据集合。

大数据作为继云计算和物联网之后又一个具有革命性的信息技术，其核心是从信息时代（Information Technology）到数据时代（Data Technology）的转变，演绎出一个 "信息转化为数据，数据集聚成知识，知识涌现出智慧" 的进程。马奔等认为，大数据在不同领域包含三层含义，可以分别从现实和技术两方面阐释：第一层意义是数据的巨量化和多样化，现实方面指海量数据，技术方面指海量数据存储；第二层意义是大数据技术，现实方面指对已有或者新获取的大量数据进行分析和利用，技术方面指云存储和云计算；第三层意义是大数据思维或者大数据方法，现实方面指把目标全体作为样本的研究方式、模糊化的思维方式、侧重相关性的思考方式等理念，技术方面指利用海量数据进行分析、处理并用以辅助决策，或者直接进行机器决策、半机器决策的全过程大数据方法[1]。

从特征角度来看，2001 年道格·莱尼（Doug Laney）最先提出大数据的 "3V" 模型，认为大数据的数据规模与复杂性超过了传统需求下处理的数据，其特征可以概括为 "3V"，即数量（Volume）、速度（Velocity）和种类（Variety）。Volume 指大数据容量和规模远超过传统数据；Velocity 即速度，Oracle 公司将其解释为数据产生的速度极快，IBM 公司则将其理解为需要快速地对数据进行处理；Variety 是指大数据的类型多样，包括多源异构的各种数据。之后，业界又将 "3V" 扩展到了 "4V" "5V" 甚至是 "11V"，增加了有效性、真实性、价值和可见性等内容。如国际数据公司（International Data Corporation，IDC）认为大数据还应当具有价值性（Value），意指大数据蕴含着重要的经济价值和社会价值。对于 "5V" 模型，IBM 认为大数据还具有真实性（Veracity），即数据处理结果要保证一定的准确性。维克托·迈尔·舍恩伯格（Viktor Mayer-Schonberger）在《大数据时代：生活、工作与思维的大变革》中前瞻性地指出，大数据带来的信息风暴正在变革我们的生活、工作和思维，并开启了一次重大的时代转型。

---

[1] 马奔、毛庆铎：《大数据在应急管理中的应用》，载于《中国行政管理》2015 年第 3 期。

根据数据来源，大数据可初步分成两大类：一类来自物理世界，另一类来自人类社会①。前者主要是指为科学技术研究进行的科学实验所产生的数据，称为科技大数据。后者与人类活动有关，又可分为两大类数据：一类与互联网有关，海量网络用户通过操作网页以及与网络相连的各类机器设备随机产生的网络大数据，另一类是指与城市四大职能（生存繁衍、经济发展、社会交往、文化享受）密切相关的政府、企事业单位、个人和各类城市基础设施等主客体所产生的动态和静态的城市大数据。

（二）大数据的应用

大数据在信息经济及现代生活中的全面应用和重要影响已被广泛接受，因此国内外学术界、商业界及政府机构都对大数据给予密切关注。*Nature* 在 2008 年就推出了 *Big Data* 专刊。计算社区联盟（Computing Community Consortium）在 2008 年发表了报告 "Big Data Computing: Creating Revolutionary Breakthroughs in Commerce, Science, and Society"，阐述了解决大数据问题所需要的技术及面临的挑战。*Science* 在 2011 年推出专刊 "*Dealing with Data*"，围绕科学研究中大数据问题展开讨论。麦肯锡（McKinsey）2011 年 6 月发布了 "Big Data: The Next Frontier for Innovation, Competition and Productivity" 报告，对大数据的影响、关键技术和应用领域等都进行了详尽的分析。2012 年美国一些知名的数据管理学者联合发布了一份题为 "*Challenges and Opportunities with Big Data*" 的白皮书。该白皮书从学术角度出发，对大数据的产生、处理流程及面临的挑战作了详细的分析与介绍。2012 年 1 月，达沃斯世界经济论坛发布的《大数据，大影响》宣称：数据已经成为一种新的经济资产类别，就像货币和黄金一样，是 21 世纪的石油。从信息化时代的强调效率提升到数据时代的注重价值创造，大数据成为一种战略资源和生产要素，其"模糊代替精确、相关代替因果、全集代替样本"的三大精髓使得大数据及其相关技术群具有在不同行业领域和社会情境中进行分析、预测和决策的功能。

国外对于大数据的应用主要集中于教育、医疗、交通管理、金融、保险及信息等领域。奥西·伊利约基（O. Ylijoki）等在 Scopus、ProQuest、Web of Science 和 EBSCO 四个数据库以"大数据"和"案例研究"为关键词搜索了经过同行评审后英文相关论文，共检索到 281 篇，并且发现大数据在应用领域的案例研究范围非常广泛，涉及农林渔业、制造业、电力、燃气、建筑业、交通运输、住宿及餐饮服务、信息与通信、金融保险、公共管理、社会保障、教育、

---

① 华岗：《城市大数据：内涵、服务架构与实施路径》，载于《大数据》2016 年第 6 期。

人类健康与社会工作、艺术及娱乐等①。而阿比杜扎曼·拉哈特（A. Rahat）等将大数据的应用领域概括为九个方面：个性化健康服务、生物技术、智能交通、数据可视化、企业与政府经济战略、人口迁移、情感分析、情感计算、制造与故障检测②。由哈佛大学、麻省理工学院、Google 和大英百科全书的专家学者组成的一个研究小组，2011 年 1 月在 *Nature* 杂志发表了一篇题为 "Quantitative Analysis of Culture Using Millions of Digitized Books" 的文章。该研究小组构建了一个包含 5 195 769 本数字化图书的数字化文本语料库，这些数字化图书都是由 Google Books 从全世界四十多所大学图书馆中收录获得（据估计，占人类有史以来出版图书总种数的 4%），时间跨度从公元 1500 年到公元 2000 年，规模总计 5 000 亿词，其中英文 3 610 亿词、法文 450 亿词、西班牙文 450 亿词、德文 370 亿词、中文 130 亿词、俄文 350 亿词，以及希伯来文 20 亿词。借鉴基因组学（Genomics）的思路，对这些图书组成的 "大数据" 进行分析，如发现单词或人名在历史文献中随时间变化的频率，由此推导出人类文化的发展趋势和演变规律。这个全新的研究领域被称为 "文化组学（Culturomics）"，文化组学拓展了严格的定量调查的界限，使其能研究横跨社会科学和人文科学中的大量新现象③。英国交通运输部等机构的 MESSAGE（Mobile Environmental Sensing System Across Grid Environments）项目通过传感器采集多样异构的数据用以支持城市级、区域级和国家级的交通规划和管理，以控制交通活动对环境产生的影响④。英国的分析和数据科学研究所 IADS（Institute for Analytics and Data Science）是埃塞克斯大学的一个大数据研究中心，它将学术界、企业、社会机构和政府连接到人工智能和大数据分析相关的工作领域中，利用公共部门的大数据资源和相关机构的算力，以及科研机构和企业的人工智能知识，为埃塞克斯社区提供医疗健康、社会保障、保险和犯罪预防等方面的服务⑤。

国内学术界认为，未来数据驱动的管理与决策发展的重点领域主要包括以

---

① Ylijoki O., Porras J. Conceptualizing Big Data: Analysis of Case Studies [J]. *Intelligent Systems in Accounting, Finance and Management*, 2016, 23（4）: 295 – 310.

② Jony R. I., Rony R. I., Rahman M., et al. Big Data Characteristics, Value Chain and Challenges [C]//Proceedings of the 1st International Conference on Advanced Information and Communication Technology, Bangladesh, 2016.

③ Michel J. B., Shen Y. K., Aiden A. P., et al. Quantitative Analysis of Culture Using Millions of Digitized Books [J]. *Science*, 2011, 331（6014）: 176 – 182.

④ Donnelly M., North R. The Milieu and the MESSAGE: Talking to Researchers about Data Curation Issues in a Large and Diverse e-Science Project [J]. *International Journal of Dynamicsand Control*, 2011, 6（1）: 32 – 44.

⑤ Mikhaylov S. J., Esteve M., Campion A. Artificial Intelligence for the Public Sector: Opportunities and Challenges of Cross-sector Collaboration [J]. *Philosophical Transactions of the Royal Society A: Mathematical, Physical, and Engineering Sciences*, 2018, 376（2128）: 20170357.

下四个方面：大数据资源管理与政策、基于大数据的管理与决策创新、大数据技术的信息科学基础、大数据分析与处理的数学与计算基础[①]。典型行业和领域包括公共管理、商务管理、金融管理、制造业/服务业、医疗健康、开放式教育等。在公共管理领域，国内学界的研究观点主要集中于以下方面：一是大数据可以提升国家治理能力的现代化。大数据在助力形成协同治理的新格局、提升民主化治理的程度、提高治理决策的科学性、推动治理结构的网络化等方面发挥着重要作用[②]。二是大数据可以改善社会治理。大数据社会治理的模式可总结为四类：大数据开放——提高基础服务能力；大数据决策——实现科学决策；大数据沟通——改善外部环境；大数据群体智慧——弥补政府资源不足[③]。三是基于大数据的城市建设与管理规划。现代城市管理是一个开放的巨系统，应对其复杂性需基于专家体系、计算体系、数据体系实现从定性到定量的综合集成，大数据技术将有力推动城市管理，如元胞自动机、神经网络及 Seminar 式研讨厅分别在城市规划、城市运行及城市决策中的应用，促进"智慧城市"的建设[④]。四是大数据在应急管理领域的应用。这主要包括数据驱动的灾害预测、大数据支持应急决策、基于大数据的网络舆情监管和灾难信息管理等。如北京市东城区利用大数据技术对全区居民慢性病影响因子进行关联分析验证，提供区域病情预警服务[⑤]。

（三）大数据的国家战略与管理决策意蕴

美国政府早在 2013 年 3 月发布了《大数据研究和发展倡议》（*Big Data Research and Development Initiative*），正式启动"大数据发展计划"，该计划旨在通过对海量和复杂的数字资料进行收集、整理，以增强联邦政府收集海量数据、分析萃取信息的能力，提升对社会经济发展的预测能力。2014 年 5 月发布《大数据：把握机遇，守护价值》白皮书，对美国大数据应用与管理的现状、政策框架和改进建议进行了集中阐述。英国政府 2013 年发布了《把握数据带来的机遇：英国数据能力战略》（*Seizing the data opportunity—a strategy for UK data capability*）

[①] 徐宗本、冯芷艳、郭迅华、曾大军、陈国青：《大数据驱动的管理与决策前沿课题》，载于《管理世界》2014 年第 11 期。

[②] 李江静：《大数据对国家治理能力现代化的作用及其提升路径》，载于《中共中央党校学报》2015 年第 4 期。

[③] 吴湛：《大数据如何改善社会治理》，载于《中国行政管理》2016 年第 1 期。

[④] 宋刚：《从数字城管到智慧城管：创新 2.0 视野下的城市管理创新》，2012 智慧城市管理创新论坛，2012 年。

[⑤] 陈之常：《应用大数据推进政府治理能力现代化——以北京市东城区为例》，载于《中国行政管理》2015 年第 2 期。

报告，阐述了英国的数据机遇、数据能力及培养数据技能的措施，目的在于促进英国在数据挖掘中的世界领先地位，为英国在信息经济中创造更多的收益。法国政府 2011 年 7 月启动 "Open Data Proxima Mobile" 项目，挖掘公共数据价值，并于 2013 年 2 月发布《数字化路线图》，明确了大数据是未来要大力支持的战略性高新技术。日本 IT 战略本部 2012 年 6 月发布电子政务开放数据战略草案，迈出了政府数据公开的关键性一步。2012 年 7 月推出《面向 2020 年的 ICT 综合战略》，提出 "活跃在 ICT 领域的日本" 的目标，重点关注大数据应用。2013 年 6 月公布了新 IT 战略——"创建最尖端 IT 国家宣言"，宣言阐述了 2013 ~ 2020 年期间以发展开放公共数据和大数据为核心的日本新 IT 国家战略，提出要把日本建设成为一个具有 "世界最高水准的广泛运用信息产业技术的社会"。欧盟 2020 年 11 月 25 日发布了《数据治理法》（Data Governance Act）的提案，其目标在于建设欧洲共同数据空间，并设立了 "欧洲数据创新委员会"，进一步为涉及不同利益相关者权利的公共数据二次利用建立统一架构，采取措施使社会公众和私人企业更容易为社会利益和公共价值提供其数据，使数据跨国界和跨部门流通使用，从而实现覆盖健康、交通、制造业、金融、能源、农业等各个行业领域的整体数据市场。

我国于 2015 年 9 月印发了《促进大数据发展行动纲要》，提出未来 5 ~ 10 年我国大数据发展和应用要实现的目标，包括要加大大数据关键技术研发、产业发展和人才培养力度，着力推进数据汇集和发掘，深化大数据在各行业创新应用，促进大数据产业健康发展，在未来 5 ~ 10 年打造精准治理、多方协作的社会治理新模式等。2016 年 7 月 27 日，中共中央办公厅、国务院办公厅印发《国家信息化发展战略纲要》，要求将信息化贯穿我国现代化进程始终，加快释放信息化发展的巨大潜能，以信息化驱动现代化，加快建设网络强国。2016 年 8 月《国家发展和改革委员会办公厅关于请组织申报大数据领域创新能力建设专项的通知》下发，明确了相关专项建设的目标、内容和重点，将围绕大数据基础技术和应用技术两个维度组建 13 个国家级大数据实验室（见表 1 - 1）。2021 年 6 月 10 日我国通过了《数据安全法》，以规范数据处理活动，保障数据安全，促进数据开发利用，并明确指出 "维护数据安全，应当坚持总体国家安全观，建立健全数据安全治理体系，提高数据安全保障能力"。《中华人民共和国个人信息保护法》也自 2021 年 11 月 1 日起施行，构建了我国个人信息保护的完整框架，强调规范个人信息处理活动、保障个人信息权益、规范个人信息跨境流动等内容。《中华人民共和国数据安全法》和《中华人民共和国个人信息保护法》的颁布实施预示着我国的数据治理、大数据开发与应用将全面进入法制化轨道。

表 1 - 1　　　发改委组织建设的 13 类国家级大数据实验室名单

序号	国家级大数据实验室	序号	国家级大数据实验室
1	大数据系统计算技术国家工程实验室	8	医疗大数据应用技术国家工程实验室
2	大数据系统软件国家工程实验室	9	教育大数据应用技术国家工程实验室
3	大数据分析技术国家工程实验室	10	综合交通大数据应用技术国家工程实验室
4	大数据流通与交易技术国家工程实验室	11	社会安全风险感知与防控大数据应用国家工程实验室
5	大数据协同安全技术国家工程实验室	12	工业大数据应用技术国家工程实验室
6	智慧城市设计仿真与可视化技术国家工程实验室	13	空天地海一体化大数据应用技术国家工程实验室
7	城市精细化管理技术国家工程实验室		

总体来看，国内外对于大数据的内涵与特征，大数据在教育、医疗、金融、应急、信息等领域的应用与实现技术，大数据带来的机遇与挑战，大数据发展的国家战略和相关政策制定等已有较为全面的认识和把握。大数据正在积极改变着组织的决策方式和管理模式，通过集成组织内部的大数据以及汇聚组织内部数据与关联环境数据，并基于大数据实时计算和关联分析，在不同应用场景中实现大数据应用的"乘法"效应，支持不同类型组织管理决策过程中的精准预测和智慧决策，促进从数据到信息再到知识和服务的有效流动，为公共安全管理与决策创造价值。

二、公共安全

（一）公共安全的内涵

公共安全是一个复合概念，由"公共"和"安全"两个基本概念共同构成，"公共"是标明概念主体对象的限定语，"安全"是显示概念主要内涵的主词，公共安全即公众的安全①。随着多学科交叉融合的发展，公共安全也从传统公共管理学的研究对象扩展为社会科学、系统工程学、信息与数据科学、自然科学等交叉研究领域的研究对象②。

公共安全是国家社会发展的重要战略目标，是全社会共同推动和努力实现的发展方向。2015 年 7 月 1 日公布施行的《中华人民共和国国家安全法》中将"国家安全"定义为国家政权、主权统一和领土完整，人民福祉、经济社会可持续发展和国家其他重大利益相对处于没有危险和不受内外威胁的状态，以及保障持续安全状态的能力。范维澄在《公共安全与应急管理》一书中指出"公共安全"主要是指公众、社会及公共设施的安全和社会的稳定，强调社会公众的生命、健康、财产不受损害和威胁的状态以及保障持续安全状态的能力，公共安全是国家安全的基础③。百度百科将"公共安全"定义为社会和公民个人从事和进行正常的生活、工作、学习、娱乐和交往所需要的稳定外部环境和秩序，而公共安全管理则是指国家行政机关为了维护社会的公共安全和秩序，保障公民的合法权益，以及社会各项活动的正常进行而做出的各种行政活动的总和④。广义上的公共安全指所有事关社会生活安全稳定的外部环境和秩序，包括经济安全、环境安全、公共卫生安全、信息安全、食品安全、生产和工作场所安全等⑤。2016年，经全国科学技术名词审定委员会批准发布的《管理科学技术名词》中将公共安全事件定义为：对不特定人群及其财产构成威胁的事件，包括恐怖袭击事件、经济安全事件和涉外突发事件等。根据我国 2007 年实施的《中华人民共和国突发事件应对法》，也可将突发公共安全事件划分为自然灾害、事故灾难、公共卫生和社会安全四大类。

2014 年 4 月 15 日，习近平总书记在主持召开中央国家安全委员会第一次会议时提出，坚持总体国家安全观，走出一条中国特色国家安全道路。作为新时代中国特色社会主义思想重要内容的"总体国家安全观"，强调既重视外部安全又重视内部安全、既重视国土安全又重视国民安全、既重视传统安全又重视非传统安全等，构建融政治安全、国土安全、军事安全、经济安全、文化安全、社会安全、科技安全、网络安全、生态安全、资源安全、核安全、海外利益安全、生物安全、太空安全、极地安全、深海安全等于一体的国家安全体系，从系统、全面、整体的视角认识和把握国家安全问题⑥，这为理解新时代公共安全的内涵和

---

① 张海波：《公共安全管理：整合与重构》，生活·读书·新知三联书店 2012 年版。
② 丁翔、张海波：《大数据与公共安全：概念、维度与关系》，载于《中国行政管理》2017 年第 8 期。
③ 范维澄：《公共安全与应急管理》，科学出版社 2017 年版。
④ 百度百科，https：//baike.baidu.com/item/公共安全/2956734？fr = aladdin。
⑤ 刘莘：《公共安全与秩序行政法》，载于《江苏社会科学》2004 年第 6 期。
⑥ 熊光清：《为什么要提出总体国家安全观》，载于《人民论坛》2017 年第 21 期。

数据驱动的公共安全风险治理

边界提供了基础理论指导。

（二）公共安全的三角形模型

范维澄等在构建城市公共安全体系架构时，提出了"公共安全三角形模型"。该模型总结了突发事件从发生、发展到应对全过程中的三个主体：事故灾难本身即"突发事件"、突发事件作用的对象即"承灾载体"、采取应对处置措施的过程即"应急管理"，三个主体构成了一个三角形的闭环框架[①]，如图1-1所示。连接三条边的节点统称为灾害要素，包括物质、能量和信息，其本质上是一种客观存在，当灾害要素超过临界值或遇到一定的触发条件则可能导致突发事件，否则并不会产生破坏作用[②]。总体来看，灾害要素的变化会引起携带灾害性作用的突发事件发生，作用到承灾载体时导致承灾载体的状态发生变化并产生破坏性影响，进而引发一系列对于突发事件的应急处置措施。公共安全三角形模型是关于公共安全的整体理论框架，也是国内科技界凝练出其中的共性科学技术问题以指导公共安全管理研究与实践的基础模型。

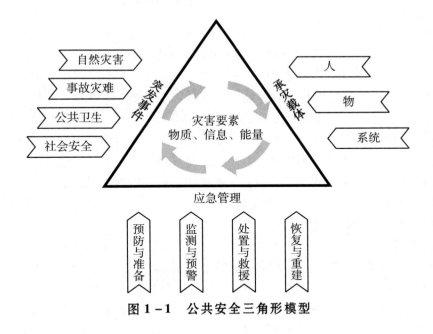

图1-1　公共安全三角形模型

---

① 范维澄、刘奕：《城市公共安全体系架构分析》，载于《城市管理与科技》2009年第5期。
② 范维澄、刘奕、翁文国：《公共安全科技的"三角形"框架与"4+1"方法学》，载于《科技导报》2009年第6期。

（三）突发事件、承灾载体与应急管理

基于"公共安全三角形模型"认识突发事件、承灾载体、应急管理三方面的属性特点和三部分之间的联系规律，是掌握和应用该模型指导实践、提升公共安全保障的重要理论基础。

1. 突发事件

我国于 2007 年颁布的《中华人民共和国突发事件应对法》，将突发事件定义为"突然发生，造成或者可能造成严重社会危害，需要采取应急处置措施予以应对的自然灾害、事故灾难、公共卫生事件和社会安全事件"，并按照社会危害程度、影响范围等因素确定了突发事件的分级标准（特别重大、重大、较大和一般四级），以及突发事件应对工作实行预防为主、预防与应急相结合的基本原则。与突发事件相近的概念包括"紧急事件（Emergency Events）""危机事件（Crisis Events）""灾难（Disaster）"和"风险（Risk）"等。相较而言，突发事件的构成要素与一般特征主要体现在突发事件产生的瞬间性、爆发点的偶然性、发展趋势的危机性和后果对主体与社会的危害性[①]。

据兰州大学应急管理研究中心建设的《中国公共危机事件案例知识库》不完全统计，2007～2015 年我国 4 级以上的突发事件中，自然灾害事故有 279 起，事故灾难类有 654 起，公共卫生类 98 起，社会安全类 120 起。其中，非常规突发事件如 2014 年 3 月 1 日云南昆明火车站暴力恐怖事件、2014 年 12 月 31 日上海外滩踩踏事件等，越来越多地呈现出发生前兆不明、事件后果严重、社会影响范围广、持续时间长等特征。总体看来，洪水、地震、台风等传统安全威胁不但没有减少，还增加了生态环境安全、传染病全球蔓延、网络安全、恐怖袭击等新兴安全威胁。传统安全与新兴安全威胁相互交织、相互衍生，形成复杂的灾害链和事件链。外部风险环境的变化，亟须突发事件应急管理内部的功能调整、理论创新、技术升级以及模式重构。

2. 承灾载体

承灾载体是突发事件的作用对象，一般包括人、物、系统（人与物及其功能共同组成的社会经济运行系统）三个方面[②]。人是最脆弱的承灾载体，保障人的生命安全是公共安全管理的首要目标；物既包括自然生态中如山川河流等的客观存在，也包括人类社会中的建筑、基础设施等构筑物；系统即社会经济运行的整体复杂系统。承灾载体是人类社会与自然环境和谐发展的功能载体，是突发事件

[①] 朱力：《突发事件的概念、要素与类型》，载于《南京社会科学》2007 年第 11 期。

[②] 范维澄、刘奕：《城市公共安全体系架构分析》，载于《城市管理与科技》2009 年第 5 期。

应急管理的保护对象，在突发事件中的破坏表现为本体破坏和功能破坏两种形式①。本体破坏是指当突发事件发生时，承灾载体受突发事件灾害性作用影响导致的承灾载体状态变化和本体的破坏，如地震中的人员伤亡、建筑物受损等，本体破坏发生的可能性和程度通常用脆弱性（Vulnerability）来衡量。功能破坏是指受突发事件灾害性作用影响，承灾载体本体未遭到破坏但其承担的功能任务缺失，如雨雪冰冻灾害中的铁路或高速公路停运，功能破坏发生的可能性和程度通常用鲁棒性（Robustness）来衡量。

此外，当承灾载体遭到破坏时如果承灾载体所蕴含的灾害要素被意外释放，就会造成次生灾害和衍生事件。目前，各类公共安全风险从风险源、风险传播路径和突发事件角度来看，存在明显的复杂性和扩张性，一方面单一风险存在越来越多的风险源和风险传播路径，另一方面不同类型风险之间因风险源交叉以及突发事件影响范围的扩大，传统安全与新兴安全威胁相互交织衍生，对承灾载体形成多元影响进而导致复杂的灾害链和事件链，因此，发现突发事件与灾害链的时空分布规律及其因果关系、进行灾害链事件的态势研判，成为公共安全风险研究和风险评估需要解决的重要理论问题。

3. 应急管理

应急管理（Emergency Management）指可以预防或减少突发事件及其后果的各种人为干预手段，是公共管理学科领域的常用概念。国内外研究者常对"应急管理"和"危机管理（Crisis Management）"两个相似概念进行辨析，认为从管理对象来看其分别对应"突发事件"与"危机"。危机管理专家赫尔曼（C. Hermann）将危机定义为一种情境状态，在这种情境中，决策者的根本目标受到威胁，做出反应的时间有限，形势的发生往往出乎决策者的意料②。危机管理就是围绕危机生命周期展开的非常规决策及行动，其核心是危机战略制定和公众沟通③。应急管理则是对突发事件开展科学预防预警、应急处理和应急救援等一系列处置和管理活动，其活动内容比危机管理更为宽泛。从公共安全三角形模型来看，应急管理的核心内容有两部分：一是针对降低突发事件的发生概率和灾害性影响而实施的事前风险预警和管控；二是针对增强承灾载体的抗御能力而进行的脆弱性评估和韧性建设。因此，应急管理必须在对突发事件发生机理和承灾载体动态演化过程进行综合分析和准确研判的基础上实施管理活动和任务部署，并注重组织的应急能力建设。

---

① 范维澄、刘奕、翁文国：《公共安全科技的"三角形"框架与"4+1"方法学》，载于《科技导报》2009 年第 6 期。

② Hermann Charles F. *International Crisies*：*Insights From Behavioral Research* ［M］. New York：Free Press，1972.

③ 张欢：《应急管理与危机管理的概念辨析》，载于《中国应急管理》2010 年第 6 期。

美国联邦紧急事务管理局（FEMA）在《危机和紧急情况管理手册》（*Handbook of Crisis and Emergency Management*）中，将应急管理的生命周期由原来的三阶段修正为四阶段，即在准备（Preparedness）、响应（Response）和恢复（Recovery）阶段之前，又增加了减缓（Mitigation）阶段。美国在 1995 年启动的"国家减灾战略"（National Mitigation Strategy）计划，强调鼓励州和地方政府采纳中央政府减灾的政策和方案，以有效减少救灾和灾后恢复过程产生的巨额费用。这也显示了发达国家的应急管理范式发生了根本性转变——由重视事后应对转向重视事前准备。

在我国，《中华人民共和国突发事件应对法》将应急管理分成了预防准备、监测预警、救援处置和恢复重建四个基本的环节，并规定了"统一领导、综合协调、分类管理、分级负责、属地管理为主的"应急管理体制；《"十四五"国家应急体系规划》提出，到 2025 年，我国应急管理体系和能力现代化建设取得重大进展，形成统一指挥、专常兼备、反应灵敏、上下联动的中国特色应急管理体制。但按照传统官僚制理念设计和运行的中国应急管理体制，难以克服自身纵向分工与现代应急管理对横向综合管理要求之间的根本矛盾，因此我国应急管理体制改革也开始强调从突发事件应对到应急管理事务全过程管理的转变①，以解决我国公共安全领域面临的注重事件和危机的应急处置而忽视公共安全风险治理、治理技术落后等困境②。大数据技术与理论的发展为实现公共安全领域风险的关联分析、精准预测、动态预警和决策支持提供了数据信息基础、工具能力和技术平台的有力支撑。基于大数据的公共安全应急管理体现在通过对大数据的准确获取、分析和处理，辅助公共安全应急管理的决策制定与实施过程。这将为更加迅速和精准地解决应急管理的核心问题提供可能，并从根本上提升公共安全应急管理的水平。

总体来看，公共安全治理需要从突发事件、承灾载体和应急管理三个方面入手，在大数据赋能下，注重以识别风险源为目标的致灾因子分析、以增强承灾载体抵抗力为核心的脆弱性分析和以快速有效决策行动为宗旨的应急管理，处理好这三者之间的关系，公共安全治理就构架起了稳健的"三角形"。

三、风险治理

（一）风险的内涵与类别

风险是现代社会的一个基本属性，也是公共安全治理的逻辑起点。关于风险

---

① 李丹阳：《大数据背景下的中国应急管理体制改革初探》，载于《江海学刊》2014 年第 2 期。
② 孙粤文：《大数据：风险社会公共安全治理的新思维与新技术》，载于《求实》2016 年第 12 期。

的内涵，不同学者有不同的认识，至今尚未统一。在早期风险研究中，韦伯字典（Merriam Webster）将风险定义为"面临的伤害或损失的可能性"，而保险业对风险的定义为"灾害或可能的损失"。国际减灾战略将风险定义为自然或人为灾害引发的人民生命财产、经济活动和自然环境方面的期望损失，并明确了风险的表达式，即"风险＝危险×易损性"。UNDHA 认为风险即在一定时间和区域内某一特定致灾因子可能导致的损失（受灾人口、财产损失、对经济的影响），可以通过数学方法，从致灾因子和脆弱性两方面计算①。而大卫·克莱顿（D. Crichton）提出风险即损失的概率，这种概率取决于三个因素：致灾因子、脆弱性和暴露性②。也有学者对风险的表达式给予明确的界定，如风险＝致灾因子×风险要素×脆弱性，风险＝（致灾因子×脆弱性）－应对能力③，或风险＝致灾因子×风险要素×脆弱性×相互关联性等。

进入风险社会，人们对于风险的认识愈加全面和深刻。风险社会意味着人为的不确定性，而这些不确定性往往是我们察觉不到的。在此基础上，人们提出了现代风险的概念。所谓现代风险，主要是指"人为制造的风险"，即由于人类自身知识的增长和科学技术的迅猛发展，而对整个世界带来的强烈作用所造成的风险④。为了区分现代风险的来源，学界将其分为自然因素导致的风险和人为制造的风险。自然风险主要是疾病和自然灾害，人为风险主要是活动、物质和技术⑤。如安东尼·吉登斯（A. Giddens）将风险划分为"外部风险"和"被制造出来的风险"（Manufactured Risk）两种类型。其中，外部风险是来自外部的、因为传统或者自然的不变性和固定性所带来的风险，如自然灾害、瘟疫和饥荒等，而被制造出来的风险是由人类不断发展的知识对这个世界的影响所产生的风险，是指人类在没有多少历史经验情况下所产生的风险，如与环境污染有关的全球气候变暖、臭氧层破坏和酸雨、全球人口激增、金融风险、恐怖主义等⑥。

---

① 《国际商定的灾害管理基本术语表》（Internationally Agreed Glossary of Basic Terms Related to Disaster Management）. https：//reliefweb. int/report/world/internationally-agreed-glossary-basic-terms-related-disaster-management.

② Crichton D. Role of Insurance in Reducing Flood Risk ［J］. *The Geneva Papers on Risk and Insurance-Issues and Practice*，2008，33（1）：117 – 132.

③ Wisner B. Risk and the Neoliberal State：Why Post-mitch Lessons didn't Reduce El Salvador's Earthquake Osses ［J］. *Disasters*，2001，25（3）：251 – 268.

④ 张广利、黄成亮：《风险社会理论本土化：理论、经验及限度》，载于《华东理工大学学报（社会科学）》2018 年第 2 期。

⑤ Brun W. Cognitive Components in Risk Perception：Natural Versus Manmade Risks ［J］. *Journal of Behavioral Decision Making*，1992，5（2）：117 – 132.

⑥ Falkheimer J. Anthony Giddens and Public Relations：A Third Way Perspective ［J］. *Public Relations Review*，2007，33（3）：287 – 293.

为了更加清晰地展示现代风险概念的多元化特征，学者泰耶·阿文（T. Aven）对过去 30~40 年的相关文献进行了系统梳理并总结风险的不同定义和具体阐释（见表 1-2），为我们更全面地认识风险概念变化提供了参考。

表 1-2   现代风险概念的多元化

风险定义	相关阐释
风险 = 预期价值/损失	（1）损失任何金额的风险与预期相反，其真正的衡量标准是风险金额与损失概率的乘积
	（2）风险等于预期损失
	（3）风险等于某个未来事件的概率和效用的乘积
	（4）风险等于预期的无用性
风险 = 不良事件的概率	（1）风险是损坏或损失的可能性
	（2）风险等于发生不良事件的概率
	（3）风险是指特定危险在特定时间或特定情况下产生特定影响的可能性
风险 = 客观不确定性	（1）风险是主观不确定性的客观关联；外部世界事件过程中体现的不确定性
	（2）风险是可测量的不确定性，即已知一组实例中结果分布的不确定性（通过先验计算或根据过去经验的统计数据）
风险 = 不确定性	（1）风险是关于成本、损失或损害
	（2）风险是关于损失
	（3）风险是发生不利的意外事件
	（4）风险是一种结果、行动和事件
风险 = 潜在损失	（1）风险是发生不良事件的可能性
	（2）风险是指与预期发生不利偏差的可能性
	（3）风险是实现事件不必要的负面后果的可能性
风险 = 概率和情景/后果的严重性	（1）风险是以概率衡量的危害的组合，是一种世界的状态，而不是精神状态
	（2）风险是对不良影响的概率和严重程度的衡量
	（3）风险等于三元组（si, pi, ci），其中 si 是第 i 个情景，pi 是该情景发生的概率，ci 是第 i 个情景的结果
	（4）风险是后果的概率和程度的组合

续表

风险定义	相关阐释
风险＝事件或后果	（1）风险是指具有人类价值的东西（包括人类自身）处于危险之中，且结果不确定的后果或事件
	（2）风险是与人类重视的事物有关的事件或活动的不确定后果
风险＝后果/损害/不确定性的严重性	（1）风险＝不确定性＋损害
	（2）风险等于事件和后果不确定性的二维组合
	（3）风险是一项活动的后果与人类重视的事物有关的不确定性和严重性
	（4）风险是指与参考水平（预期值、目标）的偏差和不确定性

（二）风险理论

风险理论构建与创新一直是风险科学研究成果的重要体现。目前，风险研究领域的经典理论，如风险社会理论、风险社会放大理论等为风险治理和公共安全治理提供了多样化的关注点和理论创新的切入点。

1. 风险社会理论

1986 年，德国著名社会学家乌尔里希·贝克（U. Beck）在《风险社会》一书中提出了风险社会理论。该理论认为人类正面临一个不同于传统的新社会，风险社会的实践性后果就是公共危机、灾难和各类突发事件在我们的时代更加频繁地发生。风险社会理论将风险置于社会变迁的宏观考察中，开辟了从风险转型研究当代社会重大变迁的新视角，通过借助于"自反性现代化"（Reflexive Modernization）理论改变了风险问题讨论的方向，使风险成为社会理论的一个关键概念[1]。之后，安东尼·吉登斯（A. Giddens）作为风险社会理论的积极倡导者，充实了风险社会理论的内涵。他认为近代以来的社会经济变化塑造出现代风险的基本景观，一方面人类对社会生活和自然的干预范围和深度扩大了，决策和行为成为风险的主要来源，人为风险超过自然风险成为风险结构的主导内容；另一方面借助现代治理机制和各种治理手段，人类应对风险的能力提高了，但同时又面临着治理带来的新型风险，即制度化风险和技术性风险，二者已经成为现代风险结构中的主要类型。

2021 年，世界经济论坛发布的《全球风险报告》（*Global Risks Report*）[2] 指

---

① 刘岩：《"风险社会"三论及其应用价值》，载于《浙江社会科学》2009 年第 3 期。
② 《全球风险报告》（*Global Risks Report* 2021），https://reports.weforum.org/global-risks-report-2021/global-risks-2021-fractured-future/。

出，全世界人民在 2020 年经历了忽视流行病等长期风险所带来的灾难性后果。新冠肺炎疫情加剧了贫富差距和社会分化，不仅夺去了数百万人的生命，还拉大了长期存在的健康、经济和数字差距。在社会经济发展日益分散，环境、地缘政治和技术风险日益加剧的时代，社会断裂带来人类健康的持续风险和新出现的风险，如失业率上升、数字鸿沟扩大、年轻人的"幻灭感"（Youth Disillusionment）和地缘政治分裂等一系列问题。企业也面临着无序洗牌的风险，这可能会将大批工人和公司排除在未来的市场之外。环境退化仍然是对人类生存的威胁，并有可能与社会断裂相交叉造成严重后果。2022 年《全球风险报告》强化了以上认识，新冠肺炎疫情及其经济和社会后果继续对世界构成严重威胁。疫苗不平等和由此产生的经济复苏不平衡有可能加剧社会分裂和地缘政治紧张。在最贫穷的 52 个国家——全世界 20% 人口的家园——只有 6% 的人口接种了疫苗。到 2024 年，发展中经济体（不包括中国）将比大流行前的预期 GDP 增长率下降 5.5%，而发达经济体将超过预期 GDP 增长率 0.9%，从而扩大全球收入差距。由此产生的全球分歧将在境内和境外造成紧张局势，有可能加剧该流行病的连锁影响，并使应对共同挑战所需的协调变得复杂，包括加强气候行动、保障数字安全、恢复生计和社会凝聚力等。2022 年 2 月 8 日，联合国发展计划署发布《人类世背景下人类安全的新威胁》（New Threats to Human Security in the Anthropocene）报告指出，"我们正陷入发展困境，在人类寿命延长、健康状况改善和财富增长的同时，安全感却没有出现相应的增长"。这种日益增强的"不安全感"和与日俱增的"风险社会"特征密不可分。"风险社会"概念的建构就是用来表征人类社会中这种令人担忧且难以预期的发展状态，也体现了人们对风险问题的认识已经从最初的"现实关注"提升到了一种系统的"理论自觉"[①]。

2. 风险社会放大理论

在风险社会理论不断发展和风险问题备受关注之后，1988 年 6 月，克拉克大学决策研究院的卡斯帕森（R. E. Kasperson）等学者提出一种新的框架，即"风险的社会放大"框架（Social Amplification of Risk Framework，SARF），用来分析风险问题[②]。风险的社会放大，是指公众对风险事件的感知及其行为反应与专家对风险事件的评估结果极度不符，表现为公众对风险事件感知的夸大或缩小，因此，风险的社会放大具有主观臆想性、不可预测性、成因复杂性和危害多元性的特征[③]。风险的社会放大分风险信息传递和社会反应两个阶段，在这个过程中风

---

① 刘岩：《"风险社会"三论及其应用价值》，载于《浙江社会科学》2009 年第 3 期。

② 王刚、张霞飞：《风险的社会放大分析框架下沿海核电"去污名化"研究》，载于《中国行政管理》2017 年第 3 期。

③ 常硕峰、伍麟：《风险的社会放大：特征、危害及规避措施》，载于《学术交流》2013 年第 12 期。

险事件与心理、社会、制度、文化等交互作用的方式会加强或消减公众对风险的感知并塑造其风险行为，进而产生风险事件的间接影响。其中，信息的传递过程是风险放大的关键，每一个信息接收者都是参与放大过程的放大站，信息通过社会和个体放大站进行加工，经过过滤信号、风险信息加工、赋予社会价值、通过群体互动对信息做出解释、形成对风险做出反应的意图、采取集体或个体行动应对风险的放大过程，实现信息系统和公众反应的互动①。风险的社会放大现象已深入社会生活的方方面面，风险社会放大理论也成为理解风险社会的本质、树立正确的风险价值理念、指导有效风险沟通与风险信息传递的经典理论。

3. 风险感知理论

风险感知（Risk Perception）是源于心理学的概念，用于反映个体如何对各种风险经验和证据进行判断并纳入自己决策的主观活动。起初，风险感知研究主要分为应用心理学方法对风险根源的主观特征和感受进行测量，以及从认知主体自身生活方式的视角理解风险感知及与风险有关的行为两个取向。保罗·斯洛维奇（P. Slovic）系统梳理了风险感知的概念缘起与理论范式，认为目前学界关于风险感知的研究中，地理科学关注在自然灾害和技术治理背景下人的行为特征；社会学和人类学关注在人们所处的各类社会文化因素下公众对风险的感知和接受水平，如玛丽·道格拉斯（M. Douglas）和亚伦·维尔达夫斯基（A. Wildavsky）提出的风险感知文化理论（The Cultural Theory of Risk Perception）②；心理学则强调以实证研究的方式（特别是实验研究）对个体进行风险感知的概率评估、效用评估和决策流程分析。进入大数据时代后，随着物联网技术、传感技术和情境感知技术等的迅猛发展，感知的含义发生了巨大变化，既有"物"的感知，又有"人"的感知，既包括感知现实世界（Sensing），又包括觉察并做出响应（Aware）。因此，从广义来看，公共安全风险感知在感知对象上包括物理感知和社会感知两个方面，在感知过程上又涵盖了风险感知数据的获取、管理与分析，和基于感知数据的风险演化、风险识别与风险态势分析。

4. 风险灾害危机连续统理论

"风险—灾害（突发事件）—危机"连续统解释框架是南京大学童星教授提出的用以解释风险、突发事件（灾害）、危机几个相近概念之间逻辑关系的理论框架。该框架将人类在长期灾害研究过程中形成的三种学术传统融合起来，以建设和完善涵盖风险管理、灾害（应急）管理、危机管理的"三位一体"全过程应对体系。其中，三种学术传统分别为：以"灾害（Disaster）"为核心概念的

---

① 刘慧君、李树茁：《性别失衡背景下的社会风险放大及其治理——基于群体性事件的案例分析》，载于《中国软科学》2010 年第 5 期。

② Sjoberg L. Factors in Risk Perception [J]. *Risk Analysis*, 2000, 20 (1)：1 – 12.

"工程—技术"传统，通过自然科学研究成果和工程技术等来预防和控制灾害；以"危机（Crisis）"为核心概念的"组织—制度"传统，强调通过加强组织管理、完善制度设计以预防、识别、隔离、处理和控制危机；以"风险（Risk）"为核心概念的"政治—社会"传统，通过社会科学的手段与方法认识和理解风险的本质[①]。风险灾害危机连续统理论的重点在于厘清三个核心概念之间的逻辑关系。风险与危机之间存在隐性的因果关系，造成危机后果的根本原因是可以引发大规模损失的不确定性，而突发事件的爆发则有可能使这种潜在的因果关系显性化，风险也能够放大突发事件本身的后果。基于上述"风险—灾害（突发事件）—危机"连续统的解释框架，一方面可构建广泛意义上的"风险管理—灾害（应急）管理—危机管理"全过程应对体系，优化公共安全治理结构的整体框架，另一方面也可以指导公共安全领域的整合研究，实现研究方法和技术的突破以及研究内容与思路的整合。

（三）风险管理

风险管理（Risk Management）是涉及自然科学、社会科学和工程技术众多学科的交叉研究领域。1963 年，美国学者罗伯特·梅尔（R. Mehr）和赫奇斯（B. A. Hedges）发表了《企业的风险管理》一文，引起欧美各国的普遍重视，对风险管理的研究逐步趋向于系统化、专业化，使风险管理成为企业管理领域的一门独立学科，旨在应用管理科学的原理和方法来规避风险，避免事件发生的不良后果、减少事件造成的各种损失以及降低风险成本[②]。1964 年，威廉姆斯（C. A. Williams）和汉斯（R. M. Heins）在《风险管理与保险》中指出，风险管理是通过对风险的识别、衡量和控制从而以最小的成本使风险所致损失达到最低程度的管理方法，它不仅是一门技术、一种方法、一种管理过程，而且是一门新兴的管理科学[③]。从生命周期角度来看，可将风险管理的主要活动分为风险识别（Risk Identity）、风险分析（Risk Analysis）、风险规划（Risk Plan）、风险跟踪（Risk Track）、风险控制（Risk Control）和风险文档记录（Risk Documentation）六部分内容[④]。

风险管理对象的复杂性、需解决管理问题的多样性，决定了其必须建立在复

---

① 童星：《风险灾害危机连续统与全过程应对体系》，载于《学习论坛》2012 年第 8 期。
② 汪忠、黄瑞华：《国外风险管理研究的理论、方法及其进展》，载于《外国经济与管理》2005 年第 2 期。
③ 王稳、王东：《企业风险管理理论的演进与展望》，载于《审计研究》2010 年第 4 期。
④ 朱启超、陈英武、匡兴华：《现代技术项目风险管理研究的理论热点与展望》，载于《科学管理研究》2005 年第 2 期。

杂性科学、信息科学、地理科学、心理学、管理学等多个学科和研究领域的基础之上，并基于专家体系、计算体系、数据体系和管理体系，实现风险管理从定性到定量、从单一到综合、从简单到复杂的综合集成。传统的风险管理研究存在一定的局限性，从理论体系来看，基础理论研究不足且并未形成完整的理论体系；从管理对象来看，注重单一风险源，而对风险的交叉性关联性认识不够；从数据来源来看，对社会数据尤其是物理数据与社会数据的融合重视不够；从研究方法来看，对关联风险、隐藏风险和风险演化态势的识别与评估缺乏手段；从管理方式来看，依赖"预测—应对"型模式，对实时数据监测驱动的"情景—应对"模式缺乏认知；从运行机制来看，以相关职能部门的单兵作战为主，而非多个职能部门基于风险管理任务的联动协同。上述风险管理的局限性也表明了从"风险管理"研究迈向"风险治理"研究的必要性。

（四） 风险治理

风险治理（Risk Governance）作为一个新兴概念，是治理理念在风险管理领域重构的产物。传统的风险管理被视为一个复杂的动态过程，是包括网络系统、社会系统和物理系统以及脆弱性的环境、基础设施等要素在内的复杂系统①。在过去的十年里，风险管理一直是研究者和实践者的兴趣所在，但在当今动态变化的环境中，风险管理的局限性越来越明显。由于风险评估、风险控制和风险沟通三部分组成的传统经典风险分析模型被证明局限于监管机构，无法涵盖管理风险所涉及的各类行为主体和全过程活动环节。风险治理则是在应对风险管理局限性和治理理念推动下，由风险管理概念演化而来的，指对不确定性的集体决策（涉及事件或行动的不确定后果）进行的协调、指导和监管的复杂过程②，将专家、利益相关者和公众参与作为沟通和审议阶段的核心特征。它旨在改变传统风险管理的弊端，强调并非所有的风险都是简单地作为概率和后果的函数来计算，而是在一个复杂的、相互作用的网络中，围绕一组特定的社会问题进行具有约束性的集体决策活动③。由于现代风险的日益复杂性，风险治理研究的一个明显趋势是跨学科和多主体参与。一般认为，公共安全风险治理基本程式涵盖风险识别与分析、风险评估、风险决策、风险行动四个构面④。另外，奥尔特温·雷恩（O. Renn）等

① Zhou Q. L. J. The Risk Management Using Limit Theory of Statistics on Extremes on the Big Data Era ［J］. *Journal of Computational and Theoretical Nanoscience*，2015，12（12）：6237-6243.

② O. R. *Risk Governance* ［M］. 243. Risk Conundrums. ROUTLEDGE in association with GSE Research，2017：43-259.

③ Van Asselt M. Risk Governance ［J］. *Journal of Risk Research*，2011，11（4）：431-449.

④ 朱正威、刘泽照、张小明：《国际风险治理：理论、模态与趋势》，载于《中国行政管理》2014年第4期。

提出了应对风险复杂性、不确定性以及模糊性特征的适应性风险治理的五个主要阶段，包括预评估（Pre-assessment）、正式评估（Appraisal/Estimation）、特征描述评估（Characterization and Evaluation）、管理（Management）、沟通和参与（Communication and Participation），其中所有阶段都需要伴随密集的风险沟通工作[1]。

随着现代社会各类风险事件的复杂性、衍生性、多发性特征增强，公共安全治理也强调治理关口前移，注重不同安全领域的风险治理问题，以提升社会整体对各类公共安全风险和突发事件的监测预警、科学判断和精准决策能力，如食品安全风险评估与管理、自然灾害风险态势感知与演化追踪、社会稳定风险评估与预警等。朱正威等提出在我国各类复杂的社会场景中，公共安全治理体现出新的压力和特征，即风险环境上风险源的潜伏性与关联性不断增强、治理理念上公众公共安全需求的凸显以及制度建设上风险的制度化预期与管理压力的增加[2]。因此，针对不同领域公共安全风险特征，提升公共安全风险治理水平是应对上述挑战的关键路径。

四、迈向数据驱动的公共安全风险治理

在全球化、现代性、城市化不断加深的背景下，公共安全面临的风险以及对风险的准确认知与及时防控成为风险社会背景下的一个重要现实议题。同时，城市公共安全风险因人口的聚集和快速流动，财富、建筑物、灾害事故等的高度集中，呈现出聚集性、脆弱性和社会敏感性等复杂特征。为构建稳健的"公共安全三角形"，一方面需要对不同领域范围内的承灾载体进行实时感知，对潜在的风险源进行有效监测预警，另一方面也需要对由于人为因素和自然因素导致的突发事件及其给社会带来的风险进行有效的治理，通过关键风险识别、感知、评价和控制，为公共安全管理决策提供预警性建议和有价值的情报。

随着大数据时代的来临，公共安全风险的数据特征发生了重要变化，具体表现在：移动互联网、物联网及传感器等技术的广泛应用极大拓展了风险数据源的范围；社会主体因同时扮演数据使用者和创造者的双重角色导致数据量的迅速增加；风险数据中的非结构化数据（如网络日志、音频、视频、图片、地理位置信息等）所占比重越来越大；大数据的价值密度远远低于传统关系型数据库中的数据。这些数据特征的变化给传统的公共安全风险治理带来了巨大的挑战。在技术

---

[1] Renn O., Klinke A., Schweizer P. Risk Governance：Application to Urban Challenges ［J］. *International Journal of Disaster Risk Science*，2018，9（4）：434－444.

[2] 朱正威、吴佳：《中国应急管理的理念重塑与制度变革——基于总体国家安全观与应急管理机构改革的探讨》，载于《中国行政管理》2019 年第 6 期。

层面，公共安全风险数据获取、数据处理和数据分析需要新的技术方法；在组织层面，部门之间条块分割所形成的"数据孤岛"问题需要对传统僵化的组织结构实行变革；在制度层面，信息公开、数据资产产权及交易、开放数据、数据共享等方面的政策法规和标准等需要建立。这意味着大数据作为环境要素和内生变量，对公共安全风险治理理论重建和模式变革提出了现实要求。

数据驱动公共安全风险治理，即在公共安全治理理念变革与大数据技术理论发展的双重驱动下，对公共安全风险治理关键功能节点——风险感知、风险评估、风险控制、风险沟通——分别展开数据驱动公共安全风险治理的理论、方法和应用探索，在此基础上，构建数据驱动公共安全风险治理模式，支持管理主体的风险决策水平并全面提升公共安全风险治理效能。

第二节　公共安全风险研究的逻辑进路

1986 年，德国社会学家乌尔里希·贝克（U. Beck）在《风险社会——走向新的现代性》一书中指出，"人类已进入了风险社会时代"①。如今，这一论断已成为当前全球风险研究学术共同体之间进行话语沟通的基本共识和政府制定风险治理政策的重要前提。进入 21 世纪以来，在传统自然灾害不断加剧的同时，人类又面临着前所未有的极端风险和新兴风险的挑战，如中国的南方雪灾事件（2008 年）、西非的埃博拉病毒（2014 年）、缅甸的热带风暴（2008 年）、美国的卡特琳娜飓风（2005 年）和加州森林火灾（2018 年）、日本福岛核电站爆炸（2011年）以及全球大流行的新冠肺炎疫情（2020 年）等。而且，重大风险事件的系统性、衍生性和关联性特征造成了人类出现逆全球化浪潮、风险治理合作失灵等消极表现。这不仅充分暴露了人类社会在现代风险面前的脆弱性，而且也显示出风险诱因和演化过程的不确定性所带来的治理复杂性。归纳来看，科学认识风险的现代性本质、精准评估与分析风险，进而有效预测与应对风险，构成了公共安全风险研究领域的三个关键科学问题。本节阐述公共安全风险研究的逻辑进路，系统勾画公共安全风险研究的演化图景，并对以上三个关键科学问题予以回应。

一、公共安全风险研究的层次模型

长期以来，科学研究一直被视为通过认识客观事物的内在本质和运动规律而

---

① Beck U. *Risk Society: Towards a New Modernity* [M]. Sage, 1992.

进行的知识生产活动。这一活动过程重在发现、探索和解释自然现象，强调对事实经过充分论证之后形成的理论成果、关键技术与实践应用。随着社会科学的发展以及跨学科研究深度与广度的增加，人们认识到价值、规范等因素在科学研究中发挥着不可或缺的重要作用。由此，科学研究过程逐渐发展出由最低到最高五个层级：了解与报道、叙述、预测、解释以及控制。同样，作为风险科学研究的重要组成部分，公共安全风险研究也是基于风险价值与风险事实进行的风险知识生产与创新过程。

那么，公共安全风险研究过程遵循着怎样的逻辑进路？从动态发展经验看，公共安全风险研究的演进一直遵循着"理论建构—技术分析—实践应用"的学术传统，由此延伸出公共安全风险研究中的"风险概念化—风险工具化—风险应对"三个关键科学问题，这些问题相互衔接，形成了公共安全风险研究中的风险认知、风险分析与风险管理三大研究领域，共同推动着公共安全风险研究的新进展。

我们将这一演进过程归结为公共安全风险研究的逻辑进路，并构建了公共安全风险研究的层次模型（见图1-2），便于系统地勾画公共安全风险研究的总体图景。

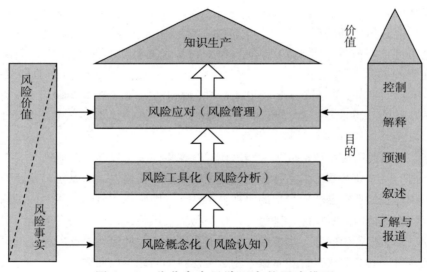

图1-2 公共安全风险研究的层次模型

具体来讲，风险概念化是真实世界经过人们风险认知所折射形成"人化"世界的过程，旨在以概念形式将风险事实与风险现象抽离出来以明确风险的来源及其本质，以科学知识表述风险的复杂性与不确定性，这一直是风险研究共同体致力于解决的基础理论问题，并由此推动现代风险及其相关管理概念的形成与发展。风险概念化涉及风险本源及其认知问题，是公共安全风险研究的逻辑起点，也是认识与理解风险工具和风险管理的前提与基础。风险工具化是在风险概念化的基础上，通过模型与技术工具对风险事实与风险现象实现量化和可视化，是风险分析与评估的重要组成部分。具有复杂不确定性的风险世界需要简约化的模型予以理解，帮助人们评估风险与感知风险，从而探究风险因素与人类社会及其行为之间的因果关联。风险工具化旨在实现风险分析工具的开发与应用，以追求更为准确、合理的风险评估与测量为根本目标。风险管理是风险研究的最高层次，是风险研究者面向解决风险的管理问题所进行的理论审视，体现了风险概念化向风险工具化成功转化后的实践与应用归旨。风险管理研究通过风险测量与评估，进而预警与防范各类公共安全风险问题，并通过制定政策标准和制度规范、加强政民风险沟通、优化风险决策机制等实现风险问题的消解与应对。

二、公共安全风险研究的概念化

自 20 世纪 70 年代以来，风险科学日益成为独立的研究领域，如何理解和处理不确定性成为国内外研究的重要议题，其底层逻辑始于风险的概念化，即如何认识风险的本源问题，这决定着风险计算工具的设计与风险管理策略的选择，但目前学界对于风险尚未形成统一的认识。从风险定义来看，有些定义基于概率、机会或预期值，有些定义基于不良事件或危险，有些定义则基于不确定性。从风险来源看，一些学者认为风险是来自主观认知的，依赖于现有的知识和经验，而另一些人则赋予风险独立于评估者自身的本体论地位[①]。可以说，人们对于风险的认识一直是一个流动的、多变的、发展的动态过程，这主要源于风险自身的复杂性以及理解风险视角的多样化。尤其是除了科学因素外，风险概念及认识还与社会的价值规范、个体的感知差异有着内在而密切的联系[②]，这在丰富了风险认识的同时，也增加了人们对于风险概念理解的难度。

（一）风险概念的演变

为了更加清晰地展示风险概念化的研究进展，泰耶·阿文（T. Aven）对过去 30～40 年的相关文献进行系统梳理，并将风险研究学者对风险的概念化进行了时序上的整理，得到风险概念的演化过程（见图 1－3）。他指出，"从历史和发展趋势的角度研究风险概念对于风险评估、风险管理和风险沟通非常重要，因

---

① Aven T. The Risk Concept—historical and Recent Development Trends [J]. *Reliability Engineering & System Safety*, 2012: 33 - 44.

② Slovic P. The Psychology of Risk [J]. *Saude E Sociedade*, 2010, 19 (4): 731 - 747.

为它可以加强对这些领域的基础性理解"①。泰耶·阿文研究发现，学界对于风险的概念认识包括预期价值（损失）、不良事件概率、客观不确定性、潜在损失、后果严重性等，并从早期基于概率的狭隘视角逐渐转向强调事件、后果和不确定性的思维。需要指出的是，虽然风险的概念在与时俱进的丰富与发展，但早期狭隘的风险观点（如预期值和基于概率）仍然强烈地影响着当下的风险研究领域。

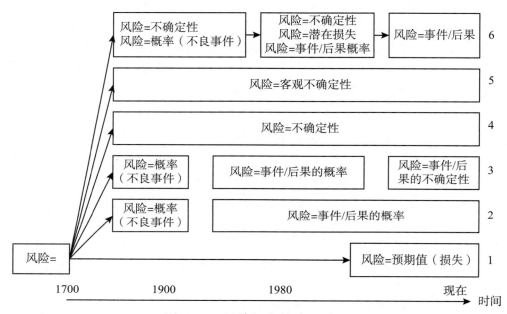

图 1 - 3　风险概念的演化过程

20 世纪 70 年代，邓肯（O. D. Duncan）在考察社会学家从 20 世纪 40 年代末期开始研究原子能的社会影响的几十年历程之后，提出风险研究可能"存在一种稳定的进化，在这当中问题首先被定义为科学的和技术的，随后被定义为经济的，再之后被定义为本质上是社会的和政治的"②。芭芭拉·亚当（Barbara Adam）也指出，"媒介化的普遍性、高度的不确定性以及政治参与的必然性都意味着不存在单一的真理，没有什么事实能够独立地置身于语境、位置、视角、利益以及权力为基础解释因素的相对影响之外"③。2015 年 3 月 18 日，第三届世界减灾大会在日本仙台落下帷幕，大会通过的《仙台减少灾害风险框架（2015 ～ 2030

---

① Aven T. The Risk Concept—historical and Recent Development Trends［J］. *Reliability Engineering & System Safety*，2012：33 - 44.

② 伍麟：《风险概念的哲学理路》，载于《哲学动态》2011 年第 7 期。

③ 芭芭拉·亚当、乌尔里希·贝克、约斯特·房·龙：《风险社会及其超越——社会理论的关键议题》，赵延东、马缨等译，北京出版社 2005 年版。

年）》（UNISDR，2015）将了解灾害风险摆在了风险研究的首位，专门制定了灾害风险应对的四个优先事项，可为风险内涵认知的不断丰富作为实践注脚。

迄今为止，学界关于风险概念的争论仍在继续[1][2]，这意味着风险认识也在持续深化之中。其中，法国思想家、社会学家布鲁诺·拉图尔（B. Latour）是风险概念创新的代表性人物。他的理论是继乌尔里希·贝克（U. Beck）等掀起风险社会理论思潮之后，对于风险概念认识的再一次升华。他从本体论出发重构了风险概念，将"风险"放在行动者网络中来理解，认为对风险最好的诠释就是"网络"，这能够凸显自然与社会之间的现实纠缠态[3]。随着人们对于风险本质多元属性特征认识的不断加深，风险的外延也在不断拓展与细化，但它在现代社会中的表现与过去已经有本质的不同，逐渐分化出新的风险研究领域，出现了新兴风险、级联风险、衍生风险、巨灾风险、跨界风险等新的风险构念。

（二）传统的风险认知及挑战

近代以来，受实证主义观念和管理科学的影响，学界围绕风险科学研究的整体图景基本是沿袭风险一元论或风险二元论指导下的研究范式所展开的，这种学术传统不仅时常引到风险决策的多重危机，而且一定程度阻碍了新时期人们对于风险决策和管理理论及方法的创新。

1. 风险认知的演进

风险首次进入人们话语体系是源于航海中的危险因素，体现为航海遇到礁石、风暴等自然灾害事件。在前科学时期，人们将风险视为独立于人的、存在于自然界的威胁和损失，风险来源与风险受体二者是相互独立和分离的，这代表着早期社会形成的以客观实在性为认识基础的风险一元论。在人类开启工业化之前，安全风险的出现主要是由于物资匮乏、自然环境恶劣和控制自然灾害技术低下等原因导致的，相应地，那时人们所面临的主要是疾病、贫困、年老、饥馑、灾荒等与自然界和物质世界密切关联的风险。在这种自然经济条件下，对于社会个体所遭受的风险进行救助的群体或组织主要是家庭、以宗教为核心的慈善组织和地方性的社会组织[4]。因此，这一时期人们对于风险的认知是在一元论的影响下形成的，即主要探讨自然灾害领域的风险，并将风险定义

---

[1] Shi P.，Ye T.，Wang Y.，et al. Disaster Risk Science：A Geographical Perspective and a Research Framework [J]. *International Journal of Disaster Risk Science*，2020，11（4）：426－440.

[2] Aven T. The Risk Concept—historical and Recent Development Trends [J]. *Reliability Engineering & System Safety*，2012：33－44.

[3] 江卫华、蔡仲：《风险概念之演变——从贝克到拉图尔》，载于《自然辩证法通讯》2019 年第 5 期。

[4] 风险社会．MBA 智库百科，https：//wiki. mbalib. com/wiki/% E9% A3% 8E% E9% 99% A9% E7% A4% BE% E4% BC% 9A.

为"危险源（Hazards）×脆弱性（Vulnerabilitiy）"，其中危险源主要指地震、洪水等客观危险因素。

到了 20 世纪 60 年代，因核辩论引发了人们从心理学视角对于风险认知的关注，并拓展到食品安全、环境保护、医疗卫生等领域。学者们发现了专家与公众之间普遍存在的风险认知偏差现象，促使人们相信风险的本体不仅是来自物质世界，也来自人们感知世界。正如安东尼·吉登斯（A. Giddens）所言，风险不仅仅是来自传统或自然的不变性所带来的外部风险，也存在来自人类自身文明发展中对世界影响所产生的风险，即"人为制造的风险"（Manufactured Risk）[1]。伯恩德·罗尔曼（B. Rohrmann）认为，风险认知是指人们对正在或可能影响他们的危险的判断、评估及态度，他进一步区分了"认知风险"与"实际风险"，其中，"认知风险"指人们对风险的识别和判断是基于经历、经验及文化背景的联想和直觉感知，而"实际风险"的识别和判断却是以理论为基础的，经过系统的计算、统计和分析得来[2]。阿达尔伯特·埃弗斯（A. Evers）和赫尔加·诺沃尼（H. Nowotny）从风险概念辨析来理解风险的来源，他们较早地将风险与危险进行概念区分，认为"危险"是与主体选择无关的未来危害可能性，但"风险"是主体自己的决定造成的[3]，这进一步否定了风险纯粹的客观实在性。不难发现，以上风险认识是以风险内在结构之间的割裂为基础展开理解的。这导致了风险科学研究中最根本的分裂：一方将风险视为客观的由物理事实决定的，另一方则坚持风险是一种独立于物理事实的社会建构产物[4]。

尽管自 20 世纪 70 年代以来，人们对于人因风险的担忧越来越明显，但并非所有的现代风险都来自人类对自然界的干预。对风险的焦虑不仅与自然和个体有关，而且也与现代社会的自我理解有关[5]。玛丽·道格拉斯（M. Douglas）认为，风险是一种文化建构。同时，她并不否认风险存在的客观性[6]。风险可以被看作是一种表达不确定性的方式，也是一种群体感知的集合。这意味着风险应该被视为一种价值判断而不是事实[7]。根据传统定义，风险被认为是可量化的，其大小是风险事件发生的概率与不良后果的乘积。但建构主义学派认为，概率是

---

① 吉登斯等：《现代性的后果》，译林出版社 2000 年版。

② Rohrmann, B. Risk Perception of Different Social Groups：A Cross-national Comparison ［J］. *Australian Journal of Psychology*，1994，46：151 – 167.

③ 郑作彧、吴晓光：《卢曼的风险理论及其风险》，载于《吉林大学（社会科学学报）》2021 年第 6 期。

④ Hansson S. O. , Aven T. Is Risk Analysis Scientific ［J］. *Risk Analysis*，2014，34（7）：1173 – 1183.

⑤ https：//www. sciencedirect. com/topics/social-sciences/risk-society。

⑥ 何珊君：《高风险社会的表现、特征及缘由——基于风险社会理论的中国视角》，载于《西北师大学报（社会科学版）》2018 年第 1 期。

⑦ Aven T. , Kristensen V. Perspectives on Risk：Review and Discussion of the Basis for Establishing a Unified and Holistic Approach ［J］. *Reliability Engineering & System Safety*，2005，90（1）：1 – 14.

风险知识状态的表达式，它取决于信息和分配的个人知识。任何风险都不存在普遍且真实的概率[1]。也就是说，每个社会拥有的风险观念都是其感知的结果。这意味着人们并不会将所有"危险"都收入囊中，而是选择性地将其中一些视为"风险"[2]。

2. 传统风险认知带来的挑战

无论是风险一元论还是风险二元论指导下的风险管理实践都不可避免地面临着理论诘难与实践困境，并遭到多重批判，尤其是其对于风险决策的消极影响。归结来看，传统风险认知的弊端主要在于以下几方面原因：

一是技术标准的自反性危机。越来越多的研究表明，科学知识本身并非我们期望的那么客观和一致。实际上，人们对于风险知识的生产、风险事实的掌握、风险经验的获取，都无不依赖于复杂的环境因素。这说明现代的安全秩序是建立在"已知区域"的科学理性基础之上的，而现有科学知识的有限性和风险研究中的"未知区域"导致技术标准并不总是正确，其自反性潜藏着未知的风险。20世纪90年代，让西方世界为之恐慌的"疯牛病"危机爆发就是一个例证。另外，仅仅建立在定量方法上的安全文化也被认为是牵强的，因为概率是建立在现有知识上的，而这些知识不可避免地包含人们的偏见甚至错误的成分[3]。在面对复杂多变的真实世界时，风险研究追求模型"简约化"的倾向又容易导致对于真实世界中风险的理解和把握不足。这些危机最终促使风险决策本身成为加剧风险社会程度不可忽视的助推力量，成为安东尼·吉登斯（A. Giddens）所谓的"被制造出来的风险"的一部分。

二是专家经验的局限性危机。长期以来，专家知识作为解释风险事实的专业依据[4]，并成为现代政府决策的重要知识来源。事实上，专家知识并不能代替风险事实，更不能等同于风险事实。这主要在于：一方面，当科学进入后常规阶段，科学家随时会面临"跨界科学"研究现象，即由于科学固有的不确定性和知识的高度细化，专家难以对涉及的所有政策问题进行科学准确评估[5]。另一方面，专家的知识以及立场受到专业、经济、政治等因素影响，其建议的独立性和客观

① Raaijmakers R., Krywkow J., Der Veen A. V., et al. Flood Risk Perceptions and Spatial Multi-criteria Analysis: An Exploratory Research for Hazard Mitigation [J]. *Natural Hazards*, 2008, 46 (3): 307 – 322.

② 黄剑波、熊畅：《玛丽·道格拉斯的风险研究及其理论脉络》，载于《思想战线》2019年第4期。

③ Aven T., Ylönen M. How the Risk Science Can Help Us Establish a Good Safety Culture [J]. *Journal of Risk Research*, 2021, 24 (11): 1349 – 1367.

④ 肖梦黎、陈肇新：《突发公共危机治理中的风险沟通模式——基于专家知识与民众认知差异的视角》，载于《武汉大学学报（哲学社会科学版）》2021年第6期。

⑤ 王佃利、付冷冷：《行动者网络理论视角下的公共政策过程分析》，载于《东岳论丛》2021年第3期。

性也难以保障。一些学者认为，专家基于过去经验所形成的风险认知、评估、决策并不可靠，甚至会引致更大风险[①]。例如，社会民众对核电项目风险的担忧，使得依托于专家风险评估的政府决策变得越来越难以被接受[②]。

三是行政决策的公共性缺失危机。20 世纪以来，公民参与理论、协商理论、治理理论等经典理论，以及开放决策、循证决策等新兴理念为公众参与风险决策提供了理论依据，各国政府也通过颁布法律赋予了公民参与行政决策充分的合法性基础。随着现代公众科学素养的整体提升，公众逐渐从科学知识的接受者转变为质疑者和生产者，公众共同体与专家一起参与决策的呼声日益高涨[③]。但现实却并非如此，例如，地方政府在政务舆情治理中，往往忽视公民期望导致了舆情回应的低效。

四是未知风险引致的价值冲突危机。由于人类认知的有限性，并非所有风险都被人类所认知，甚至大部分风险都仍处于"黑箱"之中。这些风险是如何演化形成的，会带来哪些严重后果，对此还难以判断。如人工智能、转基因等存在着安全性、算法歧视、人工主体权利等伦理风险，而这些伦理风险的形成主要是因为算法的复杂性、不可预测性，价值理性和工具理性难以协调，风险认知与应对能力的有限性，以及不同利益相关者价值观负载等引起的价值冲突[④]。对于这类价值冲突，依靠传统的专家知识和决策经验是难以应对的，同样要求纳入社会多元主体协商讨论。

（三）现代风险认知的形成

1. 风险二重性的兴起

20 世纪 80 年代初，学界出现了对风险技术分析的系统性反思。进入风险社会后，面对人类生活生产环境比以往任何时候都更具动态特征和复杂性，风险研究者逐渐意识到风险的这种不确定性很大程度来自人为因素，风险二元之间并非"非此即彼"的关系，而存在着"相互包含"的关系。风险的本体不仅是来自物质世界，也来自人们的感知世界。乌尔里希·贝克（U. Beck）直接指出，"因为风险是感知上的风险，所以风险和风险感知不是两个东西，而是一个相同

① 张成岗：《灾害情境下的风险治理：问题、挑战及趋向——关于后疫情时代社会治理的探索》，载于《武汉大学学报（哲学社会科学版）》2020 年第 5 期。

② 朱正威、王琼、吕书鹏：《多元主体风险感知与社会冲突差异性研究——基于 Z 核电项目的实证考察》，载于《公共管理学报》2016 年第 2 期。

③ 谭爽、兰雪花：《点亮知识暗区：科技风险论争中常民共同体的知识生产行动》，载于《公共管理评论》2021 年第 4 期。

④ 宋艳、陈琳、李琴、何嘉欣、汪悦：《人工智能伦理风险感知、信任与公众参与》，载于《科学学研究》2022 年第 7 期。

的东西"①。

20 世纪 90 年代以来，从技术与文化相融合的角度理解风险概念成为明显趋势②。2009 年，联合国将"自然灾害日"（10 月 12 日）改名为"灾害日"，以表明灾害不仅是来源于自然世界，还包括社区和个人应对外部危机导致的结果。希拉·贾萨诺夫（S. Jasanoff）直白地指出，风险知识是在不同的政治和文化边界约束下，为了服务于不同的社会管理职能而产生，并反过来塑造和指导我们进行风险概念化的能力③。正因为如此，风险概念逐渐演化成为不同领域学科、不同研究目的、不同理论取向的学者所进行分割、碰撞与创新的对象。从风险来源看，风险不仅仅在技术应用的过程中被生产出来，而且在赋予意义的过程中被生产出来④。风险具有客观实在性，如空气污染、森林破坏、地震伤害等，风险又与人类社会的认知、预期、可接受性等心理及文化因素密切相关⑤。而且，学者们发现即使是对风险概念所作的最为严谨、稳健的客观性说明，也不可避免地包含着潜在的政治、伦理和道德因素⑥。因此，试图在概念上将风险的客观实在性和社会建构性进行剥离几乎是不可能的。已有不少风险研究学者主张风险认知的理论应该将客观主义视角和建构主义视角进行融合，这样才能如实地解释和反映现实世界的风险现象⑦。鉴于此，我们提出了"风险二重性"这一新概念，用于表明现代风险的本体具有二重性特征。可以说，风险二重性源于对传统风险研究中的"二分法"传统的理论反思，旨在推动风险认知从"二分"走向"融合"，是对风险一元论的彻底否定和对风险二元论的融合发展，意味着一种新的理解风险主客体关系的公共安全风险理论的出现。

如前所述，现代风险研究对专家专业权威性与科学知识确定性的质疑，加速瓦解了传统风险认识的基础。与此同时，新兴数字技术与手段的兴起与日渐成熟，为风险二重性的理论构建奠定了方法论基础。因此，风险二重性的提出并不是偶然的，而是与风险科学发展、风险决策实践需求以及计算社会科学研究方法体系转型相适应的。从风险理论进展看，风险一元论机械地否定了风险社会建构性的一面，忽视了风险情景中人的主体性和能动性。风险二元论虽然承认风险的

① Beck U. , Lash S. , Wynne B. *Risk Society：Towards a New Modernity* [M]. Sage, 1992.

② 伍麟：《风险概念的哲学理路》，载于《哲学动态》2011 年第 7 期。

③ Jasanoff S. Bridging the Two Cultures of Risk Analysis [J]. *Risk Analysis*, 1993, 13 (2)：123 – 129.

④⑥ 芭芭拉·亚当、乌尔里希·贝克、约斯特·房·龙：《风险社会及其超越——社会理论的关键议题》，赵延东、马缨等译，北京出版社 2005 年版。

⑤ 范如国：《"全球风险社会"治理：复杂性范式与中国参与》，载于《中国社会科学》2017 年第 2 期。

⑦ 张贵祥：《风险认知的两种哲学视角及其融合趋势》，载于《自然辩证法通讯》2016 年第 4 期。

多元性，但这种结构化认识割裂了风险自身的内在统一性，无法从根本上克服主客体二元结构带来的决策冲突。例如，风险研究者不可避免地陷入回答风险究竟是"个体的"还是"集体的"，"主观的"还是"客观的"，"事实的"还是"价值的"，"究竟何时风险呈现的是客观性一面，何时呈现的是建构性一面"，抑或"社会风险就是建构的吗，自然风险就是客观的吗"等未竟问题。总之，任何强调单一风险取向的风险研究都不免落入个人的偏见之中，不能全面地认识与理解风险本身。

2. 风险二重性的理论阐释

风险二重性理论的核心观点是现代风险，是社会建构风险和客观实在风险的辩证性统一。这意味着客观实在性和社会建构性不再是风险体系中相互独立的类型化特征，而是统一于风险本身的结构之中，二者是一种辩证统合关系。这一理解既抛开了传统对于风险本质究竟是客观的还是主观的追问执念，也扬弃了风险"既是主观的又是客观的"这种模棱两可的解释。具体来看，社会建构性风险是指无差别的人类一般风险，是来自因身体、财产等受到威胁而产生的一般性恐慌、担忧。客观实在性风险是指具有特定形态、作用对象、运动规律的特定风险。易言之，客观实在的风险和社会建构的风险不是两种独立的风险类型，而是从属于风险结构本身，与风险是一体两面的关系。

进一步来看，风险二重性的辩证统一性表现为四对关系：

一是风险个体性和集体性的辩证统一。从个体与集体关系来看，风险的客观实在性主要是遵循集体主义路径并面向构建集体安全体系进行阐释的，通过确立一般性、普世性的安全标准来对风险威胁进行评估与研判，对于风险的个体特征关注不足。与其相反，风险的社会建构性虽然受社会心理和文化影响，但强调个体风险感知水平，关注年龄、性别、职业、地域等个体特征导致的风险接受程度差异问题，以此来理解风险的多样性、多元性和不确定性。

二是风险客观测量和主观评估的辩证统一。从风险计算来看，依靠科学技术方法测量风险大小体现了风险客观性分析路径，依靠专家经验与公众认知判断来评估风险水平则体现了风险建构性分析路径。一般而言，所有客观实在的风险都是可以被"测量"的，但不可以被"评估"；所有主观感知的风险都不可以被"测量"，但可以被"评估"。其中，"测量"是根据风险源所具有的某种固有的属性进行，"评估"则是根据特定主体的某种先验的价值观进行。根据风险二重性的理解，无论是风险测量还是风险评估，都是针对同一风险进行的分析，只是两种路径分析标准不同。其中，"测量"是技术标准，而"评估"是价值标准。

三是风险文化取向和技术取向的辩证统一。从风险测量来看，理解现代风险的本质既不能简单依靠技术工具进行风险量化分析，也不能纯粹从社会文化视角去理解风险大小。任何脱离风险自然属性或社会属性的认知都无法全面地认识与理解风险。尤其当我们处理高度不确定性的问题时，风险事实和风险价值常常是合流在一起的。因此，风险分析学者不管他们的学科背景如何，都不得不承认风险评估不是一个客观的科学过程，这也使得风险的文化取向与风险的技术取向之间是难以分割的。

四是风险自然属性与社会属性的辩证统一。传统风险认识中按照风险来自自然界和人类社会将风险简单划分为自然风险和社会风险。实际上，根据风险二重性的理解，面对真实世界中价值与理性因素的绞合互动，并不存在纯粹的自然风险与社会风险，这两类风险是互为建构，不可分割的，共同形成一个与人类行动互相联系的风险结构整体。现实中，人们遇到的"天灾"中所潜藏的"人祸"因素愈加凸显。2021 年，全国共发生地质灾害 4 772 起，造成 80 人死亡、11 人失踪，直接经济损失 32 亿元[①]。据统计，由于地下水超采、不合理开矿及工程建设等人为因素诱发的地质灾害，目前占我国每年地质灾害总量的 50% 以上，并呈现逐步增长的趋势[②]。

三、公共安全风险研究的工具化

科学研究的重要动力在于其自我完善与改进的能力，尤其体现在研究方法和工具的创新上。同样，公共安全风险研究的大量科学工作致力于确定和开发合适的风险计算与分析工具。过去，由于科学技术水平的限制，人们对于风险的计算主要是依靠历史实践与管理者经验获得。一直到了近代以来，伴随着保险业、银行业的兴起，推动了以概率为核心的风险评估方法的形成，风险分析才真正步入量化时代。风险工具化是风险决策与管理的前提，一切风险研究与实践都离不开风险的量化与评估。例如，《中华人民共和国突发事件应对法》将突发事件分为自然灾害、事故灾难、公共卫生、社会安全四类，并依据其可能造成的危害程度、波及范围、影响力大小、人员及财产损失等情况，由高到低划分为特别重大（Ⅰ级）、重大（Ⅱ级）、较大（Ⅲ级）、一般（Ⅳ级）四个级别。这种对于风险类型的等级划分就是建立在不同后果的量化评估基础上得来的，从而为公共安全风险决策与响应提供重要的依据。

---

① 北京日报客户端：《2021 年全国地质灾害致 80 人死亡直接经济损失 32 亿》，https：//baijiahao. baidu. com/s？ id = 1721836928398039151&wfr = spider&for = pc，2022 - 01 - 13。

② 《我国每年五成地质灾害人为诱发》，载于《共产党员》2007 年第 17 期。

（一）概率主导的风险分析

风险分析的早期研究主要集中在科学技术领域，哲学思维方式以实证主义为主。尽管其后陆续有其他的范式出现，但以倡导技术分析的实证主义范式一直是研究的主流范式。风险概念技术立场其背后的基本理念是：科学活动是客观的，科学活动的目的是解释与建立事实，与价值判断无关。只要遵循科学的研究方法和逻辑，风险评估就能够在科学范围内不依赖于其他因素（社会、文化、政治等）而独立地进行，其结果是普遍且有效的[①]。因此，概率风险评估（PRA）在很长的时期都被视为一种广泛应用的重要量化工具。在此基础上，发展而来的风险计算方式是将风险看作事件发生的可能性与影响程度共同作用的结果，用公式来表示：风险 = 可能性 × 严重性。

显而易见，概率风险评估是遵循传统风险一元论认识指导下所展开应用的。但越来越多的学者发现基于概率的风险评估方法过于狭窄，同时还存在很大的不确定性[②]。当论证遵循不同的研究思路时，用于分析的知识和信息往往难以用概率准确地反映出来[③]，尤其是罕见的、未知的"黑天鹅"事件。而且，限于经验知识、动机偏好或者信息不对称，人们难以洞察所有风险，更加不可能将所有备选决策和结果一一列出[④]。人们意识到，正是由于过去将风险研究假设为科学的认识，对风险的分析往往依赖单一的技术方法，即运用风险评估机制计算某种风险的产生与发展，文化因素被排斥在风险研究之外[⑤]，例如社会公众的风险表达、社会情绪的变化和困难群体的价值诉求未能纳入风险分析之中。简言之，传统风险技术分析本质上是在价值中立基础上的科学活动，将价值因素排斥在科学分析之外，难以全面理解风险的"全貌"。正因为如此，在较长一段时间内，风险分析本身并没有被广泛接受为一门科学。

从风险测量看，风险技术分析遭受社会科学界的诸多批判，尤其是面对现代风险问题，有学者认为，现代风险往往会造成系统的、不可见的、不可逆的严重后果，人们以往应对危险的经验将不再灵验。在某种意义上，现代风险是不可预测、不可计算的，没有任何专家可以将这种不确定性转化为确定性[⑥]。风险社会

① 伍麟：《风险概念的哲学理路》，载于《哲学动态》2011 年第 7 期。

② Aven T. An Emerging New Risk Analysis Science：Foundations and Implications ［J］. *Risk Analysis*，2018，38（5）：876 – 888.

③ Aven T. , Zio E. Foundational Issues in Risk Assessment and Risk Management ［J］. *Risk Analysis*，2012，34（7）：1647 – 1656.

④⑤ 黄剑波、熊畅：《玛丽·道格拉斯的风险研究及其理论脉络》，载于《思想战线》2019 年第 4 期。

⑥ 张文霞、赵延东：《风险社会：概念的提出及研究进展》，载于《科学与社会》2011 年第 2 期。

对风险的感知和管理并不能完全仰赖科学理性，建立在科层制基础上的现代社会将社会治理按照理性的可计算和标准化原则，被高度专业化和技术化，技术性官僚体系按照工具理性原则运作的结果之一是造成"耶路撒冷的艾希曼①"式的不作价值判断的平庸之恶②。总之，概率主导的技术风险分析代表的仅仅是一个狭窄的框架，不应成为风险识别、评估和管理的单一标准③。

（二）数据驱动的风险分析

目前，相较于传统的概率分析方法，学界已经提出了许多用于融合数字技术的风险分析模型与算法。这主要在于信息时代海量多源异构数据的涌现和数据获取能力的增强，以及数据处理分析能力的提升。以公共卫生风险监测为例，传统的流行病监测通常是利用医疗健康系统数据，如电子健康记录、实验室检测数据、病人电话、保险索赔记录、出住院证明以及人口健康数据库等。但是，这些数据具有明显的滞后性，且采集成本高，难以满足精准监测的风险分析需求。相比之下，来自互联网、物联网、社交媒体等渠道的数据更具动态实时性，为及时感知风险、跟踪疫情、深度挖掘人群行为等提供了可能。数据驱动的风险分析是基于关联关系的研究，对于数据的搜集往往超越现有的正式渠道，它意味着一种无特定目的来收集数据的行为④。其中，基于互联网、社交媒体等获取的数据经常是未通过官方正式渠道采集和利用的数据，这些数据提供了包括公众个体的检索经历、接触史和旅行轨迹等在内的有关健康状况与行为的信息，是理解流行病传播和风险预测建模的关键要素⑤。

风险分析模型作为研究风险传播机理、预测趋势以及评估不同干预策略的重要方法和工具，一直受到学界的广泛重视。例如，流行病模型的建立依赖于人类的互动行为、临床监测和互联网数据等多种数据源以及能够改变病原体动态的环

---

① 注：阿道夫·艾希曼，纳粹德国高官，是在犹太人大屠杀中执行"最终方案"的主要负责者。1961 年 2 月 11 日艾希曼于耶路撒冷受审，在接受审判时，艾希曼一直认为自己没有做错，自己只是在执行命令而已。《耶路撒冷的艾希曼》一书作者阿伦特认为，艾希曼既非生性凶残冷血的恶魔，亦非心理变态的怪物，而只是一个正常得令人惊讶的"普通"人。由此，阿伦特以"恶之平庸"代替了关于纳粹的恶魔神话。

② 韩欲立：《风险社会理论与重大疫情事件中的思想政治价值引导》，载于《贵州社会科学》2020年第 2 期。

③ Renn O. Three Decades of Risk Research：Accomplishments and New Challenges [J]. *Journal of Risk Research*，1998，1（1）：49 – 71.

④ Constantiou I. D.，Kallinikos J. New Games，New Rules：Big Data and the Changing Context of Strategy [J]. *Journal of Information Technology*，2015，30（1）：44 – 57.

⑤ Bansal S.，Chowell G.，Simonsen L.，et al. Big Data for Infectious Disease Surveillance and Modeling [J]. *The Journal of Infectious Diseases*，2016，214（suppl_4）：S375 – S379.

33

境数据①。在过去的 15 年中，通过整合大规模数据集和模拟人群动态特征，流行病学使用数学和计算模型来模拟现实世界的精准度得到了显著提高②，尤其是大数据技术的应用提高了风险监测模型精准性和预测算法高效性。数据驱动的风险监测整合了基于指标的风险监测和基于事件的风险监测两种方式。基于指标的风险监测（Indicator-based Risk Surveillance）是指常态化情景下通过常规监测系统收集的结构化数据，如健康记录、医疗记录、实验室检测记录等，根据相关指标早期发现可能存在的流行病风险。基于事件的风险监测（Event-based Risk Surveillance）主要是指非常态情景下或突发事件发生后从正式渠道和非正式渠道收集的非结构化数据③，是事后对于确定的真实事件进行持续监测的行为，如预测流行病的移动速度、传播方式、波及人群规模，以及发现人们在疫情防控期间可能出现的非理性决策与行为等。数据驱动的风险监测模型还可将病原体、人群行为及政府干预（检疫手段、接触隔离、使用口罩）等更多变量纳入，提升流行病监测预警的准确性。

（三）基于风险二重性的风险分析

随着风险认识的不断深化，概率已经不是简单、纯粹的数学概念和数字形式，它承载着更为复杂、丰富的社会元素和生活内容。概率内涵的转变代表着风险概率从单一技术分析走向技术与文化分析相融合④。因此，风险研究者的主要任务之一就是推进综合风险评估与分析，以及基于自然科学、技术科学和社会科学的见解创新风险管理战略⑤。在风险二元论影响下，传统以科学理性取向的风险决策也开始反思，发现对风险进行单纯的"科学计量"或完全的"客观评价"是有违客观事实的，有时也是危险的⑥。但与所有科学模型一样，现有风险分析模型是基于与所建模现象相关的简化⑦，难以全面衡量现代风险的二重性特征。从传统风险认识指导下的风险分析逻辑看，其始终存在内在的矛盾与冲突。比

① Moran K. R., Fairchild G., Generous N., et al. Epidemic Forecasting is Messier than Weather Forecasting: The Role of Human Behavior and Internet Data Streams in Epidemic Forecast [J]. *The Journal of Infectious Diseases*, 2016, 214 (suppl_4): S404 – S408.

② Merler S., Ajelli M. The Role of Population Heterogeneity and Human Mobility in the Spread of Pandemic Influenza [J]. *Proceedings of The Royal Society B: Biological Sciences*, 2010, 277 (1681): 557 – 565.

③ 《现场流行病学手册维基》，https://wiki.ecdc.europa.eu/fem/Pages/Epidemic%20Intelligence.aspx。

④ 伍麟：《风险概念的哲学理路》，载于《哲学动态》2011 年第 7 期。

⑤ Renn O. Three Decades of Risk Research: Accomplishments and New Challenges [J]. *Journal of Risk Research*, 1998, 1 (1): 49 – 71.

⑥ 彼得·泰勒-顾柏、詹斯·O. 金：《社会科学中的风险研究》，黄觉译. 中国劳动社会保障出版社 2010 年版。

⑦ Hansson S. O., Aven T. Is Risk Analysis Scientific [J]. *Risk Analysis*, 2014, 34 (7): 1173 – 1183.

如，在人们将风险视为客观实在的产物的同时，又依靠人的经验意识和价值取向，对风险的标准及其结果进行主观评价，这使得风险假设与风险评价之间产生了不可调和的冲突。

风险二重性的提出从认识论角度弥合了风险结构的分裂和混淆趋势，维护了风险分析的整体性。客观实在性风险是基于科学理性和专业安全标准的物理呈现，社会建构性风险是基于不同利益、不同价值取向的多元主体集体偏好与诉求的社会反映。如今，二者的融合已经成为风险科学认识和研究的一种趋势，这将根本上改变过去实证主义主导的风险分析方法。同时，风险二重性的确立也将带来新的方法论的挑战与变革，即如何弥合客观实在性与社会建构性之间的对立，从方法上实现统一以支持政府部门的风险决策和政策制定。

无疑，大数据时代的到来为风险二重性理论的生长与应用提供了契机，也为现代风险理论的检视与重构带来了宝贵的机遇。从方法层面来看，大数据一定程度摆脱了传统风险量化与质化研究之间的鸿沟，意味着新的数据驱动风险分析范式的形成，为基于风险二重性的风险评估与分析提供了可行的方法。另外，基于大数据的循证风险分析与决策也是近年来新兴的风险决策模式，高度契合了风险二重性的方法论需求。循证风险分析旨在通过以往证据来进行选择，这种证据遵循实用主义路径，认为信息来自真实的风险世界，能够摆脱经验与技术取向的单一性。美国联邦政府循证决策的倡导机构管理和预算局（OMB），将证据定义为：用以表明某一信念或命题是否真实或有效的可用事实或信息。这一定义既没有采用绝对的科学定量标准，也不纠结于真相真理，而是强调有效和可用[①]。因此，基于风险二重性的风险分析既不能机械地按照科学理性和客观事实来展开，也不能纯粹地以纳入多元利益群体的经验价值和社会感知为依据，而是二者之间的混合决策与动态评估过程，是基于事实与价值因素而进行的综合判断过程。

四、公共安全风险研究的实践观照

公共安全是经济社会有序发展、公众享有健康自由以及政府实现良性治理的根本性前提。公共安全风险是公共安全风险管理研究的对象与目标。虽然不同学科对风险理解的侧重点存在差异，但所有风险的概念都有一个共同前提，即在人类实践活动中认识与考察风险[②]。进入风险社会，面对高度不确定性和复杂性的

---

① 杨开峰、魏夏楠：《政府循证决策：美国联邦政府的实践及启示》，载于《经济社会体制比较》2021 年第 3 期。

② 伍麟：《风险概念的哲学理路》，载于《哲学动态》2011 年第 7 期。

公共安全风险，如何做出科学合理、迅速有效、公众满意的风险决策，在很大程度上考验着政府的风险治理能力与水平。本节考察公共安全风险研究的管理实践，尤其是不同风险认知框架下形成的公共安全风险管理模式。

（一）公共安全风险管理模式的演进

一般而言，我们对风险的理解与描述强烈地影响着风险分析的方式，并对风险管理和决策模式产生直接影响[①]。从公共安全风险管理模式的发展与变迁来看，根据组织结构和决策过程差异，可将其大致归纳为四类：传统经验主导的风险管理模式、当代经验主导的风险治理模式、数据驱动的风险管理模式以及数据驱动的风险治理模式（见表 1 – 3）。

表 1 – 3　　　　　　　　公共安全风险管理模式的类型学分析

结构—过程分析		管理过程	
		经验主导	数据驱动
组织结构	科层制管理	传统经验管理模式	数据驱动管理模式
	网络化治理	当代经验治理模式	数据驱动治理模式

在过去很长的历史时期内，传统经验管理模式一直是政府进行公共安全风险处置与应对的主要模式，即管理者以感官经验为基础来发展风险知识，对风险防控资源进行协调配置以实现灾害预防、矛盾化解和危机应对的目标。20 世纪 90 年代治理理念的兴起催生了多元共治的潮流，社区减灾、网格化治理、协同治理等理论与方法在公共安全风险管理实践中得到推广与应用。治理理念强调的是一种多元主体参与的、具有共同目标支持的集体活动，这些活动的主体未必都是政府。如今，在信息技术快速变革、风险特征深刻变化以及协同治理呼声高涨的时代，过去政府作为单一管理主体，依靠传统经验应对单一灾种的风险管理模式已经难以为继，复杂交织的现代风险呈现出新特征，跨部门多灾种综合应对风险的需求更为迫切。风险治理是在治理理念推动下，由风险管理概念演化而来的，它旨在改变传统风险管理的弊端，即由风险识别、风险评估、风险控制和风险沟通所组成的标准风险分析模型过于侧重公共部门，忽视了参与风险治理过程的其他利益相关者。它强调并非所有的风险都是简单地作为概率和后果的函数来计算，而是在一个复杂的、相互作用的网络中，围绕特定的社会问题进行的具有约束性

[①]　吕佳龄等：《循证决策的协同模式：面向国家治理体系和治理能力现代化的科学与决策关系建构》，载于《中国科学院院刊》2020 年第 5 期。

的集体行动过程。因此，在有效的政府治理体系中，治理主体一定是多元的，它
们的关系也是良性互动的，并且能够实现治理的目标①。

进入 21 世纪，以大数据、人工智能等为代表的新兴技术不断地涌现，计
算社会科学迅猛发展，使得公共安全风险管理模式彻底改变了以往单一依靠
"经验决策"的实践方式，使管理实践建立在系统、全面、实时的科学信息的
基础之上。尤其是大数据的兴起与应用推动了公共安全风险治理领域在认识、
理论、方法、实践以及效果评估等方面的全方位革新。由此形成的数据密集型
范式为公共安全风险治理能力提升注入新的活力，并有望重构全新的公共安全
风险治理模式。

目前，以"数据驱动"和"多元主体"广泛参与为基本特征的新兴公共安
全风险治理模式逐渐成为学界研究的一个基本共识。任何公共安全风险治理研究
都脱离不开数字技术的运用以及多元主体合作关系的实现。需要指出的是，大数
据并非决策的唯一依据，个人经验仍是重要的参考依据。可以说，在具体实践
中，数据驱动公共安全风险治理弥补了个人经验的不足，拓展了人们决策的信息
视域，从而形成"大数据＋经验"驱动公共安全风险治理的混合模式。

（二）数据驱动的公共安全风险治理模式

在我国深化机构改革背景下，防范化解重大公共安全风险已成为当前应急管
理部门的首要任务。其中，"防范"强调风险可知可防，"化解"则强调风险可
控可应对。通过大数据技术与思维有望实现对海量、多源、动态数据的实时精准
化分析与智能化预测，增强政府部门防范化解公共安全风险的能力，进而推动国
家公共安全风险治理水平提升。为此，我们提出数据驱动公共安全风险治理模式
的基本框架（见图 1－4），即多元主体在大数据源头性嵌入的公共安全风险治理
体系中，通过构建风险治理的协同联动机制，对以公共安全风险为治理对象的复
杂情境实现多源数据的融合和分析，实现风险及时预测预警以及应急物资、救援
队伍等资源的高效配置，进而推动国家安全治理体系重构和治理价值实现。

（1）双重治理情景：数据治理和公共安全风险治理的互动耦合场域。

公共安全风险治理情景是数据驱动公共安全风险治理模式的逻辑起点。数据
具有情景性、发展性以及系统性的特点，数据驱动公共安全风险治理需要结合一
定的情景来开展，是一种具体的情景性治理②。实现数据驱动公共安全风险治理

---

① 周利敏、童星：《灾害响应 2.0：大数据时代的灾害治理——基于"阳江经验"的个案研究》，载
于《中国软科学》2019 年第 1 期。
② 向玉琼：《精确性与情境性：数据治理的两个面向》，载于《浙江学刊》2019 年第 5 期。

模式构建，关键在于实现数据治理和公共安全风险治理在同一情景下的良性互动。这一目标可细分为两个基本性问题：一是公共安全大数据治理问题，这是模式构建的基本前提，即如何实现公共安全大数据的生产、管理与有效利用；二是公共安全风险治理问题，这是模式构建的目标，即如何在现有制度体系下利用大数据来支撑风险决策与行动。前一个问题构成了数据治理的基本情景，这需要考虑科学一致的数据管理标准、基本的数据质量保障以及建立在可信数理模型之下的数据分析等。后一个问题则构成了公共安全风险治理情景，从时间维度来看，既包含历史情景的总结分析，也包含实时情景的研判与未来情景的预测。从风险要素来看，既包含公共安全风险呈现的动态不确定性的多重特征，又包含治理场域内所特有的政治、经济、文化等一系列社会建构性要素。一般而言，风险的客观实在性一面较社会建构性一面更容易通过大数据监测和分析来支持风险决策。而风险的社会建构性所具有的文化与价值属性导致其风险决策离不开传统管理经验。总的来说，这两种情景是一体两面地统合于数据驱动公共安全风险治理情景之中，呈现出"技术驱动—制度规范"的互动关系。

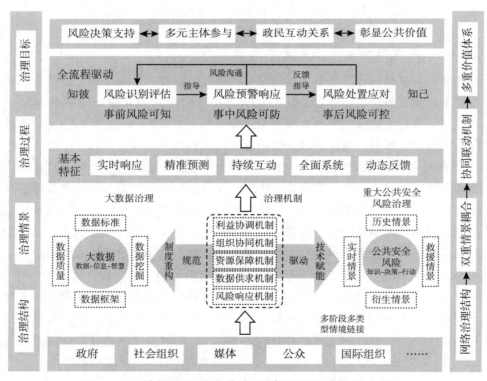

图 1-4　数据驱动公共安全风险治理模式的基本框架

数据驱动的公共安全风险治理

（2）网络治理结构：横向结构和纵向结构相互协调的扁平化网络。

相较于传统风险管理模式，大数据作为不同主体之间进行信息共享、决策支持和协同行动的重要载体，促使公共安全风险治理结构发生了根本变化。目前，我国风险治理结构主要包括以行政权力层级划分形成的自上而下的纵向政府治理结构，以及以学科、领域以及行业划分形成的横向社会治理结构。面对公共安全风险情景的复杂性，数据驱动公共安全风险治理模式既要保持行政组织结构以实现集中决策与统一领导，又要充分发挥社会多元主体的专业知识、技术等优势，不断拓展扁平化的治理结构。从纵向结构来看，大数据将重塑风险治理结构与决策过程，使得行政层级更为扁平化，倒逼政府治理变革①。从横向结构来看，公共安全风险治理涉及政府、媒体、社会组织、意见领袖和公众等多元主体，各个主体具有不同的利益取向，承担着不同的责任，只有相互合作，协同配合，才能有效整合社会资源，形成优势互补的良性治理格局②。因此，在纵横结构的相互协调下，形成了具有扁平化、网络化特征的数据驱动公共安全风险治理结构。扁平化的网络结构要求政府与社会主体之间建立互信合作的良性互动关系。一方面，要构建公开透明的良性互信关系，让公众以大数据为载体成为公共安全风险治理的积极参与者。另一方面，需要注重协调多元主体利益关系，除了政府内部之间的利益协调之外，还要特别关注和平衡不同利益主体之间的利益诉求。尤其是我国拥有世界最大的互联网用户数量③，这既给公众参与数据治理提供了良好的前提条件，也为协调数据驱动公共安全风险治理中的利益分歧增加了复杂性。

（3）协同联动机制：以大数据为核心资源的多主体共建共治共享过程。

作为一个新兴概念，风险治理是在一个复杂的、相互作用的资源网络中，围绕特定的社会问题进行的具有约束性的集体决策活动④。从治理内涵看，公共安全风险治理是一场动员全社会力量参与的集体行动，也是一个动态的、持续的、渐进的治理过程。由于现代风险的日益复杂性，当前风险治理研究的一个明显趋势是跨学科融合和多主体参与。为了增加公共安全风险治理中多学科多主体之间的联防联控效果，需要建立以多重互动机制为基础，以大数据共建共治共享为核心的治理体系。由于风险治理结构的转变，多元主体参与数据治理带来了协调的复杂性，需要通过利益协调机制理顺多元主体的利益关系。数据的畅通流动是数据驱动的前提，这要求建立长效的公共安全大数据共建共治共享机制，促进大数

---

① 孙宗锋、姜楠、郑崇明：《大数据在国外政府治理中的应用及其启示》，载于《甘肃行政学院学报》2018 年第 4 期。

② 蒋瑛：《突发事件舆情导控中风险决策和行动协同模型建构》，载于《行政与法》2018 年第 11 期。

③ 黄欣卓、李大宇：《大数据驱动的公共管理学科现代化——〈公共管理学报〉高端学术研讨会视点》，载于《公共管理学报》2018 年第 1 期。

④ Van Asselt M. B. A., Renn O. Risk Governance [J]. *Journal of Risk Research*, 2011, 14 (4)：431 –449.

据资源和风险决策信息在不同主体之间的有序流动。在政府组织内部，需要打破数据壁垒，实现跨部门、跨系统、跨地区的多源数据共享与融合。在政府组织外部，需要引入社会力量参与数据生产，共同拓展大数据采集的渠道、方式与类型。而且，由于公共安全风险事件一般具有波及范围广、持续时间长、涉及主体多等特征，要求数据驱动公共安全风险治理模式具有良好的应急物资调配和信息技术保障，以实现应急指挥、社会组织参与、应急物资储备以及宣传引导等工作的有序统合。其中，资源保障机制用以支持决策的有效落实，尤其是构建智能调配应急物资体系。借助大数据可以进行智能供应链管理，让应急物资优先满足最紧需的群体和地域，并能以最有效的物流路径迅速得以配置。

（4）多重治理目标：以大数据为重要承载体的风险治理价值体系。

所有的治理活动都是紧密围绕治理目标而展开的，公共安全风险治理目标是多重价值所推动形成的。具体来看，一是源于应对公共安全风险治理的根本需要，即运用风险治理工具实现事前风险的预测预警和事中事后对风险资源的有效配置以及风险应对。从情景应对角度看，数据驱动公共安全风险治理的直接价值在于实现风险信息"知己知彼"，辅助决策者制定科学合理的风险决策，并在决策行动过程中实现对风险的"可防可控"。其中，"可防"在于"防患于未然"，实现风险预测预警；"可控"在于有能力遏制风险放大，降低风险损失。二是加强政府自身建设的需要。这要求通过制度设计构建公共安全风险治理中良性的政民互动格局，增进政民互信关系，提升政府透明度和问责制效果，实现服务型政府和数字政府的时代转型。对于政府而言，大数据技术的自反性要求增强政府具备数据治理意识与能力的同时，还要避免陷入"数据崇拜"之中。对于公众而言，需要培育良好的数据素养和风险意识。公众是现代国家治理的重要主体与力量，其具备良好的数据素养参与到大数据治理的供给之中尤为关键，对于提升数据采集质量、加强政民互动效果以及提升风险决策水平具有重要的促进作用。三是彰显公共价值的需要。面对日益复杂的公共服务压力和社会治理困境，通过社会吸纳引入社会多元主体参与已成为除了政府与市场之外的第三路径。数据驱动公共安全风险治理模式意味着政府遵循以公众为中心的核心理念，促进政府数据的共享、开放和应用，进而推动政府改革和创新[①]。也就是说，大数据资源利用不仅仅局限于政府主体，还延伸到社会多主体的风险共治行为。

（三）基于风险二重性的公共安全风险治理模式变革

从近几十年风险研究进展来看，公共安全风险认知的理据呈现出从"一元

---

① 谭海波、孟庆国：《政府3.0：大数据时代的政府治理创新》，载于《学术研究》2018年第12期。

论"到"二元论"再到"二重性"的演变过程。公共安全风险管理和决策的工具化呈现出从"经验"到"数据"再到"证据"的发展趋向。从理论与实践的逻辑关系来看，风险认知的流变推动着风险管理和决策模式的转向。风险二重性的提出本身隐喻着公共安全风险治理模式的转变，即在强调人为因素占据风险社会的主导因素之后，公共安全风险治理模式迎来深刻的变革。区别于风险一元论或二元论指导下的治理模式特征，风险二重性视角下建构公共安全风险治理模式具有其特殊性：

一是在风险治理目标上，坚持管理的科学精神与人本主义。当代著名管理学家加里·哈默尔（G. Hamel）曾说过，"现代管理理论的发展始终都追寻着两个目标：管理的科学化和人性化"。其中，管理科学化反映了人们对于管理科学技术和工具理性的持续追求，而管理人性化则体现了人们对于"以人为本"的管理行为所包含的价值与文化因素的充分考虑。然而，管理科学发展至今，学界对于风险决策与管理依据的回答依然模糊，究竟是基于事实还是基于价值，抑或基于科学标准还是基于经验判断，仍处于持续争论之中。从我国新冠肺炎疫情发展过程来看，疫情防控的决策过程中一直面临着科学和价值因素的绞合与互动①，如一些重大公共安全风险决策无不面临着价值与事实的两难选择。从风险二重性视角来看，公共安全风险治理模式并不在二者之间做出选择，而是以包容发展的态度去寻找兼顾科学化和人性化的第三条道路。

二是在风险研究场域内，更加强调风险治理的情景特征。风险二重性理论认为，任何脱离社会文化情景的分析都无法全面理解风险，尤其是在面对"究竟多安全才是安全""风险的可接受性"等问题时，依靠硬性、固化的技术标准难以有效回应。风险研究不仅是要回答风险的概率与计算问题，还涉及风险决策、风险沟通、风险行为等诸多关乎道德、价值、法律等要素的管理问题。因此，现有风险知识及其生产是建立在当下的科学知识积累与实践经验基础之上的，即使最为清晰的科学标准仍然脱离不了现有制度、技术、文化等因素的影响。从动态发展角度看，目前人们所有的风险理解都是模糊性的，所有的风险认识都是未竟的，所有的风险决策都是具有情景依赖的。易言之，并非所有风险都是可感知性和可测量性的，还存在不可见的，不可预测的，甚至是仍未出现的风险地带与风险情景。

三是在风险分析标准上，坚持风险事实与价值的双重判断。风险二重性视角下公共安全风险治理模式在方法上否定了科学评价标准的唯一性，纾解了风险主

---

① 刘鹏：《科学与价值：新冠肺炎疫情背景下的风险决策机制及其优化》，载于《治理研究》2020年第2期。

客观的逻辑悖论，强调从"真实世界"来理解风险。公共安全风险治理的目标不只是"还原风险事实"，还在于"彰显公共价值"，是一种对于真实世界的有力回应。由于风险本身是多面的，精确的计算和确定无误的事实知识只是理解风险的一些方面①，如果从风险事实角度或风险价值角度去理解风险问题都是失之偏颇的。因此，兼顾风险的客观实在性和社会建构性，并在此基础上设计风险分析标准，才能更加如实地反映公共安全风险的本来"面貌"。

四是在风险治理对象上，注重风险本体与风险受体的融合。过去，从风险本体与客体关系看，将风险简单划分为客观实在风险和社会建构风险，实际上暗含着风险主体和风险客体的差异性。客观实在风险被视为独立于人意识之外的存在，这就意味着风险本体源于外部自然环境，与个人选择无关，即风险本体与风险客体是相互分离的。而社会建构风险被视为社会建构的产物，是在社会环境中孕育形成的，人既作为制造风险的本体，也是承受风险的客体。一旦将风险纳入二重性的视角来理解，将使人们对风险客观实在性和社会建构性的关注由风险情景的外在结构转向风险自身的内在结构，风险主客体不再相互独立存在，风险源和风险受体的边界被模糊，人类世界成为风险源和风险受体的双重角色。

五是在风险治理文化上，注重形成与风险共生为核心的新的风险文化观。风险二重性根植于突发事件的偶发性、复杂性、不可预测性。从 2020 年开始流行的全球性新冠肺炎疫情就印证了风险的以上特征。人们已经意识到，在风险社会背景下，风险是人类发展的永恒问题，过去依靠各种技术制度手段试图"去风险化"的努力和尝试显得如此徒劳。正如乌尔里希·贝克指出的那样，风险社会并不是指生活会变得比以前更危险，而是指今后风险的制造将会成为现代生活的内在组成部分。如果我们试图能够完全控制风险，这将是有勇无谋的②。因此，不能将希望都寄托于更为精准科学的风险分析、评估与预警手段，还要注重社会、政治、文化等要素对于风险管理的重要性。只有直面风险社会的到来，认识到风险的复杂性本质，培育形成与风险共生的现代风险文化观，才是公共安全风险治理模式应有的理念。

总之，基于风险二重性的公共安全风险治理模式旨在转变传统风险决策弊端，从经验主导管理向数据驱动治理转变、从单一主体主导向多元主体协同转变、从"去风险化"到与风险共生转变。而且，大数据为基于风险二重性的公共安全风险分析范式提供了实证可能，也意味着在开放决策结构下，以风险二重性

---

① 伍麟：《风险概念的哲学理路》，载于《哲学动态》2011 年第 7 期。
② 江卫华、蔡仲：《风险概念之演变——从贝克到拉图尔》，载于《自然辩证法通讯》2019 年第 5 期。

的互鉴及融合作为核心内容的新的公共安全风险治理模式的形成。可以预想，这一过程的展开及其所呈现的新的知识图景，将深刻地影响当代公共安全风险治理进程和实践气质。

第三节　数据驱动的公共安全风险研究进展

迄今，风险研究已发展成为涉及自然科学、社会科学和工程技术等众多学科的交叉研究领域。由于涉及领域广泛，研究成果众多，往往很难把握城市风险管理研究这一领域的整体现状。21世纪初，知识可视化与知识图谱这一新兴研究方向发展起来，知识图谱作为一种描述科学知识发展进程与结构关系的图形[1]，能够帮助科研工作者掌握某一学科领域的发展脉络与研究现状。目前，已有众多成熟的软件能够处理大量数据、绘制科学知识图谱，这为掌握风险管理研究这样多学科、多主体研究领域的发展状况提供了契机。通过科学知识图谱的绘制进而进行回顾性分析，能够通过研究数量、质量、主题和整体引用网络等有效展示研究领域的分布特征和知识结构。

就风险危机灾害领域来看，已有学者从不同学科视角出发进行了不同分析粒度上的文献计量研究。如从工程技术与项目管理研究视角出发，曾根·甘巴特（T. Ganbat）等通过分析526篇2007～2017年关于建筑信息模型的文献，探讨了基于建筑信息模型的国际工程合作与风险管理的研究趋势和发展机遇[2]，卡索拉（A. S. Cazorla）等通过文献计量方法分析了大型项目中的风险管理研究现状，并对风险管理的关键阶段即风险识别研究进行了分类[3]；从自然灾害与环境管理等研究视角出发，沈石（Shi Shen）等运用CiteSpace和Gephi工具进行可视化网络分析，以1900～2015年期间自然灾害相关的19 694篇文献为数据源探讨了自然灾害研究领域发展趋势和热点主题[4]，杰西卡·加西亚（J. Garcia）则

---

① Chen C. Searching for Intellectual Turning Points：Progressive Knowledge Domain Visualization ［J］. *Proceedings of the National Academy of Sciences*，2004，101（suppl）：5303－5310.

② Ganbat T.，Chong H. Y.，Liao P. C.，et al. A Bibliometric Review on Risk Management and Building Information Modeling for International Construction ［J］. *Advances in Civil Engineering*，2018，2018（1）：1－13.

③ Sanchez－Cazorla A.，Alfalla－Luque R.，Irimia－Dieguez A. I. Risk Identification in Megaprojects as a Crucial Phase of Risk Management：A Literature Review ［J］. *Project Management Journal*，2016，47（6）：75－93.

④ Shen S.，Cheng C.，Yang J.，et al. Visualized Analysis of Developing Trends and Hot Topics in Natural Disaster Research ［J］. *Plos One*，2018，13（1）：e0191250.

运用文献计量的方法来理解气候变化情境下食品安全和国际安全之间的联系，并指出气候变化影响农业生产由此产的社会风险和移民问题①，李晨曦（Chenxi Li）等应用 CiteSpace 软件定量和可视化分析了 2000～2016 年关于雾霾的研究文献，并从作者、机构和关键词等角度进行了分析②。此外，还有学者就城市等风险管理主体的风险防控能力研究进行了探讨，如张晓玲（Xiaoling Zhang）等通过共引网络和聚类等方法，从研究趋势、研究规模和研究聚类三个方面讨论了城市抗逆力与城市可持续性之间的关系③。黄贤金（Xianjin Huang）等运用 CiteSpace 进行共引网络和研究聚类分析，进而开发了一套抗逆力评价指标体系来评估农村土地政策对于农村抗逆力变化的影响④。艾伦（L. N. Allen）等运用文献计量方法来评估中等收入国家和高收入国家关于贫困和非传染性疾病行为风险因素方面的研究状况⑤。近 10 年来，随着大数据技术和思维的兴起及在风险研究领域的应用，数据驱动的风险研究日益呈现勃发之势。因此，绘制数据驱动公共安全风险研究领域的科学知识图谱，对该研究领域的分布特征和知识结构进行文献计量分析，可掌握数据驱动公共安全风险研究的整体状况，明确其研究的知识结构、知识基础和热点主题，并帮助思考大数据时代风险研究的变革与发展方向。

一、数据驱动公共安全风险研究的多学科特征

（一）分析工具

科学知识图谱（Mapping Knowledge Domain）是用可视化的方式来展现学科的发展历程、研究现状、前沿领域以及整体知识框架的一种文献计量研究方法，CiteSpace 是常用的一款绘制科学知识图谱的软件⑥。HistCite 则是著名文献计量

① Figueiredo Pereira de Faria A. C. , Berchin I. I. , Garcia J. , et al. Understanding Food Security and International Security Links in the Context of Climate Change [J]. *Third World Quarterly*, 2016, 37 (6): 975 – 997.

② Li C. , Wu K. , Wu J. A Bibliometric Analysis of Research on Haze During 2000 – 2016. [J]. *Environmental Science & Pollution Research International*, 2017, 24 (32): 1 – 1.

③ Zhang X. , Li H. Urban Resilience and Urban Sustainability: What We Know and What Do Not Know? [J]. *Cities*, 2018, 72: 141 – 148.

④ Huang X. , Li H. , Zhang X. , et al. Land Use Policy as an Instrument of Rural Resilience – The Case of Land Withdrawal Mechanism for Rural Homesteads in China [J]. *Ecological Indicators*, 2018, 87: 47 – 55.

⑤ Allen L. N. , Fox N. , Ambrose A. Quantifying Research Output on Poverty and Non-communicable Disease Behavioural Risk Factors in Low-income and Lower Middle-income Countries: A Bibliometric Analysis [J]. *Bmj Open*, 2017, 7 (11): e014715.

⑥ Chen, C. CiteSpaceII: Detecting and Visualizing Emerging Trends and Transient Patterns in Scientificliterature [J]. *Journal of the American Society for Information Science and Technology*, 2006, 57 (3): 359 – 377.

学家、SCI 创始人尤金·加菲尔德（E. Garfield）开发的用于科学文献分析的基础性软件，可用于对科学文献数据的描述性统计分析与绘制引证网络的时间序列图等。本章主要采用 CiteSpace V 绘制科学知识图谱，并使用 HistCite 辅助做文献数据整理与描述性统计分析。

（二）数据来源

为保证数据检索的完整性和有效性，以全面准确地反映公共安全风险管理研究的整体状况，不断尝试和优化相关检索式的构建，最终检索策略如表 1 - 4 所示。

表 1 - 4　　　　　　公共安全风险管理研究领域的文献检索策略

数据库	Web of Science™核心合集（SCI - EXPANDED, SSCI, A&HCI, CPCI - S, CPCI - SSH, CCR - EXPANDED, IC）
语种	English
文献类型	ARTICLE OR PROCEEDINGS PAPER OR REVIEW
时间跨度	所有年份
数据收集时间	2021 年 3 月 18 日
检索式	$(TS = ((urban\ OR\ city\ OR\ civic)\ AND\ ((risk^*\ OR\ hazard^*)\ AND\ (manage^*))))$

检索结果为 19 699 篇文献，将相关文献信息导入 Histcite 得到有效文献 18 931 篇，之后通过使用 HistCite 的"Cited References"功能发现并补充通过关键词搜索并没有检索到的在当前数据集中被引频次超过 20 次的遗漏文献 611 篇，一共收集到 19 542 篇有效文献信息。

（三）涉及的学科领域

绘制 WoS 分类共现网络，可看出公共安全风险管理研究是一个多学科的综合研究领域。为了考察不同学科领域随时间维度在风险管理研究方面发生的变化，绘制 WoS 类别时序图谱，如图 1 - 5 所示，风险管理研究领域可大致分为三个阶段：（1）自 1980 年最初几篇与城市风险管理相关的论文发表以来，至 20 世纪 90 年代初，环境科学与生态学，工程学，公共卫生、环境和职业健康，地质学等学科领域形成了城市风险管理研究的"重镇"，前期的研究重点在于自然灾害引致的风险；（2）20 世纪 90 年代中后期，医学、工程学、交通运输、心理学、商业和经济、管理学等学科开始在风险管理研究领域活跃起来；（3）进入

21世纪，公共管理、城市研究、城市发展与规划、运筹与管理学、遥感、建筑业、计算机科学与人工智能、图像学、数学等跨学科研究逐渐成为趋势。

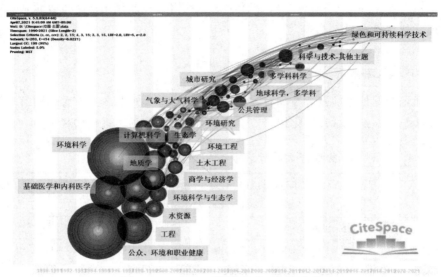

图 1 – 5 WoS 学科分类时序图谱

从学科角度也可发现风险管理研究从关注风险本身的机理与特征到更关注人的感知与行为在风险管理中的重要作用，尤其是21世纪以来，随着大数据技术和理论在各个行业领域的应用，数据驱动公共安全风险研究范式逐渐形成和发展起来。"第四范式"是大数据时代提出的重要科学研究范式，微软研究院技术院士吉姆·格雷（Jim Gray）认为，科学研究经历了实验科学、理论科学和计算科学的阶段，目前已进入了数据驱动的第四研究范式，其特点是科学研究活动面临大量的通过设备采集、仿真模拟、传感网络生成的多源数据集，研究人员需要通过系列技术和工具以支持数据关联与协作，进行数据的分析挖掘与可视化探索，实现有效的学术交流与传播[①]。数据驱动公共安全风险研究的发展也是风险研究领域在计算机科学、数据科学和信息科学等学科领域推动下，响应科学研究范式向数据密集型第四范式的转变。

二、数据驱动的公共安全风险研究整体描述

为进一步描述21世纪以来数据驱动的公共安全风险研究整体现状，本节采

---

① Hey T., Tansley S., Tolle K. M. *The Fourth Paradigm*: *Data-intensive Scientific Discovery* [M]. Redmond, WA: Microsoft research, 2009.

用 CiteSpace V 绘制科学知识图谱，进而对相关文献进行回顾性分析。通过研究数量、质量、主题和整体引用网络等主题维度展示该研究领域的分布特征和知识结构。

为全面且准确地反映数据驱动公共安全风险研究的整体状况，不断尝试和优化相关检索式的构建，检索策略如表 1 – 5 所示，最终检索核心相关的外文文献 1 276 篇，相关中文文献 657 篇文献。之后根据不同类型的图谱调整参数设置并绘制相关的知识图谱。

表 1 – 5 数据驱动公共安全风险研究领域的文献检索策略

	国外文献检索策略	国内文献检索策略
数据库	Web of ScienceTM 核心合集（SCI – EXPANDED, SSCI, A&HCI, CPCI – S, CPCI – SSH, CCR – EXPANDED, IC）	CNKI（北大核心期刊/CSSCI/CSCD）
语种	English	中文
文献类型	ARTICLE OR PROCEEDINGS PAPER OR REVIEW	学术期刊论文
时间跨度	2000 ~ 2021	2000 ~ 2021
收集时间	2021/12/30	2021/12/30
检索式	(TS = ("big data" OR "data driven" OR "data analysis" OR "data mining")) AND (TS = ("risk management" OR "risk governance" OR "risk research"))	SU = ('数据驱动' + '大数据' + '数据挖掘' + '数据分析') AND SU = ('风险治理' + '风险管理' + '风险感知' + '风险评估' + '风险预警')

（一）国外数据驱动的公共安全风险研究现状描述

1. 文献增长量

数据驱动公共安全风险研究领域始于 21 世纪，整体上年度论文发表数呈不断增长的趋势且近几年发展迅速，表明数据驱动的研究范式与公共安全风险议题相融合后，该研究领域在时间维度上始终保持快速的增长和一定的热度（见图 1 - 6）。

2. 核心作者

绘制作者共被引分析网络如图 1 - 7 所示，节点大小代表作者被引频次，连线则代表作者之间的共被引关系。就单个作者来看，被引频次较高的作者如何·威廉（H. William）、萨诺斯·帕帕佐普洛斯（T. Papadopoulos）、乔治·巴里亚尼斯

（G. Baryannis）、伊里斯·赫克曼（I. Heckmann）等，且大部分作者之间的合作较为紧密。

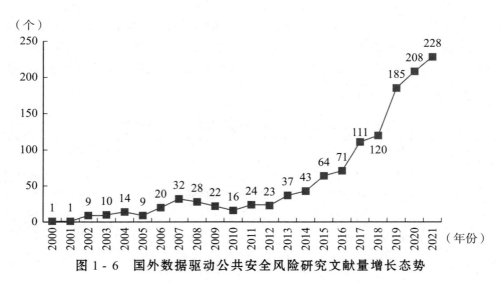

图 1-6　国外数据驱动公共安全风险研究文献量增长态势

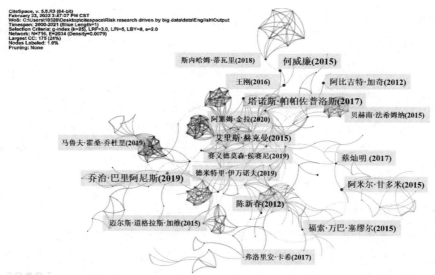

图 1-7　作者共被引分析网络

本章节识别出单篇被引频次前 10 位的作者及其代表文献（见表 1-6）。可看出核心作者的高被引文献重点讨论了两个问题：一是探讨大数据的概念、方法论体系、分析技术以及大数据发展所带来的影响；二是重点关注供应链风险管理研究中大数据、人工智能技术等的应用前景和相关研究的方法论变革。

表 1 - 6 **单篇论文被引频次前 10 位的作者**

序号	作者	频次	代表文献
1	William Ho	25	*Supply Chain Risk Management：A Literature Review*（2015）
2	Papadopoulos T.	22	*The Role of Big Data in Explaining Disaster Resilience in Supply Chains for Sustainability*（2017）
3	Baryannis G.	20	*Supply Chain Risk Management and Artificial Intelligence：State of the Art and Future Research Directions*（2019）
4	Heckmann I.	15	*A Critical Review on Supply Chain risk-Definition，Measure and Modeling*（2015）
5	Chen H. C.	15	*Business Intelligence and Analytics：From Big Data to Big Impact*（2012）
6	Ghadge A.	14	*Supply Chain Risk Management：Present and Future scope*（2012）
7	Brandon - Jones E.	13	*A Contingent Resource - Based Perspective of Supply Chain Resilience and Robustness*（2014）
8	Choi T. M.	13	*Recent Development in Big Data Analytics for Business Operations and Risk Management*（2017）
9	Gandomi A.	13	*Beyond the Hype：Big Data Concepts，Methods，and Analytics*（2015）
10	Wamba S. F.	13	*How 'big data' can Make Big Impact：Findings from a Systematic Review and a Longitudinal Case Study*（2015）

3. 关键词

绘制关键词共现网络并进行关键词聚类分析如图 1 - 8 所示。数据驱动公共安全风险研究领域出现频次较高的关键词如 "Risk Management"（253）、"Big Data"（132）、"Model"（103）"Data Mining"（66）等。对关键词进行聚类后，11 个核心聚类的主题可概括为突发事件的风险管理、人工智能和大数据分析在灾害风险管理中的应用、风险管理方法体系、风险预警系统建设与大数据分析、数据驱动的供应链模型构建与风险管理、自然灾害风险研究模式演进、公共卫生健康风险评估与数据挖掘、健康风险管理与利益相关者风险感知、药物开发安全评估、供应链风险评估技术发展、药物应用风险评估。

图 1-8　数据驱动公共安全风险研究领域的关键词共现网络

（二）国内数据驱动的公共安全风险研究现状描述

1. 文献增长量

近 20 年来，国内关于数据驱动的公共安全风险研究呈现不断增长的趋势，尤其是在 2015 年之后相关研究增长迅速。通过大数据技术发展与方法体系建设来促进公共安全风险治理研究范式的演进，已经成为国内风险研究学者的普遍共识和努力方向（见图 1-9）。

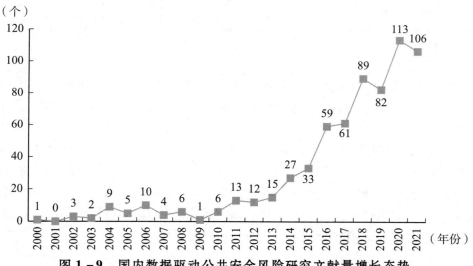

图 1-9　国内数据驱动公共安全风险研究文献量增长态势

数据驱动的公共安全风险治理

2. 主要机构

从研究机构类型来看，数据驱动公共安全风险研究领域的主要研究力量是高校，同时有部分政府机构和社会组织关注商业领域和信息技术发展领域的风险问题，总体上国内还未形成数据驱动公共安全风险研究的核心力量（见表1-7）。

表1-7　　　　　　　　发文量前20的代表性机构

序号	机构	篇数	类型	序号	机构	篇数	类型
1	中国工商银行	4	中央企业	11	西南政法大学政治与公共管理学院	2	高校
2	西南政法大学民商法学院	4	高校	12	中国人民武装警察部队学院	2	高校
3	内蒙古大学经济管理学院	3	高校	13	南京大学政府管理学院	2	高校
4	南京信息工程大学经济管理学院	3	高校	14	兰州大学应急管理研究中心	2	高校
5	财政部中国财政科学研究院	3	政府机构	15	华东师范大学传播学院	2	高校
6	中国银行业协会	2	非营利社会团体	16	广州大学公共管理学院	2	高校
7	对外经济贸易大学国际商学院	2	高校	17	南京审计大学金融学院	2	高校
8	中南财经政法大学金融学院	2	高校	18	科学技术部中国科学技术发展战略研究院	2	事业单位
9	上海理工大学管理学院	2	高校	19	西南政法大学中国社会稳定与危机管理研究中心	2	高校
10	天津市信息中心	2	政府机构	20	清华大学公共安全研究院	2	高校

3. 关键词

绘制中文文献关键词共现网络并进行关键词聚类分析如图1-10所示。国内数据驱动的公共安全风险研究领域出现频次较高的关键词如"大数据"（170）、"风险评估"（80）、"风险管理"（71）、"数据挖掘"（57）、"风险治理"（32）、"人工智能"（30）等。对关键词进行聚类后，11个核心聚类的主题可概括为：行业风险评估中的数据挖掘、大数据的经济影响与社会价值、企业风险管理、人工智能的应用、数据分析模型构建与应用、食品安全风险预警、城市公共安全风

险预警系统构建与数据资源建设、个人信息与隐私数据的风险管理、决策树模型
与风险计量、应急管理与技术治理。

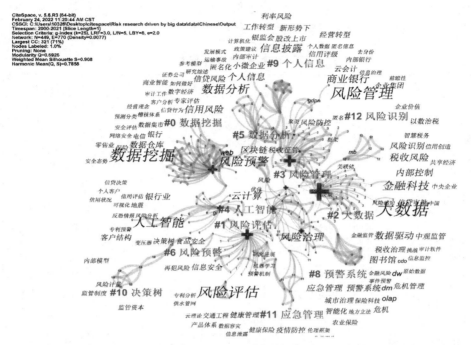

图 1-10 数据驱动公共安全风险研究领域的关键词共现网络

三、数据驱动公共安全风险研究的热点主题

结合相关知识图谱结构分析和文献内容分析，总结数据驱动公共安全风险研究的热点主题主要包括以下方面。

（一）公共安全风险治理关键节点的数据赋能与功能实现

借助大数据思维和技术创新城市公共安全风险治理实践，构建数据驱动的风险治理框架和智慧型风险治理模式，是提升风险决策科学性和治理主体协同性的关键[①]，需要在风险治理的各个功能节点和关键环节关注大数据赋能和技术治理的创新应用，实现风险治理活动的数字化革新。

---

① 曹策俊、李从东、王玉等：《大数据时代城市公共安全风险治理模式研究》，载于《城市发展研究》2017 年第 11 期。

1. 数据驱动的风险识别

当今时代，城市作为人类经济社会发展的载体，是由社会、经济和生态因素构成的复杂系统，人们的生活依赖于大量的城市服务和功能的运转，如能源和水供应、交通连接、住房、卫生管理和安全生产等。与此同时，城市也成为各类风险和突发事件的发生地和汇聚地，各类不确定因素如自然灾害、气候变化、能源危机、政治的不稳定性、食品安全、恐怖袭击等持续威胁着城市的发展。阿尔瓦罗·桑切斯－卡索拉（A. Sanchez – Cazorla）等认为，风险识别与分类是风险管理过程中的一个关键步骤，然而目前学术界还未对风险的分类达成共识①。对不同类型城市风险的形成机理、风险特征、演化规律等的理解和掌握是城市管理者应对风险社会到来的基础性工作。纵观国内外相关研究，城市火灾风险、洪水风险、重金属污染风险、城市居民健康风险等各个行业领域风险类型得到了学者的广泛关注。

WUI（Wildland – Urban Interface，火灾风险治理），可翻译为"野地城镇交界域或森林城镇交界域火灾风险治理"。由于 WUI 是人类与环境冲突的焦点领域②，野火破坏家园、栖息地破碎化、外来物种引进和生物多样性下降等问题对城市基础设施、生态系统和生命财产的破坏严重，该类型风险的相关研究是美国等发达国家关注的重要风险类型之一，土地管理机构、急救人员和受影响社区在面对复杂性和不确定性的情况下，为减少损失采取了其他机构（包括私营机构和公共机构）的做法：转向决策科学和风险管理原则③。西奥博尔德（D. M. Theobald）等通过整合丰富的细粒度数据，如行政区划、人口、住房、植被、自然资源等多模数据，预测 WUI 变化，并结合测绘制图技术绘制了详细的 WUI 界域野火风险地图④。阿格尔（A. A. Ager）等对 WUI 火灾风险分析过程中的影响因素进行了分类，除传统植被分布、地形、风向、温度湿度等因素外，还考虑了美国城市化、消防救援制度等社会因素⑤。

① Sanchez – Cazorla A., Alfalla – Luque R., Irimia – Dieguez A. I. Risk Identification in Megaprojects as a Crucial Phase of Risk Management: A Literature Review [J]. *Project Management Journal*, 2016, 47 (6): 75 – 93.

② Radeloff V. C., Hammer R. B., Stewart S. I., et al. The Wildland-urban Interface in the United States [J]. *Ecological Applications*, 2005, 15 (3): 799 – 805.

③ Calkin D. E., Cohen J. D., Finney M. A., et al. How Risk Management Can Prevent Future Wildfire Disasters in the Wildland-urban Interface [J]. *Proceedings of the National Academy of Sciences*, 2014, 111 (2): 746 – 751.

④ Theobald D. M., Romme W. H. Expansion of the US Wildland-urban Interface [J]. *Landscape and Urban Planning*, 2007, 83 (4): 340 – 354.

⑤ Ager A. A., Vaillant N. M., Finney M. A. A Comparison of Landscape Fuel Treatment Strategies to Mitigate Wildland Fire Risk in the Urban Interface and Preserve Old Forest Structure [J]. *Forest Ecology and Management*, 2010, 259 (8): 1556 – 1570.

除了火灾风险，城市洪涝灾害与风险也是现代社会不可忽视的重要公共安全风险类型。世界银行于 2012 年出版了 *Cities and Flooding：A Guide to Integrated Urban Flood Risk Management for the 21st Century*（《城市与洪水：21 世纪城市洪水风险综合管理指南》），旨在为不同国家提供"关于如何在迅速变化的城市环境和多变的气候中管理洪水风险的全面、前瞻性的操作指导"①。由于目前城市管理者对洪水规模或频率变化的准确预测能力有限，加之城市物资集中、风险资产不断增加，洪水在全世界范围内造成的经济损失大幅增加，并给人类社会带来了巨大的重建恢复成本，以及为了减少隐患、降低风险并增强适应性的各类成本。在全球气候变化背景下，人们越发认识到气候系统的复杂性，但由于水文监测手段技术限制，影响了可收集信息的完整性和准确性，导致目前相关洪水灾害与风险的成因及其影响的研究成果之间存在相左的情况，如一些对观测数据的分析结论出现了反认知的现象（山洪和滑坡的损失与降水量间没有相关关系）②。

在国内，程铁军等关注我国食品安全风险预警因素的识别，通过挖掘食品安全新闻事件大数据，对风险因素的因果类别和重要性进行了实证研究，最终总结出食品安全风险预警的核心因素③。郑元景关注大数据环境下我国意识形态安全风险面临的挑战和治理策略，强调应切实维护大数据时代我国主流意识形态安全④。总体来看，承认并积极回应复杂性的城市风险管理研究成为必然趋势。

2. 数据驱动的脆弱性分析与风险评估

随着城市风险管理实践的发展和相关研究的成熟，城市风险分析与评估成为风险管理过程中的关键功能节点。在风险社会背景下，众多研究者认识到未来的风险治理工作不能仅关注风险本身，还需要关注作为受灾主体的人类社会的韧性，因而提出一种典型的风险分析框架，即面向自然灾害的多维度、系统性评估框架，使得脆弱性分析成为城市公共安全风险分析框架的重要研究内容。

目前，脆弱性研究主要包括物理脆弱性和社会脆弱性两个方面。其中，物理脆弱性通过脆弱性曲线等判断脆弱性程度（损害范围、潜在损失水平等），社会脆弱性则多关注社会结构、社会文化等影响社会脆弱性的环境与背景因素。乔恩·伯克曼（Birkmann）等将解释定义脆弱性和风险相关的理论划分为四种视

① Jha A. K., Bloch R., Lamond J. *Cities and Flooding：A Guide to Integrated Urban Flood Risk Management for the 21st Century*［M］. The World Bank，2012.
② Kundzewicz Z. W., Kanae S., Seneviratne S. I., et al. Flood Risk and Climate Change：Global and Regional Perspectives［J］. *Hydrological Sciences Journal*，2014，59（1）：1–28.
③ 程铁军、冯兰萍：《大数据背景下我国食品安全风险预警因素研究》，载于《科技管理研究》2018年第17期。
④ 郑元景：《大数据环境下我国意识形态安全风险与治理策略》，载于《中国社会科学院研究生院学报》2016年第5期。

角：一是政治经济学视角，如压力释放模型（PAR）等，强调人类社会各类资源的数量、质量、结构等对脆弱性的影响；二是社会生态学视角，如脆弱性分析路径强调环境（自然环境、社会环境等）系统的重要性，研究环境系统内部的相互耦合和作用过程如何动态、可持续地影响脆弱性演变；三是脆弱性与灾害风险评估的整体性视角，强调脆弱性、风险与突发事件之间存在的潜在关联与循环，通过控制整体循环系统以降低脆弱性；四是气候变化系统科学视角，重点关注气候风险和极端天气风险评估过程中的脆弱性问题[①]。迄今为止，学术界对于脆弱性的定义还未形成统一认知，城市公共安全风险管理研究中脆弱性依然是核心主题，且呈现出以下发展趋势：一是风险与脆弱性研究愈发注重复杂系统中的动态性，强调研究模型的系统性、非线性和模糊性；二是交叉学科视角下对风险与脆弱性研究的思想、方法和路径等的整合创新受到关注，如周倩倩（Qianqian Zhou）等整合气候变化影响评估、洪水淹没建模、经济工具和风险评估并提出一个整合分析框架，为气候变化适应措施的成本效益评估制定了一个循序渐进的流程，通过交叉学科研究成果的融合有效地帮助认识和治理洪水风险[②]。吉多·切尔沃内（G. Cervone）等通过融合从社会媒体收集的实时数据和遥感数据进行城市公共安全风险评估，并认为开发一种能在城市进行实时风险评估的方法尤为重要，而传感器数据、社会媒体数据等的广泛应用为此提供了新的思路[③]。

此外，与脆弱性紧密关联的还有韧性等概念与研究议题。如卡特（S. L. Cutter）等提出面向自然灾害的社区韧性（Community Resilience）概念框架与分析指标，重点对脆弱性和韧性的概念进行了辨析，指出脆弱性是产生潜在危害的社会系统事前、内在的特征或品质，脆弱性是暴露程度（谁或什么处于危险之中）和系统敏感度（人和地方可能受到伤害的程度）的函数，韧性则是社会系统应对灾害和从灾害中恢复的能力[④]。萨拉·米罗（S. Meerow）等定义了城市韧性（Urban Resilience）的概念，即城市系统及其组成的"社会—生态"和"社会—技术"网络在时间和空间上的生存功能在面临扰动时迅速恢复到可持续发展、适应和快速转变的状态，以增强城市对环境适应性的能力[⑤]。米沙姆（T. G.

① Birkmann J. , Cardona O. D. , Carreño M. L. , et al. Framing Vulnerability, Risk and Societal Responses: The MOVE Framework [J]. *Natural Hazards*, 2013, 67 (2): 193 –211.

② Zhou Q. , Mikkelsen P. S. , Halsnæs K. , et al. Framework for Economic Pluvial Flood Risk Assessment Considering Climate Change Effects and Adaptation Benefits [J]. *Journal of Hydrology*, 2012, 414: 539 –549.

③ Cervone G. , Schnebele E. , Waters N. , et al. *Using Social Media and Satellite Data for Damage Assessment in Urban Areas During Emergencies* [M]//Seeing Cities Through Big Data. Springer, Cham, 2017: 443 –457.

④ Cutter S. L. , Barnes L. , Berry M, et al. A Place-based Model for Understanding Community Resilience to Natural Disasters [J]. *Global Environmental Change*, 2008, 18 (4): 598 –606.

⑤ Meerow S. , Newell J. P. , Stults M. Defining Urban Resilience: A Review [J]. *Landscape and Urban Planning*, 2016, 147: 38 –49.

Measham）等关注全球气候变化的大背景下，政府在城市建设规划、职能结构设计、政府政策设计等方面的韧性研究[①]。此外，还有研究者重点关注了城市内涝和城市洪水风险管理中的城市韧性建设，如中国提出的"海绵城市"（Sponge City）概念，与之类似的概念还包括美国的"低影响城市发展计划"（Low Impact Developments Approach）、英国的"可持续城市排水系统"（Sustainable Urban Drainage Systems，SuDs）和"蓝色—绿色城市计划"（Blue – Green Cities Approach）、澳大利亚的"水敏感性城市设计"（Water Sensitive Urban Design，WSUD）以及新西兰的"低影响城市发展设计"（Low Impact Developments Urban Design，LIDUD）等[②]。

对城市社区风险主体的韧性（或复原力、抗逆力）等问题的研究也表明风险研究更加注重时空的变化，研究中纳入了更多的潜在影响因素并以动态的视角分析和研究风险治理。

3. 数据驱动的风险感知

当前，全球范围内各类风险灾害事件的关联性与复杂性不断增强，表明自然灾害突发事件和人为因素导致的突发事件之间的明显区别在慢慢消失，人类正在面临一个新的、更复杂的局面。在这一过程中，社会公众等风险主体的风险感知与态度在风险管理过程中的重要作用凸显出来。风险感知（Risk Perception）关注人们对有危害性活动和技术的直观判断与评估，以及风险主体的风险感知与态度，一方面有助于理解和掌握社会公众对各类风险灾害的响应状态，另一方面也为社会公众、技术专家和决策制定者之间的风险沟通提供依据。

保罗·斯洛维奇（P. Slovic）梳理了风险感知的概念缘起与理论范式，认为目前学界对风险感知概念的内涵理解和知识结构体系建设来源于地理科学、社会科学、政治科学、人类学和心理学，其中地理科学关注在自然灾害和技术灾害背景下人的行为特征，社会学和人类学主要研究在人们所处的各类社会文化因素下其对风险的感知和接受度，心理学则强调以实证研究的方式（特别是实验研究）对个体进行风险感知的概率评估、效用评估和决策流程分析[③]。在这一领域比较经典的理论如玛丽·道格拉斯（M. Douglas）和亚伦·维尔达夫斯基（A. Wildavsky）提出的风险感知文化理论（The Cultural Theory of Risk Perception），该理论认为根据人的个体属性可将其分为唯利是图型（Egalitarian）、个人

---

① Measham T. G., Preston B. L., Smith T. F., et al. Adapting to Climate Change through Local Municipal Planning：Barriers and Challenges [J]. *Mitigation and Adaptation Strategies for Global Change*, 2011, 16（8）：889 – 909.

② Chan F. K. S., Griffiths J. A., Higgitt D., et al. "Sponge City" in China—A Breakthrough of Planning and Flood Risk Management in the Urban Context [J]. *Land Use Policy*, 2018, 76：772 – 778.

③ Slovic P. Perception of Risk [J]. *Science（New York, N. Y.）*, 2019, 1987, （4799）：280 – 5.

主义型（Individualistic）、等级制度型（Hierarchic）和宿命论型（Fatalistic）四类，而不同类型的群体会关注不同类型的风险灾害，如唯利是图型群体偏向于关注技术和环境风险，个人主义型群体关注战争和市场威胁等风险，等级制度型群体关注法律和秩序，而宿命论型群体则对各类风险关注程度均较低[①]。

风险感知研究的关键议题包括风险感知的内涵界定、影响因素分析、公众风险感知对风险政策和新技术产品接受度的影响等。如迈克尔·西格里斯特（M. Siegrist）等认为公众对于新兴技术和产品的接受度与其风险感知和利益感知密切相关，他们实证分析了社会信任（Social Trust）和利益感知（Benefit Perception）对公众新兴技术风险感知的影响[②]。其中，信任作为一个重要的解释变量，出现在了关于风险感知和危险接受度的众多研究中，但大部分实证研究都是基于有限信息来构建模型和研究信任与风险感知之间的因果关系。因此，迈克尔·西格里斯特提出未来研究中可以通过实验方法来揭示信任等影响因素对公众风险感知和态度的影响[③]。吉塞拉·瓦欣格（G. Wachinger）等对自然灾害领域中与风险感知与个人意愿或风险准备相关的定量定性研究进行了梳理，并提出风险认知悖论，即风险经历与风险感知之间存在影响关系，尤其是自然灾害的个人经历以及对政府和专家的信任对风险认知有显著影响，但不同研究结果表明该影响既有正向也有负向[④]。莱瑟罗维茨（A. A. Leiserowitz）以气候变化为背景，认为公众的风险感知影响着其对美国气候政策的支持或反对态度，并通过实证研究考察了公众对全球变暖的风险认知及其内涵意义，并发现基于不同的风险感知程度公众形成了反对者、预警者等不同类型的社区群体[⑤]。徐戈等通过雾霾严重时期收集的大规模问卷调查数据，构建了公众雾霾风险感知因素与其应对行为之间关系的结构方程模型，探讨了公众的雾霾风险感知对行为和环境满意度的影响[⑥]。

在越来越强调社会公众、非营利性组织等风险主体积极参与城市公共安全风险管理的实践中，风险感知仍然是研究的前沿议题。2020 年以来，持续的新冠肺炎疫情动摇着全世界公共健康风险治理的基础，及时了解社会公众的风险态度

① Sjoberg L. Factors in Risk Perception [J]. *Risk Analysis*, 2000, 20 (1): 1 – 12.

② Siegrist M., Cvetkovich G., Roth C. Salient Value Similarity, Social Trust, and Risk/Benefit Perception [J]. *Risk Analysis*, 2000, 20 (3): 353 – 362.

③ Siegrist M. Trust and Risk Perception: A Critical Review of the Literature [J]. *Risk Analysis*, 2021, 41 (3): 480 – 490.

④ Wachinger G., Renn O., Begg C., et al. The Risk Perception Paradox—implications for Governance and Communication of Natural Hazards [J]. *Risk Analysis*, 2013, 33 (6): 1049 – 1065.

⑤ Leiserowitz A. A. American Risk Perceptions: Is Climate Change Dangerous? [J]. *Risk Analysis*, 2005, 25 (6): 1433 – 1442.

⑥ 徐戈、冯项楠、李宜威、陈晓红、贾建民：《雾霾感知风险与公众应对行为的实证分析》，载于《管理科学学报》2017 年第 9 期。

和反应，将风险感知的已有理论和研究成果应用于公共健康风险治理，并思考如何利用相关知识来改善健康风险沟通、建立信任、促进全球合作治理是风险感知领域众多研究者关注的新问题[①]。此外，与风险感知相关的概念还包括风险参与（Participation）、风险责任（Responsibility）、风险行为（Behavior）和风险准备（Preparedness）等，从新的视角拓宽风险感知的研究内容和议题仍需要不断创新和发展多学科交叉研究。

4. 数据驱动的风险沟通与公众参与

现代生活中各种类型的风险和危害层出不穷，如饮用水污染、食品添加剂、有毒化学物质、流行性疾病的传播等，政府和行业领域需要通过多样化的传播媒介向社会公众等及时发布关于各类危害的风险信息（Risk Messages），这一过程即风险沟通（Risk Communication）。最初，风险沟通被认为是从专家到非专家群体的单向风险信息传递过程。1989 年，美国风险感知与沟通委员会（The Committee on Risk Perception and Communication）其在发布的《提升风险沟通》"*Improving Risk Communication*"报告中指出，单向风险信息的传递与有效的风险沟通过程具有明显的区别，并认为风险沟通应该是个体、群组和机构之间进行信息交互和观点传递的互动过程[②]。罗文（K. E. Rowan）指出风险沟通的目标在于建立沟通者之间的信任、培养对潜在危害与风险的意识、教育和培训、达成一致和共识以及动员相关风险减缓行动[③]。

由于公众对风险的认知和态度通常受其所在社会群体或社区环境的影响，因而信息来源和渠道、社区群体组成和正在进行的社会问题讨论议程等均会影响风险沟通的效果和公众参与度。卡斯曼（R. E. Kasperson）提出了与风险沟通具有相关性的公众参与的六个命题：（1）公众参与中出现的冲突往往集中在与期望的手段/目的产生的差异上；（2）经验表明缺乏早期和持续的参与是风险沟通与公众参与计划失败的典型原因；（3）风险信息的可信度与制度公信力和信任度密切相关；（4）有效的公众参与很大程度上取决于技术和分析资源的开发，以及根据不断增长的知识积累进行行动的体制建设和路径选择；（5）公众参与的领域和范围各不相同，使得参与的"门槛"不同进而风险沟通策略也不同；（6）目前，知识和能力无法成功预测风险沟通过程中，哪些公众参与技巧在

---

① Cori L. , Bianchi F. , Cadum E. , et al. Risk perception and COVID − 19［J］. *International Journal of Environmental Research and Public Health*，2020（17）：1 − 6.

② National Research Council. *Improving Risk Communication*［M］. Washington，D. C. ：National Academy Press，1989.

③ Bier V. M. On the State of the Art：Risk Communication to the Public［J］. *Reliability Engineering & System Safety*，2001，71（2）：139 − 150.

什么条件下可行有效①。上述命题有助于我们理解和掌握城市公共安全风险沟通和公众参与的基本路径。

总体来看,自20世纪末学界提出风险沟通进入了强调社会情境和公众对风险信息的响应这一新阶段以来,关于风险沟通中的社会学问题和心理学问题被广泛关注。比较典型的研究成果如风险沟通中的社会信任、风险的社会放大框架(Social Amplification of Risk Framework)、基于社会媒体的风险沟通、风险消息的产生与内容分析、风险的危害性和社会规则等因素对风险沟通行为和风险减缓措施的影响等。麦科马斯(K. A. McComas)等认为风险事件频发将会不断挑战公众对风险管理机构的信心,而风险管理机构需要通过协调一致的风险沟通工作来维持和重建公众信任②。丁晓蔚认为,基于大数据的情绪分析和舆情风险管理逐渐受到重视,有助于舆情风险管理的变量度量和统计模型构建③。潘玉等关注了城市灾难事件舆情研究中的大数据应用,认为大数据分析可实现城市灾难事件舆情的关联性分析和全要素动态分析,进而推进风险预警的精准化和灾难舆情的动态研判,充分发挥社会媒体大数据在舆情引导和风险沟通中的重要作用④。

因此,社会媒体和互联网的发展对风险沟通的影响、公众风险感知效能对风险沟通和风险减缓行为的影响、社会公众参与风险沟通的手段和方法、风险沟通程序的公平性及其对公众参与意愿的影响、基于变量分析研究的集成理论框架等问题仍然是未来风险研究领域关注的热点议题。

5. 数据驱动的公共安全风险研究方法体系构建

作为一种新兴技术工具,大数据推动了公共安全风险研究方法体系的重构。童星等认为大数据有效扩展了风险灾害危机管理研究的方法论体系,为相关研究提供了全样本、关联性和系统化的研究思维。在大数据技术的支持下可有效处理突发事件中不同类型和维度的数据,进一步提升风险灾害危机管理绩效⑤。在城市公共安全风险分析的方法和工具研究中,由于各类风险自身的演化规律和作用机理呈现复杂性、关联性和动态性特征,综合考虑更多的因素进行模型设计成为必然趋势。如殷杰(Jie Yin)等通过多模态数据的集成融合建立了上海市内涝风

---

① Kasperson R. E. Six Propositions on Public Participation and Their Relevance for Risk Communication [J]. *Risk Analysis*, 1986, 6 (3): 275 – 281.

② McComas K. A. Defining Moments in Risk Communication Research: 1996 – 2005 [J]. *Journal of Health Communication*, 2006, 11 (1): 75 – 91.

③ 丁晓蔚:《大数据、情绪分析和风险管理:舆情研究的现状评析和态势展望》,载于《南京社会科学》2017年第6期。

④ 潘玉、陈虹:《基于大数据的城市灾难事件舆情治理研究与路径转向》,载于《新闻大学》2019年第5期。

⑤ 童星、丁翔、童星等:《风险灾害危机管理与研究中的大数据分析》,载于《学海》2018年第2期。

险评估和预警模型，并对该基础模型的应用场景和不足进行了讨论，指出该模型以评估城市内涝的概率为主要功能，但应在未来研究中增加强降水导致洪水所造成的经济损失、影响居民日常生活等方面的评估功能[1]。西法德（A. D. Syphard）等利用时间和空间上丰富的数据集构建回归模型来量化人类活动和加州县火灾风险之间的关系，对比了各种对加州火灾有影响的因素，通过影响因素总结与模型构建研究对控制加州野火提供指导[2]。朱光等分析了大数据环境下社交网络的隐私风险因素，提出了一种社交网络隐私风险的模糊评估方法[3]。

计算机仿真技术与可视化技术在风险评估中得到了更多的应用。欧玛（Y. O. Ouma）等介绍了基于城市洪水风险管理工作实际需求所开发的城市洪水风险预警系统以及实际应用情况，并利用层次分析法制定基础指标和评估预测模型，同时利用 GIS 等技术实现城市洪水风险地图的制作[4]。滕瑾（Teng Jin）等梳理了洪水灾害风险研究中重要的洪水淹没模型的发展状况，并指出应用计算机仿真技术成为风险研究的新趋势，洪水淹没模型早期靠观察经验或者简单数学模型进行分析，但随着大数据技术的发展和应用，1D、2D、3D 的仿真模型不断被开发出来，仿真过程也越发接近现实，甚至可以模仿真实的水流变化等水文信息，从而形象地预测洪水变化以辅助管理者进行决策[5]。吕海民（Haimin Lyu）等针对城市洪水会淹没城市地铁进而影响交通、造成损失的问题，利用层次分析法制定基础指标和评估预测模型，之后利用地理信息系统进行可视化的风险评估与预测，并选取历史数据进行实证验证[6]。

此外，基于文本数据的传统研究方法在公共安全风险研究其他议题中也得到了创新应用。如陶鹏等构建了风险管理政策文本大数据库，使用政策文本大数据与扎根理论分析相结合的方法研究了政府突发事件风险管理的政策工具和使用偏好[7]。

---

[1] Yin J., Yu D., Yin Z., et al. Evaluating the Impact and Risk of Pluvial Flash Flood on Intra-urban Road Network: A Case Study in the City Center of Shanghai, China [J]. *Journal of Hydrology*, 2016, 537: 138 – 145.

[2] Syphard A. D., Radeloff V. C., Keeley J. E., et al. Human Influence on California Fire Regimes [J]. *Ecological Applications*, 2007, 17 (5): 1388 – 1402.

[3] 朱光、丰米宁、陈叶、杨嘉韵：《大数据环境下社交网络隐私风险的模糊评估研究》，载于《情报科学》2016 年第 9 期。

[4] Ouma Y. O., Tateishi R. Urban Flood Vulnerability and Risk Mapping Using Integrated Multi-parametric AHP and GIS: Methodological Overview and Case Study Assessment [J]. *Water*, 2014, 6 (6): 1515 – 1545.

[5] Teng J., Jakeman A. J., Vaze J, et al. Flood Inundation Modelling: A Review of Methods, Recent Advances and Uncertainty Analysis [J]. *Environmental Modelling & Software*, 2017, 90: 201 – 216.

[6] Lyu H. M., Sun W. J., Shen S L, et al. Flood Risk Assessment in Metro Systems of Mega-cities Using a GIS-Based Modeling Approach [J]. *Science of the Total Environment*, 2018, 626: 1012 – 1025.

[7] 陶鹏、李欣欣：《突发事件风险管理的政策工具及使用偏好——以文本大数据为基础的扎根理论分析》，载于《北京行政学院学报》2019 年第 1 期。

（二）公共安全风险治理情境中的数据问题

数据是互联网社会各类社会活动和管理活动的重要载体，并成为一种重要资产改变着组织决策的模式①。在推进国家治理体系与治理能力现代化的过程中，数据不仅是治理的工具，治理的资源，也是治理的对象②。公共安全风险治理情境中的数据资源蕴含巨大的社会管理与公共服务价值、支撑科学决策的价值以及科学研究价值。对公共安全风险数据的认知和开发利用是实现数据驱动公共安全风险治理的基础。

1. 大数据与公共安全风险研究的关系

大数据能够将表征世界秩序、管理效率的关系转化为治理工具，在政府治理理念、治理范式、治理制度、治理格局和治理手段等方面产生了深刻的影响，带来了革命性的冲击，成为治理体系和治理能力现代化的原动力③。公共安全是人类生存发展和社会进步的前提条件，大数据时代数据与信息处理方式的根本性变革也为公共安全风险治理理论和实践带来了机遇与挑战。其中，如何提升管理部门和社会公众的风险认知与预测能力是改善公共安全风险治理效果的关键。

目前，相关研究多关注大数据给公共安全风险治理的理念、方法论和治理模式带来的变革。如李明概述了大数据技术对于政府公共安全管理的作用，认为依据大数据可以对公共安全风险进行动态监测和实时分析，提高管理部门的危机预警能力和应对能力，同时可依赖大数据全面分析与了解公众的公共安全需求进而提供相关的安全服务，并能够对公众的灾难行为模式进行分析和挖掘④。徐晔等分析了数据驱动公共安全风险治理的现实状况，提出需依托大数据技术在治理能力、技术手段、思维方式、新领域四个方面推动公共安全风险治理创新⑤。曹策俊等分析了传统城市公共安全风险治理的局限性，提出数据驱动的风险治理框架，构建了智慧型风险治理模式，即基于物联网和大数据等技术将客体进行物化或数字特征化，将风险治理客体端积累的作业大数据传送至智慧大数据平台，以期辅助治理主体制定决策⑥。丁波涛分析了目前我国公共安全风险治理面临着的基础设施不足、数据整合不充分、数据安全隐患突出等瓶颈，从以大数据技术支

① 李广建、化柏林：《大数据分析与情报分析关系辨析》，载于《中国图书馆学报》2014 年第 5 期。
② 黄璜：《美国联邦政府数据治理：政策与结构》，载于《中国行政管理》2017 年第 8 期。
③ 许欢、孟庆国：《大数据公共治理价值观：基于国家和行政层面的分析》，载于《南京社会科学》2017 年第 1 期。
④ 李明：《大数据技术与公共安全信息共享能力》，载于《电子政务》2014 年第 6 期。
⑤ 徐晔、张明、黄玲玲：《大数据与公共安全治理》，载于《大数据》2017 年第 3 期。
⑥ 曹策俊、李从东、王玉等：《大数据时代城市公共安全风险治理模式研究》，载于《城市发展研究》2017 年第 11 期。

撑的公共安全风险治理特征出发探讨了城市公共安全的应对机制①。阿曼达·克拉克（A. Clarke）等认为政府部门可通过大数据分析理解公众的行为和判断政策实施和服务诉诸的效果，并探讨了大数据在公共管理变革中的作用，以及如何通过大数据方法促进政府与公众之间的互动理解②。陈新春（Hsinchun Chen）等分析了大数据分析与智能情报在商业、电子政务、智慧医疗以及公共安全等领域的应用前景，并提出公共安全部门需要收集大量的多源数据如恐怖主义事件、犯罪记录、网络安全威胁等，同时在处理与分析安全数据方面也面临着日益增长的困难，且目前仍缺乏一个应对数据挑战的一致框架③。金刚勋（Ganghoon Kim）等认为政府可以运用大数据来应对诸如健康医疗成本、就业、自然灾害和恐怖主义等方面的挑战，并探讨了政府与私营部门在大数据应用的目标、任务、决策程序、决策主体、组织结构及应用策略方面的差异，进而为政府实施大数据战略提出政策建议④。

总体来看，相关研究肯定了大数据技术为公共安全风险治理带来的新思维和新机遇，但是也不可忽视充分挖掘和发挥大数据在公共安全风险治理情境中的价值仍面临诸多问题和挑战。其中，大数据技术发展与管理滞后之间存在的矛盾，各类安全数据之间缺乏统一的标准，现有组织、部门、制度间的分割以及数据管理理念的滞后等问题尤为明显，因此，如何实现以公开、透明、共享、协作等为基本原则的数据应用理念的转变以及数据管理模式的重构，将成为影响公共安全风险治理领域中大数据应用效果的关键⑤。

2. 公共安全风险治理中的数据管理

目前，关于公共安全风险数据管理的研究少而零散，需要系统地研究公共安全风险数据管理的基础理论并构建完整的研究体系，使这一新领域新方向成为数据管理乃至数据科学的重要组成部分，推动数据资源在公共安全风险治理中发挥重要价值。

黄全义等从数据基础层级出发，对城市公共安全大数据的特征、分类与管理问题进行了探讨，认为城市公共安全数据可分城市公共基础（市情）数据、部门业务数据、社情民意数据、物理环境与灾害监测数据、城市运行数据、人的行为

---

① 丁波涛：《大数据条件下的城市公共安全应对机制》，载于《上海城市管理》2015 年第 5 期。

② Clarke A. , Margetts H. Governments and Citizens Getting to Know Each Other? Open, Closed, and Big Data in Public Management Reform [J]. *Policy & Internet*, 2014, 6 (4): 393 – 417.

③ Chen H. , Chiang R. H. L. , Storey V. C. Business Intelligence and Analytics: From Big Data to Big Impact [J]. *MIS Quarterly*, 2012: 1165 – 1188.

④ Kim G. H. , Trimi S. , Chung J. H. Big-data Applications in the Government Sector [J]. *Communications of the ACM*, 2014, 57 (3): 78 – 85.

⑤ 张春艳：《大数据时代的公共安全治理》，载于《国家行政学院学报》2014 年第 5 期。

（活动）数据、突发事件应急处置数据和公共安全知识数据等大类①。皮尤希米塔·塔库里亚（P. Thakuriah）等则将城市大数据分为了传感器系统数据（基于基础设施的或移动目标传感器）、用户生成内容（社会或个人传感器）、管理（政府）数据（开放的和保密的微观数据）、私营部门数据（消费者和交易记录）、艺术和人文数据以及混合数据（连接数据和综合数据）几大类②。曾子明等将科学研究第四范式理论应用到城市公共安全领域，构建了城市安全大数据监管体系并就如何实现数据规范、数据质量、数据安全等管控的监管职能进行了探讨③。齐力等从公安科技领域研究视角出发，对警务数据、视频数据等的数据处理技术、分析挖掘技术和可视化技术进行了较为全面的总结，以促进公共安全大数据在公安行业中的落地应用④。苏尼尔·乔伊尼（S. Choenni）等则提出了一种面向公共安全政策制定者的数据糅合工具，该工具可以收集并处理与公共安全相关的多源数据，为公共安全政策制定者提供一个统一和可接入的方式，帮助用户理解和使用相关数据⑤。总体来看，关于公共安全数据的类型与特征、生命周期、数据质量管控、管理模型以及处理技术等研究仍存在大量待解决的研究问题，需要从公共安全治理活动的情境出发，探索公共安全数据及其生命周期的规律与特殊性。

公共安全数据管理是一个系统性的工程，针对不同生命周期阶段的不同管理任务，需要进行管理工具、处理技术与分析方法的集成，通过统一的管理平台提供数据集成、数据建模、数据分析和数据服务的能力，维持并不断改进数据驱动的公共安全治理工作流程。海量多源异构的大数据特征使得公共安全数据的处理技术与分析方法需要深度集成与融合，常见的处理技术如数据获取技术、数据清洗技术、语义集成技术、存储技术、交换技术、可视化技术、Mashups技术等，分析方法如统计分析、网络建模、模拟仿真、机器学习、自然语言处理等。此外，公共安全数据中还涉及大量的传感器数据、视频图像数据等，对多模态数据的语义集成与关联融合是公共安全领域研究和实践中面临的难点，也是亟待深入探索的重点。

开发面向公共安全领域数据的管理工具和平台也引起了业界的重视。除加强Dspace、Dataverse、Fedora等开源通用的数据管理工具在公共安全数据管理中的

① 黄全义、夏金超、杨秀中、宋玉刚：《城市公共安全大数据》，载于《地理空间信息》2017年第7期。

② Thakuriah P., Tilahun N. Y., Zellner M. Big Data and Urban Informatics: Innovations and Challenges to Urban Planning and Knowledge Discovery［M］//Seeing Cities Through Big Data. Springer International Publishing, 2017.

③ 曾子明、杨倩雯：《面向第四范式的城市公共安全数据监管体系研究》，载于《情报理论与实践》2018年第2期。

④ 齐力：《公共安全大数据技术与应用》，上海科学技术出版社2017年版。

⑤ Choenni S., Leertouwer E. Public Safety Mashups to Support Policy Makers［C］//International Conference on Electronic Government and the Information Systems Perspective. Springer, Berlin, Heidelberg, 2010: 234－248.

应用外，面向科研数据管理的专门工具的成功，如由 DCC 开发的 DMPonline 和加州大学伯克利分校开发的 DMPTool 这两个数据管理计划工具在众多高校与科研机构中的成功应用，也表明针对不同领域数据的特征和应用情境构建专业领域的数据管理工具和平台，能够更为灵活地响应领域数据管理需求和目标定位，进行特色应用功能的开发，进而提升领域数据管理的效果和能力。在伦斯勒理工学院的政府开放数据格式转换项目支持下，阿尔瓦罗·格雷夫斯（A. Graves）集成了纽约特洛伊城警察、消防、医院等多部门的公共安全数据，开发了基于语义网（Semantic Web）的公共安全数据管理平台，该平台能够实现数据的长期保存、数据的可视化展示（如公共安全事件地图）与查询、数据发布和导出等功能①，在公共安全数据的集成与可视化展示、促进公众参与和第三方应用开发方面取得了显著的成效，其对公共安全数据管理工具与平台开发的思路以及关于数据质量、数据隐私、数据的公布与可发现等问题的探讨和解决经验值得借鉴。

---

① Graves A. A Case Study for Integrating Public Safety Data Using Semantic Technologies ［J］. *Information Polity*, 2011, 16 （3）: 261 – 275.

数据驱动的公共安全风险治理

第二章

公共安全风险研究范式及其演进

公共安全风险研究离不开科学方法论的指导。当前，公共安全风险理论研究相对滞后于其方法和技术应用的发展。受自然科学方法影响，以实验、量化为特征的实证导向的风险研究仍是学界推崇的主流范式，而关于风险理论构建和哲学理路的归纳性研究明显不足。限于跨学科研究的融合性与持续的学派争论，对风险研究范式进行明确划分是困难的。但从科学共同体角度看，研究者们又遵循着相似的学术传统与方法论，这又为从范式（Research Paradigm）视角进行风险研究的类型划分提供了可能。本章从风险研究的学术史出发，追溯公共安全风险研究的历史脉络，总结公共安全风险研究的主要范式，并对范式演进及其特征进行考察，以回应当前对于公共安全风险研究的历史定位和未来走向的观照。

第一节　公共安全风险研究的范式分析框架

公共安全风险研究起源于工业化社会中规范科技发展以保障公众和社会免受工业化和科技危害的实际需要①，后来逐渐从工程技术风险、市场经济风险中脱

---

① 谢尔顿·克里姆斯基、多米尼克·戈尔丁：《风险的社会理论学说》，徐元玲、孟毓焕、徐玲等译，北京出版社 2005 年版。

离出来，真正得到快速发展并进入哲学社会科学领域是在 20 世纪 80 年代，即贝克提出"风险社会"理论之后。风险研究发展成熟的一个重要标志是，在这个集成科学研究、案例分析和经验发现的领域里，出现了能够保证一致性的独特范式、模式和概念框架。其中，作为学科成熟与知识创新的重要标准，范式（Paradigm）为风险研究发展的审视提供了规范的视角，它是指从事某一学科的科学共同体所共同遵守的世界观和行为方式，包括衡量人们研究问题的基本原则、假设、理论和出发点等范例[1]。研究范式则是基于相应的方法论而形成的科学研究规范或模式，它指导着科学研究的具体研究方法[2]。张海波认为，"一个研究范式的确立就意味着研究者在问题的选择、假设的建立、方法的运用和理论的形成上具有一致性[3]"。包国宪则将研究范式视为"一个学科或学术领域的公理性假设和逻辑前提，是开展学术研究和批评的基础[4]"。易言之，研究范式是某一学科或领域的科学知识生产方式与持有信念的统一，是思维和行动的整体性框架。

一、公共安全风险研究范式的已有归纳

目前，公共安全风险研究领域是否形成了科学的研究范式或研究路径？对此，已有学者进行了相关探讨，大致分为基于学科划分的研究范式和基于理论归纳的研究范式两大方面。

1. 基于学科划分的研究范式

作为一个交叉研究领域，公共安全风险研究涉及自然科学和社会科学范畴内的多门学科。吉姆·格雷（Jim Gray）基于自然科学发展史提出了四种研究范式，包括用于实验描述自然现象的经验科学、借助模型或归纳法进行研究的理论科学、使用计算机模拟复杂现象的仿真科学以及基于大规模数据探索形成的数据密集型科学[5]。米加宁等则将社会科学研究范式归纳为四种：基于简单数量关

---

① 托马斯·库恩：《科学革命的结构》，金吾伦、胡新和译，北京大学出版社（第四版）2017 年版。

② 姚计海：《教育实证研究方法的范式问题与反思》，载于《华东师范大学学报（教育科学版）》2017 年第 3 期。

③ 张海波：《社会风险研究的范式》，载于《南京大学学报（哲学·人文科学·社会科学）》2007 年第 2 期。

④ 包国宪、王学军、柯卉：《服务科学：概念架构、研究范式与未来主题》，载于《科学学研究》2011 年第 1 期。

⑤ Hey A. J. , Tansley S. , Tolle K. M. The Fourth Paradigm: Data-intensive Scientific Discovery [M]. *Microsoft Research Redmond*, WA, 2009.

系与通则论的定性研究、使用小数据或小样本外推因果关系的定量研究、用有限数据模拟复杂宏观涌现的社会仿真研究，以及能够个体化、全样本地发现和预测数据驱动的研究①。基于风险研究的跨学科特征，延斯·津恩（J. O. Zinn）将风险研究路径归纳为：主要用于经济技术和疾病健康风险分析的统计概率方法，认知心理学中关注风险个体的心理测量方式，涵盖社会文化、治理以及风险社会等的社会学研究路径，以及整合不同方法的风险的社会放大框架②。另外，张海波从学科交叉和学术国际对话的双重维度将社会风险研究范式划分为："现实主义—社会风险""建构主义—社会风险""建构主义—公共危机""现实主义—公共危机"四种③。从学科角度对风险研究范式进行划分，反映了公共安全风险研究的跨学科属性，为不同学科研究者提供了多样化的研究路径。

2. 基于理论归纳的研究范式

从风险研究的理论进展看，有学者对 30 年来的风险理论研究进行总结，大致归为：以罗杰·卡斯帕森（Roger E. Kasperson）风险的社会放大理论为核心的社会范式、以斯洛维克（Paul Slovic）风险感知理论为核心的心理范式和以道格拉斯（Mary Douglas）风险文化理论为核心的文化范式④。

另外，一些学者虽未明确从范式角度进行梳理，但同样对风险理论成果进行了归纳。如狄波拉·勒普顿（Deborah Lupton）从认知科学视角、社会文化视角和社会建构视角去解读风险研究史，其中社会文化视角又包含了玛丽·道格拉斯为代表的文化/符号视角、乌尔里希·贝克（Ulrich · Beck）和安东尼·吉登斯（Anthony Giddens）所代表的风险社会理论以及米歇尔·福柯（Michel Foucault）为代表的治理理论⑤。大卫·丹尼（David Denney）认为迄今为止存在六种主要风险理论观点：个体主义、文化主义、现象学、风险社会、后现代主义以及规制主义⑥。范如国则从风险社会概念与成因入手，将风险理论研究取向概括为：现实主义、文化价值、制度主义和复杂性四种基础性分析，并提出了立足于全球风险社会治理的复杂性治理范式⑥。从理论归纳角度对风险研究范式进行划分，能

---

① 米加宁、章昌平、李大宇、林涛：《第四研究范式：大数据驱动的社会科学研究转型》，载于《学海》2018 年第 2 期。

② Taylorgooby P. , Zinn J. O. Risk as an Interdisciplinary Research Area ［J］. *Risk in Social Science*，2006（6）：7 - 8.

③ 张海波：《社会风险研究的范式》，载于《南京大学学报（哲学·人文科学·社会科学版）》2007 年第 2 期。

④⑥ 谢尔顿·克里姆斯基、多米尼克·戈尔丁：《风险的社会理论学说》，徐元玲、孟毓焕，徐玲等译，北京出版社 2005 年版。

⑤ 狄波拉·勒普顿：《风险》，雷云飞译，南京大学出版社 2016 年版。

⑥ 范如国：《"全球风险社会"治理：复杂性范式与中国参与》，载于《中国社会科学》2018 年第 2 期。

够从多样化的理论视角为公共安全风险现象及问题提供解释框架，不断丰富公共安全风险的理论体系。

二、基于"假设—方法"的公共安全风险研究范式划分

虽然以上划分具有很好的理论指导价值，但仍缺乏从方法论和跨学科的双重视角对公共安全风险研究范式进行历史性梳理。基于学科体系方法论划分的研究范式缺乏对风险特征的考量，而基于风险理论归纳的研究范式又局限于近几十年风险研究的进展，缺乏对风险研究范式历史演进的回应。因此，有必要整合宏微观划分方式的不足，构建以公共安全风险为研究对象，以公共安全风险发展史为基本脉络的研究范式分析框架。对于公共安全风险研究领域来讲，不同时期由于科学哲学基础、研究对象、风险假设等差异，其研究范式的演进呈现出不同的脉络与特征。在科学研究范式分化与整合趋势下，公共安全风险研究范式既遵循科学哲学中普遍的研究范式，又具有其独特性。

总之，风险研究受到广泛的理论视角和方法论的影响[1]。无论是何种风险研究范式，都无可回避地面对两个核心问题：风险假设和研究方法，这也是一个研究范式必须回应的基本性问题。风险假设即对风险实体的认识，关系到风险研究的范围与边界，反映了研究者对于风险本质的理解与界定；风险研究方法即如何认识与研究风险的问题。因此，我们从这两个关键维度出发，横轴表示风险假设取向，分为客观实在论与社会建构论，纵轴表示研究方向取向，分为以数据为核心的技术风险分析路径和以经验为主导的文化风险分析路径，从而将公共安全风险研究范式归纳为：经验研究范式、实证研究范式和数据驱动研究范式（见图 2 - 1）。其中，第二和第一象限遵循技术风险分析取向，但因二者的风险假设不同，分别称之为"传统实证研究范式"与"后实证研究范式"；同样，第三和第四象限遵循文化风险分析取向，分别对应了"传统经验研究范式"和"当代经验研究范式"。数据驱动研究范式并不局限于具体的象限区间，它在风险假设上，整合了风险假设的"客观实在论"与"社会建构论"，以新的风险视野——"风险二重性"为基本假设展开分析；在研究方法上，强调以数据为关键要素，同时不排斥经验证据，属于技术—文化整合的风险取向分析路径。

---

① Taylor - Gooby P., Zinn J. O. Current Directions in Risk Research: New Developments in Psychology and Sociology [J]. *Risk Analysis*, 2006（2）：397 - 411.

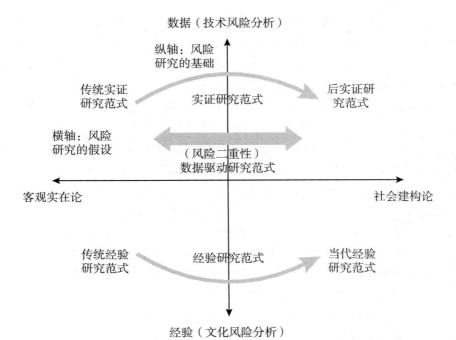

图 2 – 1 基于"假设—方法"二维框架的公共安全风险研究范式

第二节 公共安全风险研究的基本范式

一、公共安全风险研究的经验范式

经验研究范式的哲学基础可以追溯到前科学时期亚里士多德所提出的"经验论（Empiricism）"。经验论认为人必须以感官经验为基础来发展知识，只有感官所感受到的经验才是实在的。对于经验研究范式的起源大致有两种基本理解，一是如果将认识与经验作为研究的基础，那么在漫长的传统社会中，国家形态形成时统治阶层对于灾害事故中所积累的知识、智慧、经验以及阅历构成了人类社会公共安全风险研究的最初依据。这一时期，人们获取风险知识的途径是经验认识，并将人类与自然视为不可分割的整体，以一种"参与式建构"（Participative Construction）的方式来实现知识生产。这一时期所形成的风险应对的经验知识往往具有消极意义的色彩，例如古代救灾思想体系中的天命主义禳弭论；二是以风险概念的出现为标志，将此作为经验研究范式的起点。但无论何种理解，经验研究范式主导下的公共安全风险研究跨越了人类社会的漫长阶段，尤其是前科学时期，这一范式指导人类在认识与预防自然灾害中发挥了关键作用，如古埃及人根据长期观察的经验，以天狼星在日出时出现作为洪水到来的标志①。

在工业风险和环境风险的早期研究中，大量成果在很大程度上是由事件驱动的②。由于疾病、自然灾害以及个人和工业事故导致的伤亡数据，为保险金融和安全工程领域研究者提供了重要信息，如何通过事实数据来预防和降低经济风险损失和评估灾害风险等级成为这一时期的重要问题。18 世纪初，瑞士数学家丹尼尔·伯努利（Daniel Bernoull）发现了大数定律，推动了以概率衡量同一类风险损失的保险公司的出现。随后，人们在风险事件中通过积累经验和归纳总结，形成了以"概率—统计"技术方法来测算风险的实践。在这一过程中也逐步形成了人们对风险本质的技术定义，即将专家评估作为风险事件发生概率和后果严重性判断的重要依据。20 世纪 60 年代，在一系列技术环境风险事件中，公众与专家之间风险态度的明显分歧引发了研究者对于风险社会文化视角的关注以及当代经验研究范式的形成。进入 21 世纪，当人们从不确定性去揭示风险的本质后，在实际风险事件处置中，经验方法仍是风险知识生产的重要路径。尤其是在风险管理领域，对于风险评估和处置都需要通过对过去经验的整合与提炼，形成实践中救援流程与优先事项的经验判断。而且，面对着难以量化的复杂影响因素，如社会建构和公共价值对风险应对效果的影响，更加需要依靠决策者的经验知识，这也促进了经验研究范式在当代的不断进步与发展。

经验研究范式指导下的公共安全风险研究在工业化时期的灾害救助和事故预防处置中起到了关键作用。但面对后工业化时期风险事故的复杂性，其适用性愈发掣肘，局限性则愈加凸显。这种困境主要体现在：一是外在风险环境的复杂化和风险本质认识的深入，使得未经加工的经验数据难以作为风险评判的标准，人们对于风险的高估或低估导致利用概率来准确评价风险存在困难。有学者直接指出，保险精算数据外推在新科技风险评估中的作用有限③；二是建构主义学者认为，所有关于风险的知识受制于社会文化背景，它的形成并不是价值无涉的，而是个体观察与集体加工的产物。同样，专家的判断也并非客观和中立的，而是与普通人一样都暗含着社会和文化建构的过程④。进一步来说，尽管经验是知识的

①　陈秋玲：《社会风险预警研究》，经济管理出版社 2010 年版。

②　Shrivastava P. The Evolution of Research on Technological Crises in the US ［J］. *Journal of Contingencies and Crisis Management*，1994，2（1）：10 – 20.

③　谢尔顿·克里姆斯基、多米尼克·戈尔丁：《风险的社会理论学说》，徐元玲、孟毓焕、徐玲等译，北京出版社 2005 年版。

④　狄波拉·勒普顿：《风险》，雷云飞译，南京大学出版社 2016 年版。

主要来源，但经验本身也包含许多谬误、偏见，甚至虚假的成分。例如，我国原始社会的救灾理念中存在的天命主义禳弭思想，人们将自然灾害视为天帝对人类的惩罚①，这种认识显然不利于主动防灾观念的形成。

传统以个人经验为主的灾害应对在复杂多变的风险环境下显得力不从心。尤其是 19 世纪倡导"实证精神"以来，面对科学主义思潮的冲击，传统经验研究范式退出主导地位。需要指出的是，不同于基础理论研究，经验研究范式重点指向公共安全风险的实践领域，尤其是风险管理政策制定与执行，如专家提供的智库成果、调查报告等。如今，一套用于专家研究、教学知识和政策体系的工具已围绕风险概念发展起来，如风险分析、风险评估以及风险沟通等都是主要的研究和实践领域②。同时，风险治理过程中的一个新变化是：社会多元主体参与到风险应对之中，推动着风险经验来源主体的扩大，以经验判断为依据不再是专家学者的专长，公众的经验判断也是风险事件化解的重要决策依据。越来越多的社会学和心理学方法支持这种认识，即普通社会群体的知识系统也提供了对风险的有效解释③。

二、公共安全风险研究的实证范式

19 世纪 30 年代，自法国哲学家、社会学家孔德提倡"科学化"以来，人类认识世界的方式发生了重要变化，以科学手段和方法进行社会研究逐渐成为各个学科领域的共识。受自然科学严密论证思维以及实证主义兴起的影响，自然科学研究方法（观察法、实验法、调查法、比较法等）在人文社会科学领域中的运用越来越广泛，数理思想与数学工具大量应用到经济学、社会学等学科领域，系统论、信息论、控制论等新兴学科也被运用到社会科学领域。这促使采用定量研究方法成为现代科学研究的主流和普遍趋势。受此影响，公共安全风险研究中强调量化的传统实证主义研究范式应运而生，这也推动着风险管理从经验上升到科学。

虽然实证主义哲学产生较早，但真正影响到公共安全风险研究，以实证精神指导的公共安全风险研究还要从 20 世纪 60 年代算起。实证主义的基本特征是从现象论出发，拒绝通过理性把握感觉材料，认为通过现象的归纳就可以认识科学

---

① 黄兆宏：《历代西北防治自然灾害的对策及经验》，载于《青海民族大学学报（社会科学版）》，2011 年第 2 期。

② 狄波拉·勒普顿：《风险》，雷云飞译，南京大学出版社 2016 年版。

③ Zinn J. O. , Taylor - Gooby P. Risk as an Interdisciplinary Research Area ［J］. *Risk in Social Science*, 2006, 1：20 - 53.

规律。实证主义的本体论立场是现实主义①，这意味着研究者和研究对象是相互独立的实体，意义只存在于客体之中，而不存在于研究者的观念之中，获得这种意义本身就是研究者的目的。传统实证主义关注的是描述性和事实性的问题，因此研究的结果一般被认为是客观的、价值中立的。从学科角度看，面对现代风险在制度、文化、心理等路径上对社会运行逻辑与社会结构的冲击，使得风险研究者大量采用"假设—验证"方法去揭示风险现象以及组织与个体的风险行为规律，并围绕风险识别、评估、预警以及响应等问题形成了丰富成果。

传统强调量化的实证研究范式注重采用实验、调查等科学方法，极大地丰富了公共安全风险研究的范畴，拓展了风险知识生产的广度与深度。这主要体现在以下方面：一是风险概念在跨学科研究中不断丰富和发展。风险研究成为多学科交叉探讨的共同问题，包括工程科学、哲学、社会学、政治学、传播学、经济学以及心理学等。过去为了估计风险，更多从技术角度将风险视为风险事件发生后果和发生可能性的乘积，这一传统定义的前提是风险的客观存在性。而人类对自身健康的威胁以及如何评估风险发生的可能性和危害程度是由价值观、态度、社会影响和文化认同所共同决定的。风险研究的建构主义者则直接指出，所有风险的知识都受制于社会文化背景，风险不是一个静态的、客观的现象，而是作为社会互动网络和意义构成的一部分被构建的。从跨学科研究看，人类学将风险视为一种文化现象，经济学将风险视为一种决策现象，法律将风险视为一种行为过失和司法现象，心理学将风险视为一种行为和认知现象，社会学将风险视为一种社会建构现象②，这些不同学科视角的审视极大地拓展了风险的内涵及其研究的对象与范围，风险概念不再局限于概率、期望等简单认知，更加强调不确定性、文化制度差异、情景特征等复杂属性。二是风险研究对象的扩大推动着研究重心的转移，从早期关注的保险金融行业与技术工程领域转向对技术本身风险的重视。与自然灾害相比，技术风险所引发的公众反应模式不同，由此引起了学者对于公众关于技术风险的认知，开始探讨"什么是可接受的风险"。尚西·斯塔尔（C. Starr）指出，随着人们认识到技术事故会给社会带来巨大的损失，人们开始关注风险的计算③。他认为用于评估技术风险可接受性的分析方法一般适用于从社会层面上观察风险，但不适用于个别风险评估，而确定哪些风险具有可接受性

---

① Rosa E. A. *The Social Amplification of Risk: The Logical Structure of the Social Amplification of Risk Framework* (*SARF*) [M]. Metatheoretical Foundations and Policy Implications.

② Althaus C. E A Disciplinary Perspective on the Epistemological Status of Risk [J]. *Risk Analysis*, 2005 (3): 567 – 588.

③ Starr C. Social Benefit Versus Technological Risk [J]. *Science*, 1969: 1232 – 1238.

是一个重要的国家议题①。三是极大推动了风险理论研究成果的产出。尤其是 20 世纪 60 年代末到 90 年代初，风险研究学者在实证精神指导下构建了大量风险理论。有学者对 1986～1991 年间危机管理领域最活跃的 24 位研究人员在五年期间进行的研究成果分析后发现，这些研究者主要致力于理论研究②。如乌尔里希·贝克（U. Beck）、安东尼·吉登斯（A. Giddens）以及斯科特·拉什（S. Lash）极力推动的风险社会理论、卡斯帕森等构建的风险的社会放大理论等。四是开始反思传统实证主义的适用性问题，拓展了实证研究范式的方法论基础，如广泛采用计算机仿真技术和扎根理论方法。其中，作为一种坚持实证主义立场的新方法，经典扎根理论方法旨在没有理论预设和先验观念的情况下直接从数据中"发现理论"，是对当前社会学研究中主流的"演绎—验证"路径的反对③。后来，这种方法被广泛应用于风险研究尤其是微观领域中的个体与组织风险认知与行为研究之中。

20 世纪中叶之后，在现象学、批判理论、建构主义等哲学流派观点日趋高涨的情况下，传统实证主义研究方法论受到各种反实证主义或非实证主义的方法论的质疑与诘难。这时，强调将研究者作为研究工具，关注价值与情感，并深度参与社会过程的定性研究方法得到广泛使用。定性研究的理论基础包括现象解释学、批判主义、建构主义等理论流派。其中，现象解释学认为人文社会科学与自然科学之间存在明显的分野，更加重视对社会行动及其意义的研究，重视价值问题以及倡导特定的分析方法。批判主义同样反对"唯科学主义（Scientism）"观点，批判实证主义的工具性单向思维。建构主义从相对主义认识论的立场出发，反对将科学仅作为理性活动这一传统的科学观念。例如，风险研究的建构主义者从主观建构的视角提出了"风险感知"概念，并形成了"心理测量范式"，这与传统风险研究所认识的客观性截然不同。这些对于实证主义的批判与反思，甚至是创新性思考都对公共安全风险研究产生了极为重要的影响，如风险应对中对社会文化因素的关注、公众参与风险管理以及风险管理主体的角色与职能变化等。

无论是传统的定量研究还是定性分析，都是在实证精神指导下致力于风险现象中因果关系的发现，但定量研究目的在于对风险研究简约化的解释，而定性研究更倾向于对世界可理解的复杂关系的挖掘。从风险自身属性看，乌尔里希·贝克（U. Beck）认为，虽然风险在人类社会中一直存在，但现代风险的表现已经

---

① Starr C. , Whipple C. Risks of Risk Decisions [J]. *Science*, 1980, 208 (4448): 1114–1119.

② Pauchant T. C. , Douville R. Recent Research in Crisis Management: A Study of 24 Authors' Publications from 1986 to 1991 [J]. *Industrial & Environmental Crisis Quarterly*, 1993 (1): 43–66.

③ 李贺楼：《扎根理论方法与国内公共管理研究》，载于《中国行政管理》2015 年第 11 期。

与过去有本质不同，即人类成为风险的主要生产者，风险产生了自反性[1]。安东尼·吉登斯（A. Giddens）则将现代社会称为"失控的世界"，指出"传统社会风险是一个局部性、个体性、自然性的外部风险，当代社会风险则是一种全球性、社会性、人为性的结构风险"[2]。例如，在过去近 300 年里影响英国南部的最严重的风暴发生在 1987 年 10 月中旬，这一事件的经验表明，自然灾害受到环境、文化、经济和政治环境的影响更为强烈[3]。而且，随着数据体量剧增、类型复杂多样、高速动态变化以及数据价值密度低等特征的逐渐显著，实证研究方法面对数据特征变化呈现出明显的不适应性，实证研究范式指导下的风险理论建构与管理实践显得力不从心，已难以深度挖掘和有力解释风险事件关联性以及提出风险防控与决策建议。

三、公共安全风险研究的数据范式

近几十年来，人们已经发展并巩固形成了一门深植于笛卡尔哲学之中的风险科学——借助识别、隔离、测量与统计等方法来总结过去的经验和最佳实践，进而发现风险规律和提高风险计算的能力。传统的风险研究方法较多地沿用案例或样本思维以及构建解释性模型，但在不确定性急剧增大的风险社会中，这些方法对多源海量异构的数据的敏感性较弱。随着风险结构的变化和风险研究新视野的展开，传统实证研究范式关注的变量之间的相关性越来越小。如今，一系列相互交织的风险维度如规模化、网络化、未知性、超复杂性、难预测性等迫使人们重新审视过去的研究范式[4]。《连线》杂志主编克里斯·安德森（C. Anderson）早在 2008 年就断言，"面对大规模数据，科学家'假设、模型、检验'的方法变得过时了"[5]。而且，人类活动与后果之间的相互作用分析比技术风险分析中使用的平均概率能够捕捉得更复杂、更全面以及更独特[6]。因此，面对公共安全风险研究中复杂的数量关系和结构，传统的分析工具与思路已经难以为继。大数据

---

① 乌尔里希·贝克：《风险社会》，何博闻译，译林出版社 2004 年版。

② 安东尼·吉登斯：《现代性的后果》，田禾译，译林出版社 2000 年版。

③ Mitchell J. K., Devine N., Jagger K. A Contextual Model of Natural Hazard [J]. *Geographical Review*, 1989: 391 – 409.

④ Lagadec P. A New Cosmology of Risks and Crises: Time for a Radical Shift in Paradigm and Practice [J]. *Review of Policy Research*, 2009 (4): 473 – 486.

⑤ Anderson C. The End of Theory: The Data Deluge Makes the Scientific Method Obsolete [J]. *Wired Magazine*, 2008 (7): 16 – 07.

⑥ Taylor – Gooby P., Zinn J. O. The Current Significance of Risk [J]. *Risk in Social Science*, 2006: 1 – 20.

将改变人类认知本体的哲学思考，融合社会科学与自然科学、理论世界与真实世界的本初划分。新技术新理念的出现迎合了当前公共安全风险研究中的迫切需求，大数据分析和传统风险研究基本范式的融合与发展推动了新的研究范式①——公共安全风险研究的数据驱动范式应运而生。

信息技术的革新、新兴风险的加剧以及治理理念的兴起构成了数据驱动范式到来的时代背景。首先，信息技术的革新发展提供了新的解决思路。以大数据为代表的新技术导致公共安全风险的数据特征发生了重要变化，如移动互联网、物联网及传感器等技术的广泛应用极大拓展了风险数据源的种类；社会主体因同时扮演数据使用者和创造者的双重角色导致数据量的迅速增加；风险数据中的非结构化数据所占比重越来越大。这些数据特征的变化给传统的公共安全风险管理带来了巨大的挑战。其次，新兴风险的出现要求改变传统风险管理的固有模式。技术灾害造成的社会、经济、文化和心理影响远比自然灾害造成的更为严重和持久②。进入风险社会后，人类除了认识"被控制的风险"之外，还隐藏有大量全球性的、未知的以及超出控制的"未知的盲区"③。面对新兴风险的治理，需要我们放弃传统风险研究中"先入为主的观念"④。美国联邦政府应对卡特丽娜飓风的经验教训也证实，"现行的国土安全体系没有为应对 21 世纪的灾难性威胁提供必要的框架"。最后，治理理念的兴起催生了多元共治的潮流，社区减灾、网格化治理、协同治理等思路与方法在实践中得到推广与应用。现有研究证明，公众在灾难中的行为表现并非传统认识中的恐慌和非理性，恰恰相反，公众是灾难中最有效的应急响应主体，提升公民的应急响应能力已经是提高公共安全风险治理效果的重要途径⑤。

数据驱动范式的目标在于风险发现与预测，解决复杂情景下的风险知识生产与价值创造问题，这反映出其与前两种范式的研究路径存在本质差异。无论是经验研究范式还是实证研究范式，都遵循着"风险识别—风险评估—风险应对"的基本逻辑，是一种事后的、被动的研究思路。而数据研究范式在一定程度上抛弃了理论预设和因果关系，打破了直线研究的思维，以海量多源数据为起点对研究问题进行前瞻性分析和预测，不仅提高了风险识别和评估的效率，而且模糊了风

---

① 童星、丁翔：《风险灾害危机管理与研究中的大数据分析》，载于《学海》2018 年第 2 期。

② Furedi F. The Changing Meaning of Disaster [J]. *Area*, 2007 (4)：482 – 489.

③ Lagadec P. A New Cosmology of Risks and Crises：Time for a Radical Shift in Paradigm and Practice [J]. *Review of Policy Research*, 2009 (4)：473 – 486.

④ Palese P. The Great Influenza The Epic Story of the Deadliest Plague in History [J]. *The Journal of Clinical Investigation*, 2004 (2)：146 – 146.

⑤ Helsloot I., Ruitenberg A. Citizen Response to Disasters：A Survey of Literature and Some Practical Implications [J]. *Journal of Contingencies and Crisis Management*, 2004 (3)：98 – 111.

险治理环节之间的边界，是一种以大数据技术、思维和方法为代表的技术变革时代公共安全风险研究涌现出的新范式。

公共安全风险研究的数据驱动范式具有以下基本特征：一是在研究假设上，对风险本质的认识超越了社会建构和客观存在的二元对立假说。数据驱动范式的兴起建立在对风险本质重新审视和复杂风险情景构建的基础之上。当前，风险研究从其识别、评估到治理，每一环节都是客观事实与主观价值判断的综合，对多元的风险进行单纯的"科学计量"或完全的"客观评价"是有违客观事实的。研究者已经意识到简单地将风险研究分为现实主义和建构主义并不妥当，前者强调风险外在于或独立于社会因素，后者则认为将特定行为或现象归类为风险本身就有风险[1]，这反映出风险认识与风险研究方法相互推动，共同形塑了当前乃至未来公共安全风险研究的数据驱动范式。二是在研究目标上，注重事件导向和应用导向。这意味着数据驱动范式是面向真实世界并以解决实际问题为根本目标的，这促使风险研究对于现象解释从因果关系前移到相关关系，进而拓展了人们对风险因果关系的认识。舍恩伯格（V. M. Schonberger）在其著作《大数据时代》中提道，"要相关，不要因果"。实际上，数据驱动范式不再局限于因果的逻辑推断，而是从统计学意义出发，寻找相关关系从而发现可能隐藏的因果关系。也就是说，大数据研究最重要的贡献之一就是能够发现传统研究所不能分析的数据集之间的相关关系，并能够引导我们分析数据集之间、个体之间以及人类群体之间的关系[2]。例如，2008～2009 年，Google 公司发现，当某一地区的流感开始暴发时，该地网民搜索和流感相关的关键词数量会有所变化，因此通过搜索引擎的关键词分析，帮助人们发现了流感的传播路径，有效地阻止了流感的大范围传播。2010 年 Google 又推出了"谷歌流感指数（Google Flu Trends，GFT）"，为社会提供季节性流感预测信息。三是在研究内容上，强调风险的精准化与智能化预测。这体现了数据驱动现代风险治理方式和思维的根本性转变。大数据本身包含的多源异构数据为风险的精准化预测提供了可能。美国是最早使用数据进行突发事件预防研究的国家。在地震监测方面，传统监测手段收效甚微，而 Terra Seismic 公司通过对卫星数据和陆基传感器数据，结合地震前兆现象等多源数据进行关联分析，实现了地震预报的新进步。四是在研究方法上，一定程度模糊了风险科学研究的边界，推动了多学科方法的交叉与融合，尤其是广泛采用计算社会科学方法，比如复杂系统、机器学习、可视化等方法。另外，数据驱动风险研究的理念与循证思

① 彼得·泰勒－顾柏、詹斯·O. 金：《社会科学中的风险研究》，黄觉译，中国劳动社会保障出版社 2010 年版。

② 米加宁、章昌平、李大宇、林涛：《第四研究范式：大数据驱动的社会科学研究转型》，载于《学海》2018 年第 2 期。

想不谋而合，通过大数据所拥有的高效分析与整合能力，能够更大程度地支撑循证决策价值的发挥。

第三节　公共安全风险研究范式演进分析

为了厘清三种研究范式之间的关联性与区别，这里从历史发展脉络和内容特征进行对比分析（见表 2 – 1）。需要指出，由于前两个研究范式在不同时期存在风险假设差异，因此每一阶段都可再划分为前后两个时期。

表 2 – 1　　　　　　　　公共安全风险研究范式的对比

项目	经验研究范式		实证研究范式		数据驱动研究范式
	传统经验研究	当代经验研究	传统实证研究	后实证研究	
阶段划分	前科学时期 ~ 19 世纪末	20 世纪至今	19 世纪初 ~ 20 世纪 60 年代	20 世纪初至今	21 世纪初叶至今
研究假设	风险时空观 风险一元论	客观存在论 风险二元论	客观存在论 风险一元论	主观建构论 风险二元论	建构实在论 风险二重性
研究前提	事后的；静态的	事后的；静态的	事后的；静态的	事后的；静态的	事前的；动态的
风险假设	客观存在风险；外部风险	被制造的风险；不确定性	风险严重性×风险危害性；外部风险	被制造风险；建构的风险；不确定性	复杂性风险
哲学基础	存在主义	经验主义	实证主义；朴素实在论	现象学、批判主义、解释主义、象征互动主义、建构主义	实用主义
价值判断	价值非中立	价值非中立	价值中立	价值非中立	倾向价值中立
风险主题	传统自然风险；简单人为风险；常态化风险	自然风险；简单人为风险；常态风险；新兴风险	传统自然风险；人为风险；常态化风险	人为风险；系统性风险；非常态风险	新兴风险；隐性风险；非常态风险

续表

项目	经验研究范式		实证研究范式		数据驱动研究范式
	传统经验研究	当代经验研究	传统实证研究	后实证研究	
研究方法	技术科学方法：观察法；归纳法；统计—概率	技术科学方法：观察法；归纳法；统计—概率	演绎法；模拟仿真；统计学、概率论、系统研究、实验研究，证明假设	归纳法；扎根理论；田野调查；深度访谈；历史研究法；民族志方法	云计算、自然语言处理、可视化分析、社会网络分析
学科支持	工程学、统计学、保险学、经济学、政策科学	交叉学科	技术科学、社会科学（心理、社会学、管理学）等		交叉学科、复杂性科学
研究特征	与经验一致	经验判断和推断	发现因果关系；可重复性；可证实性	理论构建；因果关系	发现相关关系；风险预测
研究过程	归纳—演绎	归纳—演绎	概念化—提出假设—搜集资料—验证	现象—问题—概念框架—抽样—结论—理论	现象—问题—数据—预测

一、公共安全风险研究的假设从一元论走向二重性

风险研究的历史离不开对于风险本质的持续追问。从历史发展来看，任何风险研究者都需要选择其明确的风险认知立场，而不可能一直处于风险的客观存在性和社会建构性之间摇摆。传统经验研究范式和实证研究范式作为强硬的现实主义者，将风险客体与研究主体进行绝对分离。到了 20 世纪 80 年代，治理学派的学者则以强硬的建构主义视角强调事物本身没有任何风险，人们所理解的风险都是基于历史、社会、政治观察下的产物。而社会文化视角的风险研究者一定程度弥合了两者之间的冲突，代表着综合的建构主义者。他们虽然承认风险的客观存在性，但认为风险必然通过社会和文化过程调解，如功能结构主义者玛丽·道格拉斯（M. Douglas）、风险社会理论代表人物贝克等。芭芭拉·亚当（B. Adam）也指出，"在风险社会中，即使是对风险含义所作的最为严谨、稳健的客观主义说明也包含着潜在的政治、伦理与道德"。而且，从实践来看，也印证了这一观点。例如，在过去近 300 年里影响英国南部的最严重的风暴发生在 1987 年 10 月

中旬。在暴风雨过后，由于与更紧迫问题有关的其他事件掩盖了灾害造成的损失，这一事件的经验直接表明，自然灾害受到环境、社会文化、经济和政治环境的强烈影响①。如今，数据驱动范式并不过于强调风险的一元论，其治理主体的多元化和数据采集的多源性特征隐喻了风险的二重性特征。

另外，风险研究假设反映了人们认识风险属性的逻辑起点。例如，早期风险的客观实在性暗含着风险的自然属性，主观建构性则强调风险的社会属性，而随着风险事件信息传播中风险体现出的竞争本性，人们意识到了风险的政治属性，即"风险已成为政治动员中一股客观的力量，它开始取代了一些传统力量——例如阶级、性别与种族相联系的不平等性——地位"。保罗·斯洛维克（P. Slovic）也认为，"当我们本能和直觉形成的情感风险与现代科学分析的风险发生冲突时，我们会痛苦地意识到第三种现实——政治风险"。风险的这种政治属性与当前风险治理的逻辑也不谋而合，并进一步加剧了风险治理的复杂性与不确定性。

我们认为，公共安全风险研究假设的转变有其必然性。一是风险研究领域的持续拓展，体现出包容性特征。风险研究不再局限于经济学、生物学、社会学等学科领域，而是逐渐渗透到更为广阔的学科领域，体现出明显的跨学科特征。如今，风险分析涉及空气污染、气候变化、文化遗产保护、交通安全、犯罪和恐怖主义，以及探测可能撞击地球的小行星或彗星等各类风险问题。统计学、流行病学、经济学、心理学、人类学、社会学，以及发展起来的风险哲学，都是研究风险的一般方法的学科②。这种跨学科多领域的研究趋势使得传统一元论或二元论难以适应与兼顾各种风险研究假设的需要。二是风险管理实践的需要倒逼风险理论创新。风险假设的更替一定程度上意味着风险理论的创新。传统的风险管理理论是在单一灾害情景下面向单一任务所发展形成的，其静态的结构化特征虽然有助于厘清风险管理的基本环节与任务重心，但在现实中面对高度复杂性和不确定性情景中，其僵化的解释力与适用性明显不足，有必要创新与发展新的风险管理理论。尤其是进入数字时代，强大的技术驱动力推动着管理领域的深刻变革，风险管理需要更具解释力的研究假设。三是数字技术的成熟使得风险二重性的计算成为可能。进入大数据时代，海量实时多源数据极大地提升了政府风险信息获取的全面性，不仅更深层次满足了传统风险测量与评估的数据需求，而且提供了新的数据来源与模拟算法，为衡量风险的社会文化属性提供了更为科学有效的计算工具。

---

① Mitchell J. K. , Devine N. , Jagger K. A. Contextual Model of Natural Hazard［J］. *Geographical Review*, 1989: 391 - 409.

② Hansson S. O. , Aven T. Is Risk Analysis Scientific? ［J］. *Risk Analysis*, 2014, 34（7）: 1173 - 1183.

二、不同时期公共安全风险研究范式存在演进性

从动态发展视角来看，公共安全风险研究的三种范式在时间脉络上相互继起，呈现一定的演进性特征。从前科学时期主导的经验研究范式，转向19世纪以来以"科学精神"倡导下的实证研究范式，再到大数据时代催生的数据驱动范式（见图2-2）。可以看出，早期出现的经验研究范式推动下的经验研究增长曲线跨越了风险研究的整个历史进程，直至今日，经验研究范式仍然发挥着其重要的决策支撑作用。传统实证研究增长曲线则是整个20世纪乃至21世纪上半叶，风险科学研究者最为推崇并广泛使用的研究范式。发展至今，实证研究范式的方法体系日益成熟。进入21世纪，最为"耀眼"、最具潜力的增长曲线当属以数据驱动为特征的数据驱动范式增长曲线。随着数据时代的深入推进，这一增长曲线有望超越当前主流的实证研究范式，逐步形成具备完善理论方法体系的数据驱动范式。

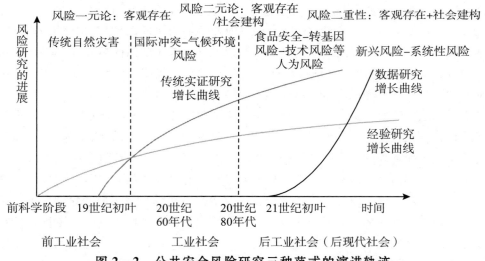

图2-2 公共安全风险研究三种范式的演进轨迹

这样的发展演替过程有其必然性，其动力因素主要来自风险研究对象的不断拓展和科学研究方法的持续革新。其中，研究方法的成熟与进步推动人类研究风险的深入、系统，而风险认识图景的拓展又反过来对研究方法提出了更精准的需求。从风险研究对象来看，自20世纪80年代之前，风险研究还只是停留于技术与环境的旧语义之中争辩，在此之后却被赋予了包括文化、社会、制度等新的内涵。自然灾害、技术灾害和社会灾害研究人员所关注的领域大大扩

展。从研究方法来看，不同的研究范式在不同时期都有其适用性和局限性，这也导致风险研究学者在风险认识、研究立场以及研究内容上的差异。从实践进展看，不同时期人们关注的风险类型存在明显差异，但有一个较为稳定的趋势，即人们对人为因素导致风险问题的关注逐渐超过了对于传统灾害引致的安全风险问题。

三、同一时期公共安全风险研究范式存在互补性

现代认知心理学和神经科学理论表明，人类理解风险的基本途径有两种。一是经验系统（Experiential System），它是直观的、快速的，大多是无意识发生的。经验系统使人类在长期的进化过程中得以生存，并且今天仍然是应对风险的最自然和最常见的方式。二是分析系统（Analytic System），它使用算法和规则，如概率推演、形式逻辑和风险评估等。分析系统发展相对缓慢，需要有意识的控制，并通过已建立的逻辑和证据规则来发挥作用。实际上，这两种系统反映了"经验研究范式"和"实证研究范式"的研究基础和假设，数据驱动研究范式则是对两者的继承和发展。

经验研究范式来自实践应用，在未能理解风险事件的演化机理之前，其不失为一种更为可行且可靠的研究路径。在我国，这种"摸石头过河"形成的经验认识有效地应对了很多重大风险挑战，其效果也经受考验。实证研究范式来自科学进步，在科学体系对于概念、标准、理论等追求下，以实证方法得出的很多研究结论不仅推翻了过去经验认识中的错误认识，而且极大地提升了风险知识的生产能力。但实证研究范式难以替代，也不可能替代经验研究范式，这既有实证方法体系的局限性，也与人们知识有限性、风险世界复杂性有关。诚然，有些学者可能认为，公共安全风险研究的基本范式还有理论研究。我们认为，理论是指导一切科学研究的必要条件，任何研究范式都脱离不开现有理论的指导，三种研究范式都内在地包含了理论研究要素。公共安全风险研究作为哲学社会科学领域的交叉学科主题，其并不存在单一范式，而是呈现经验研究、实证研究、数据驱动研究等多重范式的并存。因此，"任何强调一个维度、一种范式的研究都有以偏概全之嫌，都不能达成对社会现实的有效分析"[①]。每一范式都在特定时期为公共安全风险研究提供了独特的视角，都有其天然适用性和历史局限性。

---

① 文军：《论社会学理论范式的危机及其整合》，载于《天津社会科学》2004 年第 6 期。

四、公共安全风险研究的数据驱动范式趋于整合性

作为范式概念的提出者，库恩（T. S. Kuhn）从整体论的基本立场出发，认为不存在一种固定不变的、普遍适用的方法论准则，并引入"不可通约性"来表述范式之间的理论鸿沟。但这种观点也被诟病其否定了科学累积式发展中的连续性和继承性。社会科学的发展路径应该是多元范式下主流范式的交替（Paradigm Alternation），而不是范式转移。由于风险研究的理论多样性和研究对象多元化特征，决定了风险研究必须采用多元化的研究范式。正如上文所言，三种研究范式并非自然科学领域中学科范式之间的对立和替代关系，而是一种演进和包容关系（见图2-3）。

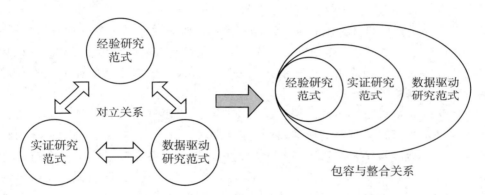

图 2-3　公共安全风险研究三种范式之间的关系

无论是经验研究还是实证研究，都不可避免地反映着研究者的价值取向，不存在关于风险现象的纯粹客观化和研究过程的价值无涉。而数据驱动范式，从风险研究内容来看，则是对前两者一定程度的超越，更具有包含性。数据驱动范式并不意味着数据成为公共安全风险研究的唯一依据，而是在整合经验研究和实证研究的基础上，使数据充分发挥作用并使其价值得以最大限度地涌现。它是以审慎包容的姿态推动风险科学发展，既将过去形成的经验认识囊括其中，也把丰富的实证资料包含在内，这些资料和数据经过加工处理之后，形成了新的知识成果。因此，数据驱动范式的兴起并不是对经验研究范式与实证研究范式的取代，而是主导成分和地位的更替，反映了公共安全风险领域知识积累和学科进化的信息。

本章从风险研究的学术史出发，基于"假设—方法"分析框架，将公共安全风险研究范式划分为经验范式、实证范式和数据驱动范式，阐述了三种研究范式

的内涵并考察了研究范式的变迁。从风险研究范式的演进与发展来看，人们对于风险本质的不懈追问与研究方法的变革创新之间相互作用，共同推动风险知识生产与创新，并形塑了科学的公共安全风险知识体系。正如卡尔·波普尔（K. Popper）的"进化认识论"所言，"科学研究是一种永无止境的演化过程"。然而，由于多学科多领域相互渗透的知识体系之间既深度分化又高度整合的一体化特征，加之自古至今众多科学哲学流派之间的反思与批判，使得清晰划分一个科学的研究范式显得力不从心。但哲学家怀特海（A. N. Whitehead）曾道："全世界在所有时候都有一些现实的人专注于'不能化约的、顽固的事实'，全世界在所有时候都有一些有哲学气质的人专注于编制总的原则"，这正是本章的努力与价值所在，也反映出本章力图梳理清晰公共安全风险研究范式演进这一主线过程中所存在的挑战。毋庸置疑，正是这种矛盾冲突与整合统一所呈现的范式张力推动着科学革命的前进和新范式的产生。

当前，植根于大数据时代的数据驱动范式的基本内涵逐渐清晰，其重要意义不言而喻。为了更好地发挥科学划分范式的价值，对于这三种研究范式至今存在一些问题仍需探讨：一是公共安全风险研究范式的边界问题。风险研究过程本身伴随着不同学派的争论，如何更为严谨地区分范式之间的界限仍然是未来研究的关键议题；二是公共安全风险研究相关学科领域的融合与交叉问题。如何实现公共安全领域跨学科的对话，需要建立一整套基于共同标准、价值、信念的风险研究话语体系，这也是研究范式的应有之义；三是数据驱动范式仍缺乏与时俱进的风险理论支撑，如何在传统风险理论与现有风险实践的结合中发展出新的理论需要学术界的迫切回应；四是不同范式的地位与适用范围问题。三种研究范式在具体实践中如何指导不同类型的风险治理。数据驱动范式是时代技术变革和管理理念共同推动的结果，并因其超越前两种范式所特有的优势而受到广泛关注。这种地位关系也反映出不同风险类型的研究路径存在差异，如以价值、权力、道德层面引发的人为风险事件难以量化成风险决策的依据，经验研究仍然是不可或缺的认识路径。诚然，数据驱动公共安全风险研究将很大程度改善风险研究的广度、深度与精度，但同样数据并不是万能的，其所引发的"数据安全""数据伦理""假相关性"等问题也带来了新的问题与挑战。另外，由于我国公共安全风险研究起步晚，理论与方法研究均有所滞后，现有研究仍是建立在西方科学哲学发展史上进行的。未来如何从中国情景下构建风险研究范式和推动风险理论创新，并用于指导公共安全风险本土化研究也是我国风险科学研究者致力于实现的主要责任。

第三章

数据驱动的公共安全风险治理理论框架

在技术变革持续深入、风险研究不断推进、治理实践日益丰富的多重动力推动下，数据驱动公共安全风险研究为学界和实务界提供了重要的研究路径、政策工具和实践探索。本章以"情景—结构—过程—价值"分析为主线，阐述数据驱动公共安全风险治理的基础理论问题，以整体把握数据驱动公共安全风险治理的理论框架。这意味着，数据驱动公共安全风险治理是在公共安全风险复杂情景下，政府主导的多元主体通过各类资源进行协同，共同参与以大数据共建共享为核心和以风险联防联控为目标的治理行动和价值创造过程。

第一节　数据驱动公共安全风险治理：从问题到框架

一、数据驱动公共安全风险治理的适应性困境

从世界范围来看，大数据在公共安全风险治理中的应用尚处于探索阶段，在一些具体的情景中大数据应用产生了成功案例和最佳实践，比如谷歌流感趋势对于季节性流感的预测，但这些多为常规性突发事件，对非常规突发事件的大数据预警管理仍是一个具有普遍性的难题。以新冠肺炎疫情为例，由于新冠病毒是一种新型病毒，在暴发初期对其病理学特征和流行病学特征缺乏认知，是一种典型

的非常规突发事件，大数据在疫情初期监测预警方面没有发挥作用。即使疫情后期大数据在应急资源调配、人员流动追踪、工厂复工监测等方面发挥了一定作用，但总体来看，决策延误、谣言盛行、物资短缺以及公众非理性防控等现象仍然在一定程度上暴露出疫情防控中的"大数据短板"。对大数据应用困境的成因分析学界或认为"地方政府的组织机构、体制机制、资源配置等基本管理要素不能适应大数据治理改革的需要"[1]，或认为"技术融入治理引发了新的游戏规则，但机制体制仍旧沿袭旧规则"[2]。无论如何，数据驱动公共安全风险治理作为一种新的模式，在实践中还面临诸多问题和挑战，我们将其概括为数据驱动公共安全风险治理的适应性困境。具体来说有以下四个核心问题：

一是治理情景不清。情景为理论话语和实践落地提供了真实世界的场景，任何管理活动的展开与管理研究的进行都离不开特定的情景。当前的公共安全风险治理研究在很大程度上脱离了情景分析，一般将其概括为各类公共安全事件发生的可能性及其概率。这种简单认识不利于公共安全风险治理，不能揭示公共安全风险治理情景的复杂性特征，尤其是公共安全风险引发的衍生性风险和耦合性风险。易言之，"公共安全风险"究竟是什么？它的情景表现如何？学界尚缺乏清晰的回应，面向大数据环境的公共安全风险治理情景的构建更为缺乏。

二是治理结构模糊。在国家治理语境中，一个国家特定的制度安排和权力结构很大程度上形塑了新的技术嵌入当前政府治理体系的方式与路径。目前，由于传统制度体制的约束，数据驱动的公共安全风险治理存在明显的"结构模糊"现象。一方面非正式的良性社会互动格局还未形成。社会多元主体受自主性、专业能力、数据素养等制约，难以发挥出自有优势。另一方面多元治理主体的职责边界尚未厘清。我国政府与社会的边界模糊，政府治理的重心侧重于社会维稳，其依靠行政命令对社会行政干预太多[3]，挤压了其他参与主体的话语空间。例如，新冠肺炎疫情暴发前专家组多次进行实地研讨，但地方政府和专家以及卫生部门缺乏明确的责任机制和有效协作机制，导致专家组的智力支持作用难以发挥。

三是治理过程脱节。数据驱动公共安全风险治理是围绕大数据和风险场景的双重治理过程。公共安全风险治理不仅考验着政府的风险处置能力，而且对其大数据治理能力也提出了更高要求。然而，当前大数据嵌入传统风险治理的流程不清，导致大数据治理流程和风险治理流程的脱节。一方面，现有的大数据治理体

---

① 张翔：《"复式转型"：地方政府大数据治理改革的逻辑分析》，载于《中国行政管理》2018 年第 12 期。

② 马卫红、耿旭：《技术治理对现代国家治理基础的解构》，载于《探索与争鸣》2019 年第 6 期。

③ 胡税根、王汇宇、莫锦江：《基于大数据的智慧政府治理创新研究》，载于《探索》2017 年第 1 期。

系仍是生硬地嵌套在传统的行政体制机制之中，无法区分不同治理环节、不同治理主体的大数据应用需求。另一方面，数据驱动的公共安全风险治理过程中缺乏对于不同情景因素的考虑，造成了大数据应用的精细化程度不高。例如，在新冠肺炎疫情防控中，地方政府尤其是县级政府为了斩断疫情传播链条，采取了"封堵"为主的一刀切"治疫"手段，未能借助大数据采取风险分级的差异化治理。

四是治理价值失衡。当前，越来越多的学者认识到数据驱动治理不只是一个传统工具技术的问题，更是一个现代治理理念的问题①。这实质上涉及数据驱动公共安全风险治理的价值取向。大数据具有多维价值特性，主要包括大数据本身的技术价值及其所隐含的人本意义、社会公共价值②。然而，在我国大数据战略实施中，地方政府往往沿袭传统的技术治理思维，重视如何开发与利用数据资源，追求其技术工具价值，而将大数据所隐含的其他价值属性在一定程度上被忽视或掩盖，从而制约着数据驱动公共安全风险治理的价值创造。

二、数据驱动公共安全风险治理的理论分析框架

在提出具体的分析框架之前，我们需要明确几个重要研究假设：一是公共安全大数据的价值非中性，即所有数据都内在地隐藏着特定背景下对人类行动的建构意义。二是公共安全风险治理是一个多元主体参与的过程，内在反映了集体行动的逻辑，这个过程伴随着治理价值的实现。三是公共安全风险的二重性。公共安全风险是超越了传统风险客观实在性和社会建构性的基本划分，并且同时具有两种传统属性的综合性风险。四是大数据价值的二重性。大数据不仅通过技术赋能体现其传统管理的工具性，而且隐喻了多元主体参与共治的必然性，并表现出巨大的价值潜力。也就是说，公共安全大数据不仅作为一种治理工具嵌入当前的公共安全风险治理体系之中，而且还作为人们追求的治理价值隐藏在风险治理行动与政策体系之中。

可见，数据驱动公共安全风险治理在情景、结构、过程以及价值四个维度的障碍制约着治理效果的整体提升。张海波、童星提出了公共安全治理的三棱锥模型，即以"对象—过程—结构—结果"为核心维度的分析框架③。其中，对象是指灾害的复杂性；过程是指"风险—灾害—危机"连续统；结构则是指多元主体

---

① 周庆智：《道术之辨：大数据治理的原则和边界——以基层社会秩序变革为中心》，载于《学海》2019年第5期。

② 张梦：《大数据与国家治理现代化——第六届国家治理体系和治理能力建设高峰论坛综述》，载于《华中科技大学学报（社会科学版）》2019年第4期。

③ 张海波、童星：《广义应急管理的理论框架》，载于《风险灾害危机研究》2018年第2期。

协同；结果则是指结果评价，以实现目标、手段和结果的统一。这一分析模型较好地诠释了公共安全治理的结构关系与研究重心，也是国内公共安全治理研究较为成熟的理论分析框架。数据驱动治理的研究对象是面向公共安全复杂情景的，不仅要厘清公共安全风险本身，还需要整体把握公共安全风险复杂情景。同时，结果维度主要体现了数据驱动治理的单一价值维度，不能很好地呈现多元价值取向。因此，基于以上分析，我们提出数据驱动公共安全风险治理的"情景—结构—过程—价值"的分析框架，以系统分析数据驱动公共安全风险治理的科学内涵与内容特征。其中，结构是治理框架，重在厘清不同主体的权责分配问题；过程是治理流程，重在厘清大数据治理内嵌于风险治理体系的逻辑与运行特征；价值是治理内核，重在厘清数据驱动公共安全风险治理的多元价值及其关联。另外，大数据中的数据具有实时性、发展性、系统性的特点，大数据治理需要结合一定的情景来开展，是一种基于情景的治理[①]。不同治理情景可能导致数据驱动公共安全风险治理呈现出极大的差异化和复杂性。因此，在结构、过程、价值之外，加入"情景"这一场域要素，重点阐述"大数据治理的需求，即治理什么的问题"（见图 3 – 1）。

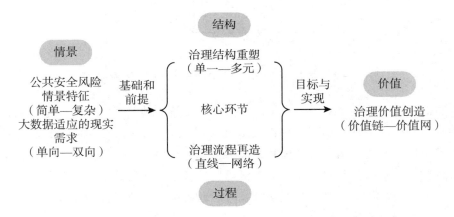

图 3 – 1   数据驱动公共安全风险治理分析维度的关系

由于风险情景治理的复杂性，情景特征决定了是否适用于数据驱动治理模式，反映了大数据治理限度与边界，是实施数据驱动的前提与基础，即情景分析将回答"影响数据驱动的制约因素"；"过程—结构"决定了数据驱动的治理主体和流程，即"过程—结构"分析将回答"大数据如何驱动的问题"；价值特征是数据驱动治理的目标与追求，内在包含着技术治理的理念，决定着数据驱动治理的可持续性，即回答"数据驱动治理的方向与动力问题"（见图 3 – 2）。整体

[①]   向玉琼：《精确性与情境性：数据治理的两个面向》，载于《浙江学刊》2019 年第 5 期。

来看，结构分析主要属于一种静态分析路径，过程分析则赋予了结构分析的动态特征，而价值分析则是对以上两种分析的理论性整合。

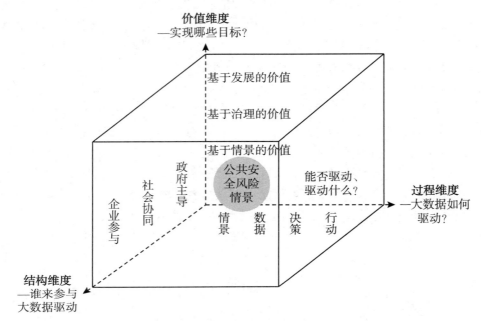

图 3 – 2   数据驱动公共安全风险治理的分析维度

总的来说，数据驱动公共安全风险治理所要解决的关键问题是"能否治理和治理什么、谁来治理、如何治理以及治理目标"，即如何通过体制设计、组织安排以及价值认同将不同参与主体联系起来，通过结构重组、流程再造以及价值重塑形成数据驱动的公共安全风险治理格局。易言之，在公共安全风险情景中，多元治理主体通过数据共建共享推动以风险治理为中心的一系列协作互动活动，进而实现公共安全风险治理的价值。

第二节　数据驱动公共安全风险治理的情景分析

一、公共安全风险治理情景的内涵与分析框架

迄今，实践证据的缺乏显示出大数据在公共安全风险治理中的现实挑战与

治理的不适应性。我们认为，数据驱动公共安全风险治理出现理论与实践脱节、预期与现实分离的重要原因在于缺乏治理情景的关注与审视。任何治理行为都必须发生与实现在具体的情景之中。经验表明，大数据在过去的公共安全风险治理情景中的应用效果并不理想。如何从多案例中提取公共安全风险的情景要素并透视这种困境的关键制约因素，是厘清数据驱动公共安全风险治理路径的关键。公共安全风险治理不同于一般的公共安全问题，其治理情景具有公共性和复杂性。由于治理情景不同会带来数据驱动治理效果的显著差异，以单一治理情景审视数据驱动治理无法透视技术治理的效果与症结。因此，忽视或者脱离了情景因素去探讨风险治理不仅结果是难以可信的，而且其研究也是缺乏现实价值的。

情景作为一种决策基础与信息场域，是风险评估、政策分析等领域的重要概念，是以叙述的形式对未来可能发生的情况的陈述。情景分析方法是一种面向未来构建可能情景的分析工具，通过创建多种可供选择的未来情景来指导不同的行动方案并制定组织战略，被认为是"制定未来计划和策略的关键技术"[1]。目前广泛应用于军事战略、决策、市场营销、经济管理等不同学科的领域。它的一个重要特点在于明确地包含了不确定性，并比较了可以塑造事件进程的备选方案[2]。情景之所以在突发事件应急管理中被如此重视，其前提基础是一些事件之间的情景具有相似性，这种相似性就体现在事件之间存在着共同的情景要素，形成了事件彼此之间的相交关系[3]。

有效呈现公共安全事件的情景特征，对于理解与适应公共安全风险治理的复杂性，提高决策效果以及优化应急预案具有重要价值。然而，公共安全风险情景受到政治、经济、文化以及环境因素的动态影响，这些因素也需要加以考虑和规划。基于情景的公共安全风险治理是一个系统问题，目前情景构建主要围绕风险源进行设计，缺乏对于承灾体、社会脆弱性等层面的考量。鉴于此，我们提出了大数据环境下公共安全风险治理的三重情景，分别是公共安全风险情景、数据驱动情景以及治理情景。其中，公共安全风险情景是驱动的对象和目标，数据驱动情景是驱动的内在动力和基础，治理情景是驱动的外部条件。立足于具体情景，自下向上构建了数据驱动公共安全风险治理的情景分析框架，即"情景构建—治理任务—数据需求"（见图 3 - 3）。

---

① Erdogan B., Abbott C., Aouad G., Kazi A. S. Construction IT in 2030: A Scenario Planning Approach [J]. *Electronic Journal of Information Technology in Construction*, 2009 (14).

② Meinert S. Field manual – Scenario building [R]. Belgium: European Trade Union Institute, 2015.

③ 姜卉、侯建盛：《基于情景重建的非常规突发事件应急处置方案的快速生成方法研究》，载于《中国应急管理》2012 年第 1 期。

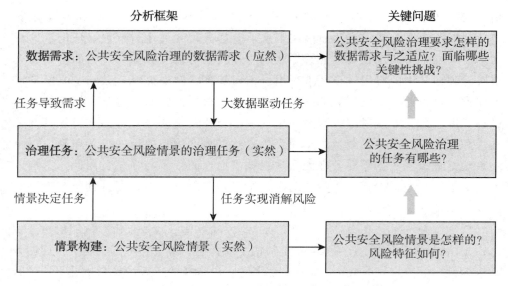

图 3 - 3　数据驱动公共安全风险治理的情景分析框架

　　其中，公共安全风险情景构建是风险治理行动的前提和依据，也是数据驱动实施的具体场域，复杂风险情景决定了风险治理的任务（目标），进而风险治理任务（目标）决定了数据驱动所具备的应对需求。换言之，本章采取自底向上的逻辑，围绕数据驱动公共安全风险治理情景需要解决三个核心问题：一是公共安全风险情景是怎样的，呈现哪些基本风险特征？二是公共安全风险情景下带来了哪些治理任务和目标？三是大数据环境下的治理任务和目标又带来了哪些大数据应用需求？这三个核心问题紧密相连，共同构成了面向大数据环境的公共安全风险治理的关键情景要素。

二、数据驱动公共安全风险治理的情景要素及关联

　　情景要素是理解情景的基本构成单元，是分析情景间关系的重要依据，也是反映事件发生发展状态与趋势的主要因素，既包含突发事件在具体时刻的属性状态表现，也涵盖相关的自然、社会、组织等结构因素，以及人的知识、经验、心理等感知因素。情景要素及其关联能够清晰地呈现出公共安全风险事件的发展过程。总体来看，数据驱动公共安全风险治理的情景要素内在地包含在风险特征、数据需求以及治理任务三个方面。

　　我们以重大突发性公共卫生事件为例，通过情景要素的提取，建立要素之间的关联关系，呈现数据驱动公共安全风险治理的一般情景。

（一）文本素材选择

我们梳理了 21 世纪以来世界范围内的重大突发性公共卫生事件的起源、发展与应对过程，以期掌握重大公共卫生事件的基本情景特征和治理的任务目标，重点关注公共卫生风险治理中的经验总结与教训。在案例选择上，以 4 起国际关注的重大突发性公共卫生事件为研究对象，包括 HINI、寨卡、埃博拉以及新冠病毒。这四起案例都发生在大数据浪潮兴起之后，并在具体治理过程中体现了大数据驱动治理的特征，同时体现了重大公共卫生风险的现代性特征，具有很好的现实代表性。

在坚持素材的丰富性、多样性和真实可靠性的原则上，采用两个途径收集文本素材：一是二手数据挖掘，即通过现有代表性国内外期刊论文为基础，进行归纳编码分析；二是为了拓展素材的可用范围，还纳入了一些具有权威报道的案例和观点，如 WTO、卫生部等单位部门颁布的案例、报告等。尤其是美国综合监测计划（NSSP）的实践社区提供了监测知识库（Surveillance Knowledge Repository），这些案例和报道也增加了理解现实大数据驱动治理的必要素材。由于涉及的期刊论文较多，素材选取遵循以下原则：一是国际关注的突发公共卫生事件（PHEIC）；二是正式渠道发布的相关期刊论文、报道，具有一定客观性和权威性。对外文数据库和世界卫生组织官网的相关资料搜集，主题为"Big Data"与"Public Health""Epidemic""Pandemic"等关键词的组合。在具体编码过程中，主要采用扎根理论方法对重大公共卫生风险事件的情景要素进行提取，自下而上地建立要素之间的联系。最终得到公共卫生风险特征、公共卫生大数据需求、公共卫生风险治理任务以及面向大数据环境的公共卫生风险治理的制约因素等 4 个核心范畴，其中82 个范畴，21 个主范畴，为后续的公共卫生风险治理情景构建提供了参考依据。

（二）情景要素提取

1. 公共卫生事件的风险特征

由于治理活动都发生在具体的情景之中，是基于情景的治理行为，不同的情景差异很大，将直接影响治理效果。区别于一般的社会风险特征，公共卫生事件的风险特征有其特殊性，而对这些特征的把握有助于直观了解公共卫生事件所呈现的基本表现，并采取相应的措施。通过对重大公共卫生事件的风险特征进行编码（见表 3 - 1）。可以看出，公共卫生事件情景的风险特征除了具有反复性、社会放大性、成因复杂性、突发性等一般社会风险特征外，还具有其特殊的风险特征，如传播多样性、极易扩散性、特征未知性等。

表 3 – 1   重大公共卫生事件情景的风险特征要素

序号	范畴	概念	原始语句（示例）
1	易发性	暴发反复性	埃博拉病毒疫情时隔几年便暴发一次，不过之前每次疫情规模都比较小，主要集中在一个地区暴发，并且局限在中非（N11）
2	不确定性	特征未知性	新冠肺炎疫情的传播特征尚未得到充分认识（J14）。就以往的流行病和流行病暴发而言，新冠肺炎是前所未有的（J13）。由冠状病毒 SARS – CoV – 21 引起的一种以前未知的呼吸道疾病（J2）
3		成因复杂性	所有这些因素——人类学、生物地理学、经济、政治和社会——促成了历史上最致命和最危险的埃博拉疫情（J15）。许多变化在很大程度上是人为的，并且正在以人类历史上前所未有的规模和速度发生（J6）。一项全球监测和生物监测战略似乎正在出现，部分原因是对生物恐怖主义的担忧（J6）
4		症状复杂性	受病毒感染的患者可能无症状或有症状，有轻度至严重的临床症状（J13）。大量的假阳性和假阴性结果意味着这不太可能产生实质性影响（J2）
5		传播多样性	寨卡病毒是一种主要通过伊蚊叮咬传播的病毒（N6）。在当地水库中助长埃博拉病毒的生物地理环境，特别是包括蝙蝠物种在内的生物地理环境（J15）。寨卡也可以通过性传播，这表明人们担心潜在的局部疫情（J8）
6		极易扩散性	所有疫情都有蔓延的可能（J15）。每一个传染病事件都有可能成为区域性流行病，即使以前的疫情已经在当地得到控制（J15）
7		疫情突发性	正如西非流行病学家发现的那样，它可能会转入地下，为其扩张寻找新的燃料（J15）
8	严重性	传播速度快	寨卡病毒是一种新出现的节肢动物传播的黄病毒，其惊人的扩散代表了一种新出现的全球健康威胁（J7）。自 2015 年 5 月巴西报告首例人类病例以来，寨卡病毒迅速传播，特别是在南美洲、中美洲和加勒比地区（J7）
9		经济损失大	上次的寨卡病毒给拉丁美洲和加勒比海地区造成损失就高达 180 亿美元（N5）。2014 年西非埃博拉疫情对受影响国家产生了重大的经济影响（J6）

序号	范畴	概念	原始语句（示例）
10	严重性	生命威胁高	传染病是人类死亡的最大原因——它们每年造成 1 300 多万人死亡（J6）。现在全世界已有超过 980 万例确诊病例和超过 495 000 例死亡记录（J2）
11		波及范围广	这次疫情涉及了多个国家和地区（N11）。在这个旅行全球化的时代，病毒的跨境传播比以往更加容易，尤其是对于埃博拉这种具有 21 天潜伏期的病毒（N10）。2016 年，寨卡在包括美国在内的世界许多国家引发了疫情（J8）
12	复杂性	防控难度大	全球城市化的加速、人口的日益集中、更频繁的互动以及发展中国家医疗保护的缺乏，都增加了防治新冠肺炎的难度（J14）。2016 年疫情防控期间的全球医疗紧急事件，目前没有治疗或预防寨卡病毒感染的药物或疫苗（J8）
13		类型多样	我们对绝大多数流行病的全球分布知之甚少。对所有具有临床意义的流行病的回顾表明，绘制其中大约一半的情况图对公共卫生有益（J12）
14	社会性	风险感知性	数字化网络化的全球公众可能影响了对埃博拉疫情的讨论、情绪和反应（J5）。民众对疫情的感知和应对是疫情防控和化解危机的社会基础（J10）
15		社会放大性	沟通方面的挑战包括美国和国际在线媒体的大量参与，这些媒体主要关注真正风险较低的国家的国内感染风险（J5）
16		风险衍生性	在网上讨论板、推特中，传达负面情绪的嗡嗡声比新闻网站和博客更普遍（J13）。它们可能会被污名化，即使它们没有被单独识别，但它们不能保持的污名化身份（J12）

2. 公共卫生风险治理情景的大数据需求

面向复杂的公共卫生风险治理情景，治理目标对公共卫生大数据提出了更高的要求。经过编码发现，公共卫生风险治理情景的数据需求分为：数据安全性需求、数据标准化需求、数据采集需求以及数据使用需求 4 个范畴（见表 3 – 2）。可以看出，公共卫生大数据除了需要具备多源异构等数据本身特征外，还对使用者提出了要求，例如培育数据素养和数据文化等。在 4 个范畴之间的相互联系上，数据安全和数据标准是公共卫生大数据采集和利用的前提，数据采集是大数据驱动治理中数据的基本特征，数据利用则是数据加工处理到价值发挥所需要具备的特征。

表 3-2　　　　　　　重大公共卫生事件情景的大数据需求特征

序号	范畴	概念	原始语句（示例）
1	数据安全	数据安全性	几个具有不同隐私保护水平的国际框架正在出现，包括分散隐私保护邻近跟踪、泛欧洲隐私保护邻近跟踪倡议和谷歌—苹果联合框架（J2）。免费提供的安全性和隐私性仍然是一个问题，特别是对于机密医疗信息的流动（J2）
2	数据标准	数据准确性	数据管理方法包括收集、存储、清理、组织、搜索、融合和分析数据都很重要（J6）。大数据的处理和建模应包含此类不确定性并加以处理，以确保结果的稳健性（J13）。主要挑战是找到调整传统技术方法的战略，并提高提供信息的速度和准确性（J14）
3		数据可用性	推特流量可以用来提供疾病活动的实时估计（N1）。2014 年 3 月 19 日，HealthMap 确认其为埃博拉病毒并对世界卫生组织发出警告（N11）
4		数据完整性	用到了范围更广的数据集的其他方法则得到了更大的成功（N10）。并非所有国家或地区都包括在这些数据集中（J2）。监测信息的及时性和完整性（J9）
5	数据采集	采集成本	数据捕获成本的降低意味着大数据的成功可能是未来精确公共卫生的一个必要支柱（J12）。技术成本的降低使得大数据现象得以出现（J12）
6		数据异构	大数据能够向从业者交付大量和各种以前不可能的结构化或非结构化数据（J12）
7		数据实时性	由于公共卫生决策需要基于近期的信息，因此显著的滞后时间不允许做出最佳决策（J3）。大数据监测的主要优点在于信息量大，实时高效反映疫情动态（J9）
8		数据统一性	移动运营商协会（GSMA）也在制定技术标准和规章制度，为使用呼叫记录提供便利（N9）。官方标准的缺乏和各国政府统计报告的不一致使得全球比较变得困难（J2）。需要对数据进行标准化，并将数据集成到电子病历中（J2）
9		数据多样性	这种类型的预测分析，需要多个不同的数据源（N6）。任何单一来源报告的案件并不总是反映所有真实存在的案件（J8）

数据驱动的公共安全风险治理

序号	范畴	概念	原始语句（示例）
10		数据共享	各国政府应提高数据集的透明度，包括流行病学数据和采集风险因素（J2）
11	数据利用	数据整合	数字技术不能孤立运作，需要整合到现有的公共医疗保健系统中（J2）
			这现有研究主张使用混合系统，将来自传统监测和大数据源的信息结合起来（J3）
12		数据素养	遭受公共卫生危机的社区希望"学习如何使用信息并提高其应对该未来疫情的能力"（J12）
13		数据文化	在许多情况下，这突出了公众信任和公众参与的必要性（J2）
14		数据清洗	能准确地对庞大的数据进行分析和提取，但却无法发挥平台和系统的优势（N7）
15		数据关联	像任何数据源一样，数字数据源需要集成和互操作，如电子病历集成和互操作（J2）

3. 面向公共卫生风险情景的治理任务

公共卫生风险情景是一个复杂场域，由于公共卫生风险所具有的衍生性、不确定性和复杂性，决策者往往面临着一系列超越公共卫生本身的风险问题，如经济衰退、疫苗研发、区域隔离、交通管制、物资调配等。在具体治理过程中，需要利用大数据针对多任务多目标的复杂情景进行应对。具体来看，大数据驱动公共卫生风险治理的基本任务有疫情监测、社会治理、疾病分析、政民互动和救援保障（见表3-3）。其中，疫情监测是以疫情为中心的监测活动，社会治理是以衍生风险问题为中心的治理活动、疾病分析是以流行病本身为中心的病理学和临床诊断过程，政民互动是以社会互动和公众参与为核心的治理过程，救援保障则是以各种资源的协调配合为中心的配置过程。以上四个任务都离不开大数据体系的支撑。

表3-3　　　　　　　　重大公共卫生风险情景的治理任务

序号	范畴	概念	原始语句（示例）
1	疫情监测	疫情趋势	通过社交媒体和搜索引擎上的动态数据，分析师们预测流行病趋势也表现得越来越好（N10）。利用地理信息系统的分析和可视化功能，使用支持定位的社交媒体来增强我们对早期疾病传播模式的理解（J3）

续表

序号	范畴	概念	原始语句（示例）
2	疫情监测	疫情新的认识	帮助填补观测数据中的空白，并提供对暴发可能结果的新颖见解（N5）。对疾病相关的知识了解得越多，就越可以有效地调动资源（N6）
3		重点人群追踪	港口、火车站和机场的数据，以及车牌识别技术，都可以帮助追踪潜在的病毒携带者（N10）。确诊病例的空间跟踪（J14）。在2014~2016年西非暴发埃博拉期间，手机数据被用来模拟旅行模式，手持设备可以更有效地跟踪接触者（J2）。追踪工具可以帮助患者记住最近的事件和位置（N3）
4		早期预警	在突发公共卫生事件中，大数据监测和追踪能够起到预警作用（J10）。健康地图确定了2014年3月14日几内亚报告一种奇怪发烧的新闻报道——在正在进行的埃博拉疫情官方病例信息发布前9天（J1）
5		监测系统多用性	全球网友可以通过这个可交互地图来免费了解疫情，其中包括具体的暴发地点和跟踪新的病例和死亡人数的信息。还能够记录公众的关注度（N11）
6		精准预测	基于大数据的人工智能算法能更快处理数据，精确地通过模型对疾病传播方式和发生概率进行预测（J9）。Bio公司利用大数据成功预测了下一个可能引爆埃博拉病毒的地区（J11）
7		关联分析	大数据的价值在于海量与关联（J11）
8		快速反应	能够在发现疑似病例时迅速排查其行动轨迹，提高防控精准度和筛查效率，形成精准防控快速反应的工作机制（N13）。人工智能和大数据可用于实时跟踪病毒的传播（J13）
9	社会治理	共建共享	推动健康医疗大数据资源共享开放的目标（J9）
10		干预措施评价	可以帮助我们预测疾病在未来爆发中的传播方式，并了解哪种干预措施最有效（N5）。这些背景信息可以让我们深入了解干预对减缓传播的影响，包括洗手的影响、社交距离和学校关闭的影响（J2）
11		降低行政成本	大数据不需要对先验数据进行投资，用户可以汇集各种不同的数据，并在创建分析时将其链接起来（J12）

序号	范畴	概念	原始语句（示例）
12	社会治理	社会舆情分析	社会情感引导和消除恐慌（J14）。大数据技术还可用于对舆情进行识别、分析、评估，对虚假消息予以及时辟谣，对错误信息予以纠正，避免错误信息传播引发恐惧、焦虑情绪和污名化言论的传播（J11）
13		社会经济恢复	根据防控形势变化及时调整防控策略，确保生产、防疫两不误，有序推进复工复产，有力促进群众生产生活恢复正常化（N13）
14	疾病分析	病毒溯源和分析	中国科学界利用大数据技术，不到一个月就将武汉不明肺炎的病原体锁定为"新型冠状病毒"（J11）。患者生成的健康数据与大量临床和医疗数据进行合成和整合，以获得对患者和医疗保健提供商的有价值的见解（J3）
15		病例调查	临床病例和药物大数据的利用可以支持临床诊疗不断改进（J11）。数字技术可以通过使用基于症状的病例识别和广泛的社区检测和自我检测来补充临床和实验室通知（J2）
16		疫苗研发	通过对全世界各国汇总来的成千上万个测试数据的研究，新型疫苗中的化合物甚至可以精确地杀灭支撑病毒增殖的特殊蛋白质（N7）
17		医学调查和诊断	重大流行性疾病防控的关键是对患者进行及时有效的诊治，而诊治的关键是发现流行性疾病发生的症状和机理（J11）。得出了更为清晰的认识和新冠肺炎的流行病学特征，并声明密切接触者之间发生了人传人现象（J11）
18	政民互动	政府问责	智能互联设备、可穿戴传感器和其他创新技术能够实时收集以用户为中心和技术驱动的海量数据，从而实现质量监控、透明度和问责制（J13）
19		公众参与	充分发挥专业机构和社会民众及媒体有序参与应急管理的作用（J10）
20		公众沟通	正在利用数字技术支持全球范围内对新冠肺炎的公共卫生应对措施，包括人口监测、病例识别、公众沟通等（J2）。通过疫情信息公开以及科学工作者对病毒及疫情的解读，为公众提供更完整、准确、及时的数据（J11）

续表

序号	范畴	概念	原始语句（示例）
21	政民互动	决策支持	从分析这些数据点中收集到的见解有助于指导政策决策、资金和研究议程，以更好地解决卫生保健服务提供方面的差距（N14）。人工智能和大数据可以为当地决策者和政策制定者提供知情的、基于证据的预测（J13）
22	物资保障	资源调配	一个地区求助热线呼叫次数的激增将意味着疫情的暴发，同时也将提醒当局调动更多的资源前往该地（N10）。能够动态监测、了解疫情地区及全国的资源供需情况，掌握疫情严重地区的医疗物资和人力资源缺口（J11）

4. 数据驱动公共卫生风险治理的制约因素

如前文所述，数据驱动公共卫生风险治理是以大数据与公共卫生风险为对象的双重治理耦合过程，其效能发挥既离不开大数据本身对于采集质量、安全性、完整性等标准规范的要求，也离不开风险治理过程中对于风险演化规律及其特征的深刻把握。从现实角度看，数据驱动公共卫生风险治理任务的实现还需依赖于治理环境中多重因素的相互配合与协调。经过编码分析，我们得到数据驱动公共卫生风险治理的制约因素主要有人为因素、技术因素、制度因素、经济因素、社会文化因素以及政治因素。其中，人为因素包括主观性疏忽、主体协调难、决策分析滞后、信息过度解读等；技术因素包括监测有限性、结果稳健性、算法准确性、统计偏差等；制度因素包括制度法规不健全、隐私保护制约、数据使用规范性差等；经济因素包括基础设施建设不足、财政投入影响、区域水平差异等；社会文化因素主要指文化差异的影响；政治因素主要指人为干预导致的合作水平低等。这些因素可视为数据驱动公共卫生风险治理的外部性条件与制约因素，任一条件或因素的缺失都可能直接影响到其治理效果。

（三）情景要素关联

情景要素能够清晰地呈现出公共卫生风险事件的发展过程，从而为大数据驱动风险决策提供思路。面向大数据环境的公共卫生风险治理情景是涉及政治、经济、文化、社会、环境、技术等一系列关键要素综合而成的治理场域。在这一场域中，不同因素相互交织和影响着治理手段效果的发挥。不难发现，从数据属性看，数据搜集的难易程度、搜集的质量等影响着数据驱动风险治理的应用广度。从风险属性看，风险的未知性、演化的复杂性以及与人的行为影响的密切程度决定了风险分析能否适用于数据驱动。从治理属性看，数据搜集成本、隐私程度等制约着数据驱动的利用程度。实际上，这四类制约因素是相互关联、密切制约的。公共卫生风险属性和经济社会发展水平很大程度决定了公共卫生大数据的可用性，即疫情区域是否具备实施数据驱动公共卫生风险治理的条件；当地决策者特质则决定了数据驱动公共卫生风险治理的效果以及价值发挥程度。但风险管理的有效性主要取决于了解人类行为和人们的风险偏好，并认识到个人需求和更广泛社会的集体需求之间存在权衡。

经过以上分析，可以看出四个关键情景要素之间的逻辑关系（见图 3 - 4）。其中，公共卫生风险特征直接反映着治理对象的特征，公共卫生大数据需求反映

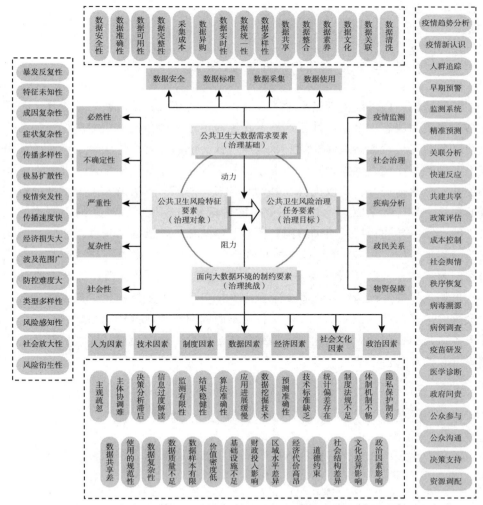

图 3 - 4　数据驱动公共卫生风险治理的情景要素框架

第三章　数据驱动的公共安全风险治理理论框架

着大数据发挥驱动力的基础，治理任务包含着治理目标的集合，而制约因素则从现实情景反映了数据驱动治理面临的挑战。实际上，这四类制约因素是相互关联、密切制约的。例如大数据需求往往与风险特征属性和一个国家的经济社会发展水平密切相关。数据驱动公共卫生风险治理的情景要素框架，便于直观感知面向大数据环境的公共卫生风险治理的对象特征、动力需求、目标内容以及相应挑战。

第三节　数据驱动公共安全风险治理的结构分析

一、公共安全风险治理的主体结构

所谓结构，即风险治理过程中核心要素之间的相互关系。在一般意义上，治理结构表现为国家、市场、社会这三者在风险治理中的角色、功能和相互关系[①]。目前，公共安全风险治理涉及政府、企业、社会组织和公众等主体，各个主体具有不同的利益取向，承担着不同的责任，只有相互合作与协同配合，才能有效整合公共安全数据资源，形成优势互补的良性治理格局[②]。从国家、市场和社会三者的关系出发，数据驱动的公共安全风险治理结构应是一种复杂的耦合网络结构，即国家主导的科层制治理结构、社会主导的扁平化治理结构以及市场主导的契约型治理结构[③]三者相互嵌套与相互协调。其中，国家主导的科层制结构以政府部门为主体，社会主导的扁平化结构以社会组织、公众、媒体以及专家为主体，市场主导的契约型结构以各类企业为主体。这三大主体构成了数据驱动公共安全风险治理的结构性基础，它们有各自不同的职责和数据资源禀赋，在政府主导下各司其职，利用大数据这一工具和价值载体发挥协同效应，实现风险治理效能提升和治理价值创造。

二、数据驱动公共安全风险治理的结构重组

迄今为止，世界范围内各国政府普遍采用的是科层制组织结构，所适用的是

---

① 张海波、童星：《中国应急管理结构变化及其理论概化》，载于《中国社会科学》2015年第3期。

② 蒋瑛：《突发事件舆情导控中风险决策和行动协同模型建构》，载于《行政与法》2018年第11期。

③ Leary R. O., Gerard C., Bingham L. B. Introduction to the Symposium on Collaborative Public Management [J]. *Public Administration Review*, 2006, 66: 6-9.

刚性稳定的规则和制度，而与治理相适应的则是网络型组织结构[①]，该结构能够适应复杂风险环境的不确定性，推动信息资源的横向整合和纵向联动，提高治理行动的协作效率。同样，数据驱动的公共安全风险治理也是一种网络型治理结构，强调政府转变传统管制思维，实现从单一主体管理向多元共治、从经验主导向数据驱动、从被动响应向主动预警转变。

在不同政策领域工作的团队之间的横向知识转移被广泛视为知识的关键来源。然而，横向知识转移的过程主要是非正式的，没有风险治理结构的支持。我们认为，这使得决策质量容易受到人员流动、时间和资源压力等方面知识损失的影响。以集中决策和垂直知识转移为重点的风险治理框架的主要形式不足以支持基于风险的环境决策[②]。林南认为，社会资本是嵌入在社会结构之中并可以通过有目的的行动来获得流动的资源，是个人通过摄取嵌入性资源以增强工具性行动或情感性行动中的期望回报而在社会关系中进行的投资。同样，大数据价值发挥所需要的信任机制和规范要求，使其呈现出与社会资本一样的特征和属性，并成为一种深嵌入社会治理结构之中的网络化资源。这意味着公众可以借助自身或集体拥有的大数据资本来实现个人需求和期望的回报。与此同时，当代对集体相关风险问题的处理方式已从传统的以国家行政层级为中心的公共机构，转变为多元治理结构的网络化组织机构，这些机构将基层社区一级与区域、国家密切联系起来，形成了公共安全风险治理的共治格局。

作为一个复杂开放的公共安全系统，社会本身具有特定的功能和结构，并通过输入信息、技术、资源等要素转化为公共安全物品。从结构关系看，以大数据治理为核心形成的共建共享目标和以风险治理为核心的联防联控目标构成了数据驱动风险治理中的多元主体互动关系（见图3-5）。这一过程中，无论是大数据治理，还是风险治理都离不开社会资本的三个关键要素：信任、规范与网络。其中，大数据治理的核心即大数据自身，风险治理的核心资本包括人财物等各种应急资本。在大数据环境下，大数据资本的共建共享是风险联防联控的基础和前提。只有实现良性的大数据资本生产和利用过程，厘清大数据资本共建共享过程中的责权关系，加强对大数据的采集利用的标准规范以及对于个体隐私保护的关注，才能有效发挥数据治理效能。同样，风险联防联控也是多元主体共治合作的过程，离不开各类减灾资本的参与和互动。

---

① 童星：《从科层制管理走向网络型治理——社会治理创新的关键路径》，载于《学术月刊》2015年第10期。

② Mauelshagen C., Smith M., Schiller F., Denyer D., Rocks S. A., Pollard S. J. T. Effective Risk Governance for Environmental Policy Making: A Knowledge Management Perspective [J]. *Environmental Science & Policy*, 2014, 41: 23–32.

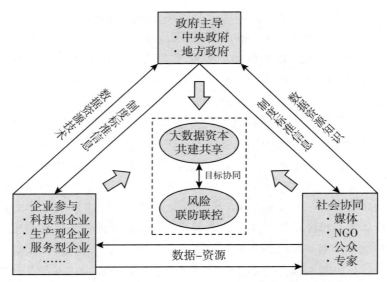

图 3 - 5　数据驱动公共安全风险治理的基本结构

1. 政府主导

政府部门在数据驱动的风险治理结构中处于起决定性作用的主导地位，既是大数据标准、技术体系、制度规则的制定者，也是部门联动和社会协同的协调者。在纵向结构关系上，政府部门需要通过协同联动实现中央到地方政府的统一行动，发挥跨部门、跨层级和跨领域的行政组织间的数据资源优势。在横向结构上，政府部门需要与企业、公众以及媒体等社会主体建立长效的合作共治关系。具体而言，政府部门在数据驱动公共安全风险治理结构中具有以下重要职能：一是构建公共安全大数据技术体系和大数据基础设施体系，以控制大数据的良性交换和有序流动。其中，元数据管理是基础、数据安全是前提、数据标准是关键、数据分析与利用是目标。二是以制度形式明确多元主体参与数据驱动风险治理的权责边界。不仅要厘清政府内部、层级之间的权责，还需要对不同社会主体参与数据驱动风险治理的形式、权限、规范、边界等做出明确规定。三是完善数据驱动风险治理中的多层级协同机制和社会互动机制，加强数据传递与共享，激发社会主体活力和保障协同治理的有序参与，避免出现"组织中的无序"现象。四是培育社会治理资本，强化价值认同，不断提升社会主体的数据素养和风险意识，从而在社会中形成适合数据驱动风险治理的文化氛围。

2. 社会协同

社会公众是数据驱动风险治理结构中的核心力量，也是大数据资本和风险知识的重要供给者。近十几年来，随着信息通信技术的迅速发展，公众利用产生的数据来帮助政府识别犯罪、监测环境污染和保护公共基础设施以及监督政府行为。对数字技术的日益依赖为未来的公共部门提供了一个新的治理模式的机会，公众和民间社会将有权承担更大的责任，并开始新的更横向的治理模式，发展与公共部门组织的合作伙伴关系①。国外实践中，许多城市制定并实施了"智慧城市"政策和方案，公民被称为"智慧公民"或"数字公民"②。同时，公众参与众包③、参与式规划等模式的广泛实施推动了公众真正参与到数据治理之中，这些理念和行动直接显示了公众在大数据治理中的关键角色。其中，众包（Crowd Sourcing）模式是国外政府部门与社会组织展开大数据合作的重要方式④，这种模式不仅有助于政府实现大量稀缺数据的精准采集，而且解决了大数据治理成本过高的问题。

社会组织（Social Organization）是人们为了有效地达到特定目标而按照一定的宗旨、制度、系统建立起来的共同活动集体。在我国，社会组织主要是指政党、政府之外的各类民间性组织，包括社会团体、民办非企业单位和基金会等。它们在了解和反映民意、传递公共产品与服务、调节公共冲突等方面发挥着重要作用，也是公共安全风险治理不可或缺的重要力量。社会团体、非政府组织、媒体以及专家学者等其他社会主体也凭借各自优势以规范化方式参与到风险治理中，与政府形成了密切的合作伙伴关系。需要指出的是，媒体在公共安全风险治理中担当着应急信息的传播者角色，是政府与社会公众进行风险沟通的重要桥梁，其核心在于风险信息的引导。另外，私营部门组织的资源为提高认识、建立社区复原能力、加强疾病监测和利用医疗创新提供了重要机会。"数字人道主义者"旨在通过参与式地图绘制、众包翻译、在线紧急调度物资以及实时社交媒体沟通等方式，将大数据分析应用于人道主义救援⑤。2014 年 3 月，瑞士无国界医生组织派遣了地理信息系统制图专家，为在受影响地区工作的流行病学家和医生提供支持。随着疫情的扩大，人道主义开放测绘项目（HOMP，Humanitarian Open Mapping Project）试图通过绘制受影响村庄和城市的数字地图来提供帮助。HOMP 是一个"志愿者地理信息计划"，有超过 100 万名志愿者，他们通过跟踪

---

① Meijer A. J., Lips M., Chen K. Open Governance: A New Paradigm for Understanding Urban Governance in an Information Age [J]. *Frontiers in Sustainable Cities*, 2019, 1: 3.

② Cardullo P. K. R. Being a 'Citizen' in the Smart City: Up and Down the Scaffold of Smart Citizen Participation in Dublin, Ireland [J]. *Geo Journal*, 2019, 84 (1): 1 – 13.

③ Gabrys J. Programming Environments: Environmentality and Citizen Sensing in the Smart City [J]. *Environment and Planning D: Society and Space*, 2014, 32 (1): 30 – 48.

④ 孙宗锋、姜楠、郑崇明：《大数据在国外政府治理中的应用及其启示》，载于《甘肃行政学院学报》2018 年第 4 期。

⑤ Erikson S. L. Cell Phones Self and Other Problems with Big Data Detection and Containment during Epidemics [J]. *Medical Anthropology Quarterly*, 2018, 32 (3): 315 – 339.

目标位置卫星图像中的街道、建筑和地标，集体绘制地点地图①。HOMP 在应对 2010 年海地地震后暴发的大规模霍乱疫情中，便能够将人们听到的警报信息和病人来源与地面上的一些信息联系起来。

3. 企业参与

企业主体是数据驱动风险治理结构中不可或缺的中坚力量。无论是在风险识别阶段利用大数据进行数据资源的快速整合以支撑政府部门精准决策，还是风险应对阶段参与风险监测防控、应急物资生产调配以及救援服务支持等，企业依靠其特有的技术、专业、人员优势在数据驱动风险治理中的作用愈加重要。尤其是大型科技型企业占据大量的网络信息资源，具有较强的大数据技术支撑能力，在人力资源调配、物资支援和信息获取等方面具有巨大优势。在新冠肺炎疫情中，我国科技型企业不断通过数据和技术能力，给全社会疫情防控提供了大量数据与技术支撑。例如，在疫情防控期间，互联网公司阿里巴巴向全球公共科研机构免费开放 AI 算力，加速新药和疫苗研发进度；百度则利用大数据向社会提供人群迁徙地图服务，包含来源地、目的地、迁徙规模指数以及迁徙规模趋势图等。IBM 技术公司于 2014 年 10 月推出了一个疾病地图系统。塞拉利昂最大的移动服务提供商 AirTel 与 IBM 的合作，允许当地人向政府免费发送有关埃博拉病毒的短信，然后可以创建将新出现的问题与位置信息联系起来的热图②。

第四节　数据驱动公共安全风险治理的过程分析

一、公共安全风险治理的基本流程

作为一个新兴概念和治理工具，风险治理是指对不确定性的集体决策进行协调、指导和监管的复杂过程③。它旨在改变传统风险管理的弊端，即由风险识别与评估、风险管理和风险沟通三部分组成的标准风险分析模型过于侧重公共部

---

① Mooney P., Corcoran P. Analysis of Interaction and Co-editing Patterns amongst OpenStreetMap Contributors [J]. *Transactions in Gis*, 2014, 18 (5): 633 – 659.

② Odonovan J., Bersin A. Controlling Ebola through Health Strategies [J]. *The Lancet Global Health*, 2015, 3 (1).

③ Kasperson, R. E. *Risk Conundrums: Solving Unsolvable Problems* [M]//London: ROUTLEDGE in association with GSE Research, 2017: 243 – 259.

门，忽视了参与治理风险过程的其他利益相关者。目前，风险治理在国际社会中得到了普遍的应用，形成了风险治理标准与理论，其内在逻辑和基本程式几乎涵盖了风险识别、风险评估、风险决策、风险行动等环节[1]。同时，所有环节都伴随着紧密的风险沟通工作。

（1）风险识别。在综合评判内外部环境信息的前提下，风险决策部门通过确定既有的或与组织目标实现相关的决策参数[2]，进而感知风险的时空属性、成因以及防控关键点等决策要素。

（2）风险评估。决策部门在综合考虑多种评估指标基础上来判断风险发生的概率及其可能后果，并根据风险可接受性得出风险的总体状况和发展趋势。

（3）风险决策。决策部门在特定风险情景下根据足够的风险信息对可能结果预判后做出最优选择的过程。

（4）风险行动。治理主体在既定风险情景下采取的消除或降低损害的具体行为，包括风险置换、风险隔离、风险延缓等措施[3]。

（5）风险沟通。即基于互信平等合作的关系框架下引入多元利益主体参与风险治理过程。这一环节不局限于信息分享，还包括通过围绕公共议题进行协商并达成共识[4]。实际上，由于公共安全风险的复杂性，风险治理各个环节之间的边界逐渐模糊，风险治理的目标不断细分，使得风险治理成为一个不断循环和反馈的过程。

二、公共安全大数据治理的基本流程

从现有定义来看，数据治理包括两层意义，一是对数据的治理，将数据作为被治理的对象；二是基于数据的治理，将数据作为组织治理或国家治理的核心依据。这两个层面互相依赖。大数据治理是指对组织环境中的大量数据进行管理，并采用不同的分析工具使其在组织决策中加以利用[5]，强调对于大数据自身的治理行为和过程，更加关注标准、制度和技术要素。只有在厘清大数据治理流程的基础上强化原始数据的管理，才能实现从数据到信息再到智慧的升级转化，为管

① 蒋瑛：《突发事件舆情导控中风险决策和行动协同模型建构》，载于《行政与法》2018 年第 11 期。

②③ 朱正威、刘泽照、张小明：《国际风险治理：理论、模态与趋势》，载于《中国行政管理》2014 年第 4 期。

④ Renn O., Klinke A., Schweizer P. Risk Governance：Application to Urban Challenges [J]. *International al Journal of Disaster Risk Science*，2018，9（4）：434－444.

⑤ Albadi A. H., Tarhini A., Khan A. I. Exploring Big data Governance Frameworks [J]. *Procedia Computer Science*，2018，144：271－277.

理与决策创造价值①。然而，大数据治理需求与传统数据管理需求完全不同，需要一个经过改进的生命周期，以便有效地利用大数据创造价值②。结合科恩（E. M. Coyne）③、黄静④等学者提出的大数据生命周期模型与框架，公共安全大数据治理流程主要有以下基本环节：

（1）数据需求评估。大数据本身在许多方面与传统数据有着根本的不同，这些差异要求大数据在创建任务之前进行需求评估，即管理部门评估组织内现有数据并将其与大数据治理需求相结合⑤。

（2）数据采集。在数据需求评估基础上，管理部门的专业人员通过大数据采集技术，对不同来源、不同类型的数据进行汇集，其中涉及数据传输、数据转化以及数据汇总等。

（3）数据组织与存储。这一环节的核心在于实现数据标准化，需要考虑到数据标准、主数据管理、元数据管理、数据安全以及采集与管理成本的控制，便于数据存储管理与实时调用。

（4）数据处理与分析。通过数据清洗、数据脱敏、数据整合以及数据挖掘等综合手段选出符合治理需求的数据，并借助大数据分析技术将数据转化为组织需求的信息和知识。

（5）数据共享与利用。旨在通过制度化的数据开放为多元主体提供创新服务，并将其运用到不同决策情景之中，从而降低行政决策成本和实现数据价值创造。

三、数据驱动公共安全风险治理的流程再造

作为技术变革的产物，数据驱动公共安全风险治理将从根本上改变传统经验主导的风险管理的基本流程，其转变的关键在于解决大数据如何嵌入公共安全风险治理的基本流程与制度框架之下，内在地包含了对大数据本身治理的隐喻。从内容上看，涉及大数据与风险的双重治理问题，即以大数据资源为核心、以风险情景为场域的大数据治理，以及以风险情景为核心、以大数据为环境变量和内生要素的风险治理。根据公共危机信息管理双生命周期模型，公共危机管理的生命

---

① 沙勇忠、陆莉：《公共安全数据管理：新领域与新方向》，载于《图书与情报》2019 年第 4 期。

② What is Big Data? An Introduction to the Big Data Landscape, https：//www. oreilly. com/radar/what-is-big-data/.

③⑤ Coyne E. M., Coyne J. G., Walker K. B. Big Data Information Governance by Accountants ［J］. *International Journal of Accounting and Information Management*, 2018, 26（1）: 153 – 170.

④ 黄静、周锐：《基于信息生命周期管理理论的政府数据治理框架构建研究》，载于《电子政务》2019 年第 9 期。

周期与信息管理的生命周期的有机结合共同构成了公共危机信息管理的基本流程①。同样，数据驱动公共安全风险治理流程再造旨在实现大数据治理流程与公共安全风险治理流程的紧密关联和深度渗透，是双重生命周期理论视角下双重治理的耦合结果（见图 3 - 6）。

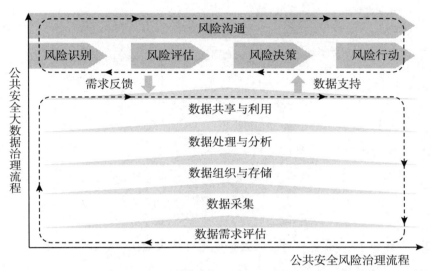

图 3 - 6　基于双重治理的数据驱动公共安全风险治理流程

以上风险治理流程的划分仍是遵循传统的风险管理框架，主要体现了大数据技术嵌入传统风险治理的各个阶段之中。为了突破这一限制，遵循数据治理和风险治理耦合观点，嵌入风险情景要素，从动态系统的视角来划分数据驱动公共安全风险治理的基本流程。为了形象地描述数据驱动公共安全风险治理过程中大数据流动与治理行动的关系，我们提出了理解大数据自下而上循环驱动治理过程的"沙漏模型"，其特征是：底层宽、全面收集，中层细、精准决策，上层宽、协同治理（见图 3 - 7）。模型的底层和上层呈现多元主体广泛参与的大数据治理和风险治理行动，中层则是一个风险决策系统，将大数据和治理行动有效连接起来。易言之，数据驱动公共安全风险治理流程可概括为数据驱动的"情景—决策—行动"一体化过程，其中"情景"是风险场域，规定了公共安全风险治理的环境特征和治理需求动因。

（1）以情景链接为核心的大数据治理。数据驱动风险治理的起点是具有不确定性和模糊性特征的公共安全风险治理场域，如何将复杂的治理情景转化为可供政府部门利用的决策情景是数据驱动风险治理的第一步。这需要在大数据技术体

---

① 沙勇忠等：《公共危机信息管理》，中国社会科学出版社 2014 年版。

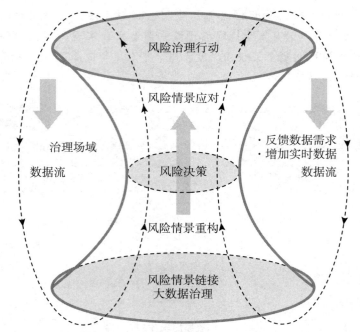

图 3 - 7　数据驱动公共安全风险治理流程的"沙漏"模型

系基础上通过技术建模进行风险情景链接，实现风险时空要素的快速关联，促进决策者对公共安全风险态势的感知水平，获取当前态势的总体描述[①]，包括对风险因素之间的关联分析，风险来源识别、风险成因判断以及风险演化趋势的智能化预警等。在这一环节中，政府部门内部和部门之间的协同将传统监测系统与大数据监测系统、公共资源数据和政务大数据、物理监测数据和社会感知数据进行整合；社会主体的多样化参与为大数据资本的全面采集提供了有力保障；科技型企业的大数据平台将为大数据实时动态分析提供了强有力的技术支撑。

（2）以情景重构为核心的精准施策。依托大数据技术实现情景链接，不仅简化了治理场景的复杂性，而且进一步通过情景重构功能帮助政府部门展开风险态势推演，从而实现精准决策支持。这一环节中，大数据分析的可视化技术将发挥关键性作用[②]，这使得海量动态异构的大数据转变为决策者直接观察与利用的信息。例如，新冠肺炎疫情防控中的疫情风险地图、疫情动态趋势图、社会情绪分析、物资调度需求分析以及易感人群信息等。面对数字重构的决策情景，政府部门在相关领域专家的智力支持下，结合现有经验和知识，可以准确把握风险治理

[①] 范维澄 等：《公共安全与应急管理》，科学出版社 2019 年版。

[②] Fiaz A. S.，A. N.，Sumathi D.，et al. Data Visualization：Enhancing Big Data More Adaptable and Valuable [J]. *International Journal of Applied Engineering Research*，2016，11（4）：2801 - 2804.

的重心和难点，快速制订科学高效的风险防控方案，实现风险应急指挥体系和社会组织参与、应急物资配置、宣传引导之间的有序结合。

（3）以情景应对为核心的协同行动。立足于具体情景的应对，政府部门要通过多部门多层级的有序协作和社会多主体的广泛动员，实现有效的风险控制与化解。这一环节主要是通过多重互动机制实现知识、资源、信息等要素的高效流转与利用，涉及的关键机制包括利益协调机制、组织协同机制、信息反馈机制以及资源保障机制。其中，利益协调机制在于处理利益相关者在大数据采集与共享、风险决策与沟通等活动中的利益关系；组织协同机制在于协调政府内部与部门之间，以及政府与社会之间实现数据共享和行动协同；信息反馈与决策评估机制在于不断优化大数据在风险治理应用中的效果，避免因数据质量、分析模型与算法等导致的结果偏差与治理异化现象；资源保障机制旨在促使风险治理中应急物资储备、信息技术支撑以及制度法规等要素相互配合。

从系统角度看，数据驱动公共安全风险治理的基本流程是以复杂情景为核心，以公共安全大数据为起点，经过数据资本化、资本决策化、决策行动化、任务数据化等几个关键环节转化，形成一个闭环系统（见图3-8）。

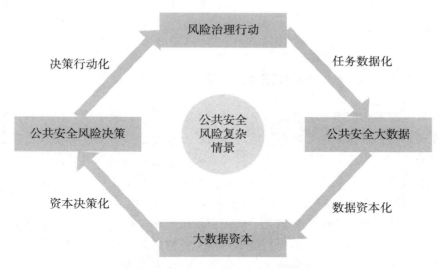

图3-8　数据驱动公共安全风险治理的基本流程

以上基本流程决定了数据驱动风险治理过程具有以下特征：

（1）源头嵌入。无论是大数据治理还是风险治理，都需要建立在源头治理思维之上。这意味着数据驱动风险治理需要提前布局，制订详细的大数据治理方案，而非风险事件发生之后的应急响应。

（2）边界模糊。随着风险环境的日益复杂和信息实时共享效率提升，风险治理不同环节的边界逐渐模糊，风险识别、风险评估到风险管理的传统线性链条逐渐被打破。风险治理流程不再单一按照时间去延展，而是多重时空交错的复杂网络过程。

（3）动态反馈。公共安全风险治理并不是一蹴而就的，而是实时动态数据不断驱动完成的。多元治理主体不仅参与风险的处置和应对，也参与到大数据的生产与更新之中，从而为下一步决策提供数据准备。

（4）实时精准。赢在先机是预防和降低公共安全风险损失的关键。数据驱动风险治理的优势就在于实时精准地融合多源异构数据，推动风险治理关口前移和实现精准施策。

（5）持续互动。持续在于数据的实时供给与更新，互动在于不同主体、不同行业领域、不同学科之间进行风险沟通以提升数据利用效果，及时发现与解决数据驱动风险治理中存在的问题。

第五节　数据驱动公共安全风险治理的价值分析

一、公共安全风险治理的价值层次模型

以价值审视数据驱动公共安全风险治理的路径问题，源于现代风险特征和政府治理理念的多重理据。大数据驱动治理的核心在于公共价值的实现，包括建设稳定和谐社会、构建良性政民关系、提升人民满意度以及增加治理透明度和有效性等。根据价值形成的递增与互动逻辑，我们提出了数据驱动公共安全风险治理的"价值层次模型"，以呈现目标实现到价值创造的过程。这一过程反映了数据驱动治理从短期到长期的动态过程，体现为大数据不仅作为一种治理工具嵌入风险治理体系之中，而且还作为普遍追求的治理价值隐含在风险治理行动与政策体系之中。从整体来看，三层价值之间紧密相关，相互支撑，一体多面地包含于治理过程之中（见图3-9）。

公共安全风险的快速控制与化解不仅有助于塑造良性政民互动关系，而且有助于风险知识生产与经验总结。反过来，这两部分又成为新一轮风险治理的基础与保障，促进风险治理的科学应对和有效互动。另外，多元价值互动过程也体现在大数据价值的变化，即由作为治理工具转向治理价值本身。

数据驱动的公共安全风险治理

图 3 – 9   数据驱动公共安全风险治理的价值层次模型

（一）基于情景的价值：提供公共安全风险决策支持

应对传统风险管理模式的低效，提升公共安全风险治理能力是数据驱动的直接目的。在公共安全风险治理中，大数据拓展了人们对公共安全风险情景的宏观把控和微观洞察，实现了对风险要素信息的全方位采集与实时动态分析，提高了决策者对风险演化趋势的判断和掌握程度，直接推动了风险决策的精准性和实时性。

一是实现有效风险预警，推动风险治理关口前移。在公共安全风险治理领域，及时的预测预警对于决策部门采取行动至关重要，而大数据的最主要的优势就是预测。以公共安全风险为例，传统的风险监测系统往往因严重的时间滞后和缺乏空间辨识度而难以支撑决策，而应用大数据可以提高时效性和空间辨识度，提供"隐藏"人群相关的行为和结果信息[①]，预测人群流动趋势和风险演化态势。例如，新冠疫情防控中浙江省基于大数据分析，预判 14 天内有着疫情蔓延的巨大风险，促使地方政府率先在我国各省中启动一级响应。

二是进行有效风险识别，提升风险治理精准度。仍以公共安全领域为例，单纯依靠传统疾病诊断数据往往不足以支持科学决策，而利用多源大数据和改进的模型算法可以更加接近真实风险。例如，从医疗保险索赔、临床实验室获得了新数据，结合公众自我报告数据，发现每年有近 30 万美国人受到莱姆病的影响，这样美国的真实发病率数据比以前依靠医生估算的结果高出 10 倍[②]。

三是实现应急物资需求分析，提高应急资源配置效果。大数据技术可以根据

① Gilbert G. L. , Degeling C. J. , Johnson J. Communicable Disease Surveillance Ethics in the Age of Big Data and New Technology [J]. *Asian Bioethics Review*, 2019, 11 (2): 173 – 187.

② Sadilek A. H. Y. , Bavadekar S. , et al. Lymelight: Forecasting Lyme Disease Risk Using Web Search Data [J]. *NPJ Digital Medicine*, 2020, 3 (1): 16.

多源数据分析不同区域、不同群体在不同情景阶段中的应急物资需求，指导救援资源的合理调度。例如，2015 年尼泊尔地震初期，由于救援队伍不清楚受灾城镇和村庄的一般需求和医疗需求，导致物资经常被运送到公路无法轻易到达的村庄，或被送到不需要物资的地区，而志愿者利用开放街道地图和地球卫星数据创建了实时更新的风险地图（quakemap.org），不断公布受灾最严重的村庄、失踪人员以及最需要救济物资场所的信息，为地震救援提供了重要支持。

（二）基于治理的价值：重塑良性的政民互动关系

技术创新与变迁引发政府治理变革，并重塑了政府与公众的关系[①]。阿曼达·克拉克（A. Clarke）认为大数据具有改善政府与公众之间理解的巨大潜力，从而体现数字时代治理的核心要求[②]。可见，现代公共安全风险治理的目的不仅是借助技术实现治理效能的提升，而且也增进了政府管理的透明性和开放性，加强了公众对政府的监督，实现了政民关系的重塑。

一是促进公众参与和彰显公共价值。在过去，技术治理是为了治理效能的提升，其本身彰显的是以事为本、权威为主的运行逻辑，削弱了参与的价值与公共性的增长[③]。一般公众不仅仅是风险信息的被动消费者。许多关于社区应对风险的研究表明，公民能够学习大量的技术信息，并积极参与创造相关的新知识。如果有适当的刺激，"非专业人士"可以在很短的时间内成为"专家"，而他的专业知识则会更加令人生畏，因为他将正式的技术知识与非结构化和非正式的当地知识结合起来[④]。不同于传统的技术治理，数据驱动风险治理则强调让公众作为公共部门的积极参与者，而不是被动地观察政府机构正在做什么[⑤]。在武汉的新冠肺炎疫情防控中，社会组织与公众的参与不仅在救援物资保障、医疗资源自发调配等方面提供了大量支撑，而且互联网平台、社会媒体与权威专家学者的共同合作，在舆情疏导、实时辟谣、安抚恐慌情绪等方面起到了重要的辅助作用。而且，灾难除了具有毁灭性外，还能拉近人们的距离，从而形成一个利他主义的社

---

① 陈振明：《政府治理变革的技术基础——大数据与智能化时代的政府改革述评》，载于《行政论坛》2015 年第 6 期。

② Clarke A. , Margetts H. Governments and Citizens Getting to Know Each Other？ Open，Closed，and Big Data in Public Management Reform ［J］. *Policy & Internet*，2014，6（4）：393 - 417.

③ 王亚婷、孔繁斌：《信息技术何以赋权？网络平台的参与空间与政府治理创新——基于 2018 年疫苗事件相关微博博文的分析》，载于《电子政务》2019 年第 11 期。

④ S. J. Bridging the Two Cultures of Risk Analysis ［J］. *Risk Analysis*，1993，13（2）：123 - 129.

⑤ S. N. B. *Smart Citizens*，*Smarter State*：*The Technologies of Expertise and the Future of Governing* ［M］. Harvard University Press，2015.

区，人们在这里互相帮助，共同抗击正在发生的灾难①。

二是提升政府形象和信息透明度，改善问责制效果。根据以往治理经验，公共安全风险事件的治理过程由于涉及的利益群体多元、决策环境紧迫复杂，往往考验着地方政府自身公信力。数据驱动的公共安全风险治理推动开放政府建设，倒逼透明性政府建设，提高问责制的效果。例如，从警务实践来看，增加透明性与问责制是美国警务采取数据驱动的重要原因②。基于大数据建立信息公开透明的廉洁政府将有效提升社会治理满意度，降低合作的交易成本，从而促进了新形式的大规模协作的实现③。

（三）基于发展的价值：推动知识生产与经验积累

不断探索、认识与利用风险知识一直是公共安全风险治理实践的不懈追求，也是人类社会实现永续发展的基本保障。公共安全大数据的急剧增长和多样性深刻地影响人们处理和解释新知识的方式。从知识生产角度看，数据驱动公共安全风险治理活动不是一劳永逸的，而是一种持续反馈、改进的动态价值创造过程。每一次的治理行动都为下一次治理行动提供了新的经验和创新性知识。这一价值体现为大数据将推动对风险本质的认识与更新，从多学科角度进行知识生产与创造，新风险规律的发现，新的风险治理理论的构建等等。其价值生产主体更多为风险研究学者与政府决策部门。

一是发现风险演化中新的相关关系与风险规律。进入 21 世纪之后，随着风险和危机研究新视野的不断展开，过去几十年精心构建的模型的变量之间相关性越来越小④。而数据驱动公共安全风险治理可以实现更为复杂情景的重构，从不同角度、不同层面建立数据间的联系，能够全面地认识与挖掘风险要素之间的内在关联⑤，这有可能推动新的风险因果关系的发现以及新的风险规律的总结。例如，有学者利用社会网络系统（SNS）研究降水量快速监测和尼日利亚疟疾病例的关系，发现使用推特记录的疟疾病例与尼日利亚的平均降水量之间

---

① Qadir J. A. A. , ur Rasool R. , et al. Crisis Analytics：Big Data-driven Crisis Response ［J］. *Journal of International Humanitarian Action*，2016，1（1）：12.

② 王超、宋向嵘：《美国警务大数据：实践进展、风险议题与政策启示》，载于《图书与情报》2019年第4期。

③ Meijer A. J. , Lips M. , Chen K. Open Governance：A New Paradigm for Understanding Urban Governance in an Information Age ［J］. *Frontiers in Sustainable Cities*，2019，1：3.

④ Lagadec P. A New Cosmology of Risks and Crises：Time for a Radical Shift in Paradigm and Practice ［J］. *Review of Policy Research*，2009，26（4）：473 – 486.

⑤ 张梦：《大数据与国家治理现代化——第六届国家治理体系和治理能力建设高峰论坛综述》，载于《华中科技大学学报（社会科学版）》2019年第4期。

的相关性为 0. 75[①]。

二是完善公共政策评估与更新风险治理经验。公共政策评估是评估主体建立在一定的价值标准和事实基础之上，对政策效果进行综合评价与判断的过程。由于大数据技术强大的数据获取能力和分析能力，能够有效改善公共政策评估的效果，兼顾多元主体的价值诉求，评估过程更加实时高效，评估结果更加全面和客观。例如，将公众生成的数据与政府公开的数据进行混合和匹配，可能获得新的见解，并成为公共政策制定的新证据。

三是推动数据驱动的风险研究范式形成与风险理论创新。在公共安全风险环境复杂化、社会结构深刻变化的时代背景下，大数据的出现推动了公共安全风险治理在认识、理论、方法、实践等方面全方位的革新。数据驱动的风险研究范式有望成为继传统经验范式、实证范式之后的第三种研究范式。数据驱动范式的形成和发展需求又将不断推动风险治理的理论创新。对于风险科学而言，也亟待构建大数据和风险有效整合的理论路径。在这一趋势下，数据驱动的公共安全风险治理实践探索将为新的研究范式和理论提供现实检验。

另外，由于社会主体的广泛参与，风险知识的生产不再局限于专家学者和政府部门，而且也涉及广大的公众群体。风险知识的构成也完成了从科学知识到公共知识的转化。这主要在于大数据技术大大降低了大规模协作的交易成本和协作成本，从而促进了"开放式治理"的新型协作——旨在解决复杂公共政策问题、促进公共知识的新型集体行动形式，或取代传统的公共服务形式。

二、数据驱动公共安全风险治理的价值网模型

（一）从大数据价值链到大数据价值网

1985 年，哈佛商学院教授迈克尔·波特（Michale Porter）首次从企业竞争视角提出了价值链（Value Chain）的概念，他将其解释为一系列随着价值的发展而创造和构建价值的活动。价值链对一个组织的一般增值活动进行分类，使其能够被理解和优化。价值链由一系列子系统组成，每个子系统都有输入、转换过程和输出，可以将其视为一种分工体系。在价值链的理论和模型基础上，学界根据数据的特性提出了数据价值链的概念。1988 年，艾可夫（R. L. Ackoff）清晰定义了数据价值链，认为它是一个基于过滤、还原和转换的层次结构，展示了数据如

---

① Nduwayezu M. , Satyabrata A. , Han S. Y. , et al. Malaria Epidemic Prediction Model by Using Twitter Data and Precipitation Volume in Nigeria ［J］. *Journal of Korea Multimedia Society*，2019，22（5）：588 – 600.

何导致信息、知识，最后是智慧。他把智慧放在金字塔的顶端，然后是知识、信息，底层是数据（见图 3 – 10）。作为一种分析工具，价值链可以应用于信息流中，了解数据技术的价值创造。在数据价值链中，信息流被描述为从数据中产生价值和有用见解所需的一系列步骤。欧盟委员会将数据价值链视为"未来知识经济的中心，将数字发展的机遇带给更多传统行业"。

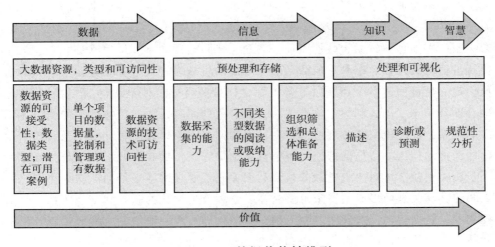

图 3 – 10　数据价值链模型

进入大数据时代，数据特征的显著变化促使组织中数据价值链的研究转向"大数据价值链"。在大数据环境下组织的所有行动都将来自数据价值链，即一个从数据获取到决策管理的整体性框架，并在这个过程中支持各种利益相关者及其技术。大数据价值来源不只是数据规模与数据质量，也包含整个过程中的数据分析能力以及创新性的思维。究竟什么是大数据价值链？学界尚未形成统一的看法。一般认为，要为发展智能信息服务提取有价值的见解，需要对来自不同领域的数据集进行集成和分析，这个过程通常被称为大数据价值链。

价值网（Value Net）的概念是由 Merce 管理顾问公司的斯莱沃茨基（A. J. Slywotzky）在《利润区》（The ProfitZone）一书首次提出的。他指出，由于顾客的需求增加、国际互联网的冲击以及市场高度竞争，企业应改变事业发展规划，将传统的供应链转变为价值网。对价值网作进一步发展的是美国学者大卫·波维特（D. Bovet），他在《价值网》（Value Nets）一书中指出，价值网是一种新业务模式，它将顾客日益提高的苛刻要求与灵活及有效率、低成本的制造相连接，采用数字信息快速配送产品，避开了成本高昂的分销层，将合作的提供商连接在一起，以便交付定制解决方案，将运营设计提升到战略水平以适应不断发生的变化。价值网的本质是在专业化分工的生产服务模式下，通过一定的价值传递机制，在相应的治理框架下，由处于价值链上不同阶段的企业及相关利益体组合在一起，共同为顾客创造价值。产品或服务的价值是由每个价值网的主体创造并由价值网络整合而成的，每一个网络参与主体创造的价值都是最终价值的不可分割的一部分。因此，价值网是由利益相关者之间相互影响而形成的价值生成、分配、转移和使用的关系及其结构。价值网潜在地为企业提供获取信息、资源、市场、技术以及通过学习得到规模经济和范围经济的可能性，并帮助组织实现战略目标。

根据以上理解，对于数据驱动公共安全风险治理而言，价值网的思想打破了传统价值链的线性思维和价值活动顺序分离的机械模式，围绕公共价值重构原有价值链，使价值链各个环节以及各不同主体按照整体价值最优的原则相互衔接、融合以及动态互动，利益主体在关注自身价值的同时，更加关注价值网络上各节点的联系，冲破价值链各环节的壁垒，提高网络在主体之间相互作用及其对价值创造的推动作用。价值网理论对价值链理论进行了拓展和提升，认为价值网络赋予了相关利益群体对组织资源的整合利用，它是通过网络中不同层次和不同主体之间的互动关系而形成的多条价值链在多个环节上网状的联系和交换关系。从流程上看，数据驱动公共安全风险治理在风险识别、风险评估、风险决策以及风险行动的各个环节都涵盖着数据生命周期，每一个治理环节既是总流程的一部分，同时又构成了完整的数据驱动流程。

相较于价值链，价值网更有利于风险治理理念的实现与治理价值的创造。价值链强调对价值的分割，以此确立自身的竞争优势，而价值网则更加注重价值的创造，以合作形式实现价值的增长与扩大。大数据价值网是大数据价值链发展的高级阶段，其价值在于政府主导下多元主体共同参与大数据生产、流动、共享活动。这一活动过程中，政府不再是价值链模式中的唯一提供者，而是演化形成多主体之间的社会互动过程。因此，它需要一个复杂的价值链和适当的分析来发掘它所拥有的机会和价值。根据价值链理论，公共安全风险治理的价值实现和创造是由一系列活动构成的。

相较于传统的风险治理流程，数据驱动公共安全风险治理流程发生了根本性改变。这种改变有其必然性：一是传统风险管理时期，公共安全风险治理是以单一灾种为核心进行的，这种情景下政府的管理表现为只要能够了解风险机理，就可以基本实现一些风险的事后处置和应对。然而，新兴风险的加剧及其复杂性，使得政府面对的不再是单一风险的简单情景，而是一种多风险耦合的复杂情景，这凸显了政府能力的有限性和管理效果的不足。二是治理理念的兴起要求现代政府自上而下形成一种扁平化的网络结构，强调多元主体的广泛参与，以推进现代政府的职能转型。三是信息时代的快速发展很大程度上改变了风险治理的思维和方式，并拓展了风险治理目标和价值的外延。这三个因素都推动着公共安全风险治理更具数据化、扁平化、价值化。价值网理论迎合了以上三个特征和需求，能够在大数据时代将社会多元主体吸纳到公共安全风险治理体系之中，从而构建更为扁平化的网络结构以及更具多元化的价值追求。也就是说，风险治理的价值链模式和价值网模式在理论背景、应对任务、研究重心、主体关系等诸多方面都存在差异（见表3-4）。

表 3 - 4　　公共安全风险治理中价值链模式和价值网模式的比较

项目	价值链模式	价值网模式
理论背景	工业时代	信息时代
应对任务	单一简单活动	复杂耦合情景
研究重心	单个企业的价值增值	利益相关者之间的价值创造
价值目标	价值实现	价值创造
价值维度	风险治理价值	情景价值、治理价值和发展价值
公众参与	被动参与数据治理	主动参与数据治理
互动方向	单向传递	多向互动
价值形态	线性链条	多维网络

经过以上分析，我们认为价值网理论的形成背景、内容与理念能够契合数据驱动公共安全风险治理的内在价值要求，而数据驱动公共安全风险治理的价值也是通过构建价值网来实现的。因此，以价值网为理论指导，有助于构建数据驱动公共安全风险治理的价值模型。

（二）数据驱动公共安全风险治理的价值网模型（以公共卫生风险为例）

价值网模型和利益相关者理论模型比较相近，但本质不同的是，价值网模型的不同主体是以价值创造进行连接和互动的。根据布兰德伯格（A. M. Branden-burger）和纳尔波夫（B. J. Nalebuff）的价值网模型，我们提出数据驱动公共安全风险治理的价值网模型（见图3-11），即政府主导下的公共安全风险治理行动的价值网络。数据驱动公共安全风险治理的价值网是以大数据为关键资本，由相关治理主体之间相互影响而形成的价值生产、分配、转移以及使用的关系。从结构上看，价值网模型分为上下两个网络构成，上层网络的价值基础是纵向的央地关系和横向的府际关系构成的正式制度体系；下层网络的价值基础则是由地方政府、社会组织、公众和企业构成的非正式社会关系。从职权关系看，中央政府的重要职责在于制定制度化的数据标准规范以及风险行动框架，以推动上层网络的良性稳定运行。地方政府的重要职责是在上级政府的制度规范下，推动社会形成扁平化的网络关系，为多元主体参与提供渠道、路径以及制度依据。贯穿于两个网络的共同价值基础即互信关系的构建，不论是央地之间的委托代理关系，还是横向府际之间的合作关系，以及社会主体之间的协同配合，都离不开良好的互信关系。

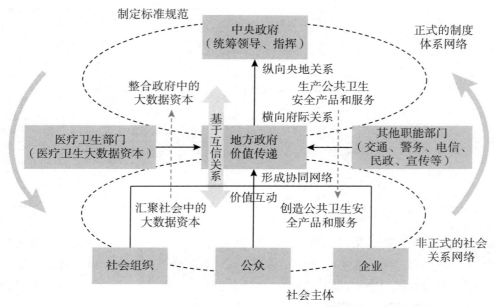

图 3 - 11　数据驱动公共安全风险治理的价值网模型
（以公共卫生风险为例）

　　正式的制度体系和非正式的社会关系通过各种应急资源的协调配合实现互动，并在互动中实现治理价值。一方面，下层网络中多元主体在地方政府主导下汇聚社会中的大数据资本，并传递至上层网络和医疗系统以及其他职能部门，实现多源大数据整合。另一方面，上层网络对大数据进行加工之后，输出形成了公共安全产品和服务，再通过互动机制传递到下层网络。简言之，数据驱动公共安全风险治理的价值网模型通过大数据的生产、传递和共享实现了上层网络和下层网络的互动耦合，不同治理主体形成一个密切联系的整体网络，制度体系和社会关系得以有效的衔接和运行。

　　在数据驱动公共安全风险治理的价值网中，政府部门通过核心能力搭建其他主体参与的平台和渠道，相关领域专家提供数据分析和决策判断的智力支撑，企业和社会组织以及公众推动大数据资本的生产与流动。结合大数据视角下的数据生产、共享与利用过程，以及公共安全风险治理的协同联动过程，价值网模型的参与主体特征如下：

（1）公众是价值网络的起点和归宿。在价值网模型中，公众既是数据驱动公共安全风险治理价值的起点，也是最终的归宿。以公众为核心的社会主体不再是大数据的被动接受者和需求者，而是同时扮演着数据驱动公共安全风险治理价值的共同创造者角色。这意味着价值流动由下层网络的公众开始，并把他们的利益诉求作为公共安全风险治理价值实现的重要决定因素。不仅如此，将公众纳入风险治理价值创造体系中，还可以不断为公共安全风险治理提出新的要求，有助于增加公共安全风险治理效果，推动公共安全风险治理价值实现。

（2）地方政府是价值网络的中枢系统，扮演着价值传递者和协调者角色。网络中的地方政府不仅是价值网络运行的主要动力，而且可以积极整合其他治理主体创造的价值，并最终影响价值创造的方式和价值传递的机制。在数据驱动公共安全风险治理体系中，地方政府在中央政府与社会之间搭建了大数据平台和风险决策系统，能够及时掌握下层网络的需求信息，并实现及时上传下达。同时，地方政府不仅是价值的传递者，还是价值的协调者。面对复杂风险治理情景，多元主体的利益难免相互竞争导致信任和合作关系的脆弱性，地方政府承担并发挥着利益协调者的作用，来保障整个价值网络的良性运行。

（3）其他政府部门和机构是价值网络的重要支撑者。数据驱动公共安全风险治理的价值网是一个复杂系统，其任务与功能具有多样化，这决定了其运行是由不同政府部门和机构分工协作完成的。例如，公共卫生风险治理中医疗卫生部门拥有着其他主体难以获取的重要医疗大数据，这些数据的获取和整合对于政府进行疫情防控决策起着关键性作用。同样，交通、民政、警务、电信等部门都是整合公共安全社会大数据的关键部门，都为地方政府基于情景的实时决策提供了重要信息支撑。

（4）社会组织和企业是价值网络良性运行不可或缺的重要参与者。在数据驱动公共安全风险治理的价值网中，政府与其他治理主体之间相互协同合作，共享对方的核心数据能力，为公众提供和创造更加有效的安全体验，从而最大限度地实现治理价值。无论是社会组织还是企业，都具有显著的知识、技术以及资源优势，可以弥补地方政府在价值生产中的不足。

三、数据驱动公共安全风险治理的价值创造机制

借鉴普拉巴卡尔·卡坦达拉曼（P. Kathandaraman）和威尔逊（D. T. Wilson）

所提出的价值创造网络模型①，我们进一步提出了数据驱动公共安全风险治理的价值创造机制模型（见图 3 – 12）。这一模型有助于解释价值网中不同主体所形成的互动机制，具体包括能力建构机制、协同行动机制和价值传递机制。

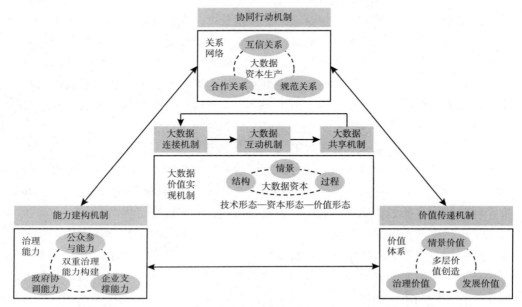

图 3 – 12　基于价值创造网络的数据驱动公共安全风险治理的机制模型

（1）能力建构机制。数据驱动公共安全风险治理价值的实现有赖于所有参与主体风险治理能力的整体提升。其中，政府协调能力、公众参与能力以及企业支撑能力是治理能力建构的关键。大数据贯穿于公共安全风险管理的整个流程，并在各个流程中形成了一条价值链。众多价值链之间相互交织影响构成了数据驱动公共安全风险治理的价值网。价值网的整体竞争力来自价值网络参与主体之间的协同运作，这种协同运作强调网络中的政府集中精力和资源发挥好大数据资本共建共享和风险联防联控的双重任务。因此，具有核心协调能力的政府是整合各种能力参与和保证价值网络正常运转的微观基础。

（2）协同行动机制。由于数据驱动公共安全风险治理的价值网打破了传统政府单一供给模式，这意味着价值生产由单一主体转向多元主体，而价值转化成功的关键在于社会互动机制的良性运行。社会互动是大数据价值网络实现价值传递的核心机制。多源大数据的紧密连接能够促进互动的深度和广度，反过来再次加

---

　　① Kothandaraman P. , Wilson D. T. The Future of Competition – Value-creating Networks ［J］. *Industrial Marketing Management*, 2001, 30 （4）: 379 – 389.

强连接的效果。在价值网中，将社会互动作为数据驱动公共安全风险治理的核心机制，不仅是为了维持与保障大数据资本在公众层面的生产、流通、共享与使用，而且也是充分发挥公共安全复杂情景中的每一个行为个体作用，赋予全部治理主体参与渠道与能力。其中，互信机制是这一过程的核心。无论是政府部门之间、政民之间，乃至公民之间都需要建立良好的互信机制。政府需要通过培育风险文化和数据素养，构建良性的信任机制协调公众和社会其他主体的有序参与。除此之外，合作和规范也是多元协同行动机制不可或缺的重要因素。

（3）价值传递机制。实现价值的传递与创造是数据驱动公共安全风险治理价值网运行的重要目标。基于数据驱动公共安全风险治理的价值层次模型，价值网是以情景价值、治理价值以及发展价值为核心维度的价值创造过程。价值创造的起点是情景价值的实现，在此基础上，通过政民互动合作关系的形成，治理理念的彰显，实现治理价值。发展价值则是价值创造的最终目标，是由情景价值实现所形成的风险知识与治理价值所形成的治理经验等共同触发形成的。这三类价值往往相互融合，通过正式的制度体系与非正式的社会关系的良性互动得以体现。

以上三种机制共同促进了大数据价值实现机制的形成。大数据价值实现机制具体涉及大数据连接机制、大数据互动机制和大数据共享机制。

（1）大数据连接机制。大数据连接机制旨在实现不同情景、不同主体、不同领域的多源数据连接。在公共安全风险情景下，多源数据的广泛连接是价值共创模型的基础和前提，也是价值网模型运行的基本条件。价值网通过围绕大数据资本来改进不同主体之间的连接关系和连接效率，借助高效的信息技术和方式，打破政府部门之间、政府与企业之间、企业之间以及公众之间信息连接的壁垒，使数据能够自由流动，促进各节点之间的资源交互，特别是异质性资源得到充分的利用。在连接阶段，政府的权力机制发挥着关键性作用。公共安全风险治理不同于一般社会治理，公共安全大数据需要整个社会的协同支持，甚至是让渡部分隐私权。例如，在疫情防控中对个人住址、出行等基本信息的强制性采集。没有政府权力的强制性，放任自流不可能实现整个社会高度秩序的一致行动。

（2）大数据互动机制。大数据互动机制旨在实现海量数据交互和价值涌现。资本互动是模型的原动力和价值共创的根基。大数据是嵌套在社会关系网络之中，其承载着与公共安全治理相关的各方面的价值信息。而互动过程本质是将这些海量价值信息充分释放和挖掘出来，是主体之间的互动过程。这种互动不仅表现在政民之间的互动，还包括公众之间、企业之间的互动，体现的是以公众为代表的基层治理需求层与整个社会共同供给层之间的充分信息交流，从而使需求能够得到更好的满足，创造出更大的治理价值。

（3）大数据共享机制。大数据共享机制旨在实现价值实现和创造。大数据将促使传统治理主体之间角色和权力关系发生根本性转变。数字化的关系网络可以迅速地协调网络内的政府部门、企业、公众及社会组织的种种活动，并以最快的速度和最有效的方式来满足网络成员的需要和适应公众的需要。

综上所述，基于价值网络的数据驱动公共安全风险治理价值共创模型，反映了在公共安全风险治理中价值网络参与主体之间经由能力构建、协同行动和价值传递三重机制所形成的一个稳定的模型关系，在这种关系之下进行着紧密的价值共创活动。大数据价值网是适应大数据时代的一种新型合作价值网络，是新时期公众主动参与公共安全风险治理的必然产物。这一认识有助于在大数据时代构建新的风险治理理论，意味着政府对于公共安全风险的治理从单一风险治理转向耦合风险治理，从价值链治理转向价值网治理。以价值维度来深入审视数据驱动公共安全风险治理的价值内涵与价值层次，有助于理解治理价值在数据驱动治理过程中的形成、生产与创造。同时，需要认识到，在数据驱动治理的价值网中存在着价值实现和治理（数据所有权、隐私和安全等）之间的冲突问题，仍需审慎地处理两者之间的平衡。

第四章

公共安全风险大数据治理

据驱动公共安全治理在完整的意义上包括大数据和公共安全风险的双重治理，即以大数据为核心、以风险情景为场域的大数据治理，以及以风险情景为核心、以大数据为环境变量和内生要素的风险治理①。当前无论理论研究还是实践领域，都重视公共安全风险治理本身，而忽视与之紧密关联甚至是基础性的数据治理。有学者明确指出，目前国内外大数据与社会风险治理的相关研究体现出了侧重政府管理和大数据介绍而缺乏专门针对社会风险治理的大数据研究、缺乏实用性的解决方法与策略、缺乏不同学科之间的交流对话等特点②。对数据的全面精细化治理是实现公共安全决策中大数据价值的基础和公共安全智慧治理的内在本质③。

第一节 公共安全风险大数据治理体系

数据治理是实现大数据驱动公共安全治理模式变革的基础。面向风险社会解

① 沙勇忠、王超：《大数据驱动的公共安全风险治理——基于"结构—过程—价值"的分析框架》，载于《兰州大学学报（社会科学版）》2020 年第 2 期。

② 周利敏、钟海欣：《"社会 5.0"时代的大数据风险治理》，载于《北京行政学院学报》2019 年第 1 期。

③ 张春艳：《大数据时代的公共安全治理》，载于《国家行政学院学报》2014 年第 5 期。

决现实问题的公共安全风险大数据治理体现出将不同层次政府数据治理融合的发展特征，以公共安全治理的相关活动为具体情境场域，涉及不同层次政府、不同职能部门以及不同行业领域的数据治理活动，其定位为实现大数据驱动公共安全治理导向的专题领域政府数据治理。

因此，本书以公共安全治理为场域聚焦数据治理问题研究，从交叉学科研究脉络梳理的角度出发，解析公共安全风险大数据治理体系的学科基础和发展驱动力，进而以大数据与公共安全的代表性文献为分析对象，梳理公共安全风险大数据治理的关键要素范畴与逻辑框架，构建体现领域特殊性和敏感性的公共安全风险大数据治理体系，为展开公共安全风险大数据治理的相关研究和促进数据驱动公共安全治理实践发展提供基础理论框架。

一、数据治理体系的要素与框架借鉴

目前，国内外关于数据治理的相关研究集中在数据治理概念体系与内涵界定、数据治理的逻辑框架体系建构、数据治理的实现路径与治理工具探析以及领域数据治理实践和经验剖析等理论方面的探讨。其中，构建科学的体系框架是表达复杂和抽象概念、开展数据治理实践工作的首要任务[1]。由于大数据在各个行业领域产生了广泛的应用前景和价值空间，不同研究者从多样化的行业需求和交叉学科研究视角出发，对数据治理体系构建与逻辑框架这一核心议题进行了研究。目前，国外典型的数据治理框架如 DA-MA 框架、DGI 框架、IBM 框架等，已有众多文献对其进行了分析，在此不再赘述；国内研究者则多借鉴国外典型数据治理框架提出诸如高校图书馆数据治理 CALib 框架[2]、基于数据生命周期管理的政府数据治理框架[3]等。如严昕等在对 DAMA、DGI 等现有成熟数据治理框架中核心要素进行分析的基础上，提出了包含组织与个人、技术与能力、策略与流程三个维度要素的城镇信息化数据治理要素框架[4]。郑大庆等则提出涵盖目标、权利层次、治理对象及解决的实际问题四个核心要素的大数据治理概念体系[5]。安小米等提出了涵盖治理目标、主体、客体、活动和工具五个关键要素的政府大

---

① 张宁、袁勤俭：《数据治理研究述评》，载于《情报杂志》2017 年第 5 期。

② 包冬梅、范颖捷、李鸣：《高校图书馆数据治理及其框架》，载于《图书情报工作》2015 年第 18 期。

③ 黄静、周锐：《基于信息生命周期管理理论的政府数据治理框架构建研究》，载于《电子政务》2019 年第 9 期。

④ 严昕、孙红蕾、郑建明：《城镇信息化中的数据治理问题研究》，载于《情报科学》2017 年第 9 期。

⑤ 郑大庆、黄丽华、张成洪、张绍华：《大数据治理的概念及其参考架构》，载于《研究与发展管理》2017 年第 4 期。

数据治理体系通用要素框架①。

从总体来看，数据治理的框架体系是为了价值实现和风险规避的数据治理目标，对其关键要素进行内涵界定、规则制定以及对具体管理应用活动指导反馈评估的一系列方案集合，也是开展数据治理具体问题研究和细节探索的基础。有学者总结了数据治理体系构建的基于治理要素、基于多维度解构和基于治理过程的三种构建视角，并认为基于治理要素控制的方法论视角来构建大数据治理体系是当前的主流②。同时，目前大多数关于数据治理体系与框架模型构建的研究未明确提出构建的理论依据、对于要素之间关系的梳理也存在局限性③。因此，本书从交叉学科视角出发，首先根据不同学科领域对于数据治理的内涵界定与研究侧重点，对公共安全风险大数据治理的概念进行溯源；之后明确关键学科领域中驱动公共安全风险大数据治理研究与实践发展的不同层次的理论基础和依据，在此基础上进行治理要素范畴分析和要素之间逻辑关系的梳理，使所构建的公共安全风险大数据治理体系体现知识体系的完整性与面向现实问题解决领域特殊性。

二、公共安全风险大数据治理体系的要素范畴解析

模型框架的设立为数据治理工作的开展提供保障，而把握数据治理要素则为建立模型框架提供思路、简化步骤④。从系统论的角度来看，政府数据治理的核心特征之一即其系统要素的多元性，包括政府主导、企业和社会公众等参与的数据主体多元性，社会空间、物理空间和网络空间数据来源渠道的多元性，以及政治、经济和社会领域的数据价值多元性⑤和治理工具的多元性。因此，如何厘清公共安全风险大数据治理系统的多元要素范畴以及要素之间的逻辑关系，是各要素通过协同形成系统整体性功能和价值、体现公共安全治理情景下数据治理活动特殊性的基础性工作。本书借鉴已有数据治理体系与逻辑框架建构研究成果中普遍认同的构成要素，确定公共安全风险大数据治理体系包含的关键要素即治理目标、主体、客体、工具与解决问题，要素范畴与内容的分析基于交叉学科研究视角下的已有研究成果，以体现公共安全风险大数据治理的领域特殊性和场景敏

① 安小米、白献阳、洪学海：《政府大数据治理体系构成要素研究——基于贵州省的案例分析》，载于《电子政务》2019 年第 2 期。

② 安小米、王丽丽：《大数据治理体系构建方法论框架研究》，载于《图书情报工作》2019 年第 24 期。

③ 明欣、安小米、宋刚：《智慧城市背景下的数据治理框架研究》，载于《电子政务》2018 年第 8 期。

④ 刘桂锋、钱锦琳、卢章平：《国内外数据治理研究进展：内涵、要素、模型与框架》，载于《图书情报工作》2017 年第 21 期。

⑤ 苏玉娟：《政府数据治理的五重系统特性探讨》，载于《理论探索》2016 年第 2 期。

感性。

通过对国内公共安全治理与大数据相关研究文献的调查和内容分析，来解析关键要素的内容范畴。首先确定文献纳入的判断标准：（1）以公共安全治理及其相关议题为场域；（2）关于公共安全风险大数据及数据治理的直接研究，或提供公共安全大数据管理与应用框架、方法与手段支撑的相关研究；（3）文献所属学科为行政管理、信息科学与数据科学、公共安全与应急管理学科领域。之后，以中国社会科学引文数据库（CSSCI）为来源数据库，根据文献纳入标准构建"篇名 =（大数据 OR 政府数据 OR 数据治理 OR 数据管理 OR 数据驱动）AND 题名 =（公共安全 OR 应急管理 OR 风险治理 OR 突发事件）"的检索式进行论文检索，共检索到论文 39 篇。最后，再以是否与关键要素主题有关为依据进行关键文献筛选，最终选定 22 篇代表性文献为研究对象和分析单元，以公共安全风险大数据治理的问题、主体、客体、工具和目标为编码类目，对文献的主要内容进行分析和编码，从中抽取公共安全风险大数据治理要素的内容和特征，并总结其要素的核心内涵。最终编码与分析结果如表 4 - 1 所示。

表 4 - 1　　公共安全风险大数据治理体系关键要素的内容范畴与内涵解析

关键要素	要素内容	核心内涵	文献出处
解决问题	风险治理：风险源识别与动态评估管理；风险事件描述；及时发现社会问题或自然灾害端倪，感知风险态势与追踪风险演化轨迹；风险预警预控；支持科学判断与理性决策；风险沟通与舆情治理；风险信息共享与发布；个体行为预测与风险传播评估；对风险决策进行实时评估、印证与修改。应急管理：致灾因子和脆弱性分析；突发事件要素与态势的全程监控与动态监测；次生和衍生灾害预测；快速有效的灾难响应，减少风险灾害冲击与损失；为政府应急管理提供政策建议；众包、群体智慧与应急决策；群体心理指导与干预；掌握公众的危机反应；救灾物资与人员等应急管理资源配置；实现跨地区、跨部门应急资源协同；为公众提供预警信息和应急咨询	关联分析；描述与预测；主动预防；场景驱动；科学精准决策；治理创新	（周利敏等，2019）；（孙粤文，2017）；（曾宇航，2017）；（唐晓彬等，2017）；（储节旺、陈善姗，2017）；（周利敏等，2017）；（李琦，2018）；（吴志敏，2017）；（丁翔等，2017）；（马奔等，2015）；（左文明等，2019）；（储节旺、朱玲玲，2017）；（周利敏，2016）；（邵东珂等，2015）；（庄国波，2017）

关键要素	要素内容	核心内涵	文献出处
治理客体	数据类型：（1）根据数据载体划分：社会空间数据（如政府数据，主要是各个业务部门和基层政府的业务数据和相关信息系统数据）；物理空间数据（如通过传感器采集的物理环境数据）；网络空间数据（如社交媒体数据、即时通信数据）；在各类数据中，公共安全领域尤其注重地理数据、社会媒体数据与环境观测数据等。（2）根据行业领域划分：社会治安类数据、消费经济类安全数据、公共卫生类安全数据、社会生活类安全数据等。（3）根据数据结构划分：结构化、半结构化、非结构化数据。数据特征：一方面具有海量、多源、异构、价值密度低等大数据特征，另一方面又体现出连续性、复杂多样性、关联性和涉及主体的多元性等领域特征，整体上体现出实时、准确、全面、可视化的优势	面向主题；全量数据；实时获取动态更新；标准化与规范化集成	（周利敏等，2019）；（曾宇航，2017）；（张春艳，2014）；（丁翔等，2017）；（沙勇忠等，2019）；（左文明等，2019）；（储节旺、朱玲玲，2017）；（陆莉等，2019）；（周利敏，2016）；（邵东珂等，2015）
治理工具：技术手段	宏观战略层：数据标准体系构建；数据资产主题类目设置；应对突发事件全过程、各层次的数据体系构建；应急大数据发展计划；国家级政府数据统一开放平台建设；政府数据分类分级的规范和标准。中观组织层：基础设施（如电子政务网、传感器网络、分布式区块链网络等）、云计算平台、地理信息系统、大数据预警平台、城市应急管理大数据综合平台等。微观数据层：（1）数据处理技术、分析方法、算法模型与可视化工具。（2）传统数据管理方法：数据汇集管理，数据质量管理，数据安全管理，元数据管理，主数据管理；机构数据管理基础设施评估等	数据集成与处理能力；实现由数据到知识情报和智慧的转换	（周利敏等，2019）；（孙粤文，2017）；（唐晓彬等，2017）；（储节旺、陈善姗，2017）；（周芳检等，2018）；（何振等，2016）；（张春艳，2014）；（周利敏等，2017）；（吴志敏，2017）；（马奔等，2015）；（沙勇忠等，2019）；（左文明等，2019）；（陆莉等，2019）；（曾子明等，2019）；（周利敏，2016）；（邵东珂等，2015）；（庄国波，2017）

续表

关键要素	要素内容	核心内涵	文献出处
治理主体	政府主体：（1）具体行业领域职能部门：包括公安、安监、交管、消防、气象、环保等。（2）应急管理机构：包括各级政府应急管理专门机构和综合协调机构。（3）数据管理机构：大数据管理局，数据中心等。 非政府主体：公众、企业、媒体、社会组织等	政府主导下的多元主体合作；数据权属、权责利关系	（周利敏等，2019）；（曾宇航，2017）；（李丹阳，2014）；（周芳检等，2018）；（张春艳，2014）；（李琦，2018）；（沙勇忠等，2019）
治理工具：行政手段	宏观战略层：政策法规体系建设；拓宽公众、企业等主体参与社会风险治理的渠道；构建以政府为主导、个体、企业、社会组织等非政府主体参与的协同治理结构与机制（"政府—社会—市场"的协同治理机制）。 中观组织层：连接相关风险治理部门，实现不同风险业务系统的信息共享和数据交互；搭建组织机构的数据治理运行架构与模式；应急决策协同和应急行动协同；组织数据需求分析；部门间数据共享激励约束机制；机构数据管理基础设施评估；数据监管能力成熟度评估；设立首席数据官或首席数据科学家；数据技术人员、专家及管理人才的培养。 微观数据层：数据审计与"数据铁笼"监管；数据价值评估与数据资产定价	业务驱动；数据流动；组织协同	（周利敏等，2019）；（孙粤文，2017）；（曾宇航，2017）；（李丹阳，2014）；（储节旺，朱玲玲，2017）；（何振等，2016）；（张春艳，2014）；（马奔等，2015）；（周利敏，2016）
治理目标	宏观战略层：形成数据思维与意识；个人隐私保护与公众信任。 中观组织层：减少重复建设降低大数据处理成本；数据驱动提高决策质量。 微观数据层：保证数据质量；保障数据安全	共享协同；价值实现；风险规避	（孙粤文，2017）；（李丹阳，2014）；（何振等，2016）；（张春艳，2014）；（李琦，2018）；（马奔等，2015）；（沙勇忠等，2019）；（曾子明等，2019）

（一）解决问题

"解决问题"反映了公共安全治理活动与数据治理活动的核心关联。一方面，大数据注重事物关联与趋势预测的逻辑与公共安全探测风险事件演变趋势的运行逻辑同轨[①]，基于数据及其分析增强公共安全治理者的计算能力，既可以实现数据驱动决策模式的转变，又是增强预警能力、突出源头治理和事前的风险管控的关键。另一方面，我国应急管理从突发事件应对到应急管理事务全程管理理念的变革[②]与反映公共安全活动特征和规律的公共安全风险大数据全生命周期管理的理念相契合。应急管理与风险治理生命周期各个阶段的活动具有不同的数据需求，也对数据生命周期不同阶段的存储、管理、分析和应用提出了要求。

（二）治理客体

公共安全风险大数据治理的客体即存在于物理空间、社会空间以及网络空间中涉及不同安全领域与安全活动的海量多源异构数据资源，是公共安全治理过程的基础要素，也是治理效能和价值实现的关键变量。探索能够反映与描述公共安全治理活动现象与本质的公共安全风险大数据特征、类型、规律与发展变化，是数据治理的基础议题。其核心是实现面向公共安全主题领域的全量数据资源建设的探索，为保证数据质量与实现其应用价值，对数据资源进行实时获取与动态更新，并进行标准化管理与规范化集成。"治理客体"从治理范围来看，要侧重从关注社会全集数据集过渡到关注公共安全子数据集的治理；从行业领域来看，涉及自然灾害、事故灾难、公共卫生和社会安全的各个领域；从数据来源来看，既包括公安、消防、交通、医疗等不同政府职能部门的业务数据，也应注重社会媒体数据等的采集与应用；从治理模式来看，包括面向应急管理日常事务管理的常量数据治理与面向应急处置与决策的增量数据治理；从生命周期来看，需要将数据的生命周期与公共安全治理的不同阶段与环节嵌套融合，以保证数据活动能够有效切合公共安全治理实践情境与组织的业务特征。

（三）治理主体

公共安全风险大数据治理主体是以政府部门为主导的多元治理主体。就政府

---

① 沙勇忠、陆莉：《公共安全风险大数据管理：新领域与新方向》，载于《图书与情报》2019 年第 4 期。

② 李丹阳：《大数据背景下的中国应急管理体制改革初探》，载于《江海学刊》2014 年第 2 期。

主体来看，包括具体行业领域职能部门、应急管理机构和数据管理机构。其中，各级地方应急管理机构负责日常应急管理事务处理以及突发事件的协调处置，在此职能背景下，还需要发挥应急管理信息服务者的职能①，帮助地方政府构建公共安全风险大数据整体性管理体系，以实现面对突发事件应急处置时增量数据的实时动态获取和关联协同，提升地方政府对公共安全风险大数据的处理分析和科学决策的能力；各职能部门在分类管理和属地管理的原则下，进行不同类型公共安全事务的处理和承担突发事件应急处置的相关工作，以此为背景不同职能部门需进行自身所掌握的公共安全风险大数据的日常管理和维护，以实现风险监测预警等工作，并在突发事件应急处置过程中实现不同职能部门常量数据的流动和协同。此外，已有部分省市建立了专门的数据管理机构，如大数据管理局或数据中心等，可为不同机构之间的公共安全风险大数据共享协同提供技术支持和总体规划设计。

非政府主体作为利益相关者在公共安全风险大数据治理中扮演数据源、信息传播者、政府数据共享发布的监督者等多重角色。例如公众在公共安全风险大数据治理中，既是提供数据的主体之一，也具有获取和运用相关信息进行危机响应和提升预警意识的需求；互联网企业可充分发挥自身优势，为公共安全风险大数据治理提供数据资源，同时利用自身强大的数据处理分析和应用能力支持决策咨询、技术支持、数据产品开发等，使数据资源的价值最大化；社会组织的参与，使政府主体可以积极利用社会资本进行公共安全风险大数据的获取、分析与利用等方面的合作。充分发挥政府主体内部之间，以及政府与非政府主体之间的数据共享和行动协同，为有效的公共安全风险大数据治理提供战略部署的基础，可共同创新公共安全治理的内外部服务形态。

（四） 治理工具

治理工具是组织机构或个体为实现治理目标而生成的活动及方案，是在明确的价值理念与治理策略指导下，不同类型的参与主体付诸治理对象的措施和规范。公共安全风险大数据治理工具这一要素及其内容的解析，从来源来看，不仅要从已有研究成果中汲取智慧，还要对实践的关键问题进行解析；从性质来看，包括技术性工具与管理性工具，以实现技术要素与非技术要素的系统集成；从层次来看，则是涵盖了宏观战略层、中观组织层以及微观数据层各个维度的技术与行政手段。通过探索不同层次、多维度、多样化治理工具的组合应用，可针对不同行业领域或组织机构提出因地制宜的公共

---

① 李丹阳：《大数据背景下的中国应急管理体制改革初探》，载于《江海学刊》2014 年第 2 期。

安全风险大数据治理工具"组合拳"，既能指导数据治理嵌入公共安全治理的认知和方向，又能从具体操作层面指导公共安全风险大数据治理活动的部署和实践。

（五）治理目标

在公共安全领域中，技术发展产生的"文化滞后"现象尤为明显，即技术发展并不一定能够顺利地转化为公共安全事务治理绩效的改善[①]。因此，公共安全风险大数据治理作为一个长期的动态变化的治理过程，在循序渐进的原则上，其具体的治理目标理应具有层次性。具体目标可分为三个层次：一是从微观数据角度来说，通过支持数据归集管理、数据质量管理与数据安全管理的技术与行政手段，保证数据的质量与安全，这是数据资源加以利用的基础；二是从中观组织角度来说，通过有效的数据治理活动减少机构数据资源的重复建设，降低数据处理成本，实现领域数据的归集与协同以及在此基础上数据驱动的高质量安全决策；三是从宏观战略角度来说，形成公共安全与应急管理领域的数据思维与意识，提高应急管理机制的大数据适应性[②]，实现大数据背景下的公共安全治理方式变革，同时通过平衡安全治理的"公共性"与公众隐私保护的"个性性"之间的矛盾，提升社会公众对政府公共安全治理的信任理解与参与支持的积极性。

三、公共安全风险大数据治理体系的逻辑框架

在明确公共安全风险大数据治理体系要素范畴的基础上，各个要素之间的逻辑关系框架构建则主要依据驱动其发展的学科之间理论、概念、方法和手段的交叉融合关系，如图 4 - 1 所示。数据资源在流动中产生风险和价值。因此，不同学科交叉融合的逻辑关键在于对数据资源与数据流不同视角的解析：（1）行政管理学科和公共安全与应急管理的交叉点在于对应急管理行动主体的关注，基于数据流来协调应急管理中各个主体的参与配合，填补由于传统"权力流"带来的分工鸿沟[③]；（2）信息科学与数据科学同公共安全与应急管理的交叉点在于公共安全风险大数据资源本身，从数据流动的角度看，公共安全治理的过程本质上就是一个基于数据搜集、整合、提炼与挖掘进而通过量化分析寻找相关关系，进行安

---

① 张春艳：《大数据时代的公共安全治理》，载于《国家行政学院学报》2014 年第 5 期。
② 吴志敏：《大数据与城市应急管理：态势、挑战与展望》，载于《管理世界》2017 年第 9 期。
③ 李琦：《大数据视域下的应急管理思维转变》，载于《学习与探索》2018 年第 2 期。

全分析、情势判断、风险监测和预测决策的过程①；（3）行政管理同信息科学与数据科学之间的交叉点在于管理模式的创新，基于大数据技术的管理流程可关注由管理对象和事务产生的数据流，通过遵循数据本身性质和管理的要求化解专业分工带来的区隔和困境②。

在此基础上，将不同学科领域侧重的治理要素统筹起来，解决公共安全治理问题是逻辑起点，数据是基础资源与内生变量，主体的协同是数据资源流动共享的关键，体现技术与管理双重属性的治理工具是保障手段，治理目标是实现公共安全风险大数据的共享协同、风险规避与价值实现，最终达到支撑数据驱动加场景驱动的公共安全治理的预期效果。通过加强学科之间的交流对话，形成具有完整知识体系的公共安全风险大数据治理研究领域。

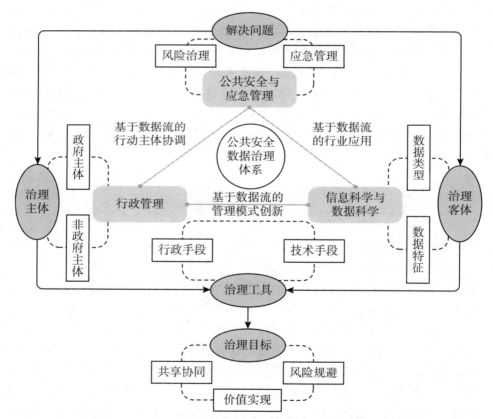

图 4-1 公共安全风险大数据治理体系的逻辑框架

---

① 张春艳：《大数据时代的公共安全治理》，载于《国家行政学院学报》2014 年第 5 期。
② 李丹阳：《大数据背景下的中国应急管理体制改革初探》，载于《江海学刊》2014 年第 2 期。

数据驱动的公共安全风险治理

第二节　公共安全风险大数据治理主体协同

公共安全风险大数据治理是政府数据治理概念与实践面向专题决策领域的延伸与扩展，是以大数据驱动公共安全治理问题为导向、以数据资源为对象的公共事务治理活动，强调在公共安全治理活动情境中对产生或使用数据本身的管理和相关利益主体的协调[①]。主要目的在于明确以政府为主导的治理主体应该承担的职责分工、决策权与角色分配、实施的管理任务与活动，通过政策体系建设、制度保障、流程重构、标准建设与技术支持等手段，保证数据资产的完整性、准确性、可访问性和可利用性，实现公共安全风险大数据的重用与增值。

协同治理是公共安全风险大数据的治道逻辑。（1）从公共安全风险大数据治理的内涵范畴来看，作为政府数据治理的子范畴，公共安全风险大数据治理也体现出政府数据治理多层次协同性的典型特征[②]：一是宏观角度技术理念与管理理念的协同，二是数据治理的目标、主体、客体、工具等各个要素之间的协同，三是具体要素内部构成之间的协同，如主体要素中多元数据治理主体的协同。（2）从公共安全风险大数据治理的情境场域来看，现代社会随着各类风险复杂性、关联性、衍生性特征的增强，跨时空范围与跨组织系统边界的突发公共安全事件使得组织之间的合作与协调问题凸显，多元主体共同参与的网络治理和协同治理成为破除风险治理与应急管理碎片化的关键。（3）从数据治理实践面临的普遍性挑战来看，数据治理作为一个集体行动问题，面临着价值感知、协作支持、数据概览和地方实践等多方面的挑战[③]。虽然目前大数据技术在我国地方政府管理服务中得到了应用，但权属关系模糊导致的"数据壁垒"、条块分割的管理体制带来的"数据孤岛"和"数据烟囱"现象仍是制约数据价值最大化的主要障碍。实现不同层级机构部门和行业领域之间的数据互联互通与共享应用，突破点也在于有效组织协同基础上的业务协同和数据协同。（4）从公共安全风险大数据治理的关键实现路径来看，如何拓宽参与渠道，将非政府主体纳入政府公共决策

[①] 沙勇忠、陆莉：《公共安全风险大数据管理：新领域与新方向》，载于《图书与情报》2019 年第 4 期。

[②] Thompson N., Ravindran R., Nicosia S. Government Data does not Mean Data Governance：Lessons Learned from a Public Sector Application Audit ［J］. *Government information quarterly*，2015，32（3）：316 – 322.

[③] Benfeldt O., Persson J. S., Madsen S. Data Governance as a Collective Action Problem ［J］. *Information Systems Frontiers*，2020，22：299 – 313.

的环节之中，进一步打破政府与企业、社会公众等非政府主体之间的数据孤岛[①]，也是公共安全风险大数据治理形成以政府为主导的多元主体协作机制的关键。概言之，协同治理能够通过建立、指导、执行和监督各类政府和其他组织的协同安排对公共事务开展合作共治，对数据治理领域具有解释力和契合性，也使得公共安全风险大数据迈向协同治理，成为大数据时代整合协调各种资源实现跨地区、部门与层级通力合作贯彻"总体国家安全观"[②] 的应有之义。

目前相关研究重点关注公共安全治理大环境中的组织协同机制，从广义上来看，其包含了数据治理中组织协同的部分内容，但将数据协同治理作为独立议题进行探讨的研究较少。本书将"协同治理"理论引入数据治理领域，重点关注公共安全风险大数据协同治理的逻辑框架和作用机理，探索协同的含义及其在公共安全风险大数据治理场域中的功能，并以兰州市食品安全数据治理为例，通过实证分析揭示公共安全风险大数据协同治理过程中各主体之间相互关系的实然状态，为提升公共安全风险大数据协同治理效能提供启示。

一、公共安全风险大数据协同治理的逻辑框架

(一) 公共安全风险大数据协同治理的要素分析

活动理论（Activity Theory）是一种描述人类实践的概念性方法和哲学框架，最初由苏联学者列夫·维果茨基（L. Vygotsky）提出，可用于描述和分析人类社会中不同类型活动的核心要素、基本结构和演进过程[③]。作为一种跨学科理论，活动理论对社会科学产生了广泛的影响，尤其适用于描述以信息技术为支撑的交互活动的结构、发展和情境，常被用来解决人机协作环境中的多样性问题、信息行为与信息资源管理的系统性和动态性问题等。活动系统的主体、客体与工具等基本要素与数据治理体系关键要素的契合性和对应性，也使得活动理论在剖析公共安全风险大数据协同治理的要素结构和作用机理方面具有应用潜力。

本书基于活动理论的基本结构模型，分析公共安全风险大数据协同治理活动的关键要素，如图 4 - 2 所示。由于公共安全风险大数据具有明显的类型多

---

① 王金水、张德财：《以数据治理推动政府治理创新：困境辨识、行动框架与实现路径》，载于《当代世界与社会主义》2019 年第 5 期。

② 陆莉：《"数据资产框架"视角下我国政府公共安全风险大数据开放现状、问题与对策》，载于《情报杂志》2020 年第 10 期。

③ Chen R., Sharman R., Rao H. R., et al. Data Model Development for Fire Related Extreme Events: An Activity Theory Approach [J]. *MIS Quarterly*, 2013：125 - 147.

样性和主体多元性特征，即公共安全风险大数据涉及不同领域、来源和结构类型，且数据的生产、管理和使用过程中涉及政府组织、企业、公众等不同参与者，因而在具体的数据协同治理活动中，活动的主体定义为拥有某类数据资源所有权与管理权的核心政府或非政府参与者；客体是某类公共安全风险大数据资源，主体和客体之间的互动受规则程序和任务分工的制约；工具包括概念、技术与管理类工具，是促进主体有效行动的手段和方法；共同体是除核心参与者之外的其他参与者构成的子群体，它们作用于相同的客体但又互相区别，并且与主体产生互动；规则体现活动的社会情境，包括日常业务情境和应急管理情境；任务分工是在公共安全风险大数据全生命周期的各个阶段不同参与者所承担的数据活动和任务角色。此外，公共安全风险大数据协同治理活动还体现了动机和结果两个要素：动机即活动发生的原因和刺激因素，指在公共安全治理情境中，不同主体对自身所掌握的数据资源价值实现和风险控制的目标；结果则是主体不断作用于客体这一演化过程的最终产出或影响，即数据治理中不同的协同效应和水平。

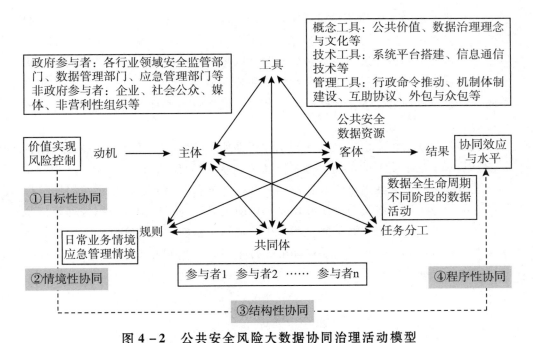

图4-2　公共安全风险大数据协同治理活动模型

总体来看，公共安全风险大数据协同治理活动即不同类型的主体受实现数据价值与进行数据治理风险控制的动机驱动，对自身所掌握的以及关联机构的公共

135

安全风险大数据资源进行生产、分配、交流与消耗的行动①。其行动既受相关工具的支持，也受社会情境中规则程序的限制和约束，并且在互动中形成了多个共同体，以体现协同的内容和决定参与者的任务分工与资源配置。

（二）公共安全风险大数据协同治理的协同框架

经济合作组织（OECD）将跨部门协同机制分为侧重组织载体结构性设计的"结构性协同"和侧重程序性安排与技术手段的"程序性协同"两类②。经由活动理论分析，公共安全风险大数据协同治理过程中体现出了这两种典型的协同类型。除此之外，强调公共价值和公共利益以化解部门利益冲突的"目标性协同"和强调公共安全治理活动的具体情境和需求变化的"情境性协同"也是不可或缺的两种协同类型。目标性协同、情境性协同、结构性协同和程序性协同，分别体现了组织协同所对应的社会语境、时空语境、主体语境和任务语境③，对协同过程中的目标、环境、机构关系和任务等内容进行界定。

1. 目标性协同

协同强调不同主体为了共同目标实现而进行协作，在实现公共安全风险大数据治理价值与风险控制的共同目标时，由于不同组织机构有各自的利益诉求和具体目标，需要不同主体进行目标协同和整合以化解利益冲突。目标性协同的关键在于既要强调数据治理过程中的公共价值和公共利益导向，又要深入理解和挖掘不同主体进行协同合作的差异化需求和动力，最终协调平衡多元治理主体之间的利益诉求与风险规避行为。

从宏观价值目标来说，是技术理念与管理理念的协同，既要充分发挥大数据驱动公共安全治理变革的价值，也要警惕"数字利维坦"的现实风险；从中观组织治理目标来说，要注重组织数据治理的利益诉求和需求分析，平衡组织所掌握数据资源的应用潜力挖掘与组织数据安全风险规避行为；从微观数据处理目标来说，要根据应用场景界定数据采集和分析的范围与粒度，注重价值最大化的"数据效率"（Data Efficiency）问题和旨在权利保护的"数据正义"（Data Justice）④问题之间的平衡。

---

① Abraham R., Schneider J., Vom Brocke J. Data Governance: A Conceptual Framework, Structured Review, and Research Agenda [J]. *International Journal of Information Management*, 2019 (49): 424 – 438.

② 蒋敏娟：《中国政府跨部门协同机制研究》，北京大学出版社 2016 年版。

③ Kofod – Petersen A., Cassens J.. Using Activity Theory to Model Context Awareness [C] //International Workshop on Modeling and Retrieval of Context. Berlin, Heidelberg: Springer Berlin Heidelberg, 2005: 1 – 17.

④ 许可：《重大公共卫生事件的数据治理》，载于《暨南学报（哲学社会科学版）》2021 年第 1 期。

2. 情境性协同

数据在形成对事物整体印象和反映事物发展变化的过程中体现出具体性、情境性特征，公共安全风险大数据治理需要关注多元社会情境下的环境变量和需求变化，具体来说即日常业务情境和应急管理情境。日常业务情境中的常量数据资源（如行政审批信息等部门业务数据）伴随着行政业务的展开而自动生成，价值实现过程是对数据资源进行挖掘从而发现有价值的信息和智慧。应急管理情境中减缓、准备、响应和恢复不同阶段具有差异性和动态变化的数据需求，除要从常量数据中获得基本信息的支持外，各类安全风险监测与防控、应急信息资源准备、突发事件应急处置和善后恢复的规划决策等更注重增量数据（如传感器数据、群体行为数据和社会媒体数据）的实时主动采集和分析应用。

情境性协同本质上是数据资源的生产、分配、流动和消耗行动所处时空环境之间的关联，强调政府同时从"常量数据治理"和"增量数据治理"两个维度①出发推进数据活动。日常业务情境下常量数据的管理和维护为应急管理情境中数据驱动的态势感知、动态监测、实时分析和精准决策提供基础信息，反之应急管理不同阶段情境则为日常业务数据的产生和管理提出不断变化的要求和新内容。

3. 结构性协同

我国的应急管理强调"条条分割"式的职能部门负责制和区域化的属地管理，呈现出碎片化的管理特征②。该特征映射到公共安全风险大数据治理主体视角，打破条块分割的数据格局和权属不明的沟通障碍就需要进行结构性协同，即数据治理活动的参与者根据不同的情境事件形成一定的组合与关系结构，使政府部门的职能设计响应现实管理需求。

结构性协同的关键在于在明确不同类型机构数据生产者、归集者、使用者等角色的基础上，进行主体关系和权责结构安排，组建协调单位并进行任务分工以实现组织机构间的协同效应。如宏观战略层面成立政府数据治理领导小组进行相关政策和数据标准的制定与实施；不同层级政府设立大数据管理局等专门机构，对数据的准确性、标准性和安全性进行监管评估③；在不同行业领域系统内，一方面建立领域专家和专业数据管理人员构成的数据治理专家咨询小组，另一方面以常设的应急管理部门和非常设的跨职能部门联合委员会为主要牵头部门，在突发公共安全事件时进行跨行业领域和跨职能部门的数据协调、沟通与整合；在各

---

① 张翔：《"复式转型"：地方政府大数据治理改革的逻辑分析》，载于《中国行政管理》2018年第12期。

② 赖先进：《论政府跨部门协同治理》，北京大学出版社2015年版。

③ 洪伟达、马海群：《我国政府数据治理协同机制的对策研究》，载于《图书馆学研究》2019年第19期。

个安全监管职能部门中则可以设置如首席数据官等数据管理岗位。

4. 程序性协同

参与者的合作协同理应贯穿于公共安全风险大数据生命周期的各个阶段和治理活动的全过程。但目前实践中数据资源分级分类、数据质量控制与评估、数据长期保存策略、数据社会化应用的资格与用途审查等管理活动的薄弱环节，使得提升数据规范管理和开放共享的总体效能面临挑战。因此，需要不同参与者围绕数据生命周期的各个阶段特征和规律，将数据活动与部门职能和业务进行整合，以实现数据采集生成、归集管理、处理分析和发布应用全流程中的程序性协同。

具体来说，数据采集时，要注重数据标准与采集方式的协同，以降低重复建设成本，保证领域数据子集的标准化和完整性；数据归集时，数据集分级分类管理标准的制定需要协调不同部门之间数据权属关系和不同类型用户使用权限分配；数据处理过程中，发挥不同参与者的处理能力和优势，提升整体的数据处理分析效能，如适当引入具有大数据处理能力的互联网企业，或通过众包等方式鼓励社会公众对数据进行标注和分析；数据发布和应用过程中，要明确数据收益和责任以协调部门利益冲突，在数据应用产品开发过程中促进不同主体之间的协同创新。

上述主要协同类型体现了实现公共安全风险大数据协同治理的内部条件和外部环境，总体的协同框架如图 4-3 所示。不同类型的协同内容在宏观战略层面、中观组织层面和微观数据层面产生作用，并通过互相之间的影响共同实现理想的协同效应。

二、公共安全数据协同治理的网络结构与特征分析

协作网络是协同治理的重要载体和表现形式。选择食品安全这一典型的公共安全类型，以兰州市食品安全数据协同治理的协作网络为实证研究对象，通过分析网络的构成、节点特征及其之间的关系，揭示特定类型公共安全数据协同治理的网络结构特征，为提升公共安全风险大数据协同治理水平提出对策建议。

（一）研究设计

1. 研究方法与对象

墨菲（V. L. Murphy）等认为活动理论和社会网络分析本质上均是对为实现同一目标而进行交互的个体间或网络间关系的理解与阐释，因此活动理论可为社会网络分析提供定性的分析情境，而社会网络分析则为活动系统中具体要素的任

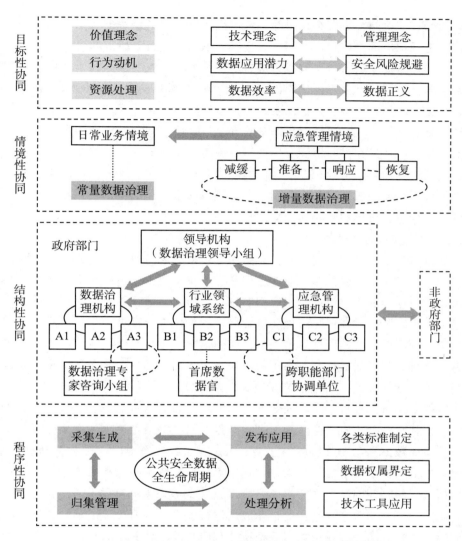

图 4-3　公共安全风险大数据协同治理的协同框架

务分工和子群识别提供定量的结构化解释[①]。本书在基于活动理论提出公共安全风险大数据协同治理的逻辑框架之后，以兰州市食品安全数据治理为例，运用社会网络分析方法研究数据协同治理网络的结构和关系特征，重点关注对主体互动协同状态的抽取和量化，为深入理解公共安全风险大数据协同治理逻辑框架提供实证分析证据。基本步骤包括：根据数据协同治理活动要素确定节点类型，通过

---

① Murphy V. L., Littlejohn A., Rienties B. C. Social Network Analysis and Activity Theory: A Symbiotic Relationship [M]//Mixed Methods Social Network Analysis. Routledge, 2019: 113-125.

实地调研、访谈与文献资料调研等质性研究策略生成节点数据关系，之后根据关系矩阵进行社会网络构建，对网络结构与关系特征进行分析解释。

选择食品安全数据治理实践为例进行实证分析，主要原因在于强调社会共治的食品安全领域具有多主体协同治理属性，其数据治理主体包括政府、企业、公众、社会组织等，为剖析公共安全风险大数据的多元主体互动和协同治理提供了典型情景。具体来说，研究对象即食品安全数据协同治理网络，指由食品安全数据治理的主体及其在参与不同业务情境数据活动中形成的互动关系所构成的整体网，其网络结构与特征受所在社会语境与时空语境影响。该协同网络既是体现组织内外部关系及沟通情况的社会网络，也是协同系统内部各个主体在实现目标流程中对目标进行分解和细化后形成的任务网络[①]。

2. 数据获取与处理

通过多种渠道收集研究数据：一是访谈数据，对兰州市市场监管局、卫健委等单位进行了实地调研，并对业务主管领导、信息化部门技术人员等针对食品安全数据采集、管理、协调和应用等问题进行了访谈，获得了一手的访谈数据；二是参与式观察数据，在兰州市市场监管局进行工作督导等过程中，通过参与式观察获得了部门业务系统等信息系统平台应用信息、食品安全风险监测流程等相关数据；三是文献资料数据，收集了与食品安全数据治理活动、食品安全风险监测预警相关的计划方案、工作总结等文献资料数据。

数据处理需要进行节点列表数据集和节点关系数据集的抽取。节点即数据治理主体包括政府与非政府主体两大类，节点之间的关系主要体现在主体参与不同业务情境的数据活动中所形成的互动。由于在公共安全风险大数据治理过程中，关键数据活动如数据通过何种渠道收集采集、数据资源由谁来归集管理、机构内部数据流转的路径网络等往往由政府内部既定的权限和规则决定[②]，通过行政命令、制度建设和相关系统平台的搭建应用进行解决，进而决定了不同类型主体所能够参与的数据活动和通过数据活动所体现出来的主体关系。因此，可通过食品安全领域数据全景、部门业务系统平台调研以及重点工作部署与文件内容抽取，判断在不同业务情境下各类数据活动中主体的参与状况以确定节点关系数据。

具体操作为依据公共安全风险大数据协同治理的逻辑框架，构建"数据主体—业务情境—数据活动"的分析框架来进行数据抽取与编码，编码维度与类目如表 4 - 2 所示。通过编码生成行动者—参与事件的关系矩阵，其矩阵赋值如下

---

① Salmon P. M., Neville A. S., Jenkins D. P., et al. Coordination During Multi-agency Emergency Response: Issues and Solutions [J]. *Disaster Prevention and Management*, 2011, 20（2）：140 - 158.

② 黄璜：《对"数据流动"的治理——论政府数据治理的理论嬗变与框架》，载于《南京社会科学》2018 年第 2 期。

所示：

$$X_{i,j,k} = \begin{cases} 1： 数据主体\,i\,参与了业务情境\,j\,中的数据活动\,k \\ 0： 数据主体\,i\,没有参与业务情景\,j\,中的数据活动\,k \end{cases} \quad (4.1)$$

利用该关系矩阵构建的网络主要通过行动者共同参与的事件，用间接方法来推测其中的关联[1]。将上述二部矩阵转化为一模邻接矩阵，运用 Ucinet、Netdraw 软件对网络结构和关系数据进行分析与可视化展示。

表 4-2 "数据主体—业务情境—数据活动"分析框架下的
编码维度与类目

维度	一级类目	二级类目
数据主体 (i)	政府主体	国家市场监督管理总局（A1）、国家卫健季（A2）、国家工信部（A3）、中国疾病预防控制中心（A4）、国家食品安全风险评估中心（A5）、甘肃省政府（A6）、甘肃省市场监督管理局（A7）、甘肃省卫健委（A8）、甘肃省疾控中心（A9）、兰州市政府（A10）、兰州市市场监督管理局（A11）、兰州市卫健委（A12）、兰州市大数据管理局（A13）、兰州市商务局（A14）、兰州市公安局（A15）、兰州市农业农村局（A16）、兰州市疾控中心（A17）、兰州市食品安全委员会（A18）、兰州海关（A19）、兰州市工业和信息化局（A20）、兰州市粮食和物资储备局（A21）、兰州市教育局（A22）、县/区政府（A23）、县/区市场监督管理局（A24）、县/区卫健局（A25）、县/区疾控中心（A26）、乡镇/街道市场监督管理所（A27）
	非政府主体	哨点医院（A28）、被监管企业（A29）、社会公众（A30）、第三方检验机构（A31）、营利组织（A32）、媒体（A33）、科研机构（A34）
业务情境 (j)	日常业务情境	行政审批（RE1）、稽查执法（RE2）、常规巡检（RE3）、抽样检测检验（RE4）、食品安全追溯（RE5）、投诉举报（RE6）、舆情监测（RE7）
	应急管理情境	食品安全风险监测（包括食源性疾病、食品污染以及食品中有害因素监测等）（RME）
数据活动 (k)	数据生命周期阶段	数据创建采集（C）、数据管理维护（M）、数据处理分析（S）、数据归集（I）、数据发布（P）、数据应用（U）

---

[1] ［美］杨松、［瑞士］弗朗西斯卡·B. 凯勒：《社会网络分析：方法与应用》，社会科学文献出版社 2019 年版。

（二）整体网络的构成与可视化

首先根据相关矩阵信息分析并可视化展示兰州市食品安全数据协同治理的整体网络，如图4-4所示。图中圆形和方形节点分别表示数据主体和参与事件，连线代表节点之间的关系。可看到该整体网络由34个数据主体节点和8个业务情境中的48个数据活动事件构成。在图中距离更近的数据主体之间因为有相似的数据活动事件截面，其关联度也更高、联系与互动更为频繁。如兰州市市场监管局及其下属的县区、乡镇街道市场监管机构，兰州市商务局和被监管企业等在行政审批、投诉举报等业务情境中的数据活动中联系较为紧密，而各级卫健行政部门、疾控中心等则主要围绕食品安全风险监测中的数据活动产生互动。在后续分析中，将通过量化数据来揭示网络的深层次结构。

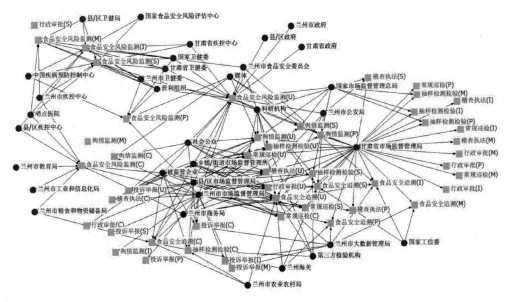

图4-4 兰州市食品安全数据协同治理整体网络

（三）节点影响力分析

中心度常用来测量个体节点在整个网络中对其他节点的影响和所处地位，主要包括度数中心度、中间中心度和接近中心度等常用指标。计算兰州市食品安全数据协同治理整体网络的节点中心度如表4-3所示，结合不同指标可对关键节点及其影响力进行判断。

表 4 - 3　　　　　　　整体网络中节点的中心度

数据主体节点

ID	Degree	ID	Betweenness	ID	Closeness
A7	0.6041667	A7	0.3077609	A11	0.7402598
A11	0.5625	A11	0.2723341	A7	0.6951219
A24	0.3333333	A29	0.0686138	A29	0.6263736
A29	0.3125	A34	0.0517479	A24	0.606383
A27	0.25	A24	0.0499102	A34	0.59375
A34	0.2083333	A27	0.0229849	A27	0.5757576
A30	0.1875	A1	0.0199431	A30	0.5533981
A1	0.1666667	A14	0.0190467	A18	0.5428572
A13	0.1458333	A18	0.0171797	A12	0.5377358
A14	0.1458333	A30	0.0154461	A32	0.5377358

情境数据活动节点

ID	Degree	ID	Betweenness	ID	Closeness
RME（U）	0.529411793	RME（U）	0.231213346	RME（U）	0.820512831
RE5（U）	0.382352948	RME（C）	0.112839311	RE5（U）	0.752941191
RME（S）	0.323529422	RE5（U）	0.070940703	RE7（U）	0.719101131
RME（I）	0.323529422	RME（S）	0.051375471	RE4（U）	0.719101131
RME（C）	0.264705896	RME（I）	0.035646915	RE3（U）	0.711111128
RE7（U）	0.264705896	RME（P）	0.035055697	RE5（S）	0.703296721
RE2（U）	0.235294119	RE5（S）	0.031256489	RE4（S）	0.695652187
RE3（U）	0.235294119	RE7（U）	0.030205809	RE2（U）	0.688172042
RE4（U）	0.235294119	RE4（U）	0.028450381	RE1（U）	0.680851042
RE1（U）	0.205882356	RE3（U）	0.020328421	RE7（S）	0.673684239

　　注：仅显示前 10 个节点数据；Degree、Betweenness 和 Closeness 分别表示度数、中间和接近中心度。

　　根据表 4 - 3 中对数据主体节点中心度的计算结果，可发现在食品安全数据治理过程中，A7（甘肃省市场监管局）、A11（兰州市市场监管局）节点的三种中心度均高，表明其不仅参与的数据活动数量多，在整个网络中与其他主体的互动频繁，处于网络的核心位置且对于数据资源的控制能力也较强。A24（县/区市场监管局）、A29（被监管企业）、A27（乡镇/街道市场监管所）、A30（社会公众）、A34（科研机构）具有相对较高的度数中心度和接近中心度，但其中间中心度明显低于 A7、A11，表明上述主体虽参与了较多的数据活动，但由于行政约束、数据处理能力等客观因素的影响，在整个网络中受其他数据主体尤其是层级较高政府主体的控制和影响较大。总体来看，有限的数据主体占据网络核心位置，大部分主体是数据治理活动的必要参加者，虽然掌握了一定的数据资源，但在网络中的作用和影响力有限，不利于其掌握的数据资源在整体网络中的流动。

同时，分析情境数据活动节点的中心度，可发现度数中心度较高的节点一方面集中在 RME（食品安全风险监测）的数据创建、归集、分析和应用过程中，另一方面则包括了 RE5（食品安全追溯）、RE7（舆情监测）、RE2（稽查执法）等日常业务情境中的数据应用活动，表明主体的互动主要发生在风险监测情境各类数据活动和日常业务情境的数据应用中。同时，不论是风险监测情境还是日常业务情境，其数据使用和分析活动均具有较高的接近中心度，说明数据的分析和应用效果对数据创建、归集、管理维护和发布等其他活动的依赖性较大。此外，仅 RME 的数据应用和创建活动具有相对较高的中间中心度，表明食品安全风险监测业务情境更强调对不同类型数据资源的归集与控制。

（四）群体中心度分析

在我国现行制度安排和治理架构背景下，协同治理重视不同层级性质主体方向的一致性，而不强调地位的均等性[1]。在食品安全数据协同治理过程中，不同类型主体之间的协同与合作关系也往往决定着数据活动的部署和实施效果，是明确组织协同机制建设、提升治理协同效应关注的重点。因此，考察不同层级性质的主体子群在网络中的地位和作用，可帮助理解治理架构和优化整体网络。

群体中心度考察一系列行动者构成的小群体在社会网络中多大程度上居于网络的核心地位。本案例中可通过对数据主体的组织属性对其进行群体划分，即政府主体与非政府主体，同时考虑到食品安全数据主体涉及的疾病预防控制中心、食品安全风险评估中心是卫健委等主管的实施公共卫生技术管理和风险评估服务的事业单位，与政府主体具有相应的行政级别划分且在食品安全数据治理中具有明显的互动，因而将群体划分为国家、省、市、区县、乡镇级的政府主体和事业单位构成的群体以及其他非政府主体群体。通过计算上述不同类型群体的度数中心度，即某群体之外与该群体内部成员直接关联的节点数，来分析不同类型、层级的机构群体在食品安全数据协同治理过程中的影响力和互动形式。

① 赖先进：《论政府跨部门协同治理》，北京大学出版社 2015 年版。

通过表4-4并结合实地调研情况进行分析，国家级行政部门和事业单位由于在食品安全业务活动中进行任务部署、标准与政策制定等，与其他类型主体具有广泛的联系，处于网络中较核心地位；省级机构和部门处于网络的绝对核心地位，原因在于省级部门通过推动建设行业系统内部的各类系统平台和数据中心，在数据归集、管理和使用过程中处于控制数据资源的核心地位；市级机构和部门群体度数中心度较低但标准化后的指标具有最大值，表明市级机构和部门也处于网络的绝对核心地位，但该群体内部的互动关联更为频繁，体现出本级行政部门之间的跨部门协同；区县级机构的群体度数中心度高但其标准化后的指标较低，表明与其他群体中的机构关联频繁但没有占据网络的核心地位，原因在于在食品安全风险监测、行政审批等业务情境中，区县级市场监管局、卫健局等机构负责具体业务的处理和基础数据的采集、归集与报送，但没有处于控制数据资源的核心地位；乡镇级机构的群体度数中心度指标最低，表明基层机构处于网络的边缘位置，其参与程度与影响力比较薄弱；非政府主体的群体度数中心度指标较低，表明其与政府主体之间的关联互动较少，没有占据网络的核心地位，也体现出食品安全数据治理中以政府主体为主导的特征。

表4-4　　　　　　　　群体度数中心度分析

群体	成员	G - Degree	G - nDegree
国家级政府主体和事业单位	A1 ~ A5	27	0.931
省级政府主体和事业单位	A6 ~ A9	30	1.000
市级政府主体和事业单位	A10 ~ A22	21	1.000
县区级政府主体和事业单位	A23 ~ A26	30	0.833
乡镇级政府主体	A27	14	0.424
其他非政府主体	A28 ~ A34	23	0.852

注：G - nDegree为标准化的群体度数中心度（Group Degree），是将群体度数中心度除以非本群体的行动者数目。

（五）凝聚子群分析

实际上，在数据治理过程中不同层级类型机构并非只形成上述由组织属性决定的子群体。政府组织机构和数据格局的"条块分割"模式下数据活动过程中易形成更多实存或潜在的互动关系。因此，通过凝聚子群分析来进一步探索协作网络中存在的子结构及其形式成因。凝聚子群分析基于互惠性、可达性、点度数等不同概念有不同的分析方法。由于一方面互惠意愿和协作能力是应急管理跨界协同的基础[①]，另一方面实现数据在各个主体之间的共享流动也强调不同主体之间的双向互动，因此采用基于互惠性的派系（Cliques）分析来探索子群体特征。派系指网络中至少包含三个节点的点集中，任何两个节点都直接相关且该派系不能被其他任何派系所包含[②]。规模为 n 的派系中任何一个节点均与其他 n−1 个节点直接相连，充分体现了派系内部关联的紧密性和成员之间的互惠性。通过限制派系的规模，可发现不同数量的派系组成，如表 4−5 所示。

表 4−5 派系分析

Minimum Size	Cliques Numbers	Minimum Size	Cliques Numbers
3	25	10	17
5	25	11	9
7	22	12	4
9	20	13	3

分析上述派系抽取结果及相应的成员构成，当派系最小规模较小时，派系数量较多且存在大量重叠的派系，此时派系所体现的内容缺乏实质性意义。通过派系成员判断凝聚子群的识别度，最终以派系最小规模为 12 时产生的四个典型派系为分析对象，其包含成员如表 4−6 所示。

表 4−6 派系结构分析

序列	派系成员
1	A1 A7 A11 A24 A27 A12 A15 A29 A30 A32 A34 A18 A8 A2 A9 A6 A10 A23
2	A7 A11 A24 A27 A13 A14 A15 A29 A30 A31 A34 A18
3	A7 A11 A24 A27 A13 A14 A15 A16 A29 A30 A31 A34 A19
4	A1 A7 A11 A24 A27 A12 A29 A30 A32 A33 A34 A8 A2

对派系成员结构进行可视化（见图 4−5），并结合派系重叠矩阵对其共享成员进行分析可发现：（1）派系成员构成体现了食品安全数据治理过程中情境事件驱动的协同模式，如派系 1 和派系 4 的成员共同参与食品安全风险监测中的数据活动，而派系 2 和派系 3 则共同参与了食品安全追溯中的数据活动。（2）通过派系中的共同成员和派系外成员，可区分数据治理主体中的核心关联机构、紧密关

---

① 吕志奎、朱正威：《美国州际区域应急管理协作：经验及其借鉴》，载于《中国行政管理》2010 年第 11 期。

② 刘军：《整体网分析》，格致出版社 2014 年版。

联机构和一般关联机构。4 个派系的共同成员如兰州市市场监管局、被监管企业等属于核心关联机构，其作为食品安全治理活动的直接参与者，产生、管理和使用大量的直接相关数据；哨点医院、国家工信部、不同层级的疾控中心等则是未参与任何派系的"局外人"即一般关联机构，其部分业务活动数据与食品安全治理活动相关；除此之外，其他机构或多或少分属于不同派系是紧密关联机构，为食品安全治理提供关联数据和管理支持。（3）双向的数据活动和数据流动是派系形成的主要原因，也是派系成员之间互惠性的具体体现。派系的共同成员如甘肃省、兰州市及县区等不同层级的市场监管局之间，依据工作职能的权威性和科层体系，通过行业内部的系统平台可实现不同层级部门之间双向的数据归集、分析、发布和使用活动，因而易形成派系；而哨点医院、疾控中心等在数据活动中更多地表现为单向的数据创建、归集和管理活动，不易形成派系。

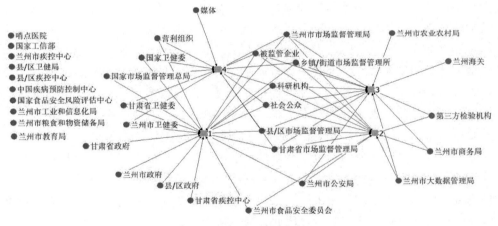

图 4 – 5　派系成员网络

三、提升公共安全风险大数据协同治理效能的启示

（一）强化数据协同治理整体网络中关键主体影响力，形成目标引导协同

公共安全风险大数据治理强调以政府为主导、多元主体共同参与的协同性。实证分析结果表明，食品安全数据治理主体中市场监管局等不同层级的政府职能部门占据整体网络的关键节点位置，通过行业系统内部的业务平台、数据中心等进行领域数据的创建、归集和保存，对数据资源具有较强的控制能力。社会公众、被监管企业等非政府主体虽然未处于网络核心地位，但其参与

了日常业务情境和风险监测情境中的数据创建、分析和应用活动，是实现数据生成和价值最大化的重要参与者。因此，作为数据协同治理网络的关键节点，各个行业系统中负责安全监管和治理的政府职能部门应增强对其他节点的影响力，充分发挥核心部门在公共安全风险大数据治理过程中促进不同层级性质组织机构关联协同和数据流动的重要作用，通过核心位置优势优化数据主体之间的连接关系，引导跨职能部门之间的数据共享和非政府主体积极参与高质量数据创建及分析工作，以实现公共安全风险大数据资源在整体网络中的流动和价值最大化目标。

（二）提升数据治理活动关键任务节点的协同水平，推进情境事件驱动协同

不同层级类型主体参与的数据治理活动在面向日常业务情境和风险监测业务情境时体现出了不同的侧重点。派系分析结果就显示出集中于食品安全风险监测情境和食品安全追溯情境所形成的不同派系。而数据治理整体网络中的关键数据活动节点也表明，目前协同互动更多地发生在食品安全风险监测的数据创建、归集、分析、应用各个环节，以及日常业务情境中的数据使用环节。应急管理情境需要结合风险与突发事件的动态变化不断采集新的数据资源并进行归集分析以支持政府决策[1]，其面临的不确定性和紧迫性强调不同主体在增量数据生命周期的各个阶段均需要高度协同与合作，以满足实时分析和精准决策对数据及时性和准确性的要求。而日常业务情境由于业务的确定性和系统运行的连续性，常量数据的采集、归集、管理和分析由固定机构承担相应的工作，不同类型机构的协作更多体现在常量数据的应用阶段。因此，强调从常量数据治理和增量数据治理两个维度推进公共安全风险大数据治理活动，需要针对不同情境事件将关键数据活动作为重点的协同工作环节，以提升公共安全风险大数据治理的整体性协同水平。

（三）优化数据共享和流动过程中双向互动的子群结构，推动机构跨界跨域协同

不同类型主体之间的协同与合作关系作为影响数据活动部署和实施效果的关键，一定程度上体现在网络的子群体结构。群体度数中心度分析表明，政府内部不同层级的机构部门子群体由于所处科层体系和工作职能不同，在整体网络中处

---

① Amaye A., Neville K., Pope A. Big Promises: Using Organizational Mindfulness to Integrate Big Data in Emergency Management Decision Making [J]. *Journal of Decision Systems*，2016，25（1）：76–84.

于核心或边缘的位置，与其他主体具有差异性的关联互动。进一步通过派系分析，发现具有双向互动关联的机构之间更容易形成派系，促进数据资源在其成员内部的流动和共享。但派系成员分析结果也表明目前网络中形成的派系结构仍存在优化的空间。如加强作为共同成员的核心关联机构在数据协调与归集过程中的控制能力，以提升子群体内部的关联度和凝聚力；不同子群体中跨层级、跨领域的成员构成增加了数据流动的阻碍，可通过组建协调单位进行跨行业领域和跨职能部门的数据协调整合等；省市级职能部门应加强与部分"局外人"如国家工信部、国家食品安全风险评估中心等机构的协同合作，将单向的数据创建、归集和管理活动扩展为双向的流动、应用和反馈协作，以优化基于互惠性的子群结构为目标进行组织的结构性设计和协同机制建设。

（四）促进数据全生命周期客体导向的治理活动部署，实现基于数据权属的任务协同

数据活动节点中心度分析表明，不论是风险监测情境还是日常业务情境，数据的分析和应用效果对数据创建、归集、管理维护和发布等其他活动的依赖性较大，也体现了实现数据全生命周期治理的重要性。目前，从行业系统内部来看，不同层级和性质的机构所承担的数据活动具有不同的侧重点和行动特征。如数据采集工作多由基层机构完成，并负责对采集的数据进行更新维护和质量控制；数据归集和分析活动体现层级递进性特征，层级越高的机构需要归集和分析的数据量和处理难度也越大。数据共享方面，由于对不同业务数据处理能力的差异性、多源数据对接的困难性、安全性及成本的考量，共享原始数据的情况较少，更多体现在数据分析结果同级跨部门的共享和上级部门的报送。因此，公共安全风险大数据的整体性治理需要不同组织机构在厘清工作职能和实现业务协同的基础上部署相应的数据活动，进而在明确数据归集权、管理权和使用权等权属基础上实现全生命周期治理过程中的任务协同。

第三节 公共安全风险大数据生命周期管理

有效的数据治理通常需要做好长期的数据管理规划，并且在适当节点采取相应的管理活动，进行人员、机构、资源和关键事件之间的积极协同。在这一复杂的管理过程中，数据管理模型作为链接管理策略理念与管理实践的桥梁发挥着基

础性作用。从科学数据管理与政府数据管理领域的相关研究成果来看①②，已提出了数据管理的生命周期模型、机构数据管理基础设施模型以及数据监管能力成熟度模型等典型模型。其中，数据生命周期模型能够以形象和可视的方式定义与阐明数据管理的复杂流程，将数据管理过程分解为不同组成阶段，识别和阐释不同阶段的参与者角色、管理活动职责、流程重要事件和其他关键成分③，是具有基础意义的组织数据管理活动和优化数据服务的关键模型。

一、数据生命周期典型模型分析

数据生命周期（Data Life Cycle，DLC）定义了从数据生产阶段到消费阶段完整的数据生命框架，有助于组织从数据这一视角出发定义并构建业务情境中数据生产者和管理者的活动④。由于从最初生成到最终应用的完成，数据不断经历格式、应用方式和目标等方面的多重转变，相关参与者必须在不同阶段通过一系列的数据管理活动使数据保持活力并能够发挥最大价值，以支持组织的决策制定和业务规划。构建数据生命周期模型的目的就在于通过有效的数据组织和清洗，实现最优的数据管理，进而为用户提供适当的、满足其质量需求的数据产品⑤。阿米尔·西纳埃普尔法德（A. Sinaeepourfard）等认为，构建数据生命周期模型的作用可体现在以下几个方面：（1）帮助管理者做好数据规划，以应对在数据生命各个阶段进行管理的复杂性问题；（2）有助于在考虑限制条件与效率的情况下为终端用户提供符合需求的数据产品；（3）帮助数据生成者和管理者进行数据的质量控制，明确在何种阶段移除干扰和噪声；（4）阐明与数据生命相关的一系列基础活动和关键事件；（5）帮助设计者开发能够可持续使用的数据管理标准或工具⑥。在不同的数据密集型科学研究和实践中，由于跨领域或组织的差异，不同数据集在目

---

① 黄如花、赖彤：《数据生命周期视角下我国政府数据开放的障碍研究》，载于《情报理论与实践》2018 年第 2 期。

② 王芳、慎金花：《国外数据管护（Data Curation）研究与实践进展》，载于《中国图书馆学报》2014 年第 4 期。

③ Carlson J. The Use of Life Cycle Models in Developing and Supporting Data Services [M]//Research Data Management：Practical Strategies for Information Professionals，2014：63 – 86.

④ Bishop W.，Grubesic T. H.，Bishop W.，et al. Data Lifecycle [J]. *Geographic Information：Organization，Access，and Use*，2016：169 – 186.

⑤ Sinaeepourfard A.，Masip – Bruin X.，Garcia J.，et al. *A Survey on Data Lifecycle Models：Discussions toward the 6vs Challenges* [R]. Technical Report（UPC – DAC – RR – 2015 – 18），2015.

⑥ Sinaeepourfard A.，Garcia J.，Masip – Bruin X.，et al. *A Comprehensive Scenario Agnostic Data LifeCycle Model for an Efficient Data Complexity Management* [C]//2016 IEEE 12th International Conference on e – Science（e – Science）. IEEE，2016：276 – 281.

标、来源、属性、所有权和传播发布限制等方面差异性显著，因而不同版本的数据生命周期模型在细节和数据活动上存在多样的展现方式。梳理部分典型的数据生命周期模型如表4-7所示。

表4-7 数据生命周期模型

名称	阶段	说明
DCC数据监管生命周期模型[1]	数据的产生与汇集、评估与选择、接入与融合、长期保存与存储、获取使用与重用，以及数据转换	连续的循环模型，用户根据当前需求确定进入的阶段；提出涉及全生命周期的活动，描述与表征信息（元数据）、保存规划（监管活动与评估目标）、社区观察与参与（用户使用及参与标准工具等的开发）、监管与保存（数据回顾与连续性活动评估）
DataONE数据生命周期模型[2]	数据的规划、收集、质量控制、描述、长期保存、发现与获取、集成与分析	DataONE开发工具、服务和教育素材的基础框架；部分研究活动既可以是只涉及部分阶段的线性路径，也可以是涉及全周期所有阶段的多重循环
DDI联合生命周期模型[3]	研究设计与数据规划、数据收集、数据处理、数据归档、数据分配、数据发现、数据分析、数据重用	该模型主要针对社会科学研究数据，从数据应用的视角出发，模型主要阶段为线性流程，同时包含数据处理阶段的一个二项选择路径与数据分析之后的反馈回路
ANDS数据共享活动模型	数据创建、存储、描述、识别、注册、发现、获取、开发	该模型可作为一种结构化技术帮助数据生产者和消费者进行操作规划和使用说明制定，以支持数据的共享和重用
COSA-DLC数据生命周期模型[4]	数据采集（收集、过滤、质量控制、描述）、数据处理（处理、质量管理、分析）、数据保存（分类、质量管理、归档、发布）	该模型从数据6V特征出发，是全面的可适用于任何领域或学科的抽象模型，即可适用于任何不可知情境，但同时能够灵活满足具体情境下数据管理的需求与挑战。模型包括三个主要模块，每个模块下又包含了具体的阶段和活动

---

① Higgins S. The DCC Curation Lifecycle Model [J]. *International Journal of Digital Curation*，2008，3：134-140.

② DCC. Tools & Services | Digital curation center [EB/OL]. http：//www. dcc. ac. uk/resources/external/tools-services.

③ Ball A. *Review of Data Management Lifecycle Models* [R]. University of Bath，2012.

④ Sinaeepourfard A.，Garcia J.，Masip-Bruin X.，et al. *A Comprehensive Scenario Agnostic Data LifeCycle Model for an Efficient Data Complexity management* [C]//2016 IEEE 12th International Conference on e-Science (e-Science). IEEE，2016：276-281.

151

续表

名称	阶段	说明
BLM 数据生命周期模型①	数据规划、获取、维护、使用、评估与归档	该模型面向美国公共土地资源数据的管理，目的在于促进消费者之间的信息共享和提供高质量数据。模型以非线性的方式表示，数据质量管理是核心议题
LOD2 关联数据生命周期模型②	存储/查询、人工校订/程序编写、数据互联/融合、数据分类/扩展、质量分析、评估/纠正、搜索/浏览/探索、数据抽取	该模型目的在于帮助搜索与抽取符合最终用户需求的有用数据，模型各个阶段不是单独处理，而是采用互相依赖的方法实现数据的语义关联，促进基于数据网络的知识抽取
JISC 研究数据模型	数据规划、创建、使用、评估、出版、发现、重用	该模型旨在促进英国高等教育和研究中的数据管理与共享，其设计的主要目的在于促进研究数据的共享与发现
APDL 个人数据生命周期模型③	构建概念模型、初始计划、数据收集、保留、存取、回顾与矫正、使用、发布、销毁	该模型用于支持个人数据的管理和可追溯性，识别了不同生命周期阶段个人数据的状态、处理活动和参与者角色，促进数据活动符合法律标准和提升隐私保护

注：①DCC：Digital Curation Centre，英国数字管理中心；DataONE：Data Observation Network for Earth，美国国家科学基金会地球数据观测网；DDI：Data Documentation Initiative，描述调研、问卷、统计数据资料等社会科学研究信息的国际标准；ANDS：The Australian National Data Service，澳大利亚国家数据服务中心；COSA - DLC：Comprehensive Scenario Agnostic Data LifeCycle，与场景无关的全面数据生命周期模型；BLM：Bureau of Land Management，美国土地管理局；LOD2：Linked Open Data，关联开放数据项目，由欧盟委员 FP7 信息与通信技术工作计划资助；JISC：The Joint Information Systems Committee，英国联合信息系统委员会；APDL：Abstract Personal Data Lifecycle，个人数据生命周期抽象模型，由牛津大学 Majed Alshammari 等提出。②6V：价值（Value），体量（Volume），多样性（Variety），速度（Velocity），可变性（Variability），精确性（Veracity）。

---

① Sinaeepourfard A.，Masip - Bruin X.，Garcia J.，et al. A Survey on Data Lifecycle Models：Discussions toward the 6vs Challenges ［R］. Technical Report（UPC - DAC - RR - 2015 - 18），2015.

② Auer S.，Bühmann L.，Dirschl C.，et al. *Managing the Life-cycle of Linked Data with the LOD2 stack* ［C］. International semantic Web conference，2012：1 - 16.

③ Alshammari M.，Simpson A. Personal Data Management：an Abstract Personal Data Lifecycle Model ［C］. International Conference on Business Process Management，2017：685 - 697.

分析上述数据生命周期模型，可发现不同类型的数据生命周期模型从开发目的和建构侧重点来看存在两种模式。一是偏向细节和差异性的阐释，重点面向特定场景与应用领域，强调具体的用户需求和数据挑战，如专门针对社会科学研究数据的 DDI 模型和强调个人数据管理的 APDL 模型；二是侧重数据生命周期的总体性概括与抽象总结，使模型具有一定的普遍性和灵活性，能够适应不同领域、多样化情境中的数据管理问题，如 DCC 模型和 COSA – DLC 模型。两种模型构建思路的差异体现在数据生命周期整体性与多样性、普遍性与特殊性之间的权衡。

同时，不同的数据生命周期模型在阶段划分上也存在不同的侧重和表述。核心阶段如数据收集、数据保存、数据获取与使用等在大部分模型中均会出现。结合不同情境和管理需求，部分模型则会加入特定的生命周期阶段和管理元素，如研究设计与数据规划是科研数据管理过程中的初始阶段。数据销毁则仅出现在了个人数据生命周期模型中，以符合相关的数据管理和隐私保护政策。

二、公共安全风险大数据的类型与生命周期模型

（一）公共安全风险大数据类型

公共安全风险大数据是指在公共安全治理活动中产生的或通过其他方式所获取的，能够反映公共安全治理活动的现象、特征和规律，进而支持管理决策的原始数据或经过加工整理的各类数据集，具有明显的海量、多源、异构和价值密度低等大数据特征。公共安全风险大数据目前并未有统一的分类标准，海量的公共安全风险大数据正存在于不同行业领域、不同组织机构以及不同的数据终端中。黄全义等认为城市的公共安全风险大数据可分为城市公共基础（市情）数据、部门业务数据、社情民意数据、物理环境与灾害监测数据、城市运行数据、人行为（活动）数据、突发事件应急处置数据和公共安全知识数据八大类，每个大类下又涵盖了各种类型的具体数据[1]。塔库里亚（P. V. Thakuriah）等则将城市大数据划分为传感器系统（基于基础设施或移动目标传感器）数据、用户生成内容（"社会"或"个人"传感器）数据、管理（政府）数据（开放的和保密的微观数据）、私营部门数据（消费者和交易记录）、艺术和人文数据以及混合数据（链接数据和综合数据）[2]。

---

① 黄全义、夏金超、杨秀中、宋玉刚：《城市公共安全大数据》，载于《地理空间信息》2017 年第 7 期。

② Thakuriah P., Tilahun N. Y., Zellner M. *Big Data and Urban Informatics：Innovations and Challenges to Urban Planning and Knowledge Discovery* [M]//Seeing Cities Through Big Data. Springer, 2017：11 – 45.

巴志超等认为国家安全大数据是以各种复杂关联形式分布在人、机、物高度融合的信息空间、物理世界和人类社会三元世界中①。由于广义上的公共安全指所有事关社会生活安全稳定的外部环境和秩序，包括经济安全、环境安全、公共卫生安全、信息安全、食品安全、生产和工作场所安全等②，因此，上述安全领域中产生或使用的数据均可称为公共安全风险大数据。本书从不同安全领域数据的共性出发，从数据来源和数据类型上对公共安全风险大数据的分类进行总结，如表4-8所示。

表4-8　　　　　　　公共安全风险大数据的来源与类型

来源空间	数据类型	内容	应用举例
社会空间	政府行政管理数据（可公开数据与保密数据）	（1）政府开放数据，如经济建设、资源环境、教育科技、交通等领域可作为开放数据提供给公众的数据资源	公共安全治理中的公众参与，如企业与公众利用开放数据进行应用软件开发
		（2）政府行政管理过程中不同安全领域的其他业务数据，如食品安全抽检数据、危化品管理数据、消防数据、监管对象的证照数据等	支持各类风险的预警与防控；支持各类公共安全事件应对过程中的管理决策；科研机构的公共安全管理工具开发
		（3）保密数据，如公安部门等负有特殊职能的机构数据	支持国家安全、公共安全事务及执法司法行动中的风险分析与安全决策等
	非政府组织管理数据（包括非营利性组织和营利性组织的数据）	（1）第三方机构数据，如民间应急救援组织的志愿者人数、救援物资等数据	应急救援过程中政府职能部门与第三方机构之间的协调和管理
		（2）高校与图书馆保存的公共安全知识数据，如专利、文献、科研数据等	科研机构进行公共安全管理工具研发；公共安全管理政策建议的提出
		（3）企业等私营部门数据，如消费者个人情况数据、交易记录数据、公共事业和金融机构的使用数据	把握个体行为和信用评估，支持金融风险防控；支持城市规划决策等

①　巴志超、李纲、安璐、毛进：《国家安全大数据综合信息集成：应用架构与实现路径》，载于《中国软科学》2018年第7期。

②　刘莘：《公共安全与秩序行政法》，载于《江苏社会科学》2004年第6期。

数据驱动的公共安全风险治理

来源空间	数据类型	内容	应用举例
社会空间	人口统计学数据	关于年龄、性别、收入、职业、健康、社会福利、教育记录等个人层面的保密数据；公开的统计年鉴数据	受灾人群人口特征表征和社会经济状况剖析；支持减灾政策制定等
	个体或群体行为特征数据	个人或群体个性特征、情绪表征、认知决策和压力应对等心理数据与行为数据，如谷歌街景（Google Street View）可提供行人活动数据，智能穿戴设备提供的情绪特征与生理特征数据	突发公共安全事件中的公众情感分析与情绪预警；人群状态分析与异常行为检测等
物理空间	公共安全基础数据	（1）静态基础数据，如关键基础设施、重大危险源、道路交通设施、电力设施等相关行业、部门的静态数据	公共安全风险识别与风险源监测；关键风险与危险因子分布地图构建等
		（2）动态基础数据：社会日常运行中产生的物流信息、车流信息、金融流转信息等动态数据	时空尺度的关键风险呈现与分析；支持实时动态的风险评估与预警等
	传感器数据	（1）基于位置感知传感器的时空网络大数据［Big Spatio - Temporal Network（BSTN）Data］如路线图、GPS 轨道、车流量测量数据等	智慧交通监管；突发事件情境下应急救援路径优化；危险品道路运输管理与监测等
		（2）基于空中、空间和地面传感器的卫星遥感数据	自然灾害事件的灾情评估；支持救灾行动与决策，优化救灾物资配置
		（3）自然环境监测数据，如气象、海洋、地质等与自然灾害相关的数据资料	自然灾害风险预警；自然灾害突发事件应对与应急决策
信息空间	用户生成内容数据	（1）社会媒体数据，如推特、新浪微博等社交网站数据，微信等及时通信数据，贴吧、论坛等内容数据	网络舆情分析与预警；突发公共安全事件中的信息发布、风险交流与危机沟通

续表

来源空间	数据类型	内容	应用举例
信息空间	用户生成内容数据	（2）自发地理信息数据（Volunteered Geographic Information，VGI），如用户上传至互联网的地理位置与行动轨迹等信息，或带有地理定位的图片和视频	大规模人流监测；突发事件过程中实时辅助捕捉主要危害的演变与影响
		（3）群体智慧数据，如众包模式下应急管理过程中受灾公众对事件的描述信息、社会公众对灾情信息的加工与标注	应急响应与应急恢复的决策制定
		（4）其他社会生成数据，如社会民意调查数据等	公众的风险认知状况调查与风险态度评估
	基础网络与应用系统数据	信息化建设中基础网络及各类应用系统处理的数据和相关信息安全风险数据	应急管理系统的构建与完善；信息安全事件应急处置等

公共安全风险大数据的来源是由通信网、互联网、传感网等相互融合链接所形成的混合环境，即从"物理空间—社会空间—信息空间"中剥离出来的数据空间。物理空间中"物"是公共安全风险大数据的载体，既包括关键基础设施、工业危险源、道路交通等结构化、半结构化基础数据，也包括通过人类生活空间中部署的大规模多种类传感设备所感知到的环境物理参数、图片、声音、视频等非结构化、多模态数据。社会空间中，个体或组织则是公共安全风险大数据的生产者或持有者，既包括基础的人口统计学数据与个人或群体的个性特征、情绪表征、认知决策和压力应对等心理数据与行为数据，也包括各类组织的业务数据或公共安全知识数据等。信息空间是指信息网络空间与物理空间和社会空间的重叠耦合，其数据载体是互联网或移动终端设备，既包括信息化建设中基础网络及各类应用系统处理的数据和相关信息安全风险数据（物理空间与网络空间的耦合），也包括新闻报道、论坛帖子、博客文章等社会媒体中的非结构化和半结构化数据（社会空间与网络空间的耦合）。

总体来说，公共安全风险大数据具有以下明显特征：（1）连续性。公共安全治理活动的持续性决定了公共安全风险大数据生成和获取的连续性，如政府部门的业务系统不断产生更新数据。（2）复杂多样性。公共安全风险大数据涉及不同领域、不同来源、不同结构类型的数据，且数据规模大，增长速度快。

（3）关联性。公共安全治理活动需要跨部门、跨行业、跨领域的关联，与之相应公共安全风险大数据需要进行语义关联以支持数据增值与重用。（4）涉及主体的多元性。公共安全风险大数据的生产、管理和使用过程中涉及政府组织、企业、公众、研究人员等不同参与主体。上述数据特征也决定了其管理活动的复杂性和系统性。

（二）公共安全风险大数据生命周期模型

1. 公共安全风险大数据生命周期的阶段划分

考虑到公共安全风险大数据的类型及其特征，本书借鉴典型数据生命周期模型的阶段划分，将公共安全风险大数据生命周期划分为五个主要阶段，每个阶段又包含了详细的子阶段。

（1）数据规划（Data Planning）。数据规划是对公共安全风险大数据整体状况的描述，对数据在整个生命周期阶段中如何被管理进行总体设计，主要包括两个子阶段：①数据情境分析。该阶段是数据规划的起点与基础工作，结合公共安全风险治理活动中大数据产生与应用的具体情境，明确不同情境下公共安全风险治理任务的实现对数据的需求和管理目标。②管理规划设计。包括在不同生命周期阶段对执行数据活动的基本原则、方法、标准、政策法规、基础设施、知识产权等关键问题的讨论和设计。如数据产生与收集的工具、数据评估和描述标准的制定、数据质量控制措施等。

（2）数据采集（Data Acquisition）。数据采集是在数据规划阶段提出的设计方案指导下，实现数据的创建、收集、描述与评估，保证数据采集的全面性、准确性和相关性，主要包括以下几个子阶段：①数据产生与创建。通过业务信息化、社会调查、部署传感器与物联网建设、基于社交媒体等的用户内容生成以及仪器工具测量等方式，将潜在的数据转化为可存储和可获取的数字形式。②数据收集与描述。根据规划方案规定的收集范围，采集确定来源、载体、格式等属性要求的数据，规定数据收集的模板以指导多样的数据收集者，并用适当的元数据标准对数据进行全面精准的描述。同时提供与数据相关的情境信息，包括数据收集方法及过程的描述、收集人员信息、业务情境、参数说明、知识产权等。③数据评估与选择。在数据收集过程中执行数据质量控制标准的基础上，进一步通过机器清洗或人工检查保证数据质量，使其符合相关的任务要求和政策规定。

（3）数据处理（Data Processing）。数据处理是对采集到的数据进行集成、分析等工作，为数据的增值和应用做好准备，以实现从数据到信息再到知识和智慧的有效流动，主要包括以下几个子阶段：①数据集成。从格式、编码方案、本体等方面转换不同来源获取的相关数据集，形成机器可读的同质数据集，以支持数据的分析和挖掘工作。②数据分析。运用统计分析、模拟仿真、自然语言处理等方法，从数据中抽取有价值的信息并发现知识，以可视化的方式将分析结果呈现给终端用户，这是数据增值的关键步骤。

（4）数据保存（Data Preservation）。数据保存是将有价值的数据根据公共安全风险治理活动需要和领域类型的差异进行分类存储和选择性保存，主要包括以下几个阶段：①数据分类。根据数据应用情境、所在安全领域和数据来源与类型，按照统一的数据组织主题类目整理数据，为实现有效的数据存储做准备。②数据存储。在数据分类的基础上，针对不同类型与来源的数据选择相应的介质进行存储，并通过存储设备维护、数据备份、检查不变性、权限设置等措施保证数据的可获得性、准确性和安全性。③数据长期保存。由于公共安全风险大数据的海量与持续更新的特征，需要识别具有长期保存价值的数据，并将相关数据提交专门机构进行适当的归档与长期保存，以减小数据管理成本、保证数据管理的安全性和持续性，支持数据的不断增值与重用。

（5）数据使用（Data Using）。数据使用指用户发现并获取已发布的数据，运用数据及其分析结果来支持公共安全治理活动和决策，主要包括以下几个子阶段：①数据发布。根据相关管理政策，将经过分级分类整理的数据予以发布，为指定用户或公共终端用户提供数据获取和使用权限，实现数据的共享共用。②数据发现与获取。用户通过一定的方式获取到关于数据的基本信息，进而定位和获取到潜在有用的数据，如通过政府数据开放平台提供的 API 等方式。③数据使用。数据生产者或者其他使用者运用数据及其分析结果支持管理决策，进行数据产品的开发和数据服务提供等。④数据重用。已保存的数据可支持领域公共安全风险数据库的建设与知识库开发，支持数据回溯、检查与对比分析，并作为历史数据支持学术研究与报告撰写等工作。

公共安全风险大数据生命周期的各个阶段在理想状态下形成线性的循环，实践中则多会产生非线性的回路，或仅聚焦于几个特定的生命周期阶段。详细的子阶段划分体现了较为全面的阶段任务，具有很大的灵活性和适应性，能够根据公共安全治理活动不同情境的差异性满足特定数据需求。

2. 公共安全风险大数据生命周期的主体层次

从参与主体角度来看，公共安全风险大数据生命周期模型可分为基于个体的数据生命周期、基于组织的数据生命周期和基于领域群体的数据生命周期。

（1）基于个体的数据生命周期。公共安全治理活动中的个体是最细粒度的参与主体，典型如食品安全治理活动中的每一个消费者，或者自然灾害发生时的受灾人群。个体在公共领域有意识地产生、并能够提供开放利用的数据被认为是公共治理的基础之一①。作为公共安全治理活动的利益相关者，其产生的如人口统计学数据、社会媒体数据、个体的心理特征与行为数据等，可为支持大规模人流监测、救灾物资配置优化、危机沟通与决策制定等公共安全治理活动提供重要依据。但由于数据质量、格式、产生目的、存储等受个体影响差异性最大，使得数据的收集、融合和长期保存难度也最大。在基于个体的公共安全风险大数据生命周期中，数据活动往往集中在上游阶段，很难形成可以不断演化循环的回路。

（2）基于组织的数据生命周期。不同类型的组织在参与公共安全治理活动和提供公共安全服务时产生了基于组织的生命周期，其中最典型的即政府组织。作为公共安全治理活动的主导者和公共安全服务的核心提供者，政府组织也是公共安全风险大数据的主要管理者和使用者。政府行政管理过程中产生的业务数据是公共安全风险大数据的重要组成部分，在数据格式标准化和质量管理方面也具有行政优势。且随着政府数据开放运动的发展和国家大数据发展战略的制定，政府组织内部的数据基本实现了从产生到发布共享与利用的各个生命周期阶段管理。但由于其数据的海量、持续性和部分数据的保密性等特征，在不同阶段的数据活动投入不同，也使得全生命周期的数据管理存在薄弱环节，如数据规划、数据评估与选择等。企业等非政府组织也注重组织内全生命周期的数据管理。

（3）基于领域群体的数据生命周期。不同安全领域的公共安全治理活动利益相关者整体上构成了一个特定的领域群体，如食品安全领域的"食品安全监管者—食品经营者—消费者"群体。基于领域群体的数据生命周期提供一个更为宏观的视角对实践中的数据活动进行全面的理解，如DCC数据生命周期模型就是典型代表。该类生命周期为领域群体提供一个共享的、能够被普遍接受的基础解释，可以帮助组织规划其数据活动，保证生命周期发展的正确顺序和管理过程中必须考虑在内的管理元素。相比于基于个体和组织的生命周期，基于领域群体的生命周期更能够表征领域实践的数据所经历的共同阶段，在细节和精确性上有所弱化，更注重普遍性特征的高度概括与总结，其内涵和特征在基于个体和组织的生命周期中有不同的侧重和体现。

3. 公共安全风险大数据的生命周期模型

综合上述分析，本书提出公共安全风险大数据的生命周期模型如图4-6所示。该模型从公共安全风险大数据出发，充分考虑了公共安全治理中数据活动参与主体的差异性，形成了包括数据规划、数据采集、数据处理、数据保存和数据使用五个主要阶段在内的循环流程。其中，五个主要阶段又包含了具体的子阶

---

① Meijer A., Potjer S. Citizen-generated Open Data: An Explorative Analysis of 25 Cases [J]. *Government Information Quarterly*, 2018, 35 (4): 613–621.

段，涵盖了 14 个公共安全风险大数据活动的主要任务阶段。不同数据阶段之间的关联通过数据格式的转换、数据活动参与者职责的确定以及数据生产者、管理者和使用者角色的明确得以体现，是保证数据质量和促进全生命周期数据管理的关键。

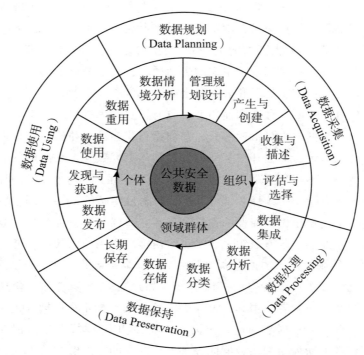

图 4-6　公共安全风险大数据生命周期模型

总体来看，该公共安全风险大数据生命周期模型是一个全面的、系统的模型，涵盖了主要的数据生命周期阶段以保证其指导性和前瞻性。同时，该模型由于考虑了公共安全治理活动中参与主体与数据类型的差异性，能够迅速适应公共安全治理活动的不同场景，根据不同场景需求灵活地进行生命周期子阶段的选择、组合与扩展，满足不同主体在不同情境下的异质性数据需求，并保证较高水平的数据质量。其在应用中的潜在优势包括：可实现面向未来的数据发现、集成和处理，管理和组织总体数据集；针对具体场景提供简单的个性化定制和采用方式；提高具体情境下的数据质量水平；对于具体应用者如数据、软件和系统设计者来说，能够消除额外的资源浪费和努力，根据自身需求灵活制定有效的数据架构。

三、基于生命周期的公共安全风险数据管理三维模型

（一）公共安全风险数据管理三维模型的构建

公共安全风险数据管理必须紧密结合实践，体现公共安全风险治理活动的内容和需求。在明确公共安全风险大数据生命周期模型的基础上，进一步结合公共安全风险治理内容与情境，构建公共安全风险数据管理的整体模型。从管理过程而言，风险管理、应急管理、危机管理组成了公共安全活动的主要内容[①]，也成为公共安全风险大数据的主要应用情境。由于风险管理、应急管理、危机管理同样具有其生命周期的阶段特征，使得将数据生命周期嵌入公共安全风险治理活动，使数据活动响应不同阶段公共安全风险治理活动的数据需求成为可能。因此，构建基于生命周期的公共安全风险数据管理三维模型如图4-7所示。该模型将公共安全风险大数据生命周期与公共安全风险治理内容的生命周期结合起来，

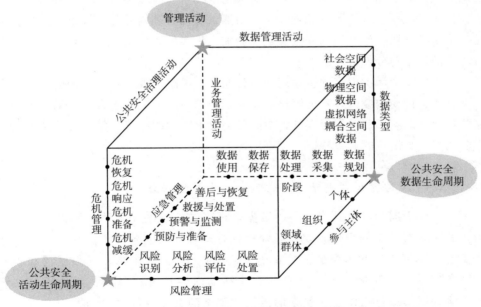

图4-7 基于生命周期的公共安全风险数据管理三维模型

① 薛澜、周玲、朱琴：《风险治理：完善与提升国家公共安全管理的基石》，载于《江苏社会科学》2008年第6期。

帮助细化不同管理内容和情境下的数据需求，进而使数据管理活动能够切合公共安全治理活动和不同组织内部的业务管理活动，实现有效的、切合公共安全治理实践的数据管理。

公共安全风险治理从现实路径来看，以突发事件应急管理为切入点，延伸至公共危机管理，进而推动社会风险治理①。应急管理、危机管理与风险管理在其运行机制上存在自身结构，不同管理要素的角色、功能和相互关系构成了其各自的生命周期循环。我国的应急管理循环圈包括预防与准备、预警与监测、救援与处置、善后与恢复四个阶段②；危机管理阶段论也有不同的分类，美国联邦应急管理局（FEMA）将危机发展过程分为减缓、准备、响应与恢复四个阶段③；风险管理则包括风险识别、风险分析、风险评估和风险处置四个阶段。

定义和构建公共安全风险大数据活动框架的生命周期则可看成一个嵌入公共安全治理活动中的子集。不同的数据管理活动响应公共安全治理不同管理内容在不同阶段对数据的差异性需求。如应急预防与准备阶段、危机减缓和准备阶段、风险识别阶段均侧重于人口统计学数据、公共安全基础数据等反映自然与社会状态基础数据的收集与管理；应急预警与监测则注重对反映突发事件状况实时数据的动态收集和迅速处理，如自然环境监测数据、传感器数据和社会媒体数据等，以支持应急决策和救援资源配置工作。当然，不同管理内容与情境下的数据需求是一个复杂问题，涉及不同安全领域又会加入更多的约束条件，需要结合实践进行深入的探索与分析。

在公共安全活动内容的生命周期与公共安全风险大数据生命周期的嵌套融合之下，数据活动响应公共安全治理活动和不同类型组织的业务管理活动，使得数据管理活动既能涵盖数据管理过程中的各类要素，同时能够有效切合公共安全治理实践情境与组织的业务特征。

（二）公共安全风险数据管理三维模型的功能

基于生命周期的公共安全风险数据管理三维模型的功能体现在以下几个方面。其一，有助于统筹公共安全风险数据管理过程中的各类要素。该模型将客体要素（不同来源和类型的公共安全风险大数据）、主体要素（数据活动中不同的参与主体）和情境要素（公共安全活动内容）统一起来，明确了公共安全风险数据管理过程中主要要素的内涵和基本问题，并以生命周期为纽带形成

---

① 童星：《论风险灾害危机管理的跨学科研究》，载于《学海》2016 年第 2 期。
② 薛澜、周玲、朱琴：《风险治理：完善与提升国家公共安全管理的基石》，载于《江苏社会科学》2008 年第 6 期。
③ 沙勇忠：《公共危机信息管理》，中国社会科学出版社 2014 年版。

数据驱动的公共安全风险治理

了各要素之间的关联和作用机制，为实行有效的公共安全风险数据管理提供了基础条件。其二，辅助公共安全风险数据管理规划的制定。公共安全风险数据管理规划从宏观上来说，是公共安全治理活动的重要组成部分；从中观上来说，涉及政府组织等核心主体的公共安全风险数据管理顶层设计与管理规划；从微观上来说，则是数据生命周期的第一阶段，需要考虑数据各个生命周期阶段的状态和活动。该模型为不同层面的数据规划制定提供一个统一的管理框架和灵活的适应机制，有助于不同层面数据管理规划的制定，构建并完善公共安全风险数据管理体系。其三，指导不同参与主体的公共安全风险数据管理活动。将生命周期贯穿于整体管理模型的构建，实现不同参与主体的管理职能和角色职责随着生命周期阶段变化而转换，并在此基础上将公共安全风险数据管理活动统一集成在公共安全活动生命周期与公共安全风险大数据生命周期的特征与规律基础之上，指导不同参与主体制定每个生命周期阶段内的管理策略、任务和活动。其四，支持公共安全风险治理活动。基于以上功能的实现，该模型通过有效的公共安全风险数据管理，使数据在公共安全治理活动中充分发挥价值，实现数据驱动的公共安全治理的动态监测与预警、及时反馈与精准研判、决策支持与智慧管理目标。

第四节　公共安全风险大数据治理工具

公共安全风险大数据治理工具的核心内涵在于：一方面通过行政手段，从公共安全领域业务驱动出发保证治理主体之间数据的跨域跨界流动，实现数据的开放共享与协同；另一方面通过技术支持提升数据集成与处理能力，实现由数据到具有决策价值的知识情报和智慧的转换。通过不同手段的组合应用形成治理合力，以实现公共安全风险大数据治理的目标和数据价值的实现。

一、公共安全风险大数据治理行政手段

公共安全风险大数据治理是一个涉及领域多样、参与机构广泛的复杂工程，相关机构既要进行常态化的数据治理活动，还需要在突发公共安全事件应对时进行机构之间数据协作共享和做好面向公众的数据开放与利用，才能实现大数据驱动公共安全治理的效能。本书从不同层次维度出发总结了公共安全风险大数据治

理的关键行政工具。

（一）宏观制度层面加强顶层设计与指导

（1）进行公共安全风险数据管理的顶层设计，制定统一的"公共安全风险大数据资产描述元数据集"，注重公共安全风险大数据元数据集的细化和完善，以指导不同机构的数据采集、管理、流动、维护和使用。

（2）进行公共安全风险大数据主题类目的细化，制定公共安全风险大数据资产目录表来管理数据。参考主题分类表的构建方式①，可将从已开放数据现状出发进行分析的自下而上生成过程与从公共安全活动实际数据需求与总体设计的自上而下生成过程结合起来，构建类目设置契合公共安全活动、具有较好灵活性与适用性的公共安全风险大数据资产目录表，以指导和规范不同机构的数据收集与管理工作，实现"逻辑上统一集中、数据分布式存储"②的数据管理的目标，最终为政府数据的开放共享以及用户的数据资源搜索获取与利用提供指引。

（二）中观组织层面注重数据协同管理与质量管理

（1）思考机构数据权属问题并在此基础上的支持数据跨界流动与共享。数据跨界流动是"总体国家安全观"指导下实现有效公共安全治理的关键，只有明确机构数据的所有权与使用权，才能支持不同机构在业务层面的数据协同与汇集管理，以及数据层面的融合集成与质量管理。

（2）结合公共安全实践，制定灵活的公共安全风险大数据资产分级分类管理的依据与标准，以鼓励机构共享开放具有增值潜力的部分数据。如食品安全数据与犯罪执法数据，其分级管理的标准不同需结合行业实际灵活制定，才能在此基础上合理分配内外部用户的不同使用权限，既保证数据的安全性，也能增强数据的开放与利用程度。

（3）机构应注重专业的数据审核与管理人员培养与培训，全面提高数据质量。目前，我国政府机构以自我为中心的数据管理方式为主，数据质量问题既受生产过程中各类因素影响，也与缺乏专业的数据审核与管理人员有关。因此，培养既熟悉部门业务同时又具有一定数据素养和数据管理能力的专业人员，是提升

---

① 张雪梅、黄微：《我国图书馆学研究主题分类表构建思路与初步框架》，载于《图书情报工作》2018 年第 7 期。

② 张晓娟、刘亚茹：《中国政府信息公开目录体系建设研究——基于省级和部委政府网站的调查与分析》，载于《电子政务》2017 年第 7 期。

各自部门数据质量的关键。

（三） 微观数据层面加强全生命周期的管理与分析应用

（1）改进目前公共安全风险数据管理的薄弱环节，实现全生命周期的整体管理目标。数据备份与保存策略、数据长期保存、标准化文档过程和版本控制等环节的缺失，不利于数据的管理维护，要实现全生命周期管理这一总体性目标，必须从目前管理过程中的薄弱环节出发，完善管理策略与管理活动。

（2）注重数据关联关系的建立，以支撑公共安全活动中的关联分析和智能决策。目前，数据集关联关系的缺乏是公共安全风险数据管理中的一个短板，本质上是业务活动协同集成的缺乏，制约了大数据的集成应用与驱动关联分析和智能决策的效能。因此注重数据关联关系的建立是发挥大数据价值的关键。

（3）注重数据应用场景的细化，更好支撑数据的增值与重用。现有数据集的应用场景与公共安全活动普遍脱节，多倾向于面向社区服务和培训等一般活动，制约了面向公共安全活动的公众参与和第三方机构数据产品开发的潜力。注重数据应用场景的细化与标注，也是实现从社会系统数据全集过渡到公共安全领域数据子集，进而发现公共安全领域数据的特殊性和管理活动差异性[1]的关键。

二、公共安全风险大数据治理技术工具

公共安全风险大数据的治理和应用可帮助管理部门优化服务模式，提升公共安全保障能力和面对突发情况的应急处置能力。然而，在公共安全领域，对数据的管理尚在起步阶段[2]，呈现出数据量大而分散、构成复杂、有效信息提取困难等问题[3]，这些已成为公共安全领域数据管理亟待解决的问题。数据管理工具与技术为解决这些棘手的难题提供了探索路径，通过相关工具、技术可以实现公共安全活动中各类数据的全方位采集、清洗、集成、分析和应用，以辅助数据的全生命周期管理。

近些年来，国内外一些专业软件公司、研究机构和高校均参与到数据管理软件及工具的研发之中，为数据管理提供了强有力的支持工具。如 DataONE （Data

---

① 张春艳：《大数据时代的公共安全治理》，载于《国家行政学院学报》2014 年第 5 期。
② 丁波涛：《大数据条件下的城市公共安全应对机制》，载于《上海城市管理》2015 年第 5 期。
③ Gray J., Liu D. T., Nieto - Santisteban M., et al. Scientific Data Management in the Coming Decade [J]. *Acm Sigmod Record*, 2005, 34 （4）：34 - 41.

Observation Network for Earth）①、DCC（Digital Curation Centre）② 均为科研人员提供了全面的、可搜索的软件工具数据库，介绍了数据管理各个阶段的相关工具，以及进一步获取资源的链接。而目前公共安全风险大数据管理工具的欠缺，已制约了公共安全活动中数据价值的挖掘与增值应用。本书基于数据生命周期理论深入剖析科学数据管理工具的研发思路与进展，并结合公共安全风险大数据管理的特殊要求，探索了公共安全风险大数据管理工具的开发趋势与策略，以推动公共安全管理工作的数据化、信息化、精准化。

（一）基于生命周期的科学数据管理工具

当前，数据爆炸式增长给科学数据管理带来极大的挑战，为支撑从数据采集、数据存储到数据分析以及数据共享与再利用整个数据生命周期的管理，需要更加完善的技术和工具。从数据生命周期的角度出发，对科学数据管理工具的研发进展进行分析。

DataONE 生命周期模型将数据生命周期划分为计划、采集、保证、描述、保存、发现、集成、分析八个阶段。DCC 生命周期模型将生命周期划分为概念化、创建数据、评估和选择、获取、保存活动、存储、访问和使用及再利用、转换。根据 DataONE 和 DCC 两个数据生命周期模型，本书将科学数据管理工具分为五个类别，数据计划工具、数据收集工具、数据分析工具、数据存储工具以及数据共享与再利用工具，如图 4－8 所示。

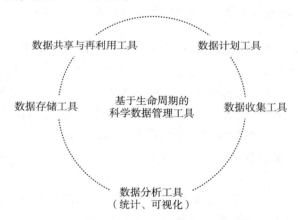

图 4－8　基于生命周期的科学数据管理工具

---

① Allard S. Data ONE：Facilitating eScience through Collaboration ［J］. *Journal of eScience Librarianship*，2012：4－17.

② DCC. Tools & Services｜Digital Curation Center ［EB/OL］. http：//www. dcc. ac. uk/resources/external/tools-services.

（1）数据管理计划工具。

数据管理计划（Data Management Plan，DMP）是一份集中记录贯穿整个数据生命周期所有数据管理活动的文件，它能够提高数据管理工作的可见度，对提高数据的可用性、确保数据保存和共享具有重要意义。

随着对数据管理计划的认识和需求日益增长[1]，促使学界考虑如何为研究人员提供优质服务。为满足这一需求，数据管理计划工具应运而生。目前，国外应用最广泛的工具就是 DMPonline 和 DMPTool。其中，DMPonline 是 DCC 的数据管理规划工具。它提供了量身定制的指导和模板，以帮助研究人员根据特定需求编写数据管理计划。DMPTool 是包括 DataONE、University of California Curation Center 在内的多个机构协作设计的免费、开源的在线应用程序，可以直接根据向导点击创建符合需求的数据管理计划，同时，它还提供了相关数据管理最佳实践资源的链接。

（2）数据收集工具。

数据的获取能力在一定意义上反映了对数据的开发和利用能力，运用合适的收集工具可以保证数据的完整、真实与高质量，节约数据收集成本。目前，国外存在大量优秀的数据收集工具，例如，Elastic Stack 的 Logstash；CNCF 基金会的 Fluentd；InfluxData 公司 TICK Stack 的 Telegraf；Apache 基金会的 Flume 等。除了早期诞生的 Fluentd、Flume 等项目，其他项目都是为特定的业务定制而成。近些年来，随着移动互联网的快速发展，许多社交媒体，如 Twitter、Facebook、微博等也成为数据收集的有效工具。

然而，不同领域的科研人员对数据的需求存在差异，只有深入了解用户对数据的需求才能提供更优质的信息服务。故为研究机构与研究人员提供数据收集服务的平台与工具也逐渐发展，如 Science Exchange 是一个科学实验外包在线社区，研究者可以在该社区将研究外包给科研机构，如大学实验室或者商业化科研机构[2]。研究人员在社区发布实验数据需求，并接受服务提供商的报价，从而订购合适的数据；Knoema[3] 是一个免费的、公共的、开放的综合数据平台，其拥有丰富的数据源，例如农业、犯罪统计、人口统计学、经济、教育、环境、食品安全、国防等。同时还可提供工具集实现数据的分析、可视化以及导出。

（3）数据分析工具。

随着科学数据的急剧膨胀，如何有效分析这些数据，呈现数据中的价值越来

---

① 王璞：《英美两国制定数据管理计划的政策、内容与工具》，载于《图书与情报》2015 年第 3 期。

② Science Change. World's leading R&D services marketplace［EB/OL］. https：//www. scienceexchange. com/.

③ Bougay V. KNOEMA – A Knowledge Platform［J］. *Global Journal of Enterprise Information System*，2014，6：62 – 63.

越被科研人员所重视。合适的数据分析工具，可以使科研人员能够轻松地提出问题，并简化分析过程，理解并可视化答案。格雷（J. Gray）在 *Scientific Data Management in the Coming Decade* 中提到，数据统计与可视化分析功能已成为科研人员是否选择一个数据管理工具的重要因素[①]。可见，科学数据统计与可视化分析是科学数据管理工具应用与研发的又一关键。

数据可视化主要借助于图形化手段，清晰有效地传达与沟通信息。将大规模的数据、抽象的数据挖掘结果以图形的方式展示出来，使数据管理人员或决策者可以直观地看出数据传达的信息。如 VisTrails[②] 是一个开源的科学工作流和出处管理系统，为仿真、数据探索和可视化提供支持。MicroStrategy Desktop 配备内置模板，只需几分钟便可快捷生成极具价值的可视化效果和交互性文档集[③]。Orange 是一个基于组件的数据挖掘和机器学习软件套装，拥有快速而又多功能的可视化编程前端，以便浏览数据分析和可视化结果[④]。

为了满足不同领域特殊数据分析的需求，各专业领域也相继开发出更适合自己的可视化分析软件，如地球科学领域的 Arcgis、GeoMap、GeoSetter；化学领域的 ChemCraft、ChemWindow。除此之外还有很多实用的可视化分析工具，如 InspireData、QlikView、Tableau、Pandas、Matlab 等。

（4）数据存储工具。

数据存储是数据管理活动中重要的一个环节，也是数据共享和再利用的基础和前提。数据密集型研究范式也给科学数据存储带来挑战，传统的数据存储是使用 MySQL、Oracle 和 PostgreSQL 等数据管理系统来实现的，但是在大规模数据的存储方面存在一定的不足。一是在存储大量的数据并解决其可扩展性方面的不足；二是多媒体数据日益增多，数字数据类型复杂多样，给数据长期保存带来的困难[⑤]。为解决以上问题，各领域都在研发符合数据存储需求的技术与工具。

①数据存储库。

当前，主要有三种数据存储库，即特定领域的存储库、通用存储库和机构知

---

① Gray J., Liu D. T., Nieto - Santisteban M., Szalay A., Dewitt D. J., Heber G. Scientific Data Management in the Coming Decade [J]. *Acm Sigmod Record*, 2005, 34 (4): 34 - 41.

② Callahan S. P., Freire J., Santos E., et al. VisTrails: Visualiztion Meets Data Management [C] // Proceedings of the 2006 ACM SIGMOD International conference on Management of data, 2006: 745 - 747.

③ MicroStrategy Desktop. Free data analytics & visualization tools | MicroStrategy [EB/OL]. https://www.microstrategy.com/us/get-started/desktop.

④ Orange. Data Mining Data Mining Fruitful and Fun [EB/OL]. https://orange.biolab.si/.

⑤ Labrinidis A., Jagadish H. V. Challenges and Opportunities with Big Data [J]. *Proceedings of the VLDB Endowment*, 2012.

数据驱动的公共安全风险治理

识库[1]。大多数领域特定的数据库已经出现，为特定的科学领域提供服务。领域数据库专注于一种有限类型的数据，保障数据的共享与再利用，如生命科学领域的 Dryad、社会科学领域的 DataVerse Network。通用数据库服务于更广泛的学科领域，提供的数据管理服务相对于领域数据库较少，更依赖于储户提供文档和元数据，如 DataBank。机构知识库在高校之中越来越普及，其中大部分由高校图书馆负责运营，收集并保存本校教师和科研人员的学术与智力成果。据 OpenDOAR 网站显示，在其中登记的知识库已有 4 124 个，其中使用最多的开源软件为 Dspace[2]。

②数据库工具。

常用的数据库工具可以分为传统关系数据库、NoSQL 和 NewSQL[3]。传统关系数据库系统也被称为 SQL（Structured Query Language）数据库，采用 SQL 作为查询语言，主流的传统关系型数据库包括 Oracle，MySQL，SQL Server 等。

随着互联网时代的到来和互联网中应用程序的增多，产生的数据量急剧增加。为了有效地处理大量数据，诞生了两个新的数据库类，即 NoSQL 和 NewSQL 数据库。NoSQL 数据库可以将大量复杂的信息，转化成易读和直观表示的关系，主要包括列存储数据库、文档型数据库和图数据库等。其中，图数据库发展最明显，它是使用图形结构进行语义查询，其性能、灵活性、扩展性均优于传统关系数据库，如 Neo4j，OrientDB，AllegroGrap 等。

而 NewSQL 则是新兴的数据库系统，目标是将 SQL 的 ACID（Atomic、Consistency、Isolation、Durability）保证与 NoSQL 的可扩展性和高性能相结合，典型代表有 Google Spanner 和国内的 TiDB。理论上 NewSQL 在大部分领域均可以得到较多应用，但其正处于起步阶段（见表 4 - 9）。

除此之外，随着云计算的发展与普及，云存储这个新的云服务也得到了重视。科学数据云存储工具可以提供海量、弹性、高可用、高性价比的云存储服务，在任何地方任何时间都可以通过网络访问存储数据。因此可以利用云存储为科学数据利用者提供高效、方便、动态可扩展的服务。如中科院的 DataCloud 云存储[4]，支持科研用户按需存储、资源共享和弹性扩容，为科研应用提供云存储公共平台。

----

① Alter G. , Gonzalez R. Responsible Practices for Data Sharing [J]. *American Psychologist*, 2018, 73（2）：146.

② OpenDOAR. The World's Authoritative and Quality-assured Directory of Open Access Repositories [EB/OL]. https：//www. jisc. ac. uk/opendoar.

③ Fatima H. , Wasnik K. Comparison of SQL, NoSQL and NewSQL Databases for Internet of Things [C]// 2016 IEEE Bombay Section Symposium（IBSS）. IEEE, 2016：1 - 6.

④ 中国科学院数据云，http：//www. csdb. cn/。

表 4 – 9　　　　　　常用 SQL、NoSQL、NewSQL 数据库工具

数据库工具类型	工具名称	简介
SQL	Oracle	有其诞生早、结构严谨、高可用、高性能、高安全等特点
	MySQL	Web 时代使用最广泛的关系型数据库
	SQL Server	是 Microsoft 公司的数据库工具，只能在 Windows 上使用
NoSQL	Neo4j	当前最流行的图形数据库，它将结构化数据存储在网络上而不是表中
NoSQL	OrientDB	兼具文档数据库的灵活性和图形数据库的可扩展性
	AllegroGrap	是一个高性能、持久的 RDF 存储工具，支持社交网络分析、地理空间分析等
NewSQL	Google Spanner	Google 公司研发的、可扩展的、多版本、全球分布式、同步复制数据库
	TiDB	PingCAP 公司受 Google Spanner 启发而设计的开源分布式 HTAP（Hybrid Transactional and Analytical Processing）数据库，结合了传统的 RDBMS 和 NoSQL 的最佳特性

（5）数据共享与再利用工具。

科学研究过程中产生了大量的数据，其中大部分都没有成为出版物，将这些数据以合适的格式存储并与他人共享，可以缩短数据收集时间，促进知识的有效交流，最大限度地提高科学数据价值。当前，加强科学数据共享已经学界的趋势①，是科学研究向"数据密集型"研究范式转变过程中的必然选择。美国、欧洲等西方国家先后制定了科学数据管理与共享相关的政策法规，以推动科学数据管理与开放共享，并且已支持形成了一批国家级的科学数据中心或高水平数据库，利用它们持续汇聚和整合本国乃至全球科学数据资源，并向社会进行开放共享。2017 年 EOSC 宣言称欧洲"开放科学"的愿景是所有学科和成员国长期可持续的科学数据共享②。我国在科学数据管理与开放共享方面也作了大量努力，自 2002 年起开始建设国家基础科学数据共享服务平台。

_____

① 司莉、王雨娃：《我国科学数据共享平台数据组织的现状及改进建议——基于国家科技基础条件平台的分析》，载于《图书馆建设》2018 年第 10 期。

② EOSC Declaration – European Commission［EB/OL］. https：//ec. europa. eu/research/openscience/pdf/eosc_declaration. pdf.

然而，数据共享面临如何以高效的方式组织数据、保障数据全生命周期的安全以及共享数据成本等挑战①，使得数据的价值没有得到最大程度的发挥。为解决以上挑战，许多用于数据共享的平台与工具不断涌现。如 FigShare②，是一个基于云计算技术的在线数据知识库，科研人员可以保存和分享他们的研究成果。在解决版权与许可问题方面，FigShare 为所有内容对象分配 DOI（Digital Object Identifiers），采用 Creative Commons 许可协议共享数据以减少版权纠纷。

（二）科学数据管理工具研发趋势

在数据密集型范式的影响下，在数据规模、数据增速、数据类型、数据质量、数据价值等方面给科学数据的处理技术与工具提出了新的挑战③。在梳理生命周期各个阶段科学数据管理工具的基础上，我们需要进一步分析科学数据管理工具的研发趋势。从整体上讲，科学数据管理朝着自动化、知识化与可视化的智能方向发展，主要发展趋势可以总结为以下几方面。

（1）数据收集方面。传统的数据采集来源单一，且存储、管理和分析数据量也相对较小。现今，需要保证数据的全面性，同时也要保证数据的实时性，即采集到的信息必须保证鲜活和及时性，在技术上可以灵活地适应各种渠道的采集工作，包括对未来各种采集计划的接口支持。同时，如何对采集到的大数据进行评估、去伪存真，提高识别非法数据源的技术能力，确保数据来源安全可信，也是数据采集安全面临的一个重要挑战。

（2）数据存储管理方面。海量原始科学大数据的膨胀使知识服务机构面对巨大的存储压力，难以解决较高的硬件成本、数据组织、安全维护等问题。面对源源不断快速产生的大量数据文件以及从中分析生成的千亿级科学对象的管理，如何实现数据的高效率、低成本、一体化存储和管理，或者说如何决定保存与淘汰数据成了当务之急。

（3）数据分析方法方面。数据产生和数据分析过程的分离使得数据噪声增多，问题驱动的研究方式逐渐被数据驱动的研究方式所代替。海量多源、多学科数据的自动关联与融合，瞬时产生的海量数据实时或准实时的高效分析等也成为当前的研究热点。如阿松考（M. D. Assuncao）等对如何处理大数据的多样性，做出了"如何处理不断增加的数据量？特别是当数据是非结构化的时候，如何快

---

① Labrinidis A. , Jagadish H. V. Challenges and Opportunities with Big Data［J］. *Proceedings of the VLDB Endowment*, 2012：2032 - 2033.

② Figshare. Credit for all your research［EB/OL］. https：//figshare. com/.

③ Ailamaki A. , Kantere V. , Dash D. Managing Scientific Data［J］. *Communications of the ACM*, 2010, 53（6）：68 - 78.

速地从中提取有意义的内容？如何聚合和关联多源数据?"的提问①。

（4）数据共享方面。产权与安全问题始终是数据集成共享的重要问题，尤其在大数据时代，数据面临不断被集成、共享、再生产、再集成、再共享的过程，数据产权保护和共享安全保障遇到巨大挑战。

（三）公共安全风险数据管理工具开发

公共安全风险大数据与科学数据均具有鲜明的大数据特征，即数据的来源和种类多样化（Variety），数据量大（Volume），数据的产生和处理速度快（Velocity），数据价值密度低（Value）以及数据的真实性（Veracity）。结合公共安全管理，可以总结出公共安全风险大数据的特殊性质：（1）数据多源异构性更为鲜明。公共安全风险大数据涉及不同领域、不同来源、不同结构类型的数据，同时公共安全管理活动需要跨部门、跨行业、跨领域的协同，与之相应，公共安全风险大数据需要进行关联以支持数据的增值与重用。（2）空间和时间的依赖性。随着各种手持无线设备及传感器的普及，大量的具有时间和空间属性的轨迹数据在不间断的产生，利用时空数据可以真切地感知并预警潜在的危险事件。（3）敏感性。通过数据分析和数据挖掘等信息技术，可从碎片化的、海量数据中分析出敏感信息，涉及个人隐私安全、社会安全甚至国家安全。

正是这些共性与独特性，公共安全风险大数据管理可以借鉴科学数据管理的经验，但同时也需要在此基础上进行创新发展。

（1）在工具开发方面，实现数据与功能集成。

不断增加的数据量、数据的多源异构、数据处理的复杂性以及对数据实时分析的需求，使得公共安全管理人员更加依赖于数据管理工具和技术。需要整合实时、海量、多源的数据资源，集成数据管理工具与技术，建立统一的公共安全风险大数据管理与服务的平台，提高数据的利用效率和质量水平。

（2）在数据分析方面，向可视化与用户交互方向发展。

传统的信息分析，对于非结构化的数据处理欠缺，同时严重依赖于人力投入，耗时长，成本高，贻误事件的处置时机。各级各类政府部门在公共安全管理中积累了数以亿计的公共服务大数据，面对这些数据空间的多维性、数据时间的周期性和数据关系的复杂性，如何让公共安全管理人员依据数据做出快速、准确的决策是亟待解决的问题。

数据可视化为用户交互地探索和分析数据提供了直观的方式，可以降低知识

---

① Assuncao M., Calheiros R. N., Bianchi S., Netto M., Buyya R. Big Data Computing and Clouds: Trends and Future Directions [J]. *Journal of Parallel & Distributed Computing*, 2015, 79 – 80: 3 – 15.

获取与交流沟通的门槛，直观展现数据背后的关联关系，帮助人们理解公共安全问题深层次的原因，实现数据的精细化分析，为公共安全管理的决策提供直观的参考。如海克斯康公司在 2018 年推出了 Intergraph InSight，是一套新的公共安全风险大数据可视化和分析工具。可以合并多源数据，支持用户通过交互式报告和仪表板探索、分析和共享这些数据，以提高认识、参与和理解。同时可视化、交互式报告和仪表板可以使用户更容易地探索复杂的数据及其关系[①]。

（3）在数据存储方面，向高效可扩展存储方向发展。

在公共安全领域，数据产生速度快，数量庞大，对这些数据的长期有效保存是一项具有挑战性的工作。当前社会产生的数据中约有 85% 是非结构化的，传统的关系数据库系统扩展难、管理难、共享难，并不能很好地管理从移动设备、社交网络、图像视频等非结构化来源收集的大数据。公共安全风险大数据管理可以充分利用云存储、非关系型数据库等数据信息处理技术与工具，支持非结构化数据的存储，并满足可扩展、高并发读写等需求。

（4）关注服务化与定制化。

成熟的数据管理不仅仅是和数据打交道，更涉及多方利益相关群体的参与，只有深度融合公共安全风险大数据资源与公共安全管理需求，才能更好为公共安全部门提供信息服务。如纽约警察局与微软合作开发的域感知系统（DAS），可收集并分析公共安全事件的数据报道、视频、车牌信息、目击者报告等，然后为纽约警察局调查人员和数据分析人员提供了全面、实时的潜在威胁和犯罪活动视图。

（5）愈发重视安全与隐私保护。

公共安全风险大数据管理必须以安全可控为前提。然而，随着云计算、物联网和移动互联网等新一代信息技术的飞速发展，公共安全风险大数据在采集、存储、开放共享等方面均存在安全隐患，亟待设计开发出高可靠性数据管理工具。大卫·拉泽（D. Lazer）等指出，解决大数据的产权问题需要回答以下问题：谁享有大数据资源的所有权或使用权？哪些大数据资源应该由社会公众共享？如何有效管理共享的大数据资源，以实现在保障安全和隐私的同时，提高使用效率[②]。因此，设计开发出高可靠性数据管理工具是现实需求。

---

① Hexagon Launches Public Safety Data Visualization and Analytics Software ［EB/OL］. https：//www. hexagonsafetyinfrastructure. com/news-releases/hexagon-launches-public-safety-data-visualization-and-analytics-software.

② Lazer D. , Radford J. Data ex Machina：Introduction to Big Data ［J］. *Annual Review of Sociology*，2017，43：19 – 39.

第五章

数据驱动的公共安全风险识别

作为一个新兴概念和治理工具，风险治理（Risk Governance）是指对不确定性的集体决策进行协调、指导和监管的复杂过程[①]。从生命周期来看，尽管学者们有不同的划分，但风险识别、风险评估、风险控制和风险沟通构成了风险治理的基本环节或关键功能节点。其中，风险识别是在综合评判内外部环境信息的前提下，决策部门通过确定既有的或与组织目标实现相关的决策参数，进而获取风险来源、时空属性、防控关键点等决策要素[②]。作为风险治理的前提和基础，风险识别在社会基础设施负荷越来越重、人口密度越来越高、人口物质流转速度越来越快的背景下，多种能量的耦合越来越复杂，造成了各种新的风险源，对风险治理提出了新的要求，数据驱动风险识别的兴起为解决复杂性巨系统所面临的风险问题提供了新的路径。

第一节 公共安全风险类别与数据源

一、公共安全风险的类别

安全的对立面包括风险、灾害和危机。在管理实践中，"公共安全"是正向

---

① Renn O. *Risk Governance*：*Coping with Uncertainty in a Complex World* ［M］. Landon：Routledge，2017（259）：243 – 259.

② 沙勇忠、王超：《大数据驱动的公共安全风险治理——基于"结构—过程—价值"的分析框架》，载于《兰州大学学报（社会科学版）》2020 年第 2 期。

表达，是安全管理或安全治理追求的目标或状态；"公共安全事件"是负向表达，通常与"突发事件""危机""灾害""风险"等概念共同出现，是安全管理或安全治理的主要对象。灾害、危机、风险这三个概念以由灾害扩展开的"突发事件/公共安全事件"为中心，存在一定的内在联系，造成危机后果的根本原因是风险[1]，风险与危机之间的因果关系只有通过突发事件才能产生作用，风险、危机与突发事件这三个概念在公共性的层面上达成了一致[2]。按此理解，可以认为公共安全风险是引致公共安全事件或公共安全危机的根本原因，是尚未变成现实危机或突发事件的公共安全风险诱因及其可能性。因此，本书参照"危机""突发事件""风险"等概念范畴所做的分类，对公共安全风险类别划分进行介绍。

（一）基于危机视角的分类

按照不同的判断标准，公共危机的类型可以有不同的划分（见表 5-1）。

表 5-1 危机类型一般划分概览

划分标准	危机类型
动因性质	自然危机（自然现象、灾难事故）、人为危机（恐怖活动、犯罪行为、破坏性事件等）
影响时空范围	国际危机、区域危机、国内危机、组织危机
主要成因及涉及领域	政治危机、经济危机、价值危机、社会危机
采取手段	和平的冲突方式（如静坐、示威、游行等）、暴力性的流血冲突方式（如恐怖活动、骚乱、暴乱、国内战争等）
特殊状态	核危机、非核危机
严重、紧急程度	特别重大、重大、较大、一般
危机的诱因	内生型、外生型、内外双生型

资料来源：胡宁生主编：《中国政府形象战略》，中共中央党校出版社 1998 年版，第 1173~1177 页，作者有所增补。

危机管理理论学者纽德（M. Nudell）和安托可（N. Antokol）在《紧急及危机管理手册》（*The Handbook for Effective Emergency and Crisis Management*）中将危

---

[1] 张海波：《风险社会与公共危机》，载于《江海学刊》2006 年第 2 期。
[2] 童星、张海波：《基于中国问题的灾害管理分析框架》，载于《中国社会科学》2010 年第 1 期。

机划分为以下五大类型：

（1）自然灾害（natural disasters）：包括风灾、地震、洪水等；

（2）交通意外事件（Accidents）：如车祸、飞机失事等；

（3）科技意外事件（Technological Accidents）：如化学、核能意外灾难等；

（4）人为诱发的灾难（Induced Catastrophes）：如政治示威事件、绑票犯罪等恐怖事件；

（5）战争对民众所形成的危机（War-related Emergency of Civilians）。

戴维·亚历山大（David Alexander）从危险（Hazard）的角度将危机划分为自然的、技术的和社会的三大类型：[①]

（1）自然危险（natural hazards）：包括①地质灾害：地震、火山喷发、滑坡、泥石流、岩石崩塌、侵蚀等；②气象灾害：飓风、龙卷风、冰雹、暴风雪、闪电风暴、冰雹、雾、干旱、雪崩等；③水文灾害：洪水、山洪暴发等；④生物灾害：森林火灾、作物枯萎病、虫害、疾病暴发、流行病等。

（2）技术危险（technological hazards）：包括①有毒物质：如致癌物、诱变剂、重金属、毒素等；②危险过程：如结构破坏、辐射、与有毒物质相关的交通事故等；③设备和机器：如爆炸物、武器、与车辆、航空器等有关的交通事故等；④工程和工厂：如桥梁、水坝、矿井、冶炼厂、发电站、石油和天然气终端及其存储工厂、输电线、管道、摩天大楼等。

（3）社会危险（social hazards）：包括①恐怖主义事件：如爆炸、枪杀、劫持人质、劫持、大规模杀伤性武器袭击等；②群体性事件：如骚乱、游行示威、人群挤压、踩踏等；③战争：如意想不到的平民伤亡等。

（二）基于突发事件视角的分类

我国 2007 年实施的《中华人民共和国突发事件应对法》中，将突发事件划分为自然灾害、事故灾难、公共卫生和社会安全四大类，各类事件的主要特征和常见事例如表 5-2 所示。

（三）从风险视角进行的分类

根据风险发生的可能性和后果的影响，可将公共安全风险划分为"黑天鹅"事件、"灰犀牛"事件，如表 5-3 所示。

---

① Bumgarner J. B. *Emergency Management*：*A Reference Handbook*［M］. Santa Barbara：ABC - CLIO，2008：13 - 14.

数据驱动的公共安全风险治理

表 5 - 2 　　　　　　　　　　　四类突发事件的描述及事例

事件类型	事件描述①	具体事例②
自然灾害	由于自然原因而导致的突发事件	水旱灾害，台风、冰雹、雪、高温、沙尘暴等气象灾害，地震、山体崩塌、滑坡、泥石流等地质灾害，森林火灾和重大生物灾害等
事故灾难	主要由人为原因造成的紧急事件，包括那些由于人类活动或者人类发展所导致的计划之外的事件或事故	民航、铁路、公路、水运、轨道交通等重大交通运输事故，工矿企业、建筑工程、公共场所及机关、企事业单位发生的各类重大安全事故，造成重大影响和损失的供水、供电、供油和供气等城市生命线事故以及通信、信息网络、特种设备等安全事故，核辐射事故，重大环境污染和生态破坏事故等
公共卫生	主要由病菌或病毒引起的大面积的疾病流行等事件	突然发生，造成或可能造成社会公共健康严重损害的重大传染病疫情、群体性不明原因疾病、重大食物和职业中毒，重大动物疫情，以及其他严重影响公众健康的事件
社会安全	主要由人们主观意愿产生，会危及社会安全的突发事件	重大刑事案件、涉外突发事件、恐怖袭击事件以及规模较大的群体性突发事件

表 5 - 3 　　　　　　　　　　公共安全风险按风险性质分类

性质		分类	描述	实例
概率	影响			
低	大	"黑天鹅"事件③	不可预测的重大稀有事件，它在意料之外，却又改变着一切	2000 年互联网泡沫破灭，"9·11"事件，美国次贷危机，福岛核事故，俄沙石油战等
高	大	"灰犀牛"事件④	明显的、高概率的却又屡屡被人忽视最终有可能酿成大危机的事件	气候变化，自然灾害，预算赤字，肥胖问题，危险的工作环境，健康问题，基础设施建设，流行病，地震，网络威胁，叙利亚问题，巴以冲突，人工智能，数字技术对传统媒体的冲击等

---

① 国家安全生产应急救援指挥中心：《安全生产应急管理》，煤炭工业出版社 2007 年版。

② 顾林生：《国外城市风险防范与危机管理》，载于《2006 首届中国会展经济研究会学术年会论文集》，2006 年版。

③ 纳西姆·尼古拉斯·塔勒布：《黑天鹅：如何应对不可预知的未来》，万丹译，中信出版社 2008年版。

④ 米歇尔·渥克：《灰犀牛：如何应对大概率危机》，王丽云译，中信出版社 2017 年版。

2007 年，纳西姆·尼古拉斯·塔勒布（Nassim Nicholas Taleb）在《黑天鹅：如何应对不可预知的未来》（*The Black Swan: The Impact of the Highly Imprbable*）一书中阐述了"黑天鹅"事件（"Black Swan" Incidents）。"黑天鹅"事件特指极其罕见，但一旦发生影响极其巨大、完全颠覆长期历史经验而事前却根本无法预测的重大事件，其特征是：稀有性、极大的冲击性和事后（而不是事前）可预测性。无论是对股市的预期，还是政府的决策，或是普通人日常简单的抉择，黑天鹅都是无法预测的。同时他也指出，人们通常高估自己的知识，低估不确定性（也就是低估未知事物的范围），这是认知自大的影响。2016 年，米歇尔·渥克（Michele Wucker）在《灰犀牛：如何应对大概率危机》（*The Gray Rhino: How to Recognize and Act on the Obvious Dangers We Ignore*）一书中对白天鹅类事件、黑天鹅类事件、灰犀牛类事件的特征进行了说明①，她认为，"黑天鹅"事件是我们无法预知的事件，灰犀牛事件是我们本来应该看到但却没看到的危险，又或者是我们有意忽视了的危险②。灰犀牛事件指过于常见以至于人们习以为常的风险，比喻大概率且影响巨大的潜在危机，是与黑天鹅相互补足的概念。"一头两吨重的猛兽，愤怒地喷着气，一只脚在刨着土，直直地盯着你，随时准备向你扑来，将你撞翻在地"，它并不神秘，却更危险③。一次市场的崩溃、一场战争、一次心脏病突发、一次飓风袭击，它在发起冲锋之前已经给我们发出警告，问题不是它是否会攻击而是何时发起攻击④。可以说，"灰犀牛"是一种大概率危机，在社会各个领域不断上演。很多危机事件，与其说是"黑天鹅"，其实更像是"灰犀牛"，在暴发前已有迹象显现，但却被忽视⑤。

另外，由黑天鹅的概念衍生出白天鹅与灰天鹅概念。米歇尔·渥克指出，白天鹅事件指概率高、影响小的事件，不值得过多关注，应当将精力与时间放在概率高与影响大的灰犀牛事件上。但也有人将白天鹅事件视为高概率可预测的重大风险，如努里埃尔·鲁比尼（Nouriel Roubini）在《危机经济学》（*Cri-sis Economics*）一书中将金融危机定义为"白天鹅"⑥，他认为金融危机是经济和金融脆弱性累积和政策失误的可预见结果，而非不可预见的"黑天鹅"事件。这种定义与灰犀牛事件的解释有某种一致性。不同的是，白天鹅事件会达到一个

① Michele W. *The Gray Rhino: How to Recognize and Act on the Obvious Dangers We Ignore* [M]. NewYork: St. Martin's Press, 2016.

②④ 米歇尔·渥克：《灰犀牛：如何应对大概率危机》，王丽云译，中信出版社 2017 年版。

③ 王喜芳、刘霞：《以风险防控预警为导向的新型应急预案体系研究及其构建方法》，载于《上海交通大学学报（哲学社会科学版）》2018 年第 6 期。

⑤ 吴秋余：《"灰犀牛"，究竟什么来头？》，载于《人民日报》2017 年第 18 期。

⑥ ［美］努里埃尔·鲁比尼、斯蒂芬·米姆：《危机经济学》，浙江人民出版社 2018 年版。

临界点——即"明斯基时刻"①②，这预示着繁荣和泡沫会崩溃，会带来灾难性的后果。所谓"明斯基时刻"，由凯恩斯经济学流派的保罗·麦卡利（Paul Mcculley）提出，用它来描述 1998 年的俄罗斯金融危机，该词是经济学界对海曼·明斯基（Hyman Philip Minsky）金融与经济理论研究的概括，描述了经济周期中资产价格突然猛烈崩溃的瞬间。而灰天鹅事件是一种已预测的事件，该类事件具有潜在的重要意义，客观上可能发生，但主观上被认为不太可能发生③。

咨询公司 Pentland Analytics④总结了近 40 年的公司声誉危机，发布了 *Respecting the Grey Swan：40 Years of Reputation Crises* 报告，报告中总结了黑天鹅、白天鹅与灰天鹅事件的区别，如表 5 - 4 所示。

表 5 - 4　　　　　　　黑天鹅、灰天鹅、白天鹅事件的区别

黑天鹅	灰天鹅	白天鹅
未知风险	可预测风险	已知知识
史无前例、难以想象	可以想象但被忽视	意料之中
罕见的巨大影响	难以想象的严重影响	"正常"预期影响
没有数据—无法预测	有限数据—模式和理解	大量数据—可预测

资料来源：Deborah Pretty. Respecting the Grey Swan：40 Years of Reputation Crises ［EB/OL］. https：//www. aon. com/getmedia/03965282-4d98-49c3-9e4c-97d4fbfb2c3e/Respecting-the-Grey-Swan. aspx，2022 - 05 - 11.

"黑天鹅"事件、白天鹅、灰天鹅在一定条件下会发生转换。如 COVID - 19 曾被视为白天鹅事件，但它对医疗保健业务的高度不确定性和破坏性影响，使其成为"黑天鹅"事件。⑤另外，金融危机最初被视为"黑天鹅"事件，但是伴随全球经济的高速发展，金融危机事件频发，人们逐渐总结出金融危机爆发的相关规律，金融危机的预见成为可能，并且对金融危机的处置也越发成熟，这使得金融危机逐渐被视为灰天鹅事件甚至是白天鹅事件。

---

① ［美］L. 兰德尔·雷：《明斯基时刻》，张田、张晓东译，中信出版社 2019 年版。

② 孙芙蓉、秦凤鸣：《跨越"明斯基时刻"》，中国金融出版社 2019 年版。

③ Macmillan Dictionary. Definition of "Grey Swan" ［EB/OL］. https：//www. macmillandictionary. com/us/dictionary/american/grey-swan，2022 - 05 - 11.

④ Dr Deborah Pretty. Respecting the Grey Swan：40 Years of Reputation Crises ［EB/OL］. https：//www. aon. com/getmedia/03965282-4d98-49c3-9e4c-97d4fbfb2c3e/Respecting-the-Grey-Swan. aspx，2022 - 05 - 11.

⑤ Devarajan J. P.，Manimuthu A.，Sreedharan V. R. Healthcare Operations and Black Swan Event for COVID - 19 Pandemic：A Predictive Analytics ［J］. *IEEE Transactions on Engineering Management*，2021，70 （9）：3229 - 3243.

二、公共安全风险数据源

（一）公共安全风险数据源的总体分类

总体上进行划分，公共安全风险数据源可分为三大类：物理空间、社会空间和信息空间。物理空间中，"物"是公共安全风险大数据的载体；社会空间中，个体或组织则是公共安全风险大数据的生产者或持有者；信息空间是物理空间和社会空间的重叠耦合在信息网络世界的投射，其数据载体是互联网、信息系统、移动终端设备等。具体数据类型、内容及应用举例如表4-8所示。

要指出的是，全球正从工业社会向信息社会转变[①]，信息和知识正成为决定信息社会的关键要素[②]，来自信息空间的公共安全风险数据源在公共安全风险管理的全过程中发挥着越来越重要的作用。例如，社交媒体的兴起使得公众从信息接收者成为信息发布者与传播者，不仅促进了公众参与风险管理，也为政府公共事务的处理提供了便利[③]。另外，社交媒体产生的数据也为网络舆情分析与预警、风险交流与危机沟通、公众的风险认知状况调查等公共安全风险分析提供了重要的数据支撑。

（二）公共安全风险基础数据源

数据驱动被视为应对公共安全风险治理失灵，推进国家治理现代化的重要路径[④]。国家统计局提供的相关统计数据为国家政策制定提供了重要依据，主要承担组织领导和协调全国统计工作，负责收集、汇总、整理和提供有关国情国力方面的统计数据、有关调查的统计数据与全国性基本统计数据，并负责收集、整理国际统计数据，[⑤] 相关统计数据通过国家统计局官方网站、国家统计局数据发布库、《中国统计年鉴》等统计出版物、新闻发布会和两微一端（即微博微信和手机客户端）等渠道发布[⑥]。其中，国家统计局以中国统计出版社出版的统计年鉴

---

① 丁波涛主编：《全球信息社会发展报告》，社会科学文献出版社2020年版。

② 王宁宁著：《基于复杂网络分析的信息空间研究》，河北科学技术出版社2018年版。

③ 谢起慧、褚建勋：《基于社交媒体的公众参与政府危机传播研究——中美案例比较视角》，载于《中国软科学》2016年第3期。

④ 沙勇忠、王超：《大数据驱动的公共安全风险治理——基于"结构—过程—价值"的分析框架》，载于《兰州大学学报（社会科学版）》2020年第2期。

⑤ 国家统计局：《国家统计局职能》，http://www.stats.gov.cn/zjtj/jgzn/201310/t20131029_449581.html，2022-05-24。

⑥ 国家统计局：《一、数据发布与更新（6）》，http://www.stats.gov.cn/tjzs/cjwtjd/201407/t20140714_580886.html，2022-02-21/2022-05-24。

数据驱动的公共安全风险治理

为数据源建立了一套统计指标查询系统——统计年鉴数据库[1]，内容覆盖统计年鉴全部资料，包括人口、国民经济核算、价格、固定资产投资等方面及农业、工业、建筑业等各行业[2]。另外，国家统计局数据发布库也包含了丰富的数据资源，具体的数据内容如表 5-5 所示。

表 5-5 　　　　　　**国家统计局数据发布库包含的数据内容**

数据类别	主要指标/数据
月度数据	价格指数、工业、能源、固定资产投资（不含农户）、服务业生产指数；城镇调查失业率；房地产；国内贸易；对外经济；交通运输；邮电通信；采购经理指数；财政；金融
季度数据	国民经济核算；农业；工业；建筑业；人民生活；价格指数；国内贸易；文化
年度数据	综合；国民经济核算；人口；就业人员和工资；固定资产投资和房地产；对外经济贸易；能源；财政；价格指数；人民生活；城市概况；资源和环境；农业；工业；建筑业；运输和邮电；社会消费品零售总额；批发和零售业；住宿和餐饮业；旅游业；金融业；教育；科技；卫生；社会服务；文化；体育；公共管理、社会保障及其他
普查数据	人口普查；经济普查；农业普查；R&D 资源清查；工业普查；三产普查；基本单位普查
地区数据	分省月度数据；分省季度数据；分省年度数据；主要城市月度价格；主要城市年度数据；港澳台月度数据；港澳台年度数据
部门数据	就业和社会保障；财政；资源和环境；能源；对外经济贸易；运输；邮电；金融；科技；教育；卫生和社会服务；文化、旅游和体育；公共管理
国际数据	主要国家（地区）月度数据；三大经济体月度数据；国际市场月度商品价格；主要国家（地区）年度数据；国际组织网站；各国统计网站
出版物	中国统计年鉴；中华人民共和国国民经济和社会发展统计公报；国际统计年鉴；金砖国家联合统计手册

资料来源：国家统计局：《国家数据》，https：//data. stats. gov. cn/index. htm，2022-05-24。

国家基础信息库为公共安全风险识别提供了重要的数据来源，其建设工作于2002 年由国家信息化领导小组首次提出。2006 年中共中央办公厅和国务院办公

---

① 中国统计出版社：《统计年鉴数据库》，http：//www. statsdatabank. com/f，2022-05-24。

② 国家统计局：《中国统计年鉴 2021》，http：//www. stats. gov. cn/tjsj/ndsj/2021/indexch. htm，2022-05-24。

厅联合印发的《2006~2020 年国家信息化发展战略》中提到要加强国家基础信息库建设。"十一五"期间国家基础信息库建设工作正式启动，规划和开发人口基础信息库、法人单位基础信息库、自然资源和空间地理基础信息库、宏观经济数据库四大基础数据库成为电子政务建设的主要任务之一。在之后的"十二五""十三五""十四五"期间，虽然国家基础信息库建设内容有所变更，但都将基础信息库建设列入推动国家政务信息化建设的重点任务中。具体而言，"十二五"与"十一五"相比，在国家自然资源和地理空间基础信息库一期工程的基础上，计划建设和完善国家空间地理基础信息库，并且新增建设文化信息资源库。"十三五"期间要求扩展自然资源和空间地理基础信息，关联空间地理基础信息库，形成自然资源和地理空间基础信息库。另外，要求构建基于统一社会信用代码的社会信用基础信息库。

"十四五"期间，根据深度开发利用政务大数据的要求与国家基础信息库建设工程的进展，对国家基础信息库建设提出了新的建设目标与建设内容。一是深化基础信息库共享应用，建设目标是使国家基础信息库的数据内容更加鲜活丰富，服务功能更加健全完善，形成更多的数据服务接口，有效支撑政务服务、决策分析等应用场景下的按需共享；二是建设经济治理基础数据库，建设目标主要围绕经济治理的重点领域，完善基础数据指标，依托政务内网数据共享交换平台，开发建设经济治理基础数据库，汇集各部门主要经济数据，提升宏观经济治理数据分析和辅助决策水平。

不同基础数据库包含的信息内容举例如表 5 - 6 所示。

表 5 - 6 基础数据库包含的信息内容举例

基础数据库名称	基础信息库	业务信息库
人口基础信息库	居民身份证号码、姓名、性别、民族、出生地、出生日期等基本信息；健康、收入、婚姻、社保、救助、贫困、残疾、流动、死亡等信息	各部门业务系统在利用人口基本信息过程中产生的、其他部门存在共享需求的人口信息等；人口总量和静态动态分布、户口登记、健康素质、残疾人口、年龄和性别结构、教育程度、就业状况、居住状况、收入水平、纳税情况、参保缴费、社保待遇、婚姻状况、优抚救助、扶贫开发、党员、公务员、专业技术人才等方面的业务信息

基础数据库名称	基础信息库	业务信息库
法人单位基础信息库	编办、民政、工商质检等部门对法人管理的法册登记、变更、注销等法人信息； 各类法人单位的组织结构、股权结构、经营范围、资产规模、税源税收、销售收入、就业人数、人才构成、产品服务等信息； 国家法人库商标、专利、认证资格、准入许可等法人单位信息，增加自然人网络经营主体、企业网络经营主体等基础信息	法人信用、固定资产投资、产业结构、就业规模、生产经营、税源税收、法人业务范围等方面的业务信息
自然资源和地理空间基础信息库	遥感影像、数字线画图、政务电子地图、地址等数据； 以测绘基础地理信息为主要内容的国家空间地理基础信息库； 政务部门和社会普遍需要的自然资源和空间地理基础信息； 城镇布局、农业农村、地名及行政区划、遥感对地观测、国土空间规划、山水林田湖草沙冰等基础信息； 基础设施、生态环境等图层信息	土地矿产资源、海洋环境状态、地质地震构造、耕地草原状况、森林湿地荒漠、水源水系分布、城乡建设规划、综合交通布局、水域空域航线、网络资源分布、重点水利工程分布、行政区划和地名、邮政编码和地址、地理数据资源等业务信息和国土资源监管信息； 土地矿产资源、生态环境状态、地质地震构造、耕地草原渔业、农作物种植情况、森林湿地荒漠、生物物种分布、河湖水系分布、城乡规划布局、地下设施管网、水域空域航线等空间地理业务信息
经济治理基础数据库	国家财政预算收支共享数据库；金融共享数据库；外贸进出口共享数据库；外径共享数据库；国际收支共享数据库；国有重点企业共享数据库；重要商品价格共享数据库；经济统计共享数据库；国民经济发展规划计划共享数据库；经济文献共享数据库； 统合经济统计数据、行业统计数据、政务数据、互联网大数据等数据资源	消费、投资、进出口以及经济运行、节能减排、知识产权等方面的业务信息资源

目前，国家自然资源和地理空间基础信息库建设项目和国家人口基础信息库建设项目分别于 2015 年、2017 年通过验收并正式投入运行①。国家法人单位信息资源库、经济治理基础数据库目前正在进一步建设中。贵州省与海南省等地已完成当地的相关基础数据库建设。基础数据库的建设为公共安全风险识别提供了重要数据来源，成为公共安全风险识别的有力支撑。

（三）公共安全风险数据源举例——市域食品安全行业数据源

食品安全是典型的公共安全领域，以下我们从一个城市范围具体来看食品安全风险的数据源。

由于食品安全职能和体系的分散，造成了人为的信息孤岛和数据烟囱，相关部门开展的食品安全监督检查、风险监测、舆情监测和投诉举报等工作，都建有各自独立的信息化系统，食品安全相关数据分段收集、分段分析的现状也严重影响食品安全风险隐患早期识别和预警②。近年来这种状况有所改观，数据共享和数据融合成为趋势。根据我们调研，甘肃省兰州市食品药品监督管理总局的基础数据库中有检测检验数据、企业主体数据、投诉举报数据、行政许可审批数据、社交媒体数据等 20 类数据，分别从甘肃省四品一械抽样检验平台、食品药品安全追溯监管信息平台、甘肃省行政审批管理系统、12311 投诉举报网站、12345 民情通、网络舆情系统等 9 类系统平台收集而来，数据归属部门体现了跨部门的特点，来源于甘肃省食品药品监督管理局、兰州市食药监局、兰州大数据社会服务管理局、卫计委食品安全标准与监测评估处、兰州市农牧局、兰州市工商局、中国物品编码中心七个部门，详见表 5 – 7。除此之外，食品安全数据还包括政府网站数据、年鉴、政府公告、社会媒体数据（微信/微博/今日头条）、论坛贴吧舆情数据、媒体新闻等属于信息空间的数据，以及通过调查问卷、访谈和案例分析获得的调研数据，科研论文、食品安全手册、教科书、专著、专业数据库、百科类数据（维基/百度）等公共知识，通过食品安全专家获得整理的专业知识等。

---

① 刘奕湛、程士华：《中国国家人口基础信息库已存储有效人口信息 13.99 亿》，澎湃新闻，https：//www. thepaper. cn/newsDetail_forward_1873496，2017 – 11 – 21/2022 – 04 – 04。

② 卢江：《对我国食品安全重大风险早期识别与快速预警机制建设的思考》，载于《中国食品卫生杂志》2020 年第 2 期。

表5-7　　　　　　市域食品安全数据源示例

来源空间	数据	系统	归属部门
物理空间	检测检验数据	甘肃省四品一械抽样检验平台	甘肃省市场监督管理局
	抽样管理与抽样计划数据	四品一械抽样检验平台	甘肃省市场监督管理局
	日常检查数据	食品药品安全追溯监管信息平台	甘肃省市场监督管理局
	溯源数据	食品药品安全追溯监管信息平台 兰州食品药品大数据服务管理系统	甘肃省市场监督管理局 兰州市大数据社会服务管理局
	卫健委食源性疾病检测数据	食源性疾病检测报告系统、国家食源性疾病分子溯源网络	卫健委食品安全标准与监测评估处
	农业部门种养植基地数据		兰州市农牧局
	工商部门企业信用数据		兰州市工商局
物理空间	物品编码数据 Ecode		中国物品编码中心
	大型商超数据		
	原材料数据		
	物流数据		
社会空间	企业主体数据	甘肃省四品一械抽样检验平台	甘肃省市场监督管理局
		食品药品安全追溯监管信息平台	
		甘肃省行政审批管理系统	
	行政许可审批数据	甘肃省行政审批管理系统	甘肃省市场监督管理局
		食品药品安全追溯监管信息平台	
	行政处罚数据	甘肃省食药监督管理稽查执法平台	甘肃省市场监督管理局
	工商部门企业信用数据		兰州市工商局
	第三方平台网络订餐数据	未建专门系统，平台系统数据接入	兰州市市场监督管理局

续表

来源空间	数据	系统	归属部门
信息空间	投诉举报数据	12331 投诉举报系统	兰州市市场监督管理局
		12345 民情通	兰州市大数据社会服务管理局
	网络舆情数据	网络舆情系统	兰州市食药监局
	政务媒体数据	微博、微信、今日头条	兰州市市场监督管理局
	标准法规数据	甘肃省四品一械抽样检验平台	甘肃省市场监督管理局

由示例可看出，食品安全数据分布于"三元空间"，具有海量、异构、多源的明显特征：（1）数据体量大。如各个地方食品安全监测点和哨点医院不间断的上报食源性疾病数据，食品安全监管工作中不同的业务系统也在不断产生数据，汇总起来数据容量巨大。（2）数据更新速度快。业务系统数据、网络舆情数据等不断产生与更新，使食品安全信息中包含了大量在线或实时数据分析处理的需求。（3）数据来源与类型多样。食品安全数据资源涵盖从食品的生产到消费的各个环节，包括日常检查数据、行政处罚数据、食源性疾病数据、食品溯源数据、检测检验数据等，数据类型既有结构化数据，也有非结构化文本数据、影像数据等。（4）数据价值密度低但应用价值大。

有效整合后的食品安全数据已经具备大数据的特征，图 5-1 展示了我们调研的食品安全数据分类分布图。物理空间数据主要包括政府监管数据和部分企业行为数据，如原材料数据、物流数据等。在食品安全分析应用中，抽检数据和卫健委食源性疾病检测数据等在食品安全事件发生之前可以迅速识别食品安全的病源/风险源，如戴蕾等对快餐店、百货商场、集体食堂、街头摊点、中型餐馆、农贸市场、网店、生产加工环节等 12 类场所的 561 份食品样品进行食源性致病菌检测，发现食源性致病菌主要为蜡样芽孢杆菌和沙门氏菌[1]。社会空间数据和信息空间数据，可以研究分析食品安全事件的成因，通常是在食品安全事件发生后识别影响食品安全风险的多种因素。如利用政府部门对食品安全企业的行政处罚数据，可以研究食品安全风险的外部因素，如人口密度、餐厅规模、企业文化

---

[1] 戴蕾、王松强、李倩、孙丽梅、牛卫东、陈欣然：《2016～2018 年郑州市食源性致病菌监测结果分析》，载于《实用预防医学》2019 年第 12 期。

数据驱动的公共安全风险治理

等[1]；利用新闻媒体发布的与食品安全相关的新闻事件可以识别食品安全其他因素，如农兽药残留、重金属超标、食品生产卫生条件等[2][3]。社会空间数据和信息空间具有较强的关联性，信息空间数据不仅包括民众自发的反馈数据，还有各大权威媒体和政府网站公布的食品安全风险事件的调查及处理数据[4]，这部分政府监管数据，也属于信息空间的数据。食品安全不仅与个人生活息息相关，更与整个食品行业乃至国家政治经济密切相关，因此对食品安全数据挖掘分析的应用价值巨大。

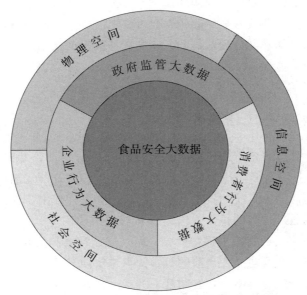

图 5 – 1　市域食品安全行业调研数据分类分布图

第二节　公共安全风险探测感知技术

20 世纪下半叶以来，世界范围内的公共安全事件时有发生，从切尔诺贝利

---

① Sha Y., Song X., Zhan J., et al. Regional Character, Restaurant Size, and Food Safety Risk：Evidence from Food Safety Violation Data in Gansu Province, China ［J］. *Journal of Food Protection*, 2020, 83（4）：677 – 685.

② 张红霞：《我国食品安全风险因素识别与分布特征——基于 9314 起食品安全事件的实证分析》，载于《当代经济管理》2021 年第 4 期。

③ 陈默、张景祥、胡恩华、吴林海、张义：《基于结构化分析和语义相似度的食品安全事件领域数据挖掘模型》，载于《食品科学》2021 年第 7 期。

④ 雷勋平：《基于供应链的我国农产品质量安全风险治理问题研究》，南京航空航天大学博士学位论文，2019 年。

核电站事故到美国"9·11"恐怖袭击事件，从日本"3·11"特大地震灾害到2020年始席卷全球的新冠肺炎疫情，这些公共安全事件对世界人民的生存安全构成严重威胁。为了迅速有效地应对这些突发事件，迫切需要先进的技术手段健全监测预警系统，捕捉威胁公共安全的事件信号和发展态势。预防是实现安全的根本途径，及时、精确的公共安全监测决定着对安全隐患预警的速度与准确性，是实现事故有效预防的重要保证①。明者防祸于未萌，智者图患于将来。随着大数据和信息技术的快速发展，探测感知技术在公共安全风险识别方面有了更为广阔的前景。一方面，公共安全风险的日益增多对公共安全探测技术提出了更高的要求；另一方面，物联网、大数据和人工智能等技术的应用为公共安全探测技术的发展提供更多可能性。

一、公共安全风险探测感知

一直以来，管理视角下的风险研究体系的理论图景大致是围绕风险概念化、风险测量以及风险决策这三个紧密相连的基础性问题展开的。风险概念化涉及人或社会对风险的认知，风险的技术分析者认为不良事件仅限于对人类或生态系统的物理伤害，可通过适当的科学方法进行客观观察或测量②，而主观主义者则认为"人类不是用原始的眼睛来感知世界，而是通过社会和文化透镜进行感知"③。现有风险知识与生产是建立在当前的科学知识与实践经验基础之上的，即使最为清晰的科学标准仍然脱离不了现有制度、技术、文化等因素的影响。科学标准代表着科学知识形成的风险感知结果，多元价值代表着社会群体的公众知识形成的风险感知结果。从风险感知意义上讲，无论是客观实在风险还是社会建构风险，都需要通过感知来获得，一种是技术感知，另一种是心理感知。

公共安全作为风险的一个对立概念之一，在管理决策中，需要由决策者或管理者从"客观"角度对其相关数据或行为信息进行捕捉或感知。"信息—物理—社会"融合系统（Cyber - Physical - Social Systems，CPSS）④ 是一种将信息空间、物理世界和人类社会"三元空间"全面连通与融合的感知与计算系统。"数据"是连

---

① 宋曼祺：《公共安全监测技术创新的政用产学研协同动力机制研究》，武汉理工大学硕士学位论文，2018年。

② Renn, Ortwin. *Risk Governance*: *Coping with Uncertainty in a Complex World* [M]. London: Earthscan, 2008: 1 - 12.

③ Pellow D. N., Dunlap R., Michelson W. *Handbook of Environmental Sociology* [M]. Santa Barbara: Greenwood Press, 2002, 224.

④ F. Wang. The Emergence of Intelligent Enterprises: From CPS to CPSS, [J]. *IEEE Intelligent Systems*, 2010, 25 (4): 85 - 88.

接三者的载体，物理和社会空间数据通过网络传输到信息空间，而信息空间经过计算和决策对物理和社会空间进行反馈，形成了以数据为中心刻画信息物理社会融合系统的新特征，包括数据时空交织性、跨空间数据融合及人机智能协作性[1]。易言之，物理世界和人类社会是被感知的对象，信息空间是对感知内容的呈现。因此，可将公共安全感知划分为物理感知和社会感知。

从物联网、云计算等技术迅速发展的角度出发，物理感知是对公共安全的致灾因子、基础设施、环境参数等"物"的数据进行获取和处理，感知对象包括地表、堤坝、道路交通、公共区域、危化品、周界、水资源、食品生产环节以及疫情等容易引起公共安全事件发生的源头、场所和环节；感知内容包括震动、压力、流量、图像、声音、光线、气体、温湿度、浓度、化学成分、标签信息、酶、抗体、抗原、微生物、细胞、组织、核酸等物理、化学、生物信息[2]。而社会感知是从不断发展的现代心理测查技术、社会媒体和知识创造产生的数据出发，感知对象是人和人类活动，感知的内容包括个人以及群体的个性特征、情绪表征、认知决策、压力应对、迁移流动、社交等心理与行为状态。物理和社会感知的目的就是准确获取感知对象的异常变化，结合相关统计分析技术和可视化技术，发现传统研究中难以发现的公共安全风险、关联风险以及风险的扩张演化特征，实现公共安全风险识别的大数据应用和价值挖掘，推动公共安全风险监测、识别和预警水平的全面提升。

现代安全技术工程将探测定义为感知显性或隐性风险事件的发生并发出警报的手段。探测感知技术也可以理解为获取信息并形成意识的手段。探测感知技术的主要支撑包括"电、磁、光、声"等基础学科，具体技术涉及传感技术、信息处理技术和计算机科学等[3]，相关学科知识和科学技术分布于信号采集、传导和处理全过程。如电子科技大学成像探测与智能感知实验室（IDIP Lab）主要研究信号与图像处理、机器视觉及应用、智能医学影像处理与分析、光电探测及目标特性分析等领域的基础理论及应用[4]。现代探测感知领域汇集了电子信息最前沿、最尖端的技术，如云计算、人工智能、大数据、量子探测、微系统、智能制造等[5]。

---

① 翟书颖、郭斌、李茹、王庭良、於志文、周兴社：《信息物理社会融合系统：一种以数据为中心的框架》，载于《大数据》2017 年第 6 期。

② 唐义飞：《物联网在电子政务中的应用模式研究》，云南财经大学硕士学位论文，2013 年。

③ 刘舒、王大为：《对安全技术及工程学科专业在公安教育中发展的探索》，引自《中国职业安全健康协会 2007 年学术年会论文集》2007 年版。

④ 成像探测与智能感知实验室：《IDIPLab 简介》，https：//idiplab. uestc. cn/queryNews？htmlid = 1557053976086，2019 – 05 – 05/2022 – 05 – 19。

⑤ 王哲：《高标准建设探测感知技术国家实验室》，载于《今日中国》，http：//www. chinatoday. com. cn/zw2018/rdzt/2018lh/pl/201803/t20180315_800123084. html，2018 – 03 – 15/2022 – 04 – 04。

目前探测感知技术从载人航天工程、探月工程、火星探测到地球深部战略资源和能源开发利用及地下管网等基础设施建设，再到深海空间站及"雪鹰""雪龙"号极地探测，已经在"深空深地深海和极地探测"获得巨大突破。同时，有关脑科学探测感知的关键技术，如神经信号检测技术、显微成像技术等，在理解脑结构功能异常与抑郁症、精神分裂症、老年性痴呆等各种精神、神经疾病的关系中发挥重要作用[①]。以上两项领域都是国家"十四五"规划中进一步强调的"科技前沿领域攻关"项目内容。探测感知技术的发展将促进公共安全风险探测感知的维度进一步拓展。联合国国际减灾战略（UNISD）认为，对公共安全风险的感知预防来说，早期预警系统（Early Warning System）是产生和传播及时和有意义的警报资料所需的一整套能力，使受到危险威胁的个人、社区和组织能够做好准备，并在足够的时间内采取适当行动，以减少伤害或损失的可能性；早期预警系统包括四个关键要素：对风险的了解，危害的监测、分析和预测，通报或传播警报和警告，以及当地对收到的警告作出反应的能力。探测感知技术的发展为早期预警系统功能的实现提供了必要的技术支持。下文从物理探测感知技术和社会探测感知技术两方面对公共安全风险探测感知技术进行阐释。

二、物理探测感知技术

如前所述，公共安全风险的物理感知是对公共安全的致灾因子、基础设施、环境参数等"物"的数据进行获取和处理，通过物理、化学、生物型传感器等采集并识别数据，利用光纤、物联网、卫星通信、量子通信等有线或无线的方式将数据传输至带有相应数据处理技术的终端，通过可视化分析或警报等方式发布信息，这一感知过程包含了探测感知技术的数据采集技术、通信技术及数据处理技术等。如对隧道安全进行检测监测，探地雷达技术、三维激光扫描技术、冲击回波技术、红外探测技术、光纤光栅技术、高清摄像技术等可用于采集隧道变形、裂缝、渗漏水等病害数据[②]。深海探测对海洋科学、资源探测、国家海防安全与海洋战略实施具有重要意义，深海环境感知与地图构建需要微光 TV、激光成像和声呐传感器收集数据，由于无线电信号通信在水中传输会严重衰减，因此深海

---

① 杜久林、毕国强、骆清铭、徐富强、方英、王琛：《脑科学研究新技术》，载于《中国科学院院刊》2016 年第 7 期。

② 陈湘生、徐志豪、包小华、崔宏志：《隧道病害监测检测技术研究现状概述》，载于《隧道与地下工程灾害防治》2020 年第 3 期。

数据驱动的公共安全风险治理

探测主要依赖光纤通信和水声通信①。探测感知的数据处理技术通常与传感器信息融合方法有关，信息融合是数学、计算机科学、信号处理、通信技术、自动控制理论、优化技术、不确定性理论、决策理论、人工智能、模式识别和神经网络等多学科领域的综合理论和方法，其理论和方法已成为智能信息处理的重要研究领域，例如，工业控制，机器人感知，城市交通控制，空中导航管理，医学检测和图像识别等②。

当前物理探测感知技术依赖于以大数据、5G、人工智能、卫星互联网、工业互联网、物联网等为代表的新型基础设施建设。信息物理融合系统（Cyber - Physical Systems，CPS）是一个集成了信息网络世界和动态物理世界的多维复杂的系统，信息世界与物理过程高度集成和实时交互，以可靠、安全、协作、稳健和高效的方式监控物理实体③，利用信息和物理空间多种信息源，对影响公民安全的事件（如传染病流行、恐怖袭击、自然灾难等）进行预警或及时响应，这也是物理探测感知技术的重要应用方面。宋曼祺认为公共安全监测技术从宏观上看，可以分为两个大的方面：自然灾害监测和公共设施安全监测，具体安全主体、安全环境的不同，安全监测技术千差万别④，探测感知技术也是如此。以下简要介绍几种典型的物理探测感知技术及其在公共安全领域的应用。

（一）物联网技术

物联网的概念早在 20 世纪末就已提出，系指通过各种信息传感技术（如传感器、射频识别 RFID、红外感应器、全球定位系统 GPS、激光扫描器、摄像机等），借助各种通信手段（有线、无线、移动通信技术等），按约定的协议，把需要管理的物品和设备与主网络连接起来，进行信息交换和通信，完成数据分析处理，以实现远程智能化识别、定位、跟踪、监控和管理的一种网络⑤。物联网基本层次结构按照普遍的理解划分为感知层、网络层和应用层。感知层由传感器、RFID 和传感网络组成，负责数据采集；网络层一般指三大电信公司的宽带

---

① 朱大奇、胡震：《深海潜水器研究现状与展望》，载于《安徽师范大学学报（自然科学版）》2018年第 3 期。

② 赵世杰：《智能车辆多传感器信息融合方法研究》，吉林大学硕士学位论文，2020 年。

③ 陶飞、戚庆林、王力翚：《Nee A Y C. 数字孪生与信息物理系统——比较与联系》，载于 *Engineering*，2019 年第 4 期。

④ 宋曼祺：《公共安全监测技术创新的政用产学研协同动力机制研究》，武汉理工大学硕士学位论文，2018 年。

⑤ 倪若杰、王昭茹、朱玮、郭艳华：《船企物联网中无线网络技术的研究与应用》，载于《2017 年中国造船工程学会优秀学术论文集》，[出版者不详]，2018 年。

网、Wi-Fi、GPRS/CDMA、3G/4G/5G 等，负责数据传输；应用层是基于信息数据汇集之上的各类应用。物联网技术在公共安全领域的应用包括社会治安监控、危化品运输监控、水利设施、桥梁建筑和轨道交通等基础设施的安全监测、预警和应急联动[①]，如可用于桥梁、大坝等大型建筑健康安全监测，防空洞、隧道、地铁等大型地下空间的温度、火灾报警，输油气管道、城市地下管线安全监测，有毒、有害气体和生物化学物质探测等。

以地下管网为例，城市地下管线是城市运行的生命线，主要包括城市范围内供水、排水、燃气、热力、电力、通信、广播电视、工业等管线及其附属设施。由于缺乏实时数据和系统可靠的地下管线事故预防与控制方法，城市地下管线的风险与日俱增，严重威胁着城市公共安全的稳定发展[②]。城市地下管网结构复杂，管道位置不明确，难以实时监控地下管线的风险变化并进行精确评估。传统的探测主要根据历史事故统计数据、定期或者不定期的人工检查数据和专家经验判断确定管道风险因素及其发生概率。数据的不完整性、专家认知的局限性常常导致某些重要影响因素被忽略，且处理周期较长，因此传统的地下管道事故预防和控制技术已经无法满足日益增长的公共安全需求。汪宙峰（Zhoufeng Wang）等[③]结合物联网、大数据、云计算和其他高端信息技术对城市地下管线运行现状进行分析，并总结出大数据应用于风险因素监测、风险评估、风险预警和应急决策等方面的优势，详细介绍了大数据技术在地下管线事故预防与控制中的应用难点和潜在的解决方案。该研究以重庆市渝中区、巴南区和九龙坡区等六个主要城区的地下污水管网爆炸性气体为研究对象，基于 GIS 的爆炸性气体浓度监测数据，探讨了爆炸性气体的时空分布特征、影响因素，分析了爆炸性气体与城市发展的外部关系，为污水管道安全事故的预警提供了有效信息。图 5 - 2 为大数据驱动的城市管道事故预防与控制模型。

（二）"天—空—地"一体化监测系统

"天—空—地"一体化网络[④]（Space - Air - Ground Integrated Network，SA-GIN）利用现代信息网络技术，将太空（航天）、空中（航空）和地面网络互连，

① 徐乾荣：《嵌入式物联网控制器及监测平台开发》，东南大学硕士学位论文，2017 年。

② 何江龙、江贻芳、侯至群：《新形势下城市地下管线信息化的特点及对策》，载于《测绘通报》2017 年第 1 期。

③ Wang Z., Xu J., He X., et al. Analysis of Spatiotemporal Influence Patterns of Toxic Gas Monitoring Concentrations in an Urban Drainage Network based on IoT and GIS [J]. *Pattern Recognition Letters*，2020（138）：237 - 246.

④ Liu J., Shi Y., Fadlullah Z. M., et al. Space - Air - Ground Integrated Network：A Survey [J]. *IEEE Communications Surveys & Tutorials*，2018，20（4）：2714 - 2741.

数据驱动的公共安全风险治理

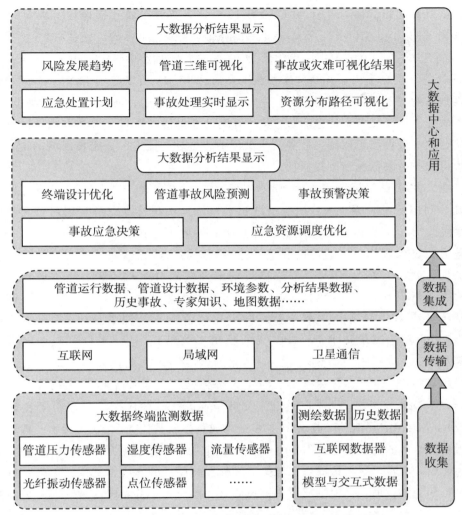

图 5 - 2　大数据驱动的城市管道事故预防与控制模型

资料来源：Wang Z., Xu J., He X., et al. Analysis of Spatiotemporal Influence Patterns of Toxic gas Monitoring Concentrations in an Urban Drainage Network based on IoT and GIS ［J］. *Pattern Recognition Letters*, 2020 (138): 237 - 246.

三个网段可以独立工作或互操作。其中，航天网络由位于不同的轨道卫星及其相应的地面基础设施（如地面站、网络运营控制中心）组成。根据高度差异，卫星可分为三类：地球同步卫星（Geostationary，GEO）、中轨道卫星（Medium Earth Orbit，MEO）和近轨道卫星（Low Earth Orbit，LEO）。航空网络是利用飞机作为载体进行信息获取、传输和处理空中移动系统。无人机、飞艇和气球是构成高空和低空平台（HAP 和 LAPs）的主要基础设施。地面网络主要由地面通信系统组成，如蜂窝网络、移动自组网（MANET）、全球微波接入互操作性（WiMAX）、无线局域网（WLAN）等。SAGIN 已引起学术界和工业界的广泛关注[1][2]，越来越多的组织开始在 SAGIN 上开展项目，如全球信息网格（GIG），Oneweb、SpaceX 等。覆盖率大、吞吐量高和恢复力强的 SAGIN 可以应用于许多实际领域，包括地球观测和测绘，智慧医疗、智慧城市、智能交通，海事监测、环境监测、精准农业、军事任务，应急救援[3]等。卫星可以提供与农村、海洋和山区的无缝连接，空中段网络可以增强服务需求高的覆盖区域的能力，而密集部署的地面段系统可以支持高数据速率接入[4]。

在公共安全领域，建立在 SAGIN 基础之上的"天—空—地"一体化监测系统，利用航天遥感技术、航空遥感技术及地基观测技术，可实现对致灾体的高精度全方位同步监测。如地质灾害监测，侯燕军等利用"天—空—地"一体化地质灾害监测体系，通过搭载于卫星、航空器的传感器和地基观测技术等获取数据，使用 L 波段 SBAS-InSAR 早期识别技术对兰州地区黄土边坡地质灾害隐患进行识别，成功探测发现了兰州市普兰太电光源公司滑坡隐患[5]。许强等基于星载平台（高分辨率光学+合成孔径雷达干涉测量技术）、航空平台（机载激光雷达测量技术 LiDAR +无人机摄影测量）、地面平台（斜坡地表和内部观测），构建"天—空—地"一体化的多源立体观测体系，对地质灾害隐患识别进行"三查"：星载平台进行"全面体检"，"航空平台"大病检查，地面平台"临床诊断"，已经在四川、贵州等省进行示范应用，并取得了良好的成效[6]。"天—空—地"一体化的多源立体观测体系具体如图 5-3 所示。首先借助于高分辨率的光学影像和 InSAR 识别历史上曾经发生过明显变形破坏和正在变形的区域，实现对重大地质灾害隐患区域性、扫面性的普查；其次，借助于机载 LiDAR 和无人机航拍，对地质灾害高风险区、隐患集中分布区或重大地质灾害隐

① Ray P. P. A Review on 6G for Space-air-ground Integrated Network：Key Enablers，Open Challenges，and Future Direction ［J］. *Journal of King Saud University – Computer and Information Sciences*，2021（3）：1 – 28.

② Sheng Jie，Cai Xingqiang，Li Qingyang et al. Space – Air – Ground Integrated Network Development and Applications in High – Speed Railways：A Survey ［J］. *IEEE Transactions on Intelligent Transportation Systems*，2022，23（8）：10066 – 10085.

③ Ying Wang，Yichun Xu，Yuan Zhang，Ping Zhang，et al. Hybrid Satellite – Aerial – Terrestrial Networks in Emergency Scenarios：A Survey ［J］. *China Communications*，2017，14（07）：204 – 216.

④ Liu J.，Shi Y.，Fadlullah Z. M.，et al. Space – Air – Ground Integrated Network：A Survey ［J］. *IEEE Communications Surveys & Tutorials*，2018，20（4）：2714 – 2741.

⑤ 侯燕军、周小龙、石鹏卿、郭富赟：《"空—天—地"一体化技术在滑坡隐患早期识别中的应用——以兰州普兰太公司滑坡为例》，载于《中国地质灾害与防治学报》2020 年第 6 期。

⑥ 许强、董秀军、李为乐：《基于天—空—地一体化的重大地质灾害隐患早期识别与监测预警》，载于《武汉大学学报（信息科学版）》2019 年第 7 期。

患点的地形地貌、地表变形破坏迹象乃至岩体结构等进行详细调查，实现对重大地质灾害隐患的详查；最后，通过地面调查复核以及地表和斜坡内部的观测，甄别并确认或排除普查和详查结果，实现对重大地质灾害隐患的核查。

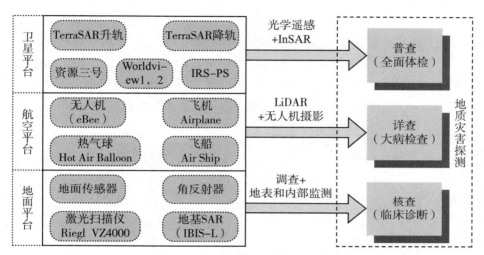

图 5 – 3　"天—空—地"一体化的多源立体地质灾害观测体系

资料来源：许强、董秀军、李为乐：《基于天—空—地一体化的重大地质灾害隐患早期识别与监测预警》，载于《武汉大学学报（信息科学版）》，2019 年第 7 期。

Liu J，Shi Y，Fadlullah Z M，et al. Space – Air – Ground Integrated Network：A Survey［J］. *IEEE Communications Surveys & Tutorials*，2018，20（4）：2714 – 2741.

（三）人机共融的远程态势智能感知系统

最先进的生产力往往发源于军事领域，军事技术的进步在科技上呈现出引导性意义①，能带动医疗卫生、装备制造、通信、航空航天及轻工业等产业快速发展。军事作战中，多样化的侦察与反侦察手段使得战场变得更加复杂。20 世纪 80 年代，美国率先提出了单兵信息化系统的概念，并于 20 世纪 90 年代启动"陆地勇士"计划，将微型计算机、传感器、通信导航设备等硬件装备嵌入单兵可穿戴系统中。人工智能与机器人技术的进步，使"以人为中心的有人/无人协作智能"成为一种发展方向。牛文龙等提出了一种人机共融的远程态势感知系统，通过实时三维场景重建技术与场景一致性融合方法，将无人设备探测到的环境及目标信息进行三维重构，并通过增强现实设备进行显示，与人的视觉信息进

---

① 黄朴民、把梦阳：《古代兵学思想研究的挑战与超越》，载于《清华大学学报（哲学社会科学版）》2017 年第 6 期。

行一致性融合，实现无 GPS 条件下远程无人设备与人所佩戴的增强现实设备之间的协同定位，该系统使无人设备成为人眼的延伸，在不干扰人员正常行动的情况下实现了穿障碍、跨视距的感知能力①。

系统架构被划分为三个层次：逻辑层、数据层、应用层（见图 5 – 4）。由应用层的无人设备搭载双目相机和便携式处理器，服务器端完成数据处理和场景重构，并由 AR 眼镜作为终端显示，通信设备可以为 Wi-Fi、卫星通信或蜂窝网络（4G/5G）等。这一探测感知过程包含了数据采集、通信与数据处理及终端显示。该系统能够在近距离时有较好的协同定位精度，且定位精度随着距离的增加而减小。在社会安全领域中，如反恐行动，这一智能探测感知系统有潜在的应用空间。

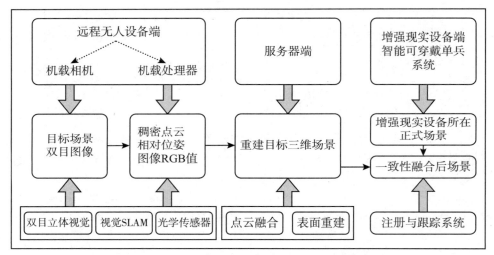

图 5 – 4　人机共融的远程态势感知系统架构

资料来源：牛文龙、樊铭瑞、李运、彭晓东、谢文明、任敬义、杨震：《人机共融的远程态势智能感知系统》，载于《国防科技大学学报》2021 年第 6 期。

三、社会探测感知技术

社会探测感知可以通过社会调查、仿真实验、现代数字技术及人工智能等探测个人、群体乃至社会的个性特征、情绪表征、认知决策、压力应对、迁移流动、社交等相关的状态。如利用出租车出行大数据，刘瑜（Yu Liu）等得出"周六有更多的出租车出行，人们周日开始出行的时间偏晚"等周期性的人类活动特

---

①　牛文龙、樊铭瑞、李运、彭晓东、谢文明、任敬义、杨震：《人机共融的远程态势智能感知系统》，载于《国防科技大学学报》2021 年第 6 期。

征①。不同于工程和数字技术手段获取庞大的元数据，也不建立在既往经验和统计数据的基础上进行数据发现，社会调查直接对公共安全的保障对象——人，进行数据收集，以获得一手的主观感知和客观体验数据。20世纪40年代，怀特（W. F. Whyte）利用田野调查观察了波士顿北端街头意大利移民之间的互动②，因此产生学术名著《街角社会》。社会调查也是进行公共安全风险社会感知的主要途径。例如，要阐明个人和社会面对灾难时的反应，这些受心理、社会、制度和文化等多种因素影响的个人主观定义③，需要调查包括个人对政府的信任程度④、个人受灾经历和风险态度⑤等。

统计分析常被作为数据处理手段和数据收集完成后呈现结果的一种方式，但它也可被视为一种公共安全探测感知手段。例如，在公共卫生领域，基于传染病历史数据的统计学方法，常被用于探测公共卫生监测时间序列数据中的异常。随着3S技术的发展，传染病时空聚集性探测方法被用来搜寻研究区域内时间和空间上双重聚集的疾病高发区⑥，也可以在没有任何先验假设的情况下对传染病的局部聚集性进行定位⑦，如聚集性探测技术。

随着以5G、人工智能、工业互联网、物联网等为代表的新型基础设施建设的发展，聚焦于物理探测感知的数字技术逐渐延伸到社会探测感知领域，借助大量信息空间数据和现代科技，如志愿者地理信息⑧、虚拟现实技术（Virtual Reality，VR）等，促进了大量关于智能感知模型（移动群智感知计算模型，Mobile Crowd Sensing and Computing，MCSC）⑨和实验室（心理学虚拟仿真实验室、媒

---

① Yu Liu，Xi Liu，Song Gao，Li Gong，et al. Social Sensing：A New Approach to Understanding Our Socioeconomic Environments [J]. *Annals of the Association of American Geographers*，2015，105（3）：512 – 530.

② ［美］威廉·富特·怀特：《街角社会——一个意大利人贫民区的社会结构》，育馥译，商务印书馆1994年版。

③ 王锋：《当代风险感知理论研究：流派、趋势与论争》，载于《北京航空航天大学学报（社会科学版）》2013年第3期。

④ Lin S.，Shaw D.，Ho M. C. Why are Flood and Landslide Victims Less Willing to Take Mitigation Measures than the Public? [J]. *Natural Hazards*，2008，44（2）：305 – 314.

⑤ 周宇阳、宋豫秦、沈焕庭：《洪水风险认知研究综述与展望》，载于《亚热带资源与环境学报》2015年第2期。

⑥ Besag J.，Newell J. The Detection of Clusters in Rare Diseases [J]. *Journal of the Royal Statistical Society：Series A*（Statistics in Society），1991，154（1）：143 – 155.

⑦ Waller L. A.，Gotway C. A. *Applied Spatial Statistics for Public Health Data* [M]. John Wiley & Sons，2004.

⑧ 马磊、陈秀万、隋建波、刘晶、许玉斌、高原：《基于VGI的地震灾情速报系统设计与实现》，载于《测绘通报》2015年第4期。

⑨ Guo B.，Wang Z.，Yu Z. W.，et al. Mobile Crowd Sensing and Computing：The Review of an Emerging Human-powered Sensing Paradigm [J]. *ACM Computing Surveys*，2015，48（1）：1 – 31.

体感知计算实验室①等）的兴起。不断新生的人类文化成果、数以百万计的志愿者和智能感知实验室提供的社会感知数据，可以为研究人员探测人类如何感知、体验和描述世界提供机会，如首都师范大学心理学虚拟仿真实验教学中心利用沉浸式虚拟现实的火灾模拟，研究急性应激状态下的压力影响②。

（一）基于视觉暴露和机器学习的行人情绪建模

良好的心理健康有助于个人心理健康和社会安定。精神健康和精神障碍的决定因素不仅包括个人属性，还包括社会、文化、经济、政治和环境因素，如国家政策、社会保护、生活空间、工作条件和社区社会支持等。对环境暴露的研究最初源于医学对职业病和流行病的研究，包括肥胖、呼吸系统疾病和各类精神疾病在内的公共健康问题唤起了社会对环境暴露与居民健康联系的关注③。视觉暴露可以通过摄像、街景地图、机载激光雷达等获取并测量大范围的环境数据，利用传统软件以及包括卷积神经网络、随机森林算法在内的机器学习技术等对数据进行处理④⑤。处于不同环境中，人的生理和心理状态可以通过调查问卷、医疗数据库等获得。

最近，向璐瑶（Luyao Xiang）等以香港为例，研究了高密度户外真实环境下行人的实时生理、心理状态，生理、心理数据（主观偏好）通过移动传感器，如便携式装备或可穿戴设备等获取，位置信息通过全球定位系统（GPS）设备获取，这也是生成情感地图的方法之一。这项研究利用自建的人体运动、生理学、心理学和环境数据集构建行人情绪模型，具体研究包括四个步骤：首先，在高密度的城市地区进行对照实验，用流动技术实时收集实时二维情绪数据，分别通过主观调查或脑电图和皮肤电导测量。其次，从软件 Isovist 和街景图像中收集并计算视觉暴露变量，以描述参与者在预定义路线上看到的视觉环境。然后，多元线性回归被用来研究环境视觉暴露如何影响行人的情绪。最后，建立了基于随机森林的行人情绪预测模型，具体如图 5－5 所示。视觉暴露对情绪有重要的影响，

① ［美］阿莱克斯·彭特兰：《智慧社会——大数据与社会物理学》，浙江人民出版社 2015 年版。

② Cao Z., Wang Y., Zhang L. Real-time Acute Stress Facilitates Allocentric Spatial Processing in a Virtual Fire Disaster [J]. *Scientific Reports*, 2017, 7（1）：1－11.

③ 李智轩、何仲禹、张一鸣、金霜霜、王雪梅、朱捷、刘师岑：《绿色环境暴露对居民心理健康的影响研究——以南京为例》，载于《地理科学进展》2020 年第 5 期。

④ Helbich M., Yao Y., Liu Y., et al. Using Deep Learning to Examine Street View Green and Blue Spaces and their Associations with Geriatric Depression in Beijing, China [J]. *Environment International*, 2019, 126：107－117.

⑤ Xiao L., Cai M., Ren C., et al. Modeling Pedestrian Emotion in High-density Cities Using Visual Exposure and Machine Learning：Tracking Real-time Physiology and Psychology in Hong Kong [J]. *Modeling Pedestrian Emotion in High-Density*, 2021, 205（2021）108273.

如具有高密度建筑的城市环境与一系列身心疾病有关。这项研究为城市规划者和
设计师提供了准确、具体、可量化和可操作的见解和证据。

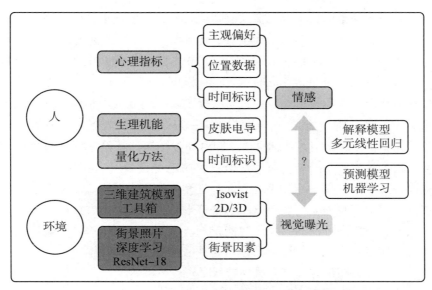

图 5－5　基于随机森林的行人情绪预测模型构建框架

资料来源：Xiang L，Cai M，Ren C，et al. Modeling Pedestrian Emotion in High-density Cities Using Visual Exposure. and Machine Learning：Tracking Real-time Physiology and Psychology in Hong Kong［J］. *Building and Environment*，2021，205：108273.

（二）移动人群感知和计算

人群数据探测手段，是社会调查手段在现代高度发达的信息社会借助现代网络通信的一种技术延伸，也是现代社会探测感知的重要手段，在此人类自身成了一种传感器。例如在公共安全领域，大数据、5S 等技术可以采集网民搜索数据、疫情实时监测数据、人口迁移数据等[1]，揭示公众对疫情关注的时空差异，从而感知到不同区域的公众对防疫措施的态度及社会需求表达等，有效减少因疫情而引发的社会安全事件。美国警方使用多源感知数据对历史性逮捕模式、发薪日、体育项目、降雨天气和假日等变量进行分析，结合大规模历史犯罪记录对犯罪行为进行预测，实现警力的优化配置，并极大降低了犯罪率[2]。内森·伊格尔（N.

---

[1]　孙宇婷、肖凡、周勇、田广增：《新型冠状病毒肺炎疫情公众关注度的时空差异与影响因素——基于百度搜索指数的分析》，载于《热带地理》2020 年第 3 期。

[2]　翟书颖、郭斌、李茹、王庭良、於志文、周兴社：《信息物理社会融合系统：一种以数据为中心的框架》，载于《大数据》2017 年第 6 期。

Eagle）等利用手机移动数据获取人的关系纽带和行为特征，并预测个人工作满意度等心理特征①；李思佳（Sijia Li）等利用微博大数据研究家庭暴力事件前后的人格变化，发现经历家庭暴力后，受害者的神经质增加，责任心下降②。大数据也为政府业务绩效判识和网民需求表达以及特征洞察提供技术支持，通过高效采集、有效整合、深化应用信访大数据，能够感知社会风险所在③。

移动群智感知（Mobile Crowdsensing，MCS）是一种广义的社会感知范式，也称移动众包感知，最早由 Raghu K. Ganti 提出④，包括参与式感知和机会主义感知，前者要求个人积极参与，提供与大规模现象相关的传感器数据（例如，拍照、报告道路状况等），后者更具自主性，用户参与程度较低（例如，在没有用户知晓的情况下连续进行位置采集）。移动群智感知计算是一种聚焦集体而非个人层面的社会探测感知模型，以大量用户使用随身设备（包括手机、智能车辆、可穿戴设备等）作为基本感知单元，允许更多手机用户共享其传感器设备获取的本地信息（例如环境背景、噪声水平、交通状况等），这些信息可在云中进一步聚合，用于大规模人群探测和社区智能挖掘（见图 5 - 6），MCSC 被广泛应用于交通规划、环境监测、移动社交推荐、公共安全等⑤，如群体参与可实现对城市热点和敏感事件的实时感知与多侧面在线呈现。

（三）客观知识中的社会意识探测

英国科学哲学家卡尔·波普尔（Karl Raimund Popper）在 1972 年出版的《客观知识》一书中提出三个世界理论，把人类所在世界区分为三个世界，其中第三世界是思想内容的世界或客观知识世界，由科学问题、科学理论等构成，是书籍、图书馆、计算机等以固态形式存在的各类知识世界⑥。2004 年，谷歌创始人拉里·佩里（Larry Page）推动"谷歌图书"项目，扫描图书并进行数字化⑦，

---

① Eagle N. , Lazer D. Inferring Social Network Structure Using Mobile Phone Data [J]. *PNAS*, 2007, 106 (36): 5274 - 15278.

② Li S. , Liu M. , Zhao N. , et al. The Impact of Family Violence Incidents on Personality Changes: An Examination of Social Media Users' Messages in China [J]. *PsyCh Journal*, 2021, 10 (4): 598 - 613.

③ 傅广宛：《信访大数据与重复上访现象治理的变革》，载于《中国行政管理》2019 年第 11 期。

④ Ganti R. , Ye F. , Lei H. . Mobile Crowdsensing: Current State and Future Challenges [J]. *IEEE Communications Magazine*, 2011, 49 (11): 32 - 39.

⑤ Guo B. , Wang Z. , Yu Z. W. , et al. Mobile Crowd Sensing and Computing: The Review of an Emerging Human-powered Sensing Paradigm [J]. *ACM Computing Surveys*, 2015, 48 (1): 1 - 31.

⑥ 郭斌：《浅析"世界三"与卡西尔符号世界的异同——从卡西尔的符号世界看波普尔的"三个世界"理论》，载于《自然辩证法通讯》2015 年第 6 期。

⑦ ［美］埃雷兹·艾登、［法］让 - 巴蒂斯特·米歇尔：《可视化未来：数据透视下的人文大趋势》，王彤彤、沈华伟、程学旗译，浙江人民出版社 2015 年版。

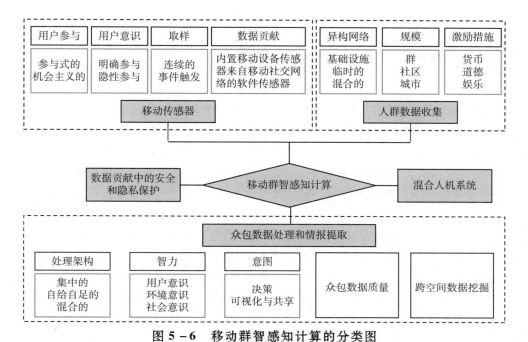

图 5 - 6　移动群智感知计算的分类图

资料来源：Guo B，Wang Z，Yu Z W，et al. Mobile Crowd Sensing and Computing：the Review of an Emerging Human-powered Sensing Paradigm ［J］. *ACM Computing Surveys*，2015，48（1）：1 - 31.

截至 2013 年，谷歌已对超过 3 000 万种书籍进行了扫描和识别，可供分析的最新版语料库书籍达到 800 多万种，词汇量高达 8 613 亿，是目前全球最主要的大型图书语料库之一[①]，很多研究以此为基础开展数字人文的研究[②][③]。如埃雷兹·艾登（Erez Aiden）和让 - 巴蒂斯特·米歇尔（Jean - Baptiste Michel）利用谷歌图书大数据透视人类文化的演进规律[④]。

最近，梅纳杜（Menadue）利用文本挖掘技术，对两个英语语料库——2012年谷歌图书语料库和收集了 1926 ~ 2015 年的科幻小说数据库——进行了关于流行病、大流行、病毒、瘟疫和疾病的词频分析[⑤]。梅纳杜认为科幻小说确实反映

---

① 吴旭：《基于谷歌图书大数据的中国画家国际知名度研究》，东南大学硕士学位论文，2018 年。

② Michel J. B.，Yuan K. S.，Aiden A. P.，et al. Quantitative Analysis of Culture Using Millions of Digitized Books ［J］. *SCIENCE*，2011，331（6014）：176 - 182.

③ 曾凡斌、陈荷：《基于谷歌图书语料库大数据的百年传播学发展研究》，载于《现代传播（中国传媒大学学报）》2018 年第 3 期。

④ ［美］埃雷兹·艾登、［法］让 - 巴蒂斯特·米歇尔：《可视化未来：数据透视下的人文大趋势》，王彤彤、沈华伟、程学旗译，浙江人民出版社 2015 年版。

⑤ Menadue C B. Pandemics，Epidemics，Viruses，Plagues，and Disease：Comparative Frequency Analysis of a Cultural Pathology Reflected in Science Fiction Magazines from 1926 to 2015 ［J］. *Social Sciences & Humanities Open*，2020，2（2020）：100048.

并放大了当代文学趋势，并提供了与现实世界历史事件的潜在关联，科幻小说可能被视为一种与疾病传播和影响相关的"文化病理（Cultural Pathology）"，能够揭示大众感兴趣的"文化病理"的时间和强度，以及对疾病和死亡的担忧，这种"文化病理"是对公共卫生安全事件发生时社会意识和文化特性的一种映射。该研究指出，"在1930年3月发行的《空中奇观故事》中，飞行军团提到了人类之间的接触传播问题，以及考古学家在检查一个宗教标志时假定的'瘟疫和其他东方疾病'的地理关联。1940年，一场瘟疫被'一些人声称……是一项失控的实验的结果'，摧毁了火星上的所有生命"。科幻小说可能有助于为公众视角和焦点的变化提供早期指标，这也是对公共卫生事件中的社会意识进行的一种探测感知。

除此之外，具有明显复杂性特征和潜在次生衍生危害的非常规公共安全事件，具有不可预测性、多成因关联性、广泛影响性及演变复杂性等特点，普通的监测观察、调查、统计及建模分析已经无法满足对其探测感知的需求。基于"情景—应对"的动态模拟仿真演化和计算试验方法，成为应对此类问题的重要途径。基于 Agent 的人工社会（Artifical Societies）仿真可以模拟流行病的传播、人口对化学污染物的空间扩散应对行为等，能第一时间捕捉特定事件下的现象特征及关联，这对预防社会性突发事件具有重要意义①。

第三节　公共安全风险识别方法

研究风险时通常要回答三个主要问题：会发生什么问题？发生问题的可能性有多大？后果是什么？危险/风险识别就是要回答第一个问题：识别并描述所有与系统相关的显著危险、威胁和危险事件的过程②。一般风险管理过程包括风险识别、风险分析与风险评估、风险化解、风险控制与预防③。如政府风险管理是政府通过风险识别与分析、风险评估和判断风险，采取行动预测风险和减轻后果，以及监控和公开进展信息等活动的全过程④。2005年国际

---

① 邱晓刚、陈彬、张鹏：《面向应急管理的人工社会构建与计算实验》，科学出版社2017年版。

② ［挪威］马文·拉桑德：《风险评估：理论，方法与应用》，刘一骝译，清华大学出版社2013年版。

③ 马林：《基于 SCOR 模型的供应链风险识别、评估与一体化管理研究》，浙江大学博士学位论文，2005年。

④ 高智林：《现代风险社会视角下的政府风险管理机制构建——以新冠肺炎疫情防治为例》，载于《财会研究》2020年第6期。

风险治理理事会提出了风险治理的过程模型，该框架将风险治理过程分为四个阶段：预评估、鉴定、表征/评估和风险管理（Pre-Assessment，Appraisal，Characterization/Evaluation，and Risk Management）。学者奥特温·伦（O. Renn）进一步提出了新的框架，包括预评估、跨学科风险评估、风险表征、风险评估和风险管理[1]。风险分析学会认为风险治理包括与如何收集、分析和传达相关风险信息以及如何做出管理决策有关的所有参与者、规则、惯例、流程和机制，是指将治理原则应用于风险的识别、评估、管理和沟通中[2]。1994年美国国家灾害评估的第二次评估成果之一《与自然谐存》一书指出[3]，灾害评估可以包括三个评估过程：灾害识别（Hazard Identification）、脆弱性评估和风险分析，其中灾害识别指确定特定地理范围内威胁人类利益的自然灾害等级及相关可能性，是灾害评估的必要基础和前提，也是预测灾害的地理范围、强度和发生概率的过程，这一识别过程包括风险识别及风险源评估，我们将风险源评估在第六章讨论。

综上所述，尽管实务界和学者们对风险系统的生命周期和管理过程有不同划分，但风险识别一直是风险管理活动的首要环节，通过感性认识、经验、统计数据分析等对风险来源、性质等进行判断、分类和识别。风险分析学会（Society for Risk Analysis）将术语"风险表征、风险描述（Risk Characterization，Risk Description）"解释为对风险定性或定量描述，通常包含：风险源、因果关系、事件、后果、不确定性表示/测量（例如，不同类别后果的概率分布——伤亡、环境损害、经济损失等）以及判断所依据的知识[4]，这里"风险源、因果关系"等是风险识别的主要内容。风险识别通常指在风险事故发生之前，人们运用各种方法系统的、连续地感知和认识所面临的各种风险以及分析风险事故发生的潜在原因[5]，是用感知、判断或归类的方式对现实的和潜在的风险性质进行鉴别的过程。风险识别一方面可以通过感性认识和历史经验来进行判断，另一方面也可通过对各种客观的资料和风险事故记录进行归纳整理与专家咨询，寻找各种明显和潜在的风险及其损失规律[6]。风险识别的一般步骤包括：确定存在风险类型、建立初步清单、确定风险事件并推测后果、进行风险分类、建立风险目录摘要、制定风

---

[1] Renn O., Walker K. The IRGC Risk Governance Framework: Concepts and Practice [J]. *Heidelberg and New York: Springer*, 2008.

[2][4] *Committee on Foundations of Risk Analysis. Society for Risk Analysis Glossary* [R]. Society for Risk Analysis, 2018. https://www.sra.org/wp-content/uploads/2020/04/SRA-Glossary-FINAL.pdf.

[3] [美]雷蒙德·伯比：《与自然谐存》，欧阳琪译，湖北人民出版社2008年版。

[5] 陶振：《突发事件应急预案：体系、编制与优化》，载于《行政论坛》2013年第5期。

[6] 陈维谦：《广珠高速公路交通事故风险控制研究》，暨南大学硕士学位论文，2017年。

险预测图①。由于风险具有可变性，风险识别被视为一项持续性和系统性的工作，要求风险管理者密切注意原有风险的变化，随时发现新的风险②。

从已有研究来看，当前国内外学者运用多层次、多学科方法，对传统及新型风险演化、灾变规律进行分析与辨识，进而实现对风险的有效识别与分级，预测公共安全中的潜在风险。以下内容将从传统和数据驱动两个角度介绍公共安全风险识别方法。

一、传统的公共安全风险识别方法

风险识别的基本依据是客观世界的因果关联性和可认知性，基本方法有两种：一种是从原因查结果，就是先找出本项目会有哪些因素发生，发生会引起什么样的结果；另一种是先从结果找原因③。传统的公共安全风险识别过程偏向于第二种方法，即从结果找原因。在风险分析中，大多数时候只调查事故，风险分析人员基于事故相似性与自身推断，对可能但尚未发生的事件概率进行评估④。

伊琳娜·费杜洛娃（I. Fedulova）和哈琳娜·拉诺夫斯卡（H. Lanovska）⑤指出，在许多科学文献中，识别常被视为对风险的定性评估，许多风险识别方法也主要由专家进行。胡税根等⑥将风险分析方法分为定性分析方法与定量分析方法。肖鹏军等⑦将危机识别与评估的方法分为定性评估法、类推评估法、定量评估法、模拟实验法、危机晴雨表评估法。金晶⑧将风险识别方法分为两类：一类是针对风险评价对象本身特性进行分解，形成风险层次的分析法；另一类是邀请相关领域的专家，通过专家的经验和智慧，对风险因素进行识别的专家调查法。本书采纳金晶的风险识别方法分类标准，结合其他相关文献，总结传统公共安全风险识别方法如表 5－8 所示。

---

① 徐波、关贤军、尤建新：《城市灾害风险识别》，引自《中国灾害防御协会. 灾害风险管理与空间信息技术防灾减灾应用研讨交流会论文集》，中国灾害防御协会 2007 年。

② 刘传正：《崩塌滑坡灾害风险识别方法初步研究》，载于《工程地质学报》2019 年第 1 期。

③ Al－Bahar J. F. , Crandall K. C. Systematic Risk Management Approach for Construction Projects ［J］. *Journal of Construction Engineering and Management*, 1990, 116（3）：533－546.

④ Ale B. Risk Analysis and Big Data ［J］. *Safety and Reliability*, 2016, 36（3）：153－165.

⑤ Fedulova I. , Lanovska H. Risk Identification：Essence and Detection Methods ［J］. *Public Security and Public Order*, 2018（21）.

⑥ 胡税根、余潇枫、何文炯等：《公共危机管理通论》，浙江大学出版社 2009 年版。

⑦ 肖鹏军编著，彭未名主编：《社会危机管理》，华南理工大学出版社 2018 年版。

⑧ 金晶：《"一带一路"国际铁路通道建设风险评估研究》，中国铁道科学研究院 2019 年。

表 5 – 8   传统公共安全风险识别方法

方法分类	方法	方法介绍
分析法	SWOT 分析	SWOT 分析最初是为战略分析而开发的工具，主要从优势、劣势和外部机遇与挑战四个维度分别进行剖析，形成 SWOT 矩阵，再对相关结果进行系统分析，识别出有利和不利的内外部因素。
	风险树法	风险树法是美国能源部门于 20 世纪 70 年代前后提出的一种综合分析方法。它利用图解的形式将大的故障分解成各种小的风险，以便迅速地发现存在的问题。另外还有系统流程图、因果图、影响图等图解方法也被用于揭示口头描述时不易显现的风险。[①]
	工作分解结构法	该方法通过建立工程项目的总流程图与各分流程图，梳理项目各流程实施的全部活动要素，来分析可能存在的风险因素。
	WBS – RBS	即工作分解结构—风险分解结构法，该方法通过将二者交叉组合，形成 WBS – RBS 风险辨识矩阵，在该矩阵中逐一判断风险是否存在及其大小，从而实现对风险全面系统的辨识[②]
	情景分析法	由美国 SIIELL 公司的 Pierr Wark 于 1972 年提出。情景分析法适用于多可变因素项目的风险预测和识别，主要分为描述型和定量型两种[③]，前者主要侧重主观想象来描绘未来的可能情景，后者则主要借助概率论对未来的可能情景进行定量描绘
	案例分析法	以以往相似项目为参照，罗列成本项目潜在风险因素清单，风险识别人员对照风险清单，对本项目是否同样存在相同风险进行逐项核对分析
	风险清单法	风险清单综合说明了所有已识别的风险，全面包括风险的描述、类别和原因等方面内容
	层次分析法（AHP）	美国的运筹学家 Saaty 教授提出的定性和定量相结合的分析方法，适用于多目标问题的决策分析

[①]　Kasap D. , Kaymak M. Risk identification step of the project risk management ［C］//PICMET'07 – 2007 Portland International Conference on Management of Engineering & Technology, IEEE, 2007: 2116 – 2120.

[②]　贾俊峰、梁青槐：《WBS – RBS 与 AHP 方法在土建工程施工安全风险评估中的应用》，载于《中国安全科学学报》2005 年第 7 期。

[③]　王知津、周鹏、韩正彪：《基于情景分析法的技术预测研究》，载于《图书情报知识》2013 年第 5 期。

续表

方法分类	方法	方法介绍
专家调查法	头脑风暴法（Brain Storming）	美国人奥斯本于1939年提出，通过专家之间的交流讨论和相互启发，达成一致意见，实现对风险因素的识别。我国20世纪70年代末开始引入头脑风暴法，该方法受到广泛的重视和采用[①]
	德尔菲法	是对头脑风暴法的发展和提升，其操作的关键是专家独立思考，不能相互讨论，通过迭代反复调查，逐步减少专家分歧，最终达成共识。这种统一是独立思维下的统一，更具有广泛性、全面性。在项目风险管理中，该方法可用于风险的评价与决策。另外，还有名义群体法、电子会议法等类似方法
	专家访谈法	访谈该领域的若干专家，讨论和识别相关风险
	危险和可操作分析法（HAZOP）	英国帝国化学工业公司最早提出并应用于化学工业中，是一种过程危险分析（PHA）技术，通过探索偏离设计条件的影响，来研究系统风险与操作性问题。方法依赖于使用指导词与过程参数，请专家团队将探索导致风险存在可能的原因与后果，并制定保障措施，提供相关建议[②]

以上风险识别方法偏向于定性风险方法，除此之外，还有一些定量风险分析方法被广泛应用于风险识别过程中。

定量风险分析（Quantitative Risk Analysis，QRA）又称概率风险分析（Probabilistic Risk Analysis，PRA），作为提高安全性的工具被广泛应用于多个行业[③]，虽然和以上的定性分析方法一样要处理概率问题，但QRA将概率进行了量化[④]。该方法可以帮助确定可能发生的事故类型以及这些事故发生的可能性，适用于评估可能有大量事故后果案例，同时需要复杂模型来确定潜在后果的情况，是迄今为止评估复杂工艺、储存设施和危险材料运输系统风险的最佳可用分析预测工具[⑤]。

---

① 水志国：《头脑风暴法简介》，载于《学位与研究生教育》2003年第1期。

② Dunjó J, Fthenakis V, Vílchez J A, et al. Hazard and Operability（HAZOP）Analysis. A Literature Review [J]. *Journal of Hazardous Materials*, 2010, 173 (1 – 3)：19 – 32.

③ Goerlandt F., Khakzad N., Reniers G. Validity and Validation of Safety-related Quantitative Risk Analysis: A review [J]. *Safety Science*, 2017, 99：127 – 139.

④ Apostolakis G. E. How Useful is Quantitative Risk Assessment? [J]. *Risk Analysis: An International Journal*, 2004, 24 (3)：515 – 520.

⑤ Pasman H., Reniers G. Past, Present and Future of Quantitative Risk Assessment（QRA）and the Incentive it Obtained from Land – Use Planning（LUP）[J]. *Journal of Loss Prevention in the Process Industries*, 2014, 28：2 – 9.

博弈论模型也被应用于风险识别的过程中。博弈论最早可追溯到 19 世纪初期的寡头竞争模型[1]，之后冯·诺依曼[2]、纳什[3]等展开了进一步研究。目前的大多数研究和应用都是由微观经济学家进行的，在国防、恐怖主义应对、多目标的安全分析等领域也有了成功的应用[4]。如马尼什·贾因（M. Jain）[5] 利用 Stackelberg 博弈开发了一个用于机场安全检查和巡逻最佳随机化的应用。

"回归"一词起源于英国生物学家葛尔登对人体遗传特征的实验研究，葛尔登将其作为统计概念加以应用，由此逐步形成有独特理论和方法体系的回归分析手段，如今统计学的"回归"指变量间的依存关系[6]，其衍生的回归分析法得到了广泛应用。在公共危机领域，回归分析法指一种依据大量的统计数据，找出引发公共危机的各种客观因素与其未来状态间的统计关系，以近似地确定变量间的函数关系的统计方法，该方法可用于预测未来[7]。

风险识别为风险评估和随后的风险管理决策提供相关信息[8]。因此，一些风险评估的模型与方法也可应用于风险识别的过程中。例如，定量风险评估（Quantitative Risk Assessment，QRA）这一主要用于评估工业系统风险水平的综合方法[9]，通过突出对总体风险影响最大的事故情景，来帮助改进决策[10]。该方法可分为绝对风险评估和相对风险评估，绝对风险评估确定与事故情景相关的数字风险值，相对风险评估侧重于两个或多个备选方案之间的相对风险[11]。有研究在该方法的基础上，进一步引入概率分析方法，建立定量风险评估模型，实现对

---

① 刘晓峰、高丙团、李扬：《博弈论在电力需求侧的应用研究综述》，载于《电网技术》2018 年第 8 期。

② Von Neumann J., Morgenstern O. Theory of Games and Economic Behavior Princeton [J]. *Princeton University Press*，1944，1947：1953.

③ Nash J. Non-cooperative Games [J]. *Annals of Mathematics*，1951：286 – 295.

④ Ezell B. C.，Bennett S. P.，Von Winterfeldt D，et al. Probabilistic Risk Analysis and Terrorism Risk [J]. *Risk Analysis：An International Journal*，2010，30（4）：575 – 589.

⑤ Jain M.，Pita J.，Tambe M.，et al. Bayesian Stackelberg Games and their application for security at Los Angeles International Airport [J]. *ACM SIGecom Exchanges*，2008，7（2）：1 – 3.

⑥ 俞海莲、刘雪峰：《统计学原理》，中国轻工业出版社 2011 年版。

⑦ 胡税根、余潇枫、何文炯等：《公共危机管理通论》，浙江大学出版社 2009 年版。

⑧ Hanea A. M.，Hemming V.，Nane G. F. Uncertainty Quantification with Experts：Present Status and Research Needs [J]. *Risk Analysis*，2021.

⑨ Paltrinieri N.，Massaiu S.，Matteini A. Human Reliability Analysis in the Petroleum Industry：Tutorial and Examples [A]. Paltrinieri N，Khan F. Dynamic Risk Analysis in the Chemical and Petroleum Industry [C]. Oxford：Butterworth – Heinemann，2016：181 – 192.

⑩ Smith D. J.，Simpson K. G. L. *The Safety Critical Systems Handbook：A Straightforward Guide to Functional Safety：IEC 61508（2010 Edition），IEC 61511（2015 Edition）and Related Guidance* [M]. Butterworth – Heinemann，2020.

⑪ Musgrave G.，Larsen A.，Sgobba T. *Safety Design for Space Systems* [M]. Butterworth – Heinemann，2009.

相关事故的分析①。另外，类推评估法、模拟实验评估法、危机晴雨表评估法等方法也在风险识别的过程中有所应用。

这些传统的公共安全风险识别方法充分发挥与利用了参与风险识别相关人员的经验和知识水平，对风险因素的识别、风险源的确定、风险管理措施的提出等一系列风险管理过程做出了巨大贡献。然而，传统的风险分析因缺乏足够可靠的数据而受到阻碍，导致其分析结果与现实情况存在差距②。但近些年来，随着数据源数量的不断增加以及 IT 存储容量和计算资源价格的下降，收集和分析大量数据变得可行③。大数据时代的到来给传统的公共安全风险识别方法带来了挑战与发展契机。

二、数据驱动的公共安全风险识别方法

如前所述，传统的风险分析因缺乏足够可靠的数据而受到阻碍。并且许多传统的风险识别方法主要由专家进行，这使得风险识别取决于专家的经验和意识水平，具有一定的主观性④。另外，传统的风险识别方法在突发事件应对的主动性与前瞻性上有所不足。但正如维克托·迈尔·舍恩伯格（Viktor Mayer – Schonberger）在《大数据时代：生活、工作与思维的大变革》中前瞻性地指出的那样，大数据带来的信息风暴正在变革我们的生活、工作和思维，大数据开启了一次重大的时代转型。

一方面，大数据时代的到来为风险识别带来了新的契机。大数据分析不仅为风险灾害危机管理提供了全样本、关联性与系统化的研究思维，而且为相应的决策提供了科学、客观的方法与技术支持，大数据分析技术使得有效处理突发事件中不同类型、不同维度以及不同尺度的数据变成了可能⑤。并且大数据能够拓展政府应急管理的数据资源与政府应急决策者主体的构成，促进政府管理者的理性思维与应急决策对象反应能力的提升，辅助政府应急决策目标的确定和

---

① Si H. , Ji H. , Zeng X. Quantitative Risk Assessment Model of Hazardous Chemicals Leakage and Application [J]. *Safety Science*, 2012, 50 (7): 1452 – 1461.

② Choi T. M. , Lambert J. H. Advances in Risk Analysis with Big Data [J]. *Risk Analysis*, 2017, 37 (8): 1435 – 1442.

③ Niesen T. , Houy C. , Fettke P. , et al. Towards an Integrative Big Data Analysis Framework for Data-driven Risk Management in Industry 4. 0 [A]. Proceedings of the 49th Annual Hawaii International Conference on System Sciences [C]. IEEE Computer Society, 2016: 5065 – 5074.

④ Fedulova I. , Lanovska H. Risk Identification: Essence and Detection Methods [J]. *Public Security and Public Order*, 2018 (21).

⑤ 童星、丁翔：《风险灾害危机管理与研究中的大数据分析》，载于《学海》2018 年第 2 期。

方案的制定[①]，其应用有助于提高应急管理效率、节省成本和减少损失[②]。

另一方面，大数据的发展也成为风险识别面临的新挑战。与传统数据情形相比，大数据呈现出规模巨大、异构多模态、复杂关联、动态涌现等特征，传统工具和技术很难对其进行处理[③]。传统的科学假设以及模型理论难以对大数据内在的规律及其蕴含的真实价值进行分析与预测[④]。

为应对大数据时代的到来，越来越多的数据驱动的公共安全风险识别方法开始进入风险研究的视野中。数据驱动的公共安全风险识别方法与传统的公共安全风险识别方法相比显现出许多优势。罗沙纳克·纳特吉（R. Nateghi）与泰耶·阿文（T. Aven）[⑤] 指出，在模型制定方面，（1）数据驱动的方法中因变量的概率分布以及自变量和因变量之间的函数依赖关系不需要先验定义，可以从数据中以非参数方式进行"学习"；（2）大数据提供了从大型、复杂的结构化和非结构化数据中提取有用信息的改进方法，因此自变量不一定限于结构化数据，也可以是"非结构化"的，如捕获的图像、社交媒体提供的文本数据以及应急响应人员的报告；（3）大数据分析为如何使用高维数据进行非概率模型非参数分析提供了新的改进视角；（4）大数据分析可以通过在数据集中发现从前专家不知道的新变量和复杂的动态依赖关系，在生成和测试新假设方面提供巨大的价值。此外，大数据分析方法与技术可以实现动态实时分析。

目前出现了一些大数据的采集、存储、管理和分析的技术，为风险识别与预警提供了数据与技术支持。具体而言，GIS 技术、视频监测等大数据采集技术的发展为大数据风险预测提供了广泛、实时的数据资本；计算机仿真、机器学习等大数据存储、处理分析技术使得有效存储、实时监测、精准分析潜在风险与其发展态势成为可能[⑥]。结合彭宇[⑦]、方巍[⑧]等对大数据处理工具与技术的总结，将大数据技术体系示例总结如表 5-9 所示。

---

① 岳向华、林毓铭、许明辉：《大数据在政府应急管理中的应用》，载于《电子政务》2016 年第 10 期。

② 马奔、毛庆铎：《大数据在应急管理中的应用》，载于《中国行政管理》2015 年第 3 期。

③ Elgendy N. ，Elragal A. Big Data Analytics：A Literature Review Paper ［A］. Perner P. Advances in Data Mining：Applications and Theoretical Aspects ［C］ Cham：Springer 2014：214 – 227.

④ 靳小龙、王元卓、程学旗：《大数据的研究体系与现状》，载于《信息通信技术》2013 年第 6 期。

⑤ Nateghi R. ，Aven T. Risk Analysis in the Age of Big Data：The Promises and Pitfalls ［J］. *Risk Analysis*，2021，41（10）：1751 – 1758.

⑥ 李晓然：《大数据时代城市公共场所人群聚集风险预警管理研究》，云南大学硕士学位论文，2017 年。

⑦ 彭宇、庞景月、刘大同、彭喜元：《大数据：内涵、技术体系与展望》，载于《电子测量与仪器学报》2015 年第 4 期。

⑧ 方巍、郑玉、徐江：《大数据：概念、技术及应用研究综述》，载于《南京信息工程大学学报（自然科学版）》2014 年第 5 期。

表 5 – 9   大数据技术示例

大数据技术体系	大数据技术分类	大数据技术示例
大数据的采集	日志采集的大数据获取工具	Hadoop 的 Chukwa、Cloudera 的 Flume、Facebook 的 Scribe、LinkedIn 的 Kafka
	网络数据采集	网络爬虫、网站公开 API
	物联网数据采集	MEMS 传感器、光纤传感器、无线传感器
大数据的存储	轻型数据库	关系型数据库 SQL（Greenplum、Vertica、Aster Data）、非关系型数据库 NoSQL（HBase、MongoDB、Cassandra、Redis）、新型数据库 NewSQL（Spanner、Megastore、F1）
大数据的存储	大数据存储平台	InfoBright、Hadoop（Pig 和 Hive）、YunTable、HANA、Exadata
	云存储	网盘、云存储平台（Amazon S3、Azure）
大数据查询与处理需求	批量数据处理系统	GFS、MapReduce、Hadoop 的开源产品：HDFS 和 MapReduce
	流式数据处理系统	Storm 系统、Samza、Spark、Dremel
	非结构化数据处理	图数据处理系统（GraphLab、Giraph、Neo4j、HyperGraphDB、InfiniteGraph、Cassovary、Trinity、Grappa）
大数据计算平台	云计算平台	Google Compute Engine、Azure、AWS
大数据挖掘技术	大数据预处理技术	基于数据的技术（采样、卸载技术、梗概、数据概要结构、集成）；基于任务的技术（近似算法、滑动窗口技术、输出粒度）
	非向量数据挖掘	XRules 算法、Xproj 算法、POTMiner
	分布式大数据挖掘算法	TPFP – tree 算法、ARMH 算法、CARM 算法
	可扩展的大数据挖掘算法	SPAMC 算法
统计与机器学习	—	Mahout、Weka、R、RapidMiner
数据分析		Jaspersoft、Pentaho、Splunk、Loggly、Talend
可视化分析	—	Google Chart API、Flot、D3、Processing、FUSION TABLES、Gephi、SPSS、SAS、R、Modest Maps、OpenLayers

　　以上大数据技术为数据驱动的公共安全风险识别方法提供了技术支撑。在数据驱动的公共安全风险识别的过程中，往往会综合运用多种技术方法进行风险识

数据驱动的公共安全风险治理

别。因此，本章不对数据驱动的公共安全风险识别方法进行枚举，而是结合风险识别的相关案例，说明一些典型的数据驱动公共安全风险识别方法的应用情况。

（一） 计算机仿真 （Computer Simulation）

计算机仿真是系统仿真 （System Simulation） 的重要分支[①]。计算机仿真技术，是一种利用计算机软件模拟实际环境进行科学实验的技术，是许多复杂系统（工程的、非工程的）进行分析、设计、试验、评估的必不可少的手段，主要应用于航空航天、原子反应堆等造价昂贵、设计建造周期长、危险性大、难以实现实际系统试验的少数领域，后来逐步发展到电力系统、石油工业、化工工业、冶金工业、机械制造等一些主要的工业领域，到现在已经进一步扩展应用到社会系统、经济系统、交通运输系统、生态系统等一些非工业领域[②]。如衡霞和陈鑫瑶[③]利用 Anylogic 软件和 Multi - Agent 模型建立邻避风险演化机理仿真平台，选取了其所在街道 2018 年 3 月 18 日至 4 月 30 日发生的邻避事件，针对相关事件参与人数规模较大且存在非线性关系、参与对抗时间具有随机性等特点，设定实验系统环境条件，包括公众的总人数、平均沟通率、公众关系网络类型等一般参数，以及公众状态（指公众进入邻避事件环境之后，观望、诉求、潜在抗争、抗争、退出的五种状态）转变所需的平均时间与发生某种状态的可能性判断等相关参数，另外将设计的函数与数值转化为文字描述以更好地理解公众行为的转变条件判断。最终进行了社会风险演化机理的仿真模拟，还原了邻避事件"风险—危机—失衡"前三个阶段的演化机理与演化逻辑，为地方政府公共安全治理提供了阶段性测量与预防的理论依据。

（二） 机器学习算法 （Machine Learning Algorithm，MLA）

机器学习是人工智能领域的核心概念，其主要过程是选择一组具有代表性的特征来构建一个学习任务的模型，并通过自我迭代不断学习改进，实现通过已知数据或事件形式的一些规律特征来预测和推断未知样本类别或新兴事物的信息，从而完成探测感知。机器学习算法因数据类型和建模方式的不同而具有较强的多样性，如反向传播神经网络 （BPNN）、GBM （Gradient Boosting Machine）、随机森林 （RF）、人工神经网络 （ANN）、支持向量机 （SVM） 和地理加权回归

[①] 王正中：《系统仿真技术》，科学出版社 1986 年版。
[②] 刘瑞叶、任洪林、李志民：《计算机仿真技术基础 （第 2 版）》，电子工业出版社 2011 年版。
[③] 衡霞、陈鑫瑶：《邻避风险演化机理的系统仿真模拟研究》，载于《上海行政学院学报》2020 年第 5 期。

（GWR）等。在疫情常态化的时代，为增强新冠肺炎疫情疾病预防和控制能力，降低公共卫生风险，不少研究利用机器学习算法（MLA）绘制了病毒传播风险地图[1]。萨巴（A. I. Saba）等[2]利用非线性自回归（ANN）模型预测了新冠肺炎疫情的爆发。多梅尼科·本维努托（P. Benvenuto）等[3]基于约翰霍普金斯大学的流行病学数据集，利用 ARIMA 模型发现病毒的传播趋于小幅下降。艾哈迈（A. S. Ahmar）等[4]将 α - Sutte 指标与 ARIMA 相结合，开发了预测西班牙新冠肺炎疫情暴发的模型。卡迈勒·布洛斯（M. N. Kamel - Boulos）和杰拉格蒂（E. M. Geraghty）[5]利用地理信息系统的方法，探究新冠肺炎疫情病例的在线实时或近实时地图，监测社交媒体上人们的反应，跨时空跟踪和绘制超级传播者的轨迹和接触范围。普尔加塞米（H. R. Pourghasemi）等[6]使用基于地理信息系统（GIS）的支持向量机（SVM）算法评估法尔斯暴发新冠肺炎疫情的风险，并采用多项式和自回归综合移动平均模型（ARIMA）计算感染病例的每日观察结果，以探究法尔斯和伊朗之间的病毒传播模式。

（三）神经网络

作为机器学习算法的重要类型，神经网络的初步理论基础由亚历山大·贝恩（A. Bain）（1873）[7]和威廉·詹姆斯（W. James）（1890）[8]独立提出，麦库洛克（W. S. McCulloch）和沃尔特·皮茨（W. Pitts）[9]于 1943 年首次提出了人工

---

① Bui Q. T. , Nguyen Q. H. , Pham V. M. , et al. Understanding Spatial Variations of Malaria in Vietnam Using Remotely Sensed Data Integrated into GIS and Machine Learning Classifiers [J]. *Geocarto International*, 2019, 34 (12): 1300 – 1314.

② Saba A. I. , Elsheikh A. H. Forecasting the Prevalence of COVID – 19 Outbreak in Egypt Using Nonlinear Autoregressive Artificial Neural Networks [J]. *Process Safety and Environmental Protection*, 2020, 141: 1 – 8.

③ Benvenuto D. , Giovanetti M. , Vassallo L, et al. Application of the ARIMA Model on the COVID – 2019 Epidemic Dataset [J]. *Data in Brief*, 2020, 29: 105340.

④ Ahmar A. S. , Del Val E. B. SutteARIMA: Short-term Forecasting Method, a Case: Covid – 19 and Stock Market in Spain [J]. *Science of the Total Environment*, 2020, 729: 138883.

⑤ Kamel Boulos M. N. , Geraghty E. M. Geographical Tracking and Mapping of Coronavirus Disease COVID – 19/severe Acute Respiratory Syndrome Coronavirus 2 (SARS – CoV – 2) Epidemic and Associated Events Around the World: how 21st Century GIS Technologies are Supporting the Global Fight against Outbreaks and Epidemics [J]. *International Journal of Health Geographics*, 2020, 19 (1): 1 – 12.

⑥ Pourghasemi H. R. , Pouyan S. , Farajzadeh Z. , et al. Assessment of the Outbreak Risk, Mapping and Infection Behavior of COVID – 19: Application of the Autoregressive Integrated-moving Average (ARIMA) and Polynomial Models [J]. *Plos One*, 2020, 15 (7): e0236238.

⑦ Bain A. *Mind and Body: The Theories of Their Relation* [M]. Henry S. King & Company, 1873.

⑧ James W. , Burkhardt F. , Bowers F. , et al. *The Principles of Psychology* [M]. London: Macmillan, 1890.

⑨ McCullock W. S. , Pitts W. A Logical Calculus of Ideas Immanent in Nervous Activity. Archive Copy of 27 November 2007 on Wayback Machine [J]. *Avtomaty [Automated Devices] Moscow*, *Inostr. Lit. publ*, 1956: 363 – 384.

神经元，并创建了一个基于数学和算法的神经网络计算模型。人工神经网络是受生物神经网络的启发构造而成的，其实质就是一个数学模型，可以用电子线路来实现，也可以用计算机程序来模拟[1]。目前，人工神经网络广泛应用于工程、医学、数学、金融等领域，2001 年有学者[2]首次将神经网络方法引入安全风险评估领域，发现该方法针对动态过程安全风险评估具有显著优势[3]。

赵久彬等[4]提出了 BP 神经网络的分布式区域滑坡预测方法，对三峡库区忠县区域的滑坡监测点数据进行实时采集与连续解算，采集了研究区域 9 个滑坡 11 年监测数据，对其中关系型数据采用 Mysql 数据库存储，对其中非关系型诸如宏观监测报告、照片等数据，存储在 Hadoop 自带的 Hbase 库，通过构造包含均方误差和 L2 正则化的代价函数，提高运算实时性和算法泛化能力。统计了影响滑坡评价因子的量化指标和定义监测剖面危险级别评价值，并进行评价因子特征选取，对研究区域所有滑坡监测剖面每月进行危险级别评价，实现以月为周期的区域滑坡危险程度空间预测。

（四）云计算

云计算的概念源于 IBM 公司 2007 年底宣布的"云计算"计划。IBM[5] 在技术白皮书 *Cloud Computing* 中将云计算定义为"用来同时描述一个系统平台或者一种类型的应用程序"，同时指出，云计算描述了一种可以通过互联网进行访问的、可扩展的应用程序，"云应用"使用大规模的数据中心以及功能强劲的服务器来运行网络应用程序与网络服务，所有用户都可以通过互联网接入设备（如浏览器等）接入云计算应用程序。云计算能够给用户提供可靠的、自定义的、最大化资源利用的服务[6]。目前，谷歌、亚马逊、腾讯、阿里巴巴等公司都推出了云计算的相关服务，云计算也在地震监测、天文信息计量处理、实时翻译等相关问题中发挥了巨大作用。

在公共卫生领域，有研究从大数据的视角分析食品安全风险，构建以运营数

---

① 沙勇忠、牛春华等：《信息分析（第 2 版）》，科学出版社 2016 年版。

② Sayed R., Eskandarian A. Unobtrusive Drowsiness Detection by Neural Network Learning of Driver Steering [J]. *Proceedings of the Institution of Mechanical Engineers, Part D: Journal of Automobile Engineering*, 2001, 215 (9): 969–975.

③ 乔卫亮、刘阳、周群、马晓雪：《基于模糊人工神经网络的安全风险评估模型》，载于《安全与环境学报》2021 年第 4 期。

④ 赵久彬、刘元雪、刘娜、胡明：《海量监测数据下分布式 BP 神经网络区域滑坡空间预测方法》，载于《岩土力学》2019 年第 7 期。

⑤ Sims K. IBM Introduces Ready-to-use Cloud Computing Collaboration Services Get Clients Started with Cloud Computing [J]. *Retrieved September*, 2007, 10: 2014.

⑥ 李乔、郑啸：《云计算研究现状综述》，载于《计算机科学》2011 年第 4 期。

据源为基础，并以云计算和大数据技术为核心的食品安全风险分析框架，对提高食品安全风险的预防监测能力提供有意义的参考①。另外，2020 年新冠肺炎疫情暴发，为做好疫情防控工作，中央网络安全和信息化委员会办公室于 2020 年 2 月 4 日颁发了《关于做好个人信息保护利用大数据支撑联防联控工作的通知》，健康码应运而生。健康码以大数据分析的方式评判个人疫情风险，为行政机关的应急决策和行动提供了支撑②（详细案例见第七章）。

（五）数字图像处理技术

图像是人类获取和交换信息的主要来源，是视觉获取信息的基础。图像处理技术可以分成两大类：模拟图像处理（Analog Image Processing）和数字图像处理（Digital Image Processing）。其中数字图像处理又称计算机图像处理（Computer Image Processing），一般采用计算机或专用硬件进行，数字图像处理是人工智能的基石。人工智能就是要实现计算机对人的视觉、听觉、嗅觉、味觉、触觉的模拟感知、思维决策和行为控制，视觉信息的智能化是最重要的方面，而数字图像处理是视觉信息分析处理和智能理解的基本技术③。

在健康科学领域，利用数字图像处理技术分析医学影像进行病症异常检测已非常常见④，同时数字图像处理技术在洪水⑤等自然灾害风险识别，公路、隧道和桥梁等重要交通基础设施病害识别和养护等方面发挥重要作用⑥⑦。如阿里·贾姆希迪（A. Jamshidi）等人通过深度卷积神经网络（Deep Convolutional Neural Network，DCNN）自动处理大量图像数据来分析铁轨摄像视频数据，根据视频图像检测结果测量铁轨缺陷视觉长度，以用于缺陷严重性分析，结合超声波测量数据进行裂纹扩展分析，完成荷兰铁路网轨道上失效风险识别和评估⑧。中国铁路

---

① 韩丹、慕静：《基于大数据的食品安全风险分析研究》，载于《食品工业科技》2016 年第 13 期。

② 查云飞：《健康码：个人疫情风险的自动化评级与利用》，载于《浙江学刊》2020 年第 3 期。

③ 黄进、李剑波：《数字图像处理：原理与实现》，清华大学出版社 2020 年版。

④ Sharkey J., Scarfe L., Santeramo I., et al. Imaging Technologies for Monitoring the Safety, Efficacy and Mechanisms of Action of Cell-based Regenerative Medicine Therapies in Models of Kidney Disease [J]. *European Journal of Pharmacology*, 2016, 790: 74 – 82.

⑤ Sha Y., Shao R., Lu L., et al. Estimating the Impact of Urban Space Competition on Flood Risk: Case Study of the Lanzhou Reaches of Yellow River, China [J]. *Natural Hazards Review*, 2021, 22 (3): 04021025.

⑥ 陈湘生、徐志豪、包小华、崔宏志：《隧道病害监测检测技术研究现状概述》，载于《隧道与地下工程灾害防治》2020 年第 3 期。

⑦ 蒋文波、罗秋容、张晓华：《基于数字图像的混凝土道路裂缝检测方法综述》，载于《西华大学学报（自然科学版）》2018 年第 1 期。

⑧ Jamshidi A., Faghih – Roohi S, Hajizadeh S, et al. A Big Data Analysis Approach for Rail Failure Risk Assessment [J]. *Risk Analysis*, 2017, 37 (8): 1495 – 1507.

总公司也相继颁布《高速铁路供电安全检测监测（6C 系统）系统总体技术规范》和《高速铁路接触网运行检修暂行规程》，明确把图像和视频检查作为接触网状态监测的重要手段①。

大数据在公共安全风险识别方面的应用目前还在不断地完善与发展中，数据采集的多样化与数据流动的壁垒都为其发展带来了挑战，但伴随信息技术的不断发展，公共安全风险识别领域中大数据的应用将越来越便利，为公共安全风险实时监测、精准识别提供支撑，有利于政府实现更加高效的风险决策及预防控制。

第四节　数据驱动的公共安全风险识别案例

一、风险地图

为了应对全球公共安全风险的不确定性，一些国家的政府部门、社会组织及团体都不同程度地开展了风险地图绘制工作，风险地图成为风险管理的重要工具之一。

（一）政府部门发布的风险地图

美国联邦应急管理署②（Federal Emergency Management Agency，FEMA）与美国各地的联邦、州、部落和地方合作伙伴合作，通过风险测绘、评估与规划，识别洪水风险，帮助降低风险，并为指导风险减缓行动，提供了洪水灾害和风险数据的监管产品与非监管产品。监管产品是国家洪水保险计划的官方行动基础，包括洪水保险费率图（NIRM）、洪水保险研究报告（FISR）与商业数据库（FD）；非监管产品则补充了官方监管产品提供的基本洪水灾害信息，为洪水风险地图计划提供了更加用户友好的洪水风险分析支持，具体包含洪水风险地图（FRM）、洪水风险报告（FRR）、洪水风险数据库（FRD）三种产品。这些非监管产品能够帮助指导土地使用和开发决策，并通过突出显示最高风险区域、需要风险减缓的区域和洪泛区变化区域来帮助采取风险减缓行动，有利于进一步加强

---

① 黄进、李剑波：《数字图像处理：原理与实现》，清华大学出版社 2020 年版。

② Federal Emergency Management Agency. Risk MAP Products ［EB/OL］. https：//www. fema. gov/flood-maps/tools-resources/risk-map/products，2021－02－25/2022－03－22.

减灾规划与制定减灾战略。其中，洪水风险地图计划通过提供数据、建立合作伙伴关系和支持长期减灾计划来支持社区复原力。目前，该计划在美国爱达荷州布莱恩县、纽约卡茨基尔流域、俄勒冈州马斯县等地都成功实施，当地政府、社区与个人等在识别和减轻洪水灾害方面因此受益。例如，爱达荷州布莱恩县资助了一名当地工程师为水库建立基准洪水高程（BFE），然后使用地面测量来确定水库周围新开发的 BFE 的空间范围，并在 FEMA 与区域服务中心（RSC）的协助下，将这些数据以及其他所需信息免费提交给社区进行审查。纽约卡茨基尔流域通过 FEMA 的风险地图计划为该地区的社区制作新的详细洪水建模和绘图、洪水深度网格和其他洪水风险数据集，以进一步支持降低洪水风险的工作。俄勒冈州克拉克马斯县使用光探测和测距（LiDAR，一种用于确定高程的遥感技术）以及以前可用的桥梁数据，进行了 LDS（Limited Detailed Study，指利用现有地形的横截面信息计算基础洪水高程的方法[①]）。完成后，该研究将为该县提供河流的深度和流速网格信息。

澳大利亚联邦科学与工业研究组织（Commonwealth Scientific and Industrial Research Organisation，CSIRO）是澳大利亚负责科学研究的政府机构，该组织开发了一个基于 Web 的空间数据可视化和分析的软件平台——Terria™，该平台包括高级制图软件 TerriaJS™，软件可直接访问来自联合国、慕尼黑再保险和澳大利亚保险集团的数百个开放数据集，并允许用户搜索、共享和添加相关数据到地图，支持在现有空间数据服务以及可以快速设置的、基于云的数据服务基础上快速开发新地图[②]。在此基础上，CSIRO 与澳大利亚保险集团（Insurance Australia Group，IAG）合作开发了一种交互式的数据可视化工具——全球风险地图，该地图首次将自然灾害事件、风险和复原力的数据与相关保险信息相叠加，突出了飓风、洪水、地震和相关危险在过去的 115 年里造成的社会和经济损失。这个开创性的在线工具帮助政府、企业、非政府组织和当地社区更好地确定高度脆弱的地区，了解灾害的全面影响。

（二）社会组织发布的风险地图

目前，许多社会组织开展了风险地图的研究绘制工作，为个人、社区与政府的防灾减灾工作提供参考与建议。例如，健康和安全服务公司——国际 SOS（International SOS）针对全球的旅行者发布了相关的全球风险地图；哈佛全球健

[①] North Carolina Department of Crime Control and Public Safety. North Carolina Floodplain Management：2017 Quick Guide ［EB/OL］. https：//flood. nc. gov/NCFLOOD _ BUCKET/FAQS/QuickGuideTopic/NCQuick-Guide2017. pdf，2022 － 05 － 04.

[②] CSIRO. Visualising and Analysing Spatial Data ［EB/OL］. https：//data61. csiro. au/en/Our － Research/Our － Work/Monitoring-the － Environment/Visualising-the-world/Terria，2022 － 03 － 23.

康研究所（Harvard Global Health Institute）开发了全球新冠肺炎风险地图；2017年"一带一路"沿线国家安全风险地图在"一带一路"沿线国家安全风险地图暨学术研讨会上发布；许多企业也发布了全球风险地图支持其相关业务。

国际 SOS 针对全球旅行者发布全球安全风险地图（Secrity）、全球医疗风险地图（Medical）、全球新冠肺炎疫情流行风险地图（COVID – 19 Travel）与全球新冠肺炎疫情流行风险地图（COVID – 19 Operations）[1]。其中，全球安全风险地图展示了特定地点的政治暴力、社会动荡和流行病影响以及暴力和轻微犯罪对劳动者构成的威胁，风险等级评定时也会考虑交通基础设施的稳健性、劳资关系的状况、安全和应急服务的有效性以及国家的自然灾害脆弱性等（见图 5 – 7）；全球医疗风险地图展示了大流行时医疗分配情况，风险等级越低，医疗服务越好，医疗风险等级评价因素包括为新冠肺炎疫情获取和提供医疗保健的复杂性、传染病、与气候变化相关的环境因素、安全风险评级、医疗评估数据、急诊医疗服务标准、门诊和住院医疗护理、优质药品供应的获取以及文化、语言或行政障碍等；新冠肺炎疫情旅行风险地图展示了各个国家对入境旅行限制的程度，2022年 5 月 18 日该风险地图显示，朝鲜、尼泊尔、摩洛哥、阿尔及利亚、所罗门群岛等少数国家入境旅行限制等级极高，大多数国家处于中等[2]；全球新冠肺炎疫情流行风险地图显示新冠肺炎疫情流行对特定区域的总体影响，判定依据包括潜在的健康和安全威胁环境、最近的新冠肺炎疫情病例活动以及新病例的趋势、当地旅行限制、已采取的缓解措施以及缓解措施的有效性等。

国际 SOS 发布的系列地图使用相应的量表进行风险评级，并在地图上使用五种不同的颜色表示不同的风险等级。本书展示了全球安全风险地图的风险评级量表，如表 5 – 10 所示。

表 5 – 10　　　　国际 SOS 发布的全球安全风险地图评级量表

风险评级	安全风险评级标准
非常低	暴力犯罪率非常低，没有重大的政治暴力或内乱，很少有针对外国人的宗派、社区、种族或有针对性的暴力行为。安全和应急服务有效，基础设施健全。交通服务标准高，安全记录良好，只是偶尔会出现旅行中断。影响基本服务的劳工行动（如罢工）很少见
低	暴力犯罪率很低，种族、宗派、政治暴力或内乱并不常见。恐怖主义行为很少见。安全和应急服务有效，基础设施健全。劳工行动和运输中断并不常见

---

① International SOS. Risk Ratings Definitions ［EB/OL］. https：//www. internationalsos. com/risk-outlook/definitions，2022 – 03 – 23.

② International SOS. COVID – 19 Travel Map ［EB/OL］. https：//www. travelriskmap. com/#/planner/map/，2022 – 05 – 19.

续表

风险评级	安全风险评级标准
中等	定期发生政治动荡、暴力抗议、叛乱或零星的恐怖主义行为。旅行者和国际外派人员可能面临来自社区、宗派或种族暴力犯罪的风险。安全和紧急服务以及基础设施的能力各不相同。劳工行动会扰乱旅行
高	抗议活动经常是暴力的，可能针对或骚扰外国人；并可能因治理问题（包括安全或治安能力）而加剧。暴力犯罪和恐怖主义对旅行者和国际外派人员构成重大的直接或附带风险。社区、宗派或种族暴力很常见，外国人可能成为直接目标。该国的某些地区无法进入或禁止旅行者进入
很高	在大部分地区，政府控制、法律和秩序可能很少或根本不存在。武装团体对旅行者和国际外派人员实施暴力袭击，并构成严重威胁。政府和交通服务几乎不能发挥作用。外国人无法进入该国大部分地区

资料来源：International SOS. Risk Ratings Definitions［EB/OL］. https：//www. international-sos. com/risk-outlook/definitions，2022 – 03 – 23.

哈佛全球健康研究所发布了一种可以确定人们所在地新冠疫情风险的交互式风险地图，该地图以红色（每 10 万人每天出现超 25 例确诊病例）、橙色（每 10 万人每天出现 10~24 例确诊病例）、黄色（每 10 万人每天出现 1~9 例确诊病例）和绿色（每 10 万人每天出现少于 1 例确诊病例）显示风险级别。这些颜色还展示了接触者追踪、严格测试和居家隔离等预防措施。[1] 该地图还随附相关的风险减缓措施、个人行动指导以及零感染路径的综合战略框架等。其中零感染路径的综合战略框架通过 TTSI 项目帮助抑制新冠病毒大流行，也就是使用检测（Testing）、接触追踪（Contact Tracing）和支持隔离（Supported Isolation）来抑制或减轻这类具有高度传染性和危险性的疾病。TTSI 项目指出[2]，决策者应当密切关注当地新冠疫情风险等级及其变化趋势与变化率，并根据不同的风险等级选择适合的政策，施行不同强度的控制措施，以帮助抑制新冠肺炎疫情的进一步扩散，具体情况如表 5 – 11 所示。

2017 年"一带一路"沿线国家安全风险地图发布暨学术研讨会上发表了《"一带一路"沿线国家安全风险地图》，该地图自 2015 年开始，已连续发布三年，是国内最早的"一带一路"沿线国家安全风险分析和预警专著。与之对应的

---

① Shelby Brown. Track COVID – 19 Risk in Your County with Harvard's Assessment Map［EB/OL］. https：//www. cnet. com/health/track-covid-19-risk-in-your-county-with-harvards-assessment-map/，2020 – 06 – 12/2022 – 04 – 06.

② Harvard Global Health Institute. The Path to Zero：Suppressing COVID – 19 through TTSI［EB/OL］. https：//globalepidemics. org/wp-content/uploads/2020/06/TTSI_general_briefing_v3-1. pdf，2022 – 05 – 04.

是《"一带一路"沿线国家安全风险评估》，二者就境外公共安全风险状况、可能性和趋势进行了全面、系统解析评估。[1]《"一带一路"沿线国家安全风险评估》[2] 针对北亚、中亚、南亚、东南亚、西亚与北非、独联体、中东欧七个地区的 65 个"一带一路"沿线国家，从政治、经济、外交、社会与宗教信仰等角度进行了公共安全风险评估。具体而言，该书进行了安全风险等级评级，指出主要安全风险源，介绍主要安全风险与其他安全风险等工作。《"一带一路"沿线国家安全风险地图》与《"一带一路"沿线国家安全风险评估》一致，将风险分为 4 个级别、10 个等次（见表 5 – 12）。

表 5 – 11　　哈佛全球健康研究所新冠疫情风险地图风险等级详情

新冠病毒风险水平	每 10 万人日新增病例	疫情发展状况	所需的控制措施
红色	>25	当地已达到时空传播的临界点	必要时在家点餐
橙色	10 ~ 24	社区传播速度加快	必须选择一种非药物类的干预措施（如保持社交距离）来控制疫情；除非病毒检测和联系人追踪能力满足相应的指标[3]，否则建议在家点餐
黄色	1 ~ 9	可能存在初期的社区传播	必须选择一种非药物类的干预措施（如保持社交距离）来控制疫情
绿色	<1	只要保持病毒检测和接触者追踪的水平，就能够控制疫情	有条件地继续使用病毒检测和接触追踪进行监控，并抑制疫情的出现与暴发

表 5 – 12　　　"一带一路"沿线国家安全风险地图风险评级

风险级别与等次	风险分级详情								
风险级别	低级别		中等级别			高级别			极高
等次	低	低 +	中 –	中	中 +	高 –	高	高 +	极高 –	极高

① 张晓迪：《2017 "一带一路"沿线国家安全风险地图发布》，http://www.cb.com.cn/index/show/jj/cv/cv1152408171，2017 – 06 – 10/2022 – 05 – 05。

② "'一带一路'沿线国家安全风险评估"课题组：《"一带一路"沿线国家安全风险评估》，中国发展出版社 2017 年版。

③ Harvard Global Health Institute. Key Metrics for COVID Suppression ［EB/OL］. https://globalepidemics.org/wp-content/uploads/2020/06/key_metrics_and_indicators_v4.pdf，2022 – 05 – 04.

该地图依托风险情报信息采集系统和风险信息管理系统，将风险数据库、电子地图、风险分级及风险趋势进行结合，形成直观图示，旨在为中国企业"走出去"提供决策参考①，可广泛地应用于风险评估、风险监控、风险报告和境外项目与人员的安全风险管理。②

另外，许多企业也绘制了全球风险地图以服务于其咨询、保险等相关业务。例如，Global Guardian③针对国际旅行安全分析了全球风险环境的主要变化和连续性，并绘制了2021年风险评估地图；Crisis 24④基于国际标准（ISO 22316组织弹性、ISO 31000风险管理、TS 17091和BS 11200危机管理、ISO 22301和ISO 22317业务连续性管理、ISO 27001 IT和数据安全）开展安全风险和危机管理咨询，并提供全球安全热点地图与2021年冠状病毒警报地图以支持其安全咨询、危机管理等业务；Atradius⑤基于自身经济研究团队收集的各种政治和经济因素的相关数据进行了风险评级，设计了国家风险地图系统，将之用于评估国家的政治和经济风险，或内乱和冲突风险。

二、全国自然灾害综合风险普查

2018年10月10日，习近平总书记主持召开中央财经委员会第三次会议，专题研究我国自然灾害防治能力，部署自然灾害防治能力提升"九项重点工程"，并将灾害风险调查和重点隐患排查列为第一项工程，要求开展全国自然灾害综合风险普查（以下简称普查）⑥。2020年5月31日，为全面掌握我国自然灾害风险隐患情况，提升全社会抵御自然灾害的综合防范能力，国务院办公厅印发《国务院办公厅关于开展第一次全国自然灾害综合风险普查的通知》⑦，明确了普查工

① 于晓：《2017"一带一路"沿线国家安全风险地图发布》，https：//www.chinanews.com.cn/gn/2017/05-16/8225768.shtml，2017-05-16/2022-04-06。

② 班娟娟：《2017"一带一路"沿线国家安全风险地图发布》，http：//www.jjckb.cn/2017-05/17/c_136290965.htm，2017-05-17/2022-05-05。

③ Global Guardian. 2021 Risk Assessment Map ［EB/OL］. https：//www.globalguardian.com/global-digest/2021-risk-map，2022-03-15.

④ Crisis24. At Crisis24，We Know How to Manage Security Risk ［EB/OL］. https：//crisis24.garda.com/insights-intelligence/intelligence/risk-maps/global-security-hotspots-map，2022-03-15.

⑤ Atradius. Country Risk Map ［EB/OL］. https：//group.atradius.com/publications/trading-briefs/risk-map.html，2022-03-15.

⑥ 国务院第一次全国自然灾害综合风险普查领导小组办公室.《第一次全国自然灾害综合风险普查宣传手册》，https：//www.emerinfo.cn/2021-07/08/c_1210910986.htm，2021-07-08.

⑦ 国务院办公厅：《国务院办公厅关于开展第一次全国自然灾害综合风险普查的通知》，http：//www.gov.cn/zhengce/content/2020-06/08/content_5518034.htm，2020-05-31.

作目标、工程任务、时间安排、组织和经费安排等内容，第一次全国自然灾害综合风险普查拉开序幕。

（一）普查目的

全国自然灾害综合风险普查是一项重大的国情国力调查，是提升自然灾害防治能力的基础性工作，通过普查，要求达到表 5 - 13 所示目的，并为中央和地方各级人民政府有效开展自然灾害防治工作、切实保障经济社会可持续发展提供权威的灾害风险信息和科学决策依据。

表 5 - 13　　　　　　全国自然灾害综合风险普查目的

普查目的	详情
摸清全国灾害风险隐患底数	致灾底数
	承灾体底数
	历史灾害底数
	减灾能力底数
	重点隐患底数
查明重点区域抗灾减灾能力	政府能力
	社会能力
	基层能力
客观认识全国和各地区 灾害综合风险水平	风险大小
	空间格局
	发展趋势

（二）普查内容

本次普查涉及地震灾害、地质灾害、气象灾害、水旱灾害、海洋灾害、森林和草原火灾等六大类自然灾害类型的致灾要素调查，也涉及房屋建筑、交通设施等重要承灾体要素的调查，还涉及历史灾害、综合减灾能力的调查，是一次全链条式普查（见图 5 - 7）。

（三）普查工作安排

本次普查标准时点为 2020 年 12 月 31 日，具体时间安排如表 5 - 14 所示。

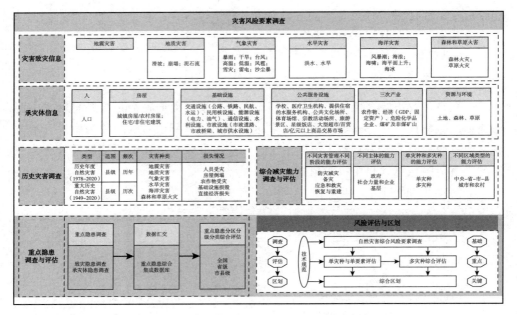

图 5-7　第一次全国自然灾害风险普查内容

表 5-14　　　　　第一次全国自然灾害综合风险普查时间安排

时间	阶段	工作
2020～2021 年 5 月	普查前期准备与试点阶段	建立各级普查工作机制
		落实普查人员和队伍
		开展普查培训
		开发普查软件系统
		组织开展普查试点工作
2021 年 6 月～2022 年	全面调查、评估与区划阶段	完成全国自然灾害风险调查
		完成全国自然灾害风险评估
		编制灾害综合防治区划图
		汇总普查成果

（四）普查组织和实施

为加强组织领导，国务院成立了第一次全国自然灾害综合风险普查领导小组，负责普查组织实施中重大问题的研究和决策。本次普查由应急管理部牵头，自然资源部、水利部等 17 个部门共同参与。县级以上地方各级人民政府均设立普查领导小组及其办公室，充分整合现有资源，增强人员队伍，做好本地区普查各项工作。普查工作按照"全国统一领导、部门分工协作、地方分级负责、各方共同参与"的原则组织实施。领导小组各成员单位要各司其职、各负其责、通力协作、密切配合，共同做好普查工作。

（五）普查工作进展

《中国减灾》自 2020 年起开始更新普查的地方经验、工作动态、行业资讯等相关内容。《城市与减灾》2021 年第 2 期发布了普查的相关技术解读，包含总体技术要求、调查与评估、普查试点工作、普查软件系统四部分内容，其中部分文献被同步发布于国务院普查办第一次全国自然灾害综合风险普查网站的资料下载专区。汪明[①]在《第一次全国自然灾害综合风险普查总体技术体系解读》中指出，普查工作紧紧围绕"摸清底数、查明能力、认识风险"的目标，遵循"调查—评估—区划"的基本技术框架开展（见图 5-8）。2021 年 7 月《第一次全国自然灾害综合风险普查宣传手册》发布，普查的准备工作基本完成。

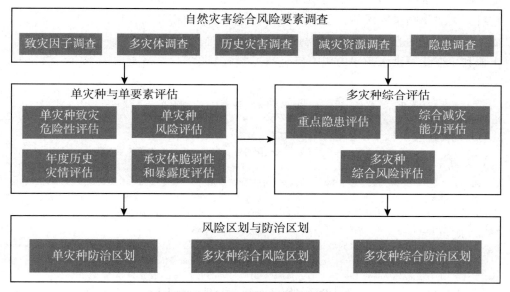

图 5-8　普查基本技术框架图

资料来源：汪明：《第一次全国自然灾害综合风险普查总体技术体系解读》，载于《城市与减灾》2021 年第 2 期。

---

① 汪明：《第一次全国自然灾害综合风险普查总体技术体系解读》，载于《城市与减灾》2021 年第2 期。

　　在普查准备工作期间，产生了一系列阶段性成果①②③④⑤，为全面普查探索了路子、提供了借鉴。2021 年 9 月，为推进第一次全国自然灾害综合风险普查工作地进一步开展，国务院普查办印发了《关于加强第一次全国自然灾害综合风险普查成果应用的指导意见》，该指导意见强调，要加强普查成果在自然灾害综合防治能力提升方面的应用。各级普查领导小组要统一组织实施普查成果应用工作，各级普查办要加强对普查成果应用工作的统筹协调，有序推动普查成果应用。

三、洪水风险识别

　　洪水是一种古老的自然灾害，严重的洪涝灾害是由两个主要驱动因素引起的：全球气候变化和人类的城市化进程⑥⑦⑧⑨。随着与气候变化相关的洪水发生的可能性和规模不断增加，如严重风暴、飓风、暴雨和其他极端天气，未来洪水造成的损害也将增加⑩⑪。洪水是水文循环的一个自然组成部分，在某种程度上，它对人类的影响是有限的，但在洪水易发地区，大规模和高强度的人类活动使其成为一种频繁的自然灾害，对财产、人和环境造成重大损害⑫。一些研究表明，土地利用变化对洪水频率的影响甚至超过气候变化⑬。兰州是中国城市化快速发

　　① 吴吉东、张化、许映军、朱秀芳、叶涛：《承灾体调查总体情况介绍》，载于《城市与减灾》2021 年第 2 期。

　　② 杨赛霓：《自然灾害综合风险评估》，载于《城市与减灾》2021 年第 2 期。

　　③ 张学华、廖永丰、崔燕、阿多：《第一次全国自然灾害综合风险普查软件系统简介》，载于《城市与减灾》2021 年第 2 期。

　　④ 史铁花、王翠坤、朱立新：《承灾体调查中的房屋建筑调查》，载于《城市与减灾》2021 年第 2 期。

　　⑤ 于希令：《聚力打造灾害综合风险普查"岚山模式"》，载于《城市与减灾》2021 年第 2 期。

　　⑥ Jha A. K., Bloch R. and Lamond J. *Cities and Flooding：A Guide to Integrated Urban Flood Risk Management for the 21st Century* [M]. The World Bank, Washington DC, USA. 2012.

　　⑦ 洪文婷：《洪水灾害风险管理制度研究》，武汉大学博士学位学位，2012 年。

　　⑧ Yin J., Ye M., Yin Z., et al.. A Review of Advances in Urban Flood Risk Analysis Over China [J]. *Stochastic Environmental Research and Risk Assessment*, 2015, 29（3）：1063 – 1070.

　　⑨ Lian J., Xu H., Xu K. et al. Optimal Management of the Flooding Risk Caused by the Joint Occurrence of Extreme Rainfall and High Tide Level in a Coastal City [J]. *Natural Hazards*, 2017, 89：183 – 200.

　　⑩ Ran J. and Nedovic – Budic Z. Integrating Flood Risk Management and Spatial Planning：Legislation, Policy, and Development Practice [J]. *Journal of Urban Planning and Development*, 2017, 143（3）：05017002.

　　⑪ Olivera S. and Heard C. Increases in the Extreme Rainfall Events：Using the Weibull Distribution [J]. *Environmetrics*, 2018, 30（4）：e2532.

　　⑫ Vojtek M. & Vojtekova Jana. Flood Hazard and Flood Risk Assessment at the Local Spatial Scale：A Case Study [J]. *Geomatics*, *Natural Hazards and Risk*, 2016：1 – 20.

　　⑬ Reynard N. S., Prudhomme C and Crooks S M. The Flood Characteristics of Large UK Rivers：Potential Effects of Changing Climate and Land Use [J]. *Climatic Change*, 2001, 48（2 – 3）：343 – 359.

展的一个缩影，是防洪与土地资源之间矛盾比较明显的城市之一，我们以黄河兰州段为研究对象，利用网络爬虫等工具获取黄委会公开的基础水文数据，结合有关政府部门的提供的水文数据，以及 ArcGIS、Origin9.0 等软件工具，对兰州黄河段的洪水风险进行识别，[①] 具体分析框架如图 5-9 所示。

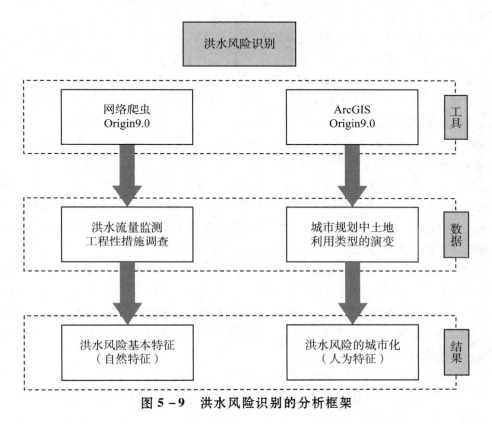

图 5-9 洪水风险识别的分析框架

（一）识别洪水风险的基本特征

洪水灾害是由洪水发生的频率和强度决定的。黄河兰州段发生河流洪涝灾害的可能性有两种：（1）极端天气引发的灾害，频率高但强度小；（2）工程性措施引发的灾害，频率低但强度大。

一方面，黄河上游洪水主要由降水和青藏高原冰川融化形成的[②]。如图 5-10 (a)

---

① Sha Y., Shao R., Lu L., et al. Estimating the Impact of Urban Space Competition on Flood Risk：Case Study of the Lanzhou Reaches of Yellow River, China ［J］. *Natural Hazards Review*, 2021, 22 (3)：04021025.

② Wang H., Yang Z., Saito Y., et al. Interannual and Seasonal Variation of the Huanghe（Yellow River）Water Discharge over the Past 50 Years：Connections to Impacts from ENSO Events and Dams ［J］. *Global & Planetary Change*, 2006, 50 (3-4)：212-225.

所示，龙羊峡水电站自 2002 年投入运行（1986 年开始蓄水）后，黄河兰州段最大洪流量明显下降。然而，近 10 年来，青藏高原和西北地区极端降水和极端高温等极端气候水文事件不断增多[1][2][3]，最大洪水流量呈上升趋势，自 2012 年以后，上游来水增多，尤其是 2018 ~ 2020 年，兰州段连续三年最大流量在 3 500 立方米/秒左右（调控后），这将给洪水灾害管理带来新的挑战。

另一方面，极端天气变化造成的特大洪水灾害虽然由于上游水库的调控而转变为小的水文事件，但水利工程（工程性措施）本身也是潜在的风险来源，甚至造成系统性洪水风险。水利工程，特别是大型工程，是一个复杂的巨系统。在气候变化和人类活动、水文地质活动（地震、滑坡、泥石流）、运营管理失误等不确定性因素的影响下，无论是在建工程还是已有工程都面临着一定程度的失败或破坏风险[4]。梯级水库有引发系统性洪水风险的可能性，如意大利灾难性滑坡引发的 Vaiont 大坝事件[5]、中国因上游水库泄洪不当导致的寿光洪涝灾害[6]。这两起事件都造成了严重的人员伤亡和经济损失。黄河兰州段有 31 座级联水库，蓄积着丰富的水能资源。1974 年建成的刘家峡水库，总水量 57 亿立方米，距兰州市区 76 公里。在这段时间内，有 5 个不同类型和库容的水电站。这些都是兰州市区潜在的洪涝灾害因子。

此外，水利工程的目标之一是降低洪涝灾害的频率和强度，这导致公众的风险意识下降。伦纳特·舍伯格（L. Sjöberg）认为公众的风险意识取决于灾害事件的频率[7]。风险意识的降低会导致政府、公民和企业主在高风险地区建设昂贵的景观项目、居民区（包括违章建筑）和商铺，使更多的人口和财产面临洪水风险，从而造成更严重的洪水灾害。

兰州城市防洪标准分为四个等级（见表 5 – 15），100 年重现期及以上的流量为 6 500 立方米/秒（Q_{100}）。在不考虑支流、城市溢洪道等其他因素的情况下，兰

①　邹新华、刘峰贵、张镱锂等：《基于县域尺度的青藏高原洪涝灾害风险分析》，载于《自然灾害学报》2013 年第 5 期。

②　Li L., Yang S., Wang Z., et al. Evidence of warming and wetting climate over the Qinghai – Tibet Plateau [J]. *Arctic, Antarctic, and Alpine Research*, 2010, 42 (4)：449 – 457.

③　陈亚宁、王怀军、王志成等：《西北干旱区极端气候水文事件特征分析》，载于《干旱区地理》2017 年第 1 期。

④　陈进：《大型水利工程的风险管理问题》，载于《长江科学院院报》2012 年第 12 期。

⑤　Zaniboni F., Tinti S. Numerical Simulations of the 1963 Vajont Landslide, Italy：Application of 1D Lagrangian Modelling [J]. *Natural Hazards*, 2014, 70 (1)：567 – 592.

⑥　Han X., Wang J. Using Social Media to Mine and Analyze Public Sentiment During a Disaster：A Case Study of the 2018 Shouguang City Flood in China [J]. *ISPRS International Journal of Geo-Information*, 2019, 8 (4)：185.

⑦　Sjoberg L. Factors in Risk Perception [J]. *Risk Analysis：An Official Publication of the Society for Risk Analysis*, 2000, 20 (1)：1.

数据驱动的公共安全风险治理

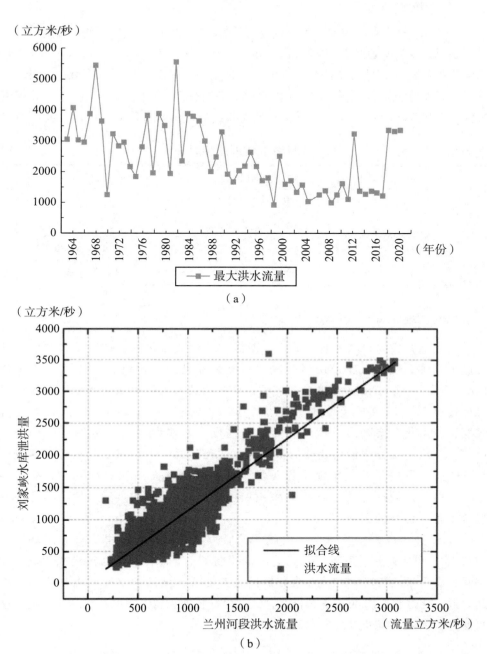

图 5 - 10　黄河兰州段中山桥段面水文资料：（a）1962 ~ 2020 年最大
洪水流量；（b）兰州河段洪水流量和刘家峡水库泄洪量散点图

州城区与刘家峡水库的泄洪量呈线性关系（见图 5 - 10b）。公式如下：

$$X_{LZ} = 1.12 x_{Ljx} + 23.4 (N = 4\,150，R^2 = 0.8488，p = 0.00)$$
　　　　　　　　　　　　　　　　　　　　　　　　　　　　（5.1）

其中 X_{LZ} 为兰州市区洪流量，x_{Ljx} 为刘家峡水库洪流量。当水库水位达到最高水位线时，刘家峡水电站的最大洪流量超过 8 000 立方米/秒[1]。由式（5.1）得到兰州市相应洪流量为 9 054 立方米/秒（Q_{max}）。由于全球气候变化，未来 100 年一遇风暴潮将更加频繁，到 2050 年甚至会缩短到 10 年一遇[2]。同样，伴随着黄河上游极端天气的增加，兰州市发生大规模河流洪水事件的可能性也会增加。

表 5 – 15　　　　　　　兰州城市洪水等级划分

等级	重现期	洪水流量（立方米/秒）
1	100 年及以上	6 500
2	10 ~ 100 年	5 600 ~ 6 500
3	5 ~ 10 年	4 500 ~ 5 600
4	5 年及以下	3 000 ~ 4 500

（二）洪水风险的城市化背景

兰州是典型的封闭河谷型城市。两山工程地质条件差，坡度陡，向周边开发极为困难，使城市建设用地的数量和质量都受到极大限制。范培蕾（Peilei Fan）等 2014 年指出，兰州未来将面临严重的城市土地短缺问题，河谷地区只能再提供 10 ~ 15 年的土地使用空间[3]。在 1949 ~ 1979 年的社会主义计划经济时期，城市化主要是沿着黄河自然水道进行工业建设。1979 年经济改革开放后，兰州经历了先缓慢后快速的城市扩张过程。近二十年来，兰州城市建成区加速扩张，取代了其他土地利用类型，特别是严重占用的水域空间。在本书中，水体空间被认为是一个毗邻河流的区域，包括水体和洪泛平原，洪泛平原包含了各种各样的湿地。

自 1954 年以来，兰州先后出版了四版城市规划。在最早的版本（1954 ~ 1972 年）的基础上（见图 5 – 11），我们绘制了主要水体和河滩湿地来代表水体空间，农田/果园和建成区/道路分别代表人类低强度活动空间和高强度活动空间。数字化过程使用工具是 ArcGIS，经过坐标校准、要素提取等将不同土地覆被数据进行抽取。结果如图 5 – 12 所示。

---

[1]　严振：《刘家峡高速挑流的几个问题》，载于《陕西水力发电》1985 年第 2 期。

[2]　丁一汇、任国玉、石广玉、宫鹏、郑循华、翟盘茂、张德二、赵宗慈、王绍武、王会军、罗勇、陈德亮、高学杰、戴晓苏：《气候变化国家评估报告（Ⅰ）：中国气候变化的历史和未来趋势》，载于《气候变化研究进展》2006 年第 1 期。

[3]　Fan P., Xie Y., Qi J., et al. Vulnerability of a Coupled Natural and Human System in a Changing Environment: Dynamics of Lanzhou's Urban Landscape [J]. *Landscape Ecology*, 2014, 29 (10): 1709 – 1723.

图 5 - 11　兰州市第一版城市总体规划（1954 ~ 1972 年）

资料来源：兰州市自然资源局：《兰州市第一版城市总体规划（1954 - 1972 年）》，（2017 - 09 - 19）［2022 - 3 - 20］. http：//zrzyj. lanzhou. gov. cn/col/col10426/index. html。

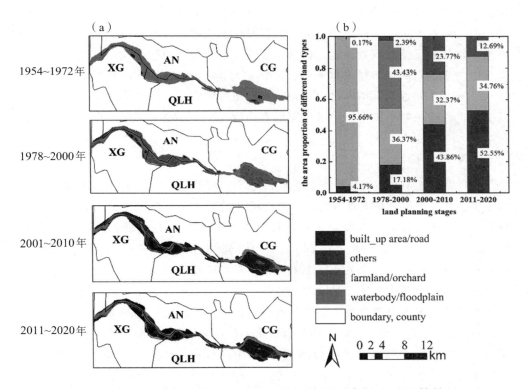

图 5 - 12　兰州市城市规划中土地利用数据要素提取及计算结果

　　图 5 - 12 中，将兰州市 1954 ~ 2020 年四版城市规划的土地利用数据做要素提取并计算，结果揭示了城市化进程中人与水空间的变化。图 5 - 12a 和图 5 - 12b 分别展示四个阶段水空间收缩和人类活动扩张的过程以及 1954 ~ 2020 年土地利用和土地覆盖变化的结果。"others" 是指山地、绿化带、预留地、裸地等。

　　在 1954 ~ 1972 年的城市规划中，黄河处于漫流状态，水域面积为 55.26 平方公里，占所选面积的 95.66%。1978 ~ 2000 年，水域面积急剧减少至 21.13 平方公里，减少了 61.76%，只保留了主要河道和少量河滩。大部分水体空间转化为低强度的人类活动空间——农田和果园，占整个洪泛区的 43.43%（见图 5 - 12b）。在最近两个版本的城市规划中（2001 ~ 2010 年和 2011 ~ 2020 年），水体空间略有下降，表明水体空间不能再被占用，农田和果园被转变为建成区域和道路——高强度的人类活动空间。与第一版城市规划内容相比，2011 ~ 2020 年水体空间减少了 63.54%，其中 79.89% 的空间被高强度的人类活动空间替代。

　　总的来说，水体萎缩的原因大概有三种。第一，人类依水生活的习惯。美丽的水景和便捷的水运吸引人们定居，平原适合低成本开发建设。第二，城市化需要更多的土地来满足多种社会和经济功能。第三，由于人口剧增和土地资源的短缺，人类被迫侵占自然生态空间，忽视对环境的破坏和潜在洪水威胁。兰州水体空间的萎缩与上述三个因素均有关，尤其是城市化进程。兰州城市土地类型的演变是由水体和洪泛区到农用地，再到建成区，水空间区域的人类活动强度越来越大，人与水的空间竞争越来越激烈，这将不可避免地改变城市的洪水风险特征。作为一种非工程性防洪措施之一，空间规划被视为国家防洪政策中重要的土地调控手段，在减少城市洪水风险的暴露性方面所起的作用越来越受到重视[1][2]。

（三）结论

　　在这个示例中，我们通过相关地图下载软件、网络爬虫等，结合水利部黄河水利委员会公开数据，并辅以有关政府部门的相关数据进行洪水风险识别，满足了数据来源的多元性。正如埃莎·博霍德（A. Boholm）所指出的，风险由风险源（Risk Object）和风险受体（An Object at Risk），以及它们之间的关系（Relationship of Risk）组成，风险关系反映了观察者对风险源和风险受体知识的理解[3]。

　　洪水风险的基本特征是风险源的特征。黄河兰州段发生河流洪涝灾害的可能性有两种：一是由极端天气引发的洪水灾害，因为工程性措施的防护作用（黄河兰州段有 31 座级联水库，在汛期起到储水的作用），洪水频率高但强度小；二是工程性措施引发的洪水灾害，黄河兰州段 31 座级联水库蓄积丰富的水能资源，一旦工程性措施失效将引发潜在的灾害，这种洪水风险频率低但强度大。

　　土地利用的变化反映了风险受体的暴露性特征。在 2000 年以后的快速城市

---

　　[1]　Ran J. , and Nedovic – Budic Z. Integrating Flood Risk Management and Spatial Planning：Legislation, Policy, and Development Practice [J]. *Journal of Urban Planning and Development*, 2017, 143 (3)：05017002.

　　[2]　Oosterberg W. , Drimmelen C. V. and Vlist M. V. D. Strategies to Harmonize Urbanization and Flood Risk Management in Deltas [C]. Conference Papers of 45th Congress of the European Regional Science Association, 2005：174.

　　[3]　Boholm A. , Corvellec H. A Relational Theory of Risk [J]. *Journal of Risk Research*, 2011, 14 (1/2)：175 – 190.

化进程中，黄河兰州段水空间被压缩和侵占，取而代之的是高强度的人类活动空间——建筑用地，作为非工程性防洪措施之一——合理的土地利用措施是失效的，这增加了兰州城区的洪水隐患。洪水风险与土地利用变化之间的关系反映了黄河兰州段风险源和风险受体之间的关系，也预示了该河段未来可能面临的洪水风险，对这一问题的深入揭示需要进一步进行风险评估。

第六章

数据驱动的公共安全风险评估

充分认识公共安全风险，是做出理性风险决策的必要前提之一。如前所述，风险识别、风险评估、风险控制和风险沟通是公共安全治理的基本环节或关键功能节点。在公共安全风险识别的基础上，风险评估能通过获取和运用公共安全风险更详细的知识与信息，为风险控制尤其是风险管理政策及减灾战略制定的成本和效益判断提供事实基础。公共安全风险评估在内容上主要包括风险源评估、脆弱性评估和公共安全能力评估，其在理论认识、模型方法和实践应用方面已有较好的积累，而数据驱动公共安全研究范式的兴起为公共安全风险评估提供了知识发展的新空间。

第一节 公共安全风险评估内涵

一、风险评估的相关定义

风险评估是人们发现风险、认识风险，进而预先采取有效措施以消除或降低风险的重要方式，是制定风险管理政策的重要过程。风险评估通过结构化测度过程识别风险的外部因素与潜在伤害，并根据计算出的"严重性"和"可能性"展开风险分析，确定风险参与主体进一步需要采取的各项措施，从而有力提高防

232

范化解风险的能力，减少社会经济损失[1][2]。风险评估传统上是归于统计中的分类问题，应用模型很多，如根据判别函数的形式和样本分布的假定分类，包括多元回归分析模型、多元判别分析模型（MDA）、Logit 分析模型、近邻法、风险价值（Value at Risk）法等[3]。我国《风险管理术语（GB/T 23694—2013）》标准指出，风险评估（Risk Assessment）包括风险识别（Risk Identification）、风险分析（Risk Analysis）与风险评价（Risk Evaluation）的全过程。其中风险识别就是发现、确定和描述风险的过程，包括对风险源、事件及其原因和潜在后果的识别，涉及历史数据、理论分析、专家意见以及利益相关者的需求。风险分析是确定风险性质和风险等级的过程，是风险评价和风险应对决策的基础；而风险评价则被定义为将风险分析的结果与风险准则对比，来确定风险及其大小是否可以接受或容纳[4]。

关于公共安全风险评估，不同的领域或系统对风险评估的定义有所不同（见表 6 - 1）。在公共卫生领域，人用药品注册技术要求国际协调会议（International Conference on Harmonization of Technical Requirements for Registration of Pharmaceuticals for Human Use）在其质量风险管理指南中，将风险评估定义为风险识别（Risk Identification）、风险分析（Risk Analysis）和风险评价（Risk Evaluation）三个过程的综合，这与我国《风险管理术语（GB/T 23694—2013）》标准的界定一致。在自然灾害领域，1994 年美国国家灾害评估的第二次评估成果之一《与自然谐存》一书，将灾害评估分为三个评估精度：灾害识别、脆弱性评估（Vulnerability Assessment）和风险分析（Risk Analysis）。在工程/社会技术系统中，风险评估包括风险分析和风险评价两个过程[5]。2018 年成锡忠在《国际安全形势与反恐风险评估》中指出，恐怖主义风险属于社会风险，反恐风险评估的主要内容有三项：一是威胁等级评估；二是脆弱性等级评估；三是现有措施有效性评估。表 6 - 1 总结了不同公共安全领域风险评估的相关定义[6]。

---

① Van Duijne F. H., Van Aken D., Schouten E. G. Considerations in Developing Complete and Quantified Methods for Risk Assessment [J]. *Safety Science*, 2008, 46 (2): 245 - 254.

② Aven T. Risk Assessment and Risk Management: Review of Recent Advances on Their Foundation [J]. *European Journal of Operational Research*, 2016, 253 (1): 1 - 13.

③ 黄光球、石艳东：《基于 BP 神经网络和专家系统的营销风险评估模型》，载于《情报杂志》2005 年第 1 期。

④ 中华人民共和国国家质量监督检验检疫总局，中国国家标准化管理委员会. 风险管理术语：GB/T 23694 - 2013 [S]. 北京：中国标准出版社，2013.

⑤ ［挪威］马文·拉桑德：《风险评估：理论，方法与应用》，刘一骝译，清华大学出版社 2013 年版。

⑥ 成锡忠：《国际安全形势与反恐风险评估》，http://www.charhar.org.cn/newsinfo.aspx? newsid = 13890。

表 6 - 1 风险评估的相关定义

领域/系统	风险评估要素	内容
公共卫生	风险识别	根据风险问题及其描述，系统地运用信息（如历史数据、理论分析意见及风险涉众考虑）识别危险因素及其后果
	风险分析	估计与风险关联的识别出的危险因素，是对发生事件可能性及灾害严重性进行定量或定性研究的过程
	风险评价	将识别和分析出风险与风险标准进行比较。考虑"什么可能出错""出错的可能性多大""出错后果是什么"等三个问题的证据强度
自然灾害	灾害鉴定	确定特定地理范围内威胁人类利益的自然灾害强度及可能性
	脆弱性评估	描述特定区域内、特定强度下的自然灾害可能造成的人口伤亡、财产损失等既损害程度
	风险分析	根据不同程度伤亡及损失可能性的估计，对特定范围内所有可能的灾害风险进行更加完整的描述
工程/社会技术系统	风险分析	系统地使用既有信息识别出危险，并预测暴露于危险中的人员、财产和环境的风险
	风险评价	以风险分析为基础，考虑社会、经济、环境等方面的因素，对风险的容忍度做出判断的过程
社会安全	威胁等级评估	一是威胁意图分析。境内外涉恐人员是否有对内地重点目标实施袭击的经历；是否有对重点目标所在地实施袭击的企图；对重点目标的熟悉程度。二是威胁能力分析。涉恐人员拥有对评估对象实施袭击、造成评估损害的装备工具、物资及技能等情况。三是活动能量分析。涉恐重点目标和人群在评估对象所在地区的活动情况
	脆弱性等级评估	评估重点目标弱点的严重程度、重点目标对恐怖分子和恐怖组织的吸引力，然后确定脆弱性等级
	现有措施有效性评估	反恐风险评估的重要组成部分。通过分析控制措施的效力，确定威胁源利用弱点的实际可能性，以便找出现有各项工作措施的不足，同时也可避免重复投入

资料来源：

①ICH Expert Working Group. Quality Risk Management［R］. ICH（International Conference on Harmonisation）Harmonized Tripartite Guideline，2005.

②［美］雷蒙德·J. 伯比：《与自然谐存》，欧阳琪译，湖北人民出版社 2008 年版。

③［挪威］马文·拉桑德：《风险评估：理论，方法与应用》，刘一骝译，清华大学出版社 2013 年版。

④成锡忠：《国际安全形势与反恐风险评估》，http：//www. charhar. org. cn/newsinfo. aspx？newsid = 13890。

二、风险评估的内容组成

　　一般来说，风险评估的内容包括风险识别、脆弱性评估和风险分析三部分。但由于研究或应用情景的不同，研究者或相关研究组织将风险识别或者纳入风险评估过程，或者将其独立于风险评估过程之外，但无论如何，风险识别是风险评估的前提和基础。风险分析和风险评价的定义存在一定差异，但也有研究将二者等同或未加区分，如雷蒙德·J. 伯比[①]对风险分析的定义与马文·拉桑德[②]对风险评价定义高度吻合，从整个风险评估过程来看，风险信息的获取结果是一致的。

　　风险分析是风险评估中更为精确的分析，包括对于不同等级风险源的全面概率评估，以及风险对风险受体造成影响的概率评估，一般从两个方面进行判断：(1) 通过风险源评估确定风险在特定区域或时间发生的后果（强度×概率）；(2) 通过脆弱性评估判断可能造成伤害的严重程度。大卫·克莱顿（D. Crichton）于 1999 提出风险三角模型（Risk Triangle Model）[③]，描述了风险的三个组成要素：灾害性（Hazard）、脆弱性（Vulnerability）和暴露性（Exposure）。如果把风险的大小看作三角形的面积，任何一个组成部分增加或减少，风险就会相应增加或减少。在大卫·克莱顿的风险三角形模型中，灾害性是风险源的性质，暴露性与脆弱性则反映了风险受体的特征，这对风险对象的评估提供了测量基础。如祖里克（A. A. Dzurik）等利用每级风暴的概率（灾害性：风险源的概率、强度、范围等特征属性）和 461 座现有建筑物的价值和结构性能（风险受体脆弱性），估算出某年 5 个强度等级的飓风分别造成的可能性破坏[④]，在此，风险受体概念本身涵盖了暴露性，只有暴露于风险威胁之下，才能称为风险受体。可见在自然灾害领域，风险分析就是结合风险源评估和脆弱性评估的结果计算出风险损失概率（见图 6 - 1），进而对风险的容忍度做出判断。

　　范维澄提出的公共安全三角形理论模型，将突发事件、承灾载体和应急管理构成三角形的闭环框架，并将能量、物质和信息称为灾害要素[⑤]，其中的突发事件和承灾载体与埃莎·博霍姆（Boholm）提出的风险关系理论中的风险源与风险受体相对应。风险关系反映了观察者对风险源和风险受体之间有关知识的理解，这正是公共安全管理者应对风险的信息基础。在风险评估中，公共安全能力至关

①④　［美］雷蒙德·J. 伯比：《与自然谐存》，欧阳琪译，湖北人民出版社 2008 年版。
②　［挪威］马文·拉桑德：《风险评估：理论，方法与应用》，刘一骝译，清华大学出版社 2013 年版。
③　Crichton, D. Natural Disaster Management ［C］//London：Tudor Rose, 1999：102 - 103.
⑤　范维澄、刘奕、翁文国、申世飞：《公共安全科学导论》，科学出版社 2013 年版。

重要，它可以通过前期识别、预防风险源、设立防灾标准以及应急救援，提高风险受体的韧性，干预风险源与风险受体之间的关系。

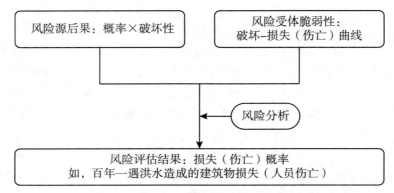

图 6-1　风险分析在风险评估过程中作用

在上述讨论的基础上，本书将风险评估内容确定为对公共安全风险源、风险受体及公共安全能力的评估，将风险评估内容与风险要素结合起来，其关系如图 6-2 和表 6-2 所示。

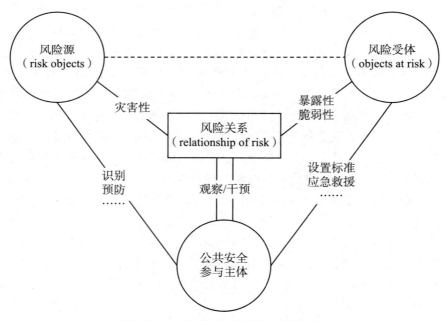

图 6-2　公共安全风险评估内容

表 6 - 2　　　　　　　**风险评估内容与风险要素**

风险评估内容	评估对象	风险要素
风险识别	风险源	灾害性
脆弱性评估	风险受体	暴露性与脆弱性
公共安全能力评估	公共安全参与主体	公共安全能力

第二节　公共安全风险源评估

一、公共安全风险源评估内容

从风险关系理论来说，风险源一般指对处于风险中的对象构成威胁的客体，风险源可能会降低风险受体的价值，甚至完全消除风险受体[①]。一般认为，风险源本身并不构成灾害，只有当风险源的强度超过了影响区域内人类社会系统的脆弱性水平和应对能力，才会导致灾害的发生[②]。风险源与灾害系统中的致灾因子（Hazards）有相似之处。灾害系统的结构体系包括孕灾环境、致灾因子和承灾体。致灾因子，是指产生于孕灾环境的异动因子，如自然异动（暴雨、雷电、台风、地震等）、人为异动（操作管理失误、人为破坏等）、技术异动（机械故障、技术失误等）、政治经济异动（能源危机、金融危机等）等，给人身安全、财产安全或各种活动带来不利影响，甚至造成罕见灾害或极端事件的发生[③]。风险源与致灾因子的不同之处在于风险源可以被构建，可以接受新的解释、定义或语境，如狗威胁人，狗是风险源，疏于管理的狗主人也可以被认为是风险源，推广攻击性犬的商业行为也可以是风险源[④]，风险源由被评估的系统确定。

联合国减少灾害风险办公室（United Nations Office for Disaster Risk Reduction，UNDRR）将风险源定义为"可能导致生命损失、伤害或其他健康影响、财

---

① Christoffersen M. G. Risk，Danger，and Trust：Refining the Relational Theory of Risk ［J］. *Journal of Risk Research*，2018，21（10）：1233 - 1247.

② 张月霞、王辉：《台风风暴潮灾害风险评估研究综述》，载于《海洋预报》2016 年第 2 期。

③ 卢文刚、张雨荷：《中美雾霾应急治理比较研究——基于灾害系统结构体系理论的视角》，载于《广州大学学报（社会科学版）》2015 年第 10 期。

④ Boholm A.，Corvellec H. A Relational Theory of Risk ［J］. *Journal of risk research*，2011，14（2）：175 - 190.

产损失、社会和经济破坏或环境退化的过程、现象或人类活动"①。我国《风险管理术语（GB/T 23694—2013）》认为风险源是"可能单独或共同引发风险的内现在要素"，包括有形和无形的。风险源可以是自然现象、人造产品、文化表征或行为，表6-3列出了风险或危害来源的概况，这些风险来源并没有囊括所有，相互之间也有交叉②。风险源及其影响可能是单一的、连续的或组合的，每种风险源都以其位置、强度（或大小）、频率和概率为特征，其中生物风险源还包括其传染性、毒性或病原体的其他特征（如剂量反应、潜伏期、病死率和对病原体传播的估计）③。大卫·克莱顿的风险三角形模型中，灾害性指的就是风险源的性质，用灾害发生的概率和灾害强度表示。范维澄指出风险评估包括风险的概率和强度评估两个内容，风险的概率指风险发生的可能性，通过资料积累和观察发现造成风险的规律性；风险强度指风险后果的严重程度，假设风险发生，评估其可能导致的直接损失和间接损失④，其中风险强度评估包括承灾载体的破坏程度和脆弱性评估，这一概念并未区分风险源和风险受体，但是风险概率与我们定义的风险源灾害性意涵相近。

表6-3 风险源或危害来源概述⑤

风险源类别	示例
物理因素	电离辐射、非电离辐射、噪声（工业、休闲等）、动能（爆炸、坍塌等）、温度（火灾、过热、过冷）等
化学因素	有毒物质（阈值）、遗传毒性/致癌物质、环境污染物、复合混合物等
生物因素	真菌和藻类、细菌、病毒、转基因生物（GMO）、其他病原体等
自然力	风、地震、火山活、干旱、洪水、海啸、野火、雪崩等
社交危害	恐怖主义和破坏、人身暴力（犯罪行为）、羞辱、围攻、侮辱、人体实验（如创新医疗应用）、集体歇斯底里症、心身综合征等
复杂性危害（多因素联合）	食品（化学和生物）、消费品（化学、物理等）、技术（物理、化学等）、大型建筑，如建筑物、水坝、公路、桥梁、关键基础设施（物理、经济、社会组织和通信）等

公共安全风险源评估是风险评估的必要基础，其实质是评估风险源的灾害性质，是预测风险源造成威胁的范围、强度及发生概率的过程，也是评估公共安全

①③ UNDRR：Terminology：Hazard，https：//www.undrr.org/terminology/hazard.
②⑤ Renn，Ortwin. *Risk Governance*：*Coping with Uncertainty in a Complex World*［M］. London：Earthscan，2008：6.
④ 范维澄、刘奕、翁文国、申世飞：《公共安全科学导论》，科学出版社2013年版。

风险自然属性的过程。公共安全风险源评估涉及的学科、行业门类繁多复杂，评估方法上也没有固定的模式，需要学术界专业的学科知识，实务界的现场处置经验和技术，公众的风险感知，以及公共管理者卓越的决策能力。以下将在不同领域介绍风险源的评估过程。

二、不同领域公共安全风险源评估

以自然灾害为例，风险源评估是确定在特定地理范围内威胁人类利益的自然灾害等级（强度）及相应概率。强度指破坏程度，如洪水强度的衡量指标是洪水淹没区域内的水深和流速，或二者乘积；飓风和地震强度通常用萨菲尔/辛普森（Saffir/Simpson）指数和里氏震级（Richter）表示；火灾强度指标包括火线长度、火势蔓延速度和火焰长度等。早期研究主要集中在确定实际观测的灾害现象与可能影响因素之间的统计关系，后来从灾害的发生机理出发，建立数值模拟模型，开展自然灾害风险源强度的计算和评估，研究方法也由定性、半定量分析转向数值模拟。自然灾害出现的概率通常以年为单位计算，或者利用灾害发生的时间间隔表示，如某地区某年发生飓风的概率为10%，100年一遇的洪水或地震等[1]，这种以不同重现期作为判断标准，反映了不同规模自然灾害的危害程度。不同重现期的统计分析主要采用龚贝尔、皮尔逊Ⅲ型曲线、韦伯分布、广义极值分布、帕累托分布和联合概率分布等计算方法，以预测分析一个区域在未来长期时间里发生灾害的危险程度，为政府规划部门制定防灾减灾规划提供科学依据，这也是风险源评估的主要方法[2]。图6-3所示为陈文方等构建的热带气旋大风危险性概率模拟过程，利用路径模型、强度模型和风场模型及其他模型生成研究点（区）的风速样本，最后使用参数或非参数概率曲线拟合方法得到大风风速的超越概率曲线，可以计算任意重现期下的大风风速[3]。除此之外，贺芳芳等基于Copula联合函数中的三维变量的超越概率模型，评估"雨洪风""雨洪潮"和"雨风潮"联合超越概率[4]；王旭等采用比值权重和无量纲化线性组合方法，构建能综合表达灾害事件强度的灾损指数，利用百分位数法将灾害事件的强度定量划分为4个等级，基于灾害出现次数和灾损指数，分析盆地风沙灾害的时

---

① ［美］雷蒙德·J. 伯比：《与自然谐存》，欧阳琪译，湖北人民出版社2008年版。
② 张月霞、王辉：《台风风暴潮灾害风险评估研究综述》，载于《海洋预报》2016年第2期。
③ 陈文方等：《热带气旋灾害风险评估现状综述》，载于《灾害学》2017年第4期。
④ 贺芳芳、梁卓然、董广涛：《上海地区洪涝致灾因子复合概率及未来变化分析》，载于《灾害学》2021年第2期。

空分布特征①。在风险源评估过程中，一些数据和技术支持是必须的，如3S技术和各种模拟系统，绘制风险地图以实现风险源灾害性的可视化等。

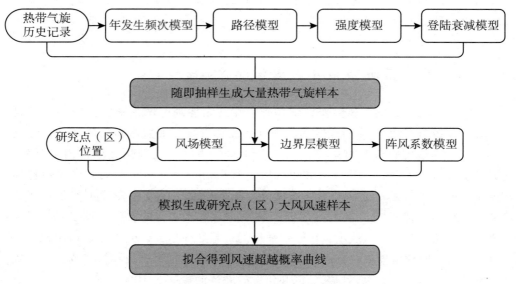

图6-3　热带气旋大风危险性概率模拟过程

资料来源：陈文方等：《热带气旋灾害风险评估现状综述》，载于《灾害学》2017年第4期。

在社会安全方面，恐怖主义活动是国际社会较为关注的威胁全球公共安全的风险之一②，也是以人类活动为风险源的典型类型。成锡忠认为，恐怖主义风险是发达国家面临的三大社会风险之一，对恐怖主义风险源评估可以根据战略性反恐情报、基础调研、最新情报信息，从威胁意图、威胁能力、活动能量等方面确定威胁等级③。现有研究主要利用全球恐怖主义数据库（GTD）、维基百科等网络数据和机器学习算法等大数据挖掘技术，分析恐怖事件的时空特征及影响因素，进而评估恐怖事件危害等级。林振凯（Zhenkai Lin）等④提出了用于风险评估与预测的数据驱动型反恐预警系统，该系统主要包括危害等级评价模型（见图

---

① 王旭、王昀、陈宝欣、王秀琴、李斌：《塔里木盆地风沙灾害强度和频次的时空分布特征》，载于《干旱区地理》2021年第6期。

② 卢光盛、周洪旭：《东南亚恐怖主义新态势及其影响与中国的应对》，载于《国际安全研究》2018年第5期。

③ 成锡忠：《国际安全形势与反恐风险评估》，http：//www.charhar.org.cn/newsinfo.aspx? newsid = 13890。

④ Zhenkai L., Yimin D., Jinping L. Analysis Model of Terrorist Attacks based on Big Data［C］// 2020 Chinese Control And Decision Conference（CCDC）. IEEE，2020：3622 - 3628.

6-4) 和信息预测模型两部分。危害等级评价模型属于风险源评估，对恐怖事件危害等级进行评估，并利用数据特征对犯罪嫌疑人和恐怖事件的情况进行预测。具体步骤是：首先，通过相关性计算和奇异值分解（SVD）进行数据降维；其次，构建函数对恐怖袭击危害排名；其次根据事件特点，使用贝叶斯模型与神经网络模型预测犯罪嫌疑人；最后，使用 k 均值聚类分析恐怖袭击地区，建立广义线性回归模型预测恐怖袭击情况。机器学习算法的应用提高了反恐预警模型的预测准确性，有利于反恐组织及时采取措施，有效打击恐怖主义。

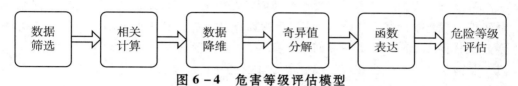

图 6-4　危害等级评估模型

资料来源：Zhenkai L，Yimin D，Jinping L. Analysis Model of Terrorist Attacks based on Big Data ［C］// 2020 Chinese Control And Decision Conference（CCDC）. IEEE，2020：3622-3628.

公共卫生安全介于社会秩序稳定、人口环境问题、医疗卫生工作之间，逐渐成为影响国家总体安全的重要非传统安全因素。突发公共卫生事件，是指突然发生，造成或可能造成社会公众健康严重损害的重大传染病疫情、群体性不明原因疾病、重大食物和职业中毒以及其他严重影响公众健康的事件，包括校园公共卫生安全、食品卫生安全、药品卫生安全、传染性疾病防治和环境卫生安全等①。《国际卫生条例（2005）》定义了全球公共卫生安全面临的一系列威胁，这些威胁源于人类行为、人类与环境的相互作用以及突发化学和放射性事件，包括工业事故和自然现象②。全球卫生安全议程（Global Health Security Agenda，GHAS）指出，全球卫生威胁包括：新传染病的出现和传播，旅游和贸易日益全球化促成的疾病传播，耐药、致病病原体的增加、意外释放、盗窃或非法使用危险病原体的潜在威胁③。其中病原体是造成极端公共卫生安全事件的重要风险源之一。病原体的传播借助于中间宿主或感染者的行为轨迹，因此除了对病原体的危害性评估，如发病机理、临床和流行病学特征及自然史等④，具体如患病率、病毒致死率、病毒传播率等指标，更重要的是以此为基础建立仓室模型（Compartment Model），如

---

① 韩国元、冷雪忠：《国内公共卫生安全研究的文献计量分析》，载于《中国安全生产科学技术》2022 年第 1 期。

② World Health Organization. *International Health Regulations*（2005）- 2nd ed ［M］.（Switzerland）Geneva：WHO Press，2008.

③ CDC：What is Global Health Security?，https：//www. cdc. gov/globalhealth/security/what. htm.

④ World Health Organization. *Rapid Risk Assessment of Acute Public Health Events* ［R］. Geneva，Switzerland：World Health Organization，2012.

SIR、ISI、SEIR、SEIS 等[1]。在合理的评价指标基础上，风险源评估多采用层次分析法、聚类分析法等，通过卫生相关指标之间的数量特征、数量关系和数量变化分析公共卫生事件风险等级[2]。如毕佳等采用熵值法对新冠肺炎疫情的 6 个危险性评价指标进行风险源评估，提高了公共卫生事件风险评估的准确性[3]。

近年来，国家经济社会发展对能源、原材料等的需求居高不下，矿井开采趋于深部化，大规模化工园区增多，城市地下管网建设与运行更加稠密，事故灾难的发生原因趋于复杂化，评估这类风险源多根据复杂性科学的原理。如：适用于灾害蔓延动力学模型的水电气网、交通网、通信网等城市生命线，一个微小扰动就可能引起整个网络的瘫痪[4]；在建筑物火灾事故中，利用温度随时间的演化揭示建筑物火灾中大火的轰然和回燃现象[5]；在煤尘瓦斯爆炸中，利用爆炸压力的动力学演化得到了煤尘在不同腔体中分散及爆炸传播特征[6]，都是利用动力学模型评估风险源灾害性的重要方法。

对公共安全风险源进行评估，需要利用观察、调查、统计分析、模型计算和模拟仿真、情景推演等不同的技术方法（见图 6-5）解构和分析风险源的灾害性，其中风险源灾害性波及的范围有确定性和不确定性之分，如自然灾害的风险源危害的范围通常有一定边界，比较容易确定，但某些公共卫生事件，人既是风险源（致病菌的载体），也是风险受体，波及范围流动性较大，具有不确定性，这类风险的灾害性强度也需要有明确的定义，以区别含有风险受体脆弱性的风险强度。

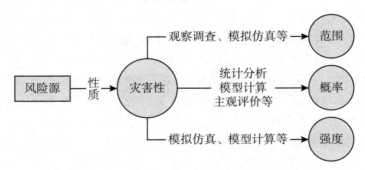

图 6-5　风险源的主要评估内容和主要方法

---

①⑤　范维澄、刘奕、翁文国、申世飞：《公共安全科学导论》，科学出版社 2013 年版。

②③　毕佳、王贤敏、胡跃译、罗孟涵、张俊华、胡凤昌、丁子洋：《一种基于改进 SEIR 模型的突发公共卫生事件风险动态评估与预测方法——以欧洲十国 COVID-19 为例》，载于《地球信息科学学报》2021 年第 2 期。

④　翁文国、倪顺江、申世飞、袁宏永：《复杂网络上灾害蔓延动力学研究》，载于《物理学报》2007 年第 4 期。

⑥　杨龙龙：《煤尘瓦斯爆炸反应动力学特征及致灾机理研究》，中国矿业大学博士学位论文，2018 年。

第三节 公共安全脆弱性评估

脆弱性评估是依据风险源评估结果，将风险源造成威胁的范围、强度及发生概率与受风险源威胁的财产、人口等价值对象，即风险受体的信息相结合，对暴露于不同风险源强度等级下的损失或伤亡作出估算，因此脆弱性评估的对象就是风险受体。脆弱性反映了系统的固有弱点[1]，是风险受体的客观属性，认识风险受体的脆弱性属性，是进行风险评估的关键。

一、脆弱性的内涵

脆弱性研究起源于西方国家，让·马加特（J. Margat）在 1968 年对地下水污染的研究中首次提出脆弱性概念[2]。1974 年怀特（G. F. White）在 *Nature Hazards* 一书中研究了自然灾害领域的脆弱性。随后脆弱性研究从灾害、生态、环境等自然领域逐渐延伸到金融、管理等社会领域，脆弱性的内涵也从针对自然领域的固有概念向具有更为广泛意义的社会领域扩展[3]。灾害学、突发事件以及应急管理的研究重点也由 20 世纪 20 年代的致灾因子（风险因素）论向脆弱性研究转移[4]。

联合国国际减灾战略（ISDR）对术语"Vulnerability"的解释是[5]"由物理、社会、经济和环境因素或过程确定的条件，这些因素或过程会增加个人、社区、资产或系统对危险影响的敏感性"。我国《风险管理术语（GB/T 23694—2013）》认为"脆弱性"是易受风险源影响的内在特性。海姆斯（Y. Y. Haimes）将脆弱性定义为系统易遭受破坏或损失的一种固有状态的表现[6]。本·维斯纳（B. Wisner）从自然灾害的角度定义脆弱性：人或组织通过应急预案抵抗自

---

① Ezell B. C. Infrastructure Vulnerability Assessment Model（I－VAM）[J]. *Risk Analysis*，2010，27（3）：571－583.

② 田水承、张成镇：《安全工程领域脆弱性"玻璃心"模型构建》，载于《中国安全生产科学技术》2018 年第 6 期。

③ 沈宁宁：《城市商业综合体消防脆弱性评价研究》，西安科技大学硕士学位论文，2020 年。

④ 石勇、许世远、石纯：《自然灾害脆弱性研究进展》，载于《自然灾害学报》2011 年第 2 期。

⑤ UNDRR：Terminology：Hazard，https：//www.undrr.org/terminology/vulnerability.

⑥ Haimes Y. Y. On the Definition of Vulnerabilities in Measuring Risk to Infrastructures [J]. *Risk Analysis*，2006，26（2）：293－296.

然灾害并且从自然灾害中恢复的能力①。根据美国国家研究委员会报告②，"脆弱性不仅仅是物理安全，它是一个完整的系统过程，至少包括暴露性、应对能力和长期的调解或者适应能力"。

从系统论的角度来看，脆弱性是系统的客观属性，会影响到危险事件发生的后果，降低脆弱性可以降低危险事件的风险，但降低风险却不一定将能降低系统脆弱性，脆弱性会受到系统内外因素的影响③。脆弱性也表示系统组成要素可能对系统产生影响的程度④，系统的脆弱性越高，系统本身存在的薄弱环节对系统的影响越大，造成的后果也越大；系统的脆弱性越低，系统结构越完善，系统的薄弱点对系统的影响力越小。巴克尔（Philip Buckle）通过承灾载体的损失及破坏程度，从定性角度描述脆弱性，损失程度和破坏程度越大，脆弱性越高⑤。

综上，脆弱性通常被界定为系统容易受到损害的可能性、程度或状态⑥，与恢复、适应等"能力"相关。但由于"脆弱性"研究的对象和学科视角差异很大，至今未有明确统一的内涵界定。埃泽尔（B. C. Ezell）认为描述脆弱性属性包括：对某物的易感性、系统薄弱、与威胁或风险相关的目标、接触危险等主题，如使用"易受……影响"，"应对"（Cope 和 Deal）来定义脆弱性⑦。李鹤等根据众多脆弱性概念界定，将脆弱性内涵归纳为四类⑧⑨：（1）脆弱性是暴露于不利影响或遭受损害的可能性，此说法着重分析风险产生的潜在影响；（2）脆弱性是遭受不利影响损害或威胁的程度，强调系统面对不利风险（灾害事件）的结果；（3）脆弱性是承受不利影响的能力，突出社会、经济、机制和权力等人文因素的影响作用；（4）脆弱性是一个概念的集合，包含"风险""暴

---

① Blaikie P., Cannon T., Davis I., et al. *At Risk：Natural Hazards，People's Vulnerability and Disasters* ［M］. De Gruyter，2004.

② National Research Council of the National Academies. *Review of the Department of Homeland Security's Approach to Risk Analysis* ［M］. National Academies Press，Washington，DC，2010：129 – 176.

③ ［挪威］马文·拉桑德：《风险评估：理论，方法与应用》，刘一骝译，清华大学出版社 2013 年版。

④ 郭宁、郭鹏、赵静：《基于复杂网络的串联式项目群结构脆弱性分析》，载于《工业工程与管理》2019 年第 4 期。

⑤ Buckle P. *Assessing Resilience and Vulnerability in the Context of Emergencies：Guidelines* ［M］. Melbourne：Dept. of Human Services，2000.

⑥ 黄建毅、刘毅、马丽、李鹤、苏飞：《国外脆弱性理论模型与评估框架研究评述》，载于《地域研究与开发》2012 年第 5 期。

⑦ Ezell B. C. Infrastructure Vulnerability Assessment Model（I – VAM）［J］. *Risk Analysis*，2010，27（3）：571 – 583.

⑧ 李鹤、张平宇、程叶青：《脆弱性的概念及其评价方法》，载于《地理科学进展》2008 年第 2 期。

⑨ 耿玉锋：《安全脆弱性评估在石油行业海外社会安全中的应用研究》，中国石油大学（华东）博士学位论文，2013 年。

露性""敏感性""适应性""恢复力"等一系列相关概念，既考虑系统内部条件对系统脆弱性的影响，还要关注系统与外界环境相互作用的特征。

系统的脆弱性取决于处于威胁中的物体（风险受体/承灾载体）的易损性特征。在风险关系理论中，风险受体指受风险源威胁的价值物，处于危险中的物体不是被赋予危险和威胁的身份，而是围绕着价值、损失、脆弱性和保护需求等特征构成的[1]。风险受体可以是系统、人、社区等，风险受体的脆弱性评估对象可以是目标人群的免疫系统、易受影响的群体、建筑物的结构缺陷等[2]。

二、风险受体脆弱性

埃莎·博霍姆（A. Boholm）认为风险由风险源（Risk Object）和风险受体（An Object at Risk），以及它们之间的关系（Relationship of Risk）组成[3]。风险受体也称承灾载体，是突发事件的作用对象。风险受体一般由两个要素构成：受到威胁和具有价值，通常指暴露于风险之下的人、物和系统（人与物及其功能共同组成的社会经济运行系统），如智慧经济时代的新型基础设施系统，主要包括5G基站、特高压、城际高速铁路和城市轨道交通、新能源汽车充电桩、大数据中心、人工智能、工业互联网等领域，涉及诸多产业链。研究风险受体的破坏机理与脆弱性可以有效地在事前采取适当的防范措施，在事中采取适当的救援措施，在事后实施合理的恢复重建[4]。风险受体在风险源的破坏下表现为本体破坏和功能破坏两种形式，但其本体破坏和功能破坏具有不同的机理，对于不同类型的风险受体，研究关注的重点不同。如杰罗姆·蒂克西尔（J. Tixier）等将风险受体视为人、自然环境、基础设施，并详细构建了脆弱性指标体系[5]。

1996年，卡特（S. L. Cutter）初步明确了"物理脆弱性"和"社会脆弱性"

---

① Christoffersen，Gabriel M. Risk，Danger，and Trust：Refining the Relational Theory of Risk［J］. *Journal of Risk Research*，2015：1 – 15.

② Renn，Ortwin. *Risk Governance：Coping with Uncertainty in a Complex World*［M］. London：Earthscan，2008：67 – 79.

③ Boholm A.，Corvellec H. A Relational Theory of Risk［J］. *Journal of Risk Research*，2011，14（1/2）：175 – 190.

④ 范维澄、刘奕、翁文国、申世飞：《公共安全科学导论》，科学出版社2013年版。

⑤ Tixier J.，Dandrieux A.，Dusserre G.，et al. Environmental Vulnerability Assessment in the Vicinity of an Industrial Site in the Frame of ARAMIS European Project［J］. *Journal of Hazardous Material*，2006，130（3）：251 – 264.

的具体区别，并认为社会脆弱性和物理脆弱性相互作用产生整体的受体脆弱性①。阿杰尔（W. N. Adger）将风险脆弱性划分为物理脆弱性和社会脆弱性两类，区分依据是是否有人的参与。物理脆弱性着重强调风险因素本身的自然和物理属性，如强度、持续时间和频率等，但忽略了人类活动对于灾害事件的影响；社会脆弱性则着重强调人类社会对于灾害的适应能力和恢复能力等自身属性，更多地关注人类社会作为承灾体在面对灾害时的应对方式和潜在状态②。他认为脆弱性分析必须以地区为基础，从社会、生态两方面考虑，分析角度从暴露分析、敏感性分析及适应能力切入③。但是阿杰尔（W. N. Adger）所谓的物理脆弱性，事实上讨论的是风险源的脆弱性，风险受体的脆弱性表达为社会脆弱性。杰罗姆·蒂克西尔等将风险受体视为人、自然环境、基础设施，某种程度上可以说也是将风险受体脆弱性区分为物理脆弱性和社会脆弱性。

脆弱性是系统（个人或是群体）的一种特有属性，可源于系统所属的自然环境，也可源于社会环境④。本书从"物理脆弱性"与"社会脆弱性"两方面阐释风险受体的脆弱性，并将风险受体是否与人或人的活动相关作为区分物理脆弱性和社会脆弱性的依据。

（一） 物理脆弱性

物理脆弱性由脆弱性概念衍生而来，尚未形成明确的概念内涵，它的评估对象多为建筑物、基础设施等类型的风险受体。约恩·伯克曼（J. Birkmann）认为物理脆弱性用来描述系统因为存在固有薄弱环节，在正常运行或随机因素作用的情况下出现故障的可能性及后果的严重程度⑤；斯文·福克斯（S. Fuchs）从技术角度表示，物理脆弱性被定义为因特定事件而处于风险中的元素预期损失程度，其脆弱程度取决于影响过程的强度和风险元素的敏感性⑥；周扬等认为物理脆弱性主要关注承灾体损伤程度与灾害发生的强度、频率、持续时间的可能关

---

① Cutter S. L. Societal Vulnerability to Environmental Hazards ［J］. *Progress in Human Geography*，1996，20（4）：529 – 539.

② Adger W. N. ，Brooks N. ，Bentham G. ，et al. New Indicators of Vulnerability and Adaptive Capacity ［R］. Tyndall Centre for Climate Change Research Norwich，2004.

③ Janssen M. A. ，Ostrom E. Resilience，Vulnerability，and Adaptation：A Cross-cutting Theme of the International Human Dimensions Programme on Global Environmental Change ［J］. *Global Environmental Change*，2006，16（3）：237 – 239.

④ 周扬、李宁、吴文祥：《自然灾害社会脆弱性研究进展》，载于《灾害学》2014 年第 2 期。

⑤ Birkmann J. *Measuring Vulnerability to Natural Hazards：Towards Disaster Resilient Societies* ［M］. New York：United Nations University，2006.

⑥ Fuchs S. ，Heiss K. ，J. Hübl. Towards an Empirical Vulnerability Function for Use in Debris Flow Risk Assessment ［J］. *Natural Hazards & Earth System Science*，2007，7：495 – 506.

数据驱动的公共安全风险治理

系，并将承灾体本身的物理属性视为其"自然脆弱性"①。成蕾等将房屋建筑作为风险受体，从建筑结构安全角度评估承灾体在灾害作用下的承灾能力，讨论风险受体脆弱性的物理维度性②。德·奥利维亚（A. O. de Oliveira）根据对康塞奥潟湖水位波动的分析，描述了该潟湖面对海平面上升的物理脆弱性③。近年来，学者们采用各种方法开展了物理脆弱性评估工作，这些方法大致分为脆弱性矩阵、脆弱性曲线和脆弱性指标等三类（见表6-4）④。

表6-4　　　　　　　　　　物理脆弱性评估常用方法

方法	具体内容
脆弱性矩阵	脆弱性矩阵是一种定性方法，利用经验数据或专家判断分配脆弱性，脆弱性矩阵可以对事件的过程和结果之间的关系进行简单明了的概述。但由于专家主观判断损害程度，因此，脆弱性矩阵的可转移性和比较能力有限
脆弱性曲线	脆弱性曲线是一种定量方法，大量研究使用不同类型的损失数据生成不同类型的危害的脆弱性曲线。卢娜（Quan Luna B）等开发了建筑物的经验易损性曲线⑤；托奇尼克（R. Totschnig）和斯文·福克斯（S. Fuchs）使用非线性回归方法生成了阿尔卑斯山地区不同建筑类型对河流泥沙输送和泥石流的脆弱性曲线⑥；罗文君（Wen-chun Lo）等根据台湾的建筑重建和再生产费用，利用损失数据编制了脆弱性曲线⑦；张帅（Shuai Zhang）基于大量的建筑物损伤观测数据和模拟泥石流强度，提出了一组新的物理易损性曲线来评估泥石流对建筑物的损伤⑧

---

① 周扬、李宁、吴文祥：《自然灾害社会脆弱性研究进展》，载于《灾害学》2014年第2期。

② 成蕾、李碧雄：《基于指标法的建筑物理脆弱性评估研究进展》，载于《震灾防御技术》2020年第2期。

③ de Oliveira A. O. , Bonetti J. Dynamical Descriptors of Physical Vulnerability to Sea-level Rise in Sheltered Coastal Systems：A Methodological Framework［J］. *Estuarine, Coastal and Shelf Science*, 2021, 249：107118.

④ Kang H. S. , Kim Y. T. The Physical Vulnerability of Different Types of Building Structure to Debris Flow Events［J］. *Natural Hazards*, 2016, 80（3）：1475-1493.

⑤ Quan L. B. , Blahut J. , Van W. C. J. , et al. The Application of Numerical Debris Flow Modelling for the Generation of Physical Vulnerability Curves［J］. *Natural Hazards and Earth System Sciences*, 2011, 11（7）：2047-2060.

⑥ Totschnig R. , Fuchs S. Mountain Torrents：Quantifying Vulnerability and Assessing Uncertainties［J］. *Engineering Geology*, 2013, 155（2）：31-44.

⑦ Lo W. , Tsao T. , Hsu C. Building Vulnerability to Debris Flows in Taiwan：A Preliminary Study［J］. *Natural Hazards*, 2012, 64（3）：2107-2128.

⑧ Zhang S. , Zhang L. , Li X. , Guo Q. Physical Vulnerability Models for Assessing Building Damage by Debris Flows［J］. *Engineering Geology*, 2018, 247：145-158.

续表

方法	具体内容
脆弱性指标	该方法强调脆弱性指标的选择、权重分配和脆弱性指数发展的整体作用，既能够评估单位受体的脆弱性特征，也能显示受体间脆弱性的相对变化。科勒（Pathoma – Köhle）等提出了一种基于指标的方法，用于评估斯瓦比亚阿尔布地区的建筑脆弱性[1]；席尔瓦（M. Silva）等将震级情景与阻力相结合采用半定量方法修改了脆弱性评估[2]；萨哈（T. K. Saha）采用逻辑回归和模糊逻辑方法，基于 7 个重要参数评估
脆弱性指标	坝前和坝后的物理湿地脆弱性[3]。在大量物理脆弱性评估研究中，许多学者采用统计和机器学习技术开展评估，比如人工神经网络[4]、决策树[5]、随机森林[6]、递归神经网络[7]和卷积神经网络[8]等，大数据技术的应用高度提高了物理脆弱性评估的准确性

　　塞尔吉奥·拉戈马西诺（Sergio Lagomarsino）等[9]的研究工作阐释了物理脆弱性的实践过程与评估内容，有助于认识风险受体物理脆弱性评估在实际中的应用。他们构建了一种启发式脆弱性模型（The heuristic vulnerability model），利用

　　① Papathoma – Köhle M. , Neuhäuser B. , Ratzinger K. , et al. Elements at Risk as a Framework for Assessing the Vulnerability of Communities to Landslides [J]. *Natural Hazards & Earth System Science*，2007，7（6）：765 – 779.

　　② Silva M. , Pereira S. Assessment of Physical Vulnerability and Potential Losses of Buildings Due to Shallow slides [J]. *Natural Hazards*，2014，72（2）：1029 – 1050.

　　③ Saha T. K. , Pal S. Exploring Physical Wetland Vulnerability of Atreyee River Basin in India and Bangladesh Using Logistic Regression and Fuzzy Logic Approaches [J]. *Ecological indicators*，2019，98：251 – 265.

　　④ Aditian A. , Kubota T. , Shinohara Y. Comparison of GIS – based Landslide Susceptibility Models Using Frequency Ratio, Logistic Regression, and Artificial Neural Network in a Tertiary Region of Ambon, Indonesia [J]. *Geomorphology*，2018，318：101 – 111.

　　⑤ Thai Pham B. , Bui D. T. , Prakash I. Landslide Susceptibility Modelling Using Different Advanced Decision trees Methods [J]. *Civil Engineering and Environmental Systems*，2019：1 – 19.

　　⑥ Merghadi A. , Yunus A. P. , Dou J. , et al. Machine Learning Methods for Landslide Susceptibility Studies：A Comparative Overview of Algorithm Performance [J]. *Earth – Science Reviews*，2020，207：103225.

　　⑦ Wang Y. , Fang Z. , Wang M. , et al. Comparative Study of Landslide Susceptibility Mapping with Different Recurrent Neural Networks [J]. *Computers & Geosciences*，2020，138：104445.

　　⑧ Wang Y. , Fang Z. , Hong H. Comparison of Convolutional Neural Networks for Landslide Susceptibility Mapping in Yanshan County, China [J]. *Science of The Total Environment*，2019，666：975 – 993.

　　⑨ Lagomarsino S. , Cattari S. , Ottonelli D. [J]. *Bulletin of Earthquake Engineering*，2021，19（8）：3129 – 3163.

Da. D. O 数据库①中意大利的历史地震观测数据进行模型校准，确保了地震强度的低值和高值（观测数据不完整导致的差距）的结果客观一致。启发式脆弱性模型通过探索地震强度和峰值地面加速度之间的相关规律推导出脆弱性曲线，该脆弱性曲线能够客观表达出强度测量（IM）、损失测量（DM）与一些结构或非结构性影响因素之间的关系，从而代表建筑物的整体状态。塞尔吉奥·拉戈马西诺等利用所构建的脆弱性模型对意大利砖石建筑开展了物理脆弱性评估，评估工作的数据源于 2001 年意大利国家统计局（Istituto Nazionale di Statistica，ISTAT）人口普查中的住宅建筑清单，该清单包括关于每个城镇的建筑数量、公寓数量、平面和居民的信息，通过考虑建筑材料（砖石 M 和钢筋混凝土 RC）、建筑的年代和层数进行汇总，根据这一分类，确定了 15 个子类型的砌体建筑，并用以 M/L－M－H/A1－A5（砌体/层数/建筑年龄）命名，评估计算则依托 IRMA②（Italian Risk Maps）平台进行。如图 6－6 为根据启发式脆弱性模型推导出的两种典型建筑类型的脆弱性曲线，其中 D1～D5 表示破坏程度逐渐升高的五个等级，横坐标 PGA（Peak Ground Acceleration）指峰值地面加速度，表示发生地震时建筑物受到的最大地震作用力，该值越大，表明建筑物的潜在可能受损程度越大。

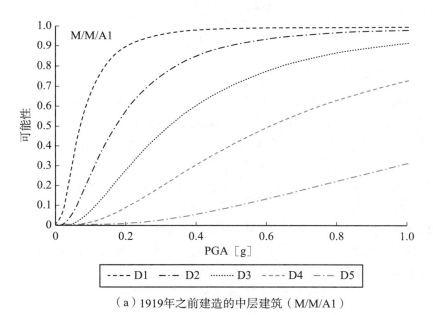

（a）1919年之前建造的中层建筑（M/M/A1）

---

① Da. D. O 数据库由意大利民防部（Italian Department of Civil Protection，IDCP）开发。

② Borzi B., Onida M., Faravelli M., et al. IRMA Platform for the Calculation of Damages and Risks of Italian Residential Buildings [J]. *Bulletin of Earthquake Engineering*, 2021, 19（8）：3033－3055.

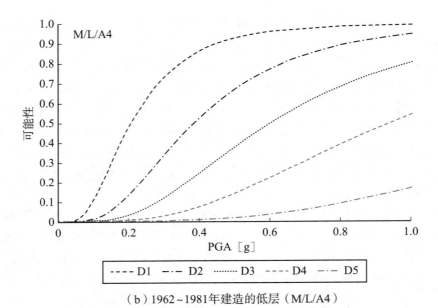

（b）1962~1981年建造的低层（M/L/A4）

图 6-6　ISTAT 建筑清单中两种建筑类型的脆弱性曲线：

资料来源：Lagomarsino S. ， Cattari S. ， Ottonelli D. The Heuristic Vulnerability Model：Fragility Curves for Masonry Buildings ［J］. *Bulletin of Earthquake Engineering*，2021，19（8）：3129 - 3163.

（二）　社会脆弱性

同等程度的公共事件发生在社会经济条件不同的地区，造成的后果完全不同。因此，在风险评估中仅探究风险受体的物理脆弱性远远不够，利用代表系统内部属性的社会脆弱性衡量公共安全事件影响更为现实有效。怀特（G. F. White）认为脆弱性评估不能局限于自然领域，还应扩展到经济、政治与社会等领域[①]。卡特（S. L. Cutter）等在研究环境灾害的社会脆弱性时指出，太多研究关注物理脆弱性和建筑环境脆弱性，社会脆弱性在很大程度上被忽视了，因为难以量化，所以灾后成本/损失估计报告中通常没有社会损失[②]。灾害学、经济学等众多学科在各自学科研究领域中已经纷纷引入社会脆弱性理念。由于阶级、族群与性别等灾前社会不平等因素的存在，使得同一地区的个人与家庭受灾风险呈现出不平等现象，同时，如果重建资源无法有效且公平分配，弱势群体的脆弱性将

---

① 周利敏：《从经典灾害社会学、社会脆弱性到社会建构主义——西方灾害社会学研究的最新进展及比较启示》，载于《广州大学学报（社会科学版）》2012 年第 6 期。

② Cutter S. L. ， Boruff B. J. ， Shirley W. L. Social Vulnerability to Environmental Hazards ［J］. *Social Science Quarterly*，2003，84（2）：242 - 261.

会相对提升，灾前阶级、族群或性别等社会不平等现象在灾后将会更加恶化，这种恶化很容易导致灾后社会冲突与政治斗争[1]，因此公共安全管理学科非常有必要将社会脆弱性引入自身学科视域。

安德森（M. B. Anderson）将社会脆弱性定义为不同群体在面对现存或即将发生的灾害时，无法及时做出相应措施而导致的潜在损失[2]；阿杰尔（W. N. Adger）认为社会脆弱性是灾害发生前就已经存在的状态，主要是指由人类社会或社区自身内容和结构决定和衍生出来的相关灾害应对能力的缺失问题。这表示不仅要关注种族、年龄、性别、风险感知、弱势人口、经济能力及贫困、保险、居住方式、不平等、边缘化、社会资本等影响效果明显的脆弱性因子，还要重视因子间作用机制问题[3]；卡特认为社会脆弱性的研究重点在于人类在灾害中的暴露程度以及社会系统的恢复能力[4]；综合上述理解，我们将社会脆弱性定义为公共安全事件对社会系统产生的伤害，是社会系统在事件发生前所具有的自身属性。

社会脆弱性内部维度众多，包括人口脆弱性、文化脆弱性、经济脆弱性、科技脆弱性、组织脆弱性和心理脆弱性等。卡鲁纳拉特纳（A. Y. Karunarathne）通过考虑从包括社会人口、身体、金融、健康和社会网络在内的五个主要组成部分中选取的 31 个稳健变量，及相关的社会资本因素，制定了多层面综合社会脆弱性指数（MFCSVI）[5]；杰西·沙吉（J. Shaji）利用 11 个社会经济和基础设施因素来评估印度西南喀拉拉邦热带海岸居民的社会脆弱性[6]；付新宇（Fu Xinyu）用地理和时间加权回归（GTWR）分析了 2020 年 3 月至 8 月纽约市人口普查区层面社区居家行为相对于社会脆弱性指标的时空模式[7]。

菲茨帕特里克（K. M. Fitzpatrick）等[8]的一项研究工作，从实际应用的角度

---

[1]　周利敏：《从经典灾害社会学、社会脆弱性到社会建构主义——西方灾害社会学研究的最新进展及比较启示》，载于《广州大学学报（社会科学版）》2012 年第 6 期。

[2]　Anderson M. B. *Disaster Prevention for Sustainable Development*：*Economic and Policy Issues*［M］. Washington, DC：World Bank, 1995：41 – 59.

[3]　Adger W. N., Kelly P. M., *Nguyen Huu Ninh. Living with Environmental Change*：*Social Vulnerability, Adaptation and Resilience in Vietnam*［M］. London：Routledge, 2001.

[4]　Cutter S. L., Boruff B. J., Shirley W. L. Social Vulnerability to Environmental Hazards［J］. *Social Science Quarterly*, 2003, 84（2）：242 – 261.

[5]　Ayk A., Gl B. Developing a Multi-facet Social Vulnerability Measure for Flood Disasters at the Micro-level Assessment［J］. *International Journal of Disaster Risk Reduction*, 2020, 49（2）：101679.

[6]　Shaji J. Evaluating Social Vulnerability of People Inhabiting a Tropical Coast in Kerala, South West Coast of India［J］. *International Journal of Disaster Risk Reduction*, 2021, 56：102130.

[7]　Fu Xinyu, Zhai Wei. Examining the Spatial and Temporal Relationship between Social Vulnerability and Stay-at-home Behaviors in New York City during the COVID – 19 Pandemic［J］. *Sustainable Cities and Society*, 2021, 67（6）：102757.

[8]　Fitzpatrick K. M., Drawve G., Harris C. Facing New Fears During the COVID – 19 Pandemic：The State of America's Mental Health［J］. *Journal of Anxiety Disorders*, 2020, 75：102291.

更好地诠释了社会脆弱性评估及相关工作。他们利用实证研究和地理标识等方法评估了 COVID - 19 早期流行背景下美国居民的心理情绪、社会脆弱性、心理健康程度及以上三个维度的交叉影响（见表 6 - 5）。此项研究通过在线平台收集了 2020 年 3 月 23 日至 29 日时间段内美国成年人的调查数据，利用地理标识技术探索了 COVID - 19 产生的恐惧、担忧和威胁感知等心理情绪的空间变化，并基于性别、种族/民族、工作状况、婚姻状况和家庭状况等指标评估了美国居民的社会脆弱性（见表 6 - 5），最后利用回归模型探讨了美国居民由 COVID - 19 产生的心理情绪和社会脆弱性与心理健康结果之间的影响关系。该项研究工作将社会脆弱性与其他研究热点与问题相结合，展现了社会脆弱性评估的更多可能。

表 6 - 5   **回归模型的相关变量测量**

变量	测量内容
心理情绪	恐惧；担忧；威胁
区域（美国）	东北；南方；中西部；西部
社会脆弱性	性别；种族（黑裔、亚裔、美洲原住民、西班牙裔、其他族裔）；是否美国出生；家庭有无子女；婚姻状态；有无工作
心理健康	CES - D* 症状；一般性焦虑

注：* 流行病学研究中心抑郁量表（Center for Epidemiological Studies - Depression，CES - D）。
资料来源：Fitzpatrick K. M.，Drawve G.，Harris C.. Facing New Fears During the COVID - 19 Pandemic：The State of America's Mental Health ［J］. *Journal of Anxiety Disorders*，2020，75：102291.

三、脆弱性评估方法和模型

利用大数据技术对公共安全风险进行脆弱性评估、识别系统的脆弱点并努力消减至最低状态以保障系统有序运行，是公共安全脆弱性评估的主要研究目标。其评估方法主要有恢复力法、指标体系评价法、脆弱性函数模型评价法、图形可视化方法等① （见表 6 - 6）。

---

①   王诗莹：《城市关键基础设施系统的脆弱性评估方法》，哈尔滨工业大学博士学位论文，2017 年。

表 6 - 6 公共安全脆弱性评估方法分类

方法	内容
恢复力法	此法将脆弱性看作恢复力的对立面，综合考虑承灾系统、受体属性、具体灾害及时间尺度，恢复力评估值越大，脆弱性越小①
指标体系评价法	抽取具有代表性的指标体系并进行赋值，从而进行脆弱性评估。以多属性值理论为基础，根据评估目的建立指标体系和评价模型，实现多维多元的公共安全脆弱性评估②
脆弱性函数模型评价法	以要素为驱动提取脆弱评估构成要素，建立数学函数模型评估脆弱性构成要素间的相互作用关系，结合数据理论对脆弱性进行分析。③ 史培军提出响应评估函数模型，认为广义脆弱性应由区域时空脆弱性、承灾体脆弱性、孕灾环境脆弱性组成④
图形可视化方法	随着遥感、GIS 技术逐渐成熟，学者开始应用脆弱性地图等图形化方式开展脆弱性评估⑤，该法主要应用于人文系统、地理系统等，获取图层信息后在公共安全事件扰动背景下运用仿真、建模等方法评价脆弱性⑥

基于表 6 - 6 的相关评估方法，风险脆弱性评估模型⑦主要有：

风险—灾害模型（RH，the Risk - Hazards）⑧：该模型由伊恩·伯顿（I. Burton）等提出，RH 模型将灾害看作风险因素与人类相互作用的产物，并从受体暴露性和敏感性两方面分析，没有考虑受体对灾害结果的缩小或放大作用以及

---

① 刘婧、史培军、葛怡、王静爱、吕红峰：《灾害恢复力研究进展综述》，载于《地球科学进展》2006 年第 2 期。

② 施建刚、俞晓莹：《气候变化下长三角城市群基础设施脆弱性评估及空间分析》，载于《同济大学学报（自然科学版）》2020 年第 12 期。

③ Perez R. T., Feir R. B., Carandang E., et al. Potential Impacts of Sea Level Rise on the Coastal Resources of Manila Bay: A Preliminary Vulnerability Assessment [J]. *Water, Air, and Soil Pollution*, 1996, 92 (1): 137 - 147.

④ 史培军：《三论灾害研究的理论与实践》，载于《自然灾害学报》2002 年第 3 期。

⑤ Papathoma - Köhle M., Kappes M., Keiler M., et al. Physical Vulnerability Assessment for Alpine Hazards: State of the Art and Future Needs [J]. *Natural hazards*, 2011, 58 (2): 645 - 680.

⑥ Metzger M. J., Leemans R., Schröter D. A Multidisciplinary Multi-scale Framework for Assessing Vulnerabilities to Global Change [J]. *International Journal of Applied Earth Observation and Geoinformation*, 2005, 7 (4): 253 - 267.

⑦ 建毅、刘毅、马丽、李鹤、苏飞：《国外脆弱性理论模型与评估框架研究评述》，载于《地域研究与开发》2012 年第 5 期。

⑧ Burton I., Kates R. W., White G. F. *The Environment as Hazard* [M]. Oxford: Oxford University Press, 1993.

相应的影响途径。

压力—状态—响应模型（PAR，Pressure-and-Release）[①]：该模型由皮尔斯·布莱基（P. Blaikie）等建立，认为风险由灾害和脆弱性组成，暴露单元在压力影响下与其相互作用产生了风险，从全球根源、区域压力和当地环境条件等方面，解释了不同社会系统面对灾害时暴露性和脆弱性产生及差异的原因，但 PAR 模型忽略了人地系统的相互作用关系。

综合脆弱性模型：该模型不再重点关注承灾个体的物理脆弱性，而是以区域为单位，从自然、社会、经济和环境等方面综合衡量系统脆弱性，既考虑系统面对压力的内部敏感性，又考虑系统面对外部压力的暴露性。沃特（M. J. Watts）和博勒（H. G. Bohle）构建了粮食安全脆弱性的"三角模型"分析框架，从经济、社会、政治和体制等多元角度探讨了脆弱性产生的背景[②]；博勒从脆弱性外部和内部相互作用的辩证关系、资源使用权及冲突和危机理论，分析了脆弱性构成要素及其相互作用关系，进而建立了"钻石模型"分析框架[③]；特纳（B. L. Turner）等提出了耦合系统脆弱性分析框架（Airlie House Vulnerability，AHV），AHV 将系统脆弱性划分为三个维度：暴露度（Exposure）、敏感性（Sensitivity）和恢复力（Resilience）[④]；科林·波尔斯基（C. Polsky）等将脆弱性解构为"暴露—敏感—适应"三部分，建立了 VSD 模型（Vulnerability Scoping Diagram）[⑤]。

风险脆弱性评估模型的合理构建与有效应用促进了各领域脆弱性评估工作的发展，但由于"脆弱性"概念尚处于发展阶段，脆弱性评估也未形成统一的方法，故建立具有普遍意义的公共安全脆弱性评估模型和评估体系是目前需要持续投入的工作之一。

罗梅乌·文森特（R. Vicente）等学者[⑥]的一项关于地震脆弱性与风险评估的

① Blaikie P. , Cannon T, Davis I, et al. *At Risk：Natural Hazards，People's Vulnerability and Disasters* [M]. De Gruyter，2004.

② Watts M. J. , Bohle H. G. The Space of Vulnerability：The Causal Structure of Hunger and Famine [J]. *Progress in Human Geography*，1993，17（1）：43 - 67.

③ 樊博、聂爽：《应急管理中的"脆弱性"与"抗逆力"：从隐喻到功能实现》，载于《公共管理学报》2017 年第 4 期。

④ Turner B. , Kasperson R. E. , Matson P. A. , et al. A Framework for Vulnerability Analysis in Sustainability Science [J]. *Proceedings of the National Academy of Sciences*，2003，100（14）：8074 - 8079.

⑤ Polsky C. , Neff R. , Yarnal B. Building Comparable Global Change Vulnerability Assessments：The Vulnerability Scoping Diagram [J]. *Global Environmental Change*，2007，17（3）：472 - 485.

⑥ Vicente R. , Parodi S. , Lagomarsino S. , et al. Seismic Vulnerability and Risk Assessment：Case Study of the Historic City Centre of Coimbra, Portugal [J]. *Bulletin of Earthquake Engineering*，2011，9（4）：1067 - 1096.

研究工作，更深入具体地介绍了脆弱性评估方法与模型，评估内容包括物理脆弱性和社会脆弱性。该研究从详细程度、评估规模和数据使用等方面讨论了地震脆弱性评估方法，并总结为以下三类：一是基于定性信息，开发适用于大规模分析的地震易损性评估框架；二是基于力学模型，结合建筑存量的客观物理数据进行评估；三是基于数学建模，对建筑物以及居民开展全面调查和脆弱性评估。该研究以葡萄牙的科英布拉市（Coimbra）为例，使用混合方法对其旧砖石建筑进行了全面识别和评估调查，调查内容主要包括建筑类型和图纸、建筑物特征和缺陷以及社会人口特征等。首先，基于统计方法和易损性观测的脆弱性方法评估物理损害与地震强度的关系，根据 GNDT Ⅱ 级方法[①]提出地震脆弱性指数公式，依据 14 项参数（见表 6 - 7）制定地震脆弱性指数；其次，使用计算出的脆弱性指数估计特定强度地震事件后的建筑物损失，并伤亡人数、家庭经济状况等社会经济指标优化损失估计结果；最后，使用数据库管理系统存储建筑特征和调查信息，利用 GIS 技术处理敏感性分析和情景模拟等相关数据，识别出暴露程度较高、损失风险较大的城市区域，以预测改造战略对减少脆弱性和由此造成的经济损失的影响，从而大规模评估地震脆弱性和破坏力，预测风险情景，最终实现建筑物特征脆弱性、客观风险和损失估计结果的相互关联，以支持风险管理行动和决策的制定。

表 6 - 7　　　　　　　　　　　地震脆弱性指数（Iv）

参数		技术分类 C_{vi}				权重 p_i	脆弱性指数 I_v
		A	B	C	D		
1. 结构性建筑系统	P1 抵御系统类型	0	5	20	50	0.75	$I_V^* = \sum_{i=1}^{14} C_{Vi} \times p_i$
	P2 抵御系统质量	0	5	20	50	1.00	
	P3 常规强度	0	5	20	50	1.50	
	P4 墙壁间最大距离	0	5	20	50	0.50	
	P5 楼层数量	0	5	20	50	1.50	
	P6 地理位置与土壤条件	0	5	20	50	0.75	

---

① GNDT：Scheda di esposizione e vulnerabilità e di rilevamento danni di primo livello e secondo livello（muratura e cemento armato），https：//emidius. mi. ingv. it/GNDT2/Pubblicazioni/Lsu_96/vol_1/schede. pdf.

续表

参数		技术分类 C_{vi}				权重 p_i	脆弱性指数 I_v
		A	B	C	D		
2. 不规则与相互作用	P7 聚合位置及其交互	0	5	20	50	1.50	$0 \leqslant I_v^* \leqslant 650$
	P8 计划配置	0	5	20	50	0.75	
	P9 高度规律	0	5	20	50	0.75	
	P10 墙壁开孔及其对齐程度	0	5	20	50	0.50	
3. 楼板与屋顶	P11 水平楼板	0	5	20	50	1.00	
	P12 屋顶系统	0	5	20	50	1.00	
4. 维护状态与其他要素	P13 脆弱性和保护状态	0	5	20	50	1.00	Normalised index $0 \leqslant I_v^* \leqslant 100$
	P14 非结构性元素	0	5	20	50	0.50	

注：A，B，C 和 D 为 4 类日益增加的脆弱性，详情见资料来源第 1075 页。

资料来源：Vicente R., Parodi S., Lagomarsino S., et al. Seismic vulnerability and risk assessment：Case study of the historic city centre of Coimbra, Portugal［J］. *Bulletin of Earthquake Engineering*，2011，9（4）：1067－1096.

第四节　公共安全能力评估

一、公共安全能力与评估

（一）公共安全能力

尼古拉斯·卢曼（N. Luhmann）的社会系统理论[①]指出，风险的潜在损失归因于社会系统——人的决策，危险的潜在损失归因于环境——自然界，随着人类行为向自然无限扩张，自然界的部分被不断内化为系统，人类面临的安全风险不断增加。当风险源的灾害性和风险受体的脆弱性超出人们的应对能力（Coping Capacity），就会给人类带来灾难（Disasters）。联合国国际减灾战略（IS-

---

① Luhmann N. *Risk：A Sociological Theory*［M］. Routledge，2017.

DR）对术语"Disaster"的解释是：由于危险事件与暴露条件、脆弱性和能力（Capacity）相互作用，导致社区或社会在任何规模上的功能严重中断，造成人、物、经济和环境的一项或多项损失和负面影响[1]。这里的"能力"在 *Living with Risk*：*A Global Review of Disaster Reduction Initiatives* 一书中的定义是："一个社区、社会或组织内所有可用的优势（Strengths）和资源（Resources）的总和，可以降低风险水平或灾难的影响，可以包括物质、制度、社会或经济手段，以及个人或集体的技能属性，如领导力和管理能力"[2]。同时国际减灾战略对"应对能力"（Coping Capacity）也进行了定义：人们或组织利用现有资源和能力面对可能导致灾难的不利后果的手段，包括在常态以及危机或不利条件下可管理的资源，应对能力的增强通常会建立抵御自然和人为灾害影响的恢复力。应对能力有别于对策（Counter Measures），对策指为应对和减少灾害风险而采取的所有措施，通常指的是工程（结构）措施，也包括设计和使用的非工程措施，用于避免或限制自然灾害及相关环境和技术灾害的不利影响。范维澄提出的公共安全三角形模型中，将应急管理定义为预防或减少突发事件及其后果的各种人为干预手段，可以作用于突发事件或承灾载体[3]，作用于突发事件可降低突发事件发生的可能性或时空强度，作用于承灾载体可增强承灾载体的抵御能力、减少脆弱性。这里的"应急管理"与联合国国际减灾战略对"应对能力"的定义是相似的。

2007 年，《世界卫生报告》将全球公共卫生安全定义为：采取一系列主动、被动措施，最大限度地减少急性公共卫生事件对跨地理区域和国际边界人群集体健康的危害，降低人口对严重健康威胁的脆弱性[4][5]，其内涵是"为尽可能减少对一个国家的不同人群、不同团体、不同区域，以及跨国性的群体健康造成威胁的紧急公共卫生事件发生的可能性而采取的预见性和反应性行动"[6]。结合前述定义，公共安全应对能力可理解为减少公共安全风险源对社会系统的危害，并降低风险受体脆弱性，运用现有的优势和资源应对和管理不利局面、突发事件和灾害的能力，其主体是公共安全管理部门，在风险关系中处于干预者的位置。基于这一理解，公共安全能力可定义为社会系统内可用于应对威胁公共安全的现象、

---

[1]　UNDRR：Terminology，https：//www.undrr.org/terminology/disaster.

[2]　International Strategy for Disaster Reduction（UN/ISDR）. *Living with Risk*：*A Global Review of Disaster Reduction Initiatives*［R］. Geneva：United Nations Publication，2004.

[3]　范维澄、刘奕、翁文国、申世飞：《公共安全科学导论》，科学出版社 2013 年版。

[4]　World Health Organization. *World Health Report* 2007：*A Safer Future*：*Global Public Health Security in the 21st century*［R］. Geneva：WHO Press，2007.

[5]　Koivusalo，Meri and Mackintosh，Maureen. Global Public Health Security：Inequality，Vulnerability and Public Health System Capabilities［J］. *Development and Change*，2008，39（6）：1163 – 1169.

[6]　蔡毅：《全球公共卫生安全能力评估标准——基于中国抗击新冠肺炎疫情实践的启示》，载于《中国行政管理》2021 年第 6 期。

257

物质、人类活动或局面的所有可用优势和资源总和，包括物质、制度、社会或经济手段，以及个人或集体的技能属性，如领导力和管理能力等。卡特里娜飓风导致新奥尔良85%的地区被淹没，1 500人丧生，大约10万人无家可归①，这是公共安全能力发挥失常的严重后果，包括社区能力、资源、应急管理机构的失败和一些领导人的"不作为"②。

公共安全是世界各国经济社会良性发展和国家管理正常运行的前提和基础，公共安全能力是国家、城市和社群社会韧性的重要体现。美国的国家突发事件管理系统（NIMS），英国的综合应急管理系统，日本从中央到地方的防灾减灾资讯系统及应急响应系统，德国的危机预防信息系统，以及我国的以"一案三制"为代表的应急管理制度等③，这些国家层面的公共安全基础设施的建设表明，公共安全能力建设被世界各国上升到国家战略的高度。

（二）公共安全能力评估

在风险关系理论中，公共安全部门指参与主体（包括管理主体和参与者），处于干预者的位置，公共安全能力评估围绕公共安全部门管理能力进行，其内容和知识体系，与公共安全参与主体在处置公共安全事件的过程和类别有关。

从生命周期角度，公共危机管理过程模型有两阶段模型、三阶段模型、四阶段模型和五阶段模型④等，其中三阶段模型按照危机前、危机中和危机后进行总结，如努纳马科等提出的三阶段模型即指危机发生前的预警和准备、危机发生时的响应和危机发生后的恢复，与FEMA前期提出的三阶段模型，即准备、响应和恢复有共通性。童星等梳理了风险、突发事件（灾害）和危机三者之间的逻辑关系，认为风险与危机之间的因果关系只是潜在的，只有通过突发事件，这种隐性因果关系才能转变为显性，因此三者之间存在时间上的递进关系，在管理实践上对应三种管理内容，即风险治理、应急管理、危机治理⑤。按照上述理解，我们认为公共安全能力评估从生命周期或过程视角，总体上应包括风险治理能力评估、应急管理能力评估和危机治理能力评估三大类型。

---

① Van Heerden I. L. The Failure of the New Orleans Levee System Following Hurricane Katrina and the Pathway Forward ［J］. *Public Administration Review*，2007，67：24 – 35.

② 张庆霞：《城市洪涝灾害治理的社会韧性研究》，兰州大学博士学位论文，2021年。

③ 刘奕、倪顺江、翁文国、范维澄：《公共安全体系发展与安全保障型社会》，载于《中国工程科学》2017年第1期。

④ 沙勇忠：《公共危机信息管理》，中国社会科学出版社2014年版。

⑤ 童星、张海波：《基于中国问题的灾害管理分析框架》，载于《中国社会科学》2010年第1期。

数据驱动的公共安全风险治理

奥特温·伦（O. Renn）在研究风险治理时提出横向治理和纵向治理①，纵向治理定义了从社区到国家，再到全球的政治舞台。例如，任何联邦制政府结构都是沿着类似的垂直治理路线设计的。在社区层面，刘杰等研究了云南省社区应急能力指标体系②，郭彩霞对集镇社区应对新冠疫情的应急管理能力进行评估③；地方层面，王德鲁（Delu Wang）等从监测预警能力、防灾减灾能力、响应和恢复能力四个维度对小城镇突发环境污染事故的应急能力进行评估④；国家层面，美国"国家风险和能力评估"计划提出了国家风险应对5大任务领域的32项核心能力指标⑤；在全球层面，WHO框架下的联合外部评估（Joint External Evaluation，JEE）为全球首个公共卫生安全能力评估工具⑥。

公共安全参与主体有不同的职能部门，在每一个垂直层面上，来自横向的不同行为者（政府、经济利益团体、学术专门组织和民间社会行为者）可以加入治理进程，并为治理进程贡献知识或价值，这些参与主体，成为公共安全能力评估的类型划分标准之一。能力评估可以有整体系统评估、机构组织评估和个人评估等，如政府危机管理能力评估⑦，企业应急管理能力评估⑧⑨，矿山专职救援队救援能力评价⑩，大学生应急能力评估⑪等。《中华人民共和国突发事件应对法》划分的四类突发事件——自然灾害、事故灾难、公共卫生和社会安全，是公共安全管理的对象，对应的公共安全能力评估也可分为四种类型。公共安全能力评估根据参与主体、管理对象、区域范围划分类型详见图6-7。

① Renn O. *Risk Communication and the Social Amplification of Risk* [M]. Springer Netherlands，1991：287 - 324.

② 刘杰、胡欣月、杨溢等：《云南省社区应急能力指标体系构建及评估应用》，载于《安全与环境学报》2023年第4期。

③ 郭彩霞：《集镇社区应急管理能力提升研究》，山西财经大学博士学位论文，2021年。

④ Wang D.，Wang Y. Emergency Capacity of Small Towns to Endure Sudden Environmental Pollution Accidents：Construction and Application of an Evaluation Model [J]. *Sustainability*，2021，13（10）：5511.

⑤ U. S. Department of Homeland Security：Threat and Hazard Identification and Risk Assessment（THIRA）and Stakeholder Preparedness Review（SPR）Guide：Comprehensive Preparedness Guide（CPG）201，https：//www. fema. gov/sites/default/files/2020 - 04/CPG201Final20180525. pdf.

⑥ 蔡毅：《全球公共卫生安全能力评估标准——基于中国抗击新冠肺炎疫情实践的启示》，载于《中国行政管理》2021年第6期。

⑦ 张成福、唐钧：《政府危机管理能力评估——知识框架与指标体系研究》，中国人民大学出版社2009年版。

⑧ 龚秀兰、万玺：《危险化学品生产企业应急管理能力评估研究综述》，载于《价值工程》2017年第30期。

⑨ 张国辉、吴艳、张蜜：《基于灰色聚类分析的企业应急管理能力评价》，载于《经济数学》2011年第1期。

⑩ 姚璐：《矿山专职救援队伍救援能力提升研究》，华北科技学院2021年版。

⑪ 李广利、张丹、廖可兵、熊港、常俊杰、马敏杰：《大学生应急能力评估指标体系多群组结构方程模型》，载于《安全与环境工程》2021年第1期。

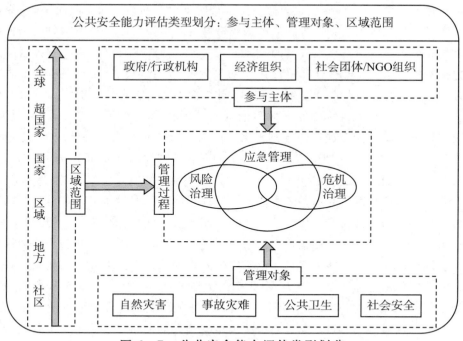

图 6 - 7　公共安全能力评估类型划分

公共安全能力是应对威胁公共安全的现象、物质、人类活动或局面的所有可用优势和资源的总和，只有在具备领导力、给予资源投入、确定优先项以及做出具体承诺时，公共安全能力建设才能在实践中发挥作用。公共安全能力评估不仅可以确定国家、区域、机构和社区抵御灾害或不利局面的韧性，也可根据具体情况和价值取向选择更好的应对措施，进一步增强公共安全能力。

二、公共安全能力的评估指标

公共安全能力评估是一个涉及政治学、管理学和社会学等多个学科的复杂课题[①]，评估的知识框架和指标体系目前尚未形成统一的普适性标准，不同的评估主题其指标体系差异很大。

范维澄指出，公共安全管理全过程包括公共安全预防与应急准备、监测预警、应急处置与救援以及恢复重建，未来公共安全复杂巨系统的"风险—预测—处置—保障"高度联动，风险评估与预防技术、监测预测预警技术、应急处置与

---

① 刘杰、胡欣月、杨溢等：《云南省社区应急能力指标体系构建及评估应用》，载于《安全与环境学报》2023 年第 4 期。

救援技术、综合保障技术既是公共安全领域的核心技术体系，也是公共安全能力体系的组成部分①。张成福认为，政府危机管理评估的知识体系包括"预警—准备—舒缓—应对—重建"。美国联邦应急管理局在《2019 年国家威胁和危害识别及风险评估（Threat and Hazard Identification and Risk Assessment，THIRA）：概述和方法》中指出，采用基于能力的规划建设和维持核心能力，可以帮助预防、防范、减轻、应对和从多种威胁和灾害中恢复②，这也是美国国家应急准备的目标③。WHO框架下的全球公共卫生安全评估和全球卫生安全指数的指标设定也是以预防、监测、响应为基础进行拓展。《中国应急报告》是全面分析和展示我国应急管理发展的年度报告，自 2016 年起连续 6 年发布常规报告，其《中国区域应急表现能力评价报告》针对应急管理的准备、响应、援救、恢复 4 个阶段分别设置评价指标④。2020 年 12 月国家能源局印发《电力企业应急能力建设评估管理办法》，提出应急能力建设评估应当以应急预案和应急体制、机制、法制为核心，围绕预防与应急准备、监测与预警、应急处置与救援、事后恢复与重建四个方面开展。城市应急管理能力评估也对预防、准备、响应、监测预警、恢复与重建五个环节进行测量⑤。

从公共安全管理或公共危机管理生命周期来看，罗伯斯·希斯提出的由减缓（Mitigation）、准备（Preparation）、反应（Response）、恢复（Recovery）四阶段构成的危机管理 MPRR 模型在理论上具有代表性；实践中，中国《突发事件应对法》设定的由预防与准备、监测与预警、救援与处置、恢复与重建四个阶段所构成的应急管理过程模型，以及美国联邦应急管理局所提出的四阶段危机管理模型，其评估体系指标的设定大多以四个过程为基础⑥，并进行拓展，满足合法性、完整性、针对性、科学性、操作性等原则。

下文根据公共安全事件的不同类型、参与主体及区域范围各举一例，说明公

---

① 刘奕、倪顺江、翁文国、范维澄：《公共安全体系发展与安全保障型社会》，载于《中国工程科学》2017 年第 1 期。

② Federal Emergency Management Agency：2019 National Threat and Hazard Identification and Risk Assessment（THIRA）Overview and Methodology，https：//www. fema. gov/sites/default/files/2020 – 06/fema_national-thira-overview-methodology_2019_0. pdf.

③ U. S. Department of Homeland Security. National Preparedness Goal，https：//www. fema. gov/sites/default/files/2020 – 06/national_preparedness_goal_2nd_edition. pdf

④ 李洪鹏：《〈2021 中国应急报告〉发布沪京疆应急表现能力最好》，https：//baijiahao. baidu. com/s？id = 1704895844095032411&wfr = spider&for = pc。

⑤ 舒建峰：《基于 AHP – 模糊综合评价模型的城市应急管理能力评估》，载于《现代职业安全》2020 年第 8 期。

⑥ 向智才：《基于危机生命周期理论的环境群体性事件警务处置研究》，中国人民公安大学博士学位论文，2021 年。

共安全能力的评估指标体系的构建内容。

（一）公共卫生安全能力评估指标

全球公共卫生安全已经成为一项全球治理的重要议题，卫生健康不仅与个人福祉相关，更与国家安全、世界经济紧密相连。世界卫生组织（WHO）与全球卫生安全议程（Global Health Security Agenda，GHSA）、全球卫生安全计划（Global Health Security Index，GHSI）共同构成当今以西方为主导的全球卫生安全框架。

WHO 框架下的联合外部评估（Joint External Evaluation，JEE），是全球首个公共卫生安全能力评估工具，用于 WHO 成员国国家公共卫生安全能力自评，由196 个缔约国签署通过并于 2007 年正式实施，旨在推动 WHO 所有成员国合作保障全球卫生安全。JEE 包括四个维度（预防、监测、响应、其他威胁和入口点）、19 个技术领域，共有 48 项具体指标，帮助各国评估其卫生安全的优势和劣势，以将资源用于最紧迫的需求，保护该国和世界其他地区免受传染病的侵害；JEE也是对一个国家预防、发现和应对传染病和其他公共卫生威胁能力的自愿外部评估，各国还可以选择 JEE 中确定的高优先级行动并立即开始实施[1][2]。WHO 的IHR 基准工具可以指导各国采取适当行动以提高 JEE 每个指标所代表的技术能力[3]。

2014 年 2 月 13 日，29 个国家响应美国倡议，在 WHO、世界动物卫生组织、联合国粮农组织、欧盟、非盟、世界银行和国际刑警组织支持下发起"全球卫生安全议程"（GHSA），旨在加强全球预防、监测和响应传染病威胁的能力。GHSA 的愿景是加快实施《国际卫生条例（2005）》的进程，战略方法是在跨越多个部门和学科的 11 个技术领域进行能力建设，包括动物和人类健康、农业和安全。GHSA 与 WHO 合作，开发出对实施 JEE 至关重要的内容，具体包括：（1）准备 JEE 评估人员和 JEE 团队领导的培训材料；（2）为准备 JEE 的国家和评估人员成功执行评估提供指导；（3）使 WHO 能够在全世界实施和监督 JEE 实施的工具。[4]

---

① 蔡毅：《全球公共卫生安全能力评估标准——基于中国抗击新冠肺炎疫情实践的启示》，载于《中国行政管理》2021 年第 6 期。

② WHO. *IHR*（2005）*Monitoring and Evaluation Framework*：*Joint External Evaluation Tool*［R］. Geneva：World Health Organization，2016.

③ CDC：Joint External Evaluations（JEE）for Improved Health Security，https：//www.cdc.gov/global-health/security/ghsareport/2018/jee.html.

④ The Centers for Disease Control and Prevention（CDC）. *Advancing the Global Health Security Agenda*：*CDC Achievements & Impact*—2017［R］. U.S. Department of Health and Human Services，2018.

　　全球卫生安全指数（GHSI）约翰斯霍普金斯卫生安全中心（Johns Ho-pkins Center for Health Security）和核威胁倡议（Nuclear Threat Initiative）共同发起的一个项目，且与经济学人集团的 Economist Impact 联合研发完成，2019 年首次对 195 个国家的卫生安全和相关能力进行评估和基准测试，每 2 ~ 3 年评估一次。GHSI 在 JEE 基础上对预防、监测、响应三项能力进行了调整，增加了健康、标准和风险三项能力，2021 年的评估使用了 6 个维度 37 个指标和 171 个问题[①]（见表 6 - 8）。GHSI 评估可被视为公共卫生安全领域的一个全球公共产品，是基于 JEE 的拓展。表 6 - 8 展示了 2021 年 GHSI 的评估指标及中国各指标的排名。美国、澳大利亚公共卫生安全能力分别位居全球第一和第二位，中国位居第 53 位。2021 年全球卫生安全指数显示，所有国家仍对未来的流行病和大流行威胁毫无准备，并仍处于危险之中。GHSI 构建起了一个较为综合的全球公共卫生安全能力评估框架，但在新冠肺炎疫情检验下，GHSI 评估被证明不是一个完美的评估，它的数据收集方式和权重设置可能导致评估结果失真，如仅使用公开发布的数据，6 个维度权重相近等，同时因西方价值影响导致评估过程具有主观性[②]。

表 6 - 8　　　　　　　2021 年 GHSI 的评估指标及中国各指标排名

维度	内容说明	指标	中国排名
预防 （Prevent）	1. 预防病原体的出现或释放	1.1 抗菌素耐药性（AMR） 1.2 人畜共患病 1.3 生物安全（Biosecurity） 1.4 生物安全（Biosafety） 1.5 两用研究和负责任的科学文化 1.6 免疫	43
监测 （Detect）	2. 早期发现和报告潜在国际关注的流行病	2.1 实验室系统实力和质量 2.2 实验室供应链 2.3 实时监控和报告 2.4 监控数据的可访问性和透明度 2.5 个案调查 2.6 流行病学工作人员	42

――――――――――

　　① Johns Hopkins University. 2021 Global Health Security Index, https：//www.ghsindex.org/about/.

　　② 蔡毅：《全球公共卫生安全能力评估标准——基于中国抗击新冠肺炎疫情实践的启示》，载于《中国行政管理》2021 年第 6 期。

续表

维度	内容说明	指标	中国排名
响应 （Respond）	3. 迅速应对和减缓流行病的传播	3.1 应急准备和响应计划 3.2 实施应对计划 3.3 应急响应操作 3.4 连接公共卫生和安全部门 3.5 风险沟通 3.6 访问通信基础设施 3.7 贸易和旅行限制	75
健康 （Health）	4. 充足和强大的卫生部门来治疗生病和保护卫生工作者	4.1 诊所、医院和社区护理中心的卫生能力 4.2 卫生系统和医护人员的供应链 4.3 医疗对策与人员部署 4.4 医疗保健访问 4.5 在突发公共卫生事件期间与医护人员的沟通 4.6 感染控制措施和设备的可用性 4.7 测试和批准新的医疗对策的能力	36
标准 （Norms）	5. 提高国家能力、资金筹措和遵守规范的承诺	5.1 IHR 报告合规性和减少灾害风险 5.2 关于公共卫生和动物卫生应急响应的跨境协议 5.3 国际承诺 5.4 JEE 和 PVS 5.5 融资 5.6 承诺共享遗传和生物数据及标本	141
风险 （Risk）	6. 总体风险环境和国家对生物威胁的脆弱性	6.1 政治和安全风险 6.2 社会经济弹性 6.3 基础设施充分性 6.4 环境风险 6.5 公共卫生脆弱性	57

资料来源：Johns Hopkins University. 2021 Global Health Security Index，https：//www. ghsin-dex. org/about/.

（二）公共安全参与主体能力评估指标

针对公共安全管理主体或参与者进行的能力评估，是公共安全能力评估的重要内容之一，其中危机管理能力、应急表现能力评价均是这类评估。

数据驱动的公共安全风险治理

1. 政府危机管理能力评估指标

张成福对危机管理的预警、准备、舒缓、应对和重建五个阶段评估知识体系进行了详细阐释，并在此基础上，将政府危机管理能力划分为 13 个能力指标[①]：（1）法律和权威；（2）危险识别和风险评估；（3）危险舒缓；（4）资源管理；（5）危机管理计划；（6）指挥、控制和协调；（7）通信和预警；（8）程序和执行；（9）后勤和设施；（10）培训；（11）演练、评估和矫正；（12）危机沟通和公众教育；（13）应急财政。每一项指标都可以细分为一些属性，这些属性可以进一步细分以形成操作化的量表，从而将危机管理能力评估的准则进一步具体化。如在"法律和权威能力指标"中，其次级指标包括政府制定、遵守及确保执行相关法令、法规、标准等在内的 10 项指标。"危险舒缓的能力评估"包含 2 项次级指标，次级指标 1 的内容又包含 16 项政府应当具备的能力。

除了从公共安全事件生命周期的角度设定公共安全能力指标之外，也有从政府绩效评估的角度对公共安全能力评估指标进行设定，如许皓等对政府危机管理能力评估指标体系包括生存保障、经济发展、分配差距、学习与创新、预警与决策控制、信息保障和民众态度在内的 7 个一级指标，15 个二级指标，64 个三级指标，这些指标能够发挥评价的导向功能、监督功能和激励功能[②]。

2. 中国区域应急表现能力评价指标

应急表现能力是指政府、组织或个人在日常发生的突发事件应急处置行为中所表现出来的基本素质，直接影响着应急管理活动的效率，与应急能力的不同之处在于，应急表现能力是动态波动的，对其评价聚焦于政府在处置突发事件时呈现在社会大众面前的应急能力，包括救援能力、响应能力、现场控制能力、舆情控制能力、现场恢复能力等，这是针对公共安全主体和参与者进行的能力评估[③]。

陈安、冯佳昊等将应急准备、应急响应、应急援救、应急恢复作为评估应急表现能力的一级指标，以此为基础，结合专家咨询共设置 18 个二级指标，分别对 2018 年[④]和 2019 年[⑤]中国 31 个省市区（不包括台湾、香港和澳门）发生的自然灾害和事故灾难应急表现能力进行评估。具体评估指标如表 6 – 9 所示。

[①] 张成福、唐钧：《政府危机管理能力评估——知识框架与指标体系研究》，中国人民大学出版社 2009 年版。

[②] 许皓、杨宗龙：《地方政府危机管理能力评价的研究》，载于《中国行政管理》2007 年第 5 期。

[③⑤] 冯佳昊、陈宁：《基于 DIIS 方法的中国区域应急表现能力评价研究》，载于《安全》2020 年第 12 期。

[④] 陈安、冯佳昊：《2018 年中国 31 个省市区应急表现能力评价》，载于《科技导报》2019 年第 16 期。

表6-9   应急表现能力评价指标

一级指标	二级指标
应急准备	应急预案，应急人员，应急物资，监测预警
应急响应	指挥协调，行动时效，资源调配，现场控制，事件探因，媒体应对
应急救援	现场防护，公众疏散，伤员救治，人员安抚
应急恢复	影响减缓，事件评估，管理改进

（三）美国国家应急准备的核心能力指标

美国国家风险和能力评估（National Risk and Capability Assessment，NRCA）通过标准化和协同化过程测量全国范围内的风险、能力及差距，进而产生一系列产品，THIRA（Threat and Hazard Identification and Risk Assessment）是其成果之一[①]，THIRA 包含三个风险评估过程：一是识别需要关注的威胁和灾害；二是确定威胁或危险可能对社会产生的影响；三是建立能力目标。THIRA 过程三设定的能力目标描述了 5 个任务领域——预防、保护、减缓、响应和恢复，32 项核心能力，以应对国家面临的最大风险。美国联邦应急管理局定义国家备灾目标为"一个安全且有韧性的国家，具备整个社会所需的能力以预防、保护、减缓、应对构成最大风险的威胁和危害并从中恢复"。这些风险包括自然灾害、疾病流行、化学品泄漏和其他人为危害、恐怖袭击和网络攻击等事件。美国联邦应急管理局利用 32 项核心能力，通过以下 5 种任务实现国家防备目标[②]：（1）预防：防止、避免或中断迫在眉睫的、正具威胁性的或已经实际发生的恐怖主义行为；（2）保护：保护公民、居民、游客、资产、系统和网络免受最大威胁和危害，使国家利益、愿望和生活方式得以蓬勃发展；（3）缓解：通过减轻未来灾难的影响来减少生命和财产损失；（4）响应：在事故发生后迅速做出反应，以拯救生命、保护财产和环境，并满足人类的基本需求；（5）恢复：及时恢复、加强和振兴基础设施、房屋建筑、可持续的经济，同时快速恢复受事故影响的社区健康、社群关系、文化、历史和环境。

利益相关者准备评价（Stakeholder Preparedness Review，SPR）是针对 THIRA

---

① Federal Emergency Management Agency. National Risk and Capability Assessment，https：//www. fema. gov/emergency-managers/risk-management/risk-capability-assessment#thira.

② U. S. Department of Homeland Security. Threat and Hazard Identification and Risk Assessment（THIRA）and Stakeholder Preparedness Review（SPR）Guide：Comprehensive Preparedness Guide（CPG），https：//www. fema. gov/sites/default/files/2020 - 04/CPG201Final20180525. pdf.

中建立的能力目标对辖区当前能力水平的自我评估①。在能力评估过程中，州、地区和部落确定他们当前的能力并确定能力差距和填补这些差距的预期方法。设定能力目标需要重点考虑四个问题：一是关键任务的重要性，能否衡量交付能力目标所需的特定任务或行动；二是全国普适性，是否与多数社区相关，例如这个目标在农村社区和城市社区是否一样有用；三是目标的可测量性，能否被有意义地、定量地测量；四是操作实用性，能否指导规划、培训、演习、运营、持续改进和战略投资。THIRA 详细评估指标如表 6 – 10 所示，表中的 32 项指标是排除重复指标后的结果。

表 6 – 10　　　　THIRA 五个任务领域的 32 项核心能力指标

任务领域	核心能力指标	通用指标
预防 （Prevention）	4. 情报及资讯共享（Intelligence and Information Sharing） 5. 拦截和阻断（Interdiction and Disruption） 6. 筛选、搜索和检测（Screening, Search, and Detection） 7. 取证和归因（Forensics and Attribution）	
保护 （Protection）	4. 情报及资讯共享（Intelligence and Information Sharing） 5. 拦截和阻断（Interdiction and Disruption） 6. 筛选、搜索和检测（Screening, Search, and Detection） 7. 访问控制和身份验证（Access Control and Identity Verification） 8. 网络安全（Cybersecurity） 9. 物理防护措施（Physical Protective Measures） 10. 保护项目和活动的风险管理（Risk Management for Protection Programs and Activities） 11. 供应链完整性与安全（Supply Chain Integrity and Security）	1. 规划（Planning） 2. 公众资讯及警告（Public Information and Warning） 3. 业务协调（Operational Coordination）
减缓 （Mitigation）	4. 社会适应力（Community Resilience） 5. 长期减少漏洞（Long – Term Vulnerability Reduction） 6. 风险和灾后恢复能力评估（Risk and Disaster Resilience Assessment） 7. 威胁和危害识别（Threats and Hazards Identification）	

---

① Federal Emergency Management Agency. Increasing Resilience Using THIRA/SPR and Mitigation Planning，https：//www. fema. gov/sites/default/files/2020 – 09/fema_thira-hmp_jobaid. pdf.

续表

任务领域	核心能力指标	通用指标
响应 （Response）	4. 基础设施系统（Infrastructure Systems） 5. 重要的交通工具（Critical Transportation） 6. 环境反应/健康与安全（Environmental Response/Health and Safety） 7. 死亡管理服务（Fatality Management Services） 8. 消防管理与灭火（Fire Management and Suppression） 9. 物流与供应链管理（Logistics and Supply Chain Management） 10. 护理服务质量（Mass Care Services） 11. 大规模搜救行动（Mass Search and Rescue Operations） 12. 现场安全、保护和执法（On‑Scene Security, Protection, and Law Enforcement） 13. 作战的通信（Operational Communications） 14. 公共卫生、医疗保健和紧急医疗服务（Public Health, Healthcare, and Emergency Medical Services） 15. 态势评估（Situational Assessment）	1. 规划（Planning） 2. 公众资讯及警告（Public Information and Warning） 3. 业务协调（Operational Coordination）
恢复 （Recovery）	4. 基础设施系统（Infrastructure Systems） 5. 经济复苏（Economic Recovery） 6. 卫生和社会服务（Health and Social Services）	

资料来源：U. S. Department of Homeland Security. Threat and Hazard Identification and Risk Assessment（THIRA）and Stakeholder Preparedness Review（SPR）Guide：Comprehensive Preparedness Guide（CPG）201，https：//www. fema. gov/sites/default/files/2020 – 04/CPG201Final 20180525. pdf

一些核心能力适用于多个任务领域。例如，前三项核心能力计划（Planning）、公共信息和警报（Public Information and Warning）以及业务协调（Operational Coordination）是交叉能力，它们适用于全部五个任务领域，在表6 – 10 中的"通用指标"一栏中展示。而情报及资讯共享（Intelligence and Information Sharing）、拦截和阻断（Interdiction and Disruption）及筛选、搜索和检测（Screening, Search, and Detection）则是"预防"和"保护"两项任务的共同交叉能力。基础设施系统（Infrastructure Systems）则同时包含在"响应"和"恢复"任务区中。

三、公共安全能力评估方法和模型

公共安全能力评估具有复杂性、多层次性和多目标性，评估指标中兼有定量和定性指标，但是有些指标的确定带有较强的主观色彩和模糊性[1]，如 GHSI 评估是公共卫生安全领域的一个全球公共产品，但其依然会因为指标设置中的价值因素导致评估结果失真[2]，著名方法论学者艾尔·巴比（Earl Babble）曾说在涉及价值判断时人们很难获得一致的测量标准，研究方法的创新与拓展就是试图努力降低价值观的偏差，更多地追求科学性[3]。由于公共安全能力评估更多涉及人在公共安全管理中的作用，方法的选取显得尤为重要。目前，常见的公共安全能力评估主要基于科学的指标体系，在 DIIS（Data – Information – Intelligence – Solution）理论框架的指导下，利用层次分析法、能力评估模型、回归模型、熵值法、地理信息系统（GIS）和机器学习算法（MLA）等方法开展工作。下面简要介绍部分公共安全能力评估的理论方法、模型及应用。

（一）DIIS（Data – Information – Intelligence – Solution）理论

DIIS 理论由中国科学院科技战略咨询研究院的潘教峰提出[4]，是一种对整个智库研究过程进行融合性思考的逻辑体系，包含在收集数据（Data）、揭示信息（Information）、综合研判（Intelligence）和形成方案（Solution）四个阶段常用的51 种研究方法（见表 6 – 11），这些方法在科学性和完备性方面仍然不够充分，

表 6 – 11　　　　　　　　DIIS 理论的常用方法

阶段	方法分类	具体方法
收集数据	量化方法（4 种）	问卷调查法、信息抽取法、人名消歧分析法、网络数据采集法
	质化方法（3 种）	文本分类法、面谈调查法、在线调查法
揭示信息	量化方法（23 种）	数据包络分析法、聚类分析法、主成分分析法、回归分析法、灰色预测法、层次分析法、类比学习法、专利地图法、共现分析法、价值链分析法、成本效益分析法、S 形曲线比较法、集对分析法、因子分析法、最小二乘法、回溯分析法、效用函数法、序关系法、熵权法、离差最大化法、均方差法、变异系数法、协方差分析法
	质化方法（3 种）	SWOT 法、案例研究法、引文分析法

---

① 许皓、杨宗龙：《地方政府危机管理能力评价的研究》，载于《中国行政管理》2007 年第 5 期。

② 蔡毅：《全球公共卫生安全能力评估标准——基于中国抗击新冠肺炎疫情实践的启示》，载于《中国行政管理》2021 年第 6 期。

③ 陈樱花、陈安：《混合方法视角下的智库 DIIS 方法拓展：基于 DAIU 四阶段模型的分类研究》，载于《智库理论与实践》2021 年第 5 期。

④ 潘教峰：《智库 DIIS 理论方法》，科学出版社 2019 年版。

续表

阶段	方法分类	具体方法
综合研判	量化方法（10 种）	博弈法、证据推理法、多目标决策法、趋势外推法、技术路线图法、科学图谱法、拉开档次法、记分卡法、经济计量法、集值迭代法
	质化方法（1 种）	德菲尔法
形成方案	量化方法（5 种）	多属性决策法、因果分析法、模糊综合评价法、标杆评比法、社会网络分析法
	质化方法（2 种）	专家评议法、情景分析法

资料来源：陈樱花、陈安：《混合方法视角下的智库 DIIS 方法拓展：基于 DAIU 四阶段模型的分类研究》，载于《智库理论与实践》2021 年第 6 卷第 5 期，第 14 ~ 23 页。

还具有拓展的极大可能性和必要性[①]，但其较为契合大数据时代公共安全能力评估方法变革的趋势。冯佳昊等利用 DIIS 方法对中国区域应急表现能力进行评价[②]，首先通过德尔菲法，征求专家意见，构建应急表现能力评价指标体系，然后据此制作打分表，邀请专家进行打分与研判，最后采用加权平均方法计算出应急准备、应急响应、应急救援和应急恢复的分数。

（二）层次分析法（Analytic Hierarchy Process，AHP）–模糊综合评价模型

AHP – 模糊综合评价模型是公共安全能力评估中最常用的模型方法，AHP主要通过对各个因素指标重要性的排序，确定出相对权重系数，进而把一个复杂问题表示为有序的递阶层次模型结构[③]。AHP—模糊综合评价模型的作用是建立评价指标体系，构建判断矩阵，确定影响因素的权重，并以隶属度建立模糊综合评价矩阵，最后输出评价结果[④]。许皓等在对地方政府危机管理能力评价的研究中将评价的基本程序分为四步：确定评语集；根据指标体系的划分情

---

① 陈樱花、陈安：《混合方法视角下的智库 DIIS 方法拓展：基于 DAIU 四阶段模型的分类研究》，载于《智库理论与实践》2021 年第 5 期。

② 冯佳昊、陈宁：《基于 DIIS 方法的中国区域应急表现能力评价研究》，载于《安全》2020 年第12 期。

③ 舒建峰：《基于 AHP—模糊综合评价模型的城市应急管理能力评估》，载于《现代职业安全》2020年第 8 期。

④ 王占平、舒建峰、岳志奇、张胜利：《基于 AHP – 模糊综合评价模型与 Geostudio 模拟的排土场稳定性研究》，载于《化工矿物与加工》2020 年第 3 期。

数据驱动的公共安全风险治理

况，用德菲尔法确定各指标的权重；专家确定被评对象的末级指标得分；按模糊综合评价模型求解计算值，值的大小表明地方政府危机管理能力的强弱[1]。黄之东[2]基于危机生命周期理论，结合运用层次分析法构建我国地方政府针对公共安全事件的应急能力评价指标体系，根据专家访谈结果对预防与准备、监测与预警、处置与救援和恢复与重建等四个阶段开展公共安全能力评估。伊雷姆·奥泰（I. Otay）[3] 等为了降低基于人类（专家）判断过程中缺乏信息和主观性的风险，在现有评价模型的基础上提出了直觉模糊集方法（IVIFS），IVIFS可以处理高度不确定性并定义适当的隶属函数。具体而言，该方法首先结合分数判断和可能度矩阵（Possibility Degree Matrix），然后估计每个标准的局部和全局权重，最后使用与TOPSIS法（Technique for Order Preference by Similarity to an Ideal Solution）有相似顺序偏好的直觉模糊技术进行能力评估。伊雷姆·奥泰等利用IVIFS方法，使用多专家多标准决策（MCDM）框架评估了哥伦比亚大西洋州23个城市的灾害风险管理与应急能力，其评估框架包括四组评估标准：风险知识和组织、风险降低、灾害响应管理和灾害响应支持；以及风险管理、财务管理、能源、公共安全规范等22个子标准。

（三）灾害管理控制模型（Disaster Management Control Model，DMCM）

灾害管理控制模型（DMCM）[4] 是针对应急管理组织能力评估问题提出的，旨在通过迭代评估过程中的八大指标，提升组织应急管理能力，帮助组织决策者在应对突发事件时识别脆弱环节并调整改进。DMCM模型的评估过程涉及计划、收集、分析和报告等活动，可以在组织内部或周围发生重大变化后开展评估。通常，评估是通过自我审查、外部组织的现场审查、基准（按行业和规模划分的同行组织）和监管审查或上述方法的组合进行的。执行评估的人员应具备相关的教育、培训、经验和能力。

DMCM模型中的八项指标反映了应急管理机构范围、职能和权限，这些指标由来自20多个国家的100多名专家在5年内讨论得出，涵盖人力资源、人际关系、物质资源和执行力等维度。八项指标具体包括：领导力（Leadership）、资源

---

[1] 许皓、杨宗龙：《地方政府危机管理能力评价的研究》，载于《中国行政管理》2007年第5期。

[2] 黄之东：《G市政府公共安全应急能力评估研究》，华南理工大学博士学位论文，2020年。

[3] Otay I., Jaller M. Multi-expert Disaster Risk Management & Response Capabilities Assessment Using Interval-Valued Intuitionistic Fuzzy Sets [J]. *Journal of Intelligent & Fuzzy Systems*, 2020, 38 (1): 835 – 852.

[4] Wang X., Sugumaran V., Zhang H., et al. A Capability Assessment Model for Emergency Management Organizations [J]. *Information Systems Frontiers*, 2018, 20 (4): 653 – 667.

管理 （Resource Management）、信息与沟通 （Information and Communication）、风险管理 （Risk Management）、协调与合作 （Coordination and Cooperation）、应急管理计划 （Emergency Management Planning）、演习计划 （Exercise Program）、事件管理系统 （Incident Management System）。

　　根据组织的角色、职能、范围和权限以及组织的运作环境，DMCM 模型将应急管理能力分为四级：第一级为组织基层履行应急管理职能的能力，该层次中的基本资源和人员皆具备，能够处理简单的紧急情况，满足应急管理中的最低要求；第二级是组织用于平衡资源需求和可用性的详细计划，计划主要根据应急管理事件的知识、技能和能力制定，并定期更新；第三级则为组织设计的应急管理流程，用于评估真实事件中组织应急管理能力的实际情况，并使组织明确自身提升空间和改进措施；第四级是一个组织的最佳应急管理能力水平，展示了组织学习、适应能力以及与其他组织的有效协调与合作的能力。图 6-8 详细地展示了利用 DMCM 模型开展应急管理组织能力评估的流程。

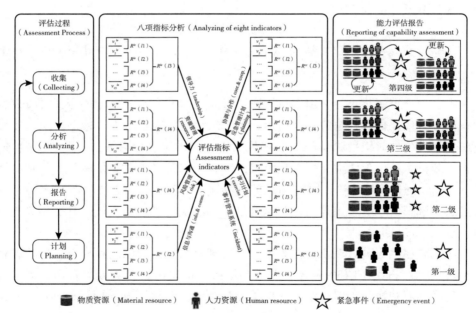

图 6-8　应急管理组织能力评估流程

资料来源：Wang X．，Sugumaran V．，Zhang H. et al. A Capability Assessment Model for Emergency Management Organizations ［J］. *Information Systems Frontiers*，2018，20（4）：653-667.

第五节　数据驱动的公共安全风险评估案例

一、全球地震风险评估

地震灾害对人类生命安全构成巨大威胁，全球地震频发造成大量的人员伤亡和经济损失，严重制约着人类社会和经济的发展[①]。开展全球地震风险评估能够有效减轻地震造成的经济社会损失[②]。因此，地震风险评估具有重要的现实意义和社会价值。本节重点介绍基于全球地震模型（Global Earthquake Model，GEM）的地震风险评估实例，以扩展对风险评估应用的整体性认知。

（一）GEM 概况及其特色产品

1. GEM 概况

全球地震模型（Global Earthquake Model，GEM）[③] 是由世界经济合作与发展组织（Organization for Economic Cooperation and Development，OECD）和全球科学论坛（Global Science Forum，GSF）于 2006 年发起的政府与社会资本合作项目，正式成立于 2009 年，是一个全球性地震危害性分析和地震风险评估合作组织，总部位于意大利帕维亚（Pavia）。GEM 旨在推动全球合作开发出开源风险评估软件与工具，制定全球公认的地震风险评估标准，收集并更新地震风险相关的数据、模型、方法和规范等资料，以帮助世界各国持续降低地震风险，促进全球风险管理的发展与进步。GEM 平台针对地震灾种，主要包括地震风险评估和综合风险评估两大功能模块[④]。地震风险评估模块是 GEM 的核心业务模块，结合历史地震资料和地球受构造作用力的形变情况分析全球地震风险状况，提供 1900 ~ 2009 年全球 5.5 级以上（含）历史地震数据库、全球断层数据库（GAF – DB）、全球地震危害地图、全球地震风险地图、地震动预测方程（GMPE）和应变力模

---

① 习聪望、何少林、王晓青、吴健、陈文凯：《甘肃陇南地区地震灾害人口风险评估》，载于《自然灾害学报》2017 年第 1 期。

② Erdik M. Earthquake Risk Assessment［J］. *Bulletin of Earthquake Engineering*，2017，15（12）：5055 – 5092.

③ GEM 官方网站网址，https：//www. globalquakemodel. org。

④ 张弛、周洪建：《全球 10 大灾害风险评估（信息）平台（三）》，载于《中国减灾》2017 年第 15 期。

型等。综合风险评估模块主要结合风险暴露度、物理脆弱性、社会脆弱性和恢复力等指标计算出地震综合风险强度，提供全球地震暴露数据库与地图、全球社会脆弱性数据库和地图、全球恢复力数据库和地图、建筑物分类数据库、次生灾害数据库、实物量信息采集工具、物理脆弱性数据库和全球交互式风险地图工具。另外，GEM 平台拥有较高的交互性与开放性，用户能够通过 Openquake 平台进行数据交互，且均可使用移动 App 上传及时采集的建筑物信息，以便更新数据库。

2. GEM 特色产品

为满足地震风险评估的高精确度、高可靠性、高适应性和可视化需求，GEM 开发了一系列产品和服务，包括地震灾害数据库、脆弱性和暴露数据库和模型、OpenQuake 软件和分析工具组件以及地震风险地图。本节简要介绍 OpenQuake 软件和全球地震风险地图两类特色产品。

OpenQuake 软件是全球地震模型基金会（GEM）的主要产品与工具，是一款开源的地震危害性分析和风险评估软件，能够在 Linux、MacOS 和 Windows 等操作系统上运行，其将危害值计算和风险值计算功能融合于一个软件工具中，能够兼容各类现有的危险性、脆弱性和暴露性模型，拥有用于模拟断层和分布式地震活动的大量震源类型，可以根据危险曲线和地面运动场的预估值进行计算。目前 OpenQuake 主要能够进行基于地震情景的风险计算、基于地震事件的风险计算和基于 PSHA 的风险计算，具体功能产品[①]如表 6 – 12 所示。

表 6 – 12　　　　　　　　　OpenQuake 产出的具体功能产品表

名称	概述
危险性曲线	给定时段内地震动参数的值和超越概率的关系曲线
危险性地图	描述给定时段内特定超越概率的地震动值的分布地图
随机地震事件集合	地震活动性的泊松模型预测的地震破裂（发生在给定时间段内）的集合
地面运动场	每个地面运动场描述由一次设定的地震破裂和地震动预测方程（GMPE）得到的地震震动参数分布
地震危险性参数解离	给出不同震级和不同位置的震源对地震危险性的贡献

　　① Silva V., Crowley H., Pagani M., et al. Development of the Open Quake Engine, the Global Earthquake Model's Open-source Software for Seismic Risk Assessment [J]. *Natural Hazards*, 2014, 72 (3): 1409 – 1427.

续表

名称	概述
损失超越曲线	损失和给定时间段内超越概率的关系曲线，可以描述单项资产的损失或各种资产的总损失
损失地图	描述给定时间段内特定超越概率的损失分布地图
平均损失地图	描述在给定时间段内平均损失（例如年平均损失）的分布图
建筑倒塌地图	描述倒塌建筑物的百分比和数量的分布地图
损失统计	损失的各种统计指标（如平均损失、损失的标准差、平均损失分布等）
收益—成本比	采取了减灾措施前后的年平均地震损失的比值

资料来源：李昌珑、吴健、徐伟进、高孟潭：《全球地震模型（GEM）研究进展综述及应用前景展望》，载于《震灾防御技术》2016 年第 11 卷第 3 期，第 582～591 页。

GEM 开发的全球地震风险地图（Global Earthquake Risk Map）主要包括全球地震灾害地图（Global Earthquake Hazard Map）、全球风险暴露图（Global Exposure Map）、全球恢复地图（Global Recovery Map）、全球经济脆弱性地图（Global Economic Vulnerability Map）、全球地震社会脆弱性地图（Global Earthquake Social Vulnerability Map）、全球地震风险地图（Global Earthquake Risk Map）以及全球地震风险和 Covid 地图（Global Earthquake Risk and Covid Map），这里简要介绍全球地震风险地图（Global Earthquake Risk Map）和全球地震风险和 Covid 地图（Global Earthquake Risk and Covid Map）。

全球地震风险地图（Global Earthquake Risk Map）2018.1 版包含四个全球地图[1]。主图展现了建筑存量因地震产生的标准化的平均年损失量（USD）的地理分布；副图 1 为全球地震危害图，其根据参考场地条件（剪切波波速 = 760 - 800 米/秒）进行计算，描绘了峰值地面加速度（PGA）的地理分布；副图 2 为全球暴露地图，其描绘了用于居住、商业和工业的建筑物的地理分布；副图 3 为全球地震死亡人数地图，描绘了由于地震引起的建筑物结构倒塌造成的年平均人员损失估计值。全球地震风险和 Covid 地图[2][3]（Global Earthquake Risk and Covid Map）展

---

[1] V. Silva, D. Amo - Oduro, A. Calderon, et al: Global Earthquake Model（GEM）Seismic Risk Map (version 2018. 1), https: //www. globalquakemodel. org/gem-maps/global-earthquake-risk-map.

[2] Dong E., Du H., Gardner L. An Interactive Web-based Dashboard to Track COVID - 19 in Real Time [J]. *The Lancet Infectious Diseases*, 2020, 20（5）：533 - 534.

[3] GEN, CSSE：Global Earthquake Risk and Covid Map, https: //maps. openquake. org/map/covid - 19 - 2020 - 05 - 20v3 - grm/#2/39. 1/2. 5.

275

示了美国约翰斯·霍普金斯大学系统科学与工程中心（CSSE）在 GEM 全球风险平台上发布的 COVID - 19 统计数据，这张组合地图能够评估出具有最大 COVID - Earthquake 综合风险的区域，如由于破坏性地震致使居民暴露性增高而导致 COVID - 19 病例增加的区域，或者因为地震导致医疗系统受损而增加 COVID - 19 风险的区域。

（二）南美洲地震风险评估项目（SARA）

GEM 联合全球合作伙伴开展了诸多地震危害和风险评估项目，覆盖欧洲、中东、南美、中美洲、北美、撒哈拉以南非洲、亚洲和太平洋等地区 150 多个国家。2013 年，GEM 组织正式启动了南美洲地震风险评估（SARA）项目，旨在通过计算危害值和风险值，估计社会经济因素对物理损失的影响，以增强人们对南美洲破坏性地震事件的响应和恢复能力。该项目侧重于计算选定情景下的城市风险，以凸显风险沟通的重要性，其主要有地震灾害（Seismic hazard）、暴露性和物理脆弱性（Exposure and Physical Vulnerability）、社会脆弱性和恢复力（Social Vulnerability and Resilience）、损失估计（National and subnational estimation of losses）和城市情景（City Scenarios）等五个模块[①]。

地震灾害（Seismic hazard）模块旨在协调关键地震数据集（包括历史地震记录、地震活动断层数据集和区域性强震记录），制定数据通用标准，开发数据收集开放工具，具体研究课题如下：评估南美洲地震灾害现状；建立统一的灾害地壳断层数据库；模拟南美洲俯冲带；整理收集南美洲地震的历史数据；选取南美洲强震数据库以及用于灾害分析地震动预测方程（GMPE）；为南美洲创建新的 PSHA 输入模型并计算结果[②]。暴露性和物理脆弱性（Exposure and Physical Vulnerability）模块主要考虑以南美洲的地区或国家为单位开发暴露数据库和脆弱性模型，并选择更易发生强烈地震的国家或地区进行详细分析，图 6 - 9 所示是 GEM 与当地专家合作开发的区域脆弱性模型。社会脆弱性和恢复力（Social Vulnerability and Resilience）模块包括制定社会脆弱性和恢复力的综合指标并开展稳健性测试和验证，提供有助于了解地震对南美洲社区潜在影响的工具和信息。损失估计（Estimation of Losses）模块主要对阿根廷、玻利维亚、智利、哥伦比亚、厄瓜多尔、秘鲁和委内瑞拉等 7 个国家进行了地震损失风险评估，利用上述的灾害模型、暴露和物理脆弱性模型，借助 OpenQuake 软件估计损失，为

---

① Miguel Toquica. Welcome to the wiki of the SARA project [EB/OL]. https：//sara. openquake. org/.

② Julio Garcia. The Hazard Component of the SARA Project [EB/OL]. https：//sara. openquake. org/hazard.

每个国家生成了一个基于事件的蒙特卡罗模拟，计算出平均年损失量。城市情景（City Scenarios）① 模块主要选取了利马（Lima）、基多（Quito）等具有典型性的城市进行情景分析，以深入探索城市地震风险。

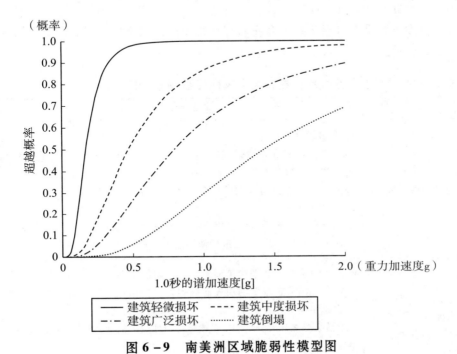

图 6 - 9　南美洲区域脆弱性模型图

资料来源：Catalina Yepes：lfm_h2. jpg，https：//sara. openquake. org/_detail/lfm_h2. jpg? id = risk.

　　在南美洲地震风险评估项目（SARA）中，社会脆弱性被定义为社会系统中可能造成损失或伤害的特性，衡量社会脆弱性需要采集研究区域的社会结构背景条件，包括与灾前准备、事中响应和灾后恢复的整体能力相关的社会经济特征，如年龄、性别、资源获取、收入分配、教育获得的机会、机构治理的能力、医疗资源和建筑环境（如住宅基础设施密度）等要素。社会脆弱性指标能够在总结地震风险复杂性的基础上提供量化指标以开展社会脆弱性研究，构建综合指标主要包括相关变量的识别、多变量分析、赋权和聚合、变量卷积或链接、结果传播或可视化等五大步骤。该项目使用 OpenQuake 综合风险建模工具包（IRMT）② 开

---

　　① Jairo Valcarcel：City scenarios，https：//sara. openquake. org/city_scenarios#quito.

　　② Burton C. G. ，Silva V. Integrated risk modelling within the Global Earthquake Model（GEM）：Test case application for Portugal［C］//Proceedings of the Second European Conference on Earthquake Engineering and Seismology，2014：25 - 29.

发社会脆弱性和综合风险指数，IRMT 由一套地理空间建模工具组成，支持将物理地震风险估计与社会脆弱性指标进行有意义的组合，IRMT 利用量子地理信息系统（QGIS）平台社会脆弱性和综合风险（SVIR）QGIS 插件，通过允许 GEM 开源工具扩展 SARA 计划的有效性，并导出与工具包兼容的物理风险计算结果，促进项目成果共享和可视化。社会脆弱性指数和综合风险指数测量步骤和方法如表 6 - 13 所示。

表 6 - 13　　　社会脆弱性指数和综合风险指数测量步骤和方法

指数	测量步骤和方法
社会脆弱性指数	1. 变量识别 （1）参考风险和弹性指标、EMI 专题报告[1]收集人口、经济、基础设施、健康和教育等方面的相关变量。 （2）构建一个具有层次的社会—经济指标数据库框架。 2. 赋权和聚合 采用等权重的聚合方法，综合指标的总分介于 0 ~ 5（0 表示社会脆弱性最低，5 表示最高），最后使用层次分析法（AHP）赋权
综合风险指数：由每个地区的损失估计模型和社会脆弱性模型完成	物理风险指数，如平均年损失、损失超越曲线、不同回报期的风险图和各种空间分辨率下的损失曲线等，主要由地震灾害发生概率、暴露和脆弱性模型计算得出。 社会脆弱性被作为一个加重系数进行物理风险估计[2]，该项目使用 Min - Max 方法重新调整年平均损失值。 地震的直接潜在影响表示为 $Rt = Rf(1 + F)$，其中 Rt 是总地震风险指数，Rf 是物理风险指数，F 是一个社会脆弱性指数

资料来源：Miguel Toquica. Development of indicators of Social Vulnerability ［EB/OL］. https：//sara. openquake. org/development_of_indicators_of_social_vulnerability，2016 - 11 - 10/ 2022 - 03 - 25.

Catalina Yepes. Calculation of losses at national and subnational level ［EB/OL］. https：// sara. openquake. org/losses，2016 - 08 - 17/2022 - 03 - 24.

二、COVID - 19 风险评估

传染病暴发将对全人类的健康构成重大威胁。2019 年初次暴发的新型冠状

---

[1]　Khazai B. and Bendimerad F. Disaster Risk Reduction in Greater Mumbai - Risk and Resiliency Indicators ［R］. EMI Topical Report TR - 11 - 03，2011：1 - 103.

[2]　Carreño M. L.，Cardona O. D.，Barbat AH. Urban Seismic Risk Evaluation：A Holistic Approach ［J］. *Natural Hazards*，2007，40（1）：132 - 137.

病毒（COVID - 19）肺炎导致了全球卫生风险急剧增加。因此，评估 COVID - 19 风险并预测分析病毒传播行为成为全球政府组织和流行病学家的关注事项①。本节重点介绍两个 COVID - 19 风险评估实例，以拓展对风险评估应用的整体性认知。

（一）全球 COVID - 19 传播跟踪项目（Global COVID - 19 Spread Tracking Project）

全球 COVID - 19 传播跟踪项目（Global COVID - 19 Spread Tracking Project）由 LexisNexis Risk Solutions 机构②与佛罗里达大西洋大学、美国科学基金会共同合作开展，旨在通过数据分析反映、预测国家/地区 COVID - 19 传播情况，评估区域范围内的 COVID - 19 风险，从而为全球 COVID - 19 危机应对提供助力。该项目利用 HPCC Systems 数据湖技术（HPCC Systems Data Lake Technology）增加数据价值，形成更具有产品价值与意义的"仪表板"③，使公众更好地理解 COVID - 19 大流行的状态和演变。

全球 COVID - 19 追踪器（HPCC Systems COVID - 19 Tracker），应用 SIR（Susceptible - Infective - Removal）经典流行病学模型，及时提供 COVID - 19 大流行的多层数据视图和科学的病毒传播指标，其数据获取、数据处理、信息跟踪和数据传递则依赖于 HPCC 系统。HPCC 系统④是一个开源（Apache 2.0 许可）大数据平台，用于大数据的并行提取、转换、加载和分析，以及大规模实时数据的交付，主要由"Thor""Roxie"和"ESP"三部分组成：Thor 用于数据提取、转换、加载和分析的大规模集群的并行处理；Roxie 是大数据交付引擎；ESP（企业服务平台）则将数据交付于最终用户。HPCC 系统架构如图 6 - 10 所示。

HPCC 系统在该项目中的应用大大增强了 COVID - 19 数据的可用性⑤，基于 HPCC 系统的全球 COVID - 19 追踪器（HPCC Systems COVID - 19 Tracker）不仅能够呈现世界各国 COVID - 19 统计数据（包括传染风险、感染风险和死亡人数等）的地理分布，还能显示 COVID - 19 风险的趋势和热点，阐述 COVID - 19 在

① Pourghasemi H. R., Pouyan S., Farajzadeh Z., et al. Assessment of the Outbreak Risk, Mapping and Infection Behavior of COVID - 19: Application of the Autoregressive Integrated-moving Average (ARIMA) and Polynomial Models [J]. *Plos one*, 2020, 15 (7): e0236238.

② LexisNexis Risk Solutions 机构官方网址：https://risk.lexisnexis.com/.

③ CSSE: COVID - 19 Dashboard, https://gisanddata.maps.arcgis.com/apps/dashboards/bda7594740fd40299423467b48e9ecf6.

④ Arjuna Chala: HPCC Systems, https://wiki.hpccsystems.com/display/hpcc/HPCC + Systems.

⑤ Lorraine Chapman: HPCC Systems and COVID - 19, https://wiki.hpccsystems.com/display/hpcc/HPCC + Systems + and + COVID - 19.

每个国家/地区的传播现状，该平台提供国家、州和县级别的风险地图浏览和热点视图服务[①]，从而识别出最关键的干预位置。

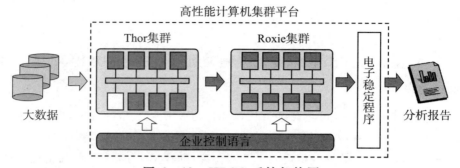

图 6 - 10 HPCC 系统架构图

资料来源：Arjuna Chala. HPCC Systems [EB/OL]. https：//wiki. hpccsystems. com/display/hpcc/HPCC + Systems，2013 - 10 - 01/2022 - 04 - 13.

1. SIR 流行病学模型与指标

基于 HPCC 系统的全球 COVID - 19 追踪器以每日、每周和累积总量的形式呈现数据，但为了平衡数据及时性与数据噪声之间的矛盾，系统主要以"周"为时间单位开展分析。系统的数据处理与分析主要依赖于 SIR 流行病学模型（式 6.1、式 6.2 和式 6.3）。SIR 流行病学模型将同质且独立的人群分为以下三类[②]：

（1）易感者（S）：这类人没有感染病毒，但可能由于感染者的传播而被感染。S 最初呈快速下降趋势，最终逐渐消失并变为零。

（2）感染者（I）：这类人已经感染了病毒。I 首先呈现出缓慢的增长，随着时间的推移，它在最大值之前转变为急剧增长。

（3）移除者（R）：这类人要么康复要么死亡。R 达到峰值后呈饱和状态。

用 $S(t)$、$I(t)$ 和 $R(t)$ 表示这三类人群在时间 t 的集合，并假设对于所有 t 而言都有 $S(t) + I(t) + R(t) = N$。则有如下等式描述 SIR 模型（β 表示接触率，μ 表示移除率）：

$$\frac{ds}{dt} = -\beta SI \tag{6.1}$$

$$\frac{dI}{dt} = \beta SI - \mu I \tag{6.2}$$

---

① LexisNexis Risk Solutions：HPCC Systems COVID - 19 Tracker，https：//covid19. hpccsystems. com/#trends.

② Wang N.，Fu Y.，Zhang H.，et al. An Evaluation of Mathematical Models for the Outbreak of COVID - 19 [J]. *Precision Clinical Medicine*，2020，3（2）：85 - 93.

$$\frac{dR}{dt} = \mu I \tag{6.3}$$

全球 COVID – 19 追踪器数据指标能进一步阐释病毒传播的过程与性质，使人们能够深入了解某一范围内 Covid – 19 风险的状态与演变①，表 6 – 14 列出了全球 COVID – 19 追踪器部分数据指标。在确定指标工作原理、内涵与其相互间关系的基础上，COVID – 19 追踪器借助 HPCC 系统与 Data Lake 技术的强大功能，通过不断迭代将知识科学分层以更深入地探究相关数据的价值。

表 6 – 14　　基于 HPCC 系统的全球 COVID – 19 追踪器部分数据指标列表

指标名	指标内涵
传染风险（Contagion Risk）	在给定范围内的 100 次随机过程中，至少遇到一位阳性感染者的估计概率。由于是否被感染受个体易感性、被感染个体行为与其他具体情况等因素影响，故该指标主要用于比较不同定位的相对风险，而非被感染的实际概率
感染状态（Infection State）	给定范围内感染的定性状态，如：快速康复（Initial/Recovered）、康复（Recovering）、已经稳定（Stabilized）、处于稳定（Stabilizing）、新增（Emerging）和扩散（Spreading）
病毒有效繁殖率（R）	基于确诊病例数和死亡数对病毒有效繁殖率的综合估计
社交距离指标（The Social Distance Indicator，SDI）	显示不同时期社会疏远行为的情况。正值表示社交距离有所改善，负值表示社交距离正在增加。社交距离增加（其他因素不变）导致感染增长率下降
预警指示器（The Early Warning Indicator，EWI）	识别病毒传播的拐点，负值表明感染正在从中性或恢复阶段过渡到新增阶段，正值表示从增长到稳定的过渡，幅度表示过渡的强度和速度
热度指标（Heat Index）	该指标为一个综合指标，旨在反映某一范围内病毒传播的整体情况，值越高风险越强。结合了病例增长（cR）、死亡率增长（mR）、社会距离（SDI）、医疗指标（MDI）和传染风险（Contagion Risk）等指标，经过校准后指标值达到或超过 1 的地区则需要重点关注与采取干预措施

资料来源：Lexis Nexis Risk Solutions. HPCC Systems COVID – 19 Tracker［EB/OL］. https：//covid19. hpccsystems. com/#trends，2022 – 04 – 11/2022 – 04 – 14.

---

① Villanustre F.，Chala A.，Dev R.，et al. Modeling and Tracking Covid – 19 Cases Using Big Data Analytics on HPCC System Platform［J］. *Journal of Big Data*，2021，8（1）：1 – 24.

2. SEIR 模型

COVID – 19 感染个体可能存在明显症状，但也可能没有症状。无症状病例的大量存在使病毒监测更具复杂性。因此，无症状传播是控制 COVID – 19 传播的过程中最具挑战性的部分①。为应对这一挑战，研究者们提出了 SIR 模型的扩展模型——SEIR 模型（Susceptible – Infective – Removal – Exposed）。SEIR 模型在 SIR 模型的基础上提出了 Exposed（E）这一新的人群类别，方程可以表述如下（式 6.4、式 6.5、式 6.6 与式 6.7）：

$$\frac{dS}{dt} = -\beta SI + (\lambda - \mu)S \tag{6.4}$$

$$\frac{dE}{dt} = \beta SI - (\mu + k)E \tag{6.5}$$

$$\frac{dI}{dt} = kE - (\gamma + \mu)I \tag{6.6}$$

$$\frac{dR}{dt} = \gamma I - \mu R \tag{6.7}$$

其中，β 表示病毒有效接触率；λ 表示易感者；μ 代表死亡率；k 表示潜在感染者到被感染者的新增率；γ 为移除率。随着实际情况的发展与变化，研究者们将不断改进现有模型，构建出更加合理科学的 COVID – 19 风险评估模型，以更好地开展预测与预防工作。

3. 社区健康风险评估②

LexisNexis Risk Solutions 机构将基于 HPCC 系统的全球 COVID – 19 追踪器（HPCC Systems COVID – 19 Tracker）所呈现的数据与可视化结果同其他利益相关者的数据与分析结果相结合，以社区为范围对 COVID – 19 背景下的健康风险进行了评估，通过识别高危人群、评价救护资源和分析综合风险，为公共卫生部门制定决策提供依据。

社区健康风险评估均以美国二级行政地区为单位，每个地区都将获得一个评估等级（低风险至高风险：0 ~ 100），例如，风险评分为 90 则表示该地区的风险情况优于美国 10% 的二级行政区、低于 90% 的地区。项目评估了如下三类高危人群组合。

（1）年龄与 COVID – 19 高危合并症的组合：基于 60 岁及以上个体中存在两种及以上 COVID – 19 高危合并症的比例对美国所有二级行政区进行了评估与排

---

① Wang N., Fu Y., Zhang H., et al. An Evaluation of Mathematical Models for the Outbreak of COVID – 19 [J]. *Precision Clinical Medicine*, 2020, 3 (2): 85 – 93.

② LexisNexis Risk Solutions. Percentile Rank of Severe Health Outcomes and Care Capacity Risks [EB/OL]. https://covid19.lexisnexisrisk.com/, 2021 – 04 – 25/2022 – 04 – 15.

序。COVID‐19 高危合并症包括哮喘、癌症、慢性肺病、冠状动脉疾病、糖尿病、心力衰竭、高血压、肝病、肾衰竭和艾滋病。

（2）年龄、COVID‐19 高危合并症和社会经济的组合：基于第一种组合评估结果以及相关社会经济风险因素对美国所有二级行政区进行了评估与排序。社会经济评分被添加到年龄和 COVID‐19 高危合并症中能够揭示其他潜在风险。经济稳定性、交通便利性以及社会背景等社会经济因素会影响社区响应医疗建议的能力，如 COVID‐19 流行背景下保持社交距离的能力。

（3）年龄与基础疾病的组合：以美国二级行政区为单位，评估了 60 岁及以上个体中患有一种或多种基础疾病（如心脏病、糖尿病、高血压或肺病）的风险并进行排序。

另外，项目根据如下四项风险标准评估了社区救护资源的差距：（1）医疗提供者风险（Provider Risk）：基于高风险人群与提供医疗服务专业人士数量的风险评估与排序。医疗提供者主要包括麻醉师、心脏病专家、住院医师、高血压专家、社区基础医疗提供者、重症监护专家、急诊医学专家、内科专家，以及心脏病学、传染病、肺病和呼吸病的治疗师。（2）医疗物资资源风险（Hospital Risk）：基于高风险人群与医院病床数量的风险评估与排序。（3）重症医疗资源风险（ICU Risk）：基于高风险人群与 ICU 床位数量的风险评估与排序。（4）药房资源风险（Pharmacy Risk），基于高风险人群、新增的 COVID‐19 病例与药房数量的风险评估与排序。

（二）新冠肺炎疫情全球预测系统（The Global COVID‐19 Prediction System）[①]

兰州大学西部生态安全省部共建协同创新中心利用跨学科研究优势与大数据技术，研发了世界上第一个新冠肺炎疫情全球预测系统（Global Prediction System of the COVID‐19 Pandemic，GPCP）[②]。风险预测一般对风险发生的可能性和风险产生的后果进行评估，是风险分析结果的呈现。GPCP 基于实时更新的流行病数据，对每个国家的逐日和季节性新增新冠肺炎发病数进行可靠预报。该系统结合统计—动力气候预测的先进技术与流行病模型，利用实时更新的 190 余个国家的疫情数据，动态修正流行病学模型的重要参数（如传染率、治愈率和死亡率等），

---

① 兰州大学西部生态安全协同创新中心：《新冠肺炎疫情全球预测系统》，http：//covid‐19. lzu. edu. cn/index. htm。

② Huang J.，Zhang L.，Liu X.，et al. Global Prediction System for COVID‐19 Pandemic ［J］. *Science Bulletin*，2020（65）：1884‐1887.

综合考虑温度、湿度和管控措施等因素对疫情发展的影响，并循环进行最优参数化反演建立预测系统，为研判疫情态势、采取有效防控手段提供科学依据，是典型的大数据驱动的公共安全风险分析较为成功的案例之一。

GPCP 共有两个模型版本，第一版使用了改良的 SIR 流行病模型，将总人口分成三种类型：易感人群（S），感染人群（I），治愈和死亡人群（R）。该团队前期研究认为新冠疫情传播的最佳温度是 5～15℃，全球 70% 新冠肺炎确诊病例出现在气温 5～15℃。另外，大气中二氧化氮含量反映了汽车尾气和工业排放情况，当二氧化氮显著减少时，说明交通量大量放缓，人际交流显著减少，14 天后疫情会显著减少。因此该模型结合了全球真实流行病数据，同时考虑气象因素和隔离措施对于 COVID－19 传播的影响。第二版使用了更复杂的 SEIR 模型。SEIR 模型定义了六种人群：易感者（S），不易感者（P），潜在感染者（E，处在潜伏期的感染者），传染者（I，尚未隔离的感染者），隔离者（Q，已确诊且已被隔离的感染者），康复者和死亡者（R），这六种人群的总和始终等于总人口（N）。该模型考虑了社区解封时间以及市民自我隔离对于疫情发展的影响，可以用来进行季节性预测及疫情的二次暴发的预测，同时利用 EEMD－ARMA 方法对预测结果进行修正，以得到更优的预测效果。

GPCP 的疫情数据主要来源于美国约翰斯·霍普金斯大学冠状病毒信息资源中心；温度、湿度等气象数据来自美国国家航空航天局与欧洲中期天气预报中心；政府管控措施强度由二氧化氮浓度变化定量反应，二氧化氮浓度异常偏低表示交通流量显著降低，政府管控措施发挥了增加社交距离、减少病毒传播的作用。该预测系统基于实时更新的流行病大数据，较为可靠地预报了各国逐日和季节性新增新冠肺炎发病数。GPCP 预测系统流程如图 6－11 所示。

GPCP 系统自 2020 年 6 月上线以来对暴发疫情进行了约 30 次预测，包括突发疫情预测评估（Assessment of Outbreak Prediction）和全球月预测评估（Global Monthly Prediction Assessment），准确率较高。突发疫情预测评估通常以一级、二级、三级响应措施下每日新增和累计确诊人数的动态变化来呈现。以 2020 年 6 月 11 日开始的北京新发地小规模疫情为例，北京第一时间采取了严格的管控措施，迅速减小了感染率，避免了疫情的大规模暴发，实际新增确诊人数 335 人，预测新增确诊人数 310 人，预测偏低 7.5%，疫情发展趋势与预测较为一致（见图 6－12a）。全球月预测评估包括全球总疫情和各国家疫情预测评估，以 2020 年 6 月美国疫情为例，实际新增确诊人数 85.7 万人，预测新增确诊人数 90 万，预测偏高 5.09%，实际新增趋势波动上升，预测新增趋势偏平缓（见图 6－12b）。

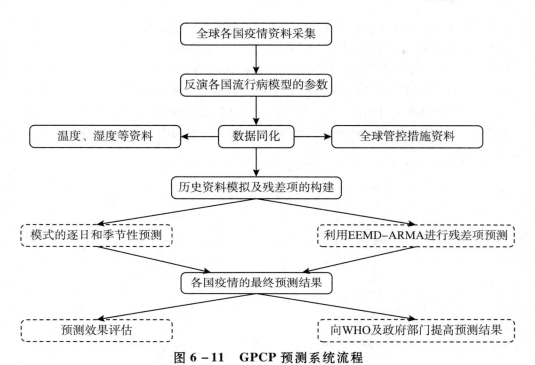

图 6-11 GPCP 预测系统流程

资料来源：兰州大学西部生态安全协同创新中心．新冠肺炎疫情全球预测系统［EB/OL］．
［2022-03-06］．http：//covid-19. lzu. edu. cn/index. htm.

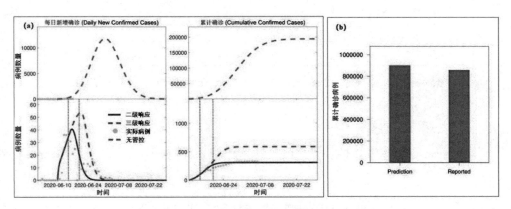

图 6-12 GPCP 系统的预测结果呈现

资料来源：新冠肺炎疫情全球预测：http：//covid-19. lzu. edu. cn/ycxt. htm。

三、城市洪水风险评估

本书第五章第四节对兰州市洪水风险进行了初步识别：（1）极端天气引发的

灾害，频度高但强度小；（2）工程性措施引发的灾害，频度低但强度大。兰州是典型的封闭河谷城市，土地资源紧缺，在过去的70年兰州市河滩和水域面积急剧减少了61.76%，只保留了主要河道和少量河滩，这给兰州市的洪水风险带来诸多不确定性。在洪水风险识别的基础上，本节我们对洪水的风险源和脆弱性进行评估，包括高强度低概率的洪水风险源的强度和范围，以及地形脆弱性和具有脆弱性的价值资本（风险受体）暴露性分析，具体评估流程、方法和内容如图6-13所示。①

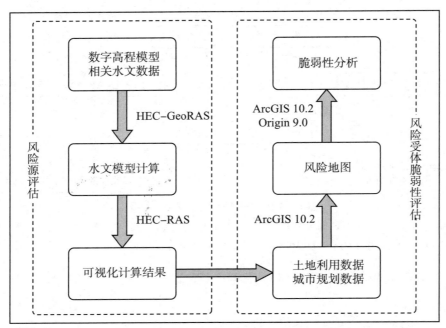

图 6 - 13　洪水风险源与脆弱性评估的具体流程、方法和内容

（一）洪水风险源评估

通常情况下，水力建模是研究沿海洪水②、河流洪水③及闪洪④等洪水灾害最

①　Sha Y., Shao R., Lu L., et al. Estimating the Impact of Urban Space Competition on Flood Risk：Case Study of the Lanzhou Reaches of Yellow River, China［J］. *Natural Hazards Review*，2021，22（3）：04021025.

②　Yin J., Ye M., Yin Z. and Xu S. A Review of Advances in Urban Flood Risk Analysis Over China［J］. *Stochastic Environmental Research and Risk Assessment*，2015，29（3）：1063 – 1070.

③　Vojtek M., Vojteková J. Flood Hazard and Flood Risk Assessment at the Local Spatial Scale：A Case Study［J］. *Geomatics，Natural Hazards and Risk*，2016，7（6）：1973 – 1992.

④　Abdelkarim A., Gaber A. F. D., Youssef A. M. and Pradhan B. Flood Hazard Assessment of the Urban Area of Tabuk City, Kingdom of Saudi Arabia by Integrating Spatial – Based Hydrologic and Hydrodynamic Modeling［J］. *Sensors*，2019，19（5）：1024.

数据驱动的公共安全风险治理

有效的风险评估方法之一[①]。模拟的结果是洪水深度和流速，可以进一步用于评估给定危险场景下的潜在损害[①]。本书采用美国陆军工程兵团（USACE）水文工程中心（HEC）开发的 HEC – RAS 5.0.6 版本及其辅助工具 HEC – GeoRAS，其可在 ArcGIS 中处理地理空间数据。HEC – GeoRAS 是帮助 HEC – RAS 准备几何数据和处理 HEC – RAS 输出的仿真结果的重要工具[②]。研究所需的数据包括地理空间数据（数字高程模型和土地利用数据）、基本水文数据和黄河断面数据。大尺度洪水情景模拟可以更直观地评估城市的洪水灾害，因此本节选取 6 500 立方米/秒和 9 054 立方米/秒两种极端流量[③]。

1. 模拟洪水强度

研究区域主要由西固区、安宁区、七里河区和城关区组成，兰州市各区洪水淹没面积由模拟结果得出。灾难的后果取决于其强度。在风险管理中，通常使用的风险矩阵法包含灾害过程强度和超越概率的信息。风险矩阵法指按照风险发生的可能性和风险发生后果的严重程度，将风险绘制在矩阵图中，展示风险及其重要性等级的风险管理工具方法，例如强度—概率矩阵[④]。在洪水灾害中，风险源洪水引发的后果用洪水强度（Flood intensity，FI）度量。其指标通常包括水深、流速或两者之间的乘积。本书采用马特伊·沃伊泰克（M. Vojtek）和雅娜·沃伊泰克娃（J. Vojteková）[⑤] 对 FI 的定义，满足公式：

$$FI = \begin{cases} d & (v \leqslant 1\,\mathrm{m/s}) \\ d*v & (v > 1\,\mathrm{m/s}) \end{cases} \tag{6.8}$$

其中，FI 为洪水强度，d 为水深，v 为流速。由于流量设计考虑了低概率洪水事件，洪水强度随着 FI 值的升高分为 5 个等级，并提供相应的土地规划建设建议（见表 6 – 15）。图 6 – 14 所示为洪水强度地图及对应洪水面积。

2. 灾害性分析

由图 6 – 15 可知，在 Q_{100} 的洪水场景中，"三滩"所在的安宁区和七里河区洪水面积占总淹没区域的 42.21%，而"雁滩"位于城关区，洪水面积占总淹没

① Skakun S., Kussul N., Shelestov A. and Kussul O. Flood Hazard and Flood Risk Assessment Using a Time Series of Satellite Images：A Case Study in Namibia [J]. *Risk Analysis*，2014，34（8）：1521 – 1537.

② USACE（US Army Corps of Engineers），Institute for Water Resources，Hydrological Engineering Center：HEC – GeoRAS，GIS Tools for support of HEC – RAS using ArcGIS 10. 2012，http：//www. hec. usace. army. mil/.

③ Sha Y.，Shao R.，Lu L.，et al. Estimating the Impact of Urban Space Competition on Flood Risk：Case Study of the Lanzhou Reaches of Yellow River，China [J]. *Natural Hazards Review*，2021，22（3）：04021025.

④ Merz B.，Thieken A. H. and Gocht M. Flood Risk Mapping at the Local Scale：Concepts and Challenges [J]. *Flood Risk Management in Europe. Springer Netherlands*，*Dordrecht*，2007：231 – 251.

⑤ Vojtek M.，Vojteková J. Flood hazard and flood risk assessment at the local spatial scale：A case study [J]. *Geomatics*，*Natural Hazards and Risk*，2016，7（6）：1973 – 1992.

区域 47.03%，这两处的洪水总面积占比为 89.24%。Q_{max} 的结果显示，"三滩"和"雁滩"的淹没面积占全部淹没面积的 91.76%。这意味着无论什么样的洪水场景，"三滩"和"雁滩"都有最大的洪水淹没面积，这些地方恰恰是曾经的水体和河滩，发生洪水时，可能面临最严重的洪水灾害。

表 6 - 15　　　　　　　　　　　洪水强度的等级分类

洪水强度（FI）	洪水等级	土地规划建议
$FI \leqslant 0.3$	非常低	允许建设区域
$0.3 < FI \leqslant 1$	低	经咨询可建设区域
$1 < FI \leqslant 3$	中等	强制受限的建设区域
$3 < FI \leqslant 10$	高	禁止建设区域
$FI > 10$	非常高	危险区域

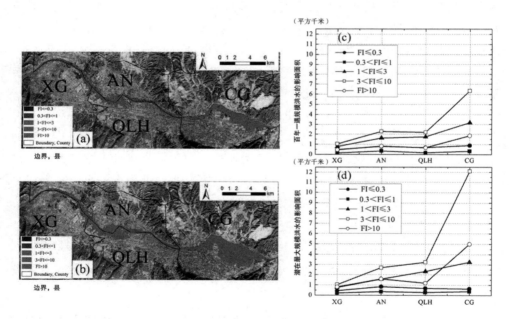

图 6 - 14　洪水强度及对应洪水面积：（a）和（c）为 Q_{100}；（b）和（d）为 Q_{max}

图 6 - 15 中洪泛区与模拟淹没区对比，大圆圈代表"雁滩"，小圆圈代表"三滩"。水体和河滩地改造成建成区或其他土地类型后，其地形脆弱性仍然存在。整个兰州段黄河，Q_{100} 中 95.18% 的模拟淹没面积在洪泛区范围内，Q_{max} 中 92.35% 的模拟洪水区域处在洪泛区范围内，这表明，土地利用和土地覆盖变化并没有改善易发洪水地区的特点。防洪措施没有使洪水风险消失或转移，而是不

断积累。面对一些突破防洪措施的大规模洪水，这些原本是水体和河滩地的区域仍然是灾情最严重的地区。法里达图（M. I. Faridatul）等指出[1]，地表水变化与其他土地覆盖的局部空间关系因地理环境而异；地势平坦，容易侵入水体，水平扩张；地势陡峭，不容易水平扩张。这表明这些低洼的被侵蚀的地区在地形上很容易受到洪水的侵袭。此外，黄河兰州段东出口桑园子峡口特殊的地形也导致了兰州城区的洪水脆弱性。黄河兰州段的桑园子峡口比较狭窄，最窄的地方仅宽7.5 米。当流量超过 3 000 立方米/秒时，该段河道会出现回水现象，当洪水流量达到 6 500 立方米/秒时，回水到达中山桥[2]。

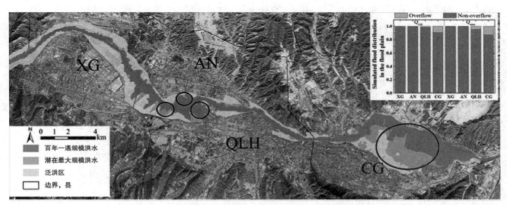

图 6 – 15　兰州市洪泛区与模拟淹没区域的对比图

（二）洪水风险脆弱性评估

本节在考虑洪水风险发生频率的基础上，模拟了两种洪水情景，并根据洪水强度划分了洪水等级，确定了洪水灾害或后果。脆弱性判断倾向于关注人和经济[3]。因此，我们将建筑、居民区、工业/商业区作为带有脆弱性属性的研究对象。总体上看，Q_{max} 的极高危险区（$FI > 10$）更可能是河道，但仍有建筑面积0.09 平方千米、居民区 0.08 平方千米和商业/工业面积 0.12 平方千米的处于这些极高危险区。高危区域和中风险区域（$3 < FI \leqslant 10$ 和 $1 < FI \leqslant 3$）分别为禁止和限制建设区域，处于这些区域的建筑物、居民区和工业/商业区面积较大。在安

①　Faridatul M. I., Wu B., Zhua X. Assessing Long-term Urban Surface Water Changes Using Multi-year Satellite Images: A Tale of Two Cities, Dhaka and Hong Kong [J]. *Journal of Environmental Management*, 2019, 243: 287 – 298.

②　黄河水利委员会上游水资源局：《黄河兰州段 200 年防洪标准计算与示范断面测量技术报告》，2006 年版。

③　Jha A. K., Bloch R., Lamond J. Cities and Flooding: A Guide to Integrated Urban Flood Risk Management for the 21st Century [J]. *Abhas Jha*, 2012, 52 (5): 885 – 887.

全区域（$FI \leq 1$），以上三种淹没对象就少得多，这意味着如果出现无法控制的洪水，住宅、建筑和工业/商业区域将更有可能处于高洪水强度区域，一旦洪水破坏性超过了防洪能力，将会有严重后果。兰州的防洪标准是能预防百年一遇的洪水，但结果表明，并不是所有的城市堤坝工程都能抵御百年一遇的洪水。

大卫·克莱顿（D. Crichton）于 1999 提出风险三角模型（Risk Triangle model）[1]，描述了风险的三个组成部分：危害性（Hazard）、脆弱性（vulnerability）和暴露性（exposure）。一般来说，风险是危害发生频率和其后果的函数，后果通常指暴露的、易受影响的价值资本。在本书中，可以假定同质价值资本（如建筑物）对洪水具有同样的脆弱性。为了更简洁地解释这个问题，我们选择建筑物、住宅区和工业/商业区作为脆弱性对象（价值资本）。洪水风险的要素及测量见表 6 – 16。

表 6 – 16 洪水风险的要素及测量

洪水风险的要素	描述与测量
洪水灾害性	洪水等级，用不同洪水强度的面积大小进行测量
洪水脆弱性和暴露性	处在淹没区域中的带有脆弱性属性的对象的数量（建筑物、居民区、商业/工业区），由相对被淹没面积度量，公式为 S_{o-i}/S_i，其中 i 是洪水等级，S_{o-i} 为洪水等级 i 下淹没对象的面积，S_i 是洪水等级 i 的区域面积

根据表 6 – 16，从脆弱性、危害性和暴露性三个方面分析了兰州市不同地区的洪水风险。显然，城关区风险脆弱性最高，其次是七里河区和安宁区。洪水面积最小的西固区，具有最低的风险脆弱性。以城关区为例，脆弱性主要来自地形因素。一是下游桑园子峡口造成回水现象；其次，由水体和河漫滩改造而成"雁滩"仍然是一个低洼地区，排水不畅、地势低洼是主要的脆弱性特征。城关区 95% 的淹没区处于中高洪水淹没区，其次是七里河区，87% 的淹没区处于中高洪水淹没区。安宁和西固区的价值资本都集中在洪水强度较低的区域，在洪水强度非常高的地区几乎没有价值资本。对于 Q_{100} 的洪水场景，西固区和七里河区的价值资本大都分布在中低洪水强度地区。Q_{max} 的洪水场景中，城关区的价值资本更多集中于高洪水强度区域，其次是七里河区的价值资本。因此，七里河区的洪水脆弱性低于城关区（见图 6 – 16）。

根据上述分析和风险三角理论可知，城关区的洪水风险最大，其次是七里河区、安宁区和西固区。这一结果与兰州市城市规划图上的西固区、安宁区、七里

---

[1] Crichton D. Natural Disaster Management［C］//London：Tudor Rosse，1999：102 – 103.

河区和城关区的土地利用变化高度一致。城关区和七里河区的建成区面积及道路在近60年里分别扩大到60%和57%，尤其是七里河区，将人类活动空间向洪泛区扩展强度最大（见图6－16）。这使得七里河区的洪水风险明显大于安宁区和西固区。这些分析表明，城市地区的人水空间竞争直接导致了城市洪涝风险的增加。

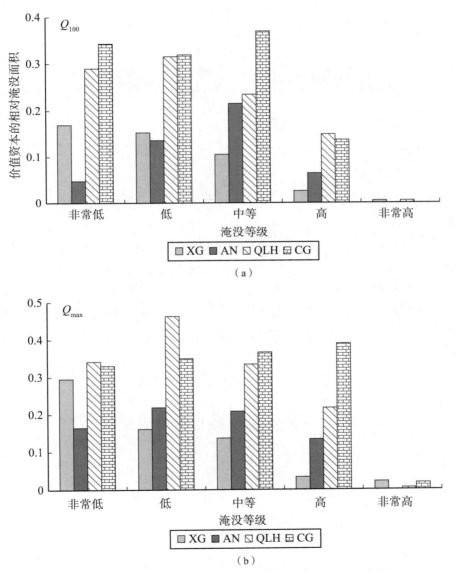

图 6－16　价值资本在西固、安宁、七里河和城关四区的相对
淹没面积：（a）Q_{100}；（b）Q_{max}

第七章

数据驱动的公共安全风险控制

  风险控制是公共安全风险治理的重要节点，它是在风险识别和风险评估的基础上，风险管理者采取各种干预措施和方法，将风险控制在一定范围内以减少风险带来的损害。风险控制过程既包括控制前的风险预警以及针对风险行动方案的决策过程，又包括根据决策结果实施具体行动方案的过程。随着大数据及人工智能时代的到来，将大数据及其技术嵌入公共安全风险控制全过程，探寻公共安全风险动态预警、科学决策及精准处置的机制和方式，构建数据驱动的公共安全风险控制模式，对推动公共安全风险治理发展和转型升级具有重要意义。

第一节　公共安全风险控制及其关键节点

一、公共安全风险控制内涵

（一）风险控制

  在管理学领域，控制是管理活动的基本职能之一。控制是指为了确保组织内各项计划按规定去完成而进行的监督和纠偏的过程。无论组织计划做得如何周全，如果缺乏有效的控制，一项决策或计划仍然不能得到有效的贯彻执行，管理工作就有可能偏离计划，组织目标就可能无法顺利实现。为了有效地进行管理，组织需要建立一个良好的组织控制系统。根据控制时间的不同，可分为前馈控制（事前控制）、同期控制（事中控制）和反馈控制（事后控制）三类[1]。随着控制职能研究的深入，管理职能之一的控制逐步形成了管理控制理论[2]。20 世纪中期，控制论、信息论、系统论的出现丰富了管理领域中控制的研究视角，越来越多的学者从行为科学、工商管理、财务会计、心理学等学科视角研究组织控制、行为控制、绩效控制等不同领域的控制方法和手段。控制理论发展至今，已经超越了原先仅作为一种管理的职能，成为管理学中的一个重要领域[3]。在管理控制理论及控制论的影响下，风险控制不断汲取各学科各领域的控制理念和方法，并不断更新自身内容。

无论是管理控制还是控制论，对于风险控制研究及发展都有着重要的影响。例如，现代企业内部控制理论研究把基于权力的内部控制向基于信息的内部控制转变[4]，对于大数据时代政府开放数据并基于数据信息的风险控制提供了有益借鉴；协同控制理论从系统的整体性和稳健性出发[5]，对于提高风险治理主体间的耦合与联动，促进整个系统目标与任务的实现提供了发展思路；成本控制理论对于风险控制方案实施成本提供了现实参考等。从理论发展以及社会实践角度看，风险控制在吸收了控制理论相关知识后，更加注重于科学的风险控制方法及手段、理性的控制方案及策略等方面的内容。与此同时，虽然管理控制理论在风险控制中值得借鉴，但管理控制与风险控制之间存在一定的不同[6]，如管理控制是决定如何分解落实战略的过程，而风险控制的目标是将影响既定目标达成的风险控制在可接受水平；管理控制以业绩目标为导向，风险控制在于是否有效减少控制薄弱环节；管理控制评价标准与风险控制评价标准不能相互替代。由此，风险管理者在借鉴控制理论知识的基础上，采取各种措施减小风险事件发生的可能性，或者把可能的损失控制在一定的范围内，以避免在风险事件发生时带来难以承担的损失。

---

① 周三多：《管理学：原理与方法（第七版）》，复旦大学出版社 2018 年版。
② 张秀烨：《西方管理控制理论比较与启示》，载于《审计与经济研究》2006 年第 5 期。
③ 张先治：《论管理控制理论与实践中的八大关系》，载于《财会月刊》2018 年第 15 期。
④ 杨雄胜：《内部控制理论面临的困境及其出路》，载于《会计研究》2006 年第 2 期。
⑤ 何士青、翟凯：《基于系统"协同控制理论"的"一把手"公共决策腐败治理》，载于《科学社会主义》2016 年第 1 期。
⑥ 刘霄仑：《风险控制理论的再思考：基于对 COSO 内部控制理念的分析》，载于《会计研究》2010 年第 3 期。

风险控制是风险管理的重要组成部分，风险控制的研究既离不开控制理论的思维，又不能割裂风险识别、评估、沟通等风险管理的其他环节。其中，风险识别和风险评估是风险控制的前提，风险沟通及风险监测贯穿于风险控制的整个过程之中。风险控制的本质是对风险实行的一种干预性措施，它以控制风险事件发生的动因、环境、条件等，来达到减轻风险事件发生时的损失或降低风险事件发生概率的目的。如禁止在易燃区域吸烟、食品安全监管、修建水坝防洪堤等都是风险控制的措施。此外，风险控制强调治理主体在进行风险干预（方案分析及实施）时应当考虑多元主体利益平衡问题，并做出综合研判和采取进一步措施①，力图将风险事件造成的损失控制在最小范围内。在实际风险管理过程中，风险综合研判是在风险预警及风险决策基础上开展的，同时，风险控制需要制订并实施控制风险的计划方案，以确定降低风险发生的可能性并减少其不良影响的行为②。如荔波县政府公布的《2022 年第二季度安全生产和自然灾害综合风险研判分析报告》③ 中，既有风险预测预警分析（第二季度全县气象趋势预测、安全生产及自然灾害突出风险分析），又有具体化解风险的决策落实措施及意见建议。因此，从整个风险管理的角度看，风险控制过程既包括控制前期向决策层发出预警信号并对行动方案进行决策的过程，又包括根据行动方案制定并实施具体行动措施的过程。

根据上述分析，风险控制是当风险发生前，实时监测风险并向决策者发出预警信号，通过风险决策制订并实施控制方案，将损失控制在最低限度。控制风险最有效方法就是动态监测风险的同时制订切实可行的多个备选方案，并选择其中的最佳（最优）方案予以实施。随着风险控制策略的实施，风险会出现新的变化，从而触发进一步的风险感知、评估和分析。如此循环往复，保持风险控制过程的动态性，才能达到风险控制的预期目的。如果风险控制失败，"潜在的风险/危害"转化为"突发事件"，则会进入应急管理过程。

（二）公共安全风险控制

公共安全风险通常是对公共场域内人类社会所遭受的各种现实或潜在的威胁力、破坏力和伤害力之总称④。现代工业化引发的"公共安全风险"是现代社会

---

① 刘志欣：《风险规制视域下我国政府应急管理回应模式研究》，上海交通大学出版社 2018 年版。
② 刘钧等：《风险管理概论（第 3 版）》，清华大学出版社 2013 年版。
③ 荔波县人民政府：《荔波县 2022 年第二季度安全生产和自然灾害综合风险研判分析报告》，https://www.libo.gov.cn/zwgk/xxgkml/jcxxgk/yjgl/202204/t20220426_73635851.html.
④ 曹惠民：《治理现代化视角下的城市公共安全风险治理研究》，载于《湖北大学学报（哲学社会科学版）》2020 年第 1 期。

数据驱动的公共安全风险治理

的内生性风险，它与现代科技发展和工业生产相伴而生，绝大多数公共安全风险已超出了私人的理解和控制能力，风险控制已从纯粹私人事务转化为社会公共职责[①]。同时，现代社会的公共安全风险日渐呈现出多样性、复杂性、扩散性、紧迫性和高度不确定性等特点，对国家安全、经济社会运行秩序和人民生命财产构成严重威胁[②]。因此，对人类的公共安全风险治理能力提出了更高的要求，提高公共安全风险治理能力的核心之一是提高公共安全风险控制能力。2015 年，中共中央办公厅、国务院办公厅《关于加强社会治安防控体系建设的意见》强调：优化防控力量布局，强化人防、物防、技防建设和日常管理，提升社会面动态控制能力，……提高紧急警情快速处置能力，落实教育、矫治、管理以及综合干预措施。结合风险控制内涵及公共安全风险特性，我们认为公共安全风险控制主要是指在风险发生前，动态监测风险影响因子并建立风险分级预警机制，一旦风险发生，在向治理主体发出预警信息后编制风险预案，进行风险决策和风险应对，推动风险事态朝向利于安全的方向转化，并在风险发生后及时总结经验教训以提高控制风险的能力。

具体而言，公共安全风险控制特点主要表现在：（1）从控制过程来看，风险预警是公共安全风险控制的逻辑起点。通过风险预警力图较早获得风险形成和酝酿的准确预警信息，并采取相应对策做好相应的风险控制方案，防止偏离风险控制目标。（2）从控制时间来看，公共安全风险控制是基于事先的防范措施而不是结果导向的事后应急处置。（3）从控制主体上看，公共安全风险控制是在政府主导下，实施的强制信息披露、技术标准、行政许可和行为禁令等一系列干预措施来控制风险，并在实施具体风险处置措施时其他社会力量（企业、社会组织、公众）参与其中。（4）从控制原则来看，采用动态控制、分级控制、多层次控制的原则，实现促进公共安全风险的管理目标。

公共安全风险控制作为一种有效的风险处理方式，在应对正在发生或已经发生的公共安全风险事故中有着重要的作用。在新冠肺炎疫情防控中我国政府采取的一系列科学、精准的动态防控措施为全球防疫提供了"中国方案"和"中国智慧"。2022 年 3 月，疫情形势已进入严防输入关键期和常态化防控期，各地疫情呈现点多、面广、频发的特点。我国政府果断提出了社会面"动态清零"的防控措施，以降低疫情扩散风险。这一举措成为指导公共卫生安全风险控制的关键。"动态清零"策略一方面要快速识别、处置疫情，切断疫情传播链，另一方面也要求精准防控，即如何用最小的成本取得最大的效益，平衡疫情防控和社会

---

① 宋亚辉：《风险控制的部门法思路及其超越》，载于《中国社会科学》2017 年第 10 期。
② 孙金阳、龚维斌：《城市公共安全风险治理的现实困境及其破解路径》，载于《中共中央党校（国家行政学院）学报》2020 年第 4 期。

经济的发展①。国务院联防联控机制在随后召开的新闻发布会上表示，要继续坚持"动态清零"总方针不动摇，提高疫情监测预警和应急反应能力，科学组织核酸和抗原检测，推动感染者应收尽收、密接人员应隔尽隔，将防控措施落实到每一个环节，彻底阻断疫情社区传播，尽快实现社会面清零。此外，在应对疫情风险时，不能只是简单地套用其中的一种或两种方法，而应综合利用各种方法的优势，在全面认识公共卫生安全风险的基础上，对公共卫生风险事故在发生前、发生中和发生后进行有效的抑制，以最终控制疫情风险发生的频率和损失的程度。如上海市在 2022 年 4 月实施动态清零防控方针的基础上，进一步实施分区分级差异化防控，依据风险程度的大小，按照三区划分原则进行阶梯式管理②。由此可见，公共安全风险控制不仅要有对公共风险精准监测预警及风险决策处置的能力，还要根据风险情景制定、选择并形成最佳风险处置方案及不同策略组合。

二、公共安全风险控制关键节点

公共安全风险控制旨在减少风险发生的各种可能性，或减少风险发生造成的损失。其核心工作是：首先，根据各种公共风险状态偏离预警线的强弱程度，向控制主体发出预警信号，然后，及时决策并制订风险控制备选方案，最后选定和实施控制方案并对实施过程予以监测。结合公共安全风险控制的运作逻辑及核心工作，将公共安全风险控制解构为三个关键节点，即风险预警、风险决策和风险处置（见图 7-1）。同时，风险沟通及实时监测始终贯穿于公共安全风险控制乃至整个风险管理过程。风险沟通是促进利益相关方认识风险以及理解决策和控制措施而进行的信息交流过程，对于风险治理主体之间的协调尤为重要。风险监测是通过对一些关键的风险指标和环节进行动态监测，关注公共安全风险变化的程度，以建立风险预警机制，对于风险预警及决策发挥重要作用。

---

① 杨彦帆：《坚持动态清零 科学精准防控》，载于《人民日报》2022 年第 4 期。
② "三区"是指封控区、管控区和防范区。防范区是指近 14 天内没有阳性感染者报告的居住小区、自然村或单位、场所，防范策略是减少流动、避免聚集，可以在行政区域内适当活动，但要严格限制人员聚集。管控区是指近 7 天内没有阳性感染者报告的居住小区、自然村或单位、场所，防控策略是实施 7 天居家健康监测，足不出小区、严禁聚集、错峰取物，原则上居家，在严格做好个人防护的前提下，大家可以下楼走走，分开时间到指定区域无接触式取用物资，同时也要加强对取用物品的消毒。封控区是指近 7 天内有阳性感染者报告的居住小区、自然村或单位、场所，防控策略是实施 7 天封闭管理，区域封闭、足不出户、服务上门。

数据驱动的公共安全风险治理

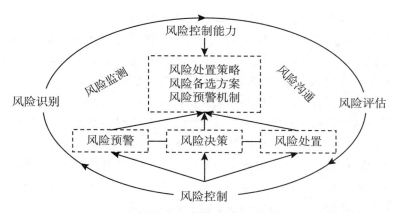

图7-1　公共安全风险控制的关键节点

在公共安全风险控制的三个关键节点中，风险预警、风险决策以及风险处置相互之间动态关联。一方面，针对风险预警阶段中特定的决策问题。如政府在预警指标及方法的选择、预警阈值的设定、预警信息的发布、预警级别调整和解除等方面的决策，公众在获取政府一般预警信息后的一系列决策（如公众根据气象预警信息决定是否出行等）。另一方面，针对风险处置阶段中特定的决策问题，通过对风险预警信息的感知，明确决策问题及目标，确定决策主体制定并选择最佳方案并进一步采取处置措施加以应对。有研究认为，风险预警的价值并不仅仅在于科学决策的制定，更在于倡导鼓励公众经过预警信息的感知，从而积极、平等地参与到风险决策应对中[1]。也有学者认为，建立"监测—预警—决策"三位一体的支持系统，是实现科学、有效风险管理的重要手段[2]。还有学者开发了一个以决策为中心的山洪预警系统模型，除了发挥风险预警功能外，还实现了专家与公众的风险沟通及决策[3]。总之，公共安全风险控制是在预警、决策和处置三者的互动中不断推进。风险预警是风险决策的关键，是风险处置的前提，风险决策贯穿于风险预警和风险处置中，风险处置在风险预警和风险决策中不断调整。

（一）风险预警

风险预警是灾害发生前发布的紧急信号，即在灾害或灾难以及其他需要提防的危险发生之前，根据以往总结的规律或观测得到的可能性前兆，向相关部门发

---

① 李平：《风险决策背景下的预警原则争议及启示》，载于《自然辩证法通讯》2011年第2期。
② 唐超：《基于开源情报的风险监测—预警—决策系统构建》，载于《情报杂志》2013年第1期。
③ Morss R. E., Demuth J. L., Bostrom A., et al. Flash Flood Risks and Warning Decisions: A Mental Models Study of Forecasters, Public Officials, and Media Broadcasters in Boulder, Colorado [J]. *Risk Analysis*, 2015, 35 (11): 2009 – 2028.

出紧急信号，报告危险情况，以避免危害在不知情或准备不足的情况下发生，从而最大限度地降低危害所造成的损失行为。风险预警具有对公共安全风险征兆和诱因进行监测、识别、诊断与报警的功能。风险预警过程主要通过收集相关的资料信息，监控风险因素的变动趋势，并评价各种风险状态偏离预警线的强弱程度，向决策层发出预警信号并提前采取预控对策。具体而言，首先要构建预警评价指标体系，并对指标类别加以分析处理；其次要依据预警模型，对评价指标体系进行综合评判；最后要依据评判结果设置预警区间，并采取相应对策。[①] 同时，在建立风险预警指标体系基础上还需形成良好的风险预警机制。风险预警机制能够通过早期的风险识别、评估，将风险事件潜在的"突发性"在其生成或萌芽阶段得以及时发现并采取应对措施抑制其进一步演化。[②]

除了在企业、金融等行业领域发挥重要作用外，风险预警是公共安全风险治理的重要环节和公共安全风险控制的基础。只有对公共安全风险进行早期预警，公共安全风险治理主体才能及时采取预防措施，将风险控制在可以接受的水平之内，防止风险进一步发展和蔓延。目前，全球已针对自然灾害建立了多样的预警系统，包括综合预警系统、地震预警系统、滑坡和泥石流预警系统等。[③] 例如，墨西哥的SASMEX 地震预警系统，它是墨西哥在 1985 年遭遇毁灭性地震后建立起来的地震预警系统，能够在地面发生实际移动之前发出约 60 秒的警告。[④] 风险预警也是社会风险防控的关键环节，事关社会的和谐稳定和国家的长治久安，尤其是大数据的兴起，为网络信访[⑤]、食品安全[⑥]、公共卫生等领域的风险预警提供了新路径。

统一规范的风险预警信号（如预警等级、预警颜色）对构建统一领导、权责一致、权威高效的应急能力体系，推动形成统一指挥、专常兼备、反应灵敏、上下联动、平战结合的中国特色应急管理体制具有重大的意义。2006 年国务院发布的《国家突发公共事件总体应急预案》中，按照各类突发公共事件的性质、严重程度、可控性和影响范围等因素，将预警级别分为四级，即 I 级（特别重大）、Ⅱ级（重大）、Ⅲ级（较大）和Ⅳ级（一般），相对应的预警颜色分别为红色、橙色、黄色、蓝色。同时，相关地方政府根据不同风险领域也制定了相应的预警

---

① 陈成文：《论市域社会治理的风险防控能力》，载于《社会科学家》2020 年第 8 期。

② 张良：《风险治理视角下城市风险事件预警响应框架构建研究》，载于《华东理工大学学报（社会科学版）》2020 年第 3 期。

③ Glade T. , Nadim F. Early Warning Systems for Natural Hazards and Risks [J]. *Natural Hazards*，2014，70（3）：1669 – 1671.

④ Santos – Reyes J. How Useful are Earthquake Early Warnings? The Case of the 2017 Earthquakes in Mexico city [J]. *International Journal of Disaster Risk Reduction*，2019，40：101148.

⑤ 张海波：《信访大数据与社会风险预警》，载于《学海》2017 年第 6 期。

⑥ 程铁军、冯兰萍：《大数据背景下我国食品安全风险预警因素研究》，载于《科技管理研究》2018 年第 17 期。

方案。如《广东省气象灾害预警信号发布规定》《惠城区生产安全事故应急预案》等相应的制度中规定了预警等级及颜色。然而每个国家或区域风险预警等级划分并不相同，比如加拿大、美国表示雪崩预警的级别从低到高依次为灰色、绿色、黄色、橙色、红色；中国香港的暴雨预警级别从低到高分别为无色、黄色、红色、黑色。[①] 上述风险预警标准不统一使得人们对风险预警信息容易产生混淆，这会影响公众对预警信息的认知和理解。因此，学术界和国际组织、机构正在为预警信息国际标准化做出努力，例如，2020 年国际标准化组织（ISO）发布了基于社区的统一预警系统标准[②]。2019 年广东省应急管理厅发布的《关于统一规范省自然灾害预警信息发布和启动（或结束）应急响应工作的通知》中，明确将应急响应类型统一为 15 种，响应级别设置为四个等级。各类预警信息整合为 14 种类型，预警信息级别设置为四个等级。

我国在安全生产事故、公共卫生、交通等领域分别规定了相应的预警响应等级分级标准，并形成了特定领域的风险预警体系。风险预警体系是通过一定技术手段，如采用大数据分析、专家判断和时间序列分析、层次分析和功效计分等模型分析方法，对风险状况进行动态监测和早期预警的一种体系。同时，根据风险事件发展情况和采取措施的效果，风险预警可以升级、降级或消除。2020 年新冠肺炎疫情暴发初期，全国各省份就陆续启动了分级预警模式。疫情扩散暴发阶段根据疫情严重程度各省市启动了从一级到三级不同级别的预警响应，疫情衰退阶段各省市预警级别陆续降级。这样有利于迅速、高效、有序地进行疫情应急处理，最大限度地减少和控制疫情扩散风险。

（二）风险决策

决策（Decision Making）是为解决某一个问题制定所有可能的备择方案并加以选择与决断的过程。当这一选择过程或者其后果存在着某种不确定性时，我们称之为风险决策[③]。风险社会时代不确定性无处不在，而不确定性本身就是一种最难以估量的风险。这种风险在一段时间内可能会对经济、社会和环境产生潜在的不良后果，[④]

---

① Neuner O. Early Warning Alerts for Extreme Natural Hazard Events: A Review of Worldwide Practices [J]. *International Journal of Disaster Risk Reduction*, 2021, 60 (2): 102295.

② International Standards Organization, ISO 22328 – 1: 2020 (en), Security and Resilience – Emergency management – Part 1: General Guidelines for the Implementation of a Community-based Disaster Early Warning System, 2020 [Online]. Available: https://www.iso.org/obp/ui/#iso: std: iso: 22328: -1: ed -1: v1: en. (Accessed 26 May 2022).

③ 刘霞：《风险决策：过程、心理与文化》，经济科学出版社 1998 年版。

④ Carreo M. L., Cardona O. D., Barbat A. H. New Methodology for Urban Seismic Risk Assessment from a Holistic Perspective [J]. *Bulletin of Earthquake Engineering*, 2012, 10 (2): 547 – 565.

299

它对于人们的影响是多方面的，因此需要进行风险决策。风险决策过程包括对决策问题的认知、决策目标的确认、决策备择方案的制定与选择、决策行动等①。风险决策一般包括两种情况：一是根据比较充分的信息或资料，通过建立风险模型和计算技术等，估计或确定不确定性事件发生的可能性大小（即概率），这些概率预测提供了一系列可能的预测结果，能够很好地支持和辅助风险管理过程中的快速决策②③。例如，可以将 GIS 技术④、TOPSIS 和机器学习等混合方法⑤结合，确定风险区域，评估风险的影响，提前做好应对规划。二是在占有资料不充分的情况下，根据以往经验和判断估计出不确定性事件出现的主观概率。为了提高风险决策的科学性、准确性和有效性，应将理性决策（规范决策）与感性决策相结合，既要从统计学、经济学的角度充分利用抽样资料和大数据信息，选用适当的数理模型，如博弈模型、传统统计模型或贝叶斯统计模型等，从理论上和技术上寻求最优决策方案；又要从心理学、文化人类学等方面研究决策者在决策过程中的心理与行为规律和文化背景等，选择最满意的方案；还要从管理学、组织行为学等角度寻求具有创新性、探索性的优良方案。最后确定的最优方案是经济上最优、心理上最满意并具有创新性和探索性的方案。⑥

风险决策同样是公共安全风险治理的重要环节，也是公共安全风险控制的关键所在。从已有研究和决策实践来看，学界的观点分为价值为基、科学至上以及两者的融合协商三种。尤其是在专家、政府、公众等开放决策环境下，分析每一种复杂情境下对应的最优决策方案。为了综合各情境下的决策方案得到适应各种不同情境的最优方案，还要利用决策选择模型和方法，将不确定情境下的决策方案优选问题转化为一个多目标决策问题，形成基于多目标决策下的多种风险控制方案，最终制定出多种风险控制方案下的控制组合策略或系列控制措施。总之，风险决策的核心问题是要处理好科学与价值的关系。目前，公共安全风险应对决策中的主张分歧主要由认知差异、利益差异、价值差异、政治对立四类原因产生。即风险信息的不确定性程度，不同主体在风险承受能力上的差别程度，文化

---

① 刘霞：《风险决策：过程、心理与文化》，经济科学出版社 1998 年版。

② Dale M. , Wicks J. , Mylne K. , et al. Probabilistic Flood Forecasting and Decision-making: an Innovative Risk-Based Approach [J]. *Natural Hazards*, 2014, 70 (1): 159 – 172.

③ Zhang Z. , Hu H. , Yin D. , et al. A cyberGIS – enabled Multi-criteria Spatial Decision Support System: *A Case Study on Flood Emergency Management* [J]. *International Journal of Digital Earth*, 2019.

④ Kumlu K. Y. , Ş Tüdeş. Determination of Earthquake-risky Areas in Yalova City Center (Marmara region, Turkey) Using GIS – based Multicriteria Decision-making Techniques (analytical hierarchy process and technique for order preference by similarity to ideal solution) [J]. *Natural Hazards*, 2019, 96: 999 –1018.

⑤ Rs A. , Aa B. , Bc C. , et al. Evaluating Urban Flood Risk Using Hybrid Method of TOPSIS and Machine learning – Science Direct [J]. *International Journal of Disaster Risk Reduction*, 2021.

⑥ 肖芸茹：《论不确定条件下的风险决策》，载于《南开经济研究》2003 年第 1 期。

价值的多元化程度和张力强度,以及风险议题的政治化程度。[①] 新冠肺炎疫情防控中的决策属于风险决策的范畴,即在专业性强、决策因素不确定性高、决策结果预期效果很难模拟的环境下如何制订风险决策方案。且疫情防控的决策过程一直面临着科学和价值因素的绞合与互动[②]。

随着云计算、大数据、人工智能、物联网等信息技术加速融合,公共安全风险数据及基于数据的信息(知识)在风险决策中扮演关键角色,数据驱动的公共安全风险决策范式正在形成,风险决策情境、决策主体、工具方法、决策流程和决策目标也随之发生深刻转换。数据驱动公共安全风险决策正不断趋向于智能化、快捷化、精准化。大数据时代,思考公共安全风险大数据如何推动并辅助公共安全风险决策,即从传统依靠直觉判断、有限小数据的模式走向大数据驱动的公共安全风险决策模式,对优化公共安全风险决策过程和提升决策效果具有非常重要的理论价值和实践意义。[③]

(三) 风险处置

风险处置是制订并实施控制风险的计划,确定降低风险发生的可能性并减少其不良影响的措施方法。即针对已经出现的风险及时采取措施,减轻风险可能造成的影响。为了达到妥善处置风险的目的,管理者所采取的应对措施应具有针对性、可操作性及实效性。选择风险处置方法及干预措施是一种综合性的科学。一般来说,风险处置方法有规避风险、减少风险、自留风险和分担风险等四种[④]。选择风险处置方法时并不是一种风险选择一种方法,而是需要将几种方法组合起来加以运用。只有在合理组合的基础上,风险处置措施才可能做到成本低、效率高。同时,风险处置措施既要针对实际的风险状况,又要考虑风险治理者自身的资源及能力状况,还要注意多种风险处理方法的可行性与效果。

风险处置是风险控制方案的具体执行/行动过程,是公共安全风险控制的根本。它是在风险预警和决策的基础上,为控制和最大限度消除风险而采取的一系列具体措施。一般来说,不同行业领域根据风险及应急预案,从职责定位、隐患排查、实施步骤及要求等方面制定风险及应急处置措施行动方案。例如,《阳泉

① 付丽媛、常健:《风险决策中主张分歧的原因及其管理路径》,载于《南开学报(哲学社会科学版)》2022 年第 3 期。

② 刘鹏:《科学与价值:新冠肺炎疫情背景下的风险决策机制及其优化》,载于《治理研究》2020 年第 2 期。

③ 许欢、彭康珺、魏娜:《预测赋能决策:从传统模型到大数据的方案——新冠疫情趋势研判的启示》,载于《公共管理学报》2021 年第 4 期。

④ 莫春雷:《风险管理体系建设》,经济管理出版社 2019 年版。

市防范化解公共安全风险工作方案》中①，明确了工作机制、实施步骤、工作要求等内容，部署和落实具体风险处置措施。从风险处置主体来看，基层（社区街道、一线工作人员、企业、群众等）在积极应对各类风险并具体落实风险处置措施方面发挥着重要作用。虽然基层面临的重大风险类型多样，处置流程也不尽相同，但是基层在应对化解重大风险过程中，能够发挥"一盘棋"的制度优势，进行系统决策和具体干预所面临的风险。在新冠肺炎疫情中，社区作为社会的基本单元，是防范化解社会风险和风险处置措施实施的主战场。社区承担的疫情风险处置任务主要包括：调查小区人口的基本生活与出行状况、管控小区人员和车辆出入（出入许可、测体温等）、开展环境卫生治理（定时消毒等）和督查、外来人口排查、特殊重点人员管理（如疑似病例等）、防控知识宣传等②。对于疫情严重的地区或者被封闭隔离的社区，还需发挥地方电子商务模式，通过在线预定、集中采购和社区分发，保障居民所必需的食品供应。③ 总之，社区疫情防控机制有两个特点：一是社区是疫情防控的兜底部门，承担着大量的剩余事务；二是社区疫情防控具有鲜明的动员特征，既受行政体系动员的影响，亦是社会动员的主体。④

此外，公共安全风险处置水平的提升有赖于数据技术的应用。当前在公共安全风险控制实践中存在的主要问题，如研判失准、前馈失效、预警失误、决策失败、应急失控等⑤，大数据及其技术赋能日益扮演重要角色，为公共安全风险控制提供了发展空间。在公共安全治理科学化和智能化的时代背景下，如何借助大数据思维和技术创新城市公共安全风险控制模式，是公共安全风险治理的重要内容。为此，加强公共安全风险的监测与预警以及风险的科学决策，推进风险信息及其技术在风险处置中的有效使用，对提升风险处置水平和增强公共组织部门韧性具有重要作用。

第二节　数据驱动的公共安全风险决策

公共安全风险决策是公共安全风险控制的关键节点之一。在风险社会中，由

---

① 《关于印发〈阳泉市防范化解公共安全风险工作方案〉的通知》，http://yjj. yq. gov. cn/tzgg/202202/t20220221_1302792. html。

② 唐燕：《新冠肺炎疫情防控中的社区治理挑战应对：基于城乡规划与公共卫生视角》，载于《南京社会科学》2020 年第 3 期。

③ Guo H. , Liu Y. , Shi X. , et al. The Role of E – commerce in the Urban Food System under COVID – 19: Lessons from China [J]. *China Agricultural Economic Review*, 2021, 13（2）：436 – 455.

④ 吕德文：《社区疫情防控模式及其运作机制》，载于《暨南学报（哲学社会科学版）》2020 年第 11 期。

⑤ 唐钧：《社会公共安全风险防控的困境与对策》，载于《教学与研究》2017 年第 10 期。

于风险的复杂性,其决策问题日益复杂,不确定性因素繁多,风险极有可能转化为危机事件,科学且理性的风险决策对于风险演进走向及风险治理成效至关重要。近年来,随着云计算、大数据、互联网、人工智能等新一代信息技术的发展,使得大数据理论与方法开始与风险决策理论相结合,发展为数据驱动的风险决策模式,并成为当前国内外公共安全风险决策研究的热点领域。大数据可以丰富公共安全风险决策理论方法,使得风险决策更加精准化、理性化、科学化,也使在风险决策中公众参与、部门协同应对成为可能。这为整体构建数据驱动的公共安全风险控制模式提供重要的研究基础和支撑。

一、传统公共安全风险决策理论及模式

(一)传统风险决策理论

20 世纪 60 年代以前,风险决策理论以研究政治危机为主,研究内容包括政权更迭、战争冲突等。20 世纪 60 年代以后,西方风险决策理论的研究逐渐扩展到重大自然灾害和公共卫生事件等公共安全领域[①]。作为公共安全风险控制的重要内容之一,风险决策引入了决策相关理论且随着时代的发展,从早期的期望值理论,到后来的期望效果理论,再到以前景理论为代表的决策理论,形成了较为完整的风险决策理论体系。

1. 期望效用理论

期望效用理论(Expected Utility Theory)是由冯·诺依曼(Von Neumann)和摩根斯坦(Morgenstern)等于 1944 年提出的[②]。经过严格的公理化假设,现已形成较为完整的体系。在公理化假设下,关于不确定性情况下个体的决策和选择行为,期望效用理论得出如下结论:"在存在风险的情况下,最终决策结果的效用水平是通过决策主体对各种可能出现的结果进行加权评估后获得的,决策主体者追求的是评估后期望效用的最大化,而各结果效用的权重则是各结果出现的概率。"如函数所描述:

$$U = u(\sum_{i=1}^{n} p_i x_i) = \sum_{i=1}^{n} p_i u(x_i) \tag{7.1}$$

其中,U 表示期望效用,u 表示效用,x_i 表示决策者行为可能产生的结果,p_i 表示各种可能结果所出现的概率,即表示权重。

---

① 魏鸿:《领导决策中的隐性风险与防避之道》,载于《领导科学》2019 年第 17 期。

② Neumann J. V., Morgenstern O. *Theory of Games and Economic Behavior* [M]. Princeton:Princeton University Press,1953.

假设现在有行为 A 和行为 B 供决策选择。行为 A 将会使自变量 x_i 以 p_i 的概率实现，而行为 B 使 x_i 的发生概率为 q_i。决策者选择行为 A 而放弃行为 B，当且仅当选择行为 A 所导致的期望效用函数值大于行为 B 所带来的期望效用函数值，即

$$\sum_{i=1}^{n} p_i u(x_i) > \sum_{i=1}^{n} q_i u(x_i) \tag{7.2}$$

2. 前景理论

前景理论是描述个体实际决策过程的行为决策理论，可以解释很多期望效用理论不能解释的现象，并能准确反映决策者的实际行为。1979 年，前景理论由丹尼尔·卡尼曼（D. Kahneman）和阿莫斯·特沃斯基（A. Tversky）提出，通过实验研究他们发现了决策者的风险决策行为与期望效用理论相背离的现象，如确定效应、参照依赖效应等[1]。为了很好地解释此类行为偏差，心理学研究成果被他们引入了经济学领域进而构建了前景理论。丹尼尔·卡尼曼和阿莫斯·特沃斯基将个体的风险过程分为两个阶段：编辑阶段（Editing Phase）和评价阶段（Evaluation Phase）。编辑阶段，决策者将结果编码为相对于参照点（根据现时水平和未来预期等因素确定）的收益或损失；评价阶段，通过价值函数和概率权重函数对被编辑的前景进行评价，而后选择具有最高价值的前景。

前景价值函数 V 由 "价值函数 ϑ" 和 "决策权重函数 π" 共同决定，可表示为：

$$V = \sum_{i=1}^{n} \vartheta(x_i) \pi(p_i) \tag{7.3}$$

价值函数的表达式为：

$$\vartheta(x_i) = \begin{cases} (x_i - x_0)^{\alpha}, & x_i \geq x_0 \\ -\lambda(x_0 - x_i)^{\beta}, & x_i \leq x_0 \end{cases} \tag{7.4}$$

其中，x_0 为决策选取的参考点，$x_i - x_0$ 代表各决策方案与参考点的差值；$x_i \geq x_0$ 表示收益，$x_i \leq x_0$ 表示损失。参数 α（$\alpha \geq 0$）和 β（$\beta \leq 1$）分别表示风险偏好和风险厌恶的系数，其值越大说明决策者越倾向于冒险。参数 λ 表示损失规避的系数，$\lambda > 1$ 说明决策者面对损失更为敏感。

概率权重函数的表达式为：

$$\pi(p) = \begin{cases} \dfrac{p^{\gamma}}{(p^{\gamma} + (1-p)^{\gamma})^{1/\gamma}}, & x_i \geq x_0 \\ \dfrac{p^{\delta}}{(p^{\delta} + (1-p)^{\delta})^{1/\delta}}, & x_i \leq x_0 \end{cases} \tag{7.5}$$

---

[1] Tversky K. A. Prospect Theory: An Analysis of Decision under Risk [J]. *Econometrica*, 1979, 47 (2): 263 – 291.

其中，p 表示事件发生的概率，$\pi(p)$ 表示概率的权重。参数 γ 和 δ 表示控制权重函数曲线的曲率的系数[1]。

与期望效用理论相比，价值函数取代了期望效用理论中的效用函数，用来描述人们参照依赖、敏感性递减和损失规避等心理行为；概率权重函数取代了期望效用理论中的概率，用来描述人们超估低概率而低估高概率的行为特征。

3. 后悔理论

后悔理论由格拉汉姆·鲁麦斯（G. Loomes）、罗伯特·萨戈登（R. Sugdent）[2]、贝尔（D. E. Bell）[3] 提出，是继前景理论之后最有影响力的一种行为决策理论。该理论指出，决策者在决策过程中不仅需要考虑选择方案的结果，还需要考虑如果选择其他方案可能获得的结果，并且避免选择会使其感到后悔的方案。后悔理论能够解释期望效用理论不能解释的确定效应等现象，且它的模型涉及参数更少。

依据后悔理论，决策者的感知效用函数由两部分组成，即关于当前结果的效用函数和后悔—欣喜函数。令 x 和 y 分别表示选择方案 A 和 B 所能获得的结果，那么决策者对方案 A 的感知效用为

$$u(x, y) = \vartheta(x) + R[\vartheta(x) - \vartheta(y)] \tag{7.6}$$

其中，$\vartheta(x)$ 和 $\vartheta(y)$ 分别表示决策者能从方案 A 和方案 B 的结果中获得的效用，$R[\vartheta(x) - \vartheta(y)]$ 表示后悔—欣喜值。当 $R[\vartheta(x) - \vartheta(y)] > 0$ 时，其为欣喜值，表示决策者对选择方案 A 而放弃 B 感到欣喜；当 $R[\vartheta(x) - \vartheta(y)] < 0$ 时，为后悔值，表示决策者对选择方案 A 而放弃 B 感到后悔。

后悔理论最初用于两个方案的选择问题，后来由奎宁（Quiggin）将其扩展至多个方案的选择问题。假设 $A_1, A_2, \cdots, A_m$ 为 m 个备选方案，其中 A_i 表示第 i 个备选方案；$x_1, x_2, \cdots, x_m$ 分别为方案 $A_1, A_2, \cdots, A_m$ 的结果，其中 x_i 表示方案 A_i 的结果。那么决策者对方案 A_i 的感知效用为

$$u_i = \vartheta(x_i) + R[\vartheta(x_i) - \vartheta(x^*)] \tag{7.7}$$

其中，$x^* = \max(x_i | i = 1, 2, \cdots, m)$。$R[\vartheta(x_i) - \vartheta(x^*)] \leqslant 0$，表示后悔值。$R(\cdot)$ 是一个凹函数，满足 $R'(\cdot) > 0$ 和 $R''(\cdot) < 0$，表示决策者对后悔是风险规避的[4]。

---

① 李存斌、柴玉凤、祁之强：《基于前景理论的智能输电系统改进灰靶风险决策模型研究》，载于《运筹与管理》2014 年第 3 期。

② Loomes G., Sugden R. Regret Theory: An Alternative Theory of Rational Choice Under Uncertainty [J]. *Economic Journal*, 1982, 92 (368) 805 – 824.

③ Bell D. E. Regret in Decision Making under Uncertainty [J]. *Operations Research*, 1982, 30 (5): 961 – 981.

④ 樊治平、姜艳萍、刘洋：《突发事件应急方案选择的决策方法研究》，科学出版社 2016 年版。

4. 行为决策理论

大量心理学和行为科学的研究成果表明，风险决策的结果受到决策者行为特征的影响。行为决策理论中风险决策者的参照依赖、损失规避、后悔规避等行为特征如表 7－1 所示。

表 7－1　　　　　　　　　　　　决策者行为特征

行为特征	概念
参照依赖[①] (reference dependence)	决策者在评价结果时，会首先将结果与某一参照点进行比较，决策者关注的是相对于参照点的收益或损失，而不是结果的绝对价值
框架效应[②] (framing effect)	一个问题两种不同描述，可能会导致不同的决策判断结果，即人们会对表达形式不同的同组选项表现出不同的偏好，做出不同的选择
锚定效应[③] (anchoring effect)	当人们对某个事件做定量估测时，会将某些特定的数值作为起始值，这些起始值像锚一样制约着估测值，使估测值落入某区域内
模糊规避[④] (ambiguity averse)	指在相同奖赏的情况下，决策者会偏好于有精确概率的事件，而不是从主观上判断具有相同模糊概率的事件
确定效应[⑤] (certainty effect)	在确定的收益和不确定的或带有风险的收益之间进行选择时，决策者更偏好于确定的收益
禀赋效应[⑥] (endowment effect)	人们会珍惜自己所拥有的东西，如果让他们放弃所拥有的东西则需要付出更大的代价
损失规避[⑦] (loss aversion)	决策者把结果看成相对于参照点的收益或损失，并且对于等量的收益和损失，决策者对损失的感知更加敏感
敏感性递减[⑧] (diminishing sensitivity)	针对相同数量收益或损失的变化，如果该收益或损失的变化距离参照点越远，则决策者越不敏感，反之决策者越敏感
后悔规避[⑨] (regret aversion)	在决策过程中，决策者会将自己考虑选择方案的结果与其他方案可能获得的结果进行比较，如果发现选择其他方案可以获得更好的结果，那么其心里会感到后悔；反之，则会感到欣喜

---

①⑤　Tversky K. A. Prospect Theory：An Analysis of Decision under Risk ［J］. *Econometrica*，1979，47（2）：263－291.

②⑦⑧　Tversky A.，Kahneman D. The Framing of Decisions and the Psychology of Choice ［J］. *Science*，1981，211（4481）：453－458.

③　薛求知、黄佩燕、鲁直等：《行为经济学：理论与应用》，复旦大学出版社 2003 年版。

④　张军伟、徐富明、刘腾飞等：《行为决策中模糊规避研究的回顾与展望》，载于《应用心理学》2009 年第 3 期。

⑥　Thaler R. Toward a Positive Theory of Consumer Choice ［J］. *Journal of Economic Behavior & Organization*，1980，1（1）：39－60.

⑨　Graham L.，Robert S. An Alternative Theory of Rational Choice under Uncertainty ［J］. *The Economic Journal*，1982（368）：805－824.

以上决策行为特征既为行为决策理论的形成和发展奠定了重要基础，也为考虑决策者行为的风险决策方法研究提供了重要的参考借鉴。无论是运用何种决策方法以及何种决策理论，在公共安全领域风险决策的目的是在复杂多变的风险情境下，决策主体选用最佳的决策方案来应对不确定风险，确保公众利益不受损害或者减少损害，保障公共安全和社会系统的良性运行。

（二）传统公共安全风险决策模式

信息技术是风险决策模式演进发展的最深刻动因。纵观风险决策演进发展，风险决策主要经历了"经验驱动型""模型驱动型"和"数据驱动型"三种模式，其中"经验驱动型"和"模型驱动型"可归为传统风险决策范畴。

1. 经验驱动的公共安全风险决策

20 世纪之前，人类处于经验管理时代，其决策属于经验决策范畴。基于经验的公共安全风险决策，由于人类获取、分析数据的能力有限，在缺乏足够的统计数据或历史资料的条件下难以对风险影响因素进行量化，决策过程只能依靠决策者的直觉、经验以及"记忆数据"进行，并受到决策环境、决策者主观偏好等因素的影响，最终决策结果更多情况下呈现低理性。[1][2] 这种"直觉经验型"决策难以保证结果的可靠性[3]。决策方法主要采用调查研究法、专家咨询法、Delphi 法等[4]。在经验驱动的公共安全风险决策模式下，由于公共安全风险决策者对公共安全风险发生概率与造成后果严重性的评估较为粗略，不能提供确切的量化估计，因而其风险决策的精度和难度处于一个较低水平。此外，基于经验的公共安全风险决策由多重事实构成，由于公共安全风险决策者对公共安全风险的勾勒与研判不能做到完全客观，操作的随意性较大，对风险决策的支持力度不够。

2. 模型驱动的公共安全风险决策

泰勒于 1911 年最早提出科学决策概念，其主要观点是通过实地调研以获得的科学知识来代替个人的经验判断。模型驱动的风险决策（即科学型决策）主张用科学的经验研究去发现风险规律，依赖较为完整且结构化的小数据，根据研究问题在统计学、概率论与随机过程理论的指导下对数据进行建模，在建模的基础上完成公共安全风险决策。与基于经验的风险决策不同，基于模型的风险决策排

---

① 徐国祥：《统计预测和决策》，上海财经大学出版社 2016 年版。

② 邱国栋、王易：《"数据—智慧"决策模型：基于大数据的理论构建研究》，载于《中国软科学》2018 年第 12 期。

③ 周芳检：《"数据—智慧"决策模型：大数据赋能的城市公共危机决策创新》，载于《图书与情报》2021 年第 1 期。

④ 许欢、彭康珺、魏娜：《预测赋能决策：从传统模型到大数据的方案——新冠疫情趋势研判的启示》，载于《公共管理学报》2021 年第 4 期。

斥思辨与臆测，注重探讨风险现象相关的因素之间的数量关系，对风险数据的数量关系进行揭示而较少受主观因素的影响。模型驱动的风险决策以信息处理系统为主体并融入了专家智慧，运用数理统计、检索查询等现代科学技术处理手段克服了经验决策对信息处理的限制。[①] 但基于模型的公共安全风险决策精准度仍然受数据样本大小、精确度以及模型设计等方面的影响[②]，很难从整体上解决决策效能问题。此外，公共安全风险的复杂性、风险决策分析的时滞性和治理活动的复杂性都会使得基于模型的公共安全风险决策不能完全真实反映风险治理场景需求，从而造成风险决策失误。

总体而言，传统风险决策范式主要依靠人工的经验、习惯和有限的数据分析做出决策，在问题求解的假设模型上遵循经典理论框架，对理论依赖性较强[③]。传统风险决策无法有效应对日益复杂、开放、不确定的公共安全风险决策需求。概言之，传统的风险决策模式存在以下不足：（1）传统风险决策缺乏决策的科学性和有效性。如缺乏对风险事物的全面的、发展的、动态的认识和判断，基于小数据的决策存在风险评估偏差和风险感知偏差甚至误解等，因此如果完全依靠传统风险决策，往往导致风险决策失误频发甚至引发次生风险和衍生风险。（2）传统风险决策缺乏对风险的整体性认知。传统风险决策模式是通过对风险进行调查评估后进行分析决策。虽然抽样调查的方法在不断的完善，但其本质是采用样本来评估风险整体趋势，依据分布原理来进行总体特征的判断，难以对风险形成客观的整体认识。只能专注于风险决策议题的某一侧面，因而越来越难以服务于公共安全风险中的决策需要。（3）传统风险决策缺乏动态数据支持而处于被动决策。从风险决策结构看，传统的风险决策模式更多依赖精英决策，注重决策管理流程和程序，其获取信息和数据大多呈现出单一和静态形式，往往根据事件状况做出被动决策。

二、数据驱动的公共安全风险决策模式

（一）数据驱动的公共安全风险决策内涵

风险社会时代，国内外公共安全风险事件频繁发生，传统的风险决策范式难

---

① 邱国栋、王易：《"数据—智慧"决策模型：基于大数据的理论构建研究》，载于《中国软科学》2018 年第 12 期。
② 许欢、彭康珺、魏娜：《预测赋能决策：从传统模型到大数据的方案——新冠疫情趋势研判的启示》，载于《公共管理学报》2021 年第 4 期。
③ 蔡润芳、宋若涛：《智能决策：计算广告运作环节的功能性重构》，载于《新闻爱好者》2021 年第 4 期。

以满足当前高度复杂性、高度不确定性风险治理需要。随着人工智能、大数据为代表的新一代信息技术的不断发展与创新，公共安全数据的生产和获取能力与计算力极大提升，大数据驱动的公共安全风险决策模式应运而生。大数据的客观性、全面性、科学性等特性为弥补传统公共安全风险决策的不足提供了支撑，有助于提升公共安全风险决策能力和成效。数据驱动的决策通常是指基于数据分析而不是纯粹基于直觉和经验做出决策的实践。"数据驱动决策"将使政府更高效、开放和负责，更多地在事实基础上做出判断，而不是主观判断或者受利益集团干扰进行决策。[①] 基于大数据的公共安全风险决策也开始成为各国政府应急管理现代化发展的一项重要选择。数据驱动的公共安全风险决策范式的转变主要体现在以下三方面：首先，决策方法的转变。传统风险决策主要通过构建理论模型，收集相关信息（数据），进而推断出风险的变化规律及相应的决策方案。数据驱动的决策不再受限于各种假想和特定领域隐含的固有假设，而是直接立足于模糊近似、提供深刻洞见的相关关系[②]。其次，决策主体转变。传统决策以政府、专家为主导，而大数据环境下的决策充分考虑了民意。社交媒体用户参与公共安全风险的讨论并在网络上生成大量半结构化和非结构化数据，大数据技术充分挖掘这些数据中隐藏的公众风险偏好和价值取向，为风险决策专家提供决策参考，有利于专家做出准确判断，并选择最优的风险决策方案。[③] 最后，决策认知的转变。传统决策在数据获取及其能力有限的情况下对决策问题的认知较为有限，而数据驱动的决策收集多源异构数据从多个视角多个维度全面感知决策。此外，公共安全风险决策数据更加注重集成与挖掘、决策信息更加注重交互与共享、决策知识更加注重关联与耦合，网罗全方位信息、融合人机交互、实现数据驱动，使风险决策范式呈现出全景式特点。

总之，基于数据的公共安全风险决策是以公共领域不同类型大数据为基础，充分挖掘数据及信息背后的风险发展规律，针对不同风险情景生成不同决策方案，以最优公共安全风险决策为目标的决策模式。数据驱动的公共安全风险决策本质上是以大数据技术为基础，对公共安全风险数据资源的高效利用以及风险决策流程的重构，具有动态性、精准性及智慧性等特点。

---

① Esty D. C. Good Governance at the Supernational Scale：Globalizing Adminsritative Law ［J］. *Yale lj*，2005，115：1490.

② 张鑫：《智慧赋能应急管理决策的范式转变与使能创新》，载于《江苏社会科学》2021 年第 5 期。

③ Xu X.，Yin X.，Chen X. A Large-group Emergency Risk Decision Method based on Data Mining of Public Attribute Preferences ［J］. *Knowledge – Based Systems*，2018，163.

1. 公共安全风险决策动态化

由于风险情境的动态性和多元主体利益诉求多样性，决定了数据驱动风险决策模式并非一蹴而就，而是在风险决策实践中不断完善与改进。大数据技术的发展助推公共组织处理数据动态化，使数据的实时收集、数据处理速度加快。① 而对公共安全数据进行动态收集、高效处理、全面分析，能够快速获取完整且有价值的信息，为公共安全风险治理主体提供实时决策依据。这使公共安全风险决策模式由相对静态或多步骤的决策模式转变为动态的迭代式求解模式，大大降低了风险决策的延迟。

同时，由于风险与关键问题在不同发展阶段所呈现出的动态变化性，决定了不同参与主体在决策中角色与作用的动态变化性。例如，根据国家重大疫情应对办法，国家及各省市卫生健康主管部门是风险研判与决策的核心主体，随着疫情发展和关键风险变化，则需要建立由政府相关部门、医疗救治机构、科研院所和社会组织、企业、新闻媒体等多部门、多机构动态参与的风险研判与决策主体组织架构。②

2. 公共安全风险决策精准化

实时或接近实时的数据会带来更精确决策③。大数据可以通过许多技术手段收集数据，例如无处不在的信息传感设备（Information Sensing Device），空中传感器技术（Aerial Sensor Technologies），软件日志识别读取器（Software Logs Identification Readers）等。④ 大数据驱动的公共安全风险决策可依托多渠道的实时信息来源和全方位的信息挖掘，为精准决策提供可能。例如，利用 NFIRS（国家火灾事件报告系统）的火灾事件数据和 NOAA（美国国家海洋和大气管理局）的天气数据形成的大数据集来预测火灾风险，其火灾风险预测准确率高达 93.3%⑤。

在考虑人类感知和认知局限性的情况下，使用大数据技术分析和可视化呈现

① Chen C., Zhang C. Y. Data-intensive Applications, Challenges, Techniques and Technologies: A Survey on Big Data [J]. *Information Sciences*, 2014.

② 刘冰、肖高飞、霍亮：《重大突发疫情风险研判与决策柔性协同机制研究：基于信息聚合与知识发现》，载于《图书与情报》2021 年第 5 期。

③ Janssen M., Haiko V., Wahyudi A. Factors influencing big data decision-making quality [J]. *Journal of Business Research*, 2017, 70（JAN.）: 338 – 345.

④ Shamim S., Zeng J., Shariq S. M., et al. Role of Big Data Management in Enhancing Big Data Decision-making Capability and Quality Among Chinese Firms: A Dynamic Capabilities View [J]. *Information & Management*, 2019, 56（6）: 103135.

⑤ Agarwal P., Tang J., Narayanan A. N. L., et al. Big Data and Predictive Analytics in Fire Risk Using Weather Data [J]. *Risk Analysis*, 2020, 40（7）: 1438 – 1449.

数据可以获得更高水平的理解和解释。① 通过组合技术多维剖析关联信息，努力挖掘信息背后的风险发展规律与公民诉求，自动生成多样化的部署方案。还可以综合评估决策方案的质量，为决策者优选最佳方案提供思路。② 如使用 NoSQL，BigQuery，Map Reduce，Hadoop，Flume，Mahout，Spark，WibiData 和 Skytree 等高级大数据分析工具，以增强决策能力。③ 在大数据技术的推动下，依据海量的数据搜集和精准的数据分析，精准预判风险演化趋势，实现公共安全风险决策精准化。

3. 公共安全风险决策智慧化

大数据以及人工智能的应用能够实现公共安全风险决策智能化，通过基于AI 的智能可视化工具从大数据中提取重要价值和关键管理信息，④ 以算法与模型替代人力，推动决策的智能化与自动化。⑤ 具体而言，基于统计模型的贝叶斯决策，在公共安全风险预警和风险评估等方面有着广泛应用；支持向量机在语义识别中有不凡的表现，这些方法一般认为基于统计学的人工智能方法，主要解决风险决策过程中的分类、聚类、回归及识别问题。另外，很多仿生的计算智能方法，如遗传算法决策模型，广泛用于风险指标、决策参数和决策因子的优化；神经网络和深度学习决策方法对于结构化数据有着其他方法无法比拟的分类、识别、寻优及决策能力。

人工智能能够对海量数据进行精准挖掘和系统化分析，并自动智能生成决策方案，为推动政府治理现代化提供强大的决策智力支持。⑥ 而在公共安全风险决策过程中，大数据分析和机器学习算法系统能够实现对决策方案的自动分析，以向公共安全风险决策者推送类似风险决策案例以及适用预案。同时，大数据分析可以更加全面地掌握公共安全风险决策主体、决策对象、利益相关者、非政府组织、新闻媒体及公民个体在内的社会各阶层、各群体的心声话语和利益诉求。相比于召开听证会、研讨会、草案意见征集等方式，近似于"全样本"的话语和行

---

① Olshannikova, E., Ometov, A., Koucheryavy, Y. et al. Visualizing Big Data with Augmented and Virtual Reality：Challenges and Research Agenda [J]. *Journal of Big Data*，2015，2（1）：22.

② 张鑫：《智慧赋能应急管理决策的范式转变与使能创新》，载于《江苏社会科学》2021 年第 5 期。

③ Saggi M. K., Jain S. A Survey towards an Integration of Big Data Analytics to Big Insights for Value-creation [J]. *Information Processing & Management*，2018：S0306457316307178.

④ Zheng Y., Wu W., Chen Y., et al. Visual Analytics in Urban Computing：An Overview [J]. *IEEE Transactions on Big Data*，2016，2（3）：276 – 296.

⑤ 郁建兴、陈韶晖：《从技术赋能到系统重塑：数字时代的应急管理体制机制创新》，载于《浙江社会科学》2022 年第 5 期。

⑥ 何振、彭海艳：《人工智能背景下政府数据治理新挑战、新特征与新路径》，载于《湘潭大学学报（哲学社会科学版）》2021 年第 6 期。

为的数据（隐含着价值取向）可以更集中、更自动地将公众诉求表达出来，体现了公共安全风险决策的民主化和智慧化。

（二）数据驱动的公共安全风险决策

数据驱动的公共安全风险决策是在复杂的风险社会环境下，公共组织以大数据、云计算、物联网、移动互联网、人工智能等新一代信息技术为支撑，通过对规模性、快速性、高价性以及多样性的公共安全风险大数据资源进行实时感知和智能分析，预测风险发展趋势，优化决策流程并辅助决策者更科学有效决策和行动的一种决策模式。纵观公共安全风险决策的理论和实践发展，数据驱动的公共安全风险决策既是对以往风险决策思想的继承，又基于大数据技术的强力助推而有所创新与突破。通过对数据驱动公共安全风险决策要素构成的分析，大数据与公共安全风险决策的内在逻辑关系在决策主体、决策过程、决策手段、决策目标与决策情景五个要素中得以清晰展现（见图 7-2）。在图 7-2 中，数据层主要体现的是决策技术手段辅助决策，为决策情景提供数据环境，同时保持决策过程中数据背后的决策问题与决策目标的一致性；决策层主要是决策主体依据数据事实，关联决策情景并通过一定的决策过程开展决策，且决策主体必须嵌套于决策情景的演变中不断地调适决策方案；应用层则通过决策结果实时开展风险监测预警，并制定相应的风险控制策略及风险政策内容。

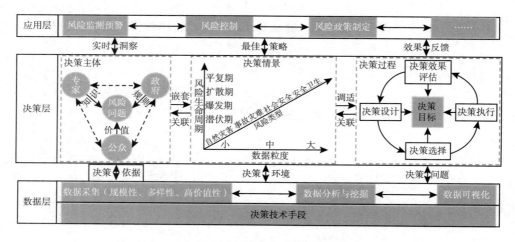

图 7-2　数据驱动的公共安全风险决策

以往相关数据驱动公共安全风险决策研究中，数据驱动公共安全风险决策模式更多地局限于一种或两种技术和算法的组合，唯"技术论"，存在一定的局限性。本书构建的数据驱动公共安全风险决策模式，本质上是以大数据及其技术为支撑，以最优风险决策为目标，建立在信息相对对称基础上的动态开放决策模式。一方面，公共安全风险决策以大数据事实为依据，辅助风险决策；另一方面，在数据为决策事实证据的基础上实现公共安全风险的开放式决策。即从对公共安全风险数据的收集、整合、分析和挖掘到政府、专家及公众等决策主体的互动（权力、知识、价值的互动），到风险情景嵌入再到风险决策方案生成及实施，形成了一个完整的数据驱动公共安全风险决策的闭环模式。

第一，从决策主体来看，大数据为公共安全风险决策多元主体参与提供了机遇和条件。

在公共安全风险决策中，最基本的问题是风险决策主体（利益相关方）的确立及主体间的协同决策问题。从决策主体上看，传统公共安全风险决策实质上是政府决策，即决定权集中于政府组织行使，在决策结构及运行程序上具有"封闭性"。随着科技水平的突飞猛进，科学知识在公共安全风险决策中的意义越来越明显，尤其是在公共安全专业领域，需要基于科学知识的判断和分析才能及时精准地制定决策，这使得科学家（专家）群体在公共安全风险决策制定过程的角色越来越重要。[①] 同时，随着公共决策科学化、民主化和法制化的不断推进，公众参与公共安全风险决策有了更多的可能性，决策过程中价值多元的作用更加明显，由此逐渐形成了面向公众与满足公众需求的开放式决策模式。如政府工作报告及相关会议中多次被提及完善重大行政决策公众参与制度是一种开放式决策，即要不断完善"公众参与、专家论证和政府决策相结合的决策机制"，积极促进政府科学决策、民主决策、依法决策。开放式决策本质上要实现政府和公众在公共决策中的互动性，一方面政府借助各种技术、平台和形式，将决策过程开放给公众和社会，不仅让公众和社会了解决策是怎么回事，还要让他们成为决策参与者，另一方面公众则通过政府提供的各种渠道以及自身的渠道，对决策"问题"表达自己的意见。[②]

政府、专家和公众是公共安全风险决策的重要主体，三者的互动体现了科学与价值关系的协调问题，也体现了对公共安全风险决策公共性、合理性、权威性的追求和平衡。首先，政府作为公共安全风险决策主体之一，直接组织和参与公共安全风险决策及管理活动。政府负有主要的公共安全风险决策责任，并有能力组织开展公共安全风险管理活动[③]。同时，政府拥有最终选择和确定决策方案的

---

① 刘鹏：《科学与价值：新冠肺炎疫情背景下的风险决策机制及其优化》，载于《治理研究》2020年第2期。

② 郭道久：《民意表达与地方政府决策民主化机制创新——对"开放式决策"的一种解析》，载于《南开学报（哲学社会科学版）》2017年第1期。

③ Wang B., Wu C., Shi B., et al. Evidence-based Safety（EBS）Management：A New Approach to Teaching the Practice of Safety Management（SM）[J]. *Journal of Safety Research*，2017，63：21.

权力，确保最终决策的权威性。政府在公共安全风险决策中一方面考虑公众对决策的满意度或接受度以及决策实施成本，另一方面通过协调专家、公众使风险决策达成共识。其次，专家基于"专业知识"为公共安全风险决策提供科学性依据。专家的本质特点在于价值中立，且指引专家开展研究的则是科学理性和工具理性①。随着风险社会的到来，面对高度复杂及高度不确定的公共安全风险问题，由于专家们掌握了专业化和技术化的知识和技能，公共安全风险决策需要具有专业优势的专家来参与解决。最后，公众是公共安全风险决策的重要主体。公共安全风险决策追求公共价值和公共利益最大化，由此决定了公共安全风险决策必须考虑公众意见。公众只具有对某些风险问题的经验判断，并不具备专业领域的知识和技能，也不具备将风险价值判断和科学事实统合决策的经验。对公众而言，其价值选择总是与事实判断密切关联。

大数据环境下公共安全风险决策的关键是多元共同体的共同经验、学习过程和话语赋权，大数据及大数据技术平台为风险决策主体参与提供了互动条件。政府掌握了公共安全不同领域的风险大数据，为公共安全风险决策提供了数据事实性依据。同时，政府通过对公众表达数据的分析可以识别公众在风险决策中的需求和偏好问题②。这就意味着一方面政府需要协调不同部门联通和共享风险数据，另一方面基于特定的风险问题平衡和协调专家科学知识和公众价值判断，以使最终做出的风险决策及其效果达到最优状态；专家则从海量公共安全风险数据中抽取和识别有用的知识并将其转化为特定风险研究领域的证据，或将特定领域的风险知识与其相关领域的数据或信息进行关联融合以获得更加完整的证据，这些证据则成为大数据时代公共安全风险科学决策的重要内容。在公共安全风险决策过程中，公众对风险的感知主要受到主观因素（如个人经历、知识水平、逻辑能力、性格、判断能力、压力能力、风险偏好）和客观因素（如人际关系、群体冲突）的影响，政府在风险决策时充分考虑公众风险感知价值，则可以提高决策的准确性和科学性③。公众在了解政府风险数据事实和专家科学证据的基础上，通过社交媒体等方式表明自身的利益诉求与价值偏好④，并对专家和政府的作用准确定位和认知。在政府、专家及公众扮演不同角色基础上实现政府、专家及公众

---

① 朱伟：《民意、知识与权力》，南京大学出版社 2014 年版。

② Provost F., Fawcett T. Data Science and Its Relationship to Big Data and Data - driven Decision Making [J]. *Big Data*, 2013, 1 (1): 51 - 59.

③ Xu X., Yin X., Chen X. A Large-group Emergency Risk Decision Method based on Data Mining of Public Attribute Preferences [J]. *Knowledge - Based Systems*, 2019, 163: 495 - 509.

④ Woo H., Cho Y., Shim E., et al. Public Trauma After the Sewol Ferry Disaster: The Role of Social Media in Understanding the Public Mood [J]. *International Journal of Environmental Research and Public Health*, 2015, 12 (9): 10974 - 10983.

三者之间的互动，在互动中吸纳和学习经验与知识，在互动中平衡各方利益及为各方话语赋能以实现最优的公共安全风险决策。

第二，从决策过程来看，大数据为公共安全风险决策提供了实时连续决策的路径。

大数据为公共安全风险决策提供了新路径，可以减少风险决策失误、提升决策质量和降低决策风险①。大数据技术兴起之后，应用大数据辅助决策成为重要的研究主题。有学者认为基于大数据进行决策主要包括四个阶段②③：识别（Identification）、设计（Design）、选择（Choice）和实施（Implementation）（Elgendy and Elragal）；马里恩·詹森（M. Janssen），海科·范德沃特（H. Van Der Voort）和阿贡·瓦休迪（A. Wahyudi）提出了四个数据驱动决策的阶段④：数据收集（Data Collecting），数据准备（Data preparing），数据分析（Data Analyzing）和决策制定（Decision Making）；王海等则认为有五个步骤：数据捕获（Data Capture）、数据管护（Data Curation）、数据分析（Data Analysis）、数据可视化（Data Visualization）和决策制定（Decision Making）⑤。事实上，大数据仅仅作为一种决策工具参与其中，无法对决策施加决定性影响⑥。公共安全风险决策不应该被简化为以公共安全风险大数据为基础的标准化分析，即不仅仅是对大数据进行分析并对其决策的过程，它是在数据事实基础上对价值判断与事实认识进行分析后选择不同决策方案的过程。它允许专家、公众等参与到决策知识生产的过程，这恰恰是目前数据驱动公共安全风险决策所缺乏的重要内容。综合上述分析，数据驱动公共安全风险决策过程大致可以分为四个阶段：数据分析阶段、决策设计阶段、决策选择阶段和决策执行及反馈阶段。

（1）数据分析阶段完成公共安全相关数据的采集、存储和分析。首先，通过社交媒体、物联网、遥感测绘和政务网站等各种来源收集公共安全风险数据。其

① 谢治菊：《大数据与重大公共决策风险治理》，载于《河海大学学报（哲学社会科学版）》2019 年第 5 期。

② Elgendy N. , Elragal A. Big Data Analytics in Support of the Decision Making Process [J]. *Procedia Computer Science*, 2016, 100: 1071 – 1084.

③ Tang M. , Liao H. From Conventional Group Decision Making to Large-scale Group Decision Making: What are the Challenges and How to Meet Them in Big Data Era? A State-of-the-art Survey [J]. *Omega*, 2021, 100: 102141.

④ Janssen M. , Van Der Voort H, Wahyudi A. Factors Influencing Big Data Decision-making Quality [J]. *Journal of Business Research*, 2017, 70 (JAN.): 338 – 345.

⑤ Wang H. , Xu Z. , Fujita H. , et al. Towards Felicitous Decision Making: An Overview on Challenges and Trends of Big Data [J]. *Information Sciences*, 2016: 747 – 765.

⑥ 魏航、王建冬、童楠楠：《基于大数据的公共政策评估研究：回顾与建议》，载于《电子政务》2016 年第 1 期。

315

次，利用大数据存储工具进行存储，可以是传统的数据库管理系统，如 MySQL 和 PostgresSQL；也可以是大规模并行处理数据库，如 SAND 和 PADB。数据存储后，通过 ETL（Extract – Transform – Load）、ELT（Extract – Load – Transform）或 Hadoop、MapReduce 等一些处理工具进行组织和处理分析。最后，公共安全风险数据分析。通过不同的数据挖掘和机器学习技术（如聚类分析、回归、分类和社交网络分析）处理不同来源的数据，并对风险数据分析结果进行可视化展现。数据分析的目的是发现公共安全风险演化规律和趋势，为公共安全风险决策提供科学依据。大数据技术能够为决策过程建立前后统一的决策标准、公开透明的决策过程和决策结果，并为公共安全风险决策记录实时连续决策的轨迹，为实时连续决策模型确立即时反馈路径。[①]

（2）决策设计阶段考虑多种因素并分析可行的决策行动方案。该阶段的主要任务是在数据分析的基础上设计、制定和分析可能采取的若干决策行动方案。即政府、专家和公众在数据分析结果的辅助下设计出多种风险决策备选方案。决策设计阶段应重视"最满意原则"，使得决策全过程的参与者都能实现价值认同。该阶段政府需要通过媒体向公众不断地发布所涉及的公共安全风险数据及信息，以关注公众对风险事实的反应。同时，根据具体公共安全风险领域，政府向相关专家征询决策意见；专家通过自身储备的风险知识及数据事实，探寻风险演化发展及如何防控风险的科学证据。需要注意的是专家对公共安全风险的研究过程不受政治及个人偏见的干扰。公众接收政府发布的风险信息，并通过具体风险的感知及经验，通过社交媒体等方式理性表明自身的利益诉求与价值偏好。在数据分析、专家科学证据以及公众价值偏好中，政府通过协调不同利益方，达成解决风险问题（需求）共识的基础上，设计出多种风险决策可行方案。需要注意的是，随着公共安全风险数据事实的变化或者风险演化不同阶段，政府、专家、公众关注的议题也会发生变化。因此，风险决策设计阶段针对不同风险或不同风险演进阶段，风险决策的方案也会有所调整和变化。

（3）决策选择阶段在备选方案中选出最优决策方案。决策选择阶段应充分融合"价值判断"和"事实判断"，确定既彰显价值又符合事实的公共安全风险决策。该阶段除了考虑专家及公众因素外，政府还要结合具体风险情景充分考虑决策行动方案的成本、可行性、决策效果等因素，评估风险决策方案的优先次序及等级。风险的不确定性是风险决策的重要影响因素之一。每一种风险情景（包括不同风险、多种风险融合以及衍生、次生风险）下对应一个最优决策方案，为了

---

① 胡税根、单立栋、徐靖芮：《基于大数据的智慧公共决策特征研究》，载于《浙江大学学报（人文社会科学版）》2015 年第 3 期。

得到适应各种不同风险情景的最优方案，政府可利用大数据分析技术还原真实场景并模拟不同风险决策方案的实施效果，对风险决策方案做出评估。具体而言，通过大数据建模分析，将不确定风险情景下的风险决策方案优选问题转化为一个多目标决策问题，并得出一种基于大数据的风险决策方案优选方法，以适用于需要快速对风险方案做出决策的场景。

（4）决策执行阶段验证决策方案并根据反馈动态调整方案。政府选定风险决策方案后，依靠其权威性即可付诸实施。在实施过程中还要收集实施过程中的数据，根据这些数据来进一步做出继续执行、停止实施或修改后继续实施的决定。在公共安全风险决策实施阶段最重要的一环是决策实施效果评价，其效果评价的目的在于完善和改进决策方案并动态调整决策方案，这样大大提高了风险决策的精准性、适用性和科学化水平。在公共安全风险决策实施效果的跟踪反馈阶段，收集物联网、社交网络等产生的海量客观数据，通过这些数据对决策的实施过程和效果进行实时监控分析，能够更全面地掌握决策的实施效果和下一步的改进方向。

第三，从决策手段来看，大数据突破了公共安全风险决策中数据驱动决策的技术难题。

数据驱动决策是一个将原始数据转换成信息，并最终通过一系列的认知技术和处理流程转变为知识的连续性决策过程[①]。尽管大数据分析并不是万能的，大数据分析也并不能直接解决人类的决策难题，但其最大的意义在于提供了一种决策分析方法，为破解传统依靠直觉判断和主观经验决策提供了机遇，突破了公共安全风险决策中数据驱动决策的技术难题。例如，借助大数据技术优势，利用传感器、射频识别（RFID）、数据检索分类工具、条形码等方法，结合互联网、物联网、NewSQL、VoltDB 等技术全面感知社会事项及公众所需，采取网络地图（Internet Map）、标签云（Tag Cloud）、历史流图（History Flow）等大数据可视化技术把握过去、现在与未来的发展规律和历史逻辑，展示决策者行为的全过程。[②]

首先，实现对非结构化数据的分析，增强公共安全风险决策的准确度。根据西蒙（H. A. Simon）的观点，决策过程按照其可描述性可分为结构化决策、半结构化决策以及非结构化决策[③]。结构化程度是指对某一决策问题的决策过程、决策环境和规律，能否用明确的语言（数学的或逻辑学的、形式的或非形式的、定量的或定性的）给予说明或描述的清晰程度或准确程度。在传统决策中，决策者

---

① Jones M. D. , Jenkins – Smith H C. Trans – Subsystem Dynamics：Policy Topography, Mass Opinion, and Policy Change [J]. *Policy Studies Journal*, 2009, 37（1）：37 – 58.

② 胡税根、单立栋、徐靖芮：《基于大数据的智慧公共决策特征研究》，载于《浙江大学学报（人文社会科学版）》2015 年第 3 期。

③ Simon H. A. *Administrative Behavior* [M]. Simon and Schuster, 2013.

317

只能从有限的渠道中获得体量较小的信息，而且这些信息较容易归于某一领域或某种结构。但在大数据时代，大量的数据来自互联网与其他多种多样的媒体，大部分数据属于非结构化数据。大数据技术为解决公共安全风险决策中的"非结构化数据"分析提供了重要的工具和方法。在技术层面，以云计算作为信息存储、分享和挖掘的手段，能够有效地将海量、高速、多变的终端数据存储起来，并随时进行计算和分析。通过云计算实现对大数据的分析、预测，使海量数据释放出更多的价值，透过大数据探析利益相关者的真实心理、态度和立场，能够充分掌握影响相关利益群体风险感知状况的各种因素，为公共安全风险决策提供更可靠的证据。

其次，增强大数据算法应用，提高公共安全风险决策的科学性。大数据分析本质上通过利用各种算法（建立算法规则、算法模型）分析多源异构数据，挖掘有价值的信息（知识）以支持决策者做出明智决策[1]。大数据时代的来临使人类第一次有机会和条件使用全面数据、完整数据和系统数据，深入探索现实世界的规律，获取过去不可能获取的知识。如谷歌公司通过对"流感"及其相关词汇在网络搜索记录中出现频率的分析，提前准确预测了流感病毒在全美的传播状况。这种"预测"能力正是公共安全风险决策科学性所追求的目标，将风险因素与机器算法建立联系，从而实现对公共安全风险的评估和预测。有研究表明[2]，基于大数据驱动的预测可以为公共安全风险决策的制定提供全新的支持模式，是对传统预测的一场深刻变革，也是未来预测范式的重要转向。因此，将大数据的理念、方法与工具融入公共安全风险决策的方法中，提高信息收集的深度、广度和时效，运用精心设计的算法深度挖掘海量数据蕴含的隐性信息和核心价值，有助于增强公共安全风险决策的科学化水平，提高公共安全风险决策的权威性和决策实施效果。

第四，从决策目标来看，大数据有助于激发公共安全风险决策的公共价值导向。

在传统决策模式影响下，公共决策过程以"经济人"假设为前提[3]，基于"成本—收益"考虑风险决策[4]，因此，公共安全风险决策过程中，政府决策者缺少足够的动力去制定最符合公共利益的政策。成本收益风险分析是一种将规制

---

① Saggi M. K. , Jain S. A Survey towards an Integration of Big Data Analytics to Big Insights for Value-creation [J]. *Information Processing & Management*，2018，54（5）：758 – 790.

② 许欢、彭康珺、魏娜：《预测赋能决策：从传统模型到大数据的方案——新冠疫情趋势研判的启示》，载于《公共管理学报》2021 年第 4 期。

③ 肖进、李春燕、贾品荣：《人工智能背景下政府治理智能决策优化研究》，载于《电子科技大学学报（社科版）》2021 年第 5 期。

④ 张理政、叶裕民：《前景理论视角下城中村村民更新意愿研究——基于广州市 25 村问卷调查》，载于《现代城市研究》2021 年第 12 期。

风险的结果加以量化进行评价的方法，亦即通过将所投入的费用与所得利益加以计算和对比，判断风险决策是否最有效率[①]。但是，以效率作为唯一的评价标准，会严重忽视公共安全风险决策的公平性和民主性。

数据驱动公共安全风险决策以数据分析为基本依据，并融合了专家知识及公众价值这一统合的决策模式通过提高决策的透明度，有助于约束决策主体的自利性动机，推动决策主体以公共利益最大化和公众满意为决策目标，从而实现对权力的有效制约。同时，数据驱动公共安全风险决策不仅仅关注政府决策效率，而是更加重视公众诉求回应以及决策的公平和民主。借助大数据技术，识别核心公共价值理念，并对相互冲突的价值需求进行调解，在具体执行中实现公共价值的促生。有研究认为[②]，获取公众的数据记录、服务性应用程序的使用、社交媒体、数字传感器以及其他数据足迹，通过对这些大数据分析，帮助决策者发现公众风险认知及决策选择的过程，并因此确定是否以一种潜在的方式支持公共价值观。基于大数据的公共价值决策模式是通过系统内外部大数据信息环境获取公共价值理念，围绕该理念，组织机构利用大数据和其构建的信息环境获得外部支持与合法性；通过再造组织结构和流程，提升组织运作能力，进而创造新的公共价值。[③]

第五，从决策情景来看，大数据支持的决策场景从单一领域向跨域融合转变。

风险的演化过程在风险环境、风险因子、受损主体之间呈现出复杂的非线性关系，各类风险事件往往不是孤立的爆发，它们的驱动因素、诱因以及造成的影响相互交织，耦合在一起形成一种复杂的决策场景[④]。公共安全风险决策本质上是决策主体如何在复杂多变的风险情景下制定、选择并实施决策方案。从公共安全风险决策问题的发现到决策方案的制定与执行，其中需要控制的不仅是风险问题本身，更是包括庞杂的风险情景系统。根据全球经济论坛 WEF（World Economic Forum）每年发布的《全球风险分析报告》（*The Global Risks Report*），全球面临的风险主要分为五类：经济风险、环境风险、地缘政治风险、社会风险和科技风险。由于这些风险与公众的社会活动、地区的经济发展、自然环境的承载力及技术系统革新等因素关联交织在一起，呈现出很强的耦合性和级联性。因此，公共安全风险决策需要从全景视角出发认知复杂的风险情景，从系统角度关注多主体、全过程、多

---

① 程明修：《行政法上之风险评估与管理》，载于《台湾法学杂志》2009 年第 142 期。

② Ingrams A. Public Values in the Age of Big Data：A Public Information Perspective ［J］. *Policy & Internet*, 2019：128 – 148.

③ 许晓东、彭娴、芮跃锋、邝岩、魏红霞、肖华、魏志轩：《基于大数据的公共价值决策模式研究》，载于《管理学报》2020 年第 1 期。

④ 魏玖长：《风险耦合与级联：社会新兴风险演化态势的复杂性成因》，载于《学海》2019 年第 4 期。

灾种风险情景的关联性，全面综合权衡各方面因素进行决策。

公共安全风险决策情景是决策环境变化状态的集合。"情景"本身是不好操作化的测度和定量分析的①，但公共安全风险"情景"可以被看成是由以往风险演变规律、实时风险信息与风险类型各自背后的网络及其耦合形成的历史、现实和场景的复合物，这一复合物可以通过将风险演变生命周期的网络（风险生命周期网络）、经验/事实信息背后的网络（风险数据信息网络）及当前事件背后的网络（当前风险类型网络）三者有机交互成耦合网络加以刻画出来，形成多网耦合，利用多网耦合来操作化地定义公共安全风险"情景"，透过揭示多网耦合的结构特征，来间接地揭示"情景"的"结构特征"，从而透过多网耦合理解"复杂情景"。具体来说，在公共安全风险决策中，公共安全风险决策情景具有全局关联性，决策主体会受到环境的影响，即决策主体的决策高度依赖于情景，同时，风险演变特点及风险类型与风险决策方案生成之间高度关联。在大数据环境下，公共安全风险数据粒度也是风险情景的重要影响因素。数据粒度就是数据的细化程度，越明细的数据包含的信息越多，同时也越难解读，所以一般根据需求不同会选择不同粒度的数据来分析。由此，从风险演变规律、风险类型以及风险数据粒度这 3 个维度描述大数据环境下的公共安全风险决策情景，把公共安全风险情景的类型分成风险生命周期情景、风险类型情景和风险数据情景，使公共安全风险决策情景多维认知成为现实。

（1）公共安全风险生命周期情景维度。

基于生命周期理论和公共安全风险演化进程，将公共安全风险生命周期划分为风险潜伏期、风险爆发期、风险扩散期与风险平复期②。公共安全风险从潜伏期、爆发期、扩散期到平复期具有一定的动态特征与内在规律，需要防止小风险演变为大风险、局部风险演变为全局风险、非政治风险演变为政治风险。同时，由于公共安全风险的结构组成、耦合动态关系等因素影响，每个阶段风险产生的类别、动因等体现出多重性、动态性和关联性，使得公共安全风险决策呈现出复杂性和不确定性。情景分析方法是一种合理的选择，因为它通过系统地分析情景来帮助减少决策的不确定性和复杂性③。

公共安全风险生命周期的情景维度分析，使得风险决策更加精细化。精细化风险决策的要义在于设计出面向不同生命周期阶段风险的具有针对性的决策应对

---

① 刘霞：《非常规突发事件动态应急群决策："情景—权变"范式》，载于《云南社会科学》2010 年第 5 期。

② 杨波、孙白朋：《基于风险生命周期的企业反竞争情报机制模型构建》，载于《现代情报》2019 年第 11 期。

③ Liu Z. , Li X. , Zhu X. Scenario Modeling for Government Big Data Governance Decision-making：Chinese Experience with Public Safety Services［J］. *Information & Management*，2022，59（3）：103622.

方案。在大数据的支持下，通过情景模型设计将关键信息（数据）元素与处于不同阶段的风险纳入决策过程并分析它们之间的结构关联性[①]；然后通过实例化模型来描述真实场景，增加信息（数据）支持并减少不确定性，以利于清晰、精细的决策。故此，大数据背景下进行具有针对性、精细化的公共安全风险决策，决策主体需要通过风险生命周期了解各阶段风险情景，把握各阶段的风险数据、信息特征及风险动态演化趋势，来制定出具体的适配决策方案，减少风险决策的不确定性和复杂性，提高决策的精准性。

（2）公共安全风险类型情景维度。

根据灾害成因理论，公共安全风险的演化规律是风险类型和风险状态等共同决定的[②]。不同类型的公共安全风险体现了不同的风险情景描述方式，其风险类型决定了其决策情景和决策方案的异质性。目前，风险类型的划分方法较多，依据《国家突发公共事件总体应急预案》对突发公共事件类型的划分，可将公共安全风险划分为自然灾害、事故灾难、公共卫生和社会安全四类。自然灾害、事故灾难、公共卫生和社会安全所对应的风险决策情景差异决定了其基于数据驱动的风险决策的数据收集、数据分析和决策结果的差异，应加以区别考虑。自然灾害、事故灾难、公共卫生和社会安全均可以进行不断的细分，其风险决策情景也需要加以细分并进行相应的数据收集、分析和决策。

同时，自然灾害、事故灾难、社会安全、公共卫生等公共安全风险及其互相转换形成的次生风险和衍生风险，给社会经济和人民生命健康带来巨大威胁[③]。故此，即使在单一风险决策情景下进行数据分析，也要根据需要考虑相关类型风险数据的集成交叉问题，以提高风险决策情景描述的全面性、完整性和系统性。值得注意的是，在实际的公共安全风险情景描述中，某些情景类型的风险数据不可得，或风险类型过多造成情景要素的关联关系过于复杂。因而，在认知多维情景时，需要根据实际问题和决策目标判定风险类型的具体情况。

（3）公共安全风险数据情景维度。

随着公共安全风险数据量的增加、数据间的关联和交叉，需要通过数据融合及细粒度聚合来实现数据的价值最大化[④]。数据粒度是数据的细化程度，细化程

① Liu Z. G. , Li X. Y. , Zhu X. H. Joint Risk Assessment of the Secondary Disasters of Rainstorms Based on Multisource Spatial Data in Wuhan, China ［J］. *Natural Hazards Review*，2020，21（4）：0402003.

② 曹策俊、李从东、王玉、李文博、张帆顺：《大数据时代城市公共安全风险治理模式研究》，载于《城市发展研究》2017 年第 11 期。

③ 翟国方、黄弘、冷红、罗翔、马东辉、魏杰、谢映霞、修春亮、周素红：《科学规划增强韧性》，载于《城市规划》2022 年第 3 期。

④ 杨斐斐、沈思妤、申德荣、聂铁铮、寇月：《面向数据融合的多粒度数据溯源方法》，载于《计算机科学》2022 年第 5 期。

度越高，粒度越小；细化程度越低，粒度越大①。数据粒度一般根据时间或空间进行划分。①数据粒度的时间划分。公共安全风险决策数据的时间粒度大小体现为情景描述的时间范围，时间范围越大说明数据粒度越大。例如，针对物资调度的情景描述，大粒度数据在一定时间内保持不变或变化较小，如各市资源需求量、需求种类等情景数据②；小粒度数据的实时较强性，如实时路况、GPS等③。②数据粒度的空间划分。公共安全风险决策数据的空间粒度大小反映为情景描述的空间地理范围。具体而言，大粒度数据对应的是地理范围较大的区域，如城市、区县；小粒度情景针对地理网格，即地理面积较小的单位单元；中粒度数据如街道、社区等。需要注意的是，大粒度数据一般可以通过对小粒度情景数据的统计分析或模拟仿真得到。故此，在实际的情景描述中，数据粒度数量往往取决于最小粒度数据对应的时间或空间地理范围，不同粒度情景间的关系亦有清晰的描述④。

（三）数据驱动的公共安全风险决策限度

1. 数据质量严重制约风险决策效果

数据驱动的公共安全风险决策要求数据真实全面，"糟糕的数据质量意味着糟糕的决策"⑤。决策者忽视公共安全风险数据质量往往引发决策失误甚至导致众多的安全事故发生。虚假数据只能提炼出虚假规律和无效的决策方案，导致严重的风险决策失误⑥。数据驱动的公共安全风险决策过程中常见的数据质量问题源自两方面：一是受晋升锦标赛激励机制的影响，官员可能人为干预数据，导致数据收集存在瞒报、漏报、虚报现象⑦。二是数据质量常因业务或技术方面的原因出现问题⑧。例如，美国数据门户 Data. Gov 上的枪支犯罪者数据集曾存在数据

---

① Zhang X. , Zhang J. Complex Big Data Analysis Based on Multi-granularity Generalized Functions [J]. *International Journal of Online Engineering*, 2018, 14 (4): 43-57.

② 彭春、李金林、王珊珊、冉伦：《多类应急资源配置的鲁棒选址—路径优化》，载于《中国管理科学》2017 年第 6 期。

③ 黄辉、吴翰、杨佳祺、朱珂：《基于实时路况信息的灾后应急配送路径选择系统》，载于《系统管理学报》2018 年第 1 期。

④ 陈雪龙、卢丹、代鹏：《基于粒计算的非常规突发事件情景层次模型》，载于《中国管理科学》2017 年第 1 期。

⑤ Wang F. Understanding the Dynamic Mechanism of Interagency Government Data Sharing [J]. *Government Information Quarterly*, 2018, 35 (04): 536-546.

⑥ 马桑、张苑漫：《大数据视域下公共决策模式之转变：经验、数据与统合》，载于《江汉学术》2021 年第 2 期。

⑦ 段哲哲：《控制算法官僚：困境与路径》，载于《电子政务》2021 年第 12 期。

⑧ 樊博、于元婷：《基于适应性结构化理论的政务数据质量影响因素研究——以政务 12345 热线数据为例》，载于《图书情报知识》2021 年第 2 期。

不完整、不一致和记录重复等问题[①]；巴西 13 个政府数据门户的数据文件中存在记录重复、字段定义不一致等问题[②]。对于数据质量问题，有学者认为政府数据治理尤其是信息系统中所存储数据的治理是维护数据质量、提高决策和管理效率的重要策略[③]。

2. 算法偏见致使歧视性风险决策

ISO/IEC TR24027《信息技术—人工智能—人工智能系统和人工智能辅助决策中的偏见》标准指出，人工智能系统和自动化决策中可能引起算法偏见问题[④]。"算法偏见"在看似没有恶意的程序设计中带着设计者的偏见，或者所采用的数据是带有偏见的，算法黑箱遮蔽了非中立元素通过不同途径进入算法运行过程并对公共安全风险决策造成负面影响，从而导致数据决策的"歧视性结果"，损害了公众的基本权利。例如，弱势群体或者某一类特殊群体可能被数据挖掘技术标记为"某类高风险人群"，从而在社会的某一领域持续遭遇歧视待遇。2016年 8 月，美国匹兹堡推出的家庭筛查工具 AFST 利用 AI 自动进行家庭毒品风险评估，如果父母染上了毒瘾，社工会将其子女从家中带走并交给别人抚养。面对这一算法系统，即使父母戒毒成功了一段时间，AI 系统风险评估仍然显示高风险，父母就面临被夺走孩子抚养权的威胁[⑤]。因此，囿于训练数据缺陷和设计者主观偏差，算法决策存在陷入偏误的可能，有学者建议引入基于经验决策的人工审核程序及纠错程序[⑥]。

3. 数字鸿沟之下的精英过度赋权

世界银行发布的《2016 年世界发展报告：数字红利》认为，互联网的发展，过度惠及精英人群，穷人参与公共决策依然罕见[⑦]。数据驱动的公共安全风险决策更多依赖于数据抓取，不使用互联网的群体、信息时代缺席者的诉求很容易被政府的公共安全风险治理所忽视。大数据边缘化的弱势群体，被排斥在数据驱动的公共安全风险决策之外。精英阶层指由于在心智、社会地位等方面的优势，其

---

① Oliveira M. I. S., Oliveira L. A. Open Government Data Portals Analysis: The Brazilian Case [C]. International Digital Government Research Conference on Digital Government Research, ACM, 2016: 415 – 424.

② Vetro A., Canova L., Torchiano M., et al. Open Data Quality Measurement Framework: Definition and Application to Open Government Data [J]. *Government Information Quarterly*, 2016, 33（2）: 325 – 337.

③ 黄璜:《美国联邦政府数据治理：政策与结构》，载于《中国行政管理》2017 年第 8 期。

④ 魏国富、石英村:《人工智能数据安全治理与技术发展概述》，载于《信息安全研究》2021 年第 2 期。

⑤ 凤凰网科技:《算法偏见侦探》，http://tech.ifeng.com/a/20181223/45268566_0.shtml。

⑥ 单勇:《健康码应用的正当性及其完善》，载于《中国行政管理》2021 年第 5 期。

⑦ 马桑、张苑漫:《大数据视域下公共决策模式之转变：经验、数据与统合》，载于《江汉学术》2021 年第 2 期。

观点、行为更具有建设性的阶层，而大数据的引入又补充了新的群体——数据精英①。精英群体更多地通过互联网、大数据、算法平台等数字技术进行信息宣传和利益诉求表达，以动员更多的利益群体促成符合其利益要求的公共安全决策结果②。数字鸿沟之下，数据驱动的风险决策存在精英过度赋权而产生决策结果不公平的问题。因此，需要优化算法系统设计与完善算法的规制体系，促进算法向善，防范或化解算法黑箱、算法歧视等风险③。

4. 风险决策失误后陷入问责难境地

传统公共安全风险决策的责任机制建立在科层制的基础上。大数据技术赋予公共安全风险决策者更有效率的决策工具，但也使得自上而下的问责机制存在一定的风险。如果某项数据驱动的公共安全风险决策造成失误和损失，行政人员可以把责任推诿于算法或者数据开发企业，而对于算法或者数据企业难以进行责任追究，因此公共安全风险将陷入问责难的境地。例如，2009 年英国公共卫生系统的乳腺癌筛查软件"算法错误"，导致 45 万名 68～72 岁的女性错过最后一次乳腺癌筛查，可能导致 270 人提前死亡。这次失误在国家医疗系统（NHS）、公共卫生局（PHE）和算法软件提供与维护公司——日立咨询公司之间相互扯皮，都认为责任在对方，调查将责任"甩锅"给了机器，最终不了了之④。数据驱动的公共安全风险决策失误后的问责是一个值得探讨的问题。

第三节 数据驱动的公共安全风险决策应用案例

在信息化发展的新阶段，大数据已经成为公共安全风险决策的有效工具，为政府治理模式和治理能力的转型与提升提供了机遇⑤。在风险决策过程中，风险决策部门在特定的风险情景下，基于充足的风险信息，对可能出现的结果进行预判后做出最优选择⑥。数据驱动的风险决策就是让数据成为公共安全风险决策的

---

① 李菲菲、董慧：《大数据时代下城市治理的伦理诉求》，载于《城市发展研究》2020 年第 5 期。

② 严庆、刘琳：《数字竞争对族裔政治的影响》，载于《贵州民族研究》2021 年第 3 期。

③ 孟天广、李珍珍：《治理算法：算法风险的伦理原则及其治理逻辑》，载于《学术论坛》2022 年第 1 期。

④ 汝绪华：《算法政治：风险、发生逻辑与治理》，载于《厦门大学学报（哲学社会科学版）》2018 年第 6 期。

⑤ 左文明、朱文峰、毕凌燕：《基于大数据的重大公共事务决策风险治理研究》，载于《电子政务》2019 年第 11 期。

⑥ 沙勇忠、王超：《大数据驱动的公共安全风险治理——基于"结构—过程—价值"的分析框架》，载于《兰州大学学报（社会科学版）》2020 年第 2 期。

重要依据，进而转化为风险行动解决现实风险问题。以下两个案例探析大数据环境下公共安全风险决策研究及实践中的相关问题，显示了公共安全风险决策中大数据的应用潜能。

案例一"基于 ISM – K2 方法的群体性突发事件风险决策模型应用"侧重数据驱动的公共安全风险决策方法及其创新问题。引用蔡国瑞等（2019）学者①的公共安全风险决策研究作为案例，介绍其团队提出的一种改进的贝叶斯网络模型——BNISM – K2 模型。该模型以我国 1998～2016 年发生的 3 394 起群体性突发事件为数据源，通过整合优化 ISM 模型和 K2 算法，对群体性突发事件的发展做出方向性预测，为政府的风险决策提供依据。

案例二"新冠肺炎疫情健康通行码应用决策案例"分析了 2020 年初新型冠状病毒肺炎（COVID – 19）疫情在全球暴发期间，备受国内外关注的健康通行码在疫情防控决策中发挥的作用。侧重讨论健康通行码的应用过程、技术逻辑及决策启示，意在说明数据驱动的公共安全风险决策及其治理中的大数据及其技术应用逻辑。

一、基于 ISM – K2 方法的群体性突发事件风险决策模型应用

我国《突发事件应对法》中，将突发事件定义为"突然发生，造成或者可能造成严重社会危害，需要采取应急处置措施予以应对的自然灾害、事故灾难、公共卫生事件和社会安全事件。"群体性突发事件是社会安全事件的其中一种，本案例中采用的数据来源是 1998～2016 年中国发生的 3 394 起群体性突发事件。

大多数群体性突发事件在一开始都是以相对和平的方式出现的，但有些最终可能会演变为暴乱或骚乱，从而对公共安全造成巨大威胁②③。群体性突发事件从和平到暴力状态的过渡是不稳定的，取决于诸多因素④。在任一时间点，突发事件都可能朝着不同方向发展，而实际的演化路径将在干预点发生改变。政府可以根据事件程度升级的情况，在关键时间点采取干预行动，以改变事件的演变路径，从而避免或最大限度地减少暴力威胁。但群体性突发事件的难点在于影响因素较

---

① Huang L., Cai G., Yuan H., et al. A Hybrid Approach for Identifying the Structure of a Bayesian Network Model [J]. *Expert Systems with Applications*, 2019 (131)：308 – 320.

② Wei, J., Zhou, L., Wei, Y., & Zhao, D. Collective Behavior in Mass Incidents：A Study of Contemporary China [J]. *Journal of Contemporary China*, 2014, 23 (88)：715 – 735.

③ Wood, L. J. *Crisis and Control：The Militarization of Protest Policing* [M]. London：Pluto Press, 2014.

④ Nassauer, A. Effective Crowd Policing：Empirical Insights on Avoiding Protest Violence [J]. *Policing – An International Journal of Police Strategies & Management*, 2015, 38 (1)：3 – 23.

多且复杂，难以把握其演变规律。本案例所介绍的 BN_{ISM-K2} 模型创新点在于整合、优化了单纯专家驱动的解释结构模型（ISM）和纯数据驱动的 K2 算法，将其用在贝叶斯网络中，有效地推演了突发事件的演化场景，为政府风险干预措施提供了依据。

（一）模型构建

目前，常用的分析群体性突发事件及威胁因素的方法主要有统计方法（如多项式逻辑回归模型）和贝叶斯网络模型（如 BNISM、BNTAN）。但群体性突发事件发生在社会这个开放复杂巨系统中，涉及面广，现有的传统模型要么无法对群体性突发事件的动态不确定性因素做出有效判断，要么就是判断方式较为单一，对于群体性突发事件威胁评估有效性和准确性不足。蔡国瑞（2019）等通过将纯专家驱动的解释结构模型（ISM）和纯数据驱动的 K2 算法相结合，并应用贝叶斯网络（BN）结构学习方法，构建了用于情景生成的贝叶斯网络结构模型（BNISM－K2 模型），该模型在预测威胁方面比传统的方法表现更好。基于模型的改进，开发出用于评估群体性突发事件威胁的贝叶斯网络模型情景生成（BNSG）框架（见图 7－3）。框架规定了如何设定、训练贝叶斯网络，并用于推理未来状态的可能威胁或支持假设分析问题，以比较不同决策方案下的效果。它包括确定贝叶斯网络变量、构建贝叶斯网络和情景推演三个阶段：

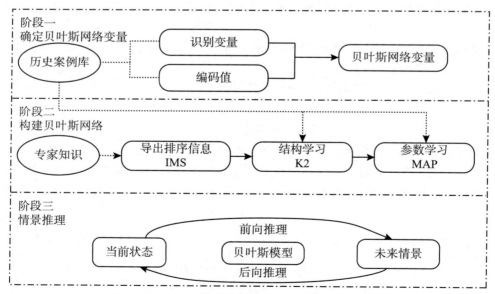

图 7－3　贝叶斯网络场景生成（BNSG）框架

1. 确定贝叶斯网络变量

在第一阶段，确定群体性突发事件的驱动力，将其作为贝叶斯网络（BN）变量，这些变量应包括威胁因素以及产生威胁的相关因素。根据专家知识和已有文献，群体性突发事件的威胁因素包括群体暴力的程度、持续时间和伤亡人数；产生威胁的因素大致分为三类：背景因素、组织因素和治安因素。其中，背景因素是指群体性突发事件的形成环境，包括事件地点、目的和对象；组织因素是指聚集的人员结构，包括参与者之间的关系、组织化程度和参与者数量；治安因素指的是公安机关处理抗议的方式，包括警察人数和治安策略。这 11 个因素的集合 $X = \{X_1, \cdots, X_{11}\}$ 在贝叶斯网络模型中定义了节点。遵循扎根理论，编码员总结变量分配规则后，11 个贝叶斯网络变量的状态如表 7-2 所示。

表 7-2　　　　　　　　贝叶斯网络变量集的状态

类型	贝叶斯网络变量	变量状态
背景因素	地点（Location）	s1 农村；s2 城镇；s3 城市
	目标（Goal）	s1 公平上诉；s2 权利上诉；s3 情感申诉
	抗议对象（Target of protest）	s1 政府当局；s2 机构；s3 公司；s4 公民
组织因素	关系（Relationship）	s1 亲友；s2 邻里关系；s3 同事关注；s4 自发组合
	组织（Organization）	s1 无组织的；s2 有组织的
	参与人数（Participant number）	s1 <10；s2 10~100；s3 100~1 000；s4 1 000~10 000；s5 >10 000
治安因素	警察人数（P_1，Police number）	s1 0；s2 1~10；s3 10~100；s4 100~1 000；s5 >1 000
	治安策略（P_2，Police strategy）	s1 无警察在现场，或现场有警察但不作为；s2 协商；s3 逮捕；s4 武力；s5 非致命武器
威胁因素	群体暴力的程度（Violence）	s1 非暴力（如静坐、张贴横幅、罢工）；s2 低暴力（如堵塞道路、妨害治安的行为）；s3 高暴力（如打砸抢烧）
	持续时间（Duration）	s1 1~2 小时；s2 2 小时~1 天；s3 1~7 天；s4 4~7 天
	伤亡人数（Casualties）	s1 无；s2 <10 人受伤；s3 ≥10 人受伤或至少 1 人死亡

接下来根据群体性突发事件研究中的实际数据和编码规则，对表 7-2 中的变量进行了编码。作者招募了 20 名对应急管理较为了解的研究生作为编码员，对

1998～2016 年我国发生的 3 394 起群体性突发事件的历史案例进行手工编码。

2. 构建贝叶斯网络

第一步主要是利用 ISM 模型和 K2 算法获得贝叶斯网络结构。从总共 3 394 个案例中随机选择 2 545 个案例作为训练数据来学习贝叶斯网络结构和参数，另外 849 个案例则用于测试贝叶斯网络模型的有效性。训练数据集与测试数据集的比例约为 3∶1。

（1）发现贝叶斯网络变量之间的排序信息。为了建立这 11 个变量间的因果关系，基于德尔菲法，通过两轮问卷调查咨询了三位公共安全方面的专家。专家主要是判断每对变量之间的关系［例如，"抗议对象（T）会影响组织（O）"吗?］，最终确定 11 个变量之间存在 65 对影响关系。同时，提出以下假设：①背景因素可能影响除其本身以外的所有因素；②组织因素可能影响其他组织因素、所有治安因素和所有威胁因素；③治安因素可能影响其他治安因素和所有威胁因素；④威胁因素可能影响其他威胁因素。最终得出群体性突发事件的解释结构模型（ISM）和贝叶斯网络变量，确定变量之间的排序信息。限于篇幅，此处不再过多介绍具体过程。（2）从数据中学习贝叶斯网络结构。将上一步获得的排序信息作为 K2 算法的输入信息，并通过学习 2 545 个训练数据案例来构建贝叶斯网络结构。

第二步主要是利用 MAP 算法获得参数①。基于贝叶斯网络结构和训练数据，使用参数学习算法 MAP 来学习条件概率表（CPT）。这一步的目标是确定条件概率 $\theta_{|ijk|} = p(x_i^k \mid Pa(X_i)^j)$，它表示当 X_i 取第 k 个值，且父节点 $Pa(X_i)$ 取第 j 个状态时的概率。最终的贝叶斯网络模型如图 7-4 所示，每个变量都有一个条件概率表。为简洁起见，此处只显示"组织"的条件概率表。阅读"组织"第一个单元格的概率可以发现，如果群体性突发事件的目标是公平上诉（s1），对象是政府当局（s1），那么该事件无组织的概率（s1）是 0.7。

3. 情景推演

情景推演阶段主要有两个目标：第一，使用贝叶斯网络向前推演，生成群体性突发事件的未来可能状态，并评估威胁的性质和级别。第二，使用贝叶斯网络向后推演，确定能够将威胁降至最低的最佳决策方案。它首先设定预期的威胁级别，并推演可能产生这种结果的替代性干预行动。例如，假设警方将应对群体性突发事件的目标设定为"最大限度地减少伤亡"，BN_{ISM-K2} 模型就可以回答："在几种方案中，哪种干预行动最有可能成为最佳决策方案。"

---

① Heckerman, D., Geiger, D., Chickering, D. Learning Bayesian Networks: The Combination of Knowledge and Statistical Data [J]. *Machine Learning*, 1995, 20 (3): 197-243.

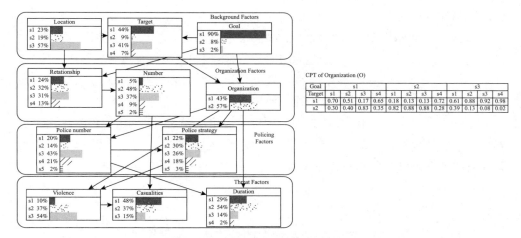

图 7 - 4　群体性突发事件的贝叶斯网络（BN$_{ISM-K2}$）

资料来源：Huang L，Cai G，Yuan H，et al. A Hybrid Approach for Identifying the Structure of a Bayesian Network Model［J］. *Expert Systems with Applications*，2019，131：308 - 320.

（二）模型对比

为了验证 ISM - K2 结构学习方法的优势，作者比较了 ISM - K2 方法与其他三种基准模型在预测群体性突发事件威胁方面的表现：（1）逻辑回归模型（群体性突发事件研究领域目前所流行的预测方法）；（2）仅由从 ISM 模型得到的领域知识构造出来的贝叶斯网络（BN$_{ISM}$）；（3）利用树增强型算法通过数据学习构造的贝叶斯网络（BN$_{TAN}$）。

1. 评价指标

通过计算逻辑回归（LR）模型和其他三个贝叶斯网络模型的训练性能、预测性能，来评估这几个模型对群体性突发事件威胁的预测情况。由于"伤亡人数"在群体性突发事件的威胁中具有重要意义，所以采用"伤亡人数"来衡量性能。评估指标主要有：所有"伤亡"状态的总体准确度（OA）、召回率、精确度、F1 分数和 ROC 曲线面积（AUC）。其中，总体准确度是所有数据中正确检索到的实例所占比例；召回率是指检索到的相关实例占相关实例总数的比例；精确度是指检索到的实例中，相关实例的比例；F1 分数是召回率和精确度的调和平均值；受试者操作矩阵曲线面积等于随机选择的正向实例排名高于随机选择的负向实例的概率（假设正的排名高于负的）。

2. 评价结果

（1）BN$_{ISM}$模型在训练和预测性能两方面表现最差。它无法检测到超过 10 人受伤或有人死亡的群体性突发事件。这符合预期，因为仅仅依靠专家知识来评估

329

群体性突发事件的威胁是不可靠的；

（2）逻辑回归模型在训练性能上总体准确度最好。然而，就预测性能而言，它不如 BN_{TAN} 模型和 BN_{ISM-K2} 模型。也就是说逻辑回归模型适合拟合，不适合预测；

（3）BN_{TAN} 模型和 BN_{ISM-K2} 模型在轻度伤亡事件（即无伤亡或不超过 10 人伤亡）中表现相似。而对于重大伤亡事件（超过 10 人受伤或至少 1 人死亡），BN_{ISM-K2} 模型在训练和预测性能方面表现更好。也就是说，BN_{ISM-K2} 模型在预测群体性突发事件可能导致的威胁时预测精度最高、效果最好，这对于政府应对和控制群体性突发事件风险来说十分重要。

（三）模型应用

上述模型具体应用于因房价下跌引起的群体性突发事件案例。下面将演示政府如何应用该模型对此类突发事件的威胁进行评估并做出干预决策的过程。假设某市由于房地产市场表现不佳，开发商开始低价抛售房地产。对此，一些房主非常不满，他们聚集在开发商的售楼处进行抗议，并要求退款。在遭到拒绝之后，人群开始表现出愤怒，由此引发了群体性突发事件。

1. 事件爆发

当警方在 t_1 时间接到报警时，事件状态 E_{t1} 的特征是 L（地点）＝"城市"、G（目的）＝"公平上诉"、T（对象）＝"公司" 和 R（关系）＝"地理关系"。将 E_{t1} 代入 BN_{ISM-K2} 模型，可推断出其他变量的后验概率。图 7 – 5（a）是 E_{t1} 状态下的贝叶斯网络推断结果。饼图中各颜色面积的大小与变量每个值的后验概率成比例，时间片从 12 点钟位置开始按顺时针顺序分配。证据 E_{t1}（L＝"城市"，G＝"公平上诉"，T＝"公司" 和 R＝"地理关系"）由带有深色圆圈的饼图表示，饼图内部完全是证据值的对应颜色。

从图 7 – 5（a）的饼状图可以看出，最可能的 N（参与者的数量）是 "10 ~ 100"，这意味着突发事件的规模并不大。政府决定派少数几名警察到现场，但需要估计应调遣多少警力。假设决策目标是尽量减少伤亡，然后设置（E_{t1} ∪ "伤亡人数 ＝0"）作为证据，利用对贝叶斯网络模型的逆向推理来推断警察人数（P_1），如图 7 – 5（b）所示。模型建议的决策是派遣不超过 10 名警察到现场（$P_1 \leqslant 10$）。

2. 事件升级

根据模型的建议，政府派了 5 名警察到现场。然而，警方未能平息人群的愤怒，越来越多的业主到现场。在 t_2 时刻，人群开始向市政府办公大楼行进，威胁程度的升级使得政府又派遣了 100 名警察。

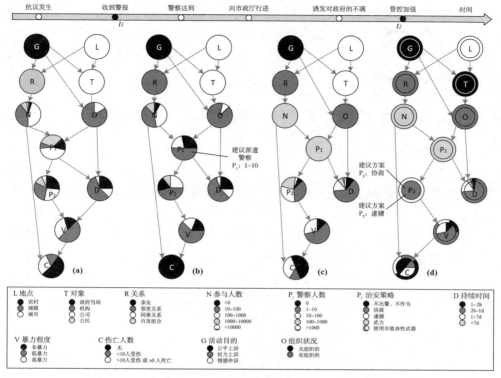

图 7 – 5 房价下跌引发群体性突发事件的决策过程图

资料来源：Huang L，Cai G，Yuan H，et al. A Hybrid Approach for Identifying the Structure of a Bayesian Network Model［J］. *Expert Systems with Applications*，2019，131：308 – 320.

图 7 – 5（c）表示的是事件在 t_2 时刻的状态，其中 T（目标）的值变为"政府当局"（黑色），O（组织）是"有组织的"（深灰色），N（参与者数量）是">1 000"（浅灰色），P_1（警察人数是）"100 ~ 1 000"（浅灰色）。可以推断，事件的威胁程度正在升级，很可能出现低暴力性的群体性事件。

3. 决策制定

当政府认为有必要进行干预性的决策时，可能面临着多种备选方案，每种备选方案产生的结果都很重要。假设有一个备选方案 ST_1 是"谈判"，另一个备选方案 ST_2 是"逮捕"，这两种方案可以通过计算两个观测值的后验概率分布来进行比较：

$E_{t2,1}$（L = "城市"，G = "公平上诉"，T = "政府当局"，R = "地理关系"，O = "有组织的"，N = "1 000 ~ 10 000"，P_1 = "100 ~ 1 000"，P_2 = "协商"），

$E_{t2,2}$（L = "城市"，G = "公平上诉"，T = "政府当局"，R = "地理关系"，O = "有组织的"，N = "1 000 ~ 10 000"，P_1 = "100 ~ 1 000"，P_2 = "逮捕"）。

图 7 – 5（d）显示了这两组证据下的结果，其中内部饼图表示 $E_{t2,1}$ 的后验

331

概率分布，外部环形图表示 $E_{t2,2}$ 的后验概率分布。饼状图和环形图显示了 V（暴力程度）和 C（伤亡人数）的后向分布的明显差异。尤其是 $E_{t2,2}$ 更有可能诱发低暴力和无伤亡。这表明，在 t_2 时刻，最优的决策方案是逮捕事件的领头者，而不是与他们进行谈判。

（四）案例启示

1. 决策方法的启示

群体性突发事件的生成及演化是一个复杂的动态系统，是由众多因素相互促进、相互影响的结果。其中，社会人群作为事件的主要载体，由于其日常行为和心理行为具有极大的不确定性，所以通常情况下难以形成对群体性突发事件的整体认知[1]。以往的威胁评估和预测方法如逻辑回归方法等成功率较低，由此作者构建了一种基于贝叶斯网络分析群体性突发事件发展态势的模型，对决策者在不同干预策略下事件的可能情景和威胁进行评估。这也说明了人类智慧与机器的联合决策可以更好把握巨量、非结构化信息，如何更好地设计、评估、运用人类输出和机器输出的"联合决策模式"[2]，值得人们进一步探究。

2. 模型的优缺点

在与 849 个测试案例中对实际警察人数和治安策略进行对比时，发现该模型所建议的决策方案与实际决策方案存在较高的一致性，一致性案例比例分别是：警察人数占 68%，治安策略占 60%。然而，该模型仍存在一些不足之处。首先，专家知识的判断不一定是非黑即白的，也就是说并不会像"是"与"否"那么清晰，因此可能需要考虑模糊知识推理的问题；其次，随着时间的推移，环境也会发生剧烈变化，变量的因果关系可能会发生变化，以专家知识作为判断依据可能会出现偏差。因此，对于群体性突发事件影响因素的因果关系判断仍需要进一步研究和探讨。

为了有效预测群体性突发事件在不同情景下的风险和威胁，增强政府应对群体性突发事件的决策能力，作者认为：一方面，针对模型的缺点，优化改进模型，如在基于专家知识的基础上融入大数据及其技术，借助大数据技术对突发事件的风险来源、风险成因、公众态度等进行收集、整理、分析，以实现早期舆情风险识别与研判，防止风险要素冲破临界值后引发群体性突发事件，为更好的风险决策提供科学依据。另一方面，有效实现决策可视化和自动化。在案例中作者

---

① 范维澄、闪淳昌等：《公共安全与应急管理》，科学出版社 2017 年版。
② 周利敏、童星：《灾害响应 2.0：大数据时代的灾害治理——基于"阳江经验"的个案研究》，载于《中国软科学》2019 年第 10 期。

正是以我国历史上发生的 3 394 起群体性突发事件为数据基础,结合贝叶斯网络进行了分析。用决策者易于理解的直观图方式全面分析问题,有利于决策问题的清晰化描述,非常适合对风险和威胁进行推断。在未来可以更多探索大数据与贝叶斯网络的结合,这对于风险决策和进一步采取应对措施具有很重要的应用价值。

二、新冠肺炎疫情健康通行码决策应用案例

2020 年初,新冠肺炎疫情在全球暴发,大数据及其技术在我国疫情防控工作中发挥了重要作用。借助大数据技术,我国完成了疫情的实时监测、重点筛查和有效预防,在防疫抗疫工作中成效瞩目。在疫情防控中,健康通行码(健康码)在极短时间内完成了中国内地 31 个省级行政区的政策采纳,呈现出爆发式政策扩散特征①。健康码是以数据化推动公共安全风险治理模式变革的典型样本,健康码背后所关联和引发的系列事关国家安全与发展的决策行动,为我们的研究提供了诸多启示。回溯健康码的演化过程,有助于窥视大数据技术对风险决策的影响,为洞察数据驱动的公共安全风险决策模式提供一个重要的实践视角。

(一)"健康通行码"兴起背景

自 2019 年底新型冠状病毒被首次发现后,短短几个月的时间里疫情席卷了全球大部分地区。世界主要国家首先采取了限制出行、强制隔离等手段抵制病毒传播,但是成效较慢且造成了极大的国民经济损失。新冠肺炎疫情防控初期,各地政府部门和基层组织普遍采取手工操作和人海战术,对流动的人口和复工复产的企业进行层层审批和逐级上报,基层组织陷入数据与表格的汪洋大海之中,基层干部疲于应付各个上级部门的信息报送任务。基层依靠传统"人海战术"的防控做法,收集的信息大多是零散且静态的,不仅酿成了"表格防疫""表海人海"等新问题,更难以分类管理及有效地发挥数据价值。② 更为关键的是,不同层级、地区和部门之间的数据不共享和信息不对称,使得健康人员无法正常流动,合规企业难以复工复产,也为基层工作制造了大量麻烦。③ 疫情暴发之初的"表格抗疫"显然不能适应治理情境的快速变化,治理信息庞杂不一、治理图景

---

① 王法硕、张桓朋:《重大公共危机事件背景下爆发式政策扩散研究——基于健康码省际扩散的事件史分析》,载于《电子政务》2021 年第 1 期。

② 文宏、林彬:《应急需求、技术赋能与政务服务创新——对"健康码"数据流转的考察》,载于《电子政务》2021 年第 1 期。

③ 吴冠军:《健康码、数字人与余数生命——技术政治学与生命政治学的反思》,载于《探索与争鸣》2020 年第 9 期。

混乱模糊的棘手问题进一步凸显。

健康码在此背景下诞生，它能够有效提升疫情防控的成效，解决了反复登记、信息碎片化、信息流转慢等问题，并在保护生命的基础上对企业复工复产和跨区域人员流动实行动态精准管理，从而达成治理升级。部分国家政府为了更加有效地应对新冠疫情，推出了以健康码为代表的数字抗疫模式。健康码统一了疫情防控的信息收集渠道，简化了一线检查手续，强化了受检人员责任，从而快速阻断疑似人群活动，有力保障了企业复工和社会秩序恢复。中国是最早推出防疫健康码的国家，国外也在 2020 年陆续推出同类软件。健康码是数字技术在社会治理、疫情防控方面一次创新实践与尝试，是我国数字化建设水平发展到一定程度的重要体现，为政府的现代化建设提供了全新思路。作为一种便捷、高效、可实施性强的数字化防疫抗疫措施，健康码出行制度在全国范围内迅速被复制、推广和应用，各地纷纷在原有的基础上对健康码机制不断创新和完善，形成了全国健康码百花齐放的格局。[①]

（二）"健康通行码" 的实施

1. "健康通行码" 实施过程

在大数据背景下，城市政府与互联网企业的合作推动了应急创新，使健康码从区域到全国自上而下迅速推广。2020 年 2 月 4 日，杭州市余杭区政府提出要利用数字化技术，实现 "全人群覆盖 + 全流程掌办 + 全领域联防"。2 月 7 日，杭州市余杭区的 "余杭绿码" 发布并运行（见图 7-6）。2 月 9 日，深圳全面实施人员通行认证管理措施，居民进出小区需出示通过微信小程序 "深 i 您" "i 深圳" 公众号等平台申领的健康码，深圳成为全国首个疫情防控期间凭 "码" 出行的城市。2 月 11 日，浙江省用 "红黄绿" 三色二维码作为数字化健康证明，在公共场所实行健康码出行制度，居民和来杭人员可使用钉钉或支付宝等市场应用领取健康码，凭码进出高速路口、小区等公共场所。杭州健康码在支付宝平台上线，并迅速扩散至其他地区。[②] 2 月 16 日，在国务院办公厅的政策指导下，腾讯、阿里等互联网龙头企业开始参与全国一体化政务服务平台疫情防控健康信息码建设，助力各地区疫情精准防控和分类有序复工复产。2 月 17 日，健康码在浙江全省推广。与此同时，腾讯公司也推出了健康码，2 月 19 日，国家政务平台推出 "防疫健康信息码"，标志着健康码在全国的推广。

---

① 王庆德：《关于健康码的研究及完善对策关于健康码的研究及完善对策》，http：//www. rmlt. com. cn/2020/0330/574652. shtml。

② 张云山：《7 天，"健康码" 从杭州跑遍全国 一人一码，大数据助力精准防疫》，载于《钱江晚报》，2020 – 02 – 24（A0019）.

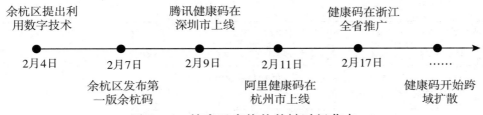

图 7 – 6　健康码实施的关键时间节点

　　随后，逐步实现了全国范围内不同区域间健康码互通互认问题。2020 年 3 月，长三角区域合作办公室提出上海"随申码"、江苏"苏康码"、浙江"健康码"、安徽"安康码"实现了业务互认和数据共享。随后，北京市也提出实行京津冀健康码互认，"未见异常"状态可以在北京、天津、河北三地自由通行[①]。2021 年 1 月，国家发改委联合多部门发布关于做好 2021 年春运工作和加强春运疫情防控的意见，要求春运期间推动"健康码"全国一码通行，避免因扫码造成聚集。2021 年春运期间健康码全国互认。"码"上加"码"是个例、是特殊，确有原因暂不能与其他地区互认的，要先报告。3 月 23 日，国家卫生健康委员会在发布会上介绍，全国基本实现了健康码的"一码通行"。3 月 30 日，国家政务服务平台"防疫健康码"已整合"通信大数据行程卡"相关信息，可在健康码中显示用户是否去过中高风险地区等行程信息，助力健康码"一码通行"。2022 年 1 月广西率先开发成功并正式上线"断网可用"功能，保障群众在健康码系统发生故障甚至网络中断等极端状态下仍然可以亮码出行，保障人员安全有序流动。

　　从国外发展来看，世界上已经有多个国家提出或实施了健康码形式的防疫措施，但各国推出的健康码并不完全一样，如表 7 – 3 和表 7 – 4 所示[②]。到目前为止，健康码既有政府独立推行也有政府和企业合作推行的，并且各国健康码政策的模式也存在差异，如中国、韩国强制要求使用健康码，而大多数西方国家都是由公民自愿选择。

表 7 – 3　　中国"健康码"模式与美国"接触者追踪"模式对比

对比项	中国"健康码"模式	美国"接触者追踪"模式
依托平台	阿里巴巴支付宝/腾讯微信	苹果 iOS/谷歌 Android
名称	健康码	contact tracing（接触者追踪）
产品特色	App、小程序	App + 操作系统

---

　　①　范荣：《"健康码"里的协同经》，载于《北京日报》2020 年第 11 期。
　　②　方兴东、严峰：《"健康码"背后的数字社会治理挑战研究》，载于《人民论坛·学术前沿》2020 年第 16 期。

对比项	中国"健康码"模式	美国"接触者追踪"模式
数据来源	主动填报 + 大数据追踪	蓝牙信号
数据内容	个人身份信息 + 账户信息 + 健康信息 + 移动轨迹等	移动轨迹
数据存储	云存储	手机本地
确认方式	大数据匹配	代码交互验证
信息显示	半匿名	匿名
通知对象	用户 + 各类应用场景把关人	公共卫生部门 + 用户
应用功能	作为用户流动的依据和风险等级参考	提醒用户
应用场景	公共服务机构、办公楼宇、居民小区等	用户个人
有效群体	未明确	60% 的使用人群
数据处理	政策要求应当及时销毁	禁止政府和第三方接触，承诺疫情结束后销毁
弊端	获取了用户大量个人属性信息和隐私数据	无法真正做到高效精准

表 7 - 4　　　　　　　多个国家"健康码"模式对比

国家	名称	连接方式	推动主体	监测数据	是否自愿
中国	健康码	移动网络	政府 + 阿里 + 腾讯	身份信息 + 位置 + 移动轨迹等	强制
韩国	无	移动网络	政府 + 企业	身份信息 + 位置 + 蓝牙摄像 + 信用卡信息等	强制
新加坡	Trace Together	蓝牙	政府	匿名跟踪数据（蓝牙匹对）	自愿
美国	contact tracing	蓝牙	谷歌 + 苹果	匿名跟踪数据（蓝牙匹对）	自愿
英国	NHS	蓝牙	政府	匿名跟踪数据（蓝牙匹对）	自愿
德国	CoronAPP	蓝牙	Arago	匿名跟踪数据（蓝牙匹对）	自愿
法国	Stop Covid	蓝牙	政府	匿名跟踪数据（蓝牙匹对）	自愿
阿联酋	AlHosn	蓝牙	政府	匿名跟踪数据（蓝牙匹对）	半强制

　　各个国家推出健康码都是为了通过追踪与检测公民，从而更好地识别潜在风险，但是在具体方式和治理效率上还是有所不同。如在英国、法国、澳大利亚等国家，政府的公共卫生部门与科技部门联合开发了健康码，但并没有强制公民下载使用；澳大利亚卫生部门于 2020 年 4 月上线了"COVIDSafe"，其虽然不具备

亮码展示功能，但卫生部门可以根据手机蓝牙位置等相关信息了解到公民的活动轨迹及密切接触者。

2. "健康通行码"实施逻辑

健康码本质上是一个以真实数据为基础的信息管理系统，由市民或者返工返岗人员通过自行网上申报，经后台审核后，即可生成属于个人的二维码。该二维码作为个人在当地出入通行的一个电子凭证，实现一次申报，全国通用。健康码的推出旨在让复工复产更加精准、科学、有序。健康码依托来自卫生健康、公安、交通管理等政府部门汇聚的数据，借助防控规则运用数据建模、分析评估后，测算出公民个人的风险状态并且以红、黄、绿三种颜色区分风险高低。"红码"代表持有人未解除医学管理措施等；"黄码"代表持有人来自重点地区且未满14天；"绿码"代表持有人未见异常。作为疫情时期的数字化健康证明，公民需要凭码出入公交地铁、社区、办公场所、医院、商场超市等场所。通过健康码实现了一码就医、预约挂号、一键急救、心理援助、健康证明、健康档案等多个健康应用。健康码的判定依据有三[①]：一是空间维度，根据疫情风险程度，对行为人行踪的数据分析可精确到街道或乡镇；二是时间维度，行为人途经疫区的次数及停留时间；三是人际关系维度，即行为人与密接人员的接触状态。

二维码仅是健康码应用的系统前端和信息入口，完整的健康码应用是一个包括前端、云计算、交互界面、算法决策后台、业务场景在内的平台系统。作为电子通行证，健康码具有极强的社会渗透率、防伪性和监控度，在使用上有一定强制性（无绿码则无通行权）。健康码依算法决策的自动化识别判定，实现了从人工判断到智能判断、从长链管理到短链管理。在健康码治理疫情的过程中，个人健康状况、身份信息和行动状态是健康码治理疫情的基础要素。诸如姓名、身份证号码、联系方式、位置、行程、互动人员等数据信息都被整合起来。通信技术、大数据技术与人工智能技术是推进健康码治理的基础。阿里、腾讯、联通、移动、水电供应企业等拥有个人信息和数据分析能力的市场主体，基于数字技术的优势，为政府和社会开发了应急治理的工具。健康码将个体的健康信息、社会治理信息与国家政策信息密切联系起来，这种一体性的关系不仅促进了个体与社会治理的密切联系，还在一定程度上打通了公共领域、私人领域和日常生活领域的界限。

从技术支持环境看，健康码治理受到了微信、支付宝等平台生态系统的支持，诸多终端用户、广告商和服务供应商都依赖这两个平台[②]。技术工具为疫情

---

① 单勇：《健康码应用的正当性及其完善》，载于《中国行政管理》2021年第5期。

② Liang F. COVID－19 and Health Code：How Digital Platforms Tackle the Pandemic in China ［J］. *SAGE Public Health Emergency Collection*，2020，6（03）：1－4.

研判、决策、管理和服务提供翔实数据支撑，实现实时、动态、分类的精准化管理。由此，健康码应用和推广实现了数据的互通共享，夯实了跨地区、跨部门的一网通办和一网统管，以及全国范围内动态认证，实现了协同式、精准化的服务供给模式创新（见图7-7）。

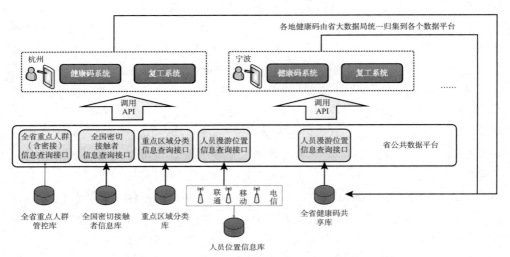

图 7-7 人员健康码系统的平台结构

资料来源：单勇：《健康码应用的正当性及其完善》，载于《中国行政管理》2021年第5期。

从技术方案的角度来看，健康码的基本原理主要分为个人申报、平台审核、扫码核验和动态评估四个阶段[①]：（1）个人申报。申请人自主填写个人信息，包括身份证、位置信息、健康状况、接触史、旅居史等信息。对公民健康状况、体温、重点地区出行记录进行数据采集，构建起公民信息和疫情防控大数据库。（2）平台审核。申请人提交后，系统将提交信息与后台大数据分析比对，会授予申请者有颜色的二维码。通过系统后台制定分析规则、数据比对等方式识别出高危人群，为科学防疫提供支撑。其中，技术公司提供云计算服务器和算法支撑，疫情风险等级的标准则由政府设定。（3）扫码核验。疫情风险等级会以红、黄、绿颜色的二维码呈现，红码和黄码持有者分别要实施十四天和七天的集中或居家隔离，绿码即可正常通行。通过线上安全授卡，线下扫码检验，判断人员的健康状况，识别高危人群，进而采取分级分类管理措施。（4）动态评估。疫情风险等级在首次判定后，个人完成隔离要求或者有过外出接触史，系统会动态

---

① 文宏、林彬：《应急需求、技术赋能与政务服务创新——对"健康码"数据流转的考察》，载于《电子政务》2021年第1期。

数据驱动的公共安全风险治理

评估、重新授码。

从制度支持的角度来看，自健康码推广使用以来，无论是中央政府还是地方政府，出台了一系列政策支持和规范健康码的应用。由政府出台相关政策推行健康码出行制度，引导公民自主申领健康码，公民需凭借申领的健康码进出社区、办公场所、交通卡口等公共场合；推动以机关、企业、社区等机构为主体分级分类分区域采集数据，应用大数据分析技术对汇聚起来的数据进行专项分析，从而客观全面反映疫情发展状况及趋势，为政府决策触达更多群体、覆盖更多场景、取得更多成效提供科学可靠的决策依据（见图7-8）。[①]

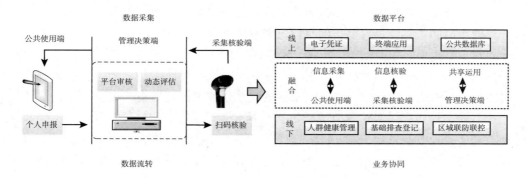

图7-8 "健康码"的技术模型与机理

目前，全国各地区累计上线健康码多达百种，如杭州"健康码"、北京"健康宝"、上海"随申码"、广州"穗康码"、成都"天府健康码"、西安"一码通"、重庆"渝康码"等为推动各地"健康码"互通互认，全国一体化政务服务平台提供了跨省份互认共享的三种实现方式：第一种是在不改变地方现有"健康码"的情况下，通过跨地区防疫健康信息数据共享，在本地"健康码"中增加跨地区互认功能。第二种是各地"健康码"与全国一体化政务服务平台"防疫信息码"对接，以全国一体化政务服务平台"防疫信息码"为中介进行转换，从而实现跨地区"健康码"互认。第三种是未建设本地"健康码"的地区，可直接采用全国一体化政务服务平台"防疫信息码"，同时结合本地防疫健康相关信息，实现跨地区互通互认。

随着国内疫情趋于缓和，健康码开始从应急性策略向常态化治理转型，围绕识别特性衍生出丰富的延展应用，如与身份证、乘车码绑定使用，与电子健康卡、社保卡互联，出入小区"人码合一"刷脸验证，叠加复学规则形成"入学

---

① 王庆德：《关于健康码的研究及完善对策关于健康码的研究及完善对策》，http：//www.rmlt.com.cn/2020/0330/574652.shtml。

码"。广州"穗康码"作为电子身份证明使用,上海将"随申码"定位为市民工作、生活的随身服务码,浙江启动了个人信用码与企业码试点。如今,发挥健康码对社会治理创新作用的呼声高涨,健康码的延展应用成为数字政府变革的新趋势。①

(三)"健康通行码"实施政策

新冠肺炎疫情暴发以来,为方便各地区人员排查管控,强化常态化疫情防控工作,确保健康码推广使用,从地方到中央出台了系列政策。政策内容涉及健康码技术标准、伦理规范、适用范围等。这些健康码相关政策不仅有利于统一全社会对健康码的认识,还有助于实现健康码跨区域管理。

在地方层面,"健康码"首创于数字政府建设较为发达的杭州。杭州健康码是依据《浙江省疫情防控责任令》《杭州市疫情防控指挥部令》制定,为解决疫情期间返工返岗及公共空间管控而采取的应急性技术治理措施。2020 年 2 月,浙江省市场监管局会同浙江省卫健委出台疫情防控地方标准 12 项,为疫情防控和复工复产提供标准供给。12 项地方标准包括《新冠肺炎疫情防控技术指南第 1 部分:公共场所》《新冠肺炎疫情防控技术指南第 2 部分:学校》《新冠肺炎疫情防控技术指南第 3 部分:医疗机构》等,内容涉及疫情防控管理、卫生消毒要求等,涵盖农贸市场、公共场所、养老机构、工业企业、学校、社区等民生重点领域和复工复产保障要求。2020 年 6 月,《杭州关于打造全国新型智慧城市建设重要窗口的决定》中特别指出:充分发挥"杭州健康码"在公共卫生体系中的重要作用,建立"重大疾病防控库、个人健康信息库、法人健康信息库"三大信息库,结合社会治理相关数据库,延伸移动端功能,拓展"一人一码"公共服务,推动健康码与就医、养老、健身等功能相集成,加快健康码从疫情防控向日常服务应用转变,使健康码在提升公共卫生现代化水平中发挥更重要作用。

从中央层面来看,为进一步提高新冠肺炎疫情防控工作的科学性、精准性,从政策上鼓励和引导健康码的利用,使健康码得以在全国迅速广泛推广应用。国务院于 2020 年 2 月颁发《关于依法科学精准做好新冠肺炎疫情防控工作的通知》,并指出健康码是由行政机关综合判断个人健康风险等级,允许个人获得出行、复工资格的法定证明。在国家的倡导和健康码的典型示范下,其他省区市也积极响应,迅速向社会公开了各自"健康码"的申领条件和管理细则②。相关文件的发布也代表了对"健康码"的合法性承诺,使其迅速扩散全国。与此同时,在数字化时代守护个人隐私,相应的法律法规不能缺位。比如在健康码推行伊

---

①②　单勇:《健康码应用的正当性及其完善》,载于《中国行政管理》2021 年第 5 期。

始，中央网信办即发布《关于做好个人信息保护利用大数据支撑联防联控工作的通知》，重申了数据搜集和使用中的基本原则，明确除国务院卫生健康部门依法授权的机构外，其他任何单位和个人不得以疫情防控、疾病防治为由，未经被收集者同意收集使用个人信息。

同时，健康码在全国范围内推行过程中存在标准不统一，特殊群体使用不便等问题。为此，2020 年 4 月国家市场监督管理总局（标准委）发布了《个人健康信息码》系列标准，对健康码的码制、展现方式、数据内容、动态更新有效时间等进行了规定，为加快推动各地健康码的跨地区互通互认提供了依据。同时，根据《全国一体化政务服务平台防疫健康信息码接口标准》，全国统一的确诊与疑似病例数据库、密切接触者数据库、县域风险等级数据库等国家层面的数据库主动向地方"敞开"，以此实现基础数据的共享互认。① 该系列国家标准实施后，可实现个人健康信息码的码制统一、展现方式统一、数据内容统一，统筹兼顾个人信息保护和信息共享利用。2020 年 12 月，国家卫生健康委、国家医疗保障局、国家中医药管理局发布《关于深入推进"互联网＋医疗健康""五个一"服务行动的通知》称，决定在全行业深化"五个一"服务行动，其中包括实现健康码"一码通行"。2020 年 11 月，国务院办公厅印发《关于切实解决老年人运用智能技术困难的实施方案》，就进一步推动解决老年人在运用智能技术方面遇到的困难，坚持传统服务方式与智能化服务创新并行，为老年人提供更周全、更贴心、更直接的便利化服务作出部署。

（四）"健康通行码"决策应用启示

通过上述健康码实施背景、过程、逻辑及政策的分析，我们看到，从健康码的诞生到健康码的应用，其底层数据实现了相关数据的收集、连通、整合分析，在数字应用平台（健康码小程序或 App）中通过大数据技术完成了融多种功能于一体的数字化服务，并在不断迭代升级数字技术的支撑作用，同时推动了自上而下的政策支持。健康通行码的应用实现了"原始数据—数据价值—科学决策"的统一，如图 7-9 所示。

1. 高质量数据及其技术迭代升级成为公共安全风险决策的基础

健康码的广泛应用，其功能已从最初的获知个人健康状态，发展至包括到访信息登记、行程追踪、核酸检测结果查询、疫苗注射备案等多重内容。从健康码功能内容的动态升级到其他疫情防控政策措施的出台，都是决策功能的一种表

---

① 张晓敏、阎波、朱衡、刘瑶：《"码"上联结：流动性社会中的治理何以可能？》，电子政务：1-9，http：//kns. cnki. net/kcms/detail/11. 5181. tp. 20220113. 1336. 024. html。

征。基于健康码的决策本质上体现的是一种算法决策，算法打破了人类对于知识、时间和精力的限制，可以基于数据信息创造出多种备选方案，且存在更少的决策偏见①，有利于辅助决策者做出更加科学合理的决策②。这些算法决策很大程度上依赖于数据价值的发挥。

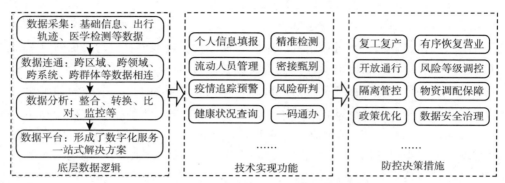

图 7-9 "健康通行码"在疫情防控决策中的应用

大数据时代，数据的多维价值在资源形态的转化过程中得以显现。一方面，数据是健康码的生产要素，是建立在数据聚合、处理、解释、建模、分析和预测之上。另一方面，个人基本数据、医院诊疗数据、行为轨迹数据、家庭人口数据、工作单位数据等，构成了个体的精准画像，由此为治理主体的科学合理决策提供直观且客观的依据。同时，必须正视技术的快速迭代。在健康码上线初期，全国各地多次出现故障、失效等现象，还出现了老年人和未成年人通过家人申领自己的健康码等新需求。面对新问题、新需要，健康码不断迭代更新，在技术支撑方面不断稳定，在功能方面逐步嵌入核酸检测、接种疫苗等信息。这个迭代过程对风险决策的启示在于，紧紧围绕治理中的实际问题，在应用中进行调整，在实践中不断完善，从决策到行动再到决策不断调适才能打造出务实管用的应用平台。大数据算法决策有助于为民众提供实时、智能、便捷的服务，但同时需要高度重视的是，由于决策主体、客体以及过程的不透明和难以解释性等原因导致决策问责的难度大幅度增加。③

2. 健康码应用背后的精准决策是多主体参与互动的结果

从健康码的最初研发到后来的广泛应用，体现了政府部门、互联网平台企

---

① Schildt H. Big Data and Organizational Design——the Brave New World of Algorithmic Management and Computer Augmented Transparency [J]. *Innovation*，2017，19（1）：23 – 30.

② 裴嘉良、刘善仕、钟楚燕、谌一璠：《AI算法决策能提高员工的程序公平感知吗?》，载于《外国经济与管理》2021 年第 11 期。

③ 迪莉娅：《大数据算法决策的问责与对策研究》，载于《现代情报》2020 年第 6 期。

业、电信运营商、公众等多方力量的协同。从研发过程来看，健康码首创于杭州市余杭区，区委区政府提出了大致构想，牵头单位政法委和数据资源管理局研究后初步定下了方案，随后组建了由两家科技公司组成的研发团队开发出了健康码雏形。在健康码应用扩散阶段，政府拥有公信力，企业在数据运行和存储方面具有优势，用户在使用过程中不断反馈新的需求和问题，不同主体的良好合作共同促成了健康码的成功。同时，健康码的成功应用离不开公众的有效参与。疫情防控期间，全国各地大力推广健康码，让公众更直观地理解"健康码"使用方法，从而相信健康码、普及健康码、用好健康码。尤其是帮助不会用智能手机的老年人等申领"健康码"，确保"码"随人动，让"健康码"顺利推行，也让疫情管控更精准高效。公众的基本信息及运行轨迹信息是健康码的数据基础。在公众的参与下运用大数据作为流行病学调查的重要手段，大数据的应用可以帮助形成新的证据链，使得人员的运动轨迹更加清晰准确，从而实现疫情防控精细化管理。另外，明确应用场景对于决策至关重要。健康码是疫情背景下人们出行、复工复产的电子证明，应用场景非常明确。健康码背后的数据、技术、平台都是服务于场景的，必须先瞄准场景，瞄准待解决的问题，才能做出精准科学决策，才能有后续的应用功能、研判后的行动措施及相关政策。

3. 疫情常态化时期健康码的延展应用呈现出扩展型决策

健康码作为政府在数字治理、疫情防控方面的一次创新实践，不仅为实施高效的人员管理提供了有效的手段，也为恢复民众正常出行、阻断疫情进一步传播做出了贡献。当前，全球疫情蔓延的态势依然没有得到有效控制，健康码的常态化应用成为趋势。从本质上看，健康码及其延展应用属于数字社会的技术治理创新。其延展的必要性有[1]：一是，健康码的延展为数字政府变革提供了平台入口，通过叠加应用场景和关联更多数据，从而推动了线上回应型政府和服务型政府的崛起。二是，健康码的延展是对传统户籍制度的数字化升级。有别于户籍的静态管控，兼具识别、管控、服务功能的健康码能精准反映个人的数字化生活，构成人口动态治理中"一码百通"的数字基础应用。在现实中一些健康码的扩展功能，如杭州已实现健康码与市民电子健康卡、电子社保卡的互联互通，广东的一些城市健康码小程序也逐步开通了口罩预约等便民服务。

后疫情时代，健康码不再只具备查询健康状态的功能，还提供各类公共服务和办事通道。健康码作为一个多功能的数字平台，在不同决策（个体决策、政府决策、企业决策）中有不同程度的参与。健康码扩展了政府疫情风险的应急决策初衷，转而成为常态化下的常规风险决策工具。同时，在技术应用的决策过程需

---

① 单勇：《健康码应用的正当性及其完善》，载于《中国行政管理》2021年第5期。

要始终保持人的参与。作为保障人的基本权利的最基本形式，人工方式的诉求应该具有最基本的地位，不能将决策权完全交与机器，应加强人工复核和实时监督，确保决策的全程保持人的参与。

第四节 数据驱动的公共安全风险控制策略

一、数据驱动的公共安全风险控制方案动态调适

公共安全风险控制方案的动态调适有助于决策者在风险治理实践中，根据随时演变的风险情景科学合理地进行方案调整，从而更好地应对风险，弥补以往研究及实践中单纯考虑选择或生成风险决策方案的不足。风险控制过程主要包括基于风险决策的风险控制方案生成和评估、选择、实施和优化等。这一系列过程中，决策者根据不断完整和清晰的信息及时对风险控制方案进行调整，才能保证取得最佳的风险处置效果，从而更好地应对公共安全风险。

（一）基于风险决策的风险控制方案分析

风险控制方案分析主要包括风险控制方案生成和方案评估。既要基于风险决策生成风险控制方案，也要对控制方案的可行性等进行评估。风险控制方案的生成以风险识别和评估为前提，以风险决策为核心。风险控制方案的形成需要在风险决策时考虑以下要素：（1）风险控制方案目标是否已降低（减少）风险或者将风险降低至可允许水平以内；（2）风险控制方案是否会产生新的风险源或者是否会有衍生及次生风险；（3）风险控制方案是否考虑了成本效益最佳的解决方案；（4）风险控制方案的落实有哪些困境或者是否有可操作性。当前，风险控制方案生成的方法主要有案例推理、计算机仿真、前景理论等方法。但这些风险控制方法主要是基于静态的视角去分析，而风险的不确定性、复杂性、情景性、多元性等特征决定了风险时时刻刻处于不断变化之中。因此，风险控制方案需要考虑随着风险的演变而进行动态调适的问题。

大数据环境下基于风险决策的公共安全风险控制方案的形成、分析及实施过程，处于一种动态的调适过程。首先，通过选取可靠的公共安全风险数据进行分析，挖掘风险发展的规律信息，识别出多个与风险事件相关的子事件，并得出每个子事件的客观风险级别，据此初步拟订风险控制的几个备选方案。然后，选取

典型的风险监测指标，如伤亡人数、财产损失、社会影响等①，进行实证化分析或模拟预测，分析每种备选方案的优势及局限性。最后，决策者从风险控制备选方案中选择一种最优的方案，以制定具体的行动策略。在数据驱动的风险控制方案生成过程中，公共安全风险数据处在实时更新状态，同时随着风险控制方案的实施，风险发展态势逐渐变得清晰，决策者掌握的信息（数据）不断完善，控制方案本身也需要处于不断动态调整过程中。

同时，基于数据的风险控制方案的生成和分析过程，需要考虑数据模型及其在特定情境中的推演。即需要建立科学合理的数据模型或情景再现与态势推演模型。采取情景再现策略时，需要采用定性的分析方法，从事故过去情景到事故当前情景，挖掘出事故的重要信息，找出影响事故的关键因素，从而再现事故发生、发展各个阶段的状态；进行态势推演时，采用定量的分析方法，主要包括四个层次：当前情景态势觉察、当前情景态势理解、未来情景态势推演、未来情景结果检验，据此对风险事件未来可能发生的趋势进行推演预测并且对推演结果进行目标评估及经济、技术可行性分析，最后决策人员根据推演的结果制定相应的决策方案②。同时，根据实际风险事件多阶段演变特点，充分考虑风险决策中多事件多方案的动态调整过程，考虑方案之间的相关性和不同子事件调整方案对各风险级别子事件的处置效果、应对损失以及不同方案之间的转化成本等因素，得出不同情境下的最佳调整方案。

风险控制方案的评估是风险控制方案分析的重要环节，基于公共安全风险特点运用科学、合适的方法评价风险控制方案具有重要意义。一般来说，风险控制方案评估通过以下三个步骤来完成③：一是确定影响风险控制方案评估的影响因素；二是分析风险控制方案影响因素的权重；三是对风险控制方案进行评估并做出选择。在风险控制方案的评估中，通常使用现场分析、小组座谈或专家研讨等方式收集公共领域风险因素的相关信息。通过树状图或粗糙集等方法对收集的信息进行整理归纳，得到风险控制方案评估的影响因素④。在实际风险控制方案评估过程中，各项关键指标的重要程度和关联性均是影响指标权重确定的关键因

---

① 姜艳萍、梁霞、张浩：《考虑后悔与失望行为的应急方案选择方法》，载于《运筹与管理》2019年第11期。

② 吴广谋、赵伟川、江亿平：《城市重特大事故情景再现与态势推演决策模型研究》，载于《东南大学学报（哲学社会科学版）》2011年第1期。

③ Wu Z., Huang Z., Wu Y., et al. Risk Stratification for Mortality in Cardiovascular Disease Survivors: A Survival Conditional Inference Tree Analysis [J]. *Nutrition Metabolism And Cardiovascular Diseases*, 2020, 31 (2): 420-428.

④ Liu J., Wang H. Risk Assessment of International Electric Power Engineering Project Based on Improved Interpretation Structure Model [J]. *International Core Journal of Engineering*, 2019, 5 (10): 277-287.

素。也有学者提出基于三角模糊随机数（Triangular Fuzzy Random Numbers，TFRN）和累积前景理论（Cumulative Prospect Theory，CPT）的决策方法研究风险控制方案的评估问题。[①] 在大数据和人工智能环境下，引入更具有知识发现能力的人工智能工具，以便提高风险控制方案选择的精确性、降低其选择的成本和缩短其选择的时间。

（二）风险控制方案的比较与选择

风险控制方案的比较和选择过程本质上是一种决策过程。公共安全风险控制方案是在综合考虑多种影响因素基础上所形成的多个备选方案。这些备选方案之间的关系类型主要有独立方案（与其他方案不相关）、相关方案（几个方案之间互补或者相似关系）以及互斥方案（几个方案之间由于假定条件不同做出的决策完全相反）。这就需要我们通过科学合理的方法在多个备选方案之间进行取舍。在比较和选择方案时，需依据决策的标准即方案选择的原则，如可行原则、公平原则、激励原则等，筛选出最优方案和次优方案。一般来说，风险控制方案的比较选择考虑的因素主要有处置效果、实施成本、技术可行性、应对损失以及不同方案之间的转化成本等因素。上述因素通过建立指标进行量化从中选择最优的风险控制方案。

同时，风险控制方案的选择过程需要考虑决策者的风险态度，即决策者的偏好、模糊厌恶、损失规避、后悔心理[②]等情绪和心理状态上的个人差异。根据期望效用理论，人类的决策过程就是效用最大化的过程。但决策过程中的心理差异产生的原因主要在于风险决策是对未来所做的判断，而决策的效果往往在短期内无法评价，只有在发生风险事故时，风险决策的效果才能有一个直观的体现[③]。另外，已有的实验证据和数学模型表明，人脑决策的"速度—精度"权衡是人脑固有的决策神经机制，人类在短时间压力下无法快速且准确地做出决定。为此，为了提高决策效率和精度，一方面，应尽量降低风险控制方案的比较与选择难度，如细化风险控制备选方案、精选风险控制备选方案等。另一方面，从数学模型的构建角度来看，度量风险决策长期效果的重要指标之一就是期望值，可以借助一些成熟理论如前景理论，或使用决策树等方法，评估备选方案的前景感知价值。

大数据环境下公共安全风险控制方案的比较与选择，主要体现在数据模型的建立及算法规则设定上。一方面需要数据专家的介入，保证数据算法的科学无

---

① 王宇亮：《基于 TFRN 和 CPT 的风险控制方案评估研究》，载于《软科学》2022 年第 4 期。

② 樊治平、刘洋、沈荣鉴：《基于前景理论的突发事件应急响应的风险决策方法》，载于《系统工程理论与实践》2012 年第 5 期。

③ 吴超：《安全科学原理》，机械工业出版社 2018 年版。

误；另一方面需要公共领域专家介入，保证专业知识的科学性。同时要实现信息技术与专业知识有机结合，在数据算法中融合专业知识。需要建立数据专家与公共安全领域专家的互动机制，防止出现信息技术与专业知识脱节。这样有利于在风险不断演变过程中保证沟通顺畅，随时对风险控制方案进行比较、调整和选择。此外，构建公共安全风险数据管理平台，为公共安全风险控制方案的比较与选择提供支撑。一方面，政府作为决策主体常常会面临信息不对称的问题，政府吸收专家知识的同时，合理采纳民众对风险处置的意见和需求；另一方面，通过平台宣传风险控制的理念，加强公众对风险处置的认知，避免引起公众负面情绪。

（三）风险控制方案的运作与优化

风险控制有赖于控制方案的有效运行与优化，其主要包括五个阶段：（1）风险控制准备阶段。根据不同公共组织发展战略和业务特点，明确方案中各责任主体的职责，建立风险控制组织体系。（2）风险控制策略形成阶段。主要是在对公共安全风险信息进行整理、分析、评估基础上，通过风险排序确定风险控制的优先顺序，形成风险控制的解决方案，同时对所涉及的各业务流程进行梳理，辨识是否存在关键控制点的缺失，进一步完善控制措施。（3）风险控制策略实施阶段。此阶段是执行已被采纳的风险控制解决方案，关键在于控制措施的实施与跟踪反馈，从而动态调整控制措施。（4）风险控制效果评价阶段。对实施的公共安全风险控制方案及其效果进行评价。一方面，将预先设定的风险控制目标和实际风险防控结果进行契合度的比较，另一方面，还应该综合考虑风险防控目标的一致性及措施的有效性和可操作性等因素。公共安全风险防控效果评价一般包括评价控制体系的深入性、完备性及控制的实效性、效果的可持续性等多个指标。（5）风险控制监督改进阶段。主要是对方案实施情况进行检查，不断完善风险控制方案，调整风险处置措施，从而保障风险控制方案的有效性，提升风险控制能力。

如何在不确定环境下对公共安全风险大数据开展统计学习、预测和优化，进一步实现数据驱动的公共安全风险控制方案运作过程优化是当前所面临的重要问题。参照霍尔（Hall）的系统工程三维结构，我们提出一种基于大数据的公共安全风险控制优化三维结构模型。该模型由时间维、逻辑维和知识维构成，并分别明确每个维度所要解决的问题。时间维是指遵循公共安全风险生命周期[1]，即风

---

[1]　杨波、孙白朋：《基于风险生命周期的企业反竞争情报机制模型构建》，载于《现代情报》2019年第11期。

险的生命周期划分为风险潜伏期、风险爆发期、风险扩散期与风险平复期；逻辑维体现了解决问题的基本思路，包括问题挖掘、系统构建、方法选择、决策制定、反馈协调等关键步骤；知识维则是指大数据挖掘所运用的科学方法（包括机器学习，数据建模基础上的优化和聚类算法等）。

基于大数据的公共安全风险控制优化三维结构模型，需要从风险生命周期的演进发展和解决问题的思路出发，落实到风险控制方案的优化。将风险生命周期各阶段所实施的风险控制方案与大数据方法及技术融合。在风险生命周期的不同阶段产生风险控制过程中的需求（问题），通过大数据分析来辅助风险决策优化风险控制方案。风险潜伏期侧重于风险数据收集；风险爆发期侧重于风险数据分析和方案的生成；风险扩散期侧重于风险控制方案的实施；风险平复期侧重于风险控制方案评价与反馈等。在整个风险生命周期，不断地发现风险新规律、新问题、新情况，进而动态地调适风险控制方案。

二、数据驱动的公共安全风险处置策略组合选择

公共安全风险处置是风险控制方案的具体执行过程。它是在风险预警和决策的基础上，为控制和最大限度消除风险而采取的一系列具体措施。由于公共安全风险的多元性、复合性、复杂性，公共安全风险处置由不同处置方法及多种处置措施构成，需要在多种处置措施之间统筹协调、分类施策、精准行动。探寻大数据环境下公共安全风险处置方法与处置措施的最佳组合策略，以推进公共安全风险处置策略科学精准地选择。

（一）风险处置过程中采取不同处置方法的合理组合

一般来说，风险处置方法有规避风险、减少风险、自留风险和分担风险等四种[①]。这几种处置风险的方法，各有优缺点，不存在一个固定的运用模式，在运用时需要根据所面临的公共安全风险情境综合考虑，不同干预策略选择不同的风险处置方法。因此，选择风险处置方法时并不是一种风险选择一种方法，而是需要将几种方法组合起来加以运用。只有在合理组合的基础上，风险处置措施才可能做到成本低、效率高。

1. 以科学顶层设计和合理规划规避公共安全风险

作为应对公共安全风险处置方法之一的风险规避，需积极主动规避风险以避免损失发生的可能性。公共风险规避的实质就是一种"起源—结果"的因果关系

---

① 莫春雷：《风险管理体系建设》，经济管理出版社 2019 年版。

规避和消解，需要从风险"引致动因—影响结果"的因果逻辑剖析风险规避的内涵。[①] 在风险"引致动因—影响结果"转换互动关系中，精准识别风险引致动因和系统分析风险影响结果可以建构因果证据链，在公共风险规避前期、中期和后期全过程中形成一种因果制约关系，建立一套有目标、针对性强的风险规避策略。如新冠肺炎疫情防控期间，"不聚会、少外出、戴口罩、勤洗手、常通风"就是在对新冠肺炎病毒的准确理解和把握的基础上，提出的一系列防止疫情风险扩散的规避策略。虽然规避风险能从根本上消除隐患，但这种方法明显具有很大的局限性，主要表现在并不是所有的风险都可以回避或应该进行回避。如交通事故升高就拒绝乘车出行，车祸风险虽可由此而完全避免，但将给日常生活带来不便且不可行。

实际上，规避风险的方法主要是通过限制性政策、制度和标准，科学合理的规划，以在风险处置过程中避免承担不可接受、不可控制的风险。2021 年，北京市应急委印发《北京市公共安全风险管理办法》《北京市公共安全风险管理总体实施指南》，从制度机制和技术规范两方面入手，在顶层设计上搭建起本市公共安全风险管理的基本体系框架。通过大数据优化公共安全政策及决策并做出合理规划部署，可以规避公共安全风险的影响。一方面，利用大数据及其技术收集公众安全风险的认知、需求及存在的问题等数据，并进行深度挖掘、分析，推动公共安全风险政策制定科学化，不断提升公共安全风险决策的透明性和科学性。另一方面，为规避各类事故灾害的发生，通过公共安全风险大数据分析，对城市或社区等区域发展制定合理的发展规划。比如在城市空间发展规划、土地利用规划、经济发展规划等中综合并充分考虑各类风险因素，规避不同风险事件的发生。

2. 完善风险监测预警体系降低公共安全风险

降低风险可通过消除风险源，改变风险发生的可能性或后果等方式。但现实生活中公共安全风险的复杂性使得难以发现风险源。此时风险监测预警对于做好风险隐患排查发挥重要作用。对于一些无法简单回避的风险，可以设法减少风险。例如，公共部门在不同公共领域建立风险清单和风险预警机制并及时与政府部门沟通获取政策信息，这类做法将在一定程度上降低不必要的风险。

从实践来看，杭州市余杭区贯彻数字化改革理念，从"韧性城市"建设出发，打造"城市安全运行监测预警"场景应用，形成以"体检＋复诊"为核心

---

① 何继新、韩艳秋：《公用设施安全治理与城市公共安全风险规避》，载于《学术探索》2018 年第 1 期。

的城市安全风险全域监测预警模式。自 2021 年 6 月上线以来，已有效预警和处置城市安全风险隐患 193 次，道路塌陷、楼房倒塌等事故零发生。[①] 其成功经验做法有：（1）采用最新信息技术实时监测风险。采用 InSAR（合成孔径雷达干涉测量）、航空监测、物联网传感监测等技术手段集成的方式，监测精度高、覆盖面广、成本大幅降低。（2）打通多部门数据壁垒，实现城市运行安全风险精准全面预警。依托一体化智能化公共数据平台，综合运用遥感监测、物联传感、人工检测等手段，汇聚来自 29 个数源单位和 17 个数源系统的 47 类数据，形成城市安全数据专题库。（3）构建风险预警精准"画像"。依托城市安全数据库，建立场景风险评估模型，形成城市运行风险指数，通过定期 InSAR 扫描、日常巡检，对城市安全运行情况进行"全面体检"，生成"体检报告"。针对报告中的"不良指标"，通过探地雷达、物联感知、专业检测等手段，实施靶向"重点复诊"，形成全域风险画像，绘制生成"红橙黄蓝"风险四色图，风险态势一目了然。

数据驱动的监测和预警是实现有效公共安全风险处置的重要策略之一，未来的风险治理实践应将其作为重要的备选策略。利用大数据分析研判重要领域的公共安全风险，发布监测预警。一是加快推进大数据、云计算、人工智能、物联网等技术对公共安全风险监测预警的科技支撑能力。加强自主创新，研发公共安全风险监测预警新技术和新产品，力争使我国在公共安全风险监测预警、关键技术环节总体上接近或者达到国际先进水平。二是建立多源异构同步的公共风险监测大数据平台，进一步提高预警发布精准性和预警效能。基于大数据进行风险评估，利用风险评估模型计算公共安全综合风险指数，在此基础上划分综合风险预警等级，达到一定级别后向政府及社会发布警报信号，减少因为预警发布过多、过滥的负面影响，提高风险预警的效能。

3. 构建以政府为中心的风险共责共担机制

建构公共安全风险整体协同的网络化风险共担机制，是提高公共安全风险治理综合效率的有效途径。在公共安全风险控制中，有些风险我们无法规避而只能选择承担。风险共担（风险分散）是一种较为普遍的风险处置方式。我国长期以来形成了以党和政府为中心的公共安全风险治理机制，政府主要承担着公共安全风险责任。当下，以政府为中心的风险治理面临的冲击是：原有的风险共担机制被削弱了，且风险治理的核心即政府的权威和信任度有所降低。为此，应该构建涉及多层次、多领域、多主体共责共担的复合机制。[②] 公共安全风险共担机制一

---

① 浙江杭州：《"体检＋复诊"打造城市安全风险监测预警新模式》，https：//card. weibo. com/article/m/show/id/230904709670467010725。

② 杨雪冬：《构建共责共担的风险复合治理机制》，http：//theory. people. com. cn/n1/2019/0128/c40531 - 30592796. html。

数据驱动的公共安全风险治理

般由政府、企业及公众等形成不同组织及个人共同承担风险的一种机制。其分担风险方法主要以合作协同方式，将共同风险分散承担。不同组织将分担的风险再以不同方式进行处置，如企业经常通过保险方式分担风险，政府则通过相关政策加强和鼓励风险共担，如《南京市社会治理促进条例》建立了多层次公共安全风险分担机制，加强巨灾风险转移，分散各类风险。同时做出鼓励性规定，鼓励社会公众参与商业保险和参加互助保险，鼓励保险理赔机构开展产品和服务创新，为预防和处置公共安全事件提供保险服务。因此，针对公共安全风险，形成一套反应敏捷、权责清晰、多元参与、全程管控、处置科学的风险治理机制，是风险社会下公共安全风险共责共担的必然要求。

同时，在构建风险共责共担机制基础上需形成公共安全风险治理共同体。在风险社会视野下，政府治理面临着固守传统还是开放系统的两难选择。为了成就未来"有组织的负责任"新型现代性，合理引导公众的风险认知、风险选择，与政府、企业、媒体、公众一起参与到风险沟通和风险治理的协商对话中，有必要重塑风险社会的责任机制。即从知识理性、道德价值、社会信任、公共权力到发展策略，群策群力有效地防范、减缓和化解潜在的风险。[①] 公共安全风险共担机制本质上是一种风险共治的创新机制，如在新冠肺炎疫情中，企业的数字技术支持、公众自觉防疫行为、社会组织的志愿服务等都可以成为疫情风险的共担行为。这种风险共担机制可以通过建立和完善听证机制、监督机制、激励机制和补偿机制，积极引导和动员企业、社会组织和个人主动积极参与公共安全风险治理，成为营造全员安全综合治理氛围、激发多主体参与风险治理模式创新、孕育公共安全风险共同体理念、提升公共安全风险治理效率的重要来源空间。

最后，还需通过技术手段调整和规制社会各主体之间的协同关系，提高政府、企业和社会的多重行为协同能力。以网络化治理下网络化的组织结构模式与技术操作为基础，并运用整体治理打破传统安全治理的"碎片化"，共同应对风险。[②] 尤其是在大数据时代，充分应用大数据有助于建立多渠道多层次的公共安全风险分担机制。一是在保障个人隐私前提下建立多主体数据共享机制。数据共享、数据融合是确保大数据嵌入重大风险防控的前提。数据信息的共享程度直接影响着风险决策、风险控制方案及措施的形成。在确保数据安全基础上，最大限度地实现数据信息公开，避免因错误舆论引起社会的恐慌心理，增加不必要的风险治理成本。二是在大数据环境下建立巨灾风险管理数据库，以制度标准建设为

---

① 钱亚梅：《论风险社会的责任机理》，载于《湖北师范大学学报（哲学社会科学版）》2017年第1期。

② 杨雪冬：《风险社会中的复合治理与和谐社会》，载于《探索与争鸣》2007年第2期。

基础，以商业保险为平台，以多层次风险分担为保障，逐步完善巨灾保险制度并纳入国家防灾减灾综合体系。三是运用云计算、大数据、移动互联网等技术促进风险防控服务模式创新。构建大数据一体化服务中心，实现多行业领域集成化服务平台。如在常态化疫情防控阶段，探索健康码在公共服务领域的多码融合应用，推动健康码从单一防控专业平台逐步转变为提供数字公共服务的基础性平台。

4. 提高韧性思维下的城市风险承担能力

风险承担（风险自留）是指当某些风险无法避免，组织自身需主动承担风险的行为，即指一个组织以其内部的资源来弥补损失。无论是政府、企业还是其他社会组织，风险承担本质上考验的是组织所在城市的韧性能力。韧性能力包括吸收外界扰动、学习和再组织、快速恢复正常和软硬件应对能力[1]，它体现在以稳定性、抗逆性和能动性为核心的功能复合。[2] 韧性理念不仅关注单一风险事件的防范化解，更注重对于风险环境的适应，强调对风险性与脆弱性的共同消解，成为城市及基层社区应对叠加型、复合性以及系统型风险的现实选择。[3] 一般来说，城市韧性能力与风险承担能力呈正相关，即城市韧性能力越强，则城市风险承担能力越强，反之亦然。韧性城市建设是应对现代社会不确定性和复杂性的必要之举。在不确定性和复杂性的现代社会背景下，城市公共领域存在着巨大的潜在风险和危机。通过创新技术应用方式来建构不确定性和复杂性背景下城市韧性能力，其重中之重是：通过加强顶层设计、融通价值理性和工具理性、挖掘城市治理的内部韧性以发挥共治优势、践行人与自然和谐发展的生态理念并动态调适人与自然之间的关系等措施[4]，增强适应不确定性和复杂性的城市韧性能力。

在社会数字化和智能化的时代背景下，将大数据思维和技术创新应用在城市韧性治理框架中，是韧性城市建设的重要内容。城市韧性包括经济韧性、组织韧性、制度韧性、基础设施韧性等层面，利用大数据、人工智能等新型技术来提升城市韧性能力，进而提升城市风险承担能力是发展趋势。在城市公共安全风险治理中，以互联网、物联网、大数据、人工智能等技术手段为依托，构建安全为导

① 周利敏：《韧性城市：风险治理及指标建构——兼论国际案例》，载于《北京行政学院学报》2016年第2期。
② 汪静、雷晓康：《韧性能力何以实现：社区风险治理的结构调适与功能复合》，载于《西北大学学报（哲学社会科学版）》2021年第6期。
③ 盖宏伟、牛朝文：《从"刚性"到"韧性"——社区风险治理的范式嬗变及制度因应》，载于《青海社会科学》2021年第6期。
④ 杨嵘均：《韧性城市建设：不确定性风险下"技治主义"城市治理范式的转型方向》，载于《探索》2022年第1期。

向的韧性城市。通过构建风险评估模型，还原风险决策情景，模拟风险的发生概率、发展路径和消极影响，从而倒逼城市风险承担能力得以改善。

（二）风险处置过程中最佳干预策略的整体性衡量

考察我国新冠肺炎疫情防控策略，不同疫情防控阶段不同区域所实施的分级分类干预策略有所不同。在疫情防控常态化背景下，国务院联防联控机制印发《关于科学防治精准施策分区分级做好新冠肺炎疫情防控工作的指导意见》，要求各地根据实际情况，以县域为单位，确定不同的风险等级，制定差异化防控策略。中央提出差异化防控要求，既是对少数地方的极端举措的纠正，也是对常态化疫情防控的具体要求。统筹疫情防控和经济社会活动，需要根据实际情况，采取差异化防控策略，并动态调整防控措施。[①] 与此同时，新冠肺炎疫情防控对人力、物力、财力、信息的需求超出了常规科层制所能提供的治理能力。通过政治动员广泛发动社会力量并整合各类资源，发挥新型举国体制的独特优势，是解决这一瓶颈的理性选择。通过动员党政、市场、社会等力量[②]，塑造疫情治理的命运共同体，并坚持尊重动员的利益导向、推行差异化动员方案。

同时，从公共安全风险治理主体角度来看，风险处置中的干预策略主要包括：行政干预、市场干预、社会干预以及上述三者相结合的综合（组合）干预。这些干预主体多方合力、多措并举、多管齐下，切实把公共安全风险消灭在萌芽状态。但在实际面临公共安全风险时，不是在所有风险情境下都需要多元主体进行干预，否则容易产生干预秩序混乱，导致干预效果不理想。因此，需要推进差异化风险干预策略，区分不同主体职责功能及风险处置任务，建立动态调整机制，有针对性地采取干预措施。

因此，公共安全风险处置要摆脱单纯的风险控制思维，并对具有复合性的风险因素及其可能造成的后果充分考量，在此基础上进行最佳策略选择。一是在全面衡量政府、企业、公众及社会组织等各方利益基础上，全方位地梳理不同组织在公共安全风险处置中的角色定位，并对可能发生的公共安全风险进行合理预判。二是从综合统筹角度出发，形成公共安全风险处置策略与规划。由于公共安全风险呈现多元性、复合性特征，任何一个细小的差错都有可能导致升级为突发公共事件。因此，复合风险下的公共安全风险处置需要进行诸多权衡，相应的策略衡量需要在市场、社会、政府自身等多个方面展开，形成具有系统性的策略规

---

① 杨宏山：《差异化＋精细化：疫情防控的方法论》，载于《人民论坛》2020 年第 23 期。
② 姚靖、唐皇凤：《新冠肺炎疫情防控中的政治动员：实践策略与成功经验》，载于《湖北社会科学》2021 年第 3 期。

划。三是避免单一衡量方法下的策略判定。从风险共同体迈向风险处置共同体，关键在于所有主体利益相容且在制度框架下实现共赢。在公共安全风险处置过程中，要综合运用多种衡量方法（如成本绩效、满意度、效率等），拟定整体性的策略衡量规程，在可能采取的风险应对措施中，选取避免私益追求对公共安全造成威胁的最佳方法，实现公共安全风险防控效果的最优化。

第八章

数据驱动的公共安全风险沟通

风险沟通对于政府与公众的决策、认知、行为起着至关重要的作用，是自然灾害、公共卫生事件等各类公共安全事件管理中的重要组成部分①②。世界卫生组织（WHO）列举了从非典中汲取的七个教训，其中之一就是公共卫生突发事件中风险沟通的重要作用和巨大挑战③。为此，WHO 修订了《国际卫生条例》，将风险沟通列为核心能力领域之一④。国际风险治理委员会（International Risk Governance Council，IRGC）给出的适用于各种风险领域的跨学科风险治理框架，也将风险沟通放置在中心位置⑤。而对中东呼吸综合征（Middle East Respiratory Syndrome，MERS）疫情进行反思后，研究者们进一步指出有效的风险治理需要风险沟通专家的参与⑥。

虽然认识到风险沟通的重要性，但公共安全事件中的沟通仍然是全球性的

---

① Radovic V. , Mercantini J. M. The Importance of Risk Communication as an Integral Part of Risk Management in the Republic of Serbia [J]. *Risk and Cognition*, 2015: 61 – 88.

② De Moel H. D. , Van Alphen J. , Aerts J. C. J. H. Flood Maps in Europe-methods, Availability and Use [J]. *Natural Hazards and Earth System Sciences*, 2009, 9 (2): 289 – 301.

③ World Health Organization. SARS: Lessons from a New Disease [J]. *Shaping the Future. Geneva*, 2003: 71 – 82.

④ Kim S. , Kim S. Impact of the Fukushima Nuclear Accident on Belief in Rumors: The Role of Risk Perception and Communication [J]. *Sustainability*, 2017, 9 (12): 2188.

⑤ Renn O. *White Paper on Risk Governance: Towards and Integrative Approach* [R]. International Risk Governance Council (IRGC), 2009.

⑥ Paek H – J. Effective Risk Governance Requires Risk Communication Experts [J]. *Epidemiology and Health*, 2016, 38: e2016055.

难题①，对于它的探索一直在逐渐深入的过程中。1986 年，美国在华盛顿特区召开了由 500 名专家参加的第一次全国风险沟通会议（The First National Conference on Risk Communication），就风险沟通的理论和实践进行了深入的讨论。这一会议促使美国国家研究委员会（United States National Research Council）于 1989 年发布了《改善风险沟通》（Improvement Risk Communication）的报告，同时也激发了在《风险分析》等杂志上发表的众多值得关注的相关研究②。此后，风险沟通逐渐成为相关领域的研究焦点③。

同时，经过多年的积累，世界各国，尤其是中国，在公共安全事件防控风险沟通的实践方面也取得了很大的进步。2019 年，美国疾病预防控制中心（Centers for Disease Control and Prevention，CDC）的梅琳达·弗罗斯特（M. Frost）等研究人员对中国从 2003 年的严重急性呼吸道综合征（Severe Acute Respiratory Syndrome，SARS）到 2009 年的 H1N1 以及 2013 年的 H7N9 的响应能力变化进行了研究，发现与 SARS 时期相比，中国在 H7N9 的事件发生前，事件发生期间和事件发生后的风险沟通能力都得到了显著提高④。

即便如此，对于公共安全的风险沟通仍然存在很大的提升空间。管理学、传播学、心理学、社会学、数据科学、计算机科学、信息科学等各个学科各自从不同的视角和侧重点进行了讨论，但只有对风险沟通的复杂过程进行综合性的认识与分析，才有可能将不同学科的贡献有效地结合起来，从而切实改进公共安全事件风险沟通的实践。

因此，本书提出了一个公共安全风险沟通的整合性认识框架，在此基础上，对数据驱动的公共安全风险沟通工具及沟通策略进行讨论。

第一节　风险沟通的整合框架

在公共安全事件中，利益相关者需要频繁沟通以实施有序的响应计划；政府

---

① 中国科学报：《重大公共卫生事件如何向公众"说"——从西尼罗病毒到 SARS 的纽约经验》，http：//news. sciencenet. cn/sbhtmlnews/2020/2/353278. shtm。

② Kasperson R. Four Questions for Risk Communication［J］. *Journal of Risk Research*，2014，17（10）：1233–1239.

③ Seeger M. W.，Sellnow T. L.，Ulmer R. R. Public Relations and Crisis Communication：Organizing and Chaos［J］. *Handbook of Public Relations*，2001：155–166.

④ Frost M.，Li R.，Moolenaar R.，et al. Progress in Public Health Risk Communication in China：Lessons Learned from SARS to H7N9［J］. *BMC Public Health*，2019，19（3）：1–9.

和其他决策者需要沟通响应状况，以便确定哪里需要哪种类型的进一步援助；公共卫生专业人员需要风险沟通以判断会不会增加健康风险或掌握某种疾病的趋势；而公众通过风险沟通了解自身面临的危险，以便保护自己和家人[1][2][3]。这个系统而复杂的过程，是从公共安全潜在威胁阶段就开始的循环周期。其中，参与主体为了特定的沟通目标交换各种信息，而这一信息交换行为受到特定的文化、技术、制度、认知、信任等因素的影响，从而共同决定了风险沟通的效果（见图 8 - 1）。

一、风险沟通的生命周期

传统的看法是，风险沟通的重点在事件发生之前的时期，而危机沟通则侧重于事件发生之后的应对期。风险沟通和危机沟通既有区别又密切相关。因此，在CDC 的领导下，研究者努力将风险沟通和危机沟通的概念结合起来，构建了危机和紧急风险沟通的框架（Crisis and Emergency Risk Communication，CERC）[4]。这一框架把风险沟通分为五个阶段，阐明了整个公共安全事件管理过程中各风险沟通阶段的主要任务。第一个阶段，即危机爆发前，风险沟通的主要任务在于对公众和响应社区开展宣传和教育活动、进行信息准备以及各方合作的规划和测试等。在第二、三阶段，则需要指定发言人、确定正式的沟通渠道和沟通方法，全面和广泛地传达危机以及危机应对的情况、后果和预期结果，使受众对发生的事情有基本的了解，以便减少恐慌并采取适当的行动。当然，引导受众了解如何、从哪里获得更多信息并对反馈进行回应以及及时纠正谣言也是这个时期风险沟通的重要任务。第四个阶段侧重于对正在进行的恢复和重建工作的宣传和解释，并帮助受众更新对风险以及新的风险规避行为和反应程序的理解。而最后一个阶段则进行沟通有效性的评估，总结沟通过程中的经验教训以确定改善危机沟通能力的具体行动。然后，风险沟通需要回到第一阶段，再度循环，以螺旋状上升的周期运作形式达到不断的进步。

① Perko T. Importance of Risk Communication During and after a Nuclear Accident [J]. *Integrated Environmental Assessment and Management*，2011，7（3）：388 - 392.

② Rubin G. J.，Amlôt R.，Page L. The London Polonium Incident：Lessons in Risk Communications [J]. *Health Physics*，2011，101（5）：545 - 550.

③ Sellnow T. L.，Sellnow D. D.，Lane D. R.，et al. The Value of Instructional Communication in Crisis Situations：Restoring Order to Chaos [J]. *Risk Analysis：An International Journal*，2012，32（4）：633 - 643.

④ Reynolds B，W. Seeger M. Crisis and Emergency Risk Communication as an Integrative Model [J]. *Journal of Health Communication*，2005，10（1）：43 - 55.

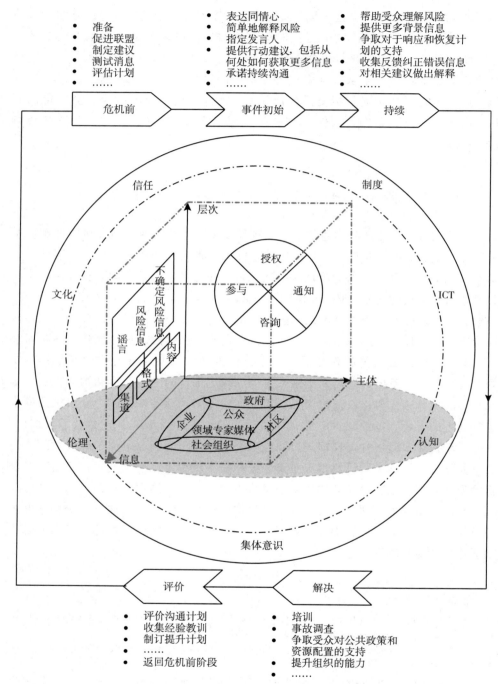

- 准备
- 促进联盟
- 制定建议
- 测试消息
- 评估计划
- ……

- 表达同情心
- 简单地解释风险
- 指定发言人
- 提供行动建议，包括从何处如何获取更多信息
- 承诺持续沟通

- 帮助受众理解风险
- 提供更多背景信息
- 争取对于响应和恢复计划的支持
- 收集反馈纠正错误信息
- 对相关建议做出解释

危机前　　事件初始　　持续

信任　　制度

层次

授权

参与　　通知

咨询

文化　　ICT

不确定风险信息

风险信息

谣言　　内容

格式

集道

主体

伦理　　认知

信息

企业　　政府

公众

领域专家媒体　　社区

社会组织

集体意识

评价　　解决

- 评价沟通计划
- 收集经验教训
- 制订提升计划
- ……
- 返回危机前阶段

- 培训
- 事故调查
- 争取受众对公共政策和资源配置的支持
- 提升组织的能力
- ……

图 8-1　公共安全风险沟通的整合框架

CERC 框架虽然在疾控部门的主导下建立，但对于其他各种类型公共安全的

风险沟通具有普遍的适用性。它的主要特点或者说价值在于：（1）强调了危机的发展特征以及风险沟通持续过程中沟通需求的变化。这使得风险沟通者能够展望和预期随后面临的沟通任务，并在此基础上制定基本的沟通策略和行动指南①。（2）给出了广泛的风险沟通跨度，认为有关公共安全事件的有效沟通必须在爆发前很长时间就开始，并在紧急威胁消退之后继续进行。包括自然灾害在内的各种公共安全事件管理早已经超越了单纯提供紧急响应的尝试，而转向了强调预防和准备工作的更加综合的模型。因此，风险沟通必须涵盖整个管理周期，并发挥多种作用和功能②。（3）在危机的各个阶段整合了风险与危机沟通③④。这种整合，不是简单的谁包含谁或者前后顺序的关系。而是由于风险通常在危机管理各阶段持续存在，因此风险沟通也被认为是与危机管理各阶段都相关的⑤。同样，危机沟通能够支持危机管理的全过程，不仅仅在应对阶段，而是在包括危机前的准备等各个阶段也能起到重要作用⑥。

二、风险沟通的参与主体

风险沟通是多元主体参与下的活动，这一点得到了研究者的普遍共识，但不同的研究中关于风险沟通参与者的界定范围以及表述方式往往并不相同。很多研究者将风险沟通的参与主体称为利益相关者，包括政府，专业专家，公众和媒体四种类型⑦。而在欧盟第七框架计划资助的合作研究计划"TELL ME"项目（https：//www.tellmeproject.eu/）中⑧，则把风险沟通的参与主体划分成了三个类别，第一个类别是公众；第二个类别是公共领域（Public Sphere），其中包括意见领袖、

---

① 柳恒超：《风险沟通与危机沟通：两者的异同及其整合模式》，载于《中国行政管理》2018 年第 10 期。

② Renn O. *White Paper on Risk Governance：Towards and Integrative Approach* ［R］. International Risk Governance Council（IRGC），2009.

③ Veil S.，Reynolds B.，Sellnow T. L.，et al. CERC as a Theoretical Framework for Research and Practice ［J］. *Health Promotion Practice*，2008，9（4_suppl）：26S – 34S.

④ Hyvärinen J.，Vos M. Developing a Conceptual Framework for Investigating Communication Supporting Community Resilience ［J］. *Societies*，2015，5（3）：583 – 597.

⑤ Coombs W. T. Crisis Communication and Its Allied Fields ［J］. *The Handbook of Crisis Communication*，2010：54 – 64.

⑥ Palttala P.，Vos M. Quality Indicators for Crisis Communication to Support Emergency Management by Public Authorities ［J］. *Journal of Contingencies and Crisis Management*，2012，20（1）：39 – 51.

⑦ Paek H. J. Effective Risk Governance Requires Risk Communication Experts ［J］. *Epidemiology and Health*，2016，38.

⑧ Anon. D3.1-new framework model for outbreak communication ［EB/OL］//Tellmeproject. eu. ［2024 – 01 – 20］. https：//www.tellmeproject.eu/content/d31-new-framework-model-outbreak-communication.

359

研究人员、大众媒体和社会媒体；第三个类别则是利益相关者，包括政府和政策（Government And Policy）、工商业界（Industry And Commerce）、社区公共机构（Community – Based Public Institutions And Infrastructure）、民间社会组织（Civil Society Organizations）。第一种分类方式没有考虑到工业界、也缺乏对社区和社会组织的关注。因此本书主要借鉴第二种分类方式，并在结合第一种分类方式的基础上把参与主体归纳为政府、领域专家、公众、媒体、企业、社区以及社会组织等 7 大类。

但实际上，在每一种类别下，都包含了更多更细小的类别，它们所需要的沟通策略完全不同。在实际沟通过程中必须考虑这些小群体之间可能存在的冲突和差异。

此外，参与主体之间的关系也早已不仅仅是单向度的信息发送者与接受者，而是有可能相互成为受众和合作对象①。早期，由于认为只有领域专家和政治家才有能力进行风险评估并作出合适的决策，所以风险沟通就是向受众通知数据和决策结果。但是，由于参与主体之间风险认知的差异，这种简单的告知并不能总是说服受众接受风险评估的结果和相关的决策。为此，20 世纪 80 年代以后，产生了双向互动模式，风险沟通成为"个人、群体、机构间交换信息和意见的互动过程"②。在这个基础上，到了 20 世纪 90 年代以后，为了更好地在决策之前就达成各利益相关群体的理解和支持，参与风险沟通的各主体间又逐渐演变为"合作伙伴"（Participator）关系③。

三、风险沟通的目标和层次

在多主体参与的风险沟通各个阶段中，风险沟通的目标并不是单一的，也不是固定不变的。要保障参与主体之间维护合作伙伴关系，就需要各主体参与到风险沟通和风险管理的过程中。但是，显而易见的是，不分具体情境和任务的全员无差别参与既不可能也没有必要。

早在 1969 年，在公众参与领域，阿恩斯坦（S. R. Arnstein）发表了一篇开创

---

① 黄河、刘琳琳：《风险沟通如何做到以受众为中心——兼论风险沟通的演进和受众角色的变化》，载于《国际新闻界》2015 年第 6 期。

② National Research Committee on Risk Perception and Communication, Committee on Risk Perception and Communication National Research Council, 1989. *Improving Risk Communication* [M]. Washington, D. C. , DC: National Academies Press.

③ Leiss W. Three Phases in the Evolution of Risk Communication Practice [J]. *The Annals of the American Academy of Political and Social Science*, 1996, 545 (1): 85 – 94.

性的文章，提出了"公众参与的阶梯"①。沿着阶梯，从非参与步骤组中最低的"操纵（Manipulation）"到公民权利的最高程度"公民控制（Citizen Control）"，对参与的不同形式进行了排序，参与在不同层次上运作。虽然这一模型最初讨论的是公民的参与，但一样适用于对社区等其他受众参与风险沟通进行考察。

参与的阶梯提出了参与的不同层次，它使用线性结构把参与分为高下不同的等级。但事实上，具体采用哪种层次受到特定的政治、社会、经济和组织环境、受众能力、风险特征等多种因素的制约②，并不应该以追求更高层次的参与形式为目标，而应该在具体情境下基于沟通目标、紧迫性、受众的能力等条件匹配合适的层次③。为此，斯科特·戴维森（S. Davidson）在上述参与阶梯的基础上开发了一个"参与之轮"④，提供了一个非线性模型，在通知、咨询、参与和授权四个象限下，以轮形区分参与的目标和技术。

四、风险沟通中的信息

风险沟通本质上是信息的流动。但什么信息参与流动、通过什么渠道、以什么样的形式来流动，远比其他的情境要复杂得多。风险沟通中的信息，除了包含通常意义上的风险信息（Risk Information），还包括不确定性风险信息（Uncertain Risk Information）。风险信息指在确定存在风险事件的前提下，描述损失的信息，它包括风险事件发生的可能性即概率信息和风险事件后果的严重性即损失信息⑤。而"不确定性风险信息"则与不确定风险（Uncertain Risk）紧密联系。

要深入理解不确定风险，需要首先理解风险和不确定性。虽然风险本身就包含了不确定性的含义。但事实上，早在1921年，经济学家奈特就在他的成名作《风险、不确定性与利润》中指出不确定性和风险并不等同⑥。按照奈特的观点，风险的表现特征是：结果是未知的，但支配该结果的概率分布是已知的。而如果结果未知，结果的概率分布也未知就是不确定性。对于前者，我们可以通过计算

---

① Arnstein S. R. A Ladder of Citizen Participation ［J］. *Journal of the American Planning Association*，1969，35（4）：216－224.

② Dooris M.，Heritage Z. Healthy Cities：Facilitating the Active Participation and Empowerment of Local People ［J］. *Journal of Urban Health*，2013，90（S1）：74－91.

③ 黄河、刘琳琳：《风险沟通如何做到以受众为中心——兼论风险沟通的演进和受众角色的变化》，载于《国际新闻界》2015年第6期。

④ Davidson S. Spinning the Wheel of Empowerment ［J］. *Planning*，1998，1262（3）：14－15.

⑤ 刘赋樊：《概率信息的图文表征对风险规避的影响》，浙江师范大学博士学位论文，2016年。

⑥ Knight F H. Risk，*Uncertainty and Profit* ［M］. New York，NY：Sentry Press，1921.

361

概率与期望来进行评估，而对于后者，则无法计算和评估，往往只能进行大体推测。奈特的这一观点被广泛接受，并得到包括经济学，心理学和神经生物学等学科各种研究结果的支持①。基于此，杰莱·托松（Jale Tosun）将不确定风险定义为"无法建立活动与其潜在危害之间关系的情况"②。而之所以无法建立这种关系，有可能是因为知识或数据的缺乏造成的，也有可能是由于某些固有的时空可变性引起的，例如行为多样性、自然随机性等③。举例来说，小范围自来水被污染，由于认知有限性，科学家们也许难以确定是否存在威胁公众身体健康的风险④。

此外，除了不确定风险信息，与重大公共安全事件伴随的还有大量的谣言。监测和管理谣言的能力，被认为是评估风险沟通能力的重要指标⑤。COVID – 19疫情暴发后，WHO 的风险交流小组专门启动了一个名为 WHO 流行病信息网络（EPI – WIN）的平台，致力于消除围绕新冠疫情的错误信息。

五、风险沟通的影响因素

有效性始终是风险沟通的基本问题。所谓沟通的有效性，是指在多大程度上实现了沟通行为的预期目标⑥。风险沟通并不是凭空发生的，而是与众多的社会，文化和制度因素相互作用的。卡斯帕森（Kasperson）在风险的社会放大框架中指出，在这个作用的过程中，各种因素可能会放大或减弱受众对风险（Risk）或风险事件（Risk Event）的反应⑦。"TELL ME"项目中，海法大学构建的用于描述动态变化的风险沟通实践的模型中⑧，认为风险沟通在公共领域（Public Sphere）中进行，意见领袖、公众、专家、媒体等在这里互动，同时，这里也是透明度、

---

① De Groot K. , Thurik R. Disentangling Risk and Uncertainty：When Risk-taking Measures are Not about Risk ［J］. *Frontiers in Psychology*, 2018，9：2194.

② Tosun J. How the EU Handles Uncertain Risks：Understanding the Role of the Precautionary Principle ［J］. *Journal of European Public Policy*, 2013，20（10）：1517 – 1528.

③ Walker W. E. , Harremoës P, Rotmans J, et al. Defining Uncertainty：A Conceptual Basis for Uncertainty Management in Model-based Decision Support ［J］. *Integrated Assessment*, 2003，4（1）：5 – 17.

④ Powell M. , Dunwoody S. , Griffin R. , et al. Exploring Lay Uncertainty About an Environmental Health Risk ［J］. *Public Understanding of Science*, 2007，16（3）：323 – 343.

⑤ World Health Organization. *International Health Regulations*（2005）［M］. World Health Organization, 2008.

⑥ Boholm Å. Lessons of Success and Failure：Practicing Risk Communication at Government Agencies ［J］. *Safety Science*, 2019，118：158 – 167.

⑦ Kasperson J. X. , Kasperson R. E. , Pidgeon N. , et al. The Social Amplification of Risk：Assessing Fifteen Years of Research and Theory ［J］. *The Feeling of Risk*, 2013：317 – 344.

⑧ TELLME Project Team. D3. 1 – New Framework Model for Outbreak Communication, https：//www.tellmeproject. eu/content/d31-new-framework-model-outbreak-communication.

风险感知、集体记忆、信任和伦理等概念发挥作用的地方。值得注意的是，这个模型不是基于层次的线性结构，模型图中没有使用箭头，而是显示了不同的元素重叠。该模型借鉴了哲学家德勒兹和瓜塔里提出的根茎理论，强调风险沟通建立在向许多方向扩散的关系上，具备许多可能的联系。

随着对风险沟通过程的深入讨论，人们逐渐意识到，包括认知、文化、信任、制度、技术等越来越多的因素参与了这个过程。这些因素与风险沟通之间形成了复杂的交互影响。例如，朗斯塔夫（Longstaff）等研究了危机情境下信任在风险沟通规划和管理中的作用[1]，研究表明信任是突发事件有效沟通中最重要的变量之一。信任水平越高，风险沟通的内部协调将会更好。然而，在面对公共安全等极端事件时，信任的构建本身面临巨大的挑战[2]，这些挑战不仅来自参与应急响应的团队的规模和类型的多样化、参与者流动性，也来自参与团队的不同的文化、组织结构以及制度框架等。例如，警察，消防员，医务人员，工程师，公共和私人机构等具有不同的角色，技能，知识和经验，以及应对政策和方法等。

第二节　数据驱动公共安全风险沟通工具

风险沟通工具是实现有效风险沟通的重要组成部分，对决策者和普通公众而言，了解区域内存在的风险和潜在的危害，获取发生公共安全事件后各种影响和后果的信息及其分布是至关重要的[3]。风险沟通工具能够帮助促成风险沟通目标的实现，通过风险沟通工具，沟通的利益相关各方能够快速交流信息传达需求，实现相互对话和理解，同时让公众有机会参与到风险管理决策中，增强沟通各方的信任，此外，风险沟通工具能够以公众可以理解和接受的形式进行风险沟通，更迅速准确地向公众提供关于危害和风险的知识，更形象地展示风险信息，从而

---

① Longstaff P. H. , Yang S – U. Communication Management and Trust：Their Role in Building Resilience to "Surprises" Such As Natural Disasters, Pandemic Flu, and Terrorism ［J］. *Ecology and Society*，2008，13（1）：3.

② Ross V. L. , Malone E. L. , Kinnear S：Understanding the Role of Trust in Network-based Responses to Disaster Management and Climate Change Adaptation in the Asia – Pacific Region，Climate Change in the Asia – Pacific Region：Springer，2015：157 – 171.

③ 贺桂珍、吕永龙：《风险地图——环境风险管理的有效新工具》，载于《生态毒理学报》2012 年第 1 期。

有利于降低公众担忧、引导公众正确行为[1][2]。

一、风险沟通工具提出的新需求

大数据时代的到来使得报纸、广播等传统风险沟通工具往往不能满足公众的沟通需求。如果使用那些仅能提供简单的文字、数字和图形的风险沟通工具，可能会导致难以理解问题[3]。同时，大数据带来的信息超载给公众获取和理解风险信息造成了更大压力。因此人们对风险沟通工具提出了新的需求。

（1）工具可访问性，使公众都能通过各种途径访问风险沟通工具。风险沟通工具是用来传达风险进行风险沟通的，因此对于风险沟通工具的一个最基础的要求就是公众可以接触到并使用该工具，可访问即所有公众都能够接触使用风险沟通工具并从中得到所需信息。而大数据时代带来的信息压力和信息超载使得公众更加难以获取到有用正确的风险信息，再加上网络环境的日益复杂也给有效的风险沟通造成了阻碍，因此风险沟通工具应该具有让公众容易获得并访问使用的功能，例如利用风险地图进行沟通时应将其展示在显眼位置，不仅需要将其发布在官方网站上还需要通过微博、微信等社交媒体进行发布[4]。

（2）内容可用性，使用户能在风险沟通工具中接收到有价值的风险信息。内容可用性是评价风险沟通工具的重要标准，风险沟通工具展示的内容必须是可用、有用的。玛丽亚·哈格迈尔－克洛泽（M. Hagemeier－Klose）和克劳斯·瓦格纳（K. Wagner）[5]曾指出许多基于地理信息系统的风险沟通工具仍缺乏足够的可读性和可用性，需要加以改进。例如，在风险地图中设计具有良好关联性的地图内容，将不同场景的一般风险信息与实时信息进行关联并与发生过的同类公共安全事件相比较，同时对风险沟通措施进行持续监测并对接收者的意见需求进行持续反馈，从而在用户中产生共鸣，有助于提高其意识、活动和知识水平，进而引导进一步的信息寻求。

---

① 牛春华、江志欣：《重大公共安全事件防控的风险沟通：整合框架与可能路径》，载于《兰州大学学报（社会科学版）》2020年第2期。

② Charriere M., Junier S. J., Mostert E., et al. Flood Risk Communication: Visualization Tools and Evaluations of Effectiveness [J]. *Civil Engineering & Geosciences*, 2012.

③ Ancker J. S., Kukafka R. *A Combined Qualitative Method for Testing an Interactive Risk Communication Tool* [C]//AMIA Annual Symposium Proceedings. American Medical Informatics Association, 2007, 2007: 16.

④ Dransch D., Rotzoll H., Poser K. The Contribution of Maps to the Challenges of Risk Communication to the Public [J]. *International Journal of Digital Earth*, 2010, 3 (3): 292－311.

⑤ Hagemeier－Klose M., Wagner K. Evaluation of Flood Hazard Maps in Print and Web Mapping Services as Information Tools in Flood Risk Communication [J]. *Natural Hazards and Earth System Sciences*, 2009, 9 (2): 563－574.

（3）信息易理解性，使用户获取到简单直观的风险信息。风险沟通工具需要能够帮助公众更轻松地理解风险信息，其展示的信息应该是布局清晰的，并附有简单的解释说明。例如，对于无法避免的专业术语，用简单的方式进行说明，便于公众理解[1]。

（4）动态交互性，使用户的参与感增强。许多风险沟通工具只是静态地将风险相关信息传达给用户，用户对于风险沟通没有足够的参与感，无法对风险达到足够正确且深刻的认知。在降低公众的焦虑和担忧引导其正确行为方面，静态的风险沟通工具可能并不是那么有效。基于网络应用，新的动态和互动工具已经在风险沟通过程中发挥了重要作用，例如教育视频游戏（Educational Video Games）能够传播信息并促进用户学习[2]，让用户沉浸式地感知风险。

（5）重视群体差异性，根据不同群体需求开发不同的风险沟通工具。决策者、领域专家和普通公众的知识基础不同，对风险沟通工具的使用和需求也各有不同，因此风险沟通工具应针对不同用户群体开发不同的风险沟通工具。对于外行人来说，一个简单的具有实时信息和良好的可用性和可读性的风险沟通工具似乎就足够了。而对于专家，一个具有多种下载功能、允许进一步数据处理的复杂的风险沟通工具更能满足他们的需求。例如，风险地图中的图例对专业用户来说很重要，而外行的目光会更多地停留在地图上[3]。

二、风险沟通工具开发的步骤

美国环境保护署在其"风险沟通的七项基本规则"中强调开发有效的风险沟通工具需要满足两个要求：第一，倾听公众的具体关切；第二，仔细规划工具并对其进行评估[4]。在风险沟通工具开发的两个原则的指导下，研究者们探索发现了系统定性研究框架，认为风险沟通工具应该通过应用该系统定性研究框架来开发。该框架包括以下三个步骤：首先是定义目标组需求的形成性评价，其次是风险沟通工具的开发和实施，最后是测试该工具能否实现其目标的结果评

---

①③ Hagemeier – Klose M. , Wagner K. . Evaluation of Flood Hazard Maps in Print and Web Mapping Serv- ices as Information Tools in Flood Risk Communication ［J］. *Natural Hazards and Earth System Sciences*，2009，9（2）：563 – 574.

② Crovato S. , Pinto A. , Giardullo P. , et al. Food Safety and Young Consumers：Testing a Serious Game as a Risk Communication Tool ［J］. *Food Control*，2016，62：134 – 141.

④ Cho T. J. , Kim N. H. , Hong Y. J. , et al. Development of an Effective Tool for Risk Communication about Food Safety Issues after the Fukushima Nuclear Accident：What Should be Considered？［J］. *Food Control*，2017，79：17 – 26.

估①②。本部分参考该框架总结有效风险沟通工具开发的一般步骤，并以福岛核事故后食品安全风险沟通工具的开发为例详细介绍有效风险沟通工具开发的具体过程。

（一）定义目标群体需求

通过焦点小组访谈对相关利益者进行深入调查识别一般公众的风险沟通需求，得到有关具体公共安全领域公众认知和接受现象的关键信息，包括公众的风险感知、信息需求和信息渠道三大部分，具体包括公众的相关知识基础、对相关公共安全主题的看法和关注点、认为最合适的风险沟通工具类型、哪些风险消息应包含在风险沟通中、应如何呈现这些消息以及通过哪个信息渠道。

1. 建立焦点小组

焦点小组成员需要招募，招募的参与者应该是相关利益者，例如福岛核事故后食品安全风险沟通工具开发时招募的参与者倾向于家中主要食品购买者以及在福岛核事故之后对食品安全问题感兴趣的人。确定焦点小组组成和人数，可以按照性别或年龄等人口统计信息进行分组，每组人数一致，例如，福岛核事故后食品安全风险沟通工具开发时确定焦点小组为两组，分别由 8 名男性和 8 名女性组成③。

2. 制定焦点小组访谈指南

在对受访者的风险感知进行任何焦点小组访谈之前，访问者应根据社会建构的背景识别出实际风险与每个受访者所感知的风险之间的差距④。因此，在开始焦点小组访谈之前，要求参与者自由讨论他们对几个关键词的想法，例如，开发福岛核事故后食品安全风险沟通工具时给出的关键词为放射性污染、放射性污染的食物以及辐射对人体的影响。然后，访问者需要应用焦点小组访谈指南来了解受访者的风险感知、信息需求和首选信息渠道。福岛核事故后食品安全风险沟通工具开发的焦点小组访谈指南如表 8 - 1 所示。

3. 整理访谈结果

通过对焦点小组访谈结果进行整理分析得出受访者在风险感知、信息需求、信息渠道等方面的需求。在风险感知方面，需要明确受访者是高估还是低估了相关风险；在信息需求方面，需要明确受访者是否需要信息，需要什么信息，希望

---

① Noar, Seth M. A 10 - year Retrospective of Research in Health Mass Media Campaigns: Where Do We go From Here? [J]. *Journal of Health Communication*, 2006, 11 (1): 21 - 42.

② Tiozzo B., Mari S., Magaudda P., et al. Development and Evaluation of a Risk-communication Campaign on Salmonellosis [J]. *Food Control*, 2011, 22 (1): 109 - 117.

③ Kitzinger J. Qualitative Research. Introducing Focus Groups [J]. *Bmj*, 1995, 311 (7000): 299 - 302.

④ Gierlach E., Belsher B. E., Beutler L. E. Cross - Cultural Differences in Risk Perceptions of Disasters [J]. *Risk Analysis*, 2010, 30 (10): 1539 - 1549.

信息以何种形式呈现以及不同群体对信息需求有何差异等问题；在信息渠道方面，需要明确现有信息渠道是否足够，受访者信任的信息渠道有哪些以及首选的信息渠道是什么等问题。

表 8 - 1   焦点访谈指南

部分	问题
风险感知	Q1：福岛核事故（FNA）前，你对放射性污染食品感兴趣吗？现在呢？ Q2：你认为食物会怎么被 FNA 期间泄漏的放射性物质污染？ Q3：你认为在 FNA 之后你可能摄入或将摄入放射性污染的食物吗？ Q4：你觉得摄入放射性污染的食物怎么样？ Q4S1：你认为摄入受放射性污染的食物对人体有什么影响？ Q4S2：摄入受放射性污染的食物后会出现什么样的问题？ Q5：你认为你对放射性污染的食物有很好的一般知识吗？为什么？
信息需求	Q6：公众是否需要有关放射性污染食品的信息？你为什么这么认为？ Q7：你认为常接触放射性污染食品的信息能缓解食品消费者焦虑吗？ Q8：哪些信息能保护食品消费者免受摄入放射性污染食品的危险？
信息渠道	Q9：现有的信息来源是否足够？ Q10：FNA 之后，哪些媒体是食品安全问题最可靠的信息来源？

（二）设计试验性风险沟通工具

首先通过第一步焦点小组讨论的结果确定风险沟通工具的类型（风险地图，互动游戏，教育书籍手册等）；其次通过对焦点小组讨论内容的分析确定风险沟通工具中需要展示的内容并进行风险沟通工具的开发；最后通过焦点小组讨论中利益相关者对信息渠道的需求确定风险沟通渠道并标明信息来源。

1. 工具内容

根据焦点小组访谈中受访者的信息需求确定风险沟通工具需要呈现的内容，呈现的信息内容需要包括焦点小组访谈中受访者提出的问题及其答案，此外还需要满足受访者对内容易理解的需求，最后其内容的信息来源需要是受访者表示信任的来源并表明信息来源，此外风险沟通工具还需要具有易于使用、双向互动等特点。

2. 信息渠道

在设计好风险沟通工具的内容后需要确定该工具与公众进行风险沟通的渠道，这需要综合考虑焦点小组访谈中受访者对信息渠道的信任的程度以及现有的适合该风险沟通工具传达风险的渠道，从而决定风险沟通工具的首选信息渠道。

（三）评估风险沟通工具

对风险沟通工具进行评估可以帮助优化开发过程，满足用户的需求。评估主要通过问卷调查来收集公众和用户群体对风险沟通工具的意见和建议，基于第一步中对风险沟通工具提出的要求，从工具的可读性/可理解性，工具呈现的形式以及呈现的内容三方面进行评估[①]。

1. 设计调查问卷

首先通过组织具有各领域专业知识的咨询委员会设计制定风险沟通工具有效性评估的调查问卷，问卷内容一般包括信息偏好（如理解工具的轻松程度，对工具的接受度）、学习效果（从工具中学习到了什么）、缓解效果（是否有助于缓解担忧焦虑）、引导效果（是否有助于引导预防准备行为）、存在的问题和改进的建议。对于不同开发目标的风险沟通工具，有效性评估的问卷内容可以根据具体问题进行调整。

2. 展开调查

对目标人群进行抽样，要求其使用开发的风险沟通工具后填写问卷，调查可以通过电子邮件的方式在线上将风险沟通工具（或其链接）和问卷发给目标群体进行信息收集，也可以在线下先使目标群体使用工具，再通过发放纸质问卷收集数据。

3. 分析调查结果

对回收的有效问卷进行统计分析，主要从信息偏好、学习效果、缓解效果、引导效果四方面评估风险沟通工具的有效性。在信息偏好方面，主要是确定风险沟通工具是否容易理解，公众最感兴趣的信息，公众对该信息的接受度以及希望获得信息的渠道；在学习效果方面，主要是确定公众使用风险沟通工具的学习效果以及书中信息的理解程度，即风险沟通工具的内容是否有助于公众了解学习有关风险的知识，通过该工具公众是否能形成正确的风险感知；在缓解效果方面，主要是确定风险沟通工具是否有助于缓解公众对于风险的恐慌、焦虑、愤怒、担忧等情绪；在引导效果方面，主要是确定风险沟通工具是否有助于引导公众的正确行为，例如一些有用的风险准备行为或者是公共安全事件爆发后正确的补救防范措施。

4. 反馈评估结果

通过对风险沟通工具的形成性评估，了解公众的使用感受，将公众进一步的

---

① Hagemeier – Klose M., Wagner K. Evaluation of Flood Hazard Maps in Print and Web Mapping Services as Information Tools in Flood Risk Communication [J]. *Natural Hazards and Earth System Sciences*, 2009, 9 (2): 563 – 574.

需求和建议进行整理与分析，在原有工具的基础上进行改进完善，使风险沟通工具在呈现的内容和形式以及可读性方面更能满足公众需求，实现有效的风险沟通。

三、风险沟通工具的发展趋势

技术进步催生出新的风险沟通工具。为了促进风险信息的传递和实时互动，政府正在试图寻找提高其内部和外部风险沟通效率的技术与工具[①]。例如，在2014 年埃博拉疫情暴发期间，美国卫生与公众服务部（Department of Health and Human Services，HHS）与美国疾病预防控制中心（Centers for Disease Control，CDC）合作，建立了一个网站，聚合有关 CDC 应对措施和埃博拉病毒感染者处理方案的信息，这个具有多功能的网站使卫生机构能够向利益相关者提供最新的高质量信息[②]。公众也越来越倾向于使用社交网络等互动式风险沟通工具，来获取第一手风险信息，掌握最新动态[③]。

当前复杂风险沟通工具呈现出的趋势是：越来越多的交互式游戏、地理空间工具、社交媒体工具以及综合功能的工具被用于风险沟通。在多主体参与的风险沟通各个阶段中，这些新工具传递不同形式的风险信息，让各主体参与到风险沟通和风险管理的过程中，保证风险沟通目标的实现[④]。

（一）交互式游戏

交互式游戏模拟重大公共事件的发展与应对，由用户玩家扮演管理者，在虚拟的游戏环境中，事件的发展由用户的不同策略选择决定，不同的选择会产生不同的结果。交互式游戏寓教于乐，可以通过包含指向相关资源、网站等链接的方式来传递信息，激发用户兴趣，从而鼓励用户进一步了解互动游戏中的问题[⑤]。

---

① Jennings E. A. , Arlikatti S. , Andrew S. A. , et al. Adoption of Information and Communication Technologies（ICTs）by Local Emergency Management Agencies in the United States［J］. *International Review of Public Administration*，2017，22（2）：193 - 210.

② CDC's open gov success during Ebola outbreak，https：//gcn. com/articles/2015/03/20/nih-ebola-content-syndication. aspx.

③ Strekalova Y. A. , Krieger J. L. Beyond Words：Amplification of Cancer Risk Communication on Social Media［J］. *Journal of Health Communication*，2017，22（10）：849 - 857.

④ 牛春华、江志欣：《重大公共安全事件防控的风险沟通：整合框架与可能路径》，载于《兰州大学学报（社会科学版）》2020 年第 2 期。

⑤ Crovato S. , Pinto A. , Giardullo P. , et al. Food Safety and Young Consumers：Testing a Serious Game as a Risk Communication Tool［J］. *Food Control*，2016，62（5）：134 - 141.

369

交互式游戏不仅提供了一种虚拟的风险体验，有效避免了许多用户难以理解以统计学术语描述的风险情况①，而且还会产生情感影响，使用户对大风险产生更强烈的反应并减少对小风险的过度反应，从而激励用户采取适当的降低风险的行动②。此外，交互式游戏将风险沟通游戏化，可以帮助用户建立风险知识库，提高风险情境化技能，加强风险信息的评估与分析能力。在某些情况下，游戏化的风险沟通还可以提供社会效益，使公众在解读风险信息方面变得更加熟练。因此，精心设计的互动式游戏可以使公众成为越来越有知识的风险信息消费者③。

交互式游戏在风险沟通实践中得到了广泛应用。阿登 - 罗威尔（A. Rowell）等④在意大利食品安全风险沟通研究中，发现"A Mysterious Poisoning"互动游戏不仅能提高青少年的风险知识，还改变了其风险行为意图。在专门为年轻人设计的网络工具中，教育性电子游戏被证明在促进学习和沟通信息方面特别有效，因为它们能引起青少年的兴趣和好奇心。这些工具可帮助年轻人内化新技能，并鼓励他们获得新知识，提高他们对风险的认识。日本也使用了名为"Crossroad"的风险沟通工具，这是一个帮助人们思考灾难的游戏。它的使用明显改变了社区居民将防灾和恢复工作定义为专家和政府责任的倾向，可以教育公众以增强其灾害应对及恢复能力⑤。

当然，交互式游戏的使用也存在一定的局限。在缺乏支持交互式游戏的基础设备或使用游戏的技能等的人群中，此类交互式游戏的用户接受与使用程度不理想，影响了其潜在价值的发挥。而且，互动式游戏的情感影响具有两面性，如果游戏模拟应对策略选择不当，连续导致悲观后果，可能会使用户失去兴趣。此外，互动式游戏中充满着概率信息，对概率信息的理解存在很大的个体差异⑥，而对概率信息的操纵可能导致认知偏差⑦，这会导致人们对同一个问题做出不同的决策判断。

---

① Ancker J. S. ，Weber E. U. ，Kukafka R. Effects of Game-like Interactive Graphics on Risk Perceptions and Decisions ［J］. *Medical Decision Making*，2011，31（1）：130 – 142.

②⑦ Ancker J. S. ，Kukafka R. *A Combined Qualitative Method for Testing an Interactive Risk Communication Tool* ［C］//AMIA Annual Symposium Proceedings. American Medical Informatics Association，2007，2007：16.

③ Rowell A. ，Bacon D. Gamifying Risk Communication：The Game of Mortality ［J］. *Social Science Research Network*，2016.

④ Crovato S. ，Pinto A. ，Giardullo P. ，et al. Food Safety and Young Consumers：Testing a Serious Game as a Risk Communication Tool ［J］. *Food Control*，2016，62.

⑤ Lee F. ，Yamori K. Gaming Approach to Disaster Risk Communication：Development and Application of the "Crossroad Game" ［J］. *Disaster Risk Communication：A Challenge from a Social Psychological Perspective*，2020：51 – 64.

⑥ Budescu D. V. ，Weinberg S. ，Wallsten T S. Decisions Based on Numerically and Verbally Expressed Uncertainties ［J］. *Journal of Experimental Psychology：Human Perception and Performance*，1988，14（2）：281.

（二）地理空间工具

地理空间数据使我们能够通过传感器技术创建物理世界的数字版本，以实现与现实世界的交互，这开辟了一个充满可能性的空间。在突发事件中，有效利用地理空间数据可以帮助遏制和应对危机。比如在新冠肺炎疫情期间，政府部门及相关组织将疫情地理空间数据快速可视化，进行病毒源的空间追踪、区域扩散的预测、区域风险划分、预防控制的重点区域确定、资源管理以及消除恐慌等。

地理信息系统的发展极大地改善了环境信息和数据的空间表示和分析。地理空间数据可以通过嵌入 GIS 的空间模型组合成强大的地理空间工具，这些工具可以将复杂的风险评估结果传达给利益相关者。借助适当的地图空间工具，可以改善沟通，从而帮助缩小专家和非专业人士之间的风险认知差距[①]。

风险沟通的地理空间工具不必针对特定风险，可以是飓风、流行病，也可以是食物中毒等[②]。对于所有重大公共安全事件，地理空间工具能利用图形、颜色、大小等识别出的风险信息，直观地展现风险的发展趋势，方便风险管理者考虑采取怎样的风险控制措施。

新冠肺炎疫情暴发后，上海市建立了基于 ArcGIS 的新冠肺炎地图，能够直观反映上海市新冠肺炎疫情的空间分布特点，它不仅能向用户展示疫情现状特征，还能揭示一定周期内疫情动态变化的发展规律[③]。而 WebGIS 也作为地理空间数据发布和应用平台，促进空间数据的共享和互操作的实现，目前基于 WebGIS 的风险沟通工具有 WebRiskCity、Barcelonn@ 和 Historic@ 等，它们使用一个公共的免费开源环境和数据库管理系统，在风险管理中发挥重要作用[④]。

地理信息数据与其他数据的结合将地理空间技术转化为强大的追踪、储存及分析个人信息的工具。然而恰恰是因为地理空间技术的追踪、数据整合、数据分析的能力，使之比其他技术更具有隐私风险，这在一定程度上影响了公众对地理空间技术的接受与使用。

---

① Lahr J. , Kooistra L. Environmental Risk Mapping of Pollutants：State of the Art and Communication Aspects [J]. *Science of the Total Environment*，2010，408（18）：3899 – 3907.

② Mills J. W. , Curtis A. Geospatial Approaches for Disease Risk Communication in Marginalized Communities [J]. *Progress in Community Health Partnerships：Research，Education，and Action*，2008，2（1）：61 – 72.

③ 侯超：《基于 ArcGIS 和 CorelDraw 的上海市新冠肺炎疫情专题地图编制方法研究》，载于《现代测绘》2020 年第 3 期。

④ Frigerio S. , Kappes M. , Blahut J. , et al. The Use of Geo-information and Modern Visualization Tools for Risk Communication，2014：383 – 407.

(三) 社交媒体工具

数字技术的发展正在改变网络通信框架以及风险沟通方式，人们越来越多地使用社交媒体进行风险沟通。社交媒体是基于用户关系的内容生成与交换平台，允许人们撰写、分享、评价、讨论、相互沟通，当前的社交媒体工具包括社交网站、微博、微信、博客、论坛等。社交媒体比其他通信媒体更具有及时性、灵活性，可以作为表达思想，信息和观点的低成本或免费论坛①。当重大突发事件发生时，社交媒体提供了一个向利益相关者传达紧急信息的有效渠道②，由于其具备用户生产内容、广泛多对多参与等功能，为公共安全事件防控风险沟通带来了新的可能。使用社交媒体进行风险沟通，不仅沟通速度更快，沟通范围更大，更重要的是，能够面向大量受众进行即时响应并随时得到反馈③。

社交媒体之所以被用于风险沟通，是因为它具备作为一个沟通工具该有的特征，具体包括：(1) 参与，社交媒体可以激发感兴趣的人主动地贡献和反馈，它模糊了媒体和受众之间的界限；(2) 公开，大部分的社交媒体都可以免费参与其中，他们鼓励人们评论、反馈和分享信息；(3) 对话，传统的媒体采取的是"输出"的形式，内容由媒体向用户传播，单向流动，而社交媒体的优势在于，内容在媒体和用户之间双向传播；(4) 社区化，在社交媒体中，人们可以很快地形成一个虚拟社区，并以摄影或者电视剧等共同感兴趣的内容为话题，进行充分的交流；(5) 连通性，大部分的社交媒体都具有强大的连通性，通过链接，将多种媒体融合到一起④。

然而，社交媒体是否能真正发挥作用，关键还在于当政府启动风险沟通的社交媒体新工具时，公众对其的接受程度及使用意图⑤。有学者认为可用性和安全性是工具采用的主要激励因素，但用户的技术能力、风险认知和对政府的信任等

---

① Veil S. R., Buehner T., Palenchar M. J. A Work-in-process Literature Review: Incorporating Social Media in Risk and Crisis Communication [J]. *Journal of Contingencies and Crisis Management*, 2011, 19 (2): 110 – 122.

② Strekalova Y. A., Krieger J. L. Beyond Words: Amplification of Cancer Risk Communication on Social Media [J]. *Journal of Health Communication*, 2017, 22 (10): 849 – 857.

③ 牛春华、江志欣：《重大公共安全事件防控的风险沟通：整合框架与可能路径》，载于《兰州大学学报（社会科学版）》2020 年第 2 期。

④ 社交媒体有哪些，http://www.wwiki.cn/wiki/181042.htm。

⑤ Slade E. L., Dwivedi Y. K., Piercy N. C., et al. Modeling Consumers' Adoption Intentions of Remote Mobile Payments in the United Kingdom: Extending UTAUT with Innovativeness, Risk, and Trust [J]. *Psychology & Marketing*, 2015, 32 (8): 860 – 873.

也是社交媒体被采用的驱动力[1]，其中，对政府信息的信任会通过绩效期望和付出期望值直接或间接地影响人们对社交媒体工具的接受程度。除此之外，对社交媒体能力的认可会导致更高的绩效预期，付出预期和便利条件，这些随后都有助于人们接受社交媒体工具，进一步影响了使用该工具的意图和积极推荐的可能性[2]。

被公众广泛接受并持续使用的社交媒体在重大公共安全事件风险沟通中发挥了重要作用。它不仅能修复政府部门及其他相关组织的声誉，并促进二次风险沟通，通过发布预防措施改善公众的风险应对行为[3]，还能通过塑造风险认知来影响公众预防态度[4]。比如在台风海燕中菲律宾使用 Facebook 等进行初始信息共享并持续更新，有效促进风险沟通，并认为有必要在非紧急情况建立维护官方社交媒体，建立粉丝基础，开发和测试评估机制以跟踪发布内容和干预措施的有效性[5]。除此之外，丁香医生作为健康传播领域的标志性垂直新媒体，在新冠肺炎疫情中发挥了其独特的影响力。它以"有温度、有知识、有态度。丁香医生，新一代大众健康品牌"为宗旨，目前全网粉丝量超过 3 500 万，常年位居健康榜榜首。其因板块设置覆盖范围广（疫情地图、实时播报、辟谣曝谣、疾病知识及订阅疫情动态）、数据来源精准权威（数据来源于国家卫健委、各省市区卫健委、各省市区政府、港澳台等官方渠道）、传达信息可视化等特点，在此次疫情中获得了媒体网友的一致好评[6]。

众多研究以及实践表明社交媒体工具可用于提高人们对灾害风险的认识并加强对灾害风险的公众教育[7]，但社交媒体工具在风险沟通实践中还存在一些问题。其一，政府并未适应社交媒体风险沟通的对话性质，社交媒体的使用仍然是官方

① Wirtz B. W. , Piehler R , Daiser P. E – government Portal Characteristics and Individual Appeal: An Examination of E – government and Citizen Acceptance in the Context of Local Administration Portals [J]. *Journal of Nonprofit & Public Sector Marketing*, 2015, 27 (1): 70 – 98.

② Park H. , Lee T. Adoption of E-government Applications for Public Health Risk Communication: Government Trust and Social Media Competence as Primary Drivers [J]. *Journal of Health Communication*, 2018, 23 (8): 712 – 723.

③ Schultz F. , Utz S. , Göritz A. Is the Medium the Message? Perceptions of and Reactions to Crisis Communication via Twitter, Blogs and Traditional Media [J]. *Public Relations Review*, 2011, 37 (1): 20 – 27.

④ Zeballos Rivas D. R. , Lopez Jaldin M. L. , Nina Canaviri B, et al. Social Media Exposure, Risk Perception, Preventive Behaviors and Attitudes During the COVID – 19 Epidemic in La Paz, Bolivia: A Cross Sectional Study [J]. *PloS One*, 2021, 16 (1): e0245859.

⑤ Cool C. T. , Claravall M. C. , Hall J. L. , et al. Social Media as a Risk Communication Tool Following Typhoon Haiyan [J]. *Western Pacific Surveillance and Response Journal: WPSAR*, 2015, 6 (Suppl 1): 86.

⑥ 甘小芳：《突发公共卫生事件中垂直领域新媒体影响力探究——以丁香医生"新冠肺炎全球疫情地图上线"内容为例》，载于《西部广播电视》2020 年第 6 期。

⑦ Mavrodieva A. V. , Shaw R. Social Media in Disaster Management [J]. *Media and Disaster Risk Reduction: Advances, Challenges and Potentials*, 2021: 55 – 73.

风险沟通的薄弱环节。无论是埃博拉疫情风险沟通中的挪威和英国政府，还是面对洪水灾害的奥地利政府等，都没有将社交媒体作为首要的风险沟通渠道①。其二，社交媒体源源不断的信息流会带来信息过载现象，在个体情绪处于紧张、忧虑、焦虑的状态时，大规模、密集、不间断地接收信息会增加个体的心理健康风险甚至产生信息压力。而且部分群体可能通过使用社交媒体来创建和传播自己的影响力，这样一来就分散了信息的传播权，甚至有可能减少官方控制，导致无法有效遏制错误信息或谣言的传播②③

（四）沟通和评估结合的工具

在风险来临时，无论是决策者还是普通公众，都希望了解风险事件相关的信息，风险事件特征、区域分布、预防措施与事件的损失评估、影响后果等信息对利益相关者来说同样至关重要。为了满足不同用户的需求，研发者开发功能更强大的工具，比如风险灾害地图，它是按照一定的数学基础，用特定的图示符号和颜色将空间范围内行为主体对客观事物认识的不确定性所导致的结果的概率进行表达的过程，即利用地图直观地表达环境中风险信息的工具④⑤，它可以将风险沟通和风险评估功能结合起来，既能满足公众的信息获取需求，也能帮助决策者进行风险评估⑥。

目前，风险灾害地图在环境风险中得到了广泛应用。由于现代科技的迅猛发展与广泛应用，加速了工业社会向风险社会演进的步伐，因人类行为和自制技术而形成的环境风险，与人类社会千百年来曾经面临的传统风险相比，其具有不可预测性、后果延展性、大灾难的可能性和全球性等特征，在内容、规模、性质和程度等方面都发生了根本性变化，从而对传统的社会系统和社会秩序构成前所未有的挑战⑦。

---

① 牛春华、江志欣：《重大公共安全事件防控的风险沟通：整合框架与可能路径》，载于《兰州大学学报（社会科学版）》2020年第2期。

② Veil S. R., Buehner T., Palenchar M. J. A Work-in-process Literature Review: Incorporating Social Media in Risk and Crisis Communication [J]. *Journal of Contingencies and Crisis Management*, 2011, 19 (2): 110 – 122.

③ Waters R. D., Burnett E., Lamm A., et al. Engaging Stakeholders Through Social Networking: How Nonprofit Organizations are Using Facebook [J]. *Public Relations Review*, 2009, 35 (2): 102 – 106.

④ 苗天宝：《面向城市应急管理的风险地图研究》，兰州大学硕士学位论文，2010年。

⑤ 风险地图，https://wiki.mbalib.com/wiki/%E9%A3%8E%E9%99%A9%E5%9C%B0%E5%9B%BE。

⑥ 贺桂珍、吕永龙：《风险地图——环境风险管理的有效新工具》，载于《生态毒理学报》2012年第1期。

⑦ 章楚加：《环境风险规制中的民意困局及其破解》，载于《中南大学学报（社会科学版）》2021年第1期。

数据驱动的公共安全风险治理

由于人们越来越暴露于环境风险中，其对经济、社会、生态等都产生了不可估量的损失，而环境风险管理不仅需要同公众进行风险沟通，还需要通过环境风险评估来制定策略。风险灾害地图就恰逢其时，它最重要的两种用途就是分析和沟通，不但可以帮助风险分析专家和科学家探讨风险空间特征，而且还能就复杂的风险评价结果与公众进行交流沟通①。

在重大公共安全事件中发挥重要作用的风险灾害地图不仅要简单易懂，布局清晰，利用鲜明的色彩对比以及图文结合的方式来产生情感影响，提高可读性，还需要为目标人群提供针对性服务，对于普通公众来说，一个简单的具有实时信息的可用的地图服务似乎就足够了。但对于专家来说，更需要一个复杂的、高互动性的工具来进行进一步的数据处理②。

目前在线地图工具的发展允许基于 web 访问各种各样的风险地图和地图应用程序。除了传统的静态地图在 web 上显示外，更先进的应用程序可以制作交互式地图，用户可以自己从在线数据库中选择、查看和生成感兴趣的具体地图③。

风险灾害地图在洪水风险管理中发挥了显著作用。近年来，随着强台风、强降水等事件的增多增强，河流洪水泛滥、堤防溃决、城市内涝、山洪泥石流等灾害频发，洪灾损失严重④。使用洪水灾害图预测易发洪水地区的位置对于改善城市规划至关重要⑤，洪水风险图所展现的洪水风险信息是防汛应急预案编制的技术支撑依据，特别是洪水淹没范围及避险转移信息，可以快速有效地指导汛期受灾群众安全撤离到避险安置场所⑥。比如英国伍斯特市在 2004 ~ 2008 年经历了多次暴雨事件，他们就制定了洪水灾害图来评估洪水风险，向用户传达不同频率洪水的淹没水深、时间以及水流流速、流向等信息，从而提高公众对洪水风险的认识，进行有效的预防⑦。

———————————

① 贺桂珍、吕永龙：《风险地图——环境风险管理的有效新工具》，载于《生态毒理学报》2012 年第 1 期。

② Hagemeier – Klose M. ，Wagner K. . Evaluation of Flood Hazard Maps in Print and Web Mapping Services as Information Tools in Flood Risk Communication [J]. *Natural Hazards and Earth System Sciences*，2009，9（2）：563 – 574.

③ Lahr J. ，Kooistra L. Environmental Risk Mapping of Pollutants：State of the Art and Communication Aspects [J]. *Science of the Total Environment*，2010，408（18）：3899 – 3907.

④⑥ 殷丹、丁立国、任聘：《洪水风险图在辽宁台安县应急预案编制中的应用》，载于《中国防汛抗旱》2019 年第 12 期。

⑤ Büchele B. ，Kreibich H. ，Kron A. ，et al. Flood-risk Mapping：Contributions towards an Enhanced Assessment of Extreme Events and Associated Risks [J]. *Natural Hazards and Earth System Sciences*，2006，6（4）：485 – 503.

⑦ Visser F. Rapid Mapping of Urban Development from Historic Ordnance Survey Maps：An Application for Pluvial Flood Risk in Worcester [J]. *Journal of Maps*，2014，10（2）：276 – 288.

第三节 数据驱动公共安全风险沟通策略

一、公共安全风险沟通策略的制定步骤

风险沟通是一个过程，而不是一种噱头或技术。其中影响沟通过程的因素，例如个人如何感知风险和风险信息是进行风险沟通需要关注的重要方面，关注风险沟通过程而不仅仅是关注风险本身可能是成功的风险沟通最重要的考虑因素之一。因此，桑托斯（Susan L. Santos）指出要制定有效的公共安全风险沟通策略需要遵循以下步骤：确定沟通目标；识别受众及其关注点；了解公众的风险感知；进行情景分析；设计并测试风险沟通信息；选择合适的沟通工具和渠道[①]。

（一）确定沟通目标

针对不同的公共安全事件以及同一事件的不同阶段，公众的关注点和信息需求会有所差异，因此风险沟通可以有不同的目标[②]，而风险沟通的策略也需要随之改变。常见的风险沟通的目标包括[③]：（1）进行教育和提供信息（Education and Information），对公众进行知识普及和教育，让个人意识到特定的危险，以目标群体能注意到并能记住的方式提供信息。（2）提高公众理解（Improving Public Understanding），促进公众对公共安全事件的正确认识与理解，改变公众面对风险不恰当的态度。说服性沟通模型假设态度的改变依赖于知识的获得，获得的知识水平取决于个人的参与和需求。（3）行为改变和保护行动（Behavior Change and Protective Action），促使公众改变不恰当的行为并采取正确适当的保护行动。（4）组织规定的目标（Organizationally Mandated Goals），如提高组织信誉，提高公众对政府的信任。（5）完成法律规定的目标或过程目标（Legally Mandated or Process Goal），例如，《工人知情权法》具体规定，要向工人通报工作中存在的健康风险[④]。（6）共同解决问题和解决冲突（Joint Problem Solving and Conflict

---

①③ Santos, Sasan L. Developing a Risk Communication Strategy [J]. *American Water Works Association*, 1990, 82（11）：45 – 49.

② 牛春华、江志欣：《重大公共安全事件防控的风险沟通：整合框架与可能路径》，载于《兰州大学学报（社会科学版）》2020 年第 2 期。

④ Baker F. Risk Communication about Environmental Hazards [J]. *Journal of Public Health Policy*, 1990, 11（3）：341 – 359.

Resolution），与公众共同解决问题，缓解组织与公众之间或公众内部的矛盾。

（二）识别受众及其关注点

1. 识别风险沟通的受众

为了确保沟通是双向的，应该把更多的注意力放在受众身上，这意味着首先要识别利益相关者，确定风险沟通的对象，并为这些人提供参与沟通的机会。因此有必要了解风险可能影响的人和这些人所属的类别。具体需要回答以下问题[①]：（1）有多少人可能受到风险的影响？（2）受影响人群的类型有哪些，例如儿童、老人、男性、女性？（3）各类群体占潜在受影响人口的比例是多少？（4）风险是否会对不同的群体产生不同的后果？

2. 确定受众的关注点和担忧

个人和团体希望分享的关切事项和信息往往各不相同。为了有效沟通，必须在风险信息传递之前了解公众关注的问题。尽管受众关注的问题因情况而异，但可以对它们进行大体的分类，切斯（C. Chess）等[②]将受众的关注分为以下四类。

第一类：对健康和生活方式的关注。在任何风险情况下，人们首先想知道公共安全事件对自己和家庭有什么影响。桑托斯（S. L. Santos）将此描述为"这对我意味着什么"系列问题，包括公众身心健康是否受到影响和生活方式是否需要改变等，风险沟通信息必须明确地描述和回应这些问题[③]。

第二类：对数据和信息的关注。人们对数据和信息的关注通常涉及以下几个方面：（1）风险评估的技术基础和不确定性，例如，风险评估是否正确？有没有选取正确的参数？（2）与公共安全事件相关的风险信息与专业知识，例如风险大小、影响范围、受灾情况等。（3）对事件进行深入认知和指导正确保护行为的专业知识。风险沟通时应该积极主动公布公众需求的风险信息和专业知识。

第三类：对过程的关注。人们对过程的关注涉及政府或负责机构在应对风险时如何作出决策，以及沟通如何发生。例如谁来决策，公众如何获知信息等。在这些问题上，信任和可信性很重要，因此，政府应该将风险沟通过程透明化，风险沟通信息中应明确决策主体、沟通过程。

第四类：对风险管理的关注。在这个方面，公众最关心风险是否能被有效地

---

① Smillie L., Blissett A. A Model for Developing Risk Communication Strategy [J]. *Journal of Risk Research*, 2010, 13（1）：115-134.

② Chess C., Hance B. J., Sandman P M. *Planning Dialogue with Communities：A Risk Communication Workbook* [M]. Environmental Communication Research Program，1989.

③ Santos S. L. Developing a Risk Communication Strategy [J]. *Journal-American Water Works Association*，1990，82（11）：45-49.

减轻、避免或减少，为此，公众通常会参考相关机构和组织在作出决策和应对风险情况时的过往记录。因此风险沟通信息应该包含对风险管理过程详细的描述，并明确回答风险管理相关问题。

有多种技术可用于了解受众信息需求和关注，包括进行采访、书面或电话调查、小型非正式社区小组会议和焦点小组等，也可以通过对已有的公众投票信息、新闻报道和公众留言等进行分析来获取。

（三）了解公众风险感知

除有效倾听公众的关注与担忧外，还必须了解公众如何看待风险和风险信息。有的时候，公众对风险的看法与专家或政府对风险的感知截然不同。不同的风险特征会影响公众的风险感知。

（1）自愿风险或非自愿风险。自愿风险（Voluntary Risk）是人们在了解可能的后果的情况下选择承担的风险，例如吸烟或开车时不系安全带，而非自愿风险（Involuntary Risk）是在不知道风险及后果的情况下被动承担的风险，如在不知情的情况下饮用受污染的水[1]。人们对自愿风险和非自愿风险的感知存在很大差异[2]，公众通常认为自愿风险比非自愿风险危险程度要小，对于非自愿风险往往将其归于更高的风险级别。

自愿风险与非自愿风险在现实中的界限可能并不是那么分明，例如，大多数主动吸烟者知道吸烟有害健康但很少有人对摄入多少尼古丁会导致香烟成瘾并不了解，因此对于吸烟到底属于自愿风险还是非自愿风险人们存在不同的看法[3]，所以有必要弄明白[4]：①人们认为风险是自愿的还是非自愿的？②不同群体对某一风险是自愿或非自愿的看法是否有所不同？③人们是在多大程度上自愿接受风险的？

（2）个人可控风险或个人不可控风险（Controlled by the Individual）。人们倾向于认为他们不能控制的风险更具有威胁性。例如，当水源中含有污染物时，无论其浓度是否合规，这一风险都被认为超出了个人的控制范围，特别是在饮用水领域。如果公众觉得政府或相关机构能够控制这一风险而他们对此没有话语权时，愤怒情绪会增加，感知的风险威胁程度会增大，从而更加难以接受该风险。因此，在风险沟通过程中有必要建立一种机制，使得公众能够更多地参与个人不可控风险的决策[5]。

（3）公平风险或不公平风险。风险的公平性也是人们感知风险的重要关注

---

①④⑤　Smillie L. , Blissett A. A Model for Developing Risk Communication Strategy ［J］. *Journal of Risk Research*, 2010, 13 (1): 115 - 134.

②　Starr C. Social Benefit Versus Technological Risk: What is Our Society Willing to Pay for Safety? ［J］. *Science*, 1969, 165 (3899): 1232 - 1238.

③　Slovic P. The Perception of Risk ［J］. *Risk Society & Policy*, 2000, 69 (3): 112 - 112.

点，承担风险的不同会使人们产生不公平心态，通常公平的风险比不公平的风险更容易被接受①。例如在选择危险废物回收路径时就会出现风险的不公平分配的问题，危险废物经过路段附近的人会承担更大的风险，因此在进行风险沟通时需要重点关注这一部分的人群②。

（4）信息来源可信的风险或信息来源不可信的风险。个人对风险的看法通常取决于他们对相关组织和风险信息来源的信任程度。来自值得信任来源的信息比来自不值得信任的来源的信息更容易被接受③。政府机构可以通过与外部可靠来源合作来提高可信度，这些来源可以帮助政府机构向公众传达信息。

（5）自然风险或技术风险④。相对于技术风险，人们经常把自然风险造成的伤害归因于命运⑤⑥。因此，人们对自然灾害的风险感知往往低于对技术灾害的风险感知⑦。对于技术风险需要进一步明确：①人们是否因为某技术存在风险而不可接受？例如，转基因食品已被充分证明更能抵抗虫害和疾病，但许多人因为食用转基因食品的长期影响尚未得到证实而不可接受它。②人们会忽略相关风险而使用该技术吗？例如，人们可能对新的食品加工技术持谨慎态度，他们不了解微波炉的工作原理，但因为这是一种快速而有效的烹饪方法而乐于使用微波炉。③对于造成风险的技术有没有可接受的替代方案？

（6）陌生风险或熟悉风险。陌生风险比熟悉风险的风险程度更大。例如，家庭清洁剂的风险程度似乎比制造它们的化学工厂风险程度小。此外，比起熟悉的风险（如家庭事故），公众更关心不熟悉的风险（如臭氧层的损耗）⑧。

（7）确定性风险或不确定性风险。与那些不确定或未知的风险相比公众通常认为更确定或已知的风险不那么严重，而且更容易接受⑨。对于科学家无法确定的风险公众认为其风险程度更高，在这种情况下，公众倾向于谨慎行事。因此，进行风险沟通时必须承认风险存在不确定性的方面，并且需要谨慎地沟通不确定性风险信息。

---

① Baker F. Risk Communication about Environmental Hazards ［J］. *Journal of Public Health Policy*，1990，11（3）：341－359.

② 胡佳、赵佳虹、胡鹏：《考虑风险公平性的无能力约束条件下危险废物回收路径优化问题》，载于《交通运输工程与信息学报》2014年第1期。

③⑧⑨ Baker F. Risk Communication about Environmental Hazards ［J］. *Journal of Public Health Policy*，1990，11（3）：341－359.

④ Smillie L.，Blissett A. A Model for Developing Risk Communication Strategy ［J］. *Journal of Risk Research*，2010，13（1）：115－134.

⑤ Renn O. Perception of Risks ［J］. *Geneva Papers on Risk & Insurance Issues & Practice*，2004，149（1－3）：405－413.

⑥ Loefstedt R. E.，Perri. What Environmental and Technological Risk Communication Research and Health Risk Research can Learn from Each Other ［J］. *Journal of Risk Research*，2008，11（1－2）：141－167.

⑦ Renn O.，Klinke A. Systemic Risks：A New Challenge for Risk Management ［J］. *EMBO Reports*，2004，5（1S）：S41－S46.

379

（8）可检测风险或不可检测风险。公众对无法检测到的风险的恐惧超过了那些可以检测到的风险。一般情况下可以量化检测的风险对公众来说更容易接受，风险程度更小。

（9）恐惧风险或不恐惧风险。人们恐惧的风险似乎比那些不恐惧的风险更严重。例如，尽管有毒的致癌物和导致肺气肿的化学物质都可能引起致命的疾病，但人们认为前者更危险，更难以接受。因此风险沟通要认识到并承认这种恐惧，同时对相关的风险加以区分（例如致癌效应与非致癌效应），以便人们能够理解重大风险和不太重大风险之间的区别。

（10）污名化风险或未污名化风险[①]。对风险的感知受到人们对类似过去事件的记忆的影响，这可能扭曲他们对未来事件可能是什么的印象[②]。罗宾·格里高利（R. Gregory）等指出一旦一个地方、技术或产品被污名化，就很难消除已附加的污名，也很难防止人们将新的相关风险与过去发生的类似难忘事件相比较[③]。因此对于很可能被污名化或已经与社会污名相联系的事件，在进行风险沟通时必须谨慎对待，需要明确：①风险是否已经被高度污名化？②污名化的风险是否与地点、技术或产品有关？③风险是否有可能被高度污名化，例如可能影响大众，可能吸引媒体密集报道，可能导致消费者回避？

（四）进行情景分析

该步骤是对风险沟通所处的情景进行分析，主要包括检查当前的媒体环境和文化环境，并确定关于风险的事实是否与科学共识相异[④]。

1. 历史上的类似风险

这个问题与上一步骤中所述的风险污名化有很大关系，过去的事件会影响个人对风险的看法，因此需要进一步分析，以了解这种影响。一般情况下不太可能出现一种历史上没有类似事件的风险，因为即使这种风险来自一种新技术，也可以与曾经是新奇的旧技术发展进行比较。阐明过去是如何接受风险的，可以让沟通者有一定的预见能力，设想当前类似的风险如何被感知，从而找到沟通的最佳方式。对此需要明确：（1）风险/类似风险是否曾在过去被告知？（2）过去目标受众是如何感知风险/类似风险的？（3）在风险/类似风险沟通后，是否有持久的遗留影响？（4）现在这种遗留影响还存在吗？

---

①④ Smillie L., Blissett A. A Model for Developing Risk Communication Strategy [J]. *Journal of Risk Research*, 2010, 13（1）: 115 – 134.

② Slovic P. Informing and Educating the Public About Risk [J]. *Risk Analysis*, 1986, 6（4）: 403 – 415.

③ Gregory R., Slovic P., Flynn J. Risk Perceptions, Stigma, and Health Policy [J]. *Health & Place*, 1996, 2（4）: 213 – 220.

2. 当前的媒体环境

媒体通过向公众传播有吸引力的信息，在与大众进行风险沟通方面起着直接作用。现在随着互联网的快速发展与普及，以推特、Facebook、微信、微博等社交媒体超级平台为基础的大众自传播已经成为社会信息的主导性传播机制①，当然传统媒体在传播风险信息方面的作用也不容小觑，电视、报纸等仍然是公众获取风险信息的重要渠道②③。当前的媒体环境和公众对媒体的信任都会影响公众的风险感知，从而影响风险沟通的效果④。

因此在分析当前的媒体环境时需要明确：（1）现有的传播风险信息的媒体有哪些？（2）媒体在风险沟通中的角色和作用？（3）通过媒体传播的信息的真伪性如何？（4）公众使用最多最信任的媒体来源是什么？（5）现在媒体环境中传播交流的与风险相关的信息如何（是否存在夸大风险或掩饰太平的现象）？（6）公众是如何看待这些信息的？

3. 当前的文化环境

根据霍夫斯泰德（G. Hofstede）文化维度理论，衡量人们价值观的六个维度包括权力距离、不确定性的规避、个人主义/集体主义、男性化与女性化、长期取向与短期取向、自身放纵与约束⑤。这里主要从权力距离、不确定性的规避、男性化与女性化这三个维度来分析当前的文化环境：

（1）单向沟通或双向沟通。

在不同文化中，当权者和非当权者之间的关系存在着差异，这就是所谓的权力距离关系。霍夫斯泰德⑥将权力距离定义为"一个国家内机构和组织中权力较弱的成员期望和接受权力分配不平等的程度"。

在风险沟通的背景下，权力距离可能与那些掌握风险信息的人和那些想要获得风险的人有关。在权力距离关系较小的文化中，人们希望平等地分享信息，以允许他们对感知到的风险进行解释和形成自己的判断。相反，在权力距离关系较大的文化中，人们尊重信息的分享是不平等的，不太倾向于与传播者进一步互动⑦。

---

① 方兴东、谷潇、徐忠良：《"信疫"（Infodemic）的根源，规律及治理对策——新技术背景下国际信息传播秩序的失控与重建》，载于《新闻与写作》2020 年第 6 期。

② 周萍人：《消费者对转基因食品健康风险与生态风险认知实证研究》，载于《华中农业大学学报（社会科学版）》2012 年第 1 期。

③ 殷俊、胡登全、邓若伊：《我国受众风险感知情况及对策研究——基于媒介使用的视角》，载于《现代传播（中国传媒大学学报）》2014 年第 3 期。

④ L. J. Frewer, et al. What Determines Trust in Information About Food – Related Risks? Underlying Psychological Constructs [J]. *Risk Analysis*, 1996, 16（4）: 473 – 486.

⑤ 王玥：《霍夫斯泰德的文化维度理论解读》，载于《世纪桥》2012 年第 1 期。

⑥⑦ Hofsted, Gert Jan, et al. *Cultures and Organizations: Software of the Mind* [M]. New York: McGraw – Hill, 1991.

了解权力距离关系有助于选择风险沟通的方式。在权力距离关系较小的文化中，沟通策略应鼓励公众和传播者之间的互动，例如热线电话、网站和在线论坛，提供从许多来源获得的广泛领域的信息，从这些信息中可以形成个人对风险感知的判断。在权力距离关系较大的文化中，应将重点放在信息的传播者上，风险沟通应该围绕着信息的具体呈现而发展，包括信息对受众意味着什么，受众可能如何受到影响等重要事实。

沟通者需要确定他们交流的对象是多元文化人群还是单一文化人群。然后，沟通者必须确定与他们交流的人群的以下特征：第一，公众对沟通者的信任程度如何？例如，即使沟通者声明某类食品安全没有风险，公众是否仍然很担忧食品安全问题，食品销量是否仍会下降。第二，在文化地位较高和较低的个体之间的沟通差距有多大？例如，专家与公众的风险感知差距有多大，专家沟通的风险信息是否可被大众接受。第三，在当前文化中公众对信息沟通的主动性如何？例如，公众在信息发布后是否主动联系沟通者，是否愿意主动参加相关的讨论小组。第四，在当前文化中，信息沟通的互动程度如何？例如，是否使用了网络论坛、电话热线和博客进行风险沟通，是否实现了利益相关者（政府、管理者、专家与公众）之间的双向沟通和信息互动。

（2）不确定性的接受或回避。

在不同的文化中，对于不确定性的不同处理可能会对优化风险沟通产生很大的影响，因为风险的核心是不确定性。对不确定性的规避反映了社会成员试图通过最小化不确定性来应对焦虑的程度①。对于风险沟通，在高度规避不确定性的文化中人们可能会更关注风险可能发生的时间尺度和有关风险本质的详细信息，而在不确定性规避程度较低的文化中人们可以接受新的概念和变化，他们将更关注可以采取哪些预防措施来保护自己和预防风险的信息。

沟通者需要确定他们交流的对象是多元文化人群还是单一文化人群。然后，沟通者必须确定与他们交流的人群的以下特征：第一，在当前文化中，公众的情感反应如何？例如群众示威或网上请愿等事件有多普遍。第二，在当前文化中，公众在信息沟通方面积极主动程度如何？例如在宣布潜在的食品安全风险后，产品销量是否立即下降。第三，在当前文化中，公众对于沟通信息的好奇程度如何？风险报告是否经常围绕事件发生的原因/方式，而不是如何解决和预防风险。

（3）男性化或女性化的社会价值观。

在不同的文化中，人们对于主动做出或被迫做出与风险相结合的选择可能会

---

① Hofsted, Gert Jan, et al. *Cultures and Organizations: Software of the Mind* [M]. New York: McGraw-Hill, 1991.

数据驱动的公共安全风险治理

有不同的看法，相较于前者，人们对后者的风险感知程度更高，这可以在男性和女性价值观中得到体现。在更男性化的文化中，人们普遍认为人们应该为自己的行为负责，例如如果他们很穷，他们必须更努力地工作，而更女性化的文化中则认为社会应该对个人负责，例如如果他们很穷，他们可能会认为是他们运气不好或是社会不公①。因此，在风险感知的背景下，更男性化的文化可能有较低的风险感知水平，人们似乎可以自己采取行动或决定来避免风险，而在更女性化的文化中，人们的风险感知水平较高，因为他们认为有些人无法帮助自己避免风险。

因此在更男性化的文化中，风险沟通的重点应该是风险发生在"你"身上的概率，以及人们可以采取哪些预防措施/行动来帮助和保护自己；而在更女性化的文化中，风险沟通应围绕"社会内部的个体"发生风险的可能性以及人们可以采取哪些预防措施/采取行动来帮助和保护他人以及自己的方式②。

沟通者需要确定他们交流的对象是多元文化人群还是单一文化人群。然后，沟通者必须确定与他们交流的人群的以下特征：第一，社会阶层之间是否存在强烈的偏见？第二，男女平等的状况如何？第三，拥有金钱等物质对人们有多重要？

4. 关于风险的事实是否与科学共识相异？

如果来自可靠来源的声明相互矛盾，甚至是来自同一来源的相互矛盾的声明，那么对风险的认知就更令人担忧。这表明了科学并不一定完全了解风险，因此存在无法回答的问题（不确定性）。就风险沟通而言，当察觉到与现有信念相矛盾的风险出现时，必须进行大量思考。关于风险的信息来源应进行彻底调查，以确定研究上的差异是什么，以及这些发现究竟如何与最初对风险的理解相矛盾。对于新的发现，需要进一步明确：（1）谁提出了新的风险发现？他们受人尊敬吗？他们先前的发现如何被接受？（2）新信息经过同行评审了吗？（3）该研究的局限性是什么（例如，小样本量，实验对象是动物而不是人类，时间限制)？（4）谁资助了这项研究？（5）原始研究小组的反应是什么？

（五）设计并测试风险沟通信息

1. 确定风险沟通信息的内容

风险沟通信息的内容除了需要回应第二步中提到的市民的担忧和关注外，还应包括有关组织及其可信度，风险及其影响，已纳入计划的预防措施，未知因素

---

① ②　Hofsted, Gert Jan, et al. *Cultures and Organizations*: *Software of the Mind* [M]. New York: McGraw - Hill, 1991.

和组织打算如何解释这些不确定性，公众参与等的事实信息。

2. 决定风险沟通信息的呈现形式

确定风险沟通信息的内容后需要明确如何声明或显示风险沟通信息。信息是书面的还是口头的？如果口头陈述，谁是沟通者？书面信息和口头陈述必须以可理解的形式向公众传递。许多风险分析师倾向于使用过于技术性或官僚主义的语言，这些语言可能适合于风险评估文件，也适合与其他专家讨论，但不适用于与公众沟通。科学家们倾向于描述与风险评估相关的所有不确定性的联系和限制，而这对试图弄清楚风险意味着什么的公众来说是难以理解的，因此沟通信息应该尽可能简单直接地呈现给公众。此外由于不同的受众有不同的关注点和理解水平，一个风险信息可能不适合所有受众，可能有必要就同一主题编写一系列信息，向不同的受众呈现不同的沟通信息。

3. 测试风险沟通信息

风险沟通信息的测试可以是正式的，例如通过使用焦点小组或公民咨询委员会，也可以是非正式的，例如通过在不知情的第三方上测试材料。在测试信息的过程中获取公众的反馈：它是否满足了信息需求？信息传达是否清晰？它是否解决了潜在的担忧？它是否会引起愤怒等情绪？回答了这些问题之后，就可以对初始信息设计进行修改并最终确定风险沟通信息。

（六）选择合适的风险沟通渠道和工具

最后必须确定"传达信息"的最佳方式。挑战在于为每个受众找到合适的沟通渠道，因为一个渠道可能不适合所有人。此外，渠道的选择可能会随着时间的推移而改变，即在不同的公共安全事件管理阶段依据风险沟通的不同侧重选择不同的沟通渠道[1]。

选择可以充分利用资源并同时满足总体目标的沟通渠道。例如，与邻居进行逐户访问可能被认为是接触目标受众的最佳方式，此外还可以选择给公民分发新闻，或在公民家中举行非正式社区会议，或正式的公众会议。在风险沟通受众较多且分布较广的情况下访问与会议可能在实现方面有困难，因此我们还可以选择电视、报纸等传统媒体和微博、微信、抖音等新兴社交媒体，针对更广泛的受众进行风险沟通。

选择与风险沟通渠道和风险沟通受众相匹配的沟通工具和活动。与公众进行风险沟通的工具包括使用小册子、信息包、时事通讯、录像带或幻灯片、广告、

---

[1] 牛春华、江志欣：《重大公共安全事件防控的风险沟通：整合框架与可能路径》，载于《兰州大学学报（社会科学版）》2020年第2期。

风险地图、事实说明和新闻稿等；沟通活动包括参观工厂、紧急情况演习、教育和信息讲习班、社区会议、服务小组介绍、学校的教育活动、新闻媒体（如广播和电视采访）等，有针对性地选择沟通工具，开展沟通活动以满足特定受众的需要是很重要的。

二、风险概率信息的沟通策略

在风险沟通中，政府部门不仅需要告知公众风险发生的后果，还需要让公众理解风险后果发生的概率。风险概率信息就是描述风险事件发生可能性的信息[①]。例如交警微博发布的风险提示："驾驶人边开车边发手机短信，发生交通事故的概率是正常驾驶时的 23 倍，驾驶人反应时间比正常情况下慢 35%"[②]。其中，"发生交通事故"描述的是后果，"23 倍"描述的是风险的发生概率。

与风险后果信息相比，概率信息更为抽象、晦涩，人们往往难以准确理解[③]。经常出现忽略概率信息或者高估、低估风险概率的情况，亦即产生概率估计偏差[④]。概率估计偏差影响了人们的风险决策，给风险沟通带来了极大的挑战。为此，研究者从不同学科视角出发[⑤⑥⑦]，讨论风险概率信息的沟通策略，以促进更加有效的风险沟通。其中，信息表达是进行沟通策略研究重要的视角之一，它旨在通过提高信息的可理解性，促使信息接收方进行合理决策[⑧]。研究人员已经发展了众多优化风险概率信息表达的方法和策略，但整体来看，一方面，现有的研究通常只关注风险概率信息沟通策略的某个单一方面，研究结果是零星、分散的。以风险概率信息图形化呈现研究为例，开尔格·加莱西奇（M. Galesic）和罗西奥·加西亚-雷塔梅罗（Rocio Garcia - Retamero）等研究了以图标阵列形式呈现概率信息对

① 刘赋樾：《概率信息的图文表征对风险规避的影响》，浙江师范大学硕士学位论文，2016 年。

② 甘肃省庆阳市公安局庆阳交警支队宁县大队：《驾驶人边开车边发手机短信时，发生交通事故的概率是正常驾驶时的 23 倍》，http://blog.sina.com.cn/s/blog_7fa8a3350102v6kr.html，2022 - 03 - 24。

③ Reyna V. F., Brainerd C. J. Fuzzy-trace Theory: An Interim Synthesis [J]. *Learning and Individual Differences*, 1995, 7 (1): 1 - 75.

④ 孙庆洲、邬青渊、张静等：《风险决策的概率权重偏差：心理机制与优化策略》，载于《心理科学进展》2019 年第 5 期。

⑤ Athey S. Beyond Prediction: Using Big Data for Policy Problems [J]. *Science*, 2017, 355 (6324): 483 - 485.

⑥ Walker V. R. Direct Inference, Probability, and a Conceptual Gulf in Risk Communication [J]. *Risk Analysis*, 1995, 15 (5): 603 - 609.

⑦ Visschers V. H., Meertens R. M., Passchier W. W., et al. Probability Information in Risk Communication: A Review of the Research Literature [J]. *Risk Analysis: An International Journal*, 2009, 29 (2): 267 - 287.

⑧ Lipkus I. M., Hollands J. G. The Visual Communication of Risk [J]. *JNCI Monographs*, 1999 (25): 149 - 163.

385

公众信息理解的影响①，德布鲁因（W. B. De Bruin）和斯通（E. R. Stone）② 以及李（D. H. Lee）和梅塔（M. D. Mehta）③ 等则探索了以条形图或风险阶梯形式呈现概率信息的作用。虽然这些学者们的研究都是从图形化呈现风险概率信息的角度入手，但是采用的具体呈现方式却大相径庭，很少有研究从多个角度进行系统性分析；另一方面，现有的研究结论还存在一定程度上的分歧。例如，有学者发现，医生向患者传达服用药物产生副作用的发生概率时，倾向于采用语言概率（Verbal Linguistic）的形式，这更符合人们的日常用语习惯④；但有学者则认为，不同个体对语言概率信息的理解方式差异很大，应避免单独使用语言形式表征的概率⑤。上述这些问题的存在，给在实践中有效地应用风险概率信息沟通策略带来了严重的障碍。

本书从信息表达视角出发，回顾国内外学者在风险概率信息沟通方面的研究，基于循证系统评价法对面向公众的风险概率信息沟通策略进行证据整合。

（一）数据来源与方法

利用主题检索表达式：（主题＝风险）AND（主题＝概率）AND（主题＝沟通）在中国知网、维普、万方中文数据库进行检索，利用主题检索表达式：（Topic = risk）AND（Topic = probability）AND（Topic = communication）在 Web of Science、EBSCO host、Elsevier（Science Direct）等英文数据库进行检索的同时，还在国际灰色文献数据库 Open Grey 中进行了补充检索。初检共得到 4 461 篇文献，其中中文 634 篇，英文 3 827 篇，去除重复后，总计检得 4 092 篇。最终纳入 57 篇中英文文献，纳入研究的基本情况见附录，筛选流程及结果见图 8 – 2。

在确定了最终纳入的文献之后，按照学者戴维·卡特（David Card）、约亨·克鲁夫（Jochen Kluve）和安德烈亚·韦伯（Andrea Weber）的建议进行文献基

---

① Galesic M. , Garcia – Retamero R. , Gigerenzer G. Using Icon Arrays to Communicate Medical Risks: Overcoming Low Numeracy [J]. *Health Psychology*, 2009, 28 (2): 210 – 216.

② De Bruin W. B. , Stone E. R. , Gibson J. M. , et al. The Effect of Communication Design and Recipients' Numeracy on Responses to UXO Risk [J]. *Journal of Risk Research*, 2013, 16 (8): 981 – 1004.

③ Lee D. H. , Mehta M. D. . Evaluation of a Visual Risk Communication Tool: Effects on Knowledge and Perception of Blood Transfusion Risk [J]. *Transfusion*, 2003, 43 (6): 779 – 787.

④ Juanchich M. , Sirota M. Most Family Physicians Report Communicating the Risks of Adverse Drug Reactions in Words (vs. numbers) [J]. *Applied Cognitive Psychology*, 2020, 34 (2): 526 – 534.

⑤ Kunneman M. , Stiggelbout A. M. , Pieterse A. H. Do Clinicians Convey What They Intend? Lay Interpretation of Verbal Risk Labels Used in Decision Encounters [J]. *Patient Education and Counseling*, 2020, 103 (2): 418 – 422.

本特征的编码和录入[①]。首先，对纳入文献进行"逐行编译"，把握原始研究中的核心观点与关键信息，并初步归类，为进一步的总结描述奠定基础。其次，利用"三级诠释"提炼主题，即：经过阐释和提炼研究结果，形成三级描述性主题（Descriptive Themes），继而发展成为二级分析性主题（Analytical Themes）和一级分析性主题。

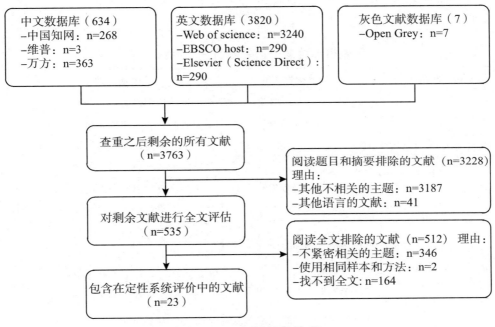

图 8 - 2　文献筛选流程

（二）风险概率信息沟通策略的证据综合

运用 Nvivo 11 质性资料分析软件对 57 篇原始研究进行了三级描述性主题的编码（创建自由节点），这一过程中，涌现了 11 个与风险概率信息沟通策略相关的节点。在此基础上，进行二级分析性主题的编码（创建树节点），获得了"呈现准确的数字概率""灵活使用视觉辅助支持工具""使用提示提高信息可评估性""提高概率信息的个体相关性""选择汇报概率的损益参照点"5 个节点。进一步形成一级编码，获得了"风险概率信息形式方面的沟通策略"和"风险概率信息内容方面的沟通策略"2 个一级分析性主题（见表 8 - 2）。

---

① Card D.，Kluve J.，Weber A. Active Labour Market Policy Evaluations：A Meta-analysis［J］. *The Economic Journal*，2010，120（548）：F452 - F477.

1. 风险概率信息表达形式方面的沟通策略

风险概率信息表达形式方面的沟通策略主要包括呈现准确的数字概率和灵活使用视觉辅助支持工具。

（1）呈现准确的数字概率。

呈现准确的数字概率包含的三级描述性主题有"避免单独使用语言形式概率""使用频率格式而非概率格式""使用绝对风险而非相对风险"（见表8-2）。具体阐释如下：

表8-2　　　　　　　风险概率信息沟通策略的三级主题诠释

一级分析性主题	二级分析性主题	三级描述性主题
风险概率信息表达形式方面沟通策略	呈现准确的数字概率	避免单独使用语言形式的概率
		使用频率格式而非概率格式
		使用绝对风险而非相对风险
	灵活使用视觉辅助支持工具	单风险呈现时使用图标阵列
		多风险比较时使用条形图或风险阶梯
		使用放大视图突出前景信息
风险概率信息呈现内容方面沟通策略	提供线索提高信息可评估性	为风险概率信息提供星级提示
		有序排列不同的风险概率信息
	提高概率信息的个体相关性	将概率信息与特定人群相结合
		使用亲切易接受的表达视角
	选择汇报概率的损益参照点	把损失作为参照点汇报概率

①避免单独使用语言形式的概率。

由于风险评估中可能存在数据的缺失、不够精确以及收集偏见等问题，在利用语言（Verbal、Linguistic）描述风险概率时，经常会用到"可能""大概""或许"等词语[1]。但由于认知差异，不同的主体对于语言概率的理解往往大相径庭，极易造成误读[2]。

为此，学者们试图将语言概率转译为数字（Numerical）概率（例如百分比），亦即将不确定的程度进行明确的量化。基于这一需求，反映语言概率和数

---

[1]　张力伟、李慧杰：《循证方法的情报分析研究进展及其对有效风险沟通的借鉴》，载于《情报杂志》2020年第5期。

[2]　Berry D. C., Hochhauser M. Verbal Labels can Triple Perceived Risk in Clinical Trials [J]. *Drug Information Journal*, 2006, 40（3）：249-258.

字概率对应关系的标准化词典应运而生①。同时，学者西尔佳·雷诺伊（S. Renooh）和西苏亚·威特曼（C. Witteman）也发现，经常使用的语言（Verbal、Linguistic）概率跟实际的概率数值（Numerical）之间有一定的对应关系，由此建立了概率标杆，这与标准化词典有异曲同工之妙②。但国内学者认为要将国外开发的标准化词典应用于我国，还需要考虑本土化的问题，例如中外语言的区别、不同群体的用语习惯以及具体的应用场景，对国外的标准化词典通过实证的方式进行修正③。

②使用频率格式而非概率格式。

我们通常认为外行人不能很好地理解概率，但有证据表明，专家也存在类似的问题。戈什（A. K Ghosh）等发现，当以概率格式显示信息时，接受调查的95%的医务人员对妇女患乳腺癌的可能性给出了错误的估计④。研究人员建议，可以通过改变概率的表述方式来改进这一情况。乌尔里希·霍夫拉格（U. Hoffrage）等的研究表明，当以自然频率格式来表示信息（例如"100名患者中有6名患者"，而不是"6%的患病率"）时，高级医学生对疾病可能性的估计要好于以百分比概率表示的信息⑤。这主要是因为自然频率比百分比更容易理解，能简化计算和减轻负担，更重要的是，自然频率还给出了明确定义的参考类别⑥。例如，对"明天下雨的可能性为30%"人们可能会有不同的理解。例如，一天时间的30%会下雨，30%的地区会下雨或有30%的可能性会下雨。之所以会有形形色色的理解，就是上述表述没有指定概率的参考类别，而频率格式则自动指定了参考类别。

③使用绝对风险而非相对风险。

某一事件的发生概率，既可以用绝对风险的形式来表示，又可以用相对风险的形式来表示。绝对风险（Absolute Risk）指的是在指定时间段内发生的概率，常用百分比表示。例如居住在美国的妇女一生中罹患乳腺癌的绝对风险是12.4%。相对风险（Relative Risk）也称为风险比（Risk Ratio）指的是行为主体将该风险与另一

---

① Dhami M. K. Towards an Evidence-based Approach to Communicating Uncertainty in Intelligence Analysis [J]. *Intelligence and National Security*, 2018, 33 (2): 257 – 272.

② Renooij S., Witteman C. Talking Probabilities: Communicating Probabilistic Information with Words and Numbers [J]. *International Journal of Approximate Reasoning*, 1999, 22 (3): 169 – 194.

③ 张力伟、李慧杰：《循证方法的情报分析研究进展及其对有效风险沟通的借鉴》，载于《情报杂志》2020 年第 5 期。

④ Ghosh A. K., Ghosh K. Translating Evidence-based Information into Effective Risk Communication: Current Challenges and Opportunities [J]. *Journal of Laboratory and Clinical Medicine*, 2005, 145 (4): 171 – 180.

⑤ Hoffrage U., Lindsey S., Hertwig R., et al. Communicating Statistical Information [J]. *Science*, 2000, 290 (5500): 2261 – 2262.

⑥ Gigerenzer G., Edwards A. Simple Tools for Understanding Risks: From Innumeracy to Insight [J]. *BMJ*, 2003, 327 (7417): 741 – 744.

风险发生的概率进行比较的结果，常用倍数表示。例如家族成员中有过乳腺癌患病史的女性罹患癌症的风险是家族成员中没有过乳腺癌患病史的女性的 10 倍。尽管相对风险确实提供了一些关于风险的信息，但是它并没有说清楚发生的实际概率。

李萌和钱皎月等在研究生存概率的不同表达对大学生及病人用药方案决策的影响时发现，当以相对死亡率下降的方式来表述风险概率信息时，新方案的优势会被放大，受试者倾向于对新药物给予更积极的评价，而当以绝对死亡率下降的方式来表述风险概率信息时，受试者对新方案的评价内容和决策倾向偏差最小[①]。1995 年10 月英国发生的避孕药恐慌事件与此类似，当时英国药品安全委员会发出警告，表明服用第三代避孕药的人群产生致命血凝块的风险是服用第二代避孕药人群的两倍，这一信息以上述相对风险概率形式传递给民众后，引起了广泛的恐慌和焦虑，绝大多数妇女立即停止服药，结果导致了大量的意外怀孕和流产。但事实上，每 7 000 名服用第二代避孕药的妇女中，约有 1 名形成血凝块，而每 7 000名服用第三代避孕药的妇女中，约有 2 名形成血凝块。也就是说，绝对风险只增加了 1/7 000，但相对风险却增加了一倍[②]。可见，正如安吉拉·法格琳（Angela Fagerlin）和齐克蒙德－费舍尔（B. J. Zikmund－Fisher）等指出的，绝对风险概率通常很小，但是相对风险表述却往往看起来很大，相对风险信息的这种特点可能会不恰当地让人们夸大风险[③]。

（2）灵活使用视觉辅助支持工具。

灵活使用视觉辅助支持工具包含的三级描述性主题有"单风险呈现时使用图标阵列""多风险比较时使用条形图或风险阶梯""使用放大视图突出前景信息"（见表 8 - 2）。具体阐释如下：

①单风险呈现时使用图标阵列。

图标阵列（Icon Array，Pictograhs，Image Matrix）是由 100 个或 1 000 个图标组成的矩阵，图标的不同颜色或式样，用以区分不同群体是否受到风险影响[④]。图 8 - 3 所示的图标阵列代表的是：平均每 100 个人中，服用某种新型药物治疗疾病不产生副作用的有 73 人，产生轻微副作用的有 23 人，产生严重副作用的有4 人。从一般意义来讲，白色的人物图标代表没有受到风险影响的群体，灰色和

---

① 李萌、钱皎月、郎红娟等：《生存概率不同信息框架对大学生及病人用药方案决策的影响》，载于《护理学报》2012 年第 23 期。

② Furedi A. The Public Health Implications of the 1995 'pill scare' [J]. *Human Reproduction Update*，1999，5（6）：621 - 626.

③ Fagerlin A.，Zikmund - Fisher B. J.，Ubel P. A.，et al. Helping Patients Decide：Ten Steps to Better Risk Communication [J]. *JNCI: Journal of the National Cancer Institute*，2011，103（19）：1436 - 1443.

④ Galesic M.，Garcia - Retamero R.，Gigerenzer G. Using Icon Arrays to Communicate Medical Risks：Overcoming Low Numeracy [J]. *Health Psychology*，2009，28（2）：210 - 216.

黑色的人物图标代表受到风险影响的群体。

总体而言，图标阵列具有简单直观、表达精确和扩展性强的特点，无论风险沟通对象有没有受过教育，都可以从图标阵列中获得需要的信息[1]。非常适合于呈现单个风险事件的概率，但不适合于比较多个风险事件的概率。

在具体使用图标阵列进行风险概率信息沟通时，应注意以下几点：第一，与竖直排列的图标阵列相比，观看水平排列的图标阵列的受试者风险概率估计更加准确；第二，为图标阵列中受到和没有受到风险影响的人物图标填充相应的底色，可以更好地反映局部和总体的比例关系，同时，可显著加快人们的识图响应速度[2]；第三，现实生活中的风险概率信息常常是一个区间范围（例如服用某种药物发生口干的概率是 5% ~ 8%），可考虑将区间范围用渐变颜色的人物图标来表示，并配以文字解释[3]；第四，最好使用顺序排列的图标阵列，随机排列的图标阵列很容易使人们高估风险[4]。

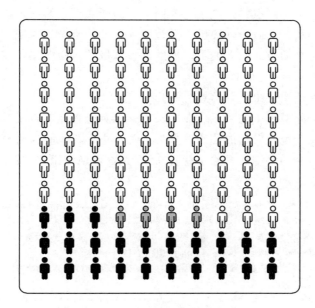

图 8 - 3　图标阵列示例

①　夏春：《图标阵列：一种医疗风险沟通的新工具》，载于《医学与哲学（B）》2015 年第 10 期。

②　Price M., Cameron R., Butow P. Communicating Risk Information: The Influence of Graphical Display Format on Quantitative Information Perception—Accuracy, Comprehension and Preferences [J]. *Patient Education and Counseling*, 2007, 69 (1 - 3): 121 - 128.

③　Raphael D., Russell N., Immink J. et al. Risk Communication in a Patient Decision Aid for Radiotherapy in Breast Cancer: How to Deal with Uncertainty? [J]. *The Breast*, 2020, 51: 105 - 113.

④　Ancker J. S., Weber E. U., Kukafka R. Effect of Arrangement of Stick Figures on Estimates of Proportion in Risk Graphics [J]. *Medical Decision Making*, 2011, 31 (1): 143 - 150.

②多风险比较时使用条形图或风险阶梯。

条形图是一种十分常见的图形化信息表达方式，适用于显示多风险事件概率之间的比较①。沙皮拉（M. M. Schapira）②、汤志伟和韩啸③以及卡尔蒂克·戈什（K. Ghosh）等④的研究均证实了这一点。他们发现将风险数字概率信息替换为条形图，有利于直观地比较风险概率的大小，提高风险感知的准确性，从而做出理性的选择。

风险阶梯（Risk Ladder/Scale）的通常做法是，将所要沟通的目标风险事件概率与其他人们相对熟悉的风险事件概率相比较，以帮助公众感知目标风险事件概率的大小⑤⑥。以图 8 - 4 为例⑦，该风险阶梯示例展示了不同氡暴露水平下人们的癌症死亡风险概率信息。因为大多数人对氡及其计量单位并不熟悉，因此，该风险阶梯借助同等水平的吸烟量导致的癌症死亡风险概率来帮助公众理解相应的氡暴露水平导致的癌症死亡风险概率。该图的第一列展示了不同的氡暴露水平，第二列对应展示了不同氡暴露水平下人们的癌症死亡率，第三列展示了与氡暴露相应水平的吸烟量，最后一列提供了对策建议。总的来说，风险阶梯是一个比较不同风险概率的有用格式，人们可以借助熟悉领域的风险概率信息来认知不熟悉领域的风险概率信息⑧。

③使用放大视图突出前景信息。

前景和背景起源于摄影领域。在镜头中，离观众视点较近的称为前景；位于画面深处、离观众视点较远的称为背景⑨。对于风险概率信息而言，例如"服用某种新型药物，平均每 100 个人中就有 32 个人发生副作用"，确实受到风险影响

---

① Visschers V. H. M. , Meertens R. M. , Passchier W. W. F. , et al. Probability Information in Risk Communication：A Review of the Research Literature ［J］. *Risk Analysis* 2009, 29（2）：267 - 287.

② Schapira M. M. , Nattinger A. B. , Mcauliffe T. L. The Influence of Graphic Format on Breast Cancer Risk Communication ［J］. *Journal of Health Communication*, 2006, 11（6）：569 - 582.

③ 汤志伟、韩啸、李洁：《信息外部表征形式对个体决策框架效应的影响研究》，载于《情报杂志》2015 年第 3 期。

④ Ghosh K. , Crawford B. J. , Pruthi S. , et al. Frequency Format Diagram and Probability Chart for Breast Cancer Risk Communication：A Prospective, Randomized Trial ［J］. *BMC Women's Health*, 2008, 8：1 - 8.

⑤ Berry D. Risk, *Communication and Health Psychology* ［M］. McGraw - Hill Education, 2004.

⑥ Connelly N. A. , Knuth B. A. Evaluating Risk Communication：Examining Target Audience Perceptions about Four Presentation Formats for Fish Consumption Health Advisory Information ［J］. *Risk Analysis*, 1998, 18（5）：649 - 659.

⑦ PROTECT Benefit - Risk. Introduction to Risk Ladders and Risk Scales, https：//protectbenefitrisk. eu/riskladders. html.

⑧ Visschers V. H. M. , Meertens R. M. , Passchier W. W. F. , et al. Probability Information in Risk Communication：A Review of the Research Literature ［J］. *Risk Analysis* 2009, 29（2）：267 - 287.

⑨ 百度百科：《背景前景后景》，https：//baike. baidu. com/item/% E8% 83% 8C% E6% 99% AF% E5% 89% 8D% E6% 99% AF% E5% 90% 8E% E6% 99% AF/12612047？fr = aladdin.

不同氡暴露水平下人们的癌症死亡风险概率			
氡暴露水平 （pCi/L）	癌症死亡率 （x in 1 000）	与氡暴露相应 水平的吸烟量	对策与建议
100	500 in 1 000	每天10包烟	从高到非常高的氡暴露水平
40	200 in 1 000		
20	100 in 1 000	每天2包烟	从中等到高的氡暴露水平
10	50 in 1 000		
4	20 in 1 000	每天8支烟	当氡暴露水平超过4pCi/L时，建议您有意识地去降低氡暴露水平。
2	10 in 1 000		从低到中等的氡暴露水平
1	5 in 1 000	每天2支烟	
0.5	2.5 in 1 000		从非常低到低的氡暴露水平
0.1	0.5 in 1 000		

图 8-4　风险阶梯示例

资料来源：PROTECT Benefit - Risk. Introduction to Risk Ladders and Risk Scales，https：//protectbenefitrisk. eu/riskladders. html.

的 32 个人（也就是分子）就是前景信息，而背景信息就是潜在受到风险影响的全部 100 个人（也就是分母）。放大视图则指的是突出显示前景信息。一些研究者在此基础上提出了"前景：背景突显效应"，该效应通常指的是概率信息图形化呈现会通过突显前景信息（实际受风险影响人群）把个体的注意力聚焦在前景信息上，从而容易忽略背景信息（所有潜在受风险影响人群），这意味着突显前景的风险概率图形会使个体表现出更高的风险回避行为[1]。张秋棠的研究证明了这一点（见图 8-5），她在探索某种改良牙膏降低牙龈患病风险的程度时，通过

---

[1]　李晓明、和平、刘林英：《风险回避行为中的"红色图形效应"》，载于《心理科学进展》2016 年第 3 期。

突出显示和对比标准牙膏和改良牙膏在每年中减少的患严重牙龈疾病人数的绝对值，彰显了改良牙膏的效果，从而导致人们给予改良牙膏更好的积极评价和更高的愿付价格①。

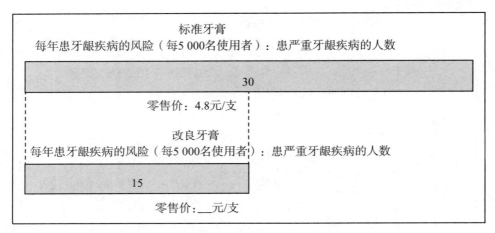

图 8 - 5　放大视图示例

资料来源：张秋棠：《信息的外部表征方式对风险回避行为的影响研究》，湖南师范大学博士学位论文，2011 年。

2. 风险概率信息呈现内容方面的沟通策略

风险概率信息呈现内容方面的沟通策略主要包括提供线索提高信息可评估性、提高概率信息的个体相关性和选择汇报概率的损益参照点。

（1）提供线索提高信息可评估性。

根据赫西（C. K. Hsee）和蔡（C. I. Tsai）的定义，风险概率信息的可评估性（Evaluability）是指人们主观上对于风险事件的发生概率进行独立量化估计的难易程度②。对于一些较为陌生的领域，即使人们在一些基础水平上了解对方所传达的数字概率信息（例如医生告知患者服用某种药物可能会增加 2% 的中风风险），但是人们可能并没有真正地理解它（患者并不清楚"增加的 2% 的中风风险"到底有多严重）③。当人们只知道风险概率信息"是什么"，而不知道它"意味着什么"的时候，就说明这种信息缺乏可评估性，并且很难在人们实

---

① 张秋棠：《信息的外部表征方式对风险回避行为的影响研究》，湖南师范大学博士学位论文，2011 年。

② Hsee C. K., Tsai C. I. Hedonomics in Consumer Behavior [J]. *Handbook of Consumer Psychology*, 2008, 4：639 - 58.

③ Hibbard J. H., Peters E. Supporting Informed Consumer Health Care Decisions：Data Presentation Approaches that Facilitate the Use of Information in Choice [J]. *Annual Review of Public Health*, 2003, 24：413 - 433.

际风险决策时得到应有的重视和考虑。可以通过"为风险概率信息提供星级提示"以及"有序排列不同的风险概率信息"等方式帮助公众进行概率信息的评估（见表 8 - 2）。

①为风险概率信息提供星级提示。

赫西（C. K. Hsee）的可评估性假设指出，对某客体的单独评估通常更容易受到容易评估的属性的影响，而不是最重要的属性的影响[1]。举例来看，在选择就诊医院的时候，很多人强调医护人员的态度、设施的外观等对衡量医疗水平次要的因素，因为对于普通公众来说，医疗团队的技术能力基本无法衡量。所以，以上这些相对容易估计和衡量的因素反而在他们的决策中起到了更大的作用[2]。具体到风险沟通领域，风险概率信息晦涩难懂，相较于结果信息更不容易评估，因此行为主体作出的风险决策可能常常不能很好地赋予风险概率信息应有的考虑权重。增加信息可评估性的一种方法是使用星级提示来帮助公众理解风险概率信息的真实意涵[3]。专业人士可根据自身的知识和经验，为所传达的风险概率信息标以不同的星级提示帮助普通公众判断风险概率信息究竟意味着什么（仍以上述中风风险为例，医生为"增加的 2% 的中风风险"标以三颗星，意味着有很高的可能性会发生中风情况，需谨慎考虑）。

②有序排列不同的风险概率信息。

使信息更具可评估性的另一种方法是从低到高地有序排列不同的风险概率信息[4]。赫西（C. K. Hsee）曾在他的研究中进行过这样一组实验：为受试者提供两份冰激凌，第一份使用的是容量为 10 盎司的纸杯，里面装了 8 盎司冰激凌，纸杯上面还空出一部分；第二份使用的是容量为 5 盎司的纸杯，里面装了 7 盎司冰激凌，纸杯上面还溢出一部分（见图 8 - 6）。当受试者对两杯冰激凌的分量分别进行评估时，通常会认为第二份冰激凌分量更足，并愿意给出更高的愿付价格。这是因为直观地从视觉角度来看，第二份冰激凌溢过纸杯，而第一份冰激凌未满纸杯，单独衡量时，受试者很难对两份冰激凌各自的真实分量形成准确的认识。但当受试者将两杯冰激凌放在一起进行评估时，则会发现第一份冰激凌的分量其实更足。这是因为当两杯冰激凌放在一起时，刚刚很难衡量的真实分量可以进行直接比较，也为"Less is Better"只有在对对象进行单独评估时才会发生，而在

① Hsee C. K. Less is Better：When Low-value Options are Valued More Highly than High-value Options［J］. *Journal of Behavioral Decision Making*，1998，11（2）：107 - 121.

② Chen Chen：《如何决策：可评估性对决策的影响》，https：//zhuanlan. zhihu. com/p/81795005.

③④ Hibbard J. H.，Slovic P.，Peters E.，et al. Strategies for Reporting Health Plan Performance Information to Consumers：Evidence from Controlled Studies［J］. *Health Services Research*，2002，37（2）：291 - 313.

并置两种对象时结果会发生逆转①。风险概率信息的沟通亦是如此，当人们单独评估某个事件的风险概率大小时，很难对这一重要属性形成准确的认识，但当多个风险事件的概率同时呈现且有序排列时，概率这一属性的可评估性便提高了，人们可以通过简单直观地比较不同的概率大小来感知目标风险事件发生的可能性。

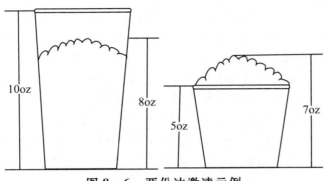

图 8 - 6　两份冰激凌示例

资料来源：Hsee C. K. Less is Better：When Low Value Options are Valued More Highly than High-value Options［J］. *Journal of Behavioral Decision Making*，1998，11（2）：107 - 121.

（2）提高概率信息的个体相关性。

提高概率信息的个体相关性包含的三级描述性主题有"将概率信息与特定人群结合"和"使用亲切易接受的表达视角"（见表 8 - 2）。具体阐释如下：

①将概率信息与特定人群相结合。

风险管理者通常情况下更加关注群体的特征，在进行风险沟通时，他们传达的往往是群体统计层面的风险概率信息②。但普通公众既关注群体风险，又关注个人风险，因此常常试图根据群体统计层面的风险概率信息来推断出涉及个体的结论③。例如，当公众获知"通过空气飞沫感染某种呼吸道疾病的概率是 45%"时，人们更想知道的是，这一风险概率信息对自身及周边人群的适用性如何。因此，风险管理者有必要尽可能根据不同地区不同人群的需求提供实用性强的信息，以避免不必要的公众集体性恐慌和焦虑④。弗罗曼斯（R. D. Vromans）和波乌斯（S. C. Pauws）等发现，在医疗健康领域，患者电

① Hsee C. K. The Evaluability Hypothesis：An Explanation for Preference Reversals Between Joint and Separate Evaluations of Alternatives［J］. *Organizational Behavior and Human Decision Processes*，1996，67（3）：247 - 257.

②③ Walker V. R. Direct Inference，Probability，and a Conceptual Gulf in Risk Communication［J］. *Risk Analysis*，1995，15（5）：603 - 609.

④ Freudenburg W. R. Perceived Risk，Real Risk：Social Science and the Art of Probabilistic Risk Assessment ［J］. *Science*，1988，242（4875）：44 - 49.

子病例档案的使用和大量患者身体状况监测数据的增加，使医生不仅能够汇报基于一般性人群计算得到的采取不同治疗方案发生副作用的概率，也能够根据不同患者的年龄、性别和肿瘤分期提供关于患者采取不同治疗方案发生副作用的概率。显然，后者具有更好的个体相关性[①]。

②使用亲切易接受的表达视角。

有学者认为，采用第二人称的角度进行风险概率信息沟通，在无形之中拉近了风险管理者和普通公众的距离，相当于将普通公众置于对话交流的现场中，能够加速普通公众的融入[②]。第二人称的使用，其实是对沟通主体的尊重[③]。但同时，如果把握不当，则会疑似是对人们的刻意说服和劝导[④]，很容易引发受众的不满，起到适得其反的效果[⑤]。

（3）选择汇报概率的损益参照点。

选择汇报概率的损益参照点包含的三级描述性主题是"把损失作为参照点汇报概率"（见表8－2）。具体阐释如下：

政府相关部门在向普通公众沟通风险概率信息时，既可以用"损失"为参照点来汇报概率，也可以用"收益"为参照点来汇报概率。查普曼（A. R. Chapman）和爱德华·利顿（Edward Litton）指出，当风险概率信息的参照点是以"死亡"而不是"生存"来阐释时，人们的风险感知水平会显著增加[⑥]。例如，当以降低"死亡率"的形式与被试沟通时，被试倾向于对新药物给予积极评价，但是以提高"生存率"的形式与被试沟通时，被试倾向于对新药物给予消极评价[⑦]。这可能是由于"死亡"通常被人们感知为更加严重，因此以降低"死亡率"形式报告的新药物被人们认为更加有效，而以提高"生存率"形式报告的新药物疗效却很难引起人们的警醒，认为服药与否皆可。张彤的研究进一步证实

---

① Vromans R. D., Pauws S. C., Bol N., et al. Communicating Tailored Risk Information of Cancer Treatment Side Effects：Only Words or Also Numbers? ［J］. *BMC Medical Informatics and Decision Making*，2020，20：1 – 12.

② Reamer D. "Risk = Probability × Consequences"：Probability, Uncertainty, and the Nuclear Regulatory Commission's Evolving Risk Communication Rhetoric ［J］. *Technical Communication Quarterly*，2015，24（4）：349 – 373.

③⑤ 陈化、黄钰桃：《知情同意临床实践的实证研究：第二人称视角》，载于《中国医学伦理学》2020 年第 8 期。

④ Schapira M. M., Nattinger A. B., Mchorney C. A. Frequency or Probability? a Qualitative Study of Risk Communication Formats Used in Health Care ［J］. *Medical Decision Making*，2001，21（6）：459 – 467.

⑥ Chapman A. R., Litton E., Chamberlain J., et al. The Effect of Prognostic Data Presentation Format on Perceived Risk among Surrogate Decision Makers of Critically Ill Patients：A Randomized Comparative Trial ［J］. *Journal of Critical Care*，2015，30（2）：231 – 235.

⑦ 李萌、钱皎月、郎红娟等：《生存概率不同信息框架对大学生及病人用药方案决策的影响》，载于《护理学报》2012 年第 23 期。

了这一观点，她在研究中发现，带有情绪性的信息会吸引个体的注意，尤其是带有消极性情绪的信息（例如以损失为参照点汇报的概率：死亡率）会更容易引起个体的注意[1]。肖恩·杨（S. Young）和奥本海默（D. M. Oppenheier）进一步指出，政府相关部门以损失为参照点汇报概率等同于鼓励普通公众进行风险规避[2]，能够促使人们积极参与风险规避行为。

综上，政府相关部门风险概率沟通策略对普通公众信息感知影响的逻辑模型如图8-7所示。

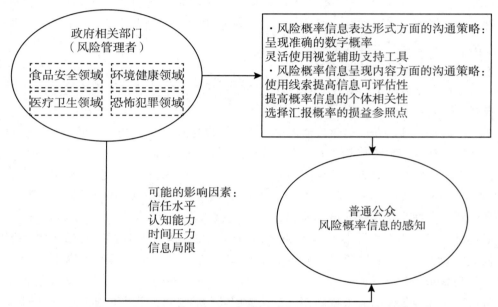

图 8 - 7　风险概率沟通策略对普通公众信息感知影响的逻辑模型

三、不确定性风险信息的沟通策略

人们在风险沟通中普遍不喜欢模棱两可[3]，因此，必须尽可能提供确定性，帮助人们为未来做好准备，减少不确定性带来的焦虑。然而，强烈的风险否定

① 张彤：《积极情绪对个体注意的影响》，河北大学博士学位论文，2016年。

② Young S. , Oppenheimer D. M. Effect of Communication Strategy on Personal Risk Perception and Treatment Adherence Intentions [J]. *Psychology Health & Medicine*，2009，14（4）：430 – 442.

③ Han P. K. , Zikmund – Fisher B. J. , Duarte C. W. , et al. Communication of Scientific Uncertainty about a Novelpandemic Health Hhreat：Ambiguity Aversion and its Mechanisms [J]. *Journal of Health Communication*，2018，23（5）：435 – 444.

（例如，"绝对安全"）可能会适得其反，导致人们变得更加规避风险[①]。就其本质而言，风险本身也包含着不确定性，因此，我们不仅需要对风险进行沟通，还需要沟通不确定性，不要让人产生确定性的幻想，因为这可能会导致公众信任缺失[②]。

不确定性会极大地影响人们的感知，例如，根据世界卫生组织的资料，季节性流感每年导致多达 65 万人死亡，但大多数人可能并不认为流感是一种严重的疾病[③]。更重要的是，如果不确定信息被排除在重要沟通渠道之外，可能会导致这些零散信息不能被及时汇总并进行更加有效的分析，从而大大降低了决策的准确性和及时性[④]。

随着风险状况的复杂性加剧，我们面对着越来越多的不确定性信息。例如，在环境健康领域，科学家们所提到的不确定风险，就有至少 6 种不同的情况[⑤]：（1）不确定某种物质（Agent）的固有属性，即该物质是否具有危险性？（2）不确定危险的属性。（3）不确定不良影响的属性。（4）不确定某物质与不良影响之间的关系。例如，某些科学文献或媒体中将某些影响和可疑的危险联系起来，但是没有其他科学证据将特定的物质和这种不良影响联系起来。（5）不确定实际的暴露水平。（6）不良影响的根源。例如，几个具有相同疾病症状的患者在某一地区住院，但不知道是什么因素（如病原体或化学物质暴露）导致了这些症状。在重大公共安全事件中，这些不确定风险信息大量存在，往往难以在短期内消除其不确定性。因此，应该有效进行不确定性沟通，不断提高风险管理水平。

面对错综复杂的不确定性信息，不确定性沟通需要遵循以下原则：不确定性应该被承认和沟通，信息越是不确定，越是需要沟通，从而避免虚假信息和谣言；不确定性可以用文字、数字或图形等表达形式报告，在某些情况下，同时使用这些形式可能更有效；当描述不确定性时，要注意措辞的框架效应，将受众的"消极厌恶"和"损失厌恶"考虑进去；在沟通不确定性时，必须保持口径一致，有信誉的发言人应以诚恳、开放和同情的态度向公众传达信息；可以采用传

---

① Betsch C. , Sachse K. Debunking Vaccination Myths: Strong Risk Negations Can Increase Perceived Vaccination Risks [J]. *Health Psychology*, 2013, 32 (2): 146.

② Hyland – Wood B. , Gardner J. , Leask J. , et al. Toward Effective Government Communication Strategies in the Era of COVID – 19 [J]. *Humanities and Social Sciences Communications*, 2021, 8 (1): 1 – 11.

③ 世界卫生组织：《流感：我们准备好了吗？》，https://www.who.int/zh/influenza/spotlight。

④ 牛春华、江志欣：《重大公共安全事件防控的风险沟通：整合框架与可能路径》，载于《兰州大学学报（社会科学版）》2020 年第 2 期。

⑤ Jansen T. , Claassen L. , Van Kamp I. , et al. Understanding of the Concept of 'Uncertain risk'. A Qualitative Study Among Different Societal Groups [J]. *Journal of Risk Research*, 2019, 22 (5): 658 – 672.

统媒体和社交媒体结合的方式沟通不确定性①。

长期以来，关于如何在实践中将不确定性纳入风险沟通仍然存在许多没有解决的问题。这些问题包括：哪些不确定性需要传达，要使用哪种格式，何时沟通，谁参与，什么目的等，尽管这些问题很重要，但实证研究尚未为解决这些问题提供清晰和足够的支持②。多伊尔（E. E. Doyle）等为了找到有效沟通不确定性的方法，对大量相关研究进行了梳理，在最终纳入分析的文献中，有至少 1/3 的文献都强调区分不确定性的类型并对其进行系统分类是不确定性沟通的有效策略之一③。

在实践中，理解不确定性的不同维度有助于识别、阐明和优先处理关键的不确定性，这是在决策支持工作中更充分地承认和处理不确定性的关键一步④。然而建立统一的分类表是不大可能的，但有必要在公共安全事件风险沟通的参与方之间，例如领域专家和政策制定者之间，开发出一个适当的类目体系，以便他们能够更好地理解和沟通不确定性，从而支持相关决策⑤。目前最常用的识别不确定性类别的方法有不确定性矩阵、谱系矩阵以及不确定风险性质分类法。

（一）不确定性矩阵

不确定性矩阵作为对不确定性的各个维度进行分类和报告的启发式工具，包含了不确定性的各个层面，即背景（Location）、等级、性质，这为分析师之间以及他们与决策者和利益相关者之间更好地沟通提供了一个概念框架。理解不确定性的各个方面有助于识别、阐明关键不确定性，并对其进行优先排序，这是在决策支持中更充分地承认和处理不确定性以及对复杂的、内在不确定性的政策问题进行更集中研究的关键步骤。通过填写矩阵，可以明确不确定性产生的背景、目前处于什么等级，以及它的性质是什么，会发现在任何地点发生的不确定性的程度和性质可以同时以各种形式表现出来⑥。

---

① Paek H - J, Hove T. Communicating Uncertainties During the COVID - 19 Outbreak [J]. *Health Communication*, 2020, 35 (14): 1729 - 1731.

②⑤ 牛春华、江志欣：《重大公共安全事件防控的风险沟通：整合框架与可能路径》，载于《兰州大学学报（社会科学版）》2020 年第 2 期。

③ Doyle E. E., Johnston D. M., Smith R., et al. Communicating Model Uncertainty for Natural Hazards: A Qualitative Systematic Thematic Review [J]. *International Journal of Disaster Risk Reduction*, 2019, 33: 449 - 476.

④⑥ Walker W. E., Harremoës P., Rotmans J., et al. Defining Uncertainty: A Conceptual Basis for Uncertainty Management in Model-based Decision Support [J]. *Integrated Assessment*, 2003, 4 (1): 5 - 17.

（二）谱系矩阵

当分析人员对充满不确定性的突发事件进行科学评估时，他们必须做出许多假设。这不可避免地在一定程度上涉及分析人员的主观判断。谱系矩阵允许分析人员/同行和利益相关者根据这几个标准，对每个关键假设进行评分，来识别、审查假设的潜在价值。评估标准有：（1）情境限制，假设的选择可能会受到情境限制的影响，例如数据、金钱、时间、软件、工具、硬件和人力资源的可用性限制。（2）合理性，大多数情况下都可以对假设的合理性进行评估。（3）选择空间，在某些情况下，分析师别无选择，只能做一些假设。但大多数情况下，可以使用几种替代方法。通常，较大的选择空间为分析师的认知偏好留出了更多空间。（4）同行共识，分析人员根据自己对该问题的了解作出假设，可以通过讨论来避免不同分析人员的偏差。（5）利益相关者共识，利益相关者虽然大多不积极参与评估，但如果要求他们做出评估，也可以选择其他假设。（6）对分析人员的观点和兴趣的敏感性，分析人员的认知偏好以及他们的文化、学科和个人背景可能会影响最终选择的假设。（7）对结果的影响，不仅要评估这些假设的潜在价值，而且要分析对评估结果的影响。在假设的审查过程中，需要进行小组讨论，通过公开的讨论来促进批判性审查，以便参与者纠正彼此的盲点并交换意见。谱系矩阵不仅可由分析人员与同行或利益相关者合作进行评估，也可由外部审查人员应用。评估中包括每个假设对最终结果的影响，解决影响力过大的有偏见的假设，可以改善当前的不确定性实践[①]。

（三）不确定风险性质分类法

风险评估过程按照不确定性的性质也可进行简单的分类[②]。不确定性可以被划分为：偶然发生的不确定性和认知不确定性。偶然发生的不确定性可能是由于某些固有的时空变化引起的，例如行为多样性、自然随机性[③]，它是一个量的内在变化，在给定随机过程的足够样本后，可以通过概率密度分布来表征数量变化，而认知不确定性是由于分析人员或审核人员等缺乏知识而产生的不确

---

① Kloprogge P. , Van Der Sluijs J. P. , Petersen A. C. A Method for the Analysis of Assumptions in Model-based Environmental Assessments [J]. *Environmental Modelling & Software*, 2011, 26 (3): 289 – 301.

② Roy C. J. , Oberkampf W. L. A Comprehensive Framework for Verification, Validation, and Uncertainty Quantification in Scientific Computing [J]. *Computer Methods in Applied Mechanics and Engineering*, 2011, 200 (25 – 28): 2131 – 2144.

③ Walker W. E. , Harremoës P. , Rotmans J. , et al. Defining Uncertainty: A Conceptual Basis for Uncertainty Management in Model-based Decision Support [J]. *Integrated Assessment*, 2003, 4 (1): 5 – 17.

定性。认知的缺乏可以来自对风险事件专业知识的不足，也可能是分析所用科学数据的欠缺。举例来说，小范围自来水被污染，由于认知有限性，科学家们也许难以确定是否存在威胁公众身体健康的风险①。这就导致决策者关于异常的判断既不完整、清晰，也缺乏科学的验证，甚至在某些方面是错误的。通过实验、改进数据、专家意见、物理建模等增加对风险的了解，便可以减少不确定性，如果在这方面继续投入大量的时间和资源，在原则上甚至可以消除认知不确定性。

对不确定信息进行分类对于公共安全事件防控的风险沟通至少有四个方面的好处。第一，便于减少由于领域之间的差异带来的沟通障碍②③；第二，避免在沟通中遗漏某些重要的不确定性，也便于确保优先沟通更为重要的类型④⑤。应该集中精力传达与那些特定决策需求有关的不确定性，而不是传达所有可能使沟通和决策过程不堪重负的不确定性⑥。第三，有助于尽快确定哪些不确定性是应该优先去验证，并尽可能地转化为更为确定的信息⑦。第四，便于确定特定不确定信息的传递对象。公共安全事件的风险沟通绝不是简单不加区分地信息公开，如果把不确定性信息不加选择地传递给那些不熟悉风险评估过程、不清楚不同类型不确定性信息作用的群体，就有可能导致误判⑧⑨。

---

① Powell M. , Dunwoody S. , Griffin R. , et al. Exploring Lay Uncertainty about an Environmental Health Risk [J]. *Public Understanding of Science*, 2007, 16（3）: 323 – 343.

② Sluijs J. P. V. D. , Petersen A. , Funtowicz S. *Reflective Approaches to Uncertainty Assessment and Communication* [M]//Lentsch J, Weingart P, editor. The Politics of Scientific Advice: Institutional Design for Quality Assurance, Cambridge. United Kingdom: Cambridge University Press, 2011: 259 – 269.

③ Daipha P. Weathering Risk: Uncertainty, Weather Forecasting, and Expertise [J]. *Sociology Compass*, 2012, 6（1）: 15 – 25.

④ Skeels M. , Lee B. , Smith G. , et al. Revealing Uncertainty for Information Visualization [J]. *Information Visualization*, 2010, 9（1）: 70 – 81.

⑤ Walker W. E. , Harremoës P. , Rotmans J. , et al. Defining Uncertainty: A Conceptual Basis for Uncertainty Management in Model-based Decision Support [J]. *Integrated Assessment*, 2003, 4（1）: 5 – 17.

⑥ Doyle E. E. , Johnston D. M. , Smith R, et al. Communicating Model Uncertainty for Natural Hazards: A Qualitative Systematic Thematic Review [J]. *International Journal of Disaster Risk Reduction*, 2019, 33: 449 – 476.

⑦ Ekström M. , Kuruppu N. , Wilby R. L. , et al. Examination of Climate Risk Using a Modified Uncertainty Matrix Framework—Applications in the Water Sector [J]. *Global Environmental Change*, 2013, 23（1）: 115 – 129.

⑧ Miles S. , Frewer L. J. Public Perception of Scientific Uncertainty in Relation to Food Hazards [J]. *Journal of Risk Research*, 2003, 6（3）: 267 – 283.

⑨ Wiedemann P. , Dipl. – Pädagog, Schütz H. , et al. Perception of Uncertainty and Communication About Unclear Risks [M]//Wiedemann P M, Dipl. – Pädagog, Schütz H, editor. The Role of Evidence in Risk Characterization: Making Sense of Conflicting Data. Weinheim: Wiley – VCH, 2008: 163 – 179.

四、谣言的沟通策略

公共安全事件的爆发通常伴随着谣言的滋生和传播①，网络环境的愈益复杂导致谣言以更快的速度向更广范围传播。监测和管理谣言的能力，被认为是评估风险沟通能力的重要指标②。对于谣言的管理，学者们从宏观层面讨论了相关的法律完善、制度建设和平台建设等问题，本书从微观的角度，总结国内外学者应对谣言的具体策略，为政府应对谣言提供参考，从而提高政府公共安全风险沟通的能力。

（一）针对信息来源采取的沟通策略

1. 强调信息来源的可信度

信息来源的可信度是谣言判断的关键因素，是指人际信任与所察觉的来源中是否存在特定特征有关③。信息来源可信度会影响个人对消息的看法，对于参与度低和来源可信度高的问题，个人缺乏处理信息的动力或能力，很可能会以先前存在的态度来指导自己的观点，即他们可能不加思索地接收信息；对于参与度低和来源可信度低的问题，个人更有可能考虑该信息，即更系统地对其进行处理；相比之下，对于高度参与的问题和具有很多先验知识的人，他们会更有动力并且能够处理信息，高可信度的来源仍可能鼓励更多的思维和态度转变④。因此对谣言传播来源的高信任和/或对辟谣信息来源的低信任会增加对谣言的信任，而对谣言传播来源的低信任和/或对辟谣信息来源的高信任则会降低对谣言的信任。因此需要明确在危机情况下将成为最新和可靠信息的关键来源的个人或组织，从谣言源头进行阻断，明确消息来源来平息谣言⑤。

从信息来源的角度提出应对谣言的策略可以强调信息来源的可信度。菲利普·迈尔（P. Meyer）⑥提出了衡量信息来源可信度的五个指标，即信息来源是

---

① 牛春华、江志欣：《重大公共安全事件防控的风险沟通：整合框架与可能路径》，载于《兰州大学学报（社会科学版）》2020年第2期。

② WHO. *Joint External Evaluation Tool*：*International Health Regulations* [M]. Geneva：World Health Organization，2018.

③ Trumbo C. W.，Mccomas K. A. The Function of Credibility in Information Processing for Risk Perception [J]. *Risk Analysis*，2010，23（2）：343 – 353.

④ Petty R. E.，Cacioppo J. T. *Attitudes and Persuasion*：*Classic and Contemporary Approaches* [M]. Attitudes and Persuasion：Classic and Contemporary Approaches，1981.

⑤ Designate Official Sources of Information to Quell Crisis Rumors [J]. *Nonprofit Communications Report*，2019，17（5）：5 – 5.

⑥ Meyer，P. Defining and Measuring Credibility of Newspapers：Developing an Index [J]. *Journalism & Mass Communication Quarterly*，2016，65（3）：567 – 574.

否公平、公正、说明全部情况、准确、可信，我们不管是想强调谣言信息来源的低可信度还是辟谣信息来源的高可信度，都可以从这五个方面出发向公众指明信息来源是否可信，从而引导公众对可信度低的信息来源进行更多的思考，降低谣言影响。

2. 攻击或威慑谣言来源

对于风险相关谣言的背景，尼古拉斯·迪方佐（N. DiFonzo）和普拉向特·博迪亚（P. Bordia）[①]编制了一系列的回应策略，包括反驳、否认和攻击产生或传播谣言的来源。他们认为，各种策略的共同目标是通过提供及时和适当的纠正信息来减少不确定性和谣言的可信度。

情景危机传播理论提出了针对不同危机情境的反应策略选择建议，而谣言就属于其中受害者型的危机，而与受害者型危机相匹配的应对策略中的否认型策略包括攻击指控者，即直面制造和传播谣言的人或群体，声称他们的观点是错误的[②]。此外，张会平等[③]发现当公众认识到传谣会被惩罚的可能性、严厉程度和敏捷性提升时，人们会强化自身的主观规范认识，进而强化对谣言的识别，拒绝传谣，即威慑可以强化个体对于传谣的自我认知和对周围他人正确认知的接收[④]。

因此，在面对公共安全事件的谣言时，政府可以利用证据材料通过正式新闻发布会或法律行动[⑤]对制造传播谣言的人或群体进行威慑和惩罚，从源头上阻断谣言，减少谣言的产生与传播。

（二）针对谣言内容采取的沟通策略

1. 反驳谣言

反驳即用事实和证据驳斥谣言，通过提供表明为何不应该相信谣言的信息来减少不确定性[⑥]。在政府应对风险谣言时，反驳是一个可能能够有效降低人们对

---

① DiFonzo N. , Bordia P. *Rumor Psychology*：*Social and Organizational Approaches*［M］. American Psychological Association，2007.

② 汪臻真、褚建勋：《情境危机传播理论：危机传播研究的新视角》，载于《华东经济管理》2012年第1期。

③ 张会平、郭昕昊、汤志伟：《惩罚机制对网络谣言识别行为的影响研究》，载于《情报杂志》2016年第12期。

④ 吕途、陈昊、林欢等：《突发公共事件下网络谣言治理策略对谣言传播意愿的影响研究》，载于《情报杂志》2020年第7期。

⑤ Paek H－J, Hove T. Effective Strategies for Responding to Rumors about Risks：The Case of Radiation-contaminated Food in South Korea［J］. *Public Relations Review*，2019，45（3）：175－183.

⑥ Difonzo N. , Bordia P. Rumor Psychology：Social and Organizational Approaches［J］. *American Psychological Association*，2007.

谣言的信任以及传播谣言的行为意图的谣言应对策略①。

2. 否认谣言

否认即在没有证据的情况下就声称谣言是假的，是一种被动的谣言应对策略②。有学者发现，当攻击者（谣言制造传播者）未被识别时，否认策略是有效的③，在面对风险谣言时，否认策略似乎也能有效降低公众对谣言的信任④。

3. 事实核查

事实核查起源于 20 世纪 80 年代评估大众媒体上政治广告准确性的广告监督（Ad Watch），2016 年的美国大选推动了事实核查的进一步发展，积极引入包括 Snopes、Factcheck、PolitiFact 等第三方查证平台开展事实核查，因此 2016 年也被称为事实核查元年⑤。2014 年，美国新闻学会给出了事实核查新闻（Fact Checking Journalism）的定义，认为"事实核查新闻以政客和影响他人生活与生计者为对象，由事实核查人员对上述人士（发表或被记录在案的）言论中声称的事实进行二次报道与探究。事实核查的目的是向用户提供清晰的、经过严格核查的信息，以帮助用户运用事实，在投票和其他必要的场合做出基于事实判断的选择"。事实核查作为应对谣言的一种策略能对谣言信息进行核实审查和标签发布，帮助用户辨别信息真伪⑥。

2017 年 1 月 9 日，国内第一家事实核查平台——腾讯较真事实查证平台正式推出，其查证方向涵盖食品、医疗、卫生等多个领域。根据其在新冠肺炎疫情中的作用机制，可以得出事实核查主要包括⑦：（1）运用大数据技术和云计算技术收集选择需要核查的谣言信息。（2）由专家学者和新闻工作者以及第三方机构组建的核查团队进行信息内容的审查和信息真伪的核实以及创作辟谣新闻。（3）对核查结果进行多渠道发布，例如腾讯较真平台按照主题领域、内容标签、热点专题将查证新闻进行标签发布，并且用不同颜色区分真、假、疑三种新闻，让用户能够更加直观地辨别信息的真伪。同时，较真平台还通过短视频、直播、较真数据库和互动游戏等形式进行辟谣。（4）通过民众对事实核查结果的反馈进一步完

①④ Paek H – J, Hove T. Effective Strategies for Responding to Rumors about Risks：The Case of Radiation-contaminated Food in South Korea ［J］. *Public Relations Review*，2019，45（3）：175 – 183.

② Difonzo N. , Bordia P. Rumor Psychology：Social and Organizational Approaches ［J］. *American Psychological Association*，2007.

③ Coombs W. T. Designing Post – Crisis Messages：Lessons for Crisis Response Strategies ［J］. *Review of Business*，2000，21（3 – 4）：37.

⑤ 申金霞：《事实核查新闻：内涵、实践与挑战》，载于《新闻与写作》2017 年第 11 期。

⑥ Walter N. , Cohen J. , Holbert R. L. , et al. Fact – Checking：A Meta – Analysis of What Works and for Whom ［J］. *Political Communication*，2020，37（3）：350 – 375.

⑦ 龚书萌、宫丽珍、李子钒：《事实核查新闻在新冠疫情期间的作用机制与效果困境探析——以腾讯较真查证平台为例》，载于《新闻文化建设》2020 年第 6 期。

善事实核查机制和过程。

4. 内容删除

内容删除就是将谣言内容从网络上删除，例如在微博上删帖。曾静（Jing Zeng）等对新浪微博上与 2015 年天津大爆炸事件相关的谣言讨论进行审查时发现，针对政治上比较敏感的话题，微博直接删除了帖子，停止了公众的讨论，而该策略的实施与公众对谣言讨论的增加呈正相关即在谣言管理上起了反作用①。因此该策略需要谨慎使用，如果使用不当反而会引发公众不满，在降低谣言信念减少谣言传播行为方面适得其反。

5. 不回应

不回应是一种消极的谣言应对策略，即对某些谣言政府采取不回应的策略令其自动消减。针对某些谣言政府积极辟谣反而可能引起公众兴趣和关注，此时对谣言不做出回应也是一种应对策略②。

（三）针对公众心理采取的沟通策略

1. 引导人们注意信息准确性

戈登·彭尼库克（G. Pennycook）等提出的基于注意力不集中的社交媒体错误信息分享的结论指出，人们通常希望避免传播错误信息，但社交媒体语境使他们将注意力集中在信息准确性以外的因素上（例如党派联盟），因此即使他们能够辨别信息真伪，他们仍然可能会分享错误和误导性的内容③。

因为人们忽略信息准确性时辨别信息真伪的能力远远低于考虑信息准确性后的辨别能力，对信息准确性的提醒可能足以改善人们关于谣言信息的共享决策，从而提高社交媒体上信息的准确性④。因此可以让公众在决定分享哪些信息之前，先对相关新闻标题的准确性进行评分，从而巧妙地引导他们思考准确性问题。例如社交媒体公司可以通过定期要求用户对随机抽样的标题的准确性进行评估，还可以通过众包对相关信息进行准确性评分从而帮助发现错误信息⑤。

---

①② Zeng J., Chan C., Fu K. How Social Media Construct "Truth" Around Crisis Events: Weibo's Rumor Management Strategies after the 2015 Tianjin Blasts [J]. *Policy & Internet*, 2017, 9 (3): 297 – 320.

③ Pennycook G., Epstein Z., Mosleh M., et al. Understanding and Reducing the Spread of Misinformation Online [J]. *NA – Advances in Consumer Besearch*, 2019, 48: 863 – 867.

④⑤ Pennycook G., Mcphetres J., Zhang Y., et al. Fighting COVID – 19 Misinformation on Social Media: Experimental Evidence for a Scalable Accuracy – Nudge Intervention [J]. *Psychological Science*, 2020, 31 (7): 770 – 780.

2. 警告

通过警告[①]来提醒人们某些信息可能具有误导性，例如在谣言信息旁边标注警告声明该内容可能是谣言，可以减少谣言的传播[②]。警告声明可以出现在谣言之前，也可以紧随谣言出现之后，警告可以潜在的增加怀疑和鼓励更积极的信息处理。一种警告旨在使人们产生一种一般的警觉感，这种警觉感通常是信息最初以事实的形式呈现，后来又被收回；另一种警告旨在提供关于 CIE（错误信息的持续影响效应）的具体信息，假设解释影响的确切性质可以使参与者避免它，以特定信息为特征的直接警告可以抵消记忆和推理错误的观点在以前的研究中得到了一些支持。警告已经被发现可以有效地减少不必要的认知影响[③]。其中包括错误记忆[④][⑤]、事件后建议的影响[⑥][⑦]、误导问题[⑧]、错误信息的持续影响效应（CIE）。

3. 强调共识

强调共识描述了一个社区内的一个重要的社会规范，人们经常用它作为启发来指导他们对这个问题的信念和判断。共识启发法是有效的，因为它们通过将复杂的信息量浓缩成一个简单的规范事实（例如，90%的医学专家认为疫苗是安全的），从而降低了个体学习的成本[⑨]，同时它鼓励人们思考重要的社会规范或使用感知到的一致作为启发来指导他们的信仰。

4. 呼吁一致性/连贯性

对一致性的呼吁依赖于这样一种观念，即没有内部矛盾的信息很容易被处

---

① Walter N. , Murphy S. T. How to Unring the Bell：A Meta-analytic Approach to Correction of Misinformation [J]. *Communication Monographs*, 2018, 85（3）：423 – 441.

② Ozturk P. , Li H. , Sakamoto Y. Combating Rumor Spread on Social Media：The Effectiveness of Refutation and Warning [C]//2015 48th Hawaii International Conference on System Sciences, IEEE, 2015：2406 – 2414.

③ Ecker U. , Lewandowsky S, Tang D. Explicit Warnings Reduce But do not Eliminate the Continued Influence of Misinformation [J]. *Memory & Cognition*, 2010, 38（8）：1087 – 1100.

④ Gallo D. , Roberts M. J. , Seamon J. G. Remembering Words not Presented in Lists：Can We Avoid Creating False Memories? [J]. *Psychonomic Bulletin & Review*, 1997, 4（2）：271 – 276.

⑤ Mcdermott K. B. , Iii H. Attempting to Avoid Illusory Memories：Robust False Recognition of Associates Persists under Conditions of Explicit Warnings and Immediate Testing [J]. *Journal of Memory & Language*, 1998, 39（3）：508 – 520.

⑥ Echterhoff G. , Hirst W. , Hussy W. How Eyewitnesses Resist Misinformation：Social Postwarnings and the Monitoring of Memory Characteristics [J]. *Memory & Cognition*, 2005, 33（5）：770 – 82.

⑦ Edith, Greene, And, et al. Inducing Resistance to Misleading Information [J]. *Journal of Verbal Learning and Verbal Behavior*, 1982, 21（2）：207 – 219.

⑧ Warren A. , Hulsetrotter K. , Tubbs E. C. Inducing Resistance to Suggestibility in Children [J]. *Law & Human Behavior*, 1991, 15（3）：273 – 285.

⑨ Van D. , Clarke C. E. , Maibach E. W. Highlighting Consensus Among Medical Scientists Increases Public Support for Vaccines：Evidence from a Randomized Experiment [J]. *BMC Public Health*, 2015, 15（1）：1 – 5.

理，不太可能鼓励信息贬损①。当谣言信息包含详细的情景信息时对公众的影响会更大②，同时当谣言信息的内容连贯一致时公众也会更容易受谣言影响，因此在应对谣言时一方面我们可以呼吁公众注意谣言信息的连贯性与一致性，另一方面在发布辟谣信息时需要做到其内容连贯一致，使得公众容易处理与理解从而降低对谣言信息的信任。

5. 众包

众包（Crowdsourcing）是一种参与性的在线活动，个人、机构、非营利组织或公司通过灵活的公开呼叫，向一群知识、异质性和数量各异的人提出自愿承担一项任务的建议，它可以被认为是任何一种基于互联网的协作活动③，在众包作用下，成员免费公开自己的观点，形成资源共享层，传播给其他有学习欲望的成员，让大众变得更具有辨别真伪的能力④。众包可以使一些观念在短时间内从一个群体传播到另外一个群体，并形成一系列新的、更加合理的观念，从中会摒弃一些无用的观念⑤，有助于形成较真实且理智的思想，可以抵消社交媒体中的不实信息⑥。

基于众包思想的谣言应对策略使得用户可以更灵活，更自主地参与控制谣言的活动，并且所有用户都可以合作实施整个控制方案。如果可以激发网络中能力更强的用户自发参与众包控制谣言并转发权威信息，将可以更快地阻止谣言信息的传播⑦。众包批判性思维和真实性评估可以有效地遏制虚假信息在社交媒体上的传播。此外，使用众包（而不是专业的事实核查人员）来评估新闻网站（而不是单个报道）的可靠性，然后调整社交媒体平台的排名算法，让用户更有可能看到大众普遍信任的新闻机构发布的内容。

这些谣言的沟通策略往往并非排他性的，在实际中经常是多种策略重叠使

① Walter N., Murphy S. T. How to Unring the Bell: A Meta-analytic Approach to Correction of Misinformation [J]. *Communication Monographs*, 2018, 85 (3): 423 – 441.

② Lapaglia J. A., Chan J., Dalby A. R. Telling a Good Story: The Effects of Memory Retrieval and Context Processing on Eyewitness Suggestibility [J]. *Plos One*, 2019, 14 (2): e0212592.

③ Estellés – Arolas E., González – Ladrón – de – Guevara F. Towards an Integrated Crowdsourcing Definition [J]. *Journal of Information Science*, 2012, 38 (2): 189 – 200.

④ 张利斌、钟复平、涂慧：《众包问题研究综述》，载于《科技进步与对策》2012 年第 6 期。

⑤ Nickerson J. V., Sakamoto Y. Crowdsourcing Creativity: Combining Ideas in Networks [C]//Workshop on Information in Networks, 2010.

⑥ Wang K., Nickerson J., Sakamoto Y. Crowdsourced Idea Generation: The Effect of Exposure to an Original Idea [J]. *Creativity and Innovation Management*, 2018, 27 (2): 196 – 208.

⑦ Lin Y., Cai Z., Wang X., et al. Incentive Mechanisms for Crowdblocking Rumors in Mobile Social Networks [J]. *IEEE Transactions on Vehicular Technology*, 2019, 68 (9): 9220 – 9232.

用，例如事实核查可能包含一般警告或攻击信息来源可信度①，也可能包含简短的反驳信息②；众包也可以与强调信息来源可信度③、事实核查结合使用来应对谣言④。因此，政府在管理谣言时应该充分分析当前情景，综合考虑策略的使用顺序和方法，选择最恰当、最有效的应对策略或策略组合。

---

① Walter N. , Murphy S. T. How to Unring the Bell: A Meta-analytic Approach to Correction of Misinformation [J]. *Communication Monographs*, 2018, 85 (3): 423 – 441.

② Ecker U. , O'reilly Z. , Reid J. S. , et al. The Effectiveness of Short-format Refutational Foct-checks [J]. *British Journal of Psychology*, 2020, 111 (1): 36 – 54.

③ Pennycook G. , Rand D. G. Fighting Misinformation on Social Media Using Crowdsourced Judgments of News Source Quality [J]. *Proceedings of the National Academy of Sciences*, 2019, 116 (7): 2521 – 2526.

④ Pinto M. R. , de Lima Y. O. , Barbosa C. E. , et al. Towards Fact-checking through Crowdsourcing [C]//2019 IEEE 23rd International Conference on Computer Supported Cooperative Work in Design (CSCWD). IEEE, 2019: 494 – 499.

第九章

数据驱动的公共安全风险治理平台与技术

第一节　公共安全风险治理数据集成平台

一、政策背景和战略框架

　　大数据、信息化是我国重要的国家战略。习近平总书记在 2018 年两院院士大会上的重要讲话中指出："世界正在进入以信息化产业为主导的经济发展时期。我们要把握数字化、网络化、智能化融合发展的契机，以信息化、智能化为杠杆培育新动能。"2019 年，中共中央政治局就我国应急管理体系和能力建设进行了第十九次集体学习。中共中央总书记习近平在主持学习时指出，要强化应急管理装备技术支撑，优化整合各类科技资源，推进应急管理科技自主创新，依靠科技提高应急管理的科学化、专业化、智能化、精细化水平。要加大先进适用装备的配备力度，加强关键技术研发，提高突发事件响应和处置能力。要适应科技信息化发展大势，以信息化推进应急管理现代化，提高监测预警能力、监管执法能力、辅助指挥决策能力、救援实战能力和社会动员能力。

　　2018 年，应急管理部成立，整合了 11 个部门的 13 项职责。应急管理部高度重视应急信息化工作，编制并印发了《应急管理信息化发展战略规划框架》和

2019 年地方应急管理信息化建设实施指南、建设任务书及系列标准规范，明确了地方建设重点、具体要求，全国应急管理信息化整体布局基本形成。按照任务书要求，各省应急厅需完成本省信息资源梳理和资源清单的编制，建设地方数据治理系统，并完成部省两级数据共享交换。以应急管理部的信息资源体系规划为牵引，以海量实时和非实时数据汇聚和处理的标准化、工程化、产品化为核心，以基于规范、标准、全面的数据资源搭建部省市/区县联动应急数据资源体系，形成全国统一的信息资源目录体系。通过服务总线实现跨层级的服务共享和业务协同，与地震、消防救援、森林消防、水利、林业等其他部门业务系统实现数据交换，实现部省市/区县三级标准联动、目录联动、服务联动，助力全国应急管理信息化"一盘棋"，支撑应急监测预警、指挥救援、监督管理、决策支持、政务管理等业务智能化。

《应急管理信息化发展战略规划框架（2018～2022）》提出"两网络、四体系、两机制"整体框架，确保全国"一盘棋"推进应急管理信息化建设。"两网络"指全域覆盖的感知网络、天地一体的应急通信网络。"四体系"指先进强大的大数据支撑体系、智慧协同的业务应用体系、安全可靠的运行保障体系、严谨全面的标准规范体系。"两机制"指统一完备的信息化工作机制和创新多元的科技力量汇集机制。

框架指出，目前我国应急管理信息化水平不高，迫切需要运用云计算、大数据、物联网、人工智能等新技术，建设全面支撑具有系统化、扁平化、立体化、智能化、人性化特征，与大国应急管理能力相适应的中国现代应急管理体系。

框架提出，应急管理信息系统建设在强化顶层设计，坚持统筹发展、统一领导、统一规划、统一标准、统一管理前提下，遵循如表 9-1 所示的建设原则。

表 9-1 **应急管理信息系统建设原则**

原则	内容
安全可控	（1）推进自主可控核心技术在关键软硬件和技术装备中的规模应用 （2）增强信息化基础设施的韧性抗毁能力和安全保障能力 （3）强化信息系统安全防护和数据分级分类管理，满足全方位、全天候、全过程应急处置需要
业务引领	（1）以需求为依据，以问题为导向，紧密围绕应急管理、防灾减灾和安全生产工作需要 （2）以数据为关键要素，以应用为核心，促进技术与业务深度融合

续表

原则	内容
创新驱动	（1）加强应急管理技术创新、应用创新、模式创新 （2）推动大数据、云计算、人工智能、物联网、移动互联、IPv6、虚拟现实（VR）、增强现实（AR）等新一代信息技术深度应用
共享众创	（1）按照集约化原则建设信息化基础设施和信息系统，广泛汇聚信息资源，构建共享服务体系 （2）推动跨部门、跨层级、跨区域的互联互通、信息共享和业务协同，消除信息孤岛 （3）运用互联网思维，鼓励政府、企业、社会共同参与应急管理信息化建设

框架要求，应急管理信息化最终完成"两网络""四体系""两机制"总体规划内容，对安全生产、防汛抗旱、减灾救灾、地震地质灾害救援、消防救援，以及应急装备等领域实现信息化建设全覆盖。应急管理信息化发展战略规划详见图 9-1。

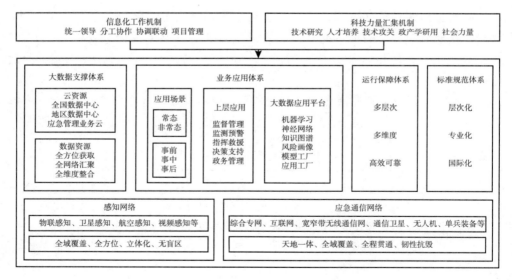

图 9-1　应急管理信息化发展战略规划框架图

该框架是深入贯彻落实习近平总书记关于加强自然灾害防治体系建设、国家大数据战略等系列论述的重要举措，是应急管理信息化工作的根本遵循。应急管理信息化应该本着统筹、集约、开放、高效的设计理念，充分运用云计算、大数据、物联网、人工智能、无线通信等新一代信息技术，推进先进信息技术与应急管理业务深度融合，从而实现应急管理信息化跨越式发展。

此外，在工业生产安全方面，国家相关部委先后出台了文件要求实现安全生产信息"来源可查、去向可追、责任可究、规律可循"[1]，培育"工业互联网 + 安全生产"协同创新模式，扩大工业互联网应用，提升安全生产水平[2]。

二、大数据集成平台

有别于互联网企业的大数据平台，当前围绕业务系统集成的企业级大数据平台是以大数据为核心，云计算为基础运行环境，业务数据和物联网数据充分融合的信息环境基础设施。

2019 年应急管理部牵头规划建设全国应急管理大数据应用平台[3]，目前国家、省级、市（县）级公共安全管理领域大数据集成平台建设既有共通之处也依行业依地区有其差异。

（一）大数据集成平台建设目标

按照应急管理部顶层规划、统一架构原则，建设面向技术支撑、服务支撑、应用支撑的大数据集成承载平台。平台基于统一的时空基准框架和数据关联组织模型，围绕数据对象，实现时间、空间、属性和过程的多维关联，为信息高效访问和数据深度挖掘提供支撑，同时提供各类数据产品及数据服务的注册、资源化、管理等功能，并具备多源异构数据的融合、分析和可视化等能力。

公共安全大数据集成平台核心解决如下问题：各个业务委办局等单位系统独立，信息孤岛严重；数据标准不统一，数据质量参差不齐；对全域数据共享交换态势和数据资产分布缺乏全局视图；指挥调度跨域数据机制手段缺失，难以确保按时、按需安全获取数据服务；对数据来源、数据流向、使用主体、使用时间、使用范围难以监测和追溯；数据资源冒用、滥用、复用问题难以解决。

公共安全大数据集成平台融合大数据、云计算、人工智能等先进技术，对海量多源异构的业务数据重新进行汇聚、清洗、编目、管理、服务和应用等，实现

---

① 安全监管总局：《国家安全生产监管信息平台总体建设方案》，https：//www.mem.gov.cn/gk/gwgg/agwzlfl/tz_01/201501/W020201222344638098487.doc。

② 工业和信息化部、应急管理部：《"工业互联网 + 安全生产"行动计划（2021 ~ 2023 年）》，https：//www.mem.gov.cn/gk/tzgg/tz/202010/t20201015_370477.shtml。

③ 应急管理部：《应急管理部关于加强应急基础信息管理的通知》，https：//www.mem.gov.cn/gk/tzgg/tz/201904/t20190430_257106.shtml。

公共安全全域数据的汇聚、管理、共享、交换，全面感知全域数据资产，实现数据资源的可有、可用、可视、可控、可溯，满足各个业务部门、各种应急场景的数据需求，为公共安全信息资源的集约化服务，提供支撑保障。

（二）大数据集成平台顶层架构

首先，加强信息化顶层设计，根据灾害预防、监测预警和应急处置业务特点，梳理业务架构与管理工作流程，实现与各部门之间的互联互通和信息共享，消除信息孤岛。

其次，设计数据架构。（1）按照"数用分离、互通共享、数据驱动"的思路进行系统数据架构设计，建设基础数据库、业务数据库、公共数据库、共享数据库和预警决策数据库。（2）横向交换方面，与农业、环境、水利、地震、地勘等相关单位信息交换共享。（3）纵向交换方面，打通国家部委、省、市、区（县）四级，数据融合贯通。（4）内部交换方面，与其他国家数据重点工程进行数据互通信息共享集成。（5）外部交换方面，互联网开放数据接入，第三方数据集成。

最后，基于总体技术架构，成体系、分层次构建面向不同层级、不同专业、不同使用人员、不同应用场景下的信息系统，融合运用多样化的感知手段、网络通信手段、人工智能等新一代信息技术手段，系统解决"感""传""智""用"问题（灾害感知、分析评估、指挥决策、现场处置）。（1）感知。数据采集系统可以实现对传统感知设备，智能改造设备的数据获取和格式相互转换，实现传感数据的按需采集和实时控制。（2）通信传输。利用宽带互联网、窄带物联网的天地一体化网络，实现特殊条件下全时全域数据传输。（3）智能化。基于人工智能算法研究工具集，通过构建先验知识库、动态知识库，实现安全数据与人工智能的深度融合，提升预测和推演能力。（4）应用。提供便捷开发的可视化工具，以及应用全生命周期管理平台采用微服务体系架构，持续集成、持续开发、自动化部署、开发运维一体化。

大数据集成平台顶层架构详见图 9 – 2。

（三）大数据集成平台数据标准建设

为确保平台的开放性和延续性，标准体系需要具备明确的目标性、层次结构鲜明、体系内各类标准衔接有序，互相依存共同构成一个科学的有机整体。

数据标准管理包括数据标准规划、数据标准化实施、数据标准支撑三大部分内容。首先，需要对数据产生和应用的场景进行分析，识别出核心数据流，从而确定数据标准化的内容对象和实现方式。数据标准化实施基于数据标准规划，通过数据标准支撑模块，达到数据标准的执行落地，并真正起到数据标准的管理效果。

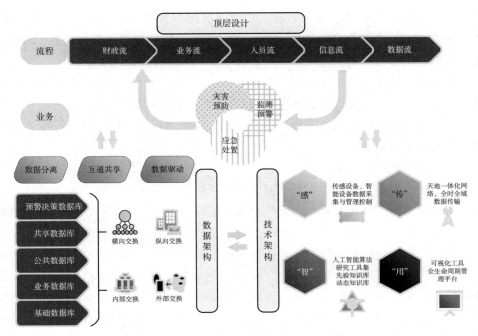

图 9 - 2　大数据集成平台顶层架构图

数据标准制定包括数据标准的编制、数据标准的审查、数据标准的发布，其流程如下：

（1）数据标准管理组织协调者组织数据提供者和执行者参与数据标准属性的收集和整理工作，并按照协商一致的原则形成数据标准初稿。

（2）数据标准初稿进行多次的讨论和丰富后，形成数据标准送审稿提交给数据标准管理决策者。

（3）经过数据标准管理决策者的讨论审核后，由数据标准管理组织协调者再次进行数据标准的修改完善，并完成数据标准的发布。

数据标准执行、数据标准维护、数据标准监控也需制定类似严格流程。

（四）大数据集成平台安全建设

在公共安全大数据集成平台中，《数据安全法》和《个人信息保护法》是两个重要的法规。前者在总体国家安全观指导下，对数据进行全面的保护；后者对公民隐私和个人信息进行安全保护。依据法规，所有数据平台建设和运行，必须注意数据采集和使用的合规。

大数据集成平台各层面数据安全需求包括：（1）数据存储：存储设备访问身份识别、权限控制、访问控制、操作审计以及数据脱敏、数据加密；（2）数据处理：业务逻辑安全；（3）数据封装：数据最小化、数据脱敏、数据文件加水印；（4）数据使用：身份识别、权限控制、访问控制、操作日志、数据脱敏、数据加密、传输通道加密。

要满足这些安全需求最重要的是做好以下四方面数据安全保障制度管理，此外在系统运行期，还需要重点注意数据全生命周期（存储、传输、使用）中的数据泄密、科学实施数据脱敏工程，以及注意网络中采用的传输协议、设备违规入网等带来的安全漏洞。

1. 安全策略集中管理

大数据平台需要综合考虑系统安全管理策略，做到集中管理、集中修订、集中更新安全规则，从而实现统一的安全策略实施，安全管理员可以在中央控制端进行全系统的监控。其具体要求如下：各安全产品应具备集中管理功能，可以支持远程的配置、修订安全规则；应支持系统范围内集中的用户账户管理，包括账户的创建、删除、修改、角色划分、权限授予等工作；应提供单次登录服务，允许用户只需要一个用户名和口令就可以访问系统中所有被许可的访问资源；应提供必要的手段，能够对外网访问策略进行管理，加强外网接口服务器的访问策略管理工作；应提供移动终端应用上线审批的功能，对于用户的访问权限和访问内容提供相应的管理措施。

2. 系统安全保障制度要求

按照大数据平台的实现应用流程以及机构的设置，严格划分所有用户的角色，并据此设定不同的权限，确保用户只能访问权限许可范围内的资源；禁止在生产系统中使用未经批准的应用程序，禁止在生产系统上加载无关软件，严禁擅自修改系统的有关参数；用于开发、测试的系统必须与生产系统严格分开；监视系统运行记录，及时审查日志文件，认真分析告警信息，及时掌握运行状况，对系统可能发生的故障做好应急方案；软件程序修改或增加功能时，须提出修改理由、方案、实施时间，报上级主管部门批准；程序修改后，须在测试系统上进行调试，确认无误经批准后方可投入生产应用；软件修改、升级前后的程序版本须存档备查，软件修改、升级时须有应急补救方案；建立严格的机房安全管理制度，非工作人员未经许可不准进入机房，任何人不准将有关大数据平台资料泄密、任意抄录或复制。

3. 项目实施安全要求

系统建设阶段：开发商必须签订系统建设/实施的保密协议，确保系统的建设内容不会被泄露出去；实施系统的开发商项目组人员要和建设单位签署个人保密协议，避免将系统的建设内容向外界透露；提供给实施系统的开发商的测试数据不能外泄。

系统运行阶段：用于开发、测试的系统必须与生产系统严格分开；系统运行后，必须由本部门的内部正式员工负责系统运行的各种实际数据，从而安全地进行控制和使用；系统运行后，系统上需要严格划分所有用户的角色，并据此设定不同的权限，确保用户只能访问权限许可范围内的资源；系统运行后，系统涉及所有数据库的管理和对表、视图、记录和域的授权工作统一由数据库管理员执行。

4. 安全职责角色管理

数据库管理权限、数据安全管理权限以及审计权限三个权限分别掌握在不同的管理员手上，三个管理角色的权限相互独立、互不重叠，不允许越权，且相互制衡。

数据库管理员（Database Administrator，DBA）角色：DBA 主要负责大数据平台的维护和管理，数据库设计方案及规划。DBA 拥有数据库最高的操作权限。DBA 角色能够获取所有的数据但无法读懂隐私信息，DBA 无法获取隐私信息保护的策略和密钥信息。

安全管理员（Security Administrator，SA）角色：SA 是隐私数据保护专用管理角色，管理和配置去隐私处理的策略和密钥信息，制定版本更新计划和历史版本归档工作。SA 掌握所有去隐私处理使用的策略和密钥，但 SA 没有访问大数据平台任何主数据库的权限，无法获取隐私信息。

审计专员（Audit Administrator，AA）角色：AA 有权限对 DBA 和 SA 的任何操作进行审计。AA 需定期对程序运行日志和用户操作日志进行安全审计和检查工作，并形成正式的审计报告，若有安全问题的可疑情况，需及时上报相关领导，并触发后续处理流程。

三、大数据平台建设核心内容

（一）公共安全大数据治理的技术任务

大数据的建设不仅是简单的数据汇集，更重要的是将其中的数据资源转变为战略资产，即数据治理。数据治理目前已经成为大数据工程项目落地不可或缺的一个环节。IBM 将数据治理定义为一种质量控制规程，用于在管理、使用、改进和保护组织信息的过程中添加新的严谨性和纪律性。

数据治理实施常遵循维贾伊·哈特里（V. Khatri）提出的框架，其中包含了数据标准、数据质量、元数据、数据访问和数据生命周期等决策域，该框架同时提供了一个共同术语原语系统①。数据治理的实施过程中主要工程规程包括数据规范、数据清洗和数据集成和数据交换，详见表9-2。

表9-2　　　　　　　　　　　　数据治理实施过程

规程	含义与方法
数据规范	为目标数据处理对象建立一套处理标准，使该问题域内不同系统中的数据可以在同一指标下进行综合利用。数据规范可以保障数据应用的通用性，数据规范建立需要注意遵循行业和国家的标准
	实现方法：规则处理引擎、标准编码映射字典
数据清洗	数据清洗需要识别并且修复"脏数据"。"脏数据"包括问题域中应用系统的噪声数据、缺失值数据，张量不一致数据，以及数据集成带来的冗余数据等
	实现方法：属性错误清洗、不完整数据清洗等
数据集成	将源模式的数据转换为目标模式数据，交换过程除了做好映射关系，重点要消除依赖一致性。数据集成技术是协调数据源之间不匹配问题，将异构、分布、自治的数据集成在一起，为用户提供单一视图，从而可以透明地访问异构数据
	实现方法：协议式交换、标准化归一交换、模式集成方法、数据复制方法
数据交换	实现数据整合过程的三个统一。（1）统一数据模型：由数据交换与共享平台系统承载企业数据模型，促进企业各系统数据逻辑模型的统一，减少系统及应用间复杂的转换，提高系统、应用、接口的效率；（2）统一数据标准：由数据交换与共享平台系统建立标准的数据编码目录，源系统数据依据标准的数据编码目录，经过整合后进入数据交换与共享平台系统中存储，实现企业数据的标准化与统一存储；（3）统一数据视图：基于数据交换与共享平台系统所存储的数据，支撑实现统一数据视图，使企业在客户、产品、资源等视角获取到的信息是一致的，提升客户、企业内部的管理人员与分析人员对系统的感知
	实现方法：收敛企业各业务系统中的运营数据，按照统一企业数据模型进行数据整合，提供运营数据共享，支撑跨系统数据的应用

① Khatri V. , Brown C. V. Designing Data Governance [J]. *Communications of the ACM*, 2010, 53（1）: 148-152.

数据驱动的公共安全风险治理

（二）公共安全大数据平台的核心子系统

梳理多个公共安全企业级大数据平台，提炼其共性必备子系统有五个：大数据基础组件、大数据管理组件、大数据开发组件、大数据算法组件、大数据分析组件。各个子系统功能需求列举如下，以供项目建设参考。

1. 大数据基础组件

大数据基础组件子系统提供基础的多种特性的数据、计算和查询工具，详见表 9 - 3。

表 9 - 3　　　　　　　　　　　大数据基础组件

功能项目		功能说明
功能模块	功能点	
大数据基础组件	离线计算	提供分布式计算框架 Hadoop，及分布式文件系统 HDFS、分布式离线计算框架 Mapreduce、数据仓库工具 Hive 等
	实时流计算	提供实时流计算 SparkStreaming 组件，能够实现秒级流数据计算
	内存计算	提供 Spark 分布式内存计算组件，满足离线计算的加速需求
	Nosql 数据库	提供 Hbase、MongoDB 数据库，满足海量数据的查询需求
	分布式消息队列	提供分布式消息队列 kafka，满足实时流数据的接入、缓存和实时的数据交换需求
	分析型数据库	提供分析型数据库 Greenplum，满足海量数据的关联查询、碰撞需求
	全文检索库	提供全文检索组件 ElasticSearch，满足海量数据高并发全文检索需求

2. 大数据管理组件

大数据管理组件子系统提供数据、元数据和标签管理，详见表 9 - 4。

表 9 - 4　　　　　　　　　　　大数据管理组件

功能项目		功能说明
功能模块	功能点	
大数据管理组件	元数据管理	提供数据湖、Hadoop、kafka、Hbase 等的性能指标监控、统计
	数据目录管理	提供对指标、报表、数据表、规则等元数据进行统一管理，并提供元数据的血缘分析、关联分析等功能

功能项目		功能说明
功能模块	功能点	
大数据管理组件	数据源管理	提供对数据组织、分类、编目的管理，支持全局、租户两级目录管理
	标签管理	能够实现对标签主体、标签目录、标签元数据、标签上下架的管理

3. 大数据算法组件（见表 9 – 5）

表 9 – 5   大数据算法组件

功能项目		功能说明
功能模块	功能点	
大数据算法组件	算法库	提供常见分类、聚类、回归等算法的集成，包括决策树、朴素贝叶斯、KNN、SVM、神经网络、逻辑回归、线性回归等算法
	算法引擎	提供实现算法引擎的接口抽象，算法不受具体算法框架的依赖
	数据探索分析	提供回归分析、离群点分析、方差分析，通过直方图、密度图等多种方法对数据的分布情况进行探索分析
	特征工程	提供缺失值处理、字段合并、归一化、重复值等预处理功能，支持对数据进行主成分分析、连续值离散化等特征提取
	模型管理	提供可视化的模型的训练、评估、预测功能，快速开发业务模型

4. 大数据开发组件

大数据开发组件子系统提供开发期资源获取、算法执行和作业管理，详见表 9 – 6。

5. 大数据分析组件

大数据分析组件子系统提供从数据模型、数据透视到可视化的一般数据工具，详见表 9 – 7。

表9-6　　　　　　　　　　大数据开发组件

功能项目		功能说明
功能模块	功能点	
大数据开发组件	计算资源交付	开发者能够自助一键获取 Hadoop、Spark、kafka 等分布式集群环境
	数据仓库管理	可管理和规划自身项目和应用的 HDFS 目录、Hive 库表、Hbase 库表、kafka 主题等信息
	数据开发	提供离线数据开发、实时流数据开发、指标跑数开发、标签开发、数据服务开发等开发场景的工具和功能
	作业调度	提供 SQL、存储过程、Mapreduce、Spark 等多种任务算子的调度
	作业监控	提供详尽的数据处理作业日志详情、运行状态监控及作业调度统计信息

表9-7　　　　　　　　　　大数据分析组件

功能项目		功能说明
功能模块	功能点	
大数据分析组件	数据模型管理	支持维护事实表和维表之间的关联关系，维护语义信息描述、标签定义等业务属性，以及维度层次、模型过滤规则等数据属性。分析模型是后续对数据进行自助应用的基础
	数据图表	基于分析模型，支持自助化的配置数据分析图表，支持饼图、柱图、折线图、条形图、雷达图等多种常见的数据图表形式
	数据透视表	基于分析模型，支持快速地对数据做分类汇总、计数等，可以对关注的数据结果做筛选、排序、分组等操作，并且可配置查看数据明细
	仪表板	支持界面进行布局设计，布局支持整合系统中各种数据分析元素，构建一个内容丰富的综合分析报表
	数据地图	支持将具有地理信息属性的对象配置到地图标注显示，提供基于地图的数据呈现及分析功能，并可关联报表进行分析

公共安全大数据平台核心子系统关键组件关系详见图9-3。

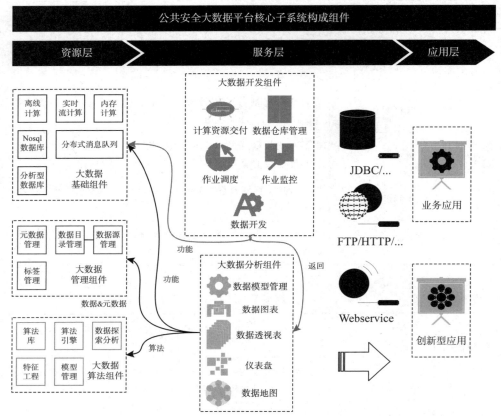

图 9 - 3　公共安全大数据平台核心子系统构成组件图

第二节　三元空间融合计算新范式

一、分布式开放数据：区块链

2019 年 10 月 24 日，习近平总书记在十九届中央政治局第十八次集体学习时强调，区块链技术的集成应用在新的技术革新和产业变革中有着重要作用。提出我国要把区块链作为核心技术自主创新的重要突破口，明确主攻方向，加大投入力度，着力攻克一批关键核心技术，加快推动区块链技术和产业创新发展①。

区块链（Blockchain）是一种由多方共同维护，利用密码学原理保证数据一致存储、难以篡改、防止抵赖的分布式账本技术。由共识机制、分布式账本、智能合约、数字签名以及时间戳链五个核心技术共同构成了区块链应用基础②。第一，共识机制，参与区块链的各方认可达成一致的数据处理协议。目前共识机制分为两类：强一致性共识算法如 Raft、拜占庭容错（Byzantine Fault Tolerance，BPFT）；最终一致性共识算法如工作量证明（Proof of Work，POW）、股权证明（Proof of Stake，POS）。区块链的共识机制保证数据记录后不可修改、不可伪造，保证了数据的真实性、透明性和安全性。第二，分布式账本，可以记录和共享用户在网络中发生的每笔记录，采用分布式而不是集中式的存储使得系统脱离对中心点的依赖，从而保证信息与数据的快速发布和安全。第三，智能合约，是多方认可达成的公开代码，可以在区块链上存储、验证和执行。当外部触发器满足智能合约中的条件时，协议就会自动执行。智能合约可以把人的决策变为机器自动执行，从而减少人为干预。第四，数字签名，是能代表信息发送者独有身份的哈希函数算法加密数字串，无法仿造，可以作为判断发送信息的真实性的依据，信息接收者用发送者的公钥对所接收到的签名信息解密，校验数据完整性。数字签名和哈希算法实现了区块链的非对称加密，保证了信息无法抵赖。第五，时间戳链，利用时间戳为数据增加了时间维度，并且区块上每笔记录都通过地址引用与时间上相邻的两个区块相连，从而提升记录篡改难度。

区块链技术诸多特点适用于公共安全管理典型应用场景，可以应用到突发事件应急管理的各个流程，特别是应急参与主体之间的协同、物资调度方面③。美国国防部后勤局（Defense Logistics Agency，DLA）在 2017 年玛丽亚飓风事件中通过区块链系统跟踪物流过程，成功解决了数据同步和准确性的问题④。

突发事件应急响应中采用区块链技术，所有参与实体构成区块链上的分布式节点，可构建基于分布式记账的应急区块链信息系统。每个节点发生信息变化就会立刻引起其他节点变更。各方可以决定是否执行区块链信息的存储与更新操作，即使有恶意节点出现，各节点也不会对错误的信息进行认证，从而实现区块

① 习近平：《把区块链作为核心技术自主创新重要突破口 加快推动区块链技术和产业创新发展》，http：//cpc. people. com. cn/n1/2019/1026/c64094 - 31421707. html。

② 维基百科：《Blockchain》，https：//en. wikipedia. iwiki. eu. org/wiki/Blockchain。

③ 李健、宋昱光、张文：《区块链在突发事件应急管理中的应用研究》，载于《经济与管理评论》2020 年。

④ US Defense Department Says Blockchain Can Help in Disaster Relie［EB/OL］. https：//www. coindesk. com/us-defense-department-says-blockchain-can-help-disaster-relief.

链上的信息无法被轻易篡改。利用应急区块链系统信息，可以快速识别出非关键或没有执行任务的节点，根据应急工作的需要社会资源可以随时主动进入或退出，实现热插拔，而且应急体系基于行为信息的不可篡改来做事后的追溯和监督。采用区块链这种弱中心化的系统使得信息的更新变化不再受制于中心节点，全过程透明、无法篡改可追溯，可以提高信息的更新速度和保证传递信息的质量，有利于各主体之间的协调。

表 9-8 总结了区块链智能合约技术在应急救援中的几个典型应用场景。

表 9-8　区块链智能合约技术在应急救援中的几个典型应用场景

典型场景	应用价值
在智能合约中预置体现公平性、照顾弱势群体等社会价值算法，由事件触发自动执行	避免应急救援中可能出现的人道主义危机，减少工作人员的道德风险
捐赠需求和捐赠意愿上链，救灾资源供需双方自动匹配，捐赠任务自动执行	救灾资源分派及时、精准匹配，降低物资分配不均和浪费
在智能合约中预置供应链中的专业对接规则，如应急物资的配送需要有专业的资质或设备、处理办法，审计对接自动执行	降低应急环境下复杂条件审计综合成本
将物资的流通业务逻辑编入智能合约，结合 RFID 和物联网，形成集信息捕捉、信息处理、及时响应的统一的系统。物资调度的每一个过程都可以由区块链的智能合约自动执行	提高物资调度的速度和效率，使得救援物资信息透明和高效

二、下一代移动计算平台：智能机器

智能机器即智能机器人的简称，机器人（Robot）已经发展成为集机械、电子、控制、系统、计算机、传感器、人工智能、仿生学等众多学科先进技术于一体的自动化装备。在当今经济社会的发展中，机器人的使用不仅能促进生产、流通、消费、分配等社会各个领域的改善，甚至可以作为一种颠覆性技术推动人类文明的进程。

依据应用领域，智能机器可分为应用于工业生产环境的工业机器人、应用于社会生活的服务机器人以及特种机器人三种类型[①]。

---

① Garcia E., Jimenez M. A., Santos P. G., et al. The Evolution of Robotics Research [J]. *IEEE Robotics & Automation Magazine*, 2007, 14 (1): 90-103.

特种机器人在公共安全事件的风险监测与识别、应急救援与恢复、危机调查与改进等治理环节中有着广泛应用空间，目前已有大量智能机器人应用于应急管理工作的案例。

以智能机器中的无人机和救灾机器人为例。无人机在震后可迅速进入灾区航拍，实时传回现场图像，给远程评估和指挥提供条件。早在 20 世纪 90 年代末，美国就开始将无人机应用于灾害监测及救援。2008 年汶川大地震期间，中科院研究队伍最先尝试将遥感无人机应用于震中灾情航拍，随后在玉树地震、芦山地震等灾后应急救援中，遥感无人机发挥越来越重要的作用[①]。救灾机器人特别适合灾害情况下的不确定高风险环境，国家"863"系列计划专项支持了研发救援辅助机器人。上海交通大学、贵州詹阳动力重工的救援机器人，中科院沈阳自动化研究所的废墟搜索机器人，海伦哲公司的消防机器人等先后取得了应用成果。

中国自动化学会《学科发展报告——智能机器人》[②] 中提出了特种机器人未来技术路线图。从技术路线中可以看出，机器人本体技术、传感与控制技术、智能性与自主性学习技术、人机交互与协作技术等已成为未来智能机器发展的关键。同时根据技术预见的结果，未来智能机器的应急救灾应用场景将越来越丰富和智能化，智能机器并不只在救援工作中被广泛使用，在全周期的公共安全治理工作的方方面面都将有着智能机器的身影。面对当今风险社会的大背景，功能强大的智能机器的广泛使用将是人类应对各类型突发事件的应然选择。特种机器人技术路线详细如表 9 – 9 所示。

表 9 – 9　　　　　　　　　　特种机器人技术路线表

		现状	2030 年
特种机器人		机器人在复杂环境中的自主导航、制导与控制能力提升，机器人可以摆脱人的持续实时遥控，部分自主地完成一些任务	机器人能够应对较高认知能力的环境（野外自然环境）并在不依赖人遥控的条件下自主运行
机器人本体技术	驱动技术	驱动性能提升：轻量化、小型化、集成化技术快速发展	新的驱动方式（化学驱动、核驱动、生物驱动）出现并逐渐成熟
	机构技术	仿生机构技术快速发展，机构性能大幅提升	仿生运动机构可能展现出类生物的运动性能

---

① 张广泉、董传仪、孙守军、张天莹、付瑞平：《我国应急管理关键核心技术的应用和创新中国应急管理》，载于《中国应急管理》2020 年第 12 期。

② 学科发展报告：《智能机器人》，https：//mp. weixin. qq. com/s/2ak6Td_3A7MK3M8dGnPLig。

续表

机器人本体技术	通信技术	通信可靠性大幅提升、可自主构建通信网络	能够实现远距离、多机通信，兼容多种通信模式
传感与控制技术	运动控制	运动控制技术趋于成熟，可支持机器人在复杂条件下安全完成一些复杂运动	鲁棒控制、自适应控制技术得到广泛应用，机器人能够实现大部分机动运行模态
	感知	动态环境感知、长期自主感知等技术趋于成熟，环境认知能力仍有待提升	机器人感知能力大幅增强，感知精度和鲁棒性得到大幅提升，机器人认知能力得到提升
智能性与自主性学习技术	导航规划决策	导航与规划算法中对于不确定因素的处理趋于成熟、算法实时性得到极大改善机器人能够针对特定的任务进行决策	导航与规划中系统不确定性的内在处理机制成熟。实时导航与规划实现机器人能够在部分复杂环境中（极地、海洋，行星等）实现自主决策
	学习	自主学习理论发展迅速，机器人可以实现面向任务的自主发育式学习	自主学习理论发展趋于成熟认知学习，长期学习，机—机、人—机全自主学习（通过观察、交互）等技术迅速发展
人机交互与协作技术	人机交互	人机交互水平中等，机器人与人能够利用自然方式（语言等）进行交互	人机交互水平较高，机器人与人能够实现双向主动交互与理解
	人机协作	机器人自主性的提升大大提升人机协作效率	人—机可以实现混合编队，并通过交互共同完成使命

三、云互补：边缘计算

万物互联时代的快速到来和无线网络的普及，使得网络边缘的设备数量和数据快速增长。边缘计算是应运而生的一种新的计算范式，美国韦恩州立大学计算机科学系的施巍松教授提出，边缘计算是指在网络边缘进行计算的技术，边缘定义为数据源和云数据中心之间的任一计算和网络资源节点[1]。在靠近物或数据源

---

[1] 施巍松、张星洲、王一帆、张庆阳：《边缘计算：现状与展望》，载于《计算机研究与发展》2019年第1期。

头的网络边缘侧，融合网络、计算、存储、应用核心能力的开发平台，就近提供边缘智能服务，满足敏捷连接、实时业务、数据优化、应用智能、安全与隐私保护等方面的关键需求。思科公司提出的雾计算也表达了类似的内涵。

边缘计算相较于云计算模型为核心的集中式模式，在网络边缘进行数据处理，减轻了网络带宽的压力以及系统延迟。数据储存不用上传到云，也放在网络边缘设备，减少了数据、隐私泄露的风险。另外，边缘计算的数据管理方案所花费的计算存储资源也较集中式低。

边缘计算产业联盟 ECC 与工业互联网产业联盟 AII 联合制定的"边缘计算参考架构 3.0"如图 9-4 所示。

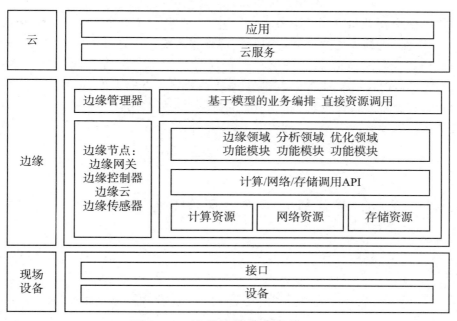

图 9-4　边缘计算参考架构 3.0

作为新兴技术，边缘计算契合公共安全事件中网络连接不可靠、中心节点响应不及时的状况，得到了研究和产品化应用。比如，针对城市交通中的事故发现和追踪的 Amber 系统[①]、SafeShareRide 系统[②]，以及依附于公共交通节点的紧急疏散系统[③]；

① Liu L., Zhang X., Qiao M., et al. SafeShareRide: Edge-based Attack Detection in Ridesharing Services [C]//2018 IEEE/ACM Symposium on Edge Computing (SEC). IEEE, 2018: 17-29.

② Zhang Q., Zhang Q., Shi W., et al. Distributed Collaborative Execution on the Edges and its Application to Amber Alerts [J]. *IEEE Internet of Things Journal*, 2018, 5 (5): 3580-3593.

③ Bi H., Shang W. L., Chen Y. Cooperative and Energy-efficient Strategies in Emergency Navigation Using Edge Computing [J]. *IEEE Access*, 2020, 8: 54441-54455.

消防场景下消防员随身便携设备实现对环境和状态信息收集、处理和上传①，空中救灾响应系统 EagleEYE②，基础通信无效的危急情况下的自组织无线应急通信网络③等，这些系统和设备在设计上都很好地结合了突发事件应急和边缘计算的特点。

在安全生产监管领域，边缘计算能将监管业务及数据处理统一前移，提供前端监管服务，创新安全监管监察方式，实现安全生产特别是重大风险源企业由"事后监管"向"实时系统监察"管理的转变。具体做法是，在监管对象处部署边缘计算设备，实现数据的实时本地处理、预警闭环及风险上报等功能，同时起到电子暗访、数据黑匣和智能作用，最终促进有效落实安全生产企业主体责任，有效提高监管部门的监管效率，降低突发事件的发生概率。边缘计算在公共安全管理的安全生产监管领域有望取得率先突破性应用。

边缘计算领域目前也出现了一些平台级别的公共安全产品。比如华为的 IEF，IEF 是华为研发的云原生的边云协同操作系统，该方案可广泛应用到诸多领域。例如，全国交通系统基于 IEF 实现了全国 487 个省界收费站的撤销、24588 套 ETC 门架系统的统一管理④。海能达公司研发的 HyCrate 系列边缘计算智盒可将传统摄像头变成智能摄像头，支持算力拓展，能够满足复杂场景下对高算力的需求以及客户定制化需求，适用于多种公共安全应用场景，例如人脸识别、行为识别、车辆识别等⑤。

第三节　三元空间交互新技术

一、仿真技术：信息世界观察物理世界、人类社会

突发事件的发生、发展具有不可逆性和不可实验性。利用计算机进行模拟仿

---

① Wu X., Dunne R., Zhang Q., et al. Edge Computing Enabled Smart Firefighting: Opportunities and Challenges [C]//Proceedings of the Fifth ACM/IEEE Workshop on Hot Topics in Web Systems and Technologies. 2017: 1 - 6.

② Ardiansyah M. F., William T., Abdullaziz O. I., et al. EagleEYE: Aerial edge-enabled disaster relief response system [C]//2020 European Conference on Networks and Communications (EuCNC). IEEE, 2020: 321 - 325.

③ Yang T. H., Wang C. W., Lin S. J. ECOMSNet-An edge Computing-based Sensory Network for Real-time Water Level Prediction and Correction [J]. *Environmental Modelling & Software*, 2020, 131: 104771.

④ 《华为云 IEF 边云协同操作系统》，http://www.ecconsortium.org/Lists/show/id/518.html，2022 - 04 - 08。

⑤ 《从关键语音走向关键智能的未来警务通信，中国警察网专访海能达》，https://baijiahao.baidu.com/s? id = 1684817602378347536&wfr = spider&for = pc，2022 - 4 - 13。

真是研究非常规突发事件发生、发展、转化、演变以及如何应对的重要实验手段。近年来国内外应急管理领域广泛地将仿真技术应用到自然灾害、事故灾难、公共卫生、社会安全事件的应急管理实践中来，对相关事件进行描述、解释其成因，并辅助应急管理人员进行减缓、准备、响应、恢复工作。

目前在应急管理研究和应用领域使用比较普遍的仿真建模技术有系统动力学模型、蒙特卡洛仿真、基于 Agent 的仿真、元胞自动机以及我国学者大力推动的人工社会方法等。

系统动力学方法由美国麻省理工学院福瑞斯特（J. W. Forrester）教授创立。系统动力学基于系统行为与内在机制间的相互紧密的依赖关系，研究产生变化形态的因果关系。构成系统动力学模式结构的主要元件有五种。表 9 – 10 展示了近年来系统动力学方法在应急管理领域的一些研究主题。

表 9 – 10　　　　系统动力学方法仿真在应急管理领域的应用

研究者	研究内容
Lawrence，J. [1] 等，2020	飓风灾害事件中物流管控
Park，H. [2] 等，2019	评估干旱缓解政策
Diaz，R. [3] 等，2019	灾后的住房恢复
Delgado – Álvarez，C. A. [4] 等，2019	紧急情况发生后志愿者和车辆的调度
Subedi，J. [5]，2019	评估灾害风险对基础设施投资的影响
de Souza，E. D. [6] 等，2020	评估应对巴西某城市洪水灾害必须投入的资源

---

[1]　Lawrence J. M. , Hossain N. U. I. , Rinaudo C. H. , et al. An Approach to Improve Hurricane Disaster Logistics Using System Dynamics and Information Systems ［M］//Recent Trends and Advances in Model Based Systems Engineering. Cham：Springer International Publishing，2022：699 – 712.

[2]　Park H. , Lee D. Disaster Prediction and Policy Simulation for Evaluating Mitigation Effects Using Machine Learning and System Dynamics：Case Study of Seasonal Drought in Gyeonggi Province ［J］. Journal of the Korean Society of Hazard Mitigation，2019（1）：45 – 53.

[3]　Diaz R. , Behr J. G. , Longo F. , Padovano A. Supply Chain Modeling in the Aftermath of a Disaster：A System Dynamics Approach in Housing Recovery ［J］. *IEEE Transactions on Engineering Management*，2019（3）：531 – 544.

[4]　Delgado – Álvarez C. A. , Olaya – Morales Y. Modeling Disaster Operations Management Problems with System Dynamics ［J］. *Decision-making in Humanitarian Operations：Springer，Behavior and Dynamics*，2019：223 – 248.

[5]　Subedi J. System Dynamics Approach to Assess Impacts of Disaster Risks on Investment in Infrastructure ［C］//CSCE Annual Conference 2019，June 12 – 15，2019，Montreal，Canada. New York：Curran Associates，2019：81 – 89.

[6]　de Souza E. D. , Kerber J. C. , Maldonado M. U. , et al. Aplicação da dinâmica de sistemas para prevenção de desastres hídricos：Um estudo na cidade de blumenau/application of system dynamics for water disaster prevention：a study in the city of blumenau ［J］. *Revista FSA（Centro Universitário Santo Agostinho）*，2020（2）：122 – 142.

续表

研究者	研究内容
Phonphoton，N. [①] 等，2019	评估洪水对城市固体废物管理服务影响
Pagano，A. [②] 等，2019	评估 NBS 方法处理洪水风险的有效性
Datola，G. [③] 等，2019	评估城市的灾后恢复力
Feofilovs，M. [④] 等，2020	评估城市对洪水的抵抗能力
Yin，J. [⑤] 等，2019	研究旅游人群事故发生机制及对策
Moradi，M. [⑥] 等，2020	评估台风对沿海社区的影响

　　蒙特卡洛方法又被称为统计实验方法，是借助于概率化的数学模型和被研究问题的物理过程的统计特征以复现该过程的方法。蒙特卡洛仿真已被应用于包括项目成本估算、项目进度估算、风险评估、收益成本分析和选择风险应对策略等。表 9 – 11 展示了近年来蒙特卡洛仿真方法在应急管理领域的一些研究主题。

表 9 – 11　　　　　　　蒙特卡洛仿真在应急管理领域的应用

研究者	研究内容
Rajaram Sekar，A. [⑦]，2020	分析人为事故造成的空难
He，Z. [⑧] 等，2020	评估耦合灾害的危害性

　　① Phonphoton N. , Pharino C. A System Dynamics Modeling to Evaluate Flooding Impacts on Municipal Solid Waste Management Services [J]. *Waste Management*, 2019, 87: 525 – 536.

　　② Pagano A. , Pluchinotta I. , Pengal P. , et al. Engaging Stakeholders in the Assessment of NBS Effectiveness in Flood Risk Reduction: A Participatory System Dynamics Model for Benefits and co-benefits Evaluation [J]. *Science of The Total Environment*, 2019, 690: 543 – 555.

　　③ Datola G. , Bottero M. , De Angelis E. How Urban Resilience can Change Cities: A System Dynamics Model Approach [C]//international Conference on Computational Science and its Applications. Cham: Springer International Publishing, 2019: 108 – 122.

　　④ Feofilovs M. , Romagnoli F. , Gotangco C. K. , et al. Assessing Resilience Against Floods with a System Dynamics Approach: A Comparative Study of Two Models [J]. *International Journal of Disaster Resilience in the Built Environment*, 2020, 11 (5): 615 – 629.

　　⑤ Yin J. , Zheng X – m, Tsaur R – C. Occurrence Mechanism and Coping Paths of Accidents of Highly Aggregated Tourist Crowds Based on System Dynamics [J]. *PloS One*, 2019 (9): e0222389.

　　⑥ Moradi M. , Kazeminezhad M. H. , Kabiri K. Integration of Geographic Information System and System Dynamics for Assessment of the Impacts of Storm Damage on Coastal Communities – Case Study: Chabahar, Iran [J]. *International Journal of Disaster Risk Reduction*, 2020, 49: 101665.

　　⑦ Rajaram Sekar A. Analysis on Tenerife Airport Disaster due to Human Error on Monte Carlo Method [D]. Instytut Techniki Lotniczej i Mechaniki Stosowanej, 2020.

　　⑧ He Z. , Weng W. Synergic Effects in the Assessment of Multi-hazard Coupling Disasters: Fires, Explosions, and Toxicant Leaks [J]. *Journal of Hazardous Materials*, 2020, 388: 121813.

研究者	研究内容
Guo，Y.[①]等，2019	分析台风袭击深圳可能的损失
Yoshida，T.[②]等，2019	分析日本西部暴雨后的人员疏散
Dikmen，S. Ü.[③]等，2020	评估地震后灾难恢复进度
Refan，M.[④]等，2020	评估龙卷风袭击俄克拉何马州和堪萨斯州的损失
Adjiski，V.[⑤]等，2019	研究地下矿井火灾紧急疏散

　　基于 Agent 的方法通过描述最底层要素的交互特征来反映宏观现象。基于 Agent 的仿真在包括应急管理学科在内的很多学科中得到广泛的应用。表 9 - 12 展示了近年来基于 Agent 仿真方法在应急管理领域的一些研究主题。

表 9 - 12　　　　　　　　基于 Agent 的仿真在应急管理中的应用

研究者	研究内容
Na，H. S.[⑥]等，2019	疏散规划期改进疏散策略
Esmalian，A.[⑦]等，2019	分析灾害期间基础设施服务中断的社会影响
Wang，Z.[⑧]等，2019	预测救济物资在时间约束下的供需偏差

---

　　① Guo Y.，Hou Y.，Qi P. Analysis of Typhoon Wind Hazard in Shenzhen City by Monte - Carlo Simulation [J]. *Journal of Oceanology and Limnology*，2019，37（6）：1994 - 2013.

　　② Yoshida T.，Hiroi K.，Yamagata Y.，et al. Verification on Evacuation of Flood Disaster by Using Gps：Case study in Mabi，Japan 2018 [C]//IGARSS 2019 - 2019 IEEE International Geoscience and Remote Sensing Symposium. IEEE，2019：5633 - 5635.

　　③ Dikmen S. Ü.，Akbiyikli R.，Sönmez M. Assessment of the Disaster Recovery Progress through Mathematical Modelling [J]. *Teknik Dergi*，2020，31（4）：10113 - 10126.

　　④ Refan M.，Romanic D.，Parvu D，et al. Tornado loss model of Oklahoma and Kansas，United States，based on the Historical Tornado Data and Monte Carlo Simulation [J]. *International Journal of Disaster Risk Reduction*，2020，43：101369.

　　⑤ Adjiski V.，Zubicek V.，Despodov Z. Monte Carlo Simulation of Uncertain Parameters to Evaluate the Evacuation Process in an Underground Mine Fire Emergency [J]. *Journal of the Southern African Institute of Mining and Metallurgy*，2019，119（11）：907 - 917.

　　⑥ Na H. S.，Banerjee A. Agent-based Discrete-event Simulation Model for No-notice Natural Disaster Evacuation Planning [J]. *Computers & Industrial Engineering*，2019，129：44 - 55.

　　⑦ Esmalian A.，Ramaswamy M.，Rasoulkhani K.，et al. Agent-based Modeling Framework for Simulation of Societal Impacts of Infrastructure Service Disruptions During Disasters [C]//ASCE International Conference on Computing in Civil Engineering 2019. Reston，VA：American Society of Civil Engineers，2019：16 - 23.

　　⑧ Wang Z.，Zhang J. Agent-based Evaluation of Humanitarian Relief Goods Supply Capability [J]. *International Journal of Disaster Risk Reduction*，2019：101105.

续表

研究者	研究内容
Abebe，Y. A.[①] 等，2019	评估加勒比海圣马丁岛的洪水风险管理政策
Koch，Z.[②] 等，2020	评估某城市紧急事件中的救护车响应效率
Lu，P.[③] 等，2020	恐怖袭击中踩踏事件研究
Costa，R.[④] 等，2020	温哥华市的震后房屋恢复研究
Zhang，Z.[⑤] 等，2019	基于 Agent 仿真的特大区域灾后再入交通评估
Mirahadi，F.[⑥] 等，2019	评估建筑物疏散安全性

　　"人工社会"由美国兰德公司在 20 世纪 90 年代初提出，认为人类社会是由大量个体人构成的复杂系统，很难从整体上对其特征和演化规律进行精确的量化分析；但是人类社会是由海量个体行为交互产生的，可以通过计算机对人类个体进行模拟，根据一定的规则进行相互交互构建人工社会模型，对人类社会进行研究。

　　我国学者王飞跃提出并推动了人工社会（Artificial Societies）—计算实验（Computational Experiments）—平行执行（Parallel Execution）相结合的 ACP 方法，并系统地将其应用到应急管理研究中[⑦]。ACP 方法针对无法拆分还原、强时效性和动态变化的极端环境，着眼无法重复实验、高度不确定和罕见多变无规律可循的非常规突发事件。研究团队归纳了非常规突发事件对仿真的需求，讨论了非常规突发事件对建模仿真技术的新挑战[⑧]，系统阐释了人工社会生成系统的设计原理、系统组成和功能。在平行系统基本思想的基础上，提出了一种突发事件动态模拟仿真与计算实验平台设计框架[⑨]。开发了计算实验的支撑工具，分析平

　　① Abebe Y. A.，Ghorbani A.，Nikolic I.，et al. Flood Risk Management in Sint Maarten-A coupled Agent-based and Flood Modelling Method ［J］. *Journal of Environmental Management*，2019，248：109317.

　　② Koch Z.，Yuan M.，Bristow E. Emergency Response after Disaster Strikes：Agent-based Simulation of Ambulances in New Windsor，NY ［J］. *Journal of Infrastructure Systems*，2020，26（3）：06020001.

　　③ Lu P.，Zhang Z.，Li M.，et al. Agent-based Modeling and Simulations of Terrorist Attacks Combined with Stampedes ［J］. *Knowledge – Based Systems*，2020，205：106291.

　　④ Costa R.，Haukaas T.，Chang S. E. Agent-based Model for Post-earthquake Housing Recovery ［J］. *Earthquake Spectra*，2021．37（1）：46 – 72.

　　⑤ Zhang Z.，Wolshon B.，Herrera N.，et al. Assessment of Post-disaster Reentry Traffic in Megaregions Using agent-based Simulation ［J］. *Transportation Research Part D：Transport and Environment*，2019，73：307 – 317.

　　⑥ Mirahadi F.，McCabe B.，Shahi A. IFC – centric Performance-based Evaluation of Building Evacuations Using Fire Dynamics Simulation and Agent-based Modeling ［J］. *Automation in Construction*，2019，101：1 – 16.

　　⑦ 王飞跃：《人工社会、计算实验、平行系统——关于复杂社会经济系统计算研究的讨论》，载于《复杂系统与复杂性科学》2004 年第 4 期。

　　⑧ 邱晓刚、樊宗臣、陈彬、曹志冬、王飞跃：《非常规突发事件应急管理仿真的需求与挑战》，载于《系统仿真技术》2011 年第 3 期。

　　⑨ 王飞跃：《平行应急管理系统 PeMS 的体系框架及其应用研究》，载于《中国应急管理》2007 年第 12 期。

行应急管理计算实验的过程，并据此设计了计算实验管理体系，构建了"人工北京"系统予以验证①。

随着应急管理部《应急管理信息化发展战略规划框架》的实施，国内使用仿真技术的应急管理应用成果激增。产业化比较成熟的方向有突发事件预演、评估及其应对政策制定，比如地震应急救援、大型活动突发事件应对演习、电力系统崩溃应急响应，水库溃坝的危害分析、地铁及重点场所的应急疏散等。这些应用常常在呈现上结合建筑信息模型（Building Information Model，BIM）和三维仿真技术，能有效降低仿真技术的使用门槛，以便应急管理研究者与管理者使用仿真技术辅助事件分析、应用仿真结果辅助应急决策。

二、扩展现实技术：物理世界—信息世界交互

扩展现实（Extended Reality，ER）技术，被称为未来人类交互的终极形态，利用多种计算机仿真技术实现虚拟世界和现实世界多种组合方式的融汇，在现实空间里叠加虚拟空间，将虚拟空间投射到现实空间。扩展现实技术是虚拟现实（Virtual Reality，VR）、增强现实（Augmented Reality，AR）、混合现实（Mixed Reality，MR）以及其他可以融合物理世界和虚拟世界的新兴沉浸式技术的统称②。扩展技术的发展很可能改变人类当前的交互方式、认知方式，甚至是生产生活方式。

（一）主要扩展现实技术

虚拟现实（VR），是将用户意识带入一个完全由计算机虚拟的世界，通过视觉、声音交互的不断提升，用逼真的场景和画面刺激人类的感官，从而提供极致的沉浸体验③④。VR 技术的概念兴起得较早，发展得也较快。自 2016 年后，VR 与游戏、影视的密切结合，为 VR 应用能力的快速提升积累了大量专业人才和基础技术，VR 软硬件逐渐趋于成熟。尤其 5G 时代的到来，过去运算能力和成本限制虚拟现实广泛应用的局面得到进一步改善，VR 产品变得成本降低、更加易

---

① 孟荣清、邱晓刚、陈彬、樊宗臣、张鹏：《平行应急管理中人工社会计算实验的管控设计》，载于《系统仿真学报》2014 年第 10 期。

② What Is Extended Reality Technology? A Simple Explanation For Anyone ［EB/OL］. https：//www. forbes. com/sites/bernardmarr/2019/08/12/what-is-extended-reality-technology-a-simple-explanation-for-anyone/.

③ What Is Extended Reality（XR）Technology? ［EB/OL］. https：//xd. adobe. com/ideas/principles/human-computer-interaction/what-is-extended-reality-technology/.

④ Qualcomm Technologies. Making Immersive Virtual Reality Possible in Mobile ［EB/OL］. https：//www. qualcomm. com/documents/making-immersive-virtual-reality-possible-mobile.

用、效果流畅，各领域的应用产品层出不穷。

增强现实（AR），与 VR 是让用户沉浸在模拟数字环境中相反，AR 是将计算机虚拟的信息和对象投射到现实世界中，通过图像、文本和动画等数字细节增强人类对现实世界的体验感[①]。AR 增强现实有三大核心要素：虚实结合融合现实、实时人机交互、虚实世界三维匹配。AR 通过光学系统，将虚拟信息投射至现实世界中，并辅以人机交互技术，让投射的内容可以随用户需求进行调整，以此增强用户的体验感。AR 光学显示有 4 种方案：LCOS + 棱镜、透明 OLED/Micro – LED 自由曲面、LCOS/DLP + 波导、LBS（激光束扫描）+ 全息反射膜。从技术发展的趋势来看，光波导可能成为 AR 技术未来的主要方向。目前受制于技术还不够成熟，AR 主要应用于文化娱乐、展示展览、教育培训等领域。

混合现实（MR），MR 技术集合了 VR 和 AR 技术将现实世界和虚拟世界进行融合，创建出一种新的视觉环境，物理对象和数字元素在其中共存且实时交互。既可以像 AR 一样在物理空间中叠加计算机虚拟的信息和对象，又可以如 VR 一般，用户可以在物理空间中对虚拟信息和对象进行交互式操作[②]。MR 处于相对较新的技术和产品探索研发期，目前只有一些带有简单 MR 功能的测评产品问世，远未达到广泛应用的条件，例如微软 MR 头显 HoloLens[③] 等。虽然 MR 技术的发展任重而道远，但其潜力不容忽视。

（二）扩展现实技术在应急管理领域的应用

XR 技术借助其形象、生动的交互优势，形成了一些典型应用案例，也逐渐在公共安全应急管理工作中被广泛采用。现对 XR 在突发事件预防与准备、监测与预警、处置与救援、恢复与重建工作中的应用进行简要阐述与展望。

1. 预防与准备中的应用

生动形象的沉浸式技术 XR，在安全与防灾教育培训、电子应急预案方面有着得天独厚的优势，不但可以解决传统的应急演练不可控、人力物力耗费大的弊端，而且能无限次使用，极大降低应急教育与培训的成本和风险。同时 XR 技术将预案文本转化成直观的突发事件场景，可以帮助应急管理工作的各方参与者都能身临其境般体验和了解预案内容，不但利于应急预案的宣传普及，增强参与者的防灾减灾意识，同时应急演练的结果又能够作为应急预案修改改进的参考依据，进一步助推

---

① 王家彬等：《牡丹花开新时代：AR/VR 智慧工程中心规划设计方案初探》，社会科学文献出版社 2018 年版。

② What is Extended Reality（XR）？［EB/OL］. https：//www. visualcapitalist. com/extended-reality-xr/.

③ 《感受 2 万元的黑科技！微软 MR 头显 HoloLens 测评》，https：//vr. pconline. com. cn/826/8260220. html.

应急预案更加全面、科学、具有可操作性。目前国内已有众多 XR 领域的企业提供相关产品服务或整体解决方案，例如，北京当红齐天集团进军应急教育行业，发展 5G + XR 产品助力青海应急产业发展；广东芬莱信息科技在 VR + 安全教育、电力培训领域深耕，为广东电网综合应急基地提供虚拟现实仿真培训系统；北京黑晶科技通过 VR 技术模拟火灾、地震、交通、用电、溺水等灾难及安全隐患场景，将安全教育现场化，帮助用户增强安全意识，身临其境学习紧急情况应对措施；武汉湾流科技主要针对电力企业研发应急防灾的输电线路次生灾害仿真训练系统；北京瑞丰宝丽科技面向安全管理行业，提供 AR + 安全的整体解决方案等。

随着 XR 技术的不断成熟、虚拟安全教育素材的大量积累，未来越来越形象生动、逼真的沉浸式教育很可能成为应急教育的主流方式。

2. 监测与预警中的应用

XR 技术在突发事件的监测与预警工作中同样有其应用场景，尤其是 AR、MR 等可以通过虚拟信息增强人类对现实世界感受的沉浸式技术，对于提升突发事件监测预警工作质量和效率有着重要的意义。

目前工业安全生产领域应用得较多，工作人员在进行安全检查时佩戴 AR 智能巡检眼镜终端，设备将按照设定好的标准检查流程，通过追踪和定位用户的实时位置，适时地将待检查点和检查任务清单直接投射到用户视野中，用户可以根据全息画面的指导规范完成安全检查工作，避免因为疏忽部分关键节点的检查而导致事故发生。借助机器视觉、边缘计算、人工智能等技术，设备甚至可以快速采集设备或线路的状况，并快速识别出有变化的地方，及时提醒用户详细检查，提升安全检查工作的质量。部分 MR 产品可以将技术资料存储在一体式巡维设备中，用户可以根据需求进行调用，将技术资料投射到视野中，方便用户与待检查的节点进行对比分析，实现巡维工作无纸化，解放巡维工作者的双手，进一步提升安全检查工作的效率。相关应用产品如瑞丰宝丽科技的 AR 智能巡检[①]、芬莱科技的 AR + 电力运维解决方案[②]、联想新视界科技依托于 MR 眼镜设备的 OBE 工业智能检测系统[③]等。除了工业领域外，近年来面向安防工作、社会管理的 AR 产品也不断出现，例如联想新世界科技基于 AR 智能眼镜的智慧安防解决方案可以为各级公安干警创造一个在任何时间、任何地点、对各项公安数据进行检索和采集的环境；2021 年两会疫情防控工作中使用的 Rokid Glass 2 等[④]，可帮助一线记者在会场中实时了解人物信息资料，还可以第一视角进行现场直播，只需

---

① 《AR 智能运维》，http：//www.ruifbl.com/argyjjfa。
② 《芬莱科技 - 解决方案》，http：//fly-tech.com.cn/a/jiejuefangan/。
③ 《联宝 OBE 工业智能检测系统》，https：//www.shadowcreator.com/shows/details.html？id =2&type =2。
④ 《两会期间，这幅 AR 眼镜负责防疫测温任务！》，https：//www.sohu.com/a/447441607_99973031。

手势或语音控制即可完成视频录制、拍照、直播等工作，拍摄时还能与后方编辑实现屏幕共享、实时互动等功能。未来随着 AR、XR 技术的进一步发展，势必会有更多的产品将被广泛应用于突发事件的监测和预警工作中。

XR 的意义不仅是帮助人类更轻松、更高效地规范完成监测和预警工作，更重要的是在用户使用 XR 设备进行安全检查、社会管理等工作时，用户根据提示信息做出选择的行为数据相较其他途径更客观、更容易被记录收集，而这些数据集有着深远的意义。例如，可以在大量行为数据积累的基础上，利用机器学习开发更加智能的无监督监测和预警算法，进一步充分挖掘科技驱动潜力，提升对突发事件的监测和预警能力。

3. 处置与救援中的应用

如同 XR 巡维设备一样，在进行应急处置与救援工作时，利用 XR 技术的辅助，救援人员或应急决策者可以更便捷地对事件态势进行全面感知和深度分析，从而更有针对性地根据相关知识、经验快速做出应急决策。

处置和救援工作中的医疗急救、工程抢修、灾难现场救援、秩序恢复等都已经得到了 XR 技术的赋能。尤其是面对类似卡特琳娜飓风、汶川地震、新冠肺炎疫情等灾害，往往常规医疗资源无法及时进入灾区，借助 XR 可以让权威专家能够第一时间详细掌握患者受伤状况与灾区护理环境，进而实现远程培训和指导灾区医护工作者的医疗急救工作[1]；杜克能源公司通过瑞欧威尔采用 AR 产品 Real-Wear HMT-1 优化传统电力抢修方案，实现工程抢修过程中一线工程师无需携带纸质文件，根据设备的分步提示指导信息进行工程抢修即可，通过全语音的形式高效完成损坏评估和恢复工作，既提高应急抢修工作的效率，又能最大限度保障现场抢险工作人员的安全[2]；灾难现场的复杂性会严重妨碍救援工作，借助增强现实技术将有效改善这种情况，例如 Qwake Technologies 的 C-Thru 系统和 Command SightAR 眼镜，能够辅助救援人员更快速地在复杂的空间内定位和营救幸存者[3]；应急处置和救援工作中，秩序恢复是不容忽视的工作之一，XR 技术同样可以在其中发挥作用。常态化新冠肺炎疫情防控期间，大量智能 AR、MR 测温设备为在疫情风险依旧存在的情况下最大限度恢复正常生产生活秩序有着重要的贡献。

对于应急方案选择、决策制定、资源调配等需要全局考虑的应急管理工作，利用 XR 技术可更形象地呈现应急方案，方便决策管理者更快速地理解各方案的

---

① Munzer B. W., Khan M. M., Shipman B., et al. Augmented Reality in Emergency Medicine: A Scoping Review [J]. *Journal of Medical Internet Research*, 2019, 21 (4): e12368.

② 《夏季风暴来袭，AR 智能眼镜提高电力抢修效率》，https://zhuanlan.zhihu.com/p/37224747。

③ Augmented Reality in Emergency Management: Enhancing Situational Awareness for Rescue Missions https://arpost.co/2021/02/03/augmented-reality-emergency-management/。

内容，适时地做出应急决策。此外，通过救援人员佩戴 XR 设备收集影像和分析数据的实时上传，能有效提升应急管理者对灾害现场的掌握，进而能够缓解应急状态下信息不充分导致的决策失误问题，提升应急处置和救援工作的效能。

虽然目前的应用产品只能起到拓展人类在灾害现场的观察视野和维度，以及救援人员通信与定位等简单的辅助功能，但 XR 已经成为技术趋势，未来更成熟的 XR 技术有极大可能改善现今的灾难处置和救援工作，随着更加先进的基于 XR 的算法模型、人工智能等不断被研发，人类面对突发事件时作出的应急选择有望不断趋近最优，尽可能地控制突发事件给人类社会造成的损失。

4. 恢复与重建中的应用

恢复和重建是全生命周期应急管理事后阶段的重要内容，既涉及物质的恢复重建，也包括心理（文化）的恢复重建。目前，XR 沉浸式交互体验已在恢复与重建的心理恢复建设中有了广泛应用。例如宏观社会心态重建方面，汶川地震十年祭时，借助无人机、VR 等技术手段，拍摄制作的全景图片和视频集，直观地回溯十年地震重建的点点滴滴，极大地鼓舞了灾区群众士气；微观个体心理危机干预方面，新冠肺炎疫情期间北京国奥心理医院、星鲨科技集团针对 PTSD、抑郁症、焦虑症、自闭症、恐惧症、睡眠障碍症、进食障碍症等一系列心理疾病，共同研发更丰富的沉浸式心理治疗场景，利用虚拟现实技术助力心理治疗工作①。

随着新科技革命的发展，在包括 XR 技术在内的一系列现代前沿技术的赋能下，人类社会的韧性将会越来越强，让我们更有勇气和能力面对未来的不确定性，通过高效能的应急管理取得公共安全的更好前景。

三、数字孪生技术：三元交互

数字孪生（Digital Twin）是指借助数据模拟物理实体在现实环境中的行为，通过虚实交互反馈、数据融合分析、决策迭代优化等手段，为物理实体增加或扩展新的能力②，被视作有效解决信息物理融合难题的关键技术之一。

美国工业互联网核心框架和德国工业 4.0 架构中都将数字孪生纳入并作为重要组成部分③④，中国科协在 2020 重大科学问题和工程技术难题清单中将"如何

---

① 《利用虚拟现实技术进行新冠肺炎疫情心理干预与治疗》，http：//science. china. com. cn/2020 - 03/10/content_41085506. htm，2022 - 4 - 13。

② Tao F.，Cheng J.，Qi Q.，et al. Digital Twin-driven Product Design，Manufacturing and Service with Big Data ［J］. *The International Journal of Advanced Manufacturing Technology*，2018，94：3563 - 3576.

③ Burke B.，Austin T.，Searle S.，Cearley D. W. Top 10 Strategic Technology Trends for 2017：Conversational Systems ［J］.

④ Cearley D.，Burke B.，Searle S.，et al. Top 10 Strategic Technology Trends for 2018 ［J］. *The Top*，2016，10：1 - 246.

建立虚拟孪生理论和技术基础并开展示范应用"列为前沿科学问题之一①。美国工业互联网联盟（IIC）、IDC、埃森哲、中国信通院、赛迪等研究机构相继发表了与数字孪生相关的白皮书，我国工信部、发改委等众多政府部门近年也多次在政策文件和会议中提到数字孪生。可见，数字孪生技术已成为政府、科研机构、企业等社会各界广泛关注的热点。

数字孪生的概念是由美国密歇根大学迈克尔·格里夫斯（Michael Grieves）教授于 2002 年首次提出②。在此基础上，不同领域的研究者提出了自己的定义，进行了概念扩展和应用泛化。比如，西门子公司认为，数字孪生是产品或生产工厂的精确虚拟化模型，展示了产品和生产全生命周期的演进，用于理解、预测和优化对应物的性能特点③；北京航空航天大学张霖等学者④认为，数字孪生是物理对象的数字模型，该模型可以通过接收来自物理对象的数据而实时演化，从而与物理对象在全生命周期保持一致。

数字孪生技术在各个行业有广泛的应用场景。陶飞教授团队归纳了数字孪生在航空航天、电力、汽车、石油天然气、健康医疗、船舶航运、城市管理、智慧农业、建筑建设、安全急救、环境保护等 11 个领域、45 个细分类的应用⑤。

（一）数字孪生的通用模型

数字孪生五维模型是一个通用的参考架构，能适用不同领域的不同应用对象与物联网、大数据、人工智能等新 IT 技术集成，满足信息物理系统集成、信息物理数据融合、虚实双向连接与交互等需求。它的五维结构包括物理实体、虚拟模型、服务系统、孪生数据和连接。孪生数据（DD）集成融合信息数据与物理数据，满足信息空间与物理空间的一致性与同步性需求，能提供全要素/全流程/全业务数据支持；服务系统（SS）对数字孪生应用过程中面向不同领域、不同层次用户、不同业务所需的各类数据、模型、算法、仿真、结果等进行服务化封装，并以软件应用的形式提供给用户；连接（CN）实现物理实体、虚拟实体、服务及数据之间的普适工业互联，从而支持虚实实时互联与融合；虚拟实体

---

① 《中国科协发布 2020 重大科学问题和工程技术难题》，https：//www. cast. org. cn/art/2020/8/15/art_79_130777. html。

② Grieves M. W. Product Lifecycle Management：The New Paradigm for Enterprises ［J］. *International Journal of Product Development*，2005，2（1-2）：71-84.

③ SIEMENS. Digital twin ［EB/OL］. https：//www. plm. automation. siemens. com/global/zh/our-story/glossary/digital-twin/24465，2022-4-13.

④ 张霖：《关于数字孪生的冷思考及其背后的建模和仿真技术》，载于《系统仿真学报》2020 年第 4 期。

⑤ 陶飞、刘蔚然、张萌等：《数字孪生五维模型及十大领域应用》，载于《计算机集成制造系统》2019 年第 1 期。

（VE）从多维度、多空间尺度及多时间尺度对物理实体进行刻画①。

（二）数字孪生关键技术

数字孪生按照从基础数据到应用依次可以分为数据层、模型层、功能层和沉浸式交互层，每一层的实现都建立在前面各层的基础之上，是对前面各层功能的进一步丰富和拓展②，详见图9-5。

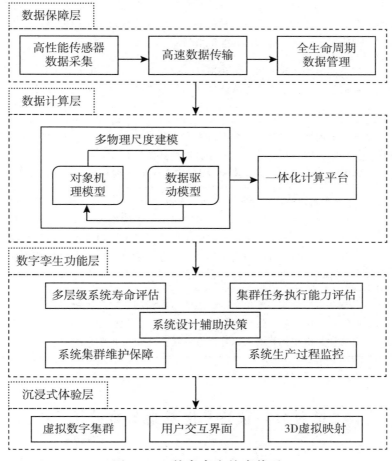

图9-5　数字孪生技术体系

① 陶飞、刘蔚然、张萌：《数字孪生五维模型及十大领域应用》，载于《计算机集成制造系统》2019年第1期。

② Tuegel E. The Airframe Digital Twin：Some Challenges to Realization ［C］//53rd AIAA/ASME/ASCE/AHS/ASC structures，structural dynamics and materials conference 20th AIAA/ASME/AHS adaptive structures conference 14th AIAA. 2012：1812.

整个技术体系中较为关键的技术及面临的挑战如表 9 – 13 所示。

表 9 – 13　　　　　　　　　　数字孪生关键技术与面临挑战

关键技术	挑战性技术问题
问题建模	对于机理结构复杂的目标系统，从不同领域视角对物理系统进行跨领域建模不仅会导致系统方程具有很大的自由度，而且难以建立精确的模型，因而用数据驱动的方法利用历史和实时运行数据，对物理模型进行更新、修正、连接和补充。目前数据驱动与模型相融合的方法有两种思路，一种是以模型为主，利用数据驱动的方法对模型的参数进行修正；另一种是将两种方法并行使用，最后进行加权得到评估结果
数据采集	高精度传感器数据的采集和快速传输为整个孪生系统起到了基础的感知作用。数据采集的难点在于传感器的功能、精度、可靠性以及传输过程中的实时性和安全性
数据管理	全生命周期数据存储和管理需要实现数据的高速读取、安全冗余备份，系统具备时间戳、时间片、时间快照等数据提取功能。技术挑战在于如何优化数据的分布架构、存储方式和检索方法，获得实时可靠的数据读取性能
人机交互	VR 技术可以将实体系统的反馈结果以虚拟映射的方式叠加到所创造的孪生系统中，通过简单的手势导航，不同层级的系统结构和状态会呈现在使用者面前，从多个方面提供沉浸式的现实体验，便于使用者通过孪生系统迅速地了解和学习目标系统的原理、构造、状态、趋势等，并能启发其改进目标系统的设计，为优化和创新提供灵感
计算平台	实时性是衡量数字孪生系统性能的重要指标，综合考量系统搭载的计算平台的计算性能、数据传输网络的时间延迟，优化数据结构、算法，满足系统的实时性分析和计算要求，是保障系统实时性的重要手段

第四节　信息空间数据分析技术

一、平台感知的时空数据分析技术

人类社会空间中的数据基本都与时间和位置有关。时空数据是同时具有时间和空间属性的数据，时空大数据包括时间、空间、专题属性三维信息，具有海量多源、更新快速的综合特点。在城市公共安全应急救援，安全监测的各种平台系统中，监管对象常常以时空分布的形式呈现，并辅助以决策人员各种时空数据分析工具，几乎在所有类型的突发公共事件的大数据分析研究和应用项目中都能找到时间数据分析的身影。地理信息系统（Geographic Information System，GIS）的应用极大拓展了公共安全和应急管理领域对时空数据分析的需求。

（一） 时间数据概述

时间数据又称时间序列数据（Time Series Data），是指依照时间顺序在不同时间点上收集的数据，用于描述研究对象随时间变化的情况，反映某一事物、现象等随时间的变化状态或程度[①]。

时间序列分析起源于英国统计学家尤尔（G. U. Yule）提出的自回归（Auto Regressive，AR）模型，该模型与沃克（G. T. Walker）提出的移动平均（Moving Average，MA）模型和自回归滑动平均（Auto Regressive Moving Average，ARMA）模型，共同组成了时间序列分析的三大基础模型。

现代时序分析的发展，一方面是因为随着人类研究领域不断拓展、商业经营和决策分析等不断提出新需求，另一方面受益于现代数学概率论中统计学中差分、指数、移动平均、百分数偏差等技术工具的发展和应用，二者极大地推动了现代时间序列的基础理论和分析方法的发展与完善。

时间数据分析有两大主要内容，频域分析和时域分析。频域分析又称谱分析，是从系统模式或行为中分离随机白噪声，最终发现序列的真实过程或现象特征，如平稳性水平、季节性长度、振幅、频率和相位等[②]。时域分析把时间序列看作独立的若干周期性的叠加，通过研究各个分量的周期性变化，揭示其规律。目前时域分析领域有着面向单变量、线性时间序的 AR 模型、MA 模型、ARMA 模型和 ARIMA 模型等，面向非线性的 TAR 模型等。

（二） 时间数据分析方法

时间数据在时间轴上的分布稀疏非常容易受到噪声的干扰，在进行分析工作前做时间数据的分类、聚类、异常值处理是进行时间数据分析工作的基础。

时间数据分类常用决策树、KNN、神经网络等方法。分类预处理阶段常需要

---

① 贾俊平、何晓群、金勇进：《统计学（第二版）》，中国人民大学出版社 2004 年版。

② Kirchgässner G.，Wolters J.，Hassler U. *Introduction to Modern Time Series Analysis* ［M］. Springer Science & Business Media，2012.

压缩数据，常用欧式距离、基于区域极值提取等方法。

时间数据聚类常用基于划分的聚类法、层次聚类法、基于密度的聚类方法、基于网格的聚类方法等。预处理阶段常用技术有离散傅立叶变换、分段聚合近似和符号化聚合近似，实现对时间数据的降维。

异常数据是指那些偏离了其他数据项的个别数据项。虽然异常数据在研究分析工作中大多是噪声数据，但有时这些异常数据背后却有着很重要的信息。所以对异常数据的分析在数据分析工作中是不可或缺的，常见的实践数据异常检测详见表 9 – 14。

表 9 – 14   常用的时间数据异常检测方法

方法	判定依据	适用条件
统计检验	创建数据模型，根据对象拟合模型的情况进行评估。低概率出现在统计模型中的是异常数据	适用有充分先验知识的数据，用于多元高维数据效果不好
距离检测	定义一个距离函数，如果一个对象的最邻近项在距离较远的特征空间是异常数据	方便易用。但对于距离难以定义或具有不同密度区域的数据集不适用
密度检测	分布在低密度区域的数据项是异常数据	适用密度分布不均匀的数据

（三）空间数据基础模型

空间数据（Spatial Data）用来表示物体的位置、形态、大小分布等各方面的信息，是对现实世界中存在的具有位置属性的事物和现象的定量描述。根据其在信息系统中的存储组织、处理方法的不同，空间数据又可分为图形数据和影像数据。图形数据包括各种类型的地图、高程模型（DEM）和其他实测的地形数据。影像数据主要来源于卫星、航空遥感等，尚未有效数据化，利用率相对比较低[1]。

从数据结构上来看，有四种类型的空间数据：（1）点数据。一系列位置点组成的数据集合，比如马拉松运动者或者疾病的发生。（2）空间连续数据。一组预先确定位置且抽样得来的数据。（3）区域数据。区间可能是规则的，比如遥感的栅格，也可能是不规则的，比如区、县、国家。（4）空间交互数据。起点—终点或者不同点之间的连接数据。

---

[1] 张新长、曾广鸿、张青年：《城市地理信息系统》，科学出版社 2001 年版。

定义事件 E、对象 O、属性 P 的集合。令 Z_1，Z_2，$\cdots$，Z_K 为 K 个随机变量，S 指定点或者区域的位置，则空间模型可以表示为：

$$\{Z_1(i), \ Z_2(i), \ \cdots, \ Z_k(i) \,|\, S(i)\}_{i=1,2,\cdots,n} \tag{9.1}$$

（四）空间数据分析方法

空间数据分析作为当前大数据技术最活跃的分支与知识获取手段，在地理信息系统中的应用推动其朝智能化和集成化的方向发展。空间数据分析是指从空间数据库中抽取隐含的知识和空间关系，并发现其中有用的特征和模式的理论、方法和技术[1]。常用空间数据分析工具如表 9 – 15 所示。

表 9 – 15 常用空间数据分析工具

工具类型	工具名称	优缺点
大型空间数据分析软件	ArcGIS SuperMap	这类软件以地理信息系统平台为基础且地理信息系统的独特功能是空间数据的管理与分析，所以在空间数据获取和空间表达上优势突出，但对复杂的统计分析仍有不足
传统统计分析软件	Matlab RSAS 等	这些软件集数据处理、图形显示、空间分析等技术于一身具有复杂的统计分析功能，但其在空间数据的获取和表达能力方面具有较多不足
独立开发的空间数据分析软件包	GeoDa SpaceStat Crime-eStat SaTScan 等	这类软件的特点是加入了最新的分析理论和方法能够突出地反映空间信息的本质，因其多应用于科学研究领域故未能形成大规模的开发需求

空间数据的分析分为探索性分析、统计分析、预测性分析和交互数据分析。以下做简要介绍[2][3]。

（1）空间探索性分析。绘图和地理可视化是探索分析的基础，更进一步地探索分析需要高度交互式的动态环境。探索分析重点是描述空间分布，发现空间聚集的模式以及识别异常值。

---

① 樊重俊、刘臣、霍良安：《大数据分析与应用》，立信会计出版社 2016 年版。

② 曼弗雷德·M. 费希尔、王劲峰：《空间数据分析：模型、方法与技术》，张璐、肖光恩、吕博才译，中国人民大学出版社 2018 年版。

③ 沈体雁、于瀚辰、曹巍巍、何泓浩：《空间计量分析软件：GeoDa、GeoDaSpace 和 PySAL 操作手册》，北京大学出版社 2019 年版。

443

（2）空间统计分析。将空间数据矩阵化，进行空间自相关假设检验，如果假设被接受，即表明数据非随机变量具有空间统计价值。其他统计检验还包括空间最小二乘估计、最大似然估计、空间相关性检验等。

（3）空间预测性分析。包括空间回归模型、空间分类模型、空间聚类模型，以及用以解释滞后效应的空间杜宾模型（Spatial Dubin Model，SDM）等。

（4）空间交互数据分析。交互信息可能是移动轨迹也可能是资金流、物流或信息流。常用有广义空间交互模型、泊松空间交互模型、空间交互的空间相关性等分析工具。

（五）应急响应中的路径规划

2015 年中国上海发生踩踏事件后，微软亚洲研究院郑宇等开发了 ST – ResNet 模型，预测在一个城市中的每个区域人流的流入量和流出量，为突发事件的疏散规划做基础条件准备[1]。目前，国内不少城市已经建设了应急疏散监测系统和响应系统。

紧急情况下将处于事件中的受困人群转移到安全的地方，这种人群转移路径被称为疏散路径。针对突发事件的特点与影响程度，疏散路径被分为理想的疏散路径、可行的疏散路径、逃生的疏散路径。理想的疏散路径指人员疏散过程中不受事件影响的疏散路线；可行的疏散路径指满足一定安全条件的路线；逃生的疏散路线是指以人类对事故中的最大环境承受能力作为判断依据而选择的路线[2]。典型的疏散路径规划基于 Dijkstra 算法，考虑最大流、最短时间以及给定时间最大流通率等约束条件，近来也有一些研究将遗传算法、Pareto 最优解算法、深度学习的方法引入了疏散路径规划。疏散路径规划是典型的时空约束条件下的最优化问题。

在城市公共安全事件中与疏散路径相关的另外两个算法主题是救援物资的路径规划和搜救机器人的路径规划。救援物资的路径规划一般归结为多目标约束下的线性规划模型，以及特殊条件约束下非线性规划问题、最大覆盖网络（Maximal Covering Network Design Problem，MCNDP）设计问题。机器人搜救过程中需要考虑障碍物规避、运行时间与效率等，常用基于随机树、伪随机树、A * 与栅格法结合的算法[3]。三种路径规划方法有相当互相借鉴的空间。

① Zhang J. , Zheng Y. , Qi D. Deep Spatio-temporal Residual Networks for Citywide Crowd Flows Prediction [C]//Proceedings of the AAAI conference on artificial intelligence，2017，31（1）.

② 薛磊：《基于超网络模型的室内应急路径规划研究》，中国矿业大学博士学位论文，2020 年。

③ Neto A. A. , Macharet D. G. , M. Campos M. F. Multi-agent rapidly-exploring pseudo-random tree [J]. *Journal of Intelligent & Robotic Systems*，2018，89：69 – 85.

数据驱动的公共安全风险治理

二、视频感知的视频数据分析技术

视频数据是一种非结构化的数据类型。视频数据本质上是一组时域空间上连续的二维图像帧序列，一般用矩阵序列表示。因为摄像头的普及，视频数据分析需求非常大，处理目标和分析方法复杂多样。视频数据分析应用落地的形式从计算模式上看，视频分析有云端和移动端两种模式。云端面临的问题是网络延迟和中心成本问题。而移动端面临的挑战是计算资源有限与需求多样性的矛盾，对算法要求会更严苛。

（一）视频分析的基本技术原理

传统机器学习方法进行视频分析，首先需要进行数据预处理，比如图像裁减、色差平衡化等，按照目标任务的分类框架设计各种特征提取：点特征、边缘特征、轮廓特征等。特征提取完成之后，选择一个分类器（SVM、Random Forest、KNN 等），针对具体问题再加入一些后处理，得到最终分类识别结果，详见图 9-6。

图 9-6　机器学习视频分析流程

近年来，在 ImageNet 数据集的推动下基于深度学习的模型在视频分析领域取得了巨大成功[1]。

深度学习算法的方式是用端到端（数据端到目标端）的卷积神经网络，替代前面说的四个步骤。对于数据端而言，常常数据即原始数据，对于视频来说就是 RGB 的值。对于学习的目标端，需定义损失函数和优化目标。深度学习的过程就是一个迭代收敛的过程。比如对一个 R×R 二维像素矩阵，用一个转换器（Filter）进行整体的卷积，卷积完成后输出，从前端到输出产生一个 Channel。卷积神经网络可以有 M 个 Filter，这样最后得到的也是 M 个 Channel，Channel 组合可以形成一些表达。另外，处理过程可以加入各种非线性层，即所谓池化（Pooling）层，在时序上或者空间上对它进行各种抽样；另外会使用各种非线性转移的 Sigmoid 方程，最终将多层卷积进行多层组合连接以获得最佳拟合效果。总的

---

① Deng J., Dong W., Socher R., et al. Imagenet：A large-scale hierarchical image database ［C］//2009 IEEE conference on computer vision and pattern recognition. Ieee, 2009：248-255.

来说，卷积神经网络能够训练出非线性系统，不需要再人为去设计各种特征试错，可以将精力都放在数据和模型两端。

在视频分析中的多分类问题，数据的类别标签 y 的取值为 k 个，对于给定的输入数据 x，估算出对于每一个类别 j（$j=1$，2，$\cdots$，k）的概率值 $P(y=j \mid x)$。即以 x 作为输入，求每一种分类结果出现的概率。

$$h_0(x_i) = \begin{bmatrix} P(y_i = 1 \mid x_i;\ \theta) \\ P(y_i = 2 \mid x_i;\ \theta) \\ \vdots \\ P(y_i = k \mid x_i;\ \theta) \end{bmatrix} \tag{9.2}$$

式中，θ 指网络训练好的参数。在卷积神经网络的输出层中，选取概率值最大的类别 j 作为分类的结果。

因为特定任务在计算成本和足够规模的样本获取成本上的代价，深度学习并不能完全代替传统机器学习方法在视频数据处理领域的工作。目前有两种方法来解决减缓标注成本问题，一是半监督对象检测方法（Semi – Supervised Object Detection，SSOD），二是弱监督对象检测方法（Weakly Supervised Object Detection，WSOD）。SSOD 方法在应用中，只需要手动标记一部分训练实例（用相应的边界框和语义标签），学习者利用这种有限的注释来推断未标记训练图像上的实例标签，并基于标记的训练图像和未标记的训练图像来学习最终的对象分类器。SSOD 可以线性地减少注释训练数据的工作量，但仍需要人工为训练图像划分边界框级别的注释。WSOD 需要人们在所有训练图像上标注图像级标签以指示相应图像所包含的对象类别，而不再需要更详细的边框标注。

（二）视频分析的任务

面向应用的视频分析建立在若干模块化的视频分析任务上，常见任务有特征抽取、时间分割、视频摘要和目标检测。

1. 抽取特征（Video Feature Extraction）

视频分析的基础工作是抽取特征，常用特征表示方法有静态特征、运动特征和语义特征。（1）静态特征：静态特征需要的计算成本比较低，也能够满足许多应用的要求，使用比较广泛。早期视频分析工作多利用颜色信息的纹理特征，基于定向梯度直方图、协方差、线性判别分析（Linear Discriminant Analysis，LDA）、自组织要素图（Self – Organizing Map，SOM）等将多个要素空间转换为一维矩阵空间。（2）运动特征：运动是包含视频的时间信息和对象运动的关键特征。利用三维时空描述对基于帧的图像特征进行扩展，得到运动特征。（3）语义特征：分析目标建立在预先设定的对象语义属性上的方法。使用视频事件识别语

446

言和视频事件标记语言可以提升大规模视频语义的识别任务管理。和自然语言处理技术相结合，使用语义和文档，基于查询检索信息，用于视频检索的增量概率潜在语义分析是语义特征表示中的最新方法。

2. 时间分割（Video Temporal Segmentation）

视频时间分割是将视频序列分割成根据特定标准不同的连续帧的不相交的集合。最常见的分割方式分为镜头（Shots）、摄像（Camera-takes）或场景（Scene）。通过捕获对象的块运动矢量及其方向来识别对象，使用直方图确定对象的方向后，进行运动处理矢量化。视频内容结构化（Video Content Structuring）是时间分割相关的后续任务，是将视频迭代切分成较小单元，使用矩阵相似合并直到聚合到关键帧。视频一般被结构化为以下层次：

Videos – Stories – Scenes – Shots – Subshots – KeyFrames

3. 视频摘要（Video Abstraction）

摘要是使用视频中标识的特征对原始视频的简略表示，广泛用于视频注释和检索。Video Summary 和 Video Skimming 是两种主要类型的视频摘要。Video Summary 属于静态类型的摘要，主要任务是查找关键帧，方便快速浏览。Video Skimming 属于动态摘要，用亮点和摘要序列提供有关整个视频的浓缩信息[1]。视频摘要相关的后续任务是视频索引（Video Index），索引是对视频内容进行排序以实现动态高效的视频存储和检索的过程。视频索引同时考虑了静态背景区域识别和对象的动态运动。

4. 目标检测（Object Detection）

目标检测是找出图像中所有感兴趣的目标（物体），确定它们的类别和位置，是计算机视觉领域的核心任务。由于各类物体有不同的角度、外观、形状和姿态，加上成像时光照、遮挡等因素的干扰，目标检测具有相当挑战性。常见的目标检测方法有点检测、段检测、背景提取、监督特征学习。基于目标检测的后续任务是目标跟踪（Object Tracking），视频数据中的目标跟踪依据捕捉的关键信息不同有点跟踪、核跟踪、轮廓跟踪等方法。

（三）视频分析在公共安全领域的应用

近年来深度学习、人体姿态识别等技术在视频数据分析领域取得了明显突破，同时技术社区基础公共数据集的建设开放也推动了该领域的发展，如 SVHN[2]、

---

① Li Y., Zhang T., Tretter D. An Overview of Video Abstraction Techniques［R］. Technical Report HPL – 2001 – 191，HP Laboratory，2001.

② The Street View House Numbers（SVHN）Dataset 街景房屋编号数据集［EB/OL］. ufldl. stanford. edu/housenumbers/.

VisualQA①、ImageNet② 和 MS – COCO③ 等。更重要的是，我国以"雪亮工程""中国天网""明厨亮灶""明亮工厂"等为代表的国家级视频监控项目建成了庞大的基础视频分析条件平台。据报道，目前我国已经建成世界上最大的视频监控网——"中国天网"，视频镜头超过 2000 万个，并利用人工智能和大数据进行警务预测，水平位居世界前列。表 9 – 16 显示了全国重要城市监控摄像头数量统计。

表 9 – 16　　　　　全国重要城市监控摄像头数量统计表

城市	摄像头数量（万）	城市面积（平方公里）	摄像头密度（个/平方公里）	常住人口（万人）	摄像头人均（个/千人）
深圳	40	1 953	205	1 344	30
上海	100	6 340	158	2 428	41
杭州	40	3 068	130	1 036	39
北京	115	16 410	71	2 153	53
重庆	29	4 403	66	3 124	9
广州	30	7 434	40	1 530	20
南京	22	6 597	33	850	26
苏州	27	8 488	32	1 075	25
天津	35	11 946	30	1 562	22
成都	31	12 390	25	1 658	19
武汉	20	8 494	24	1 121	18

注：数据统计时间于 2020 年 4 月。
资料来源：笔者根据相关资料整理。

以下列举一些公共安全场景下的视频智能监控应用：
（1）电子围栏：自动发现、标记出人员的位置，及时发现人员入侵禁入区域。
（2）异常行为预警：识别快速运动、打架斗殴等异常个体和群体行为。
（3）求救识别：识别公共场所人员遇到不法侵害的求救动作。
（4）敏感物体识别技术：识别有人携带敏感物体。
（5）网络直播敏感信息：识别直播中的疑似敏感行为。

---

① Visual Question Answering［EB/OL］. https：//visualqa. org.
② ImageNet 图像网［EB/OL］. https：//www. image-net. org/.
③ Common Objects in Context［EB/OL］. https：//cocodataset. org/g.

（6）审讯场景情绪监测：识别并标注审讯的过程中犯罪嫌疑人的小动作、微表情。

（7）人流分析：针对人员密集场所的监管需求，构建群体聚集分析模型，实时统计监控视频中的经过人数，智能判断出某区域是否有拥挤堵塞、异常聚集等事件发生。

（8）公共空间人员追踪识别：在不同场景、不同光线、不同视角下的视频中准确搜索出目标人，勾勒出其行动轨迹，并对人脸、衣着、姿态等打标签，为情报分析人员进行更高层次的分析做支持。

此外，交通安全中的 12 类典型视频分析应用，包括车辆分类、行车违章检测、交通流量分析、停车占用检测、自动车牌识别、车辆重新识别、行人检测、交通标志检测、防撞系统、路况监测、基础设施状况评估、驾驶员注意力检测。

公共视频监控系统作为视频侦查技术手段被日益广泛地应用到社会公共安全管理当中，如何快速地从海量监控视频信息中获取有用信息是迫切需要解决的问题。

三、社会感知的文本数据分析技术

（一）文本数据处理的任务

自然语言处理从面向要解决的问题角度分为四类任务[①]：

（1）词法分析（Lexical Analysis）：对文本进行词汇层面的分析。

①分词（Word Segmentation/Tokenization）：从文本中切词。

②新词发现（New Words Identification）：在不修改训练模型的情况下，找出文本中新出现的词。

③词性标注（Part-of-speech Tagging）：识别词的词性。词性包括动词、名词、形容词等。

④拼写校正（Spelling Correction）：发现拼写错误的词并进行纠正。

（2）句子分析（Sentence Analysis）：对文本进行句子层面的分析。

①块分析（Chunking）：标出句子中的短语，例如名词短语（NP），动词短语（VP）等。

---

① 赵京胜、宋梦雪、高祥：《自然语言处理发展及应用综述》，载于《信息技术与信息化》2019 年第 7 期。

②依存句法分析（Dependency Parsing）：分析句子中词与词之间的依存关系，给出依存关系构成的依存树。

③句子边界检测（Sentence Boundary Detection）：对缺乏清晰断句的文本切分句子。

（3）语义分析（Semantic Analysis）：对文本进行意义级别的分析理解。

①词义消歧（Word Sense Disambiguation）：对有多重含义的词（歧义），确定其准确的词义。

②语义角色标注（Semantic Role Labeling）：标注句子中的语义角色类标，语义角色包括施事、受事、影响等。

③词汇/句子/段落的向量化表示（Word/Sentence/Paragraph Vector）：词汇、句子、段落的向量化方法。

（4）信息抽取（Information Extraction）：从无结构文本中抽取结构化的信息。

①命名实体识别（Named Entity Recognition）：从文本中识别命名实体，实体一般包括时间、日期、人名、地名、机构名等。

②实体消歧（Entity Disambiguation）：确定不同概念指代的实体对象。

③共指消解（Coreference Resolution）：确定不同实体的等价概念描述。

④关系抽取（Relationship Extraction）：确定文本中两个实体之间的关系类型。

⑤事件抽取（Event Extraction）：从无结构的文本中抽取结构化事件。

⑥情感分析（Sentiment Analysis）：对文本的主观性情绪进行提取以及评分。

自然语言处理从使用的技术范畴上也可以分为四类任务：分类任务、序列标注、句子关系判断、生成式任务。

基于上述这些模块化的任务，工程师最终完成产品服务的系统级任务，比如机器翻译（Machine Translation）、文本摘要（Text Summarization/Simplication）、问答系统（Question‐Answering Systerm）、对话系统（Dialogue Systerm）等。

比如在舆情管控中，一个典型的谣言处置功能模块会包括四个技术子任务：谣言检测、跟踪、立场分类和验证。谣言检测目的是识别言论是谣言还是非谣言。一旦确定了谣言，就要跟踪其随时间的演变，确定其来源，执行立场检测，并最终检验其准确性。整个软件开发过程会综合应用到命名实体识别、分类、情感分析、事件抽取、共指消解、实体消歧、依存句法分析等多项 NLP 子任务。

（二）文本数据处理的文本表示

计算机理解自然语言，首先需要将文本转换成某种可以计算的数学模型。根据技术发展历程和技术应用成本，当前有下面这些文本表示方式。

（1）独热编码（One - Hot）。每一个句子用一个矩阵来表示，行数等于词汇表的长度，列数等于句子中词语的数量。词汇表中的词语出现在句子中时，词语向量对应位置的值为 1，否则为 0。

（2）词袋模型（Bag - of - Words，BoW）。词袋模型用词的出现频次代替了独热编码的 01 值，并能完成一些最常用的 NLP 任务（如用分类法完成的垃圾邮件检测，情感分类器等）。但词袋的矩阵非常稀疏，并且更偏向于最常见的单词。在语言中，频率较高的词是信息含量不大的词。TF - IDF 是一种对词增加权重的方法。一个词的权重等于词频（TF）和逆文件频率（IDF）的乘积。TF 指词出现在一篇文章中的频率；IDF 衡量词提供的信息量，即它在所有文档中出现可能性，由 log（N/D）计算得出，其中 N 是文档总数，D 是包含某个词语的文档数。

（3）N - gram 模型。N - gram 加入词的顺序信息，是基于概率的判别模型，输入是一句话（词的顺序序列），输出是这句话中所有词的联合概率（Joint Probability），其中 N 表示要组合在一起的单词数量。N - gram 模型主要应用在如词性标注、垃圾短信分类、机器翻译和语音识别等领域。

（4）词嵌入（Word Embedding）。主要用于神经网络算法中，它包含将一个词语从一个与词汇表长度相等的维度投射到较低的维度空间，每个单词或词组被映射为实数域上的向量，词嵌入的结果就生成了词向量。

（三）社会稳定中的网络舆情

互联网上的社情民意一是反映在社交媒体平台，如新浪微博、微信朋友圈、天涯论坛等；二是反映在政民互动系统，如人民网网络问政、地方政府政务留言板等。后者属于政府职能部门的一部分工作内容，平台可管可控，用户量也偏小，当前阶段管理和技术层面的挑战主要来源于前者。在新的互联网形势下，面对网络舆情，政府需要借助互联网舆情监测工具，及时监测、汇集、研判网络舆情，引导舆论方向，化解危机舆论。

网络舆情的基础理论研究方面，国外学者做了奠基性的工作，赫伯特·布卢默（H. Blumer）指出网络舆情是指在所给定的公共场所里，在任何时间里由讨论的人组成的一种集体行为[1]；伊丽莎白·诺伊尔 - 诺伊曼（E. Noelle - Neumann）从沉默螺旋理论对网络舆情进行分析[2]；凯斯·桑斯坦以群体极化理论为

---

[1] Blumer H. Public Opinion and Public Opinion Polling [J]. *American Sociological Review*，1948，13（5）：542 - 549.

[2] Noelle - Neumann E. *The Spiral of Silence：Public Opinion - Our Social Skin* [M]. University of Chicago Press，1993.

视角进行分析；布劳赫勒·比尔吉特（B. Birgit）则分析了对立理论在舆情中的作用机理①。凯瑟琳·斯纳伊德－韦龙（K. Sznajd－Weron）于 2002 年创建的 Sznajd 模型是学术理论界出现的首个舆论交互模型②。早期，国内学者跟踪并结合国情对网络舆情的内涵、主要特征、生成要素、演变过程等进行研究。

近年来，随着国家对网络内容安全的重视，从政府到产业界提供了丰富的网络舆情理论和技术研究的实践环境，特别是在增强舆情引导能力、实现舆情的系统监控、加强舆情监控制度、推动监控技术的防范等方面取得了丰富的成果。

从制度保障来说，我国采用舆情的联动应急机制，由地方政府网信办牵头联合其他相关职能机构，对网络舆情尤其是负面舆情进行监测预警、应对与控制，从而实现有效化解网络舆论危机的目的。具体而言，我国政府对网络信息进行分级分类过滤，同时建设网络内容审计系统，全方位全覆盖进行智能化监测。在信息技术能力提升的同时，相关智库建设也如火如荼，如人民网舆情监测室、中国人民大学舆论研究所、华中科技大学舆情信息研究中心、复旦大学传媒与舆情实验室等，为网络舆情的研究与监管提供了智力支持。

舆情服务平台把舆情成果库中经过加工处理的舆情数据发布到 Web 界面上并展示。通过舆情服务平台浏览舆情信息，通过简报生成等功能完成对舆情的深度加工和日常监管工作。拓尔思、360、新华网等都推出了各自的舆情服务平台产品。

第五节　技术赋能公共安全案例分析

一、增强城市韧性的智慧社区系统

（一）城市韧性与社区韧性

"韧性城市"（Resilient City）是指能够抵御灾害、减轻损失，合理调配资源以从灾害中快速恢复的城市。联合国减灾署（UNIS－DR）2010 年提出"让城市

---

① 桑斯坦·凯斯. 网络共和国：《网络社会中的民主问题》，黄维明译. 上海人民出版社 2003 年版。
② Stauffer D. , de Oliveira P. M. C. Persistence of Opinion in the Sznajd Consensus Model：Computer Simulation ［J］. *The European Physical Journal B - Condensed Matter and Complex Systems*，2002，30：587 - 592.

具有韧性（Making Cities Resilient）"计划，并颁布了《如何使城市更具韧性——地方政府领导人手册》（How To Make Cities More Resilient：A Handbook For Local Government Leaders），该计划于 2011 年开始运作。同年，伦敦出台了《管理风险和增强韧性》办法。2013 年，纽约于桑迪飓风发生之后发布《一个更强大、更有韧性的纽约》（A Stronger，More Resilient New York）计划[1]。我国于 2020 年 11 月在党的十九届五中全会审议通过的《中共中央关于制定国民经济和社会发展第十四个五年规划和二〇三五年远景目标的建议》中提出建设"韧性城市"。随后，北京、上海和成都等城市的新一轮城市总体规划中，均有"加强城市应对灾害的能力和提高城市韧性"等相关表述。

韧性研究主要关注个体和社区等各系统面对灾难时体现的适应能力，越来越受到应急管理、社会学、心理学、生态学等各领域学者的重视。为了有效抵御社会风险的冲击，提高风险管理的有效性，增强组织韧性十分必要。

社区是社会组织"金字塔"的奠基层，是社会、政府、个人联系的纽带，增强社区的韧性能力，建立社区韧性的资源储备，完善社区韧性过程的运行机制，对于提高社区的自保自救能力、促进整个社会风险管理水平的进步具有重要意义。1999 年世界减灾大会提出"将社区视为减灾的基本单元"的建议后，联合国的《兵库宣言》（Hyogo Declaration）和我国《国家突发公共事件总体应急预案》中都强调居民参与风险评估、加强应急能力建设是防灾减灾及灾后恢复的重要措施[2]。

社区的韧性既有自下而上的居民之间的自发力量联结和守望相助，也有自上而下的社区精英们的引导和扶持，社区力量的韧性客观上能够增加居民社会资本并提供更多的社区应对风险的能力。政府层面的韧性主要通过直接和间接两种方式来实现。在直接方面通过联结居民和社区，增强居民社会资本、扶持社区发展实现共治力量的增强和共治方式的多元化。在间接韧性方面，政府则通过灾害治理和生态环境的改善，降低风险因素的冲击，从而降低脆弱性，间接强化社区韧性。国外学者在社区韧性研究中已经形成跨学科、多层次、综合性的研究成果，但多限于理论模型和管理框架，缺乏对社区成员如何集合组织起来提升韧性的动态过程的信息技术问题研究。

（二）韧性智慧社区系统概述

根据以上思想，结合 2020 年新冠肺炎疫情期间现实需求，我们在国内外研

---

① 周利敏：《从结构式减灾到非结构式减灾：国际减灾政策的新动向》，载于《中国行政管理》2013 年第 12 期。

② 刘佳燕、沈毓颖：《面向风险治理的社区韧性研究》，载于《城市发展研究》2017 年第 12 期。

究的基础上，从社区社会资本入手，以资源、人员和组织环境三个维度影响韧性的因素为基础，建立社区韧性的信息系统框架（包括概念模型及定量模型），进行了当前信息技术环境下公众参与社区安全的信息系统设计，并完成了技术实现。最终形成由公众参与、政府职能部门介入、专业公司开发运营、专家和社区代表参与管理的典型"以技术为中介的社会参与系统"（Technology-mediated Social-participation Systems，TMSP）系统。该系统能够帮助社区和居民掌握、了解风险，充分运用社区内的应急资源，同时帮助社区居民和管理者及时发现、预防和响应灾害，系统积累的大数据还能给政府相关职能部门提供决策依据，最终从系统层面上整体协同提升社区防灾减灾能力。

该系统不仅有望为社区居民提供协力合作建设安全社区、应对突发事件的平台，还通过低成本推广安全理念、普及安全知识、培训安全技能等方式，激发公众的参与兴趣和热情，从而产生对自己所处社区的认同，强化社区归属感，为我国基层组织应对风险社会提供可用的工具手段。

首先经多方调研，构建复杂社会参与系统的核心情景，从核心情景抽取用户行为特征，识别各类用户面临的认知障碍，分析"人—组织—情景"之间可能的交互行为，重构信息流并得到设计原则。同时从技术角度出发，选择合适的信息环境，在此基础上完成系统的架构设计、功能设计和交互界面设计，详见图 9 - 7。

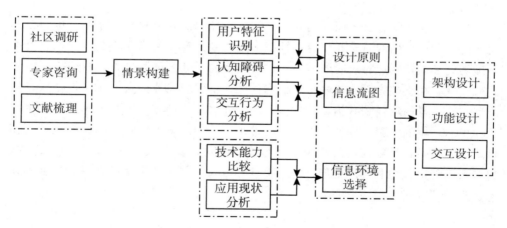

图 9 - 7 分析设计框架

本方案已经在兰州建投物业管理有限公司所管理小区试点。兰州建投物业管理有限公司是兰州市政府对兰州城投公司、兰州国投公司战略合并重组的子公司。该公司根据"兰州建投"集团公司授权，行使物业管理主体职能，目前在管物业面积 453 万平方米，服务业主 5.5 万户，近 20 万人。

（三）韧性智慧社区系统总体设计与功能

1. 设计原则和依据

深刻把握新型城镇化进程中社区发展面临的新要求、新课题，以为民服务为根本，立足于社区实际，通过全面深化改革，充分发挥模式创新在增强和提升社区服务与管理中的关键作用，围绕着基础设施智能化、社区治理现代化、社区管理自主化、公共便民服务多元化等目标，促进社区健康可持续发展。

系统建设按照住房和城乡建设部《智能建筑设计标准》、公安部《住宅小区安全防范系统通用技术要求》、住房和城乡建设部《全国住宅小区智能化系统示范工程建设要点与技术导则》、《中华人民共和国公安部行业标准》、《视频安防监控系统技术要求》等有关文件规定，以及国家、地方关于加强社区系统信息化建设的精神，以社区安全事件的事前防范、事中处理、事后分析提供有效的技术支持为基本要求，建立起"人防部署到位、物防设施完善、技术手段先进、应急处置高效"的集管理、防范、控制于一体的小区安全保障体系，切实加强社区的安全保障能力和应急响应能力。

2. 系统总体构架

本系统采用基于 SOA 面向服务的体系架构和适用于跨系统、跨平台互连通用的 Web Services 协议及 SIP 信令。整个系统由系统前端、传输网络、中心系统相互衔接组成。

（1）系统前端：系统前端对各类安防系统进行了整合，主要负责对整个社区内及周边的视音频、报警等信息进行采集、编解码、存储及上墙显示，并通过平台预置的规则进行自动化联动。

（2）传输网络：整个社区网络可根据实际情况建设，用于前端与监控中心之间的通信。前端系统的视音频、环境量、报警信息可上传至平台，分别供安防管理部门、物业部门、用户调用查看。

（3）中心系统：中心系统可管理所有前端设备，系统服务软件主要包括中心管理服务、存储管理服务、网管服务、流媒体服务、告警服务、设备接入服务、移动接入服务、图片服务、电视墙服务等。

3. 系统主要功能

智慧社区系统包含可视对讲子系统、视频监控子系统、报警子系统、车辆管理子系统、门禁子系统、电梯层控子系统、在线巡更子系统、访客管理子系统、社区集成管理子系统和共享共治子系统等，以下简述三个核心子系统。

（1）视频监控子系统：视频监控系统采用高清 AI 摄像机，将信息传输到管理者移动终端或中控大屏。支持计数、人员抓拍、人脸识别、车辆抓拍、车牌识别和消防数据接口，详见图9-8。

车牌识别一体机　　　　高清AI识别摄像头　　　　智能人脸识别机

图9-8　系统视频硬件设备

（2）社区门禁管理子系统：云可视对讲，业主的手机可以视频或者电话给访客开门；云访客门禁，访客业主授权追踪，有临时卡、微信口令、访客二维码三种授权方式。当访客进出小区时，视频监控系统可对住户进行图像抓拍，实现人脸特征记录与识别；

（3）社区集成管理子系统：平台可统计小区"一标八实"数据并能够实时提交（标准地址、实有房屋、实有人口、实有单位、实有车辆、实有设备告警、实有安防力量、实有安防设备、实有上报事件），为政府综合信息化管理提供强有力的技术支撑。

（四）共享共治专题的设计与实现

通过调研和对若干街区的深度访谈，方案提炼出目前公众参与社区安全事务活动的三类典型情景：

（1）风险众包：该情景的核心是发动社区居民的力量发现并解决安全隐患。具体措施包括培养志愿者队伍，建立信息员制度，随时检查、定期排查等。

（2）安全教育：该情景的核心是提升社区居民安全知识和各种应急技能。具体措施包括：在社区广场开展大篷车活动，发放宣传手册，现场咨询；定期更新宣传栏，免费播放公益电影；邀请专家举办讲座、培训；组织并邀请居民参与应急预案演习等。

（3）应急响应：该情景的核心是在突发事件发生时保持各方信息畅通，破除恐慌和谣言。具体措施包括：加强官方、主流和权威信息的影响力；使用各种方式组织人力建立正式、临时沟通渠道，确保群众的求助、疑惑信息，政府的疏散、救助信息，专业人士的指导信息，能够快速无障碍抵达到事件参与各方。

基于以上情景需求分析，提出应用模块架构设计如图9-9所示。

456

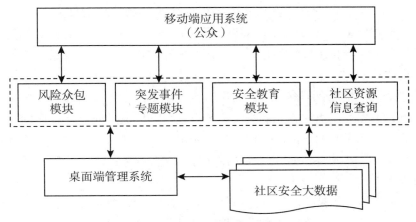

图 9 - 9　应用模块架构设计

依据上述分析，最终完成如下功能，以微信公众号为用户通道，推送信息引导用户使用该业务系统。

（1）风险众包：可实现发现风险因素，一键上传照片，进行留言，以达到邻里守望，政府响应的目的。其特点是全面精细监测，低成本参与，强互动。

（2）应急响应：发生突发事件，管理员第一时间生成专题栏目。"事态公告"为政府发布权威信息，"专家解读"为专业人士针对性提出建议和解惑，"讨论区"则是群众分享个人情况，交流经验观点，展开自救互救。其特点是建立权威可信信息快速通道，提供专业应对方法，反谣言，反恐慌。

（3）安全教育：包括读科普文章、看培训视频、玩小游戏、参加知识问答闯关竞赛等内容。其特点是寓教于乐，利用碎片化时间和闲暇时间，增强安全意识，学习应急技能。能够降低社区传统的摆摊做宣传的成本，同时提高科普效率。

（4）公益活动组织：以社区志愿者管理为核心，拉通志愿者的组织、沟通和评估的信息流。功能上包括志愿者征集、志愿者管理、志愿团队管理、活动策划组织等。其特点是依托系统形成社区韧性的公共知识，增强社区韧性。

二、群体活动的位置语义分析

（一）位置数据分析概述

定位是指通过一定的技术方法观察测量，以确定某一对象的位置。位置既可以是物理世界中的具体坐标，例如北斗卫星系统提供的以地球为参照系的经纬度

457

坐标；也可以是逻辑位置，例如室内定位中建筑结构图中的楼层、房间号等①。采用不同的技术，可以获得从千米级到厘米级，甚至是毫米级的位置数据。数据精度的不同会影响位置计算的效果，因而在实际应用中往往会根据具体情景选取适当的定位技术。

具体来说，位置数据刻画了人们在时空环境下的个体移动和行为历史。群体由两个或更多相互作用和相互影响的个体组成，群体成员间有着彼此的互动，而且群体的存在是有共同目的的。例如某个城市活动的秘密社团成员、某次户外旅游的旅游团体、某次野外科考的科考团队等。这些群体的移动行为，即被称作群体移动行为②。

移动可以被看作是空间事件的组合。通常来说，有两类可以从位置数据中抽取出来的移动事件。一是个体移动事件，可以从移动属性的角度被定义（例如停止、转向等），也可以被看作是移动者和环境之间的关系（例如到访某个位置、靠近某个对象等）。二是集体移动事件，例如相遇、空间聚集、反向移动等③。

佩奎特定义了时空数据的三个基本元素，空间（Space），时间（Time）和对象（Objects）④。有这三个基本元素，也就能定义三类问题：

（1）when + where→what：特定空间和时间下出现了什么对象；

（2）where + what→when：特定的对象占据某个特定的空间时是在什么时间；

（3）when + what→where：特定的对象在某个特定的时间占据了什么空间。

移动现象总是伴随着三大集合而产生，即 S（空间集合，由一系列的位置组成），T（时间集合，有一系列时间点或时间段组成），O（对象集合）。每个集合的元素都有各自的特征，可以用属性的值来表示。

移动对象和空间事件是概念框架中最重要的对象，用 M 和 E 来表示。$O = M \cup E$ 定义存在的时间内的任意时刻都有一个空间位置的对象。一个对象的移动可以用函数 τ：$T \rightarrow S$ 来表示，多个对象移动可以用函数 μ：$M * T \rightarrow S$ 来表示。对象、地点和时间可能有一些静态或动态的主题属性。动态属性可以用匹配 $T \rightarrow A$ 来表示，即随着时间变化产生了属性的变化。A 可以理解为 A1 * A2 * ⋯ * An，即代表多个动态属性。举例来说，主题属性可以是交通方式、移动目的等。

轨迹（Trajectory）既有在空间中的位置，例如在某条公路，又有时间中的位

① 杨铮、吴陈沐、刘云浩：《位置计算：无线网络定位与可定位性》，清华大学出版社 2014 年版。
② 许佳捷、郑凯、池明旻、朱扬勇、禹晓辉、周晓方：《轨迹大数据：数据，应用与技术现状》，载于《通信学报》2015 年第 12 期。
③ Andrienko G. ，Andrienko N. ，Bak P. ，Keim D. ，Wrobel S. *Visual Analytics of Movement* ［M］. Visual Analytics of Movement，2013.
④ Peuquet D. J. ，Kraak M － J. Geobrowsing：Creative Thinking and Knowledge Discovery Using Geographic Visualization ［J］. *Information Visualization*，2002，1（1）：80 － 91.

数据驱动的公共安全风险治理

置，例如在某天，因此轨迹是一个空间事件。可以用 T→S＊A 来表示，即在某个时间单元中，有相应的空间位置与主题。

康妮·布洛克（C. Blok）[1] 和纳塔利娅·安德里延科（N. Andrienkd）[2] 认为时空数据分析中随着时间的推移有下面三种变化：

（1）$E \rightarrow (S * T * A)$，即对于每个事件，其空间、时间和主题属性可能发生改变，消失或出现，对应产生空间事件数据（Spatial Event Data）。

（2）$M \rightarrow (T \rightarrow S * A)$，即对应每一个移动者随着时间变化，其空间位置和主题属性可能发生改变，对应产生了移动数据（Movement Data）。

（3）$S \rightarrow (T \rightarrow A)$，即随着时空改变，主题属性发生变化，对应产生了时空序列数据（Spatial Time Series）。

可以从四个角度来对移动现象进行分析。每个角度都可以加入 A，也就是主题属性作为因变量的一部分，例如 $M \rightarrow (T \rightarrow S * A)$。

（1）移动者角度：观察每个移动者 M 的轨迹 $T \rightarrow S * A$。

（2）空间事件角度：空间事件 $E = (O,T,S,A)$，即表达了什么对象 M，在什么时间位置 T，什么空间位置 S，拥有什么主题属性 A。表达为 $E \rightarrow (T * S * A)$。

（3）空间角度：某个空间位置 S（即 Locations），随着时间的变化，匹配的不同对象（表示为移动者和空间事件的并集），表达为 $S \rightarrow [T \rightarrow P(M \cup E)E]$。

（4）时间角度：观察某个时间单元中，不同的空间位置上匹配的不同的对象。表达为 $T \rightarrow [S \rightarrow P(M \cup E)]$。

从应用场景来看，特别是在公共安全领域中的应用，位置计算大致可以被分为两类，分别是室外位置计算与室内位置计算。室外位置计算往往采用的是以雷达定位、卫星定位等为代表的定位技术。现今，受益于中国的北斗卫星导航系统（BeiDou Navigation Satellite System，BDS）、美国的 GPS（Global Positioning System）全球定位系统、俄罗斯的 GLONASS 系统、欧盟的伽利略卫星导航系统等卫星定位系统的建成与大规模应用，基于卫星定位数据的室外位置计算应用相当成熟。室内位置计算是位置计算研究的新兴领域，近年来基于 Wi-Fi、RFID、蓝牙信号、磁场信号、声音信号以及惯性传感器等众多室内定位技术快速发展，且部分技术已经产品化。例如苹果、华为、百度和思科等公司均推出了基于 Wi-Fi 的

① Blok C. Monitoring Change: Characteristics of Dynamic Geo-spatial Phenomena for Visual Exploration [C]//Spatial Cognition II: Integrating Abstract Theories, Empirical Studies, Formal Methods, and Practical Applications. Berlin, Heidelberg: Springer Berlin Heidelberg, 2000: 16–30.

② Andrienko N., Andrienko G., Gatalsky P. Exploratory spatio-temporal visualization: An analytical review [J]. *Journal of Visual Languages & Computing*, 2003, 14 (6): 503–541.

室内定位产品①。

（二）户外定位场景：事件抽取

1. 背景介绍

优徒是国内最大的以北斗导航技术为基础，提供户外赛事定位、应急通信等"一站式"服务的户外赛事平台。优徒提供包括越野跑、徒步穿越等 6 个户外赛事种类服务，自 2018 年以来已经累计服务超 10 万用户，参与举办 340 场赛事。

据优徒公司负责人介绍，户外越野中最重要的便是选手的安全保障问题。在 2017 年某次四姑娘山越野赛中，多名国外选手被困在超 3 000 米海拔的雪山中，在这种极端条件下，手机无法开机，一般定位设备失效，最终依赖该公司提供的北斗定位卡成功找到被困选手。然而，监控平台如果仅依赖监控人员人力观察与主观判断，面对动辄上千人、跨度数天的比赛，无法做到及时发现各种现场风险状况。

2. 场景描述

如果对实时传回的穿越人员移动数据进行流数据事件抽取，就能及时发出预警，更高效地保证选手安全。针对移动运营商、基站以及北斗卡传回的位置数据，我们设计了离群事件抽取算法尝试解决上述问题。

群点可以定义为如孤立点、异常点、新颖点、偏离点、例外点、噪声、异常物等，即一个显著不同于其他数据分布的数据对象②。传统的基于 K - means 的算法并不适合户外徒步活动中常见的群体不断分裂合并的现象。而 DBSCAN 算法不需要事先知道形成的簇的数量，可以发现任意形状的簇类，并标记出噪声点（即离群点），考虑现实意义，我们对预警通知加了一个离群状态延迟累计阈值。离群事件对应于穿越中的掉队、落单情况。

另外，通过监测个体加速度的变化，可以有效地提醒数据分析人员目前该移动者的运动变化情况，结合其他背景信息，分析移动者是否遇到了意外风险。

据媒体报道，尽管受新冠肺炎疫情影响，2020 年敦煌市依旧落地徒步活动超过 370 场次，参与徒步人员超过 3 万人次，公共安全技术对保障文旅经济发展，为群众生命安全保驾护航具有重要的现实意义。

（三）城市定位场景：场所功能、团伙身份推断

1. 背景介绍

公安大数据的成功建设以及技术侦查科技力量的持续加强，给公安一线干警

---

① 杨铮、徐京傲、YAO Lina：《室内定位：挑战与机遇》，载于《西北大学学报（自然科学版）》2018 年第 2 期。

② 梅林、张凤荔、高强：《离群点检测技术综述》，载于《计算机应用研究》2020 年第 12 期。

业务工作带来了相当大的改变。以数据为中心面临的挑战是阅读数据能力的不足，而由于犯罪分子不断更新科技化手段以及公安干警掌握具体案情的背景信息的差异，软件供应商很难在全国统一的数据基础上提供及时、高效和针对性强的情报分析工具。

我们结合多项公安专项任务做了基于位置数据的一些情报辅助分析工作，通过可视化、统计图表和自动化报告生成等形式予以交付，一定程度上减缓了案情分析过程中的工作强度。

2. 场景描述

公共安全事件技侦阶段，可以从多种角度多种手段，强制、协商或无感地获取精度、粒度不一的位置数据。位置数据蕴含丰富的情报信息，我们采用多种思路设计高效的算法提取有价值的信息，辅助公安人员研判并进一步追踪。

主要方法思路解析：融合人、地点、时间三者关系，结合掌握的背景资料，进行各种语义推断，重点分析频繁聚集或者相遇场所在团伙活动中的功能，以及个体在团伙中的可能的身份职责，启发情报分析人员思路。其中人又可以分解为个体、群体，以及进一步细分出固定群体，时间轴上变化的群体等。结合实际需求和技术成本，位置数据挖掘结果以个体、群体主题画像形式可视化呈现，部分示例见图 9 – 10。

a. "人-地点"关系报告

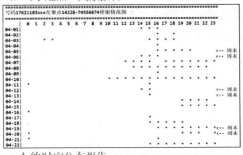

b. "人-人"共现关系报告

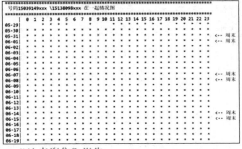

c. 人的时空分布报告

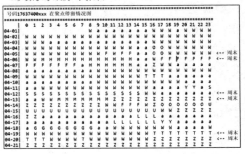

d. "地点聚集"报告

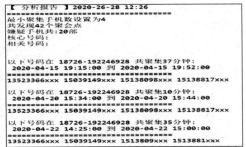

图 9 – 10　生成的主题报告

三、地质灾害监测预警

（一）地质灾害监测预警背景

我国地质和地理环境复杂，气候类型多样，自然灾害隐患多、分布广，是世界上地质灾害最严重，受威胁人口最多的国家之一。其中，最主要灾害形态是雨水诱发的山体崩塌、滑坡、泥石流、地面沉降和裂缝等，对人民生命财产安全产生严重影响。

我国政府高度重视自然灾害防治。自然资源部从 2019 年开始连续三年在 17 个省市开展地质灾害监测预警实验[①]，数字技术全面赋能监测预警，促进了地质灾害成灾规律和机理、监测预警方式和方法、地质灾害治理手段等方面的理论研究与技术研发，初步构建了"人防+技防"的地质灾害监测预警新格局。

地质灾害监控预警的实施可以很大程度上避免和减少灾害导致的人员伤亡和财产的损失。传统的地质灾害监测主要采用群策群防和非智能监测设备获取地质灾害点的状态信息，存在耗费大量人力、获取信息不及时、应急现场人身安全和设备安全不能保障等问题。基于大数据的地质灾害监测预警，是在各种地质灾害监测设备、人工智能和现代通信技术的集成基础上，实现地质灾害信息的采集、传输、管理、分析、预报、决策和发布，实现灾前、灾中、灾后全生命周期全过程管理，以全面提升管理部门对突发性地质灾害的分析、预警、处置和服务能力。

本案例在综合有关地质灾害监测预警实践的基础上，提供一种基于大数据的地质灾害监测预警系统技术解决方案。

（二）地质灾害监测预警系统架构

"地质灾害监测预警系统"的基本技术路线是基于"天空地"综合服务系统实现地表目标监测，在边缘和服务器端完成数据处理，同时与基础地理地质信息库相结合，基于多种预警模型和评估模型识别风险，对潜在隐患进行预警，推演灾害变化趋势，匹配应急预案，为应急指挥提供决策支持。

"地质灾害监测预警系统"一般构成可分为三层六大模块。具体内容可以根据实际的项目建设需求灵活选择。

从逻辑架构上看，系统可分为"数据感知、数据传输、数据应用"三层，如

---

① 自然资源部中国地质调查局：《地质灾害风险调查与监测预警计划》，https://www.cgs.gov.cn/zdjh2020/dzzh/xmjz/。

图 9 - 11 所示。具体包括，（1）感知层：采集传感器、视频图像等数据；（2）传输层：由专用传感网与电信公网组成，将感知层数据推送至系统平台；（3）应用层：实现数据管理、查询统计、风险预警、指挥调度、信息发布推送等功能。

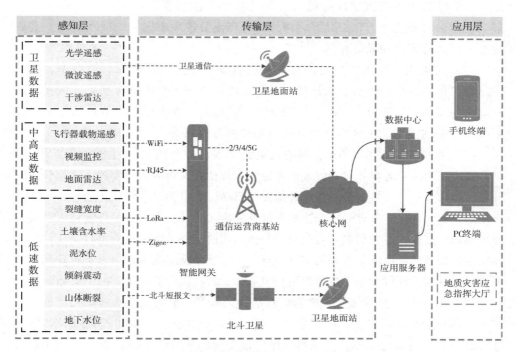

图 9 - 11 地质灾害监测预警系统逻辑架构图

系统主要功能应用模块有：数据采集和传输模块、数据处理模块、分析预警模块、决策支持模块、可视化应急指挥模块、数据和系统运维管理模块等六大模块。此外，平台常常还需要建设云计算环境提供弹性算力、分布式集群应对大规模计算任务、多样化高速分级预警信息发布和推送设备等。

系统六大模块功能分述如下：

（1）数据采集和传输模块：一般由基准站、监测站以及包括野外电源和防雷装置组成的保障支持系统组成，监测站主要由 GNSS 天线和接收机、气象终端、信息传输模块及附件构成。数据传输系统可采用多种有线/无线、高中速/低速以及批处理/实时处理等方式。

（2）数据处理模块：①数据融合处理：将多源异构的数据统一时空体系，比如针对遥感图像、航拍影像、视频、DEM 等数据进行格式转化、投影变换、镶嵌融合、几何校正等处理。②数字化处理：针对地质工程数据进行数据标准化和数据空间化，然后，基于 GIS 平台进行图层叠加、尺度重构等处理。③其他处

463

理，如数据标准化、栅格图矢量化、地理属性配准等。

（3）分析预警模块：分析手段要多角度，能计算灾害体三维位移分量及各向变形速率，自动生成变形历时曲线、变形分布图和多因素相关图及三维仿真图形；能关联其他相关数据进行综合分析与评估；能根据预设警界值进行风险判别，也能采用智能分析算法，自动精细化地全面分析地质灾害的微观前兆，实现地质灾害风险识别和风险评估。

（4）决策支持模块：建立地质灾害应急决策支持的数据库、模型库、方法库、知识库及其管理平台。以地质灾害的空间信息和属性信息为基础，依托专家和算法的评估、预测以及 GIS 系统的空间分析能力，提供可视化的评估结果以及可追溯的明细数据，为科学决策提供依据和参考信息。

（5）可视化应急指挥模块：核心功能是实现各应急相关部门之间的联动，指导协同应急抢险和救援。需要以地质灾害应急事件处置为主线，实现全过程管理以及指挥动作全记录。首先是应急事件感知，目前一般以矢量地图作为信息入口，关联地质灾害大数据，融合受灾点监控数据及三维实景，实现灾害事件定位以及灾害现场感知。其次，应急预案可视化与推演也是当前指挥系统建设的重点。模块基于预案设计情景进行推演，可采用 GIS、AR、VR 等可视化技术来呈现灾害现场、应急救助资源配置与调度和人员疏散路径生成等，为决策者提供仿真的决策环境。

（6）数据和系统运维管理模块：对结构化数据、空间数据和非结构化地质灾害相关数据进行统一管理。功能包括：数据录入、更新、删除、查询统计、空间分析和各种灾害专题图制作。系统运维管理需要实现系统维护管理、用户权限管理、配置管理以及数据本地/远程下载和数据共享等。

（三）地质灾害多源一体化监测技术方案

受益于现代航天航空技术的发展，在地质灾害监测领域，已基本建立起以卫星为主的航天层次，以有人机和无人机为主的航空层次，以仪器监测和人工调查为主的地面层次的"天空地"一体化的多元立体观测体系。通过"天空地"多种技术手段的综合应用，发挥各类技术手段的优势，实现对地质灾害风险的全面识别和有效监测。

地质灾害监测可分为区域尺度和坡面尺度的监测。区域尺度的监测主要是以"天空"层面的综合遥感技术为主，掌握不同阶段地质环境的演变，为灾害危险性区划服务。坡面尺度的监测则更着眼突发性地质灾害事件，以"地"层面自动化监测目标位移、沉降、地下水位、加速度等为主，实际工作中会根据地质灾害体实际情况有效地组合监测手段。

"天空地"一体化的多元立体观测体系由以下几部分组成：

（1）卫星遥感层级。

星载平台通过高分辨率光学成像或者合成孔径雷达成像。可实现对地质灾害隐患区域广域性普查。依据高分辨率卫星光学遥感影像上的地形地貌较容易识别出大多数历史上的滑坡、崩塌以及泥石流痕迹，这些地区灾害有可能再次发生。卫星光学遥感技术时效性好、宏观性强、信息丰富。

干涉雷达（Interferometric Synthetic Aperture Radar，InSAR）指采用干涉测量技术的合成孔径雷达，是新近发展起来的空间对地观测技术。这种测量方法使用多幅合成孔径雷达影像图，根据接收到的回波的相位差来生成数字高程模型，从而计算出目标地区的地形、地貌以及微小变化，可用于数字高程模型建立、地壳形变探测等[1]。

（2）飞行器载物遥感层级。

飞行器载物监测类似卫星层级，还是以光学遥感图像和雷达探测为主。无人机拍摄的光学遥感图像相对卫星来说精度更高（厘米级），更容易直观地查看灾害体的形变迹象，如地表裂缝、错位等。无人机在摄像时如果使用多个不同角度镜头，能获取具有倾斜角度的影像，批量倾斜摄影可以用成熟算法生成高质量的三维 GIS 模型，从而更好地进行地表剖面位移、体积变化计算以及可视化感知。

激光雷达（Light Detection and Ranging，LiDAR）通过向目标发射脉冲激光，测量发送和接收到的信号时间间隔来计算距离。LiDAR 可以装载在多种平台上。地质灾害监测中一般使用机载激光雷达或者无人机激光雷达。利用 LiDAR 测量到目标地区地面点云和反射率，可以快速得到被测目标的三维模型，通过对比同地区不同时间测量结果，容易发现该地区地面位移变形。LiDAR 还能够调整波的频率，基于回波的差异，利用滤波算法去除地表植被，获取固体地面的高程信息，同时也能够发现地表下的松散堆积体，比如滑坡、崩塌、开裂，这些都是发生地质灾害的高风险区。目前，LiDAR 技术因为效率高、精度高、信息量大、后处理相对简单的特点，使用比较广泛[2]。

（3）地面传感设备监测层级。

利用"空天"遥感手段仅是从地貌形态进行地质灾害隐患的识别。想要实现对地质灾害体的实时监测，还需要辅以地表和地下各种传感器的监测数据。

现代科学进步和传感器技术的发展，已经能够做到实时观察到地表或地下监测的灾害体的变形、影响因素等相关参数，测量对象包括位移、裂缝、倾角、加速度、含水率、降水量等，从而能够推断滑坡、崩塌、泥石流等地质灾害的状况。

---

① 维基百科：《干涉合成孔径雷达》，https：//zh.wikipedia.org/wiki/干涉合成孔径雷达。
② 维基百科：《激光雷达》，https：//zh.wikipedia.org/wiki/激光雷达。

常用监测传感仪器如表 9 - 17 所示。

表 9 - 17   **常用监测传感仪器**

灾害类型	监测内容	监测仪器
滑坡	表面形变	GNSS 接收机
	深部位移	测斜仪
	裂缝宽度	拉线位移传感器
	降水量	雨量计
	地下水位	水位计
	土壤含水率	含水率传感器
泥石流	泥水位	物位计
	倾斜振动	倾角加速度计
	降水量	雨量计
崩塌	裂缝宽度	拉线位移传感器
	倾斜振动	倾角加速度计
	山体断裂	次声波仪
其他	视频	摄像头
	报警广播	报警器、广播机，声光报警器

（四）地质灾害数据传输网络技术方案

对于有公网覆盖的地区，一般应选用公网进行组网，对于公网未能覆盖的丘陵和低山地区，一般宜选用超短波通信方式进行组网，对于既无公网，又无条件建超短波的地区，则选用卫星通信方式，对于重要监测点且有条件的地区尽量选用两种不同通信方式组网，实现互为备份，自动切换的功能，确保信息传输信道的畅通。

针对不同类别数据采集设备对通信链路的差异化需求，地质灾害监测系统需要采用多制式无线有线混合手段，组建高可靠通信链路，实现监测数据的远程感知、同步回传。不同数据率和实时性要求决定了网络链路的选择。下面简单列举不同设备在不同情景下的通信链路选择。

卫星直接将遥感数据传给卫星地面站，再由卫星地面站接入核心网，进而上传至服务器。

无人机、视频监控和地面雷达的数据主要是视频、图像和三维点云数据。属于中高数据率的设备，对于支持 Wi-Fi 或 RJ45 网线接口的设备，可将其数据通过 Wi-Fi 或 RJ45 网线传输至网关设备汇聚后上传至核心通信网，再进一步传输至服务器。也可以在数据采集设备上加装 5G 通信模块，直接连接 5G 基站。

雨量计、水位计、位移传感器等低数据率设备通过低功耗网络协议接网关设备，在网关设备汇聚后，借助 4G/5G 信号将数据发送至运营商基站，再接入核心网，通过核心网上传至服务器。主流低功耗网络协议中，LoRa 协议可接入设备数量大、覆盖范围广，Zigee 协议更省电。

在运营商基站覆盖不到的地方，或者运营商网络因灾害中断的场景下，中高速数据可以通过卫星宽带上传至卫星，由卫星将数据转发至地面站，进而通过核心网将数据上传到服务器。低速数据还可以通过北斗卫星短报文的方式上传至通信卫星。此外，北斗短报文不仅可点对点通信，而且指挥端机可进行一点对多点的广播传输，为各种应急应用提供极大便利。

在地面网络中断或道路不通的极端情况下，单兵携带设备到现场采集数据返回驻地，将数据导出传到核心网络。例如，具有图传系统的无人机，可以发挥其小型化、低功耗、断点续传等优势，无人机载发射机利用无线载波传输的方式将数据实时传输到地面接收机，接收机将接收到的视频信号传输给驻地卫星终端。

在以往的工作中，由于传输带宽、速率、延时和用户集聚、链路拥塞等限制，实时通信依旧难以满足实际应急工作的需求。5G 技术为快速高效的地质灾害应急响应提供了高速现场数据传输可能。但是，目前 5G 网络覆盖还不充分，应急指挥车可通过车载 5G 基站设备为通信网补盲和疏忙，从而有效解决地质灾害点应急现场"最后一公里"的高速通信传输问题。

（五）地质灾害风险评估与预警技术方案

对地质灾害的风险识别和风险评估除了需要融合多种监测数据之外，还需要整合风险源、防护目标、历史灾难数据、应急救灾资源等专题信息。

模型是预警预报的基础。地质灾害体三维模型包含地质灾害体及与之有关的所有地质要素，可从不同视角任意旋转来显现地质灾害体全貌，也可单独剥离并从不同角度观察探索地质灾害体的各个地质要素。建立地灾体数字化模型底板，采用的方法主要有以下三种：（1）基于调查数据及数字高程模型（Digital Elevation Model，DEM），比如 Google Earth 的开源 DEM 数据，建立三维地形，从而获得地形的空间多边形网格模型表达。（2）基于无人机获取的序列图像进行图像间特征点匹配，标定无人机摄像头，确定不同图像成像摄像头的运动参数完成三维重建。（3）现场实地人工测绘。

在地灾体数字化模型底板基础上，进一步基于 DEM 地表水文分析进行斜坡单元划分，使用经验方法或者凸优化搜索算法确定潜在滑动面。然后，以每一斜坡单元为预警分析单元，基于多种地质数据进行关键因子赋值。

在雨水导致的地质灾害事件发生过程中，斜坡单元受到雨水入渗影响，土体从不饱和状态转变为饱和状态，继而持续发展生成灾情。在很多情景下，有可能需要计算"强降雨—滑坡—泥石流—堰塞湖—溃坝水淹"灾害风险链。

面对灾害风险链，在灾害发育过程中，需要不断迭代计算评估各个节点可能的灾患规模、影响程度（见图9-12）。各个节点主要评估内容如下：

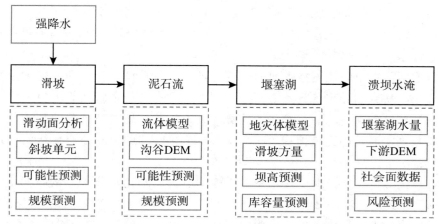

图 9 - 12　强降水灾害风险链及各节点评估内容

滑坡风险评估：以单个坡体为分析单元，根据降水诱发斜坡单元失稳机理的不同，选择与之适应模型，载入各类监测数据计算滑坡的可能性及规模。

泥石流风险评估：基于前述滑坡体积数量，叠加该地水土混合物流体力学模型以及沟谷 DEM 数据，计算泥石流的可能性及规模。

堰塞湖风险评估：基于地灾体数字模型、滑坡方量，计算泥石流发生后可能的堰塞湖坝体高度，最后得到堰塞湖可能的库容量。

溃坝水淹风险评估：基于堰塞湖储水量、下游 DEM 数据、社会面数据、建筑物数据，计算影响范围、威胁人数等，确定危害的风险等级。

为支持上述评估过程，系统需要集成多类风险识别和评估的模型和算法，包括基于规则的、基于统计分析的以及基于机器学习。其中，基于机器学习方法需要前期收集大量样本库，训练特征模型，其应用面也相对广泛，如：（1）地质隐患识别：依据不同遥感影像、照片、视频等图像差异，发现可能新发生的地质灾害隐患。（2）形变识别：依据 InSAR、DEM 等测量手段得到斜坡参数、裂缝、沉降、植被变化等地表形变信息。（3）位移识别：依据倾斜、位移等传感器信息得到地下位移信息。

第十章

数据驱动的公共安全风险治理路径

数据是一种生产要素、一种组织战略资源，也是一种治理技术。规模庞大、类型多样、更新频繁、价值巨大的大数据，为公共安全风险治理提供了新的可能。数据驱动公共安全风险治理作为一种新的模式，除技术条件外，不可避免地还要受到组织结构、制度建设等社会因素的制约，只有正视并消解这些制约因素，构建数据驱动公共安全风险治理的生成路径，才能使数据驱动的公共安全风险治理真正"落地生根"。在数据驱动公共安全风险治理中，技术的变革和创新是公共安全风险治理的杠杆；组织的变革与协同是公共安全风险治理的推动力；制度的变革与建设是公共安全风险治理的重要保障。制度、组织和技术三个维度构成推进数据驱动公共安全风险治理模式形成与发展的主要实践路径。

第一节 数据赋能：数据驱动公共安全风险治理的技术路径

一、数据驱动公共安全风险治理的技术赋能潜力

公共安全风险给人类社会可持续发展提出了严峻挑战，如何有效规避、预测和化解公共安全风险一直是学术界和实务界关注的重要议题。与此同时，大数据

及其技术的兴起与应用推动了公共安全风险治理的认知、理论、方法以及实践等全方位革新，有望实现对海量、多源、动态数据的实时、精准化分析与智能化预判，并赋能风险识别、风险评估及风险控制等风险治理的关键环节，对全面防范化解公共安全风险潜力巨大。

（一）公共安全风险治理中的数据技术特性

首先，数据技术促使风险识别、监测及预警更加准确化。在现实社会中通过传感器、摄像头、网站、数据库等途径获取多源异构数据并分析和识别潜在的公共安全风险点，实现公共安全领域潜在风险的实时监测、动态追踪，还可以对长期存在且难以识别的风险进行前端分析和研判，洞察潜在问题与隐性风险，实现自动化、精准化、科学化的风险识别及预测。同时，大数据有助于提升风险监测预警的精确性和准确性。特别是利用专业化技术手段，可以自动识别解译受灾地区影像信息，提升公共建筑与设施、交通、人群密集度等要素的监测能力，进而最大限度地挽救生命、减少损失。

其次，数据技术促使风险评估更加科学化。一是通过获取物理空间、社会空间、信息空间中的各种复杂、动态数据，实现由传统静态平面数据采集向动态立体数据采集转变，完成基于大数据及其技术的风险评估。二是利用神经网络、判定树、深度学习等大数据模型或算法挖掘采集到的多维数据，开展关联分析、倾向性判断、聚类归簇、模式识别、趋势预测等风险评估的重要工作，并不断对模型进行训练和调优，提升评估精度。三是通过可视化技术解析评估结果，帮助公共安全风险决策者直观发现数据中隐藏的内在价值，作出风险可能性和等级程度判断，同时，可视化技术也便于一线人员对评估结果理解和接受[1]。

最后，数据技术促使风险控制更加精准化。一方面，大数据技术融合人流分布、行动轨迹、实时路况、卫星影像等多源、异构、大体量数据进行在线实时数据的集成、挖掘、可视化分析，提升公共安全风险决策效率。决策方法由传统的"经验判断"转变为"数据支撑"，融合经验洞察、实时数据、仿真推演等结果，实现决策方式的转型升级。例如，新冠肺炎疫情防控中，大数据为实时追踪病毒传播路线、创新预测疫情变化态势提供数据支撑和补充证据，有助于科学剖析潜在风险的形成过程，为公共安全风险决策提供系统性参考意见。另一方面，大数据技术以其可视化、可量化、全息化、智能化、交互化等特点优势，使公共安全

---

① 刘泽照、朱正威：《大数据平台下的社会稳定风险评估：研究前瞻与应用挑战》，载于《华东理工大学学报（社会科学版）》2015年第1期。

风险处置策略更加精准有效。大数据技术可使不同决策方案及处置措施形成最佳组合，同时根据风险发展态势动态调适干预策略，使公共安全风险处置策略更具针对性和可操作性。

（二）公共安全风险治理中的数据技术潜能

1. 数据技术对公共安全风险治理改善的潜能

公共安全风险治理是涉及技术、制度、组织、文化、社会等多种因素及其交互影响的挑战性难题。相较于其他因素，技术进步是当下提升公共安全风险治理能力最为实际也是最为有效的手段。尤其在数字时代，大数据等新兴技术某种意义上在公共安全风险治理中发挥杠杆作用，对其潜能的发掘利用程度直接影响到公共安全风险治理的能力和水平。概言之，大数据技术对于公共安全风险治理能力发挥有如下潜能：

——对风险态势的感知、评估更为全面、及时和准确；

——对风险的预警更为超前、精准、自动化；

——能够对险情进行仿真模拟和计算实验，从而进行更有针对性的演练培训；

——增加风险治理工作多元参与、协同联动的流畅性；

——通信设施更具韧性，应急通信更有保障；

——能够对风险情景进行建模推演、情景构建，改善风险决策的方法；

——对灾害损失的评估更为精准、合理。

2. 公共安全风险治理中六类关键性数据技术潜能

来自东京大学、挪威西部研究所、中山大学、渥太华大学等机构的 11 名学者组成的研究团队对大数据在安全（BDEM）领域的相关研究进行了系统概述，并总结了安全与应急管理领域富有发展潜力的大数据技术及其应用，他们将这些关键技术和应用分为六大类，即遥感技术、韧性通信网络、移动通信网络、人类移动建模和城市感知、在线社交网络分析和知识图谱[①]。

（1）用于应急管理的韧性通信网络。

应急情境下的通信网络和计算资源十分重要，例如，自然灾害情境中，我们需要了解并告知受灾人员安全位置、食物来源、医院和加油站等资源以及道路状况，但是重大灾害往往会对基础通信设施造成物理性破坏、同时产生网络拥堵。2011 年日本东部大地震造成 190 多万条固定通信线路和 29000 多个基站受损，然而事实上灾害发生后人们对于通信资源的需求却要高于平时，日本大地震期间，

---

① Song X., Zhang H., Akerkar R. A., et al. Big Data and Emergency Management: Concepts, Methodologies, and Applications [J]. *IEEE Transactions on Big Data*, 2020, 8 (2): 397 –419.

固定电话流量是正常水平的 4 ~ 9 倍，手机通话量则增加了 50 ~ 60 倍。在这种情况下，运营商不得不屏蔽 80% ~ 90% 的固定电话和 70% ~ 95% 的移动电话以保证救援队伍的通信。通信网络的物理损坏和通信需求增加造成的通信拥堵给灾后应急响应的信息收集和传播带来了巨大挑战，建立面向重大灾害应急管理的韧性通信网络至关重要。

大数据技术可以用于通信网络韧性的提高。一是部署可持续的网络，首先是通过算法建模计算网络中元素子集被突发事件破坏的概率，设计更为健壮的网络结构；当然如果灾害已经发生重新设计和部署网络肯定是来不及的，这时可以通过计算在适当的节点添加新的网络元素来扩充现有网络。例如，可以添加卫星链路来提高网络的稳健性，灾害发生时卫星链路与地面链路一起发生故障的可能性较小，可确保网络持续稳定。二是需求驱动的网络资源管理，使用特定算法和智能化软件定义网络无线电接入技术，解决受灾区域之间的带宽分配、干扰抑制、切换和负载均衡等问题，实现与位置相关的通信设施节能，有效解决通信拥堵问题，为灾害期间维持区域通信能力提供广阔前景。三是 Ad - Hoc 网络，使用专用设备如车载基站等，可以恢复避难所、施救点等重要区域的网络，然后使用无线中继和可移动设备网络共享等可以有效扩大临时网络的覆盖范围。在临时网络搭建时，可以利用优化算法等方式将数量有限的中继部署在最优的地方，以确保网络能覆盖到更多的人和更重要的场所。

（2）用于应急管理的移动通信网络。

大数据技术除了可增强宏观层面的通信网络韧性外，还可用于微观层面的移动通信网络众包。如今智能手机在我们的日常生活中无处不在，每个智能手机都嵌入了 GPS、摄像头、指南针、陀螺仪、麦克风和光传感器等传感器。因此，当一组智能手机通过蜂窝通信方式或 Wi - Fi 网络连接到互联网时，或者当它们使用蓝牙在群组中相互连接时，就会出现一个多功能传感器网络，用来执行救灾任务。大数据技术在这种众包的移动通信网络中的应用潜力包含以下三个方面。

一是态势感知，利用智能手机配备的传感器探测人群行为、人群流动以及监控人群周边环境。例如，对公共区域人群流动性预测可以帮助管理者引导人群疏散、避免人群混乱和恐慌，这对于减少人群拥堵和规避踩踏事件等具有重要意义。二是大数据收集与分析，可以收集灾区的物联网设备、智能手机等移动网络设备和社交媒体上的数据，并进行大数据分析，获取灾害第一现场的及时信息，以更好地应对灾害。三是信息发布与数据交换，例如，在通信网络被摧毁后，在一定距离范围内可以利用基于蓝牙的智能手机应用程序向被困在灾害现场的幸存者提供救援信息。同时也可以开发基于智能手机的灾害信息管理系统，为救援队和受害者提供便捷的信息管理和数据交换功能。

（3）用于应急管理的遥感技术。

遥感是从远处（通常是卫星）收集有关物体或区域信息的科学，遥感应用是典型的数据密集型应用，在灾害发生期间需处理灾害区域大量的多时相数据，为应急决策提供关键信息。遥感技术应用的潜力主要有以下三个方面。

一是大规模卫星图像数据挖掘，通过新的数据算法，高效分析遥感数据和标准卫星图像，挖掘灾害的空间尺度和影响范围，进行灾害影响评估。例如，机器学习技术可用于遥感图像分析，并对观察结果进行泛化和预测。二是相机数据挖掘，挖掘来自摄像机等监控设备的视频和图像数据是监测局部人员疏散和灾情实时状况最直接的方法，基于摄像机数据的风险评估方法是目前应急管理领域的新兴趋势。三是多模型集成，大数据分析技术可以融合卫星地图数据、生物和物理数据、社会经济数据等多源数据和气候预测模型、风险治理模型等多种数理模型，对公共安全风险进行综合性预测和评估。另外，这种多模型集成还可以实现数据众包，为公共安全风险治理提供全新思路。例如，2014 年挪威西部地区出现强降雨导致多个地方发生洪水灾害，冲毁了道路和桥梁并淹没了乡村，考虑到救援的紧迫性，挪威当局对灾害地图、社交媒体数据、传感器数据和卫星遥感数据等进行了众包。具有专业特长的各种志愿者团体收集卫星图像并绘制记录街道、建筑物以及其他重要设施受灾情况的灾害地图，利用大数据技术分析社交媒体数据，并依据问题内容、发帖者位置（带 GPS 定位标签）、发帖时间等进行聚类分析，挖掘应急管理部门和救援团队需要的关键信息，极大地减少了应急管理部门的数据处理负担并提高了救援效率。

（4）用于应急管理的人员流动和城市感知。

随着移动互联网的快速发展，大量的位置采集装置和人类移动感应设备正源源不断地产生数据，如智能手机、汽车上的 GPS、WLAN、IC 卡和基于位置的社交网络等。在此背景下，准确预测市域范围内的人员流动趋势成为可能，这对城市风险管理、应急响应、交通管制和人群监控等公共安全问题具有重要意义。大数据技术对于人员流动和城市感知的潜在应用包括以下几个方面。

一是个人流动轨迹建模。提取诸如"家""工作""社交""偏好"等数据，用于细粒度的人类流动预测，解决灾害发生后特殊的、不规则的人员流动的问题。二是人群流动轨迹建模。了解大规模人口流动的基本模式对于城市应急非常重要，不仅可以进行交通监测，还可以利用位置推荐服务等对人群进行分流，避免拥挤和堵塞。三是基于深度学习等算法的人群流动建模预测。可以通过多任务长短期记忆深度学习框架来预测人群的交通方式选择及其实时位置，还可利用残差网络和卷积神经网络预测市域范围内的大规模人群动向，并构建预测每个网格单元人员密度以及人员在单元格内停留时长的模型。

（5）用于应急管理的在线社交网络分析。

社交媒体对公众在突发事件情境下发现和分享有价值的灾害信息至关重要，同时也可为应急管理部门获取灾害相关信息、动态感知灾情、了解应急措施意见反馈等提供重要渠道。然而，社交媒体中的许多有用信息往往被埋没在大量嘈杂的非结构化数据中。社交媒体多模态（文本、图像、视频）数据高速生成，给应急管理部门数据处理和分析带来了难题。大数据技术对于社交媒体数据分析的潜力包括以下几个方面。

一是事件检测，超前识别事件是应急管理社交媒体挖掘的基本要求，在通过大数据挖掘检测到事件后，可设置一个信息过滤的标准，如与事件特征高度相关的关键词集，以便剔除社交媒体上分享的大量嘈杂的、不相关的内容，只收集与事件相关的社交媒体信息。二是关键信息提取，可利用词频统计、语义识别、自然语言处理等基于内容的、基于网络的、基于用户的、基于上下文的技术手段，识别和提取数据中的关键信息，提高应急管理部门对于灾害态势和网络舆情的感知，辅助决策。三是可视化分析，提供易于理解的社交媒体数据分析结果呈现方式，如定制仪表盘、绘制危机地图等，辅助应急管理部门决策，或把相关信息直观化地告知公众。

（6）用于应急管理的知识图谱。

数据驱动的公共安全风险治理依赖于各种各样的大数据源，包括传感器数据、移动和通信数据、开放获取数据和政府数据库数据等。在紧急情况下，这些数据和其他数据源必须迅速实现互操作，并可用于复杂的查询、处理和推理，而这些操作不是完全可以被提前预见的并设计完善的。知识图谱的各种语义技术可为这些多源数据提供原则和标准，满足紧急情况下的关键信息互操作需求。知识图谱在应急管理中的应用潜力有以下几个方面。

一是使用语义技术简化风险治理主体之间的数据交换，例如荷兰的 CERISE - SG 项目，使用语义技术和链接开放数据（LOD）简化了区域水务监督防洪委员会和电网运营商之间的数据交换，将所有数据统一在知识图谱的语义技术规则下，促进了两个部门间数据的互操作性，提升了底层数据结构的灵活性，简化了数据源之间互链接的外部合规性，易于以分散的方式动态更新数据。二是集成外部来源数据，并将其存储为知识图谱，使用定制的灾害数据管理词汇，将语义推理与传统的分析方法（如回归）相结合，提前识别潜在灾害风险并进行灾害可视化，向公众发布定制式的灾害预警信息。例如，可使用定制的本体将来自社交媒体的个人数据、地震或气象灾害等灾害数据、城市地理坐标及人口数据等集成在一起，自动推理受灾地域和受灾人员，并为这些可能受灾的区域和人员提供灾情信息以及与灾害相关的逃生与救援技能等。

二、数据驱动公共安全风险治理的技术应用挑战

（一）公共安全风险治理中数据技术的选择与采纳挑战

从活动理论（Activity Theory）的视角看，大数据技术作为连接公共安全风险治理主体与客体的中介，其应用的最终结果受制于公共安全风险治理主体和客体的认知、风险治理共同体内的治理格局与利益关系、风险治理活动的制度规则与程序、风险治理活动中的任务配置与角色层级等公共安全风险治理活动系统中的关键因素①。

首先，风险治理主体对于数据技术认知和选择的挑战。戴维斯（Davis）的技术接受模型认为，人们对技术有用性（使用某项技术能够加强工作表现的程度）和易用性（使用某项技术的容易程度）认知会影响技术的接受意愿和使用行为②，罗杰斯（Rogers）的创新扩散理论认为人们对于技术的重要性（技术应用的潜在效益和价值的实现程度）与相容性（与采纳者的价值观、经验、社会标准、需求结构等相一致的程度）认知会影响技术创新的扩散与采纳③。依据上述理论，公共安全风险治理相关部门、组织、政府官员和公众等对于大数据技术在公共安全风险治理中的作用、效益、使用难易程度、价值立场等认知可能会影响大数据技术在公共安全风险治理中的选择与采纳，最终影响应用效果。例如，识别和记录人们的位置信息与行动轨迹信息对于新冠肺炎疫情防控至关重要，中国、韩国、美国等国家分别推出了健康码、Trace Together、Contact Tracing 等接触追踪技术应用，然而，美国苹果和谷歌公司开发的"接触者追踪"技术普及和应用却十分有限，美国只有三个州明确发布信息称将使用这一技术应用，法国、德国等则明确表示"可能不会采用苹果谷歌的这一技术标准"，与中国健康码的高普及率形成了鲜明对比，这在很大程度上与各国政府部门、公共卫生组织和公众对于这一技术的有用性、技术应用风险、技术使用门槛等方面的认知和态度有关。

其次，数据技术在公共安全风险治理过程中的应用挑战。数据驱动的公共安全风险治理活动存在于具体的风险治理实践，是在风险治理的各主体间和社会环

---

① Kuutti K. Activity Theory as a Potential Framework for Human-computer Interaction Research [J]. *Context and Consciousness*: *Activity Theory and Human-computer Interaction*, 1996, 1744: 9 – 22.

② Davis F. D. Perceived Usefulness, Perceived Ease of Use, and User Acceptance of Information Technology [J]. *MIS Quarterly*, 1989, 13（3）: 319 – 340.

③ Rogers E. M. Diffusion of Innovations. New York: The Free Press of Glencoe [J]. *Social Forces*, 1963, 4: 415 – 416.

境中发挥作用，并受到组织制度规则和程序规范约束。因此，公共安全风险治理相关部门的技术战略规划、特定场景需求、既有制度规范、历史风险事件等，都会对大数据技术在公共安全风险治理中的技术采纳与应用产生影响。同时，对未来发展方向的战略判断、重大风险事件的情景构建、技术制度规范制定、已有经验教训总结等都是非常具有挑战性的工作，而这些作为技术评价和技术预见的基础性工作，对于技术选择具有重要影响。① 另外，数据技术被选择和采纳后还可能存在技术实现的挑战。一方面，资源制约给公共安全风险治理的技术实现带来困难。进行数据驱动的公共安全风险治理体系建设往往是一个复杂且庞大的工程，充满不确定性，需要消耗大量资源用于协调和生产，而且属于"补短板"而非"抓亮点"工作，因此在实践中常常面临"高价值认知，低资源投入"的困境②。另一方面，不当行为给公共安全风险治理的技术实现带来挑战。数据驱动的公共安全风险治理体系建设通常需要政府、科技企业、公众等多方合作，而技术外包过程中的企业机会主义行为、公众少参与和少反馈行为、规划设计与实际业务脱节行为等，都可能导致公共安全风险治理的相关的大数据项目名存实亡，难以真正在公共安全风险治理中发挥潜能。

（二）公共安全风险数据生命周期管理的挑战

1. 公共安全数据采集

大数据采集虽然克服了传统数据采集量不足的问题，但仍然面临诸多挑战。目前，公共安全大数据采集中存在的主要问题如下：

（1）对传统手段依赖严重，数据采集效率较低。一方面，地方政府对传统的数据采集手段比较依赖，人工采集仍然是部分基层政府信息采集的主要手段，这种采集方式不仅效率低下，而且不便保存、分享和分析，缺乏数据积累。例如，在新冠肺炎疫情防控中，我国基层仍然存在使用人工登记、纸质填报等方式获取数据信息的部门和组织③。另一方面，因为数据采集过程没有实现数字化，变成数据/信息库，存在大量重复劳动，基层干部疲于应对，会出现数据造假行为。

（2）数据资源管理建设体系滞后，数据整合难度大。目前条块分割的行政体制使得政府各部门之间数据资源整合难度大，跨越公共部门和私人部门之间

---

① 郭传杰：《论科学选择与技术选择：理论、方法和特征》，载于《第三届软科学国际研讨会论文集》，2004 年版。

② 韩啸、陈亮：《政府数据开放价值创造缘何失败？——基于价值共同破坏视角的新解释》，载于《公共管理评论》2021 年第 3 期。

③ 黄炜、孟慧莹：《面向公共卫生事件的大数据治理能力评价与应急管理策略研究》，载于《现代情报》2021 年第 10 期。

的数据整合更是困难，信息交互和共享存在障碍，信息服务难以智慧共用，对公共安全事件的预防与管控非常不利。例如，建筑、交通、铁路、航空等各部门都会产生并存储安全相关数据，但部门间缺少数据协调共享的机制，生成的数据格式不完整、不一致且不兼容，存在严重的信息壁垒，会给数据融合利用带来诸多挑战①。

（3）数据尚未完全嵌入公共安全风险治理实践中。公共安全风险治理是综合性治理，涉及的组织、部门多而复杂，把这些行业领域的相关业务及数据纳入公共安全风险治理的实践会非常困难。例在如公共卫生风险治理中，大数据分散在卫健委、医院、疾病预防控制中心、科研单位、医疗保健公司以及一些相关机构的不同数据池中，这些机构间虽然会有业务往来，但数据集之间却没有太多联系，数据管理机制与风险治理业务流程脱节，跨组织机构、跨业务链条的数据访问和获取难度较大。②

2. 公共安全数据处理

（1）"脏"数据处理与大数据存储。随着时代的变迁，错误数据的形式变幻多样，数据量的增长也为数据清洗算法的设计提出新的要求，许多传统的数据清洗算法已无法满足大数据时代的需求，而且"脏"数据清洗（数据分析、数据检测、数据修正）目前需要花费大量的时间、精力、算力以及经济成本。随着数据的爆炸式增长和数据融合的需求增加，对数据存储提出挑战。一方面，数据产生速度快、流通量大，需要考虑知识库的索引和更新问题，尤其是针对新知识表示形式的索引方法和随时间增量更新的策略。另一方面，大数据融合会用动态的方式统一不同源的数据，大数据的海量性和动态演化加大了错误恢复的难度③。

（2）数据集成。不同来源的数据缺乏统一的标准、一致的描述格式和表示方法，很难实现不同级别的结构化、半结构化和非结构化数据集成；各种数据库使用不同的软件和数据格式，使得数据比较、分析、传输、共享变得非常困难。以公共卫生领域疫情防控的数据需求为例，需要集成医学大数据（临床大数据、全基因组测序数据、众包大数据）、互联网大数据（新闻报道、搜索引擎、平台大数据、社交网络大数据）、地理/气象大数据、基于便携设备的人类行为大数据、零售大数据等，才能在疫情监测、预测未来风险、实现有针对性干预措施等方面发挥较全面的作用，但目前这些数据存在接口不一、数据共享机制不健全、集成

---

① Wang B., Wang Y. Big Data in Safety Management: An Overview [J]. *Safety Science*, 2021, 143: 105414.

② 刘奕:《以大数据筑牢公共卫生安全网：应用前景及政策建议》，载于《改革》2020 年第 4 期。

③ 孟小峰、杜治娟:《大数据融合研究：问题与挑战》，载于《计算机研究与发展》2016 年第 2 期。

技术有限、数据权责有待进一步明确等问题，导致数据集成困难。

（3）数据分析。大数据建模分析是发现大数据中有价值知识或模式的重要手段，大数据模型不仅考虑数据的动态性也要兼顾大数据的统计和语义特性，然而做到上述要求也具有一定的挑战，数据不准确性、数据丢失和选择性测量等问题都可能会影响模型的结果和决策，模型校准中的缺陷也可能会干扰推断。一个可以解决的方法就是多模型融合，然而多模型融合本身也是一个复杂而艰巨的任务。以传染病监测预警为例，尽管结合了传统传染病监测方法和大数据的新型混合模型显示了较好的前景，但当前技术手段在处理异构和实时数据方面依然效率不高，很难同时兼顾分布式系统的可用性、一致性和分区容错性，信噪比问题尤其具有挑战性，预测的可靠性尚无法与气候学等领域相比，任何新颖的数据流在投入使用前都必须根据已建立的传染病监测数据和系统进行验证。

尽管人工智能（AI）、机器学习（ML）、计算智能（CI）等为大数据分析提供了广阔的前景，可以实现对数据并行化、分治、增量学习、采样、粒度计算、特征选择、实例选择等，降低成本并提高处理效率[1]，但是，当此类技术面临不确定性时，就会带来各种挑战。例如，训练的数据和实际数据有偏差，就不能得到理想的结果[2]。以机器学习为例，传统的机器学习方法在计算效率或可扩展性上不足以处理大数据的特征（例如大容量、高速、变化的类型，低值密度，不完整性）和不确定性（例如偏差的训练数据、意外的数据类型等），可能需要更高级的技术包括特征学习、深度学习、转移学习、分布式学习和主动学习等新算法的支持，提供更高效的分析挖掘方案。另外，如何管理多维数据，比如时空数据，从数据分析中发现数据的时间和空间关联性，从中提取有价值的信息也是目前面临的新挑战[3]。

3. 公共安全数据应用

（1）对数据分析结果合理解释的挑战。为了让大数据的分析和处理结果真正被用户理解从而为决策提供支持，对结果的解释是必需的。在结果解释方面，数据复杂性、语义复杂性、参数及假设复杂性、分析验证步骤的复杂性以及模型复杂性等都给恰当而准确的结果解释设置了障碍，寻求合适的结果解释或者表示方法对大数据发展来说意义重大，同时也是重要挑战。

---

① Wang X., He Y. Learning from Uncertainty for Big Data: Future Analytical Challenges and Strategies [J]. *IEEE Systems, Man, and Cybernetics Magazine*, 2016, 2 (2): 26 – 31.

② Hariri R. H., Fredericks E. M., Bowers K. M. Uncertainty in Big Data Analytics: Survey, Opportunities, and Challenges [J]. *Journal of Big Data*, 2019, 6 (1): 1 – 16.

③ Casado R., Younas M. Emerging Trends and Technologies in Big Data Processing [J]. *Concurrency and Computation: Practice and Experience*, 2015, 27 (8): 2078 – 2091.

（2）数据支持决策的挑战。第一，传统决策模式遭遇挑战，风险决策主要依靠经验、直觉，具有很强的场景性。一旦场景更换，之前的经验就不一定适用。而大数据注重事物之间的联系，要求决策的时候更加顾及大局、全域，权衡决策的多维影响，在大数据时代，地方政府决策必须从依赖直觉、经验、小数据转变为依靠大数据。第二，虽然目前各级政府部门已经投入了大量的人力物力财力来采集能够支持决策的各种数据，但是，由于基层政府在采集数据时缺乏大数据思维，使得采集来的数据在分析和使用时效率较低，而且采集来的数据的规模往往较小，很难满足大数据时代的决策需求。第三，在大数据缺失的条件下，地方政府难以做到精准决策和精细化治理，例如，在本次新冠肺炎疫情防控中，媒体报道了多起病毒感染者故意隐瞒重点疫区旅居史等信息，导致周围人群被传染的案例。如果地方政府能够借助大数据平台，就可以迅速分析防控对象的行踪轨迹，采取相应的防控措施。

（3）隐私权与安全性保护的挑战。大数据隐私保护和安全成为大数据采集、处理、应用的重大挑战，也是目前大数据行业关注的话题。隐私关系到数据的正确利用和企业私有信息的保存，而安全性则是确保数据的机密性、完整性和可用性。隐私保护的主要障碍来自数据的暴露和数据的动态特性，而大数据的规模又在一定程度上限制了隐私保护机制的复杂性，太复杂的安全保护机制开销太大，其适用性和实用性不强，因此，大数据隐私保护中普遍使用的是相对简单的保护机制。但是这种简单的隐私保护机制存在较大的信息安全隐患，如何突破这一限制，设计出更加符合大数据要求的隐私保护机制也是目前亟待解决的挑战。

（三）公共安全风险治理中的数据安全与算法风险

从公共安全风险的治理技术跨越至公共安全风险的技术治理，必然要面对数据安全与隐私风险[1]、算法责任风险[2][3][4]等重大挑战。数据开放、数据共享和数据安全、数据隐私之间的关系平衡难题，数据治理、算法治理和算法黑箱、算法歧视之间的监管困境等都可能成为数据驱动公共安全风险治理的重大阻碍。

1. 数据安全与隐私风险

数据安全是指保护存储于数据库等介质中的数据不被非授权用户进行破坏及

---

① 丁红发、孟秋晴、王祥、蒋合领：《面向数据生命周期的政府数据开放的数据安全与隐私保护对策分析》，载于《情报杂志》2019 年第 7 期。

② 肖红军：《算法责任：理论证成、全景画像与治理范式》，载于《管理世界》2022 年第 4 期。

③ 肖红军：《构建负责任的平台算法》，载于《西安交通大学学报（社会科学版）》2022 年第 1 期。

④ 浮婷：《算法"黑箱"与算法责任机制研究》，中国社会科学院研究生院，2020 年。

实施非预期行为，如网络攻击或数据泄露。数据安全涉及数据加密、软硬件数据保护机制、备份、数据屏蔽和数据清除等技术；也涉及法律和标准等制度。① 数据隐私或信息隐私，是数据收集和传播之间的关系，涉及技术、公众隐私预期、法律和政治等相关领域。数据隐私问题存在于个人身份信息或其他敏感信息被收集、存储、使用及最终销毁后删除的各个环节。《信息安全技术个人信息安全规范》把个人敏感信息定义为"一旦泄露、非法提供或滥用可能危害人身和财产安全，极易导致个人名誉、身心健康受到损害或歧视性待遇等的个人信息"。除了财产信息、健康生理信息、生物识别信息、身份信息和网络身份标识信息以外，还包括电话号码、网页浏览记录、行踪轨迹等。②

数据驱动的公共安全风险治理涉及数据的创建与采集、组织与处理、存储与发布、获取与分析、应用与增值、销毁或消亡等全生命周期过程，可能涉及多个不同的风险治理主体和责任单位、多种数据系统和应用平台，数据的中间流转过程也十分复杂，在利用大数据技术进行公共安全风险治理的过程中存在很多数据安全和隐私泄露的风险点。因此，需要完善的数据安全与隐私保护法规制度和技术标准，科学规范利用大数据驱动公共安全风险治理，切实保障数据安全。虽然目前我国已经出台了《中华人民共和国数据安全法》《中华人民共和国个人信息保护法》《信息安全技术个人信息安全规范》《信息安全技术大数据服务安全能力要求》《信息安全技术大数据安全管理指南》《信息安全技术数据安全能力成熟度模型》《信息安全技术数据交易服务安全要求》《信息安全技术数据出境安全评估指南》《信息安全技术个人信息安全影响评估指南》《信息安全技术个人信息去标识化指南》等法律法规和技术标准，对数据安全、数据交易和数据技术标准等做了一定的规范。但这些大多是宏观笼统的管理型规范，缺乏可操作的技术，对公共安全领域大数据应用来说，仍需要细化相关的安全隐私政策和标准规范，制定覆盖数据采集、处理、利用等全生命周期和风险监测预警、响应处置、善后恢复等风险治理各个环节所涉及的机构、人员、信息平台的安全边界、安全和隐私保护权责、保护技术措施等的公共安全风险数据隐私安全保护制度。

2. 算法危机

如果说大数据是"新石油"，是当今"世界上最有价值的资源"，那么算法就是加工大数据这一"新石油"的工具，是进行数据治理和智慧化决策的基础。正因为大数据治理离不开算法，国内外许多学者将大数据时代的治理模式称为

---

①② 丁红发、孟秋晴、王祥、蒋合领：《面向数据生命周期的政府数据开放的数据安全与隐私保护对策分析》，载于《情报杂志》2019 年第 7 期。

"算法治理"①，与之相伴随的则是所谓"算法时代"的来临②、"算法社会"的出现③和"算法生活"的涌现④。一方面，无处不在的智能算法深刻地改变着人们的生产生活方式，变革着社会形态与治理方法，重塑着公共安全风险治理模式；另一方面，各种有意图的或非故意的算法不当以及所谓的"算法污染"⑤，如算法歧视或算法偏见、算法共谋、算法垄断、算法黑箱、算法遮蔽、算法伦理缺失、算法短视、算法霸权、算法操纵、算法劫持、算法剥削等带来算法危机，引发社会普遍的算法焦虑，算法甚至被认为是"怪物"⑥。

算法治理已经在公共安全领域广泛应用，同时也产生了很多问题。例如，美国率先在司法领域引入 COMPAS、PSA 和 LSI – R 等数智化风险评估系统。据统计，美国有超一半的州采用风险评估系统辅助法官量刑，其中一些州还使用评估系统来预测罪犯的再犯率以决定是否对其进行保释⑦。COMPAS 系统通过分析罪犯的种族、年龄、前科、性别、婚姻状况、福利、教育水平在内的 100 多个因素预测他们重新犯罪的可能性。

随着算法失当现象的大量涌现，社会对算法进行规制的呼声日渐高涨。对算法失当、算法责任缺失或异化等可能引致算法危机的现象进行治理是当下亟须解决的问题。在现实中，欧盟发布的《通用数据保护条例》（GDPR）、美国通过的多部算法问责法（及法案）、加拿大颁布的《自动化决策指令》、中国公布的《中华人民共和国个人信息保护法》、国家互联网信息办公室等九部门联合印发的《关于加强互联网信息服务算法综合治理的指导意见》《新一代人工智能治理原则——发展负责任的人工智能》都对算法责任和算法责任治理的相关内容进行了规定，但与算法社会快速发展对算法责任治理和算法风险规避的需求之间仍有差距，算法责任的法治化需要进一步完善。⑧

---

① 刘永谋、李尉博：《从"大设计"到"小设计"：大数据时代的社会规则之变》，载于《哲学分析》2022 年第 1 期。

② Danaher J．，Hogan M．J．，Noone C．，et al. Algorithmic Governance：Developing a Research Agenda Through the Power of Collective Intelligence [J]．*Big Data & Society*，2017，4（2）：2053951717726554.

③ Balkin J．M. Free Speech in the Algorithmic Society：Big Data，Private Governance，and New School Speech Regulation [J]．*UCDL Rev.*，2017，51：1149.

④ Del Casino Jr V．J．，House – Peters L，Crampton J．W．，et al. The Social Life of Robots：The Politics of Algorithms，Governance，and Sovereignty [J]．*Antipode*，2020，52（3）：605 – 618.

⑤ Schultze U．，Aanestad M．，Mähring M，et al. *Living with Monsters？Social Implications of Algorithmic Phenomena，Hybrid Agency，and the Performativity of Technology* [M]．Springer International Publishing，2018.

⑥⑧ 肖红军：《算法责任：理论证成、全景画像与治理范式》，载于《管理世界》2022 年第 4 期。

⑦ 李本：《美国司法实践中的人工智能：问题与挑战》，载于《中国法律评论》2018 年第 2 期。

三、数据驱动公共安全风险治理的技术实现路径

（一）合理制定公共安全风险治理中的数据技术应用战略

1. 制定公共安全数据技术战略的必要性

公共安全风险治理中的数据技术应用战略是从总体上部署公共安全风险治理实践中技术创新的行动总路线，它从总体上决定数据技术在公共安全风险领域发展的全局性、长远性。目前大数据技术虽然在交通安全、食品安全、环境安全、网络安全、能源安全、打击恐怖主义和跨境犯罪、自然灾害预报预警等公共安全的部分领域得到应用，但这些技术应用较为零散，还未形成完整的、有机协同的技术体系，缺乏整体性规划和战略性指导。数据驱动的公共安全风险治理不仅仅局限于大数据技术在公共安全风险治理中的应用，而是"治理理念创新＋大数据技术创新＋业务流程创新＋体制机制创新"协同推进的全方位变革，以大平台、大数据、大系统、大集成为战略导向，以数字化、协同化、智慧化为实施路径，以跨部门、跨系统、跨地域、跨层级高效协作为重要支撑，对公共安全相关部门数字化思维、数字化理念、数字化战略、数字化资源、数字化技术等相关因素进行最大化集成，从而撬动公共安全风险治理体系和治理能力现代化。[①] 因此，数据驱动公共安全风险治理需要制定合理的技术应用战略，以推进数字基础设施在关键地区的布局、数字技术在公共安全重点领域的创新应用、数字技术及数据的跨部门协同等。

合理制定公共安全风险大数据的发展规划与建设路线，明确公共安全风险大数据应用的未来重点，加快促进公共安全大数据在实际的行业中的落地应用。当下，世界各国都非常重视大数据技术在政府治理中的应用，也相继制定了国家级的大数据战略。如美国推出的《大数据研究与开发计划》《联邦大数据研究与开发战略计划》；澳大利亚提出的大数据国家战略并发布公共服务大数据政策[②]；法国发布的《数字化路线图》[③] 等。中国在十八届五中全会首次提出"国家大数

---

① 刘淑春：《数字政府战略意蕴、技术构架与路径设计——基于浙江改革的实践与探索》，载于《中国行政管理》2018 年第 9 期。

② 《澳大利亚大数据政策出台》，http：//intl. ce. cn/specials/zxgjzh/201308/14/t20130814_24662628. shtml。

③ 《大数据国家档案之法国：智慧城市中的大数据》，http：//www. chinacloud. com/dashujuzhongguo/disanqi/2014/0115/22708. html。

据战略"，2015 年国务院发布《促进大数据发展行动纲要》，大数据正式上升到国家战略层面，并于 2017 年实施《大数据产业发展规划（2016～2020 年）》。这些国家层面的战略和政策虽然厘清了大数据技术应用的总体目标、相关原则及实施路径，但具体到公共安全风险治理领域，还需依据本领域特点及风险治理不同阶段进一步讨论适用的关键技术应用战略。

同时，公共安全数据技术战略制定是一项牵涉技术研发、人才培养、社会组织运营、机制安排等方面的复杂工程。美国顶尖智库新美国安全中心（Center for a New American Security，CNAS）认为[1]，技术战略制定应该涵盖研发投资、人力资本、基础设施、技术优势维护措施、技术规范和标准，以及不会扼杀创新的监管框架等科技基础要素，技术战略框架应该遵循积极主动、兼容并包、举国参与、灵活弹性、反复迭代、多边合作等六项原则[2]。美国信息技术促进灾害管理委员会（The Committee on Using Information Technology on Enhance Disaster Management）在发布的《促进灾害管理：信息技术在减缓、准备、响应和恢复阶段的角色》研究报告中，就信息技术战略涉及的各方面要素如何有效支持公共危机管理战略的实施提出了 10 个方面的建议[3]，包括：（1）充分利用现有技术或调整政策程序，从而快速提高危机管理水平；（2）中央政府利用相关组织机构平台进行多学科研究，充分发挥关键性技术的潜力；（3）中央政府与危机管理的各利益相关方一起制定并更新技术研发计划；（4）采用多元化的技术应用策略，包括增加商业技术应用、更多使用开源软件和标准开放性成果；（5）危机管理部门与技术供应商紧密合作；（6）注重将危机应对能力纳入应急管理部门的常规操作系统，强调非常规、危机条件下的系统应急性能；（7）技术投资采用成本效益决策指标；（8）利用独立评估机制评估信息技术在危机管理业务中的有效性、经验教训、最佳实践等；（9）培养同时具有危机管理知识和信息技术专业知识的人才；（10）确保和发展由 ICT 技术研究者、危机研究者和危机管理者组成的协同网络。

2. 我国公共安全风险治理中数据技术应用战略发展路径

首先，做好顶层设计，从国家层面规划公共安全风险治理大数据技术应用战略，包括技术战略目标、技术战略支撑以及技术战略措施等三大部分。一是技术战略目标，即技术战略行动所要达到的预期结果，是制定和实施技术战略的出发

---

① 冯志刚、张志强：《新美国安全中心：美国国家安全政策核心智库》，载于《智库理论与实践》2018 年第 6 期。

② 唐璐、张志强：《新美国安全中心"美国国家技术战略"报告剖析及启示》，载于《图书与情报》2022 年第 1 期。

③ National Research Council. *Improving Disaster Management：the Role of IT in Mitigation，Preparedness，Response，and Recovery* [M]. National Academies Press，2007.

点和归宿。一方面，公共安全风险治理大数据技术应用战略目标需围绕公共安全发展理念、发展需求及治理能力等，在大数据技术应用战略目标上达成共识。如以"以人民安全为中心""平安中国""提升风险治理效能"等为总体目标，结合不同区域发展提出公共安全风险治理大数据应用战略目标。另一方面，由于不同时期国家的安全理念不同，公共安全治理目标、需求以及治理能力也会产生差异，公共安全风险治理大数据技术应用战略的目标需围绕公共安全发展理念、需求及治理能力等实现稳步动态调整。二是技术战略支撑，即战略的物质基础和支柱，包括整体经济实力、产业竞争力和技术竞争力等，是确定大数据技术发展方向和战略重点的现实依据。如在大数据基础设施建设、大数据产业竞争力、大数据技术成熟度等不同方面做出考量。三是技术战略措施，即围绕公共安全风险治理实施相应的大数据技术政策。[1] 既包括公共安全风险治理大数据技术应用战略的整体性发展政策，也包括公共安全风险治理不同领域中的大数据技术应用专项政策。需要设计好整体性发展政策与专项政策之间的分类衔接机制，科学合理发挥大数据技术应用政策功能。

其次，搭建发展框架，从行业及部门实践层面推进公共安全风险治理大数据技术应用规范。一方面，公共安全风险治理的大数据技术战略实施不仅需要遵循自上而下的战略设计，还要在横向上动态追踪发达国家重大前沿技术，围绕统筹安全与发展的重要理念，加强政府主导与市场互动，强化安全技术产业培育，实现关键领域的技术突破和重要场景的技术应用，促进大数据技术与公共安全风险治理的良性互动。另一方面，搭建公共安全风险治理技术创新发展平台及建设公共安全风险治理技术应用标准，是推进公共安全风险治理大数据技术应用规范的重要方向。其中，技术标准战略旨在掌握技术群而获取明显的竞争优势，建立既包括国家、行业、地方以及企业等层面的技术标准体系，也包括公共安全不同领域的标准体系，实现公共安全风险治理大数据技术应用的规范化科学化。技术平台战略旨在利用核心技术优势打造产品平台和技术平台，从而实现横向产品和服务的衍生以及纵向的平台升级。同时，整合和利用开发研究资源，推动产学研的深度合作，促进公共安全领域技术研究成果的转化。

最后，执行战略规划，从具体业务和管理层面落实大数据技术应用战略。一方面将大数据技术应用战略规划按照时间、责任主体层层分解，定位主体角色，明确责任；另一方面将每一个目标及指标转化为具体行动方案并实施行动方案。

---

① 蔡旺春、吴福象：《基于国家重大技术战略的动态技术政策研究》，载于《天津社会科学》2019年第 5 期。

将大数据技术应用嵌入到风险治理的每个环节，利用大数据技术重塑风险治理组织、优化风险治理流程、变革风险治理手段，打破传统风险治理中主体间的条块障碍，实现数据信息的快速共享和组织部门的高效协同，增强风险治理部门的敏捷性。同时，及时反馈和动态调整技术应用战略。在具体落实过程中目标不清，责任不明或者效果不明显的环节，及时进行反馈调适。

（二）深入推进数据技术与公共安全风险治理的有效融合

1. 数据技术与公共安全风险识别的融合

大数据时代，随着智能设备、传感器、物联网设备、遥感设备等各种数据采集和生产设备在各领域的应用普及，自然环境变化、人类社会活动等都开始被记录、变得可量化，这些不断产生并被记录的信息成为深度分析进而识别潜在风险的重要数据。依托大数据技术的多源数据采集、大规模运算处理、交互可视化等优势和模拟仿真、情景推演、深度学习等技术手段，未来对自然灾害、事故灾难、公共卫生和社会安全等领域的潜在风险进行系统挖掘和预判成为可能。因此，将大数据的技术优势融入公共安全风险识别环节，构建全新的风险识别理论与方法是推进公共安全风险识别能力现代化、智能化的必要路径。

首先，对公共安全风险数据的识别。利用大数据技术对公共安全风险相关数据全方面、立体式、多层次扫描采集。以社会风险识别为例，随着公众转变为"数据主体"，公众在新生活方式、社会和专业网络、政府互动和地理等方方面面都变得"透明"与"可知"，95% 以上的人及其行为模式可以被识别。[1] 公共安全部门可以利用大数据技术采集包括人流密度、手机通话和短信等巨量数据[2]、公众行动轨迹和交通数据，甚至以人为载体结合传感器收集群体活动数据和信息，为公共安全风险识别提供充分且可靠的信息。[3]

其次，基于风险数据的风险规律及趋势分析。利用大数据技术对公共安全风险相关数据多角度、深层次、可视化挖掘分析。利用大数据分析的优势充分挖掘海量数据系列特征，对需要关注的各种现象或行为进行更全面、精准和预测性的

---

[1] 宋轩：《大数据下的灾难行为分析和城市应急管理》，载于《中国计算机学会通讯》2013 年第 8 期。

[2] Krisp J. M. Planning Fire and Rescue Services by Visualizing Mobile Phone Density [J]. *Journal of Urban Technology*, 2010, 17 (1): 61-69.

[3] 张宁、唐嘉仪：《大数据在风险治理中的应用场景——基于"人—技术"视角的研究述评》，载于《电子政务》2021 年第 4 期。

分析与洞察①，探寻这些现象或行为的规律及其背后存在的潜在风险与风险发展趋势。②

最后，对特定风险类型进行有效识别。对收集的特定类型的数据进行深入挖掘、关联分析，识别和预测特定类型的风险事件。例如，收集手机定位与 GPS 数据、出行活动日志与时间利用日志、社交网络用户签到信息等数据，可以对人群流动和活动情况进行可视化的分析和判断，有效识别和预防因人流过于密集而导致的群体性事件风险。③

2. 数据技术与公共安全风险评估的融合

在公共安全风险识别的基础上，需充分利用大数据技术构建公共安全风险评估体系，开展公共安全风险源评估、脆弱性评估、公共安全能力评估等，将大数据技术融入公共安全风险评估的重要环节，进行理念颠覆性的、前瞻性的公共安全风险评估与预防管理。

首先，利用全要素监测、数据建模、仿真模拟、情景推演等大数据技术方法对风险源的灾害性进行解构和分析，评估其波及的范围以及概率的大小。风险治理者可以对收集、获取的信息和数据进行深层次的挖掘与剖析，并通过大数据智能系统对识别到的风险进行发生概率大小、波及范围广度、造成损失预估等计算，根据综合计算结果对风险进行分类、分级④。

其次，在传统风险评估指标体系的基础上利用机器学习的各种算法对风险受体的物理脆弱性、社会脆弱性评估进行优化升级。例如，构建暴露程度、系统对外界干扰的敏感性和系统的适应能力三方面脆弱性评价指标体系，综合微博大数据和遥感影像数据等，利用模糊综合评价方法对城市台风灾害的脆弱性可进行系统评估。⑤

最后，利用大数据技术的信息获取和大规模计算优势，对公共安全部门面对威胁时的监测、预警、响应能力以及其所有可用优势和资源总和进行全面评估。

3. 数据技术与公共安全风险控制的融合

在公共安全风险识别、精准评估基础上，制订并实施风险控制方案以防其演变成危机并造成重大损失就显得格外重要，数据技术与风险控制的融合具有重要

---

① 孟天广、郑思尧：《信息、传播与影响：网络治理中的政府新媒体——结合大数据与小数据分析的探索》，载于《公共行政评论》2017 年第 1 期。

②④ 刘泽照、朱正威：《大数据平台下的社会稳定风险评估：研究前瞻与应用挑战》，载于《华东理工大学学报（社会科学版）》2015 年第 1 期。

③ 周利敏：《迈向大数据时代的城市风险治理——基于多案例的研究》，载于《西南民族大学学报（人文社科版）》2016 年第 9 期。

⑤ 吴文菁、陈佳颖、叶润宇、李杨帆：《台风灾害下海岸带城市社会—生态系统脆弱性评估——大数据视角》，载于《生态学报》2019 年第 19 期。

的赋能潜力。

首先，基于风险数据的风险决策方案制定。目前利用大数据技术建模、推演、可视化灾情信息等已成为风险决策的重要前提，可以实验计算各种策略的可能后果，从而帮助决策者进行最优或满意决策。将大数据技术融入风险决策的重要环节，辅助决策或直接进行智能决策已成为未来风险治理的重要趋势。例如，兰州大学全球新冠疫情预测系统可以对政府采取不同等级响应措施情况下未来的疫情发展进行预测，辅助政府在统筹人民生命健康安全和经济社会稳定发展的前提下，做好疫情防控相关决策。

其次，在多种风险决策方案基础上形成风险处置最佳策略组合。大数据技术不仅可以在应急物资及人员调配的路线优化、实时状态监控、治理主体协同等方面发挥潜能，还可以进行人群感知、精准定位等，在精准救援、快速响应中发挥作用。例如，防疫健康码以算法为基础判别个体的风险大小并进行等级划分，管理人员只需根据健康码的颜色对个体进行相应的管控即可，不再需要做复杂的工作去判断某一个体的风险大小，极大地提高了防疫效率和管控的精准度。

最后，落实风险处置措施。风险处置策略执行是风险控制的重要一环，它是在权衡相关利益者之后形成的具有可操作性的干预方案。风险处置措施执行需要做到目标明确，职能任务清晰，处置方法得当，处置效果可感知。

4. 数据技术与公共安全风险沟通的融合

风险沟通贯穿风险识别、风险评估和响应处置等风险治理的重要环节，既是风险治理的核心能力之一，也是风险治理面临的重要难题[1][2]，受文化、技术、制度、认知、信任等因素影响，其面临长生命链条、多沟通主体、高目标层次、不确定信息等挑战。

目前来看，从技术角度出发将大数据、人工智能等新兴技术的可视化、交互化、自动化优势融入风险沟通的全生命周期是提升风险沟通效果、解决风险沟通难题的有效途径。利用大数据技术开发有效的风险沟通工具再配合适当的风险沟通策略，就能解决灾害发生前的教育宣传和应急准备活动、灾害中的危机信息和应急响应通告活动、灾害后的恢复方案和经验教训学习活动等面临的难题。例如开发协作式风险地图，让公众参与风险识别和风险应对的闭环中，能极大地提升风险教育和应急准备的效果。又如，利用大数据技术在社交平台开发"辟谣"模块，自动推送相关辟谣信息，让公众在危机情境下免受谣言的

---

① Kim S., Kim S. Impact of the Fukushima Nuclear Accident on Belief in Rumors: The Role of Risk Perception and Communication [J]. *Sustainability*, 2017, 9 (12): 2188.

② De Moel H. D., Van Alphen J., Aerts J. Flood Maps in Europe – Methods, Availability and Use [J]. *Natural Hazards & Earth System Sciences*, 2009, 9 (2): 289 – 301.

误导。

（三）实施高质量的公共安全风险数据生命周期管理

1. 公共安全数据采集

（1）建立公共安全大数据采集存储系统，提高数据采集效率。建立整合无线网络传感器、物联网设备、网络平台数据、行业数据库数据、卫星及无人机拍摄数据等数据采集的框架和协议，跨越多源异构数据在整合分析上的技术障碍。在公共安全重点关注区域部署高密度可靠的传感器、基站、视频监控系统等，实现数据全方位、全时段的自动采集。在公共安全数据采集或具体业务数据采集中，进行自动化的数据收集，避免人工采集的低效率、高错误率问题。同时，在公共安全数据收集过程中要注意避免社会数据的过度收集和数据滥用，规避技术的自反性及其带来的新风险。

（2）打破数据壁垒，实现数据有效共享和联通。因数据安全与隐私而导致的逻辑性"数据孤岛"、物理性数据壁垒等严重阻碍了公共安全数据的应用，削弱了数据价值。在面对公共安全风险治理涉及领域广泛、业务流程复杂、数据来源多样的情况下，需制定一个统一的数据共享框架，来解决数据资源难以共享的问题。目前，区块链技术的快速发展为平衡个人隐私、数字资产保护和设备数据交换、行业数据共享的矛盾提供了新的解决方案。但考虑到数据技术发展迅猛、数据规则需灵活变动以及数据需要多场景复用等问题，应该探索在一定规则约束之上可自行配置、可后期扩展的数据共享方式，实现公共安全数据的有效联通和充分利用。

（3）提升数据源质量，筑牢公共安全风险数据基础。数据源质量会影响大数据的真实性、完整性、一致性和准确性，如果公共安全重要数据或基础数据质量出现问题，那么数据分析得出的结果就会出现偏差，错误数据积累越多偏差越大，直接影响大数据分析获取的价值与结论，甚至影响风险识别、决策、控制与沟通的科学性、有效性，最终影响公共安全风险治理的效能。因此，各级政府和部门应将公共安全领域的重要数据或基础数据源的质量纳入其目标责任制考核内容，并设置相应的机构、机制督促数据采集规范、完整，数据更新及时等。

2. 公共安全数据处理

（1）利用新技术降低数据预处理成本，提高数据预处理效率。首先，可以利用机器学习的方式进行数据预处理。例如，基于机器学习的数据清洗（MLClean）框架可以延伸至数据预处理的其他技术中，进行数据净化、不均衡消除、重复值删除等，产生干净、无偏见的数据①。其次，可利用边缘计算的方式进行数据清洗。例如，将基于角度的离群值检测方法应用于边缘节点，来获得模型训练数据，然后通过支持向量机建立训练数据，再采用在线学习进行模型优化，提高数据清洗的效率，克服数据清洗方法成本太大的缺点②。另外，还可利用众包技术清洗数据。众包技术可以集中多用户的知识和决策，提高数据清洗的效率，在数据清洗方面有着不可替代的优势。例如利用众包系统进行数据去重、清洗多版本数据③。国外有学者提出，通过预处理使大数据（Big Data）变成智能数据（Smart Data），使数据为中心变成知识为中心，使数据预处理任务适应大数据驱动公共安全风险治理的知识要求④。

（2）以公共安全风险治理业务需求驱动数据分析方法和策略选择，获取更多有用的数据分析结果。以犯罪识别为例，随着犯罪网络的不断变化，链接分析、智能代理、文本挖掘、神经网络、机器学习、关联规则挖掘等数据分析技术在犯罪识别上的应用越来越有挑战性，需要通过大量的前期工作，研究犯罪网络关系，确定罪犯角色分析的具体需求，然后加入图像视频数据、自媒体数据、地理位置数据等多源数据和时空关联规则、深度学习等方法策略进行自动分析，识别各种犯罪集团和更加细分的犯罪行为。随着公共安全治理需求的不断变化，需要在充分调研的基础上，针对不同的业务需求和不同的数据特征，选择合适的数据分析策略和模型，实现需求与方法之间的匹配，以具体业务需求驱动数据分析。

（3）公共安全风险大数据的多维度、大尺度、细精度分析。随着数据采集和数据处理技术的改进、工具的集成以及算法的完善和算力的提升，"万物可量化"正逐渐变为现实。越来越精细、准确、可关联的数据为更多维的公共安全数据分析奠定了基础，逐渐自动化、智能化的算法和数据分析工具为大规模的数据处理提供了便利条件。因此，公共安全风险大数据的多维度、大尺度、细精度分析，打造全面探测感知物理及社会变化的公共安全风险智能平台成为未来公共安全风险治理的可行路径。例如，以"数据中台"为代表的整体性数据解决方案，拥有

① Tae K. H. , Roh Y. , Oh Y. H. , et al. Data cleaning for accurate, fair, and robust models: A big data – AI integration approach [C]//Proceedings of the 3rd International Workshop on Data Management for End-to-End Machine Learning, 2019: 1 – 4.

② Wang T. , Ke H. , Zheng X. , et al. Big Data Cleaning Based on Mobile Edge Computing in Industrial Sensor-cloud [J]. *IEEE Transactions on Industrial Informatics*, 2019, 16 (2): 1321 – 1329.

③ Wang J. , Kraska T. , Franklin M. J. , et al. Crowder: Crowdsourcing Entity Resolution [J]. *ArXiv Preprint ArXiv*: 1208. 1927, 2012, 5 (11): 1483 – 1494.

④ Triguero I. , García-Gil D. , Maillo J. , et al. Transforming Big Data into Smart Data: An Insight on the Use of the k-nearest Neighbors Algorithm to Obtain Quality Data [J]. *Wiley Interdisciplinary Reviews: Data Mining and Knowledge Discovery*, 2019, 9 (2): e1289.

汇聚整合数据、提纯加工数据、可视化数据、让数据价值变现等核心能力，为政府和公共安全部门更全面、更快速地获取和更多维、更直观地分析公共安全数据提供了解决方案。

3. 公共安全数据应用

（1）有效吸纳和使用新兴数据技术，促进公共安全数据应用。合理地吸纳新技术使其为数据驱动的公共安全风险治理赋能。例如，5G、物联网、区块链、元宇宙等技术的兴起与发展会进一步激发大数据和人工智能的技术潜力，大数据技术在公共安全领域的应用可能会得到进一步的拓展。例如，可将区块链的不可篡改、去中心化、可追溯、自主触发等思想引入公共安全风险治理的应急情报体系构建中，利用区块链对公共安全数据进行完整性存储、分布式共享和追踪溯源，利用智能合约设置预警阈值全网广播，产生齿轮联动式响应模式，[1] 改变目前公共安全数据管理中心化、问责模糊化的问题，完善数据驱动的公共安全风险治理模式。

（2）深化大数据技术在公共安全风险治理中的应用。在公共安全风险治理框架下，统计分析、时空轨迹分析、关联规则分析、可视化分析等大数据技术可应用到风险识别、风险分析、风险评价、风险决策等治理流程。大数据将在疾病防控、自然灾害预防、安全事故处理等领域发挥价值，实现精细化治理和个性化服务，从事后决策转为事前预防，走出风险治理的困境，形成风险治理的智慧化[2]。

（3）数据安全与隐私的有效保护。安全与隐私问题的解决依赖于数据采集、处理、应用的全生命周期。数据采集过程中，无线介质的开放性容易受恶意攻击（如窃听攻击）的侵害，典型的应对策略是无线网络中应用加密方案[3]。但是，由于某些智能对象（如 RFID 和传感器）的计算能力较差，在物联网网络中应用基于密码学的技术可能并不可行，因此在数据采集上要开发不需要更强大计算和高能耗的新方案。数据处理和存储过程不中，要以适当的密钥分配和密钥有效期设置、身份验证和数据访问控制、数据访问可追溯等管理方法和技术，避免数据的修改、泄露等问题[4]。在数据应用过程中，对数据进行脱敏等处理，有效地平

---

① 胡剑、朱鹏、戚湧：《基于区块链的重大公共卫生事件下应急情报体系构建》，载于《情报理论与实践》2022 年第 5 期。

② 左文明、朱文锋、毕凌燕：《基于大数据的重大公共事务决策风险治理研究》，载于《电子政务》2019 年第 11 期。

③ Hennebert C., Dos Santos J. Security Protocols and Privacy Issues into 6LoWPAN Stack：A Synthesis ［J］. *IEEE Internet of Things Journal*, 2014, 1 (5)：384 – 398.

④ Esposito C., Castiglione A., Martini B., et al. Cloud Manufacturing：Security, Privacy, and Forensic Concerns ［J］. *IEEE Cloud Computing*, 2016, 3 (4)：16 – 22.

衡数据利用和数据隐私①。同时，区块链等新技术为大数据应用中的安全与隐私保护，为数据所有权、数据透明度、可审核性和细粒度访问控制等问题提出了解决方案。

第二节 协同增能：数据驱动公共安全风险治理的组织路径

一、数据驱动公共安全风险协同治理的内在逻辑

组织协同是现代管理发展的必然要求。协同论认为②，系统能否发挥协同效应是由系统内部各子系统或组分的协同作用决定的，协同得好，系统的整体性功能就好。如果一个系统内部，人、组织、环境等各子系统内部以及他们之间相互协调配合，共同围绕目标齐心协力地运作，那么就能产生"1 + 1 > 2"的协同效应。反之，如果一个系统内部相互掣肘、离散、冲突或摩擦，就会造成整个管理系统内耗增加，系统内各子系统难以发挥其应有的功能，致使整个系统陷于一种混乱无序的状态。美国管理学家切斯特·巴纳德认为③，作为正式组织的协作系统，包含三个基本要素：协作的意愿、共同的目标、信息联系和沟通。

20 世纪 90 年代以来，世界各国开始探索政府与企业、社会组织、公民之间跨部门协同的机制与模式，以解决社会公共事务日益复杂化、动态化和多元化的难题。协同治理（Collaborative Governance）是个人、各种公共或私人机构管理其共同事务的诸多方式的总和，它是使相互冲突的不同利益主体得以调和并且采取联合行动的持续的过程，其中既包括具有法律约束力的正式制度和规则，也包括各种促成协商与和解的非正式的制度安排④。公共事务的协同治理能够使治理主体跨越公共机构、政府等级以及政府、私人和市民社会的边界，从

---

① Babar M. , Arif F. , Jan M. A. , et al. Urban Data Management System：Towards Big Data Analytics for Internet of Things Based Smart Urban Environment Using Customized Hadoop ［J］. *Future Generation Computer Systems*，2019，96：398 – 409.

② 赫尔曼·哈肯：《协同学：大自然构成的奥秘》，上海译文出版社 2005 年版。

③ C. I. 巴纳德：《经理人员的职能》，中国社会科学出版社 1997 年版。

④ 徐嫣、宋世明：《协同治理理论在中国的具体适用研究》，载于《天津社会科学》2016 年第 2 期。

491

而实现公共治理目标[①]。国内外学者普遍认为[②]，协同治理的核心机制包括沟通机制、资源分享机制、共识和信任机制。党的十九大报告提出要"打造共建共治共享的社会治理格局，提高社会治理社会化、法治化、智能化、专业化水平"[③]，这既是对社会治理已有经验的总结，也是对新时代社会治理做出的崭新谋划[④]。

协同治理是多元主体协调互动以实现公共事务治理的制度安排，日益成为解决公共安全风险治理问题的重要途径。公共安全风险治理的既往模式主要是治理主体"单兵作战"，即遇到不同风险时不同治理主体各自为战。不同风险种类具有对应的风险治理主体，各主体间互动少，业务隔绝。风险社会时代，公共安全风险的复杂性、政府专业能力与掌握资源的有限性，决定了政府必须联合其他治理主体对公共安全风险开展合作治理。一方面，公共安全风险源间的耦合性不断增强，这些风险相互关联相互交叉，并形成由风险因子、风险环境和受灾主体构成的复杂系统，系统内部风险因素之间不断耦合、叠加和演化，在时间与空间上连续扩展造成风险威胁性扩大而产生级联效应[⑤]。在公共安全风险呈现复杂性的背景下，治理主体之间容易出现缺位、越位和错位的现象，难以规范履职。另一方面，政府、社会、企业、公众单一主体在面对公共安全风险问题时，由于专业知识、可用资源、应对能力等的有限性，这些问题制约了公共安全风险治理的有效性，甚至形成公共安全风险治理中的低效或治理"失灵"现象。主要表现在：基于传统"人治"理念治理风险社会的公共危机，使政府"进退失据"；基于现行官僚体制治理风险社会的公共危机，形成"有组织地不负责任"局面；基于垄断式管理模式治理风险社会的公共危机，使政府"力不从心"[⑥]。

对于风险治理而言，人们已经达成共识，风险的应对不是政府或者某单一机构的责任，需要公私等多元主体的协同治理[⑦]。2017 年，国际风险管理理事会

① Emerson K. , Nabatchi T. , Balogh S. , et al. An Integrative Framework for Collaborative Governance [J]. *Journal of Public Administration Research & Theory*, 2012, 22 (1): 1 - 29.

② 顾萍、丛杭青：《工程社会稳定风险的协同治理研究——以九峰垃圾焚烧发电项目为例》，载于《自然辩证法通讯》2020 年第 1 期。

③ 韩文秀：《决胜全面建成小康社会》，载于《宏观经济管理》2017 年第 12 期。

④ 夏锦文：《共建共治共享的社会治理格局：理论构建与实践探索》，载于《江苏社会科学》2018 年第 3 期。

⑤ 魏玖长：《风险耦合与级联：社会新兴风险演化态势的复杂性生成因》，载于《学海》2019 年第 4 期。

⑥ 金太军：《政府公共危机管理失灵：内在机理与消解路径——基于风险社会视域》，载于《学术月刊》2011 年第 9 期。

⑦ 高小平、张强：《再综合化：常态与应急态协同治理制度体系研究》，载于《行政论坛》2021 年第 1 期。

（IRGC）对风险治理框架进行了补充修订，突出了利益相关方在全流程上的参与及社会政治文化背景对风险治理的影响①（见图 10 - 1），强调了多元治理主体与治理对象的共生关系，在风险治理中引入不同的利益相关者（Stakeholder）进入治理过程，使得政府部门与部门、政府与非政府组织等能够有效地协同解决公共风险问题。因此，对作为公共安全风险治理核心主体的政府来说，意味着金字塔式的"命令—控制"等级结构被打破，也意味着整个社会治理结构从"中心—边缘"的线性结构向多中心的网络结构转型。协同治理成为化解单一主体应对公共安全风险"失败"或者"失灵"的基本路径。

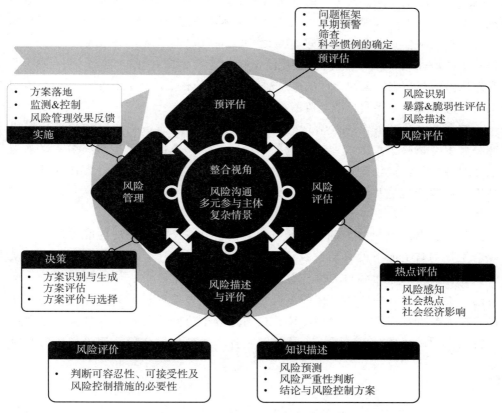

图 10 - 1　IRGC 风险治理框架

资料来源：①Florin M. V., Bürkler M. *Introduction to the IRGC Risk Governance Framework* [R]. EPFL, 2017.

②高小平、张强：《再综合化：常态与应急态协同治理制度体系研究》，载于《行政论坛》2021 年第 1 期。

---

① Florin M. V., Bürkler M. *Introduction to the IRGC Risk Governance Framework* [R]. EPFL, 2017.

　　数据驱动的公共安全风险治理是将各类公共安全风险领域的大数据源融合及整合，并根据公共风险数据分析结果治理公共安全风险的过程。在此过程中，数据协同和治理协同是开展公共安全风险治理的重要内容。同时，公共安全风险数据的协同要驱动公共安全风险治理的协同，即通过协同打破主体间的"隔离墙"，打破"数据孤岛"，实现风险识别、风险评估、风险控制以及治理效果评价的更好联动。通过公共安全风险治理各主体间互联互通、数据共享、业务协同联动，实现跨部门、跨层级、跨区域的数据流动①，提升公共安全风险治理的整体效能。大数据使公共安全风险治理主体间的关系从竞争逻辑转向共生协同逻辑。目前，公共安全风险及突发公共事件的合作治理主要以多中心治理、协同治理、网络治理、整体性治理等为理论基础，尤其是在整体性治理理论指导下，将大数据技术与方法嵌入到公共安全风险治理框架之中，进而实现了从"分散管理"到"整体性协同治理"，以解决公共安全风险治理中存在的碎片化问题②。高小平认为常态风险治理与突发公共事件的应急治理中协同的核心内容包括信息共享、协同决策、协同规则、协同行动、监测评估③。

　　数据驱动公共安全风险治理的协同目的主要是通过数据协同和治理协同提高公共安全风险治理效能，减少重复建设。其中，数据协同是在数据共享基础上针对数据的协同治理网络或者体系。治理协同主要是利用风险大数据进行公共安全风险治理过程（风险识别、评估、决策、应对等）的协同。其逻辑特征主要包括：

　　（1）公共安全风险治理主体的有序性。公共安全风险治理的既往模式是由政府主导的自上而下的科层制及运动式治理④，同时社会组织、企业以及公众等主体在面对风险时各自为战。包括单主体信息收集、单主体风险应对。在面对同一类风险时，由于各主体间没有互动，其治理效果较低且治理过程混乱无序。在大数据环境下，各治理主体首先通过数据协同进行数据共享，通过数据分析结果明确主体分工，继而开展风险治理，这种一体化的协调治理更为有序高效。

---

① 王印红、渠蒙蒙：《办证难、行政审批改革和跨部门数据流动》，载于《中国行政管理》2016年第4期。

② 赵发珍、王超、曲宗希：《大数据驱动的城市公共安全治理模式研究——一个整合性分析框架》，载于《情报杂志》2020年第6期。

③ 高小平、张强：《再综合化：常态与应急态协同治理制度体系研究》，载于《行政论坛》2021年第1期。

④ 李元珍：《领导联系点的组织运作机制——基于运动式治理与科层制的协同视角》，载于《甘肃行政学院学报》2016年第5期。

（2）公共安全风险大数据的动态流动性。在公共安全风险协同治理中，各主体的数据协同不仅仅停留在共享已有的历史数据。还要对各治理主体所产生的实时数据进行共享。只有对这些流动的大数据进行实时分析才能挖掘公共安全风险的动向及规律。因此，建立一套治理主体间的数据共享机制来进行数据共享极为必要。

（3）公共安全风险治理的整体性。在协同理论指导下实现了主体关系的协同。同时在治理理论指导下，尤其是在整体性治理理论的作用下，通过大数据等技术实现公共安全风险的全对象、全过程、全灾种治理。进而实现了公共安全风险的整体性协同治理。当前公共安全风险的整体性治理需注重：风险战略共识的达成、合作治理机制的完善、对风险自身规律的系统研究、政策和制度的高质量供给以及公众的有效参与①。

（4）公共安全风险协同治理要素的互动性。协同治理本质上是关于治理主体接触、交流与互动方式的关系结构。治理主体之间能否形成合理的接触、沟通、互动是协同治理成功与否的关键。协同治理要素包括治理主体、风险大数据、治理过程以及治理价值等。这些治理要素的互动决定了公共安全风险协同治理的机制构成与路径选择，也在一定程度上决定了公共安全风险治理的有效性。当前公共安全风险治理碎片化的趋势与困境，进一步凸显了协同治理要素联动的重要性②。

总之，数据驱动的公共安全风险协同治理逻辑，以协同理论及治理理论，尤其是网络治理理论、整体性治理为指导，实现主体内部、主体之间的数据协同以及公共安全风险治理过程协同（见图10-2）。其逻辑特征体现在治理主体的有序性、治理过程的整体性、治理要素的互动性以及治理数据的流动性。此外，协同治理也是一种集体决策方法③，即以共识为导向，以协商为手段。这个决策过程具有开放性和包容性特征，建立在主体间信任、平等、价值共识等基础上，能够接纳不同利益相关者参与决策、表达意见④。

---

① 曹惠民：《治理现代化视角下的城市公共安全风险治理研究》，载于《湖北大学学报（哲学社会科学版）》2020年第1期。

② 赵隆：《全球治理中的议题设定：要素互动与模式适应》，载于《国际关系研究》2013年第4期。

③ Johnston E. W., Hicks D., Nan N., et al. Managing the Inclusion Process in Collaborative Governance [J]. *Journal of Public Administration Research and Theory*, 2011, 21 (4): 699-721.

④ 田玉麒：《制度形式，关系结构与决策过程：协同治理的本质属性论析》，载于《社会科学战线》2018年第1期。

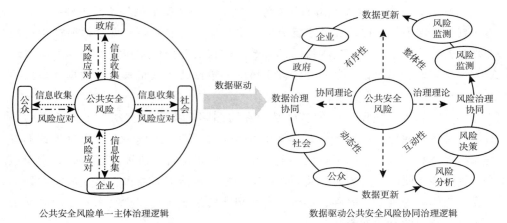

公共安全风险单一主体治理逻辑　　　　　数据驱动公共安全风险协同治理逻辑

图 10 – 2　数据驱动公共安全风险协同治理逻辑

二、数据驱动公共安全风险协同治理的现实困境

正确认识和处理公共安全风险数据协同与治理协同过程中现存问题，是提升公共安全风险治理效能和协同治理能力的关键，特别是构建跨部门、跨地区、跨层级协同机制，是实现数据驱动的公共安全风险协同治理目标的必然要求。

（一）公共安全风险数据治理协同程度低

公共安全风险数据迈向协同治理是实现数据驱动公共安全治理的重要内容和应有之义。公共安全风险数据协同治理主要体现在[①]：一是宏观角度技术理念与管理理念的协同；二是数据治理的目标、主体、客体、工具等各个要素之间的协同；三是具体要素内部构成之间的协同，如主体要素中多元数据治理主体的协同。这三方面的协同本质上体现的是公共安全风险数据治理理念及技术协同、治理要素之间（治理过程）的协同以及治理要素内部的协同。

1. 公共安全风险数据治理理念及技术协同困境

我国政府数据治理、数据采集和分析、数据开放与共享工作仍受传统科层管理模式的影响，不少地方政府习惯于"包办式"管控，信息和数据空间依然盛行"单边主义"。尤其是各地方政府数据管理能力较差，政府数据这座"金山"一

---

① 沙勇忠、陆莉：《公共安全数据协同治理的逻辑框架与网络形式——以兰州市食品安全领域为例》，载于《信息资源管理学报》2022 年第 3 期。

直在沉睡①。一方面，政府内部协同意识淡薄，政府各部门间"条块分割"；另一方面，政府与其他治理主体间缺乏信任传统及意识，地方政府对政府数据协同治理的认识不够。② 与此同时，从公共安全风险数据治理技术上看，主体内部数据采集、处理、加工和维护等都是自成系统，由于数据资源尚未统一标准，部门之间数据互用性较差，信息共享和交换平台建设都是部门自定标准，平台标准过多、过泛，标准间相互兼容性差，导致共享交换平台建成以后扩展起来相当困难，严重影响了数据共享推进进程。缺乏统筹规划，分散建设模式导致信息孤岛，地方政府部门横向间业务数据共享困难③。甚至一些主体部门为了所谓的绩效出现数据造假现象。另外，由于各治理主体公用信息与保密信息的界限不明，信息/数据公开对于部门没有益处，加上因黑客、病毒、木马、蠕虫等因素引起的信息安全泄密事件频发，出于各自主体利益或安全考虑，拒绝主体间数据共享，较少考虑共同应对公共安全风险的整体需求。

2. 公共安全风险数据治理要素之间协同困境

从公共安全风险数据治理过程来看，其逻辑体现的是公共安全风险数据治理要素之间的互动过程，并在互动中实现主体、目标、技术、制度等治理过程的调整和重构。但这些治理要素的互动过程中存在一定的协同困境。首先，治理目标（需求）与治理效果的脱节。公共安全风险数据治理包括对风险数据本身的治理以及利用数据进行公共安全风险的治理。如果治理目标定位不清或不准确，在治理过程中会偏离治理目标，导致最终治理效果的不理想。其次，治理技术与治理制度（规则）的滞后。一方面治理技术，尤其是数字信息技术迭代升级不及时会对治理效果大打折扣，另一方面相关治理技术的制度规范没有及时更新，也会使治理技术难以发挥作用。最后，治理主体与治理结构的不匹配。即治理主体发育失衡与治理主体结构能力不匹配的问题④。

3. 公共安全风险数据治理要素内部协同困境

从治理目标来看，各政府和部门的目标分散、目标冲突、目标不一致致使在解决复杂的跨界政府数据治理问题时步履维艰。从政府部门主体来看，政府数据治理的有关机构职能重叠，政府内部不同部门之间面临组织协调与整合不够的碎

---

① 鲍静、张勇进、董占广：《我国政府数据开放管理若干基本问题研究》，载于《行政论坛》2017年第1期。

②⑤ 梁宇、郑易平：《我国政府数据协同治理的困境及应对研究》，载于《情报杂志》2021年第9期。

③ 翟云：《基于"互联网＋政务服务"情境的数据共享与业务协同》，载于《中国行政管理》2017年第10期。

④ 王郅强、张晓君：《社会治理体系构建面临的结构性失衡及其调适路径——基于耗散结构理论视角》，载于《经济社会体制比较》2017年第3期。

片化问题，导致政府数据治理难以形成合力。从社会组织、企业和公众等其他治理主体来看，政府职能过于集中化，导致其他主体参与政府数据治理的积极性受挫，削弱了治理主体间的协同关系。从治理机制来看，治理主体间由于条块分割、部门利益冲突、目标分散、信任缺失等因素影响导致跨部门、跨地域和跨层级政府间的数据开放共享缓慢，且缺乏有效的激励机制，数据共享的法律政策不完善。从治理工具来看，不同治理主体由于所掌握及应用的治理工具不同，导致数据治理标准规范以及数据算法平台不同，很难形成协同治理格局。

（二）公共安全风险治理组织协同度低

经典的科层制研究主张通过专业分工解决协同问题，对组织管理者的能力和资源要求较高，在当代复杂的多元治理情景中往往难以得到满足[1]。一方面公共安全风险治理的复杂性、关联性和不确定性，跨政府部门、跨公私领域和跨地域边界的公共风险问题层出不穷。另一方面多元主体之间的资源禀赋差异决定了其相互之间的依赖性，决定了需要动员多元化的社会力量多层次协同发挥功能，政府虽然发挥着主导作用，但无法替代其他社会主体所具备的独特功能[2]。在公共安全风险治理过程中，治理主体是在政府主导下企业（市场）、公众等社会力量参与治理的过程。公共安全风险治理协同困境主要表现在政府内外部协同以及跨界协同度不高的问题。

1. 政府内外部的协同困境

首先，协同治理主体间的价值差异导致公共安全风险协同治理效能差异。即协同治理主体对公共安全风险事件的认知和理解是建立在不同专业领域及不同利益角度去考量。这种专业理念及利益驱动的价值差异性会直接或间接地影响协同治理的行动效能。在此情况下即便不同主体达成了协同治理的共识，但在协同框架中各方原有的价值差异仍然会增加跨域协同治理的难度[3]。

其次，政府内外各主体协同定位不准及协同过程脱节的困局。如在食品安全"地沟油"事件中，有研究认为[4]，不同部门基于自身政策目标在不同环节承担相关职能，疏堵结合的方法并未真正动摇"地沟油"产业链条，理应层层把关的监管体系在政策实践中互不套嵌和层层失守。生态环境部门对流动的被监管对象缺乏约束，公安机关习惯于在特定时间段开展集中打击，而对净化食用油市场负

---

① 曾渝、黄璜：《数字化协同治理模式探究》，载于《中国行政管理》2021 年第 12 期。
② 范如国：《复杂网络结构范型下的社会治理协同创新》，载于《中国社会科学》2014 年第 4 期。
③ 唐玉青：《大数据时代公共突发事件中政府的跨域协同治理》，载于《江汉论坛》2022 年第 5 期。
④ 胡颖廉：《动力和行动：食品安全协同治理机制——以"地沟油"为例》，载于《学术研究》2020 年第 12 期。

有主要责任的市场监管部门则陷入机构目标与功能不匹配的尴尬处境。

最后，政府内外部主体缺乏统筹协调的保障机制。从政府各个职能部门来看，自行规划、自行设计、自行建设的信息资源，形成相互间紧密关联又彼此隔离，无法互联互通的"信息孤岛"①。本质上缺乏资源共建共享的制度保障。从企业参与公共安全风险治理的角度看，企业参与风险管理的相关法律法规不健全，削弱了企业参与风险治理的意愿。缺乏必要的参与渠道，影响了企业参与的积极性和参与效率。还有企业参与意识不强，参与方式单一，参与方式及能力不高等问题②。从公众参与风险治理的角度看，政府缺乏透明度，导致公众参与所需要的信息不足，尤其是公众形式化的参与多过实质性的参与。公众的参与意识不强。制度供给不足，难以激发公民的参与热情，不利于规范和保障公众的参与行为③。

2. 政府跨界的协同困境

政府跨界主要表现在具有地理上跨行政区域边界、层级上跨行政层级边界、功能上跨职能部门边界，使得建立在科层制基础之上、以"一案三制"为基本框架的公共安全风险治理模式面临一定的治理困境④。从行政区域上看，当前由于各类资源要素的流动性、交互性增强，使得不同类型风险由局部风险演化为全域系统性风险。然而长期以来，地方政府在应急、环保、卫生等诸多公共领域实行属地管理原则，地方政府和职能部门往往从自身利益出发，出现相互推诿、协调困难、各自为政的现象而无法有效开展合作。从层级上看，公共安全的高度不确定性和复杂性，使得单靠某一行政层级的政府拥有的权力和资源难以应对。然而我国政府的分级负责原则，使得资源调配权力集中于上层，而责任归于真正发挥作用的基层，从而有效履行主体责任的能力受到限制。从功能上看，公共安全风险的演变规律一般会呈现出原生风险—次生风险—衍生风险等多层次特征，具有较强的涟漪效应和溢出效应。即一种风险的爆发会引发另外一种或多种风险的爆发。因此，仅靠单一职能部门是无法实现对公共安全风险的有效应对。目前，政府相关部门的"分部门、分领域"分类管理实际上表现出综合协调的权威性不足。

三、数据驱动公共安全风险协同治理的发展路径

数据驱动公共安全风险协同治理的核心是数据协同与治理协同。因此，构

---

① 曾宇航：《大数据背景下的政府应急管理协同机制构建》，载于《中国行政管理》2017 年第 10 期。
② 杨安华：《论企业参与应急管理的制度化建设》，载于《探索》2020 年第 5 期。
③ 陈天祥：《刍议公共治理中的公民参与》，载于《人民论坛》2014 年第 6 期。
④ 张玉磊：《城市公共安全的跨界治理：属性特征、治理困境与模式构建》，载于《湘潭大学学报（哲学社会科学版）》2020 年第 6 期。

建从数据割据到数据共享的转变机制以及从风险治理隔离到风险治理协同转变机制极为重要。需要建设具有多元复合功能的协同治理信息平台，打通跨部门、跨领域（区域）、跨层级政府分散化的信息系统壁垒，对接和融通社会相关主体信息系统，促进具有整体性、系统性的协同治理行为、机制、制度的生成与实现[1]。

（一）数据协同：由数据垄断到数据开放的数据共治路径

随着公共安全领域风险数据的累积，不同治理主体在数据资源储备量上的差异愈加明显，数据垄断逐渐形成，并催生了"堰塞湖"[2]，导致各主体间的数据难以互通。需要通过建立统一的公共安全风险数据支撑体系，制定数据开放标准，实现风险数据共享，共同进行风险识别、评估与预案制定等以构建健康有序的公共安全风险大数据生态。以2018年印发的《应急管理信息化发展战略规划框架》《地方应急管理信息化2021年建设任务书》和2021年、2022年地方应急管理信息化建设实施指南、建设任务书及系列标准规范，明确地方建设重点、具体要求，形成全国应急管理信息化整体布局。目前，公共安全风险治理主体间的"数据孤岛"现象严重，亟须在风险可控原则的基础上，完善数据开放共享规范、明确开放共享原则、优化开放共享程序。建立数据及信息共享平台，统一数据共享、开发以及利用标准，通过统筹衔接和区块结合，强化数据整合、互通和共享能力，推动跨部门、跨区域、跨层级、跨系统的数据交换与共享，形成全流程、全覆盖、全模式、全响应和全共享的公共安全风险大数据管理与服务机制[3]。

首先，政府部门之间的数据共享可以通过规范政府数据共享标准、建设统一的政府大数据中心等方法予以解决。一方面，数据共享标准是推动政府开放、共享公共数据，提升数据利用效率的基础。根据公共数据使用场景的差异化，在数据共享过程中涉及的源数据、数据处理及数据分级分类的基础上，建立数据共享目录、数据共享规则并明确平台数据的权利体系等，进而促进公共数据跨部门、跨区域、跨行业的安全高效共享。另一方面，"十四五"规划纲要明确提出，加快构建全国一体化大数据中心体系，强化算力统筹智能调度，建设若干国家枢纽节点和大数据中心集群。2021年，国家发改委、中央网信办等部门联合印发《全国一体化大数据中心协同创新体系算力枢纽实施方案》，在建设数据共享开放

---

① 赖先进：《治理现代化场景下复合型协同治理及实现路径》，载于《理论视野》2021年第2期。
② 孟小峰：《破解数据垄断的几种治理模式研究》，载于《人民论坛》2020年第27期。
③ 赵龙、刘艳红：《司法大数据一体化共享的实践探微——以破除"数据孤岛"为切入点的逻辑证成》，载于《安徽大学学报（哲学社会科学版）》2019年第6期。

基础上，引导和统筹规划数据中心建设布局，引导大规模数据中心适度集聚，形成数据中心集群，实现数据中心绿色、集约、高效发展。

其次，政府、市场、社会三者之间的数据共享、开发与应用可以通过政府开放数据、建立数据交易机制等方法予以解决①。数据共享不仅是组织协作问题，同时也是交易行为，存在资产专用性。建设数据要素全国统一大市场是构建新发展格局的基础支撑和内在要求。在共享数据方式及类别上由短业务链向长业务链逐渐推进整合数据共享链，以逐级实现数据共享向更广领域与更深业务发展②。杭州城市数据大脑项目（City Brain）体现了政府、企业、社会之间合作协同的典范③。该项目现已在杭州、深圳、雄安新区、衢州、上海等多个城市和地区投入使用。政府统筹协调各业务领域主体，并且提供需求及应用场景。阿里巴巴、大华、海康威视、腾讯、百度、华为等提供技术支持，如阿里负责云计算，大华负责建立图像的智能算法，海康威视负责提供以视频为核心的物联网解决方案等。

最后，政策法规是推进治理主体数据开放的制度保障。目前，政府数据开放中存在"不愿、不敢、不公"现象，同时，数据共享技术不强、数据共享不及时、数据质量不高，存在"不会、不快、不优"现象。上述问题可以通过完善政策法规的方式予以化解。例如，化解"不愿、不敢、不公"现象，建构包含物质激励和精神激励相结合原则、避风港原则、违法归责原则、免费原则、同等开放原则的法律制度；化解"不会、不快、不优"现象，建构包含自由参与原则、"三分"原则、元数据共享原则、完整性原则、一致性原则的法律制度④。目前，全国已有9个地方制定了专门针对数据开放的政策法规，其中在2020年新制定的地方有浙江、天津、哈尔滨、青岛和重庆。在效力等级上，浙江省制定的是地方政府规章，其余4个地方则为地方规范性文件。在这些大数据开放政策的基础上，结合公共安全风险领域细化并明确风险大数据的开发共享政策体系。

（二）组织协同：从部门分割到多元协同的主体联动路径

为有效应对复杂多样的各类公共安全风险事件，需要政府以及社会多方主体共同协作，每个协作的环节都离不开信息及数据共享，信息及数据共享程度直接

---

① 张海波：《大数据驱动社会治理》，载于《经济社会体制比较》2017年第3期。
② 许鹿、黄未：《资产专用性：政府跨部门数据共享困境的形成缘由》，载于《东岳论丛》2021年第8期。
③ 杨昌勇、奚洁人：《大数据时代背景下的政府治理创新探析》，载于《上海行政学院学报》2020年第1期。
④ 蒋冰晶、李少军：《包容与合作：大数据时代政府数据开放的行政法治理念》，载于《河北法学》2019年第12期。

影响风险治理的效果。组织内的支持、组织间的协调、法律保障与监督激励以及外部环境是数据共享成功与否的关键影响因素①。治理主体间建立充分沟通协调机制，使各主体间形成顺畅的协作交换的关系，进而形成跨部门、跨地区、跨层级的信息流动常态化机制，才能在面对公共安全风险时相互协作，打通公共安全风险治理的"最后一公里"，从而超越业务隔离而过渡到协作共治的治理模式。因此，当前应以协同治理理论及整体治理理论为指导，以政府部门改革尤其是应急管理部组建为契机，采取系统化的整合策略，构建统一领导、权责一致、权威高效、多元合作的公共安全风险治理模式。强化应急管理部等相关部门的综合协调职能、搭建公共安全治理区域合作平台（数据共享平台、风险沟通平台等）、建立公共安全治理府际合作的激励问责机制等。

首先，政府部门应强化组织能力，通过大数据管理局等"枢纽型机构"来增进跨部门数据共享和业务协同②。例如，疫情防控期间"健康二维码"应用中，杭州市数据资源管理局通过调用三大电信运营商的漫游数据，从而判断人员是否经过疫区或在其他高风险区域逗留。此外，还贯穿了其他几个原先分割的数据系统，包括卫健委掌握的确诊和疑似病例、交通部门掌握的密切接触范围、公安部门掌握的流动人口数据等。这些跨部门跨层级的协同为缓解疫情扩散起到了重要作用。

其次，明确公共安全风险治理主体定位与分工。数据驱动的公共安全风险治理要求多元主体在职责分明的基础上形成协同治理机制，明确各级各类主体分工与定位，调动、综合所有数据资源按需分配给各类主体，确保资源分配的合理性与组织间的协作程度，增强协同成熟度③。同时，建立由政府、社会组织、公众三个层次构成的立公共风险协同机制与平台，它们之间各有分工，互相依存，协调一致，缺一不可，其中，各级党委领导是公共安全风险治理的根本，政府负责是公共安全风险治理的前提，社会协同是公共安全风险治理的依托，公众参与是公共安全风险治理的基础。

最后，加强公共安全风险协同治理主体的专业化。协同主体的专业化主要体现在主体自身的专业化程度。如主体在数据科学、应急管理等人才方面的培养。一方面，建立大数据技术及方法应用人才库，将大数据专业领域的专家人才引进风险管理及应急管理领域。另一方面，大力培养公共安全风险/应急管理专业人

---

① 陈玉梅：《协同治理下应急管理协作中的信息共享之关键影响因素分析》，载于《暨南学报（哲学社会科学版）》2018年第12期。

② 史晨、马亮：《协同治理、技术创新与智慧防疫——基于"健康码"的案例研究》，载于《党政研究》2020年第4期。

③ 赵宇峰：《城市治理新形态：沟通、参与与共同体》，载于《中国行政管理》2017年第7期。

才队伍。这方面的人才不仅仅是政府部门所需的人才，还要为企业、社会组织以及公众等广泛开展培训教育，使公共安全风险治理更加科学化、专业化。这两方面的人才需要有科学的人才选拔机制以及完善的培训制度。对于组织成员的培训要建立长效的培训机制，根据成员需求提供有针对性的培训。

另外，公共安全风险治理需要在治理理念、制度保障及监督机制等方面营造多元主体的协同环境。首先要重塑政府公共安全风险治理理念。多元主体能否实质性有效参与公共安全风险治理决策与行动，很大程度上取决于政府风险治理理念上，它要求政府必须认识到自身的有限性，并要破除封闭式的决策体制，树立合作治理的理念。还要充分认识到其他主体参与风险治理的正当性及必然性。破除政府官僚制决策体制模式，并为其他治理主体参与风险决策提供制度保障，充分调动其他主体参与风险决策和行动的积极性及主动性。其次，培育其他主体参与风险决策的能力。政府除了加快完善其他主体参与风险决策和行动相关政策法律外，还要通过舆论宣传、教育培训等途径提高其他主体整体参与风险决策的能力，并提高其他主体参与风险决策程序的规范性和有序化。最后，建立多元主体协同治理监督及绩效机制。在公共安全风险协同治理过程中为避免多元主体逐利而丧失公信力的道德风险，需要建立第三方的监管机制，加强在风险决策治理过程中的责任界定及问责机制。同时，为了评估公共安全风险协同治理有效性。可建立健全第三方绩效评估制度，如可制定《公共安全风险协同治理机制评估指南》等。

第三节　体制势能：数据驱动公共安全风险治理的制度路径

技术创新与制度创新之间是一种交互决定的关系。技术创新推动和决定了制度的变革和创新，而随着某些根本性制度的创新，制度对技术创新也越来越成为一种决定性推动力量。[①]　一方面，随着现代信息技术的发展和制度的不断完善，人类可以抑制和消除很多公共安全风险的发生，但另一方面，与科学技术的飞速发展、社会系统的复杂程度不断上升相伴随的是各种制度的不完善和滞后性，我们又开始面临许多新型的公共安全风险问题及其治理挑战。公共安全风险治理主要依赖于技术、组织以及制度三个层面，且技术往往依赖于制度平台才能充分发

---

① 袁庆明：《技术创新与制度创新的关系理论评析》，载于《中州学刊》2002 年第 1 期。

挥其治理效能①。尤其是移动互联、云计算、人工智能、大数据的融合发展和颠覆性突破，深刻影响着公共安全风险治理变革，这促使政府需要做出一系列公共安全风险治理的制度性安排，但现有的数据驱动公共安全风险治理制度发展也面临诸多困境，而突破这些制度困境，需要将数据驱动公共安全风险治理制度建设摆在突出位置，发挥其在治理效能提升中的功能和优势。从而推动数据技术与公共安全风险治理制度在相互影响、相互促进中演进和发展。

一、技术发展视角下公共安全风险治理制度演进及其特点

一般认为，一种制度能否存在与发展必然有其自身的演化规律。其中，以互联网、大数据等为代表的信息技术对于公共安全风险治理制度发展产生了重要影响。做好技术创新与制度改革的良性互动②，积极主动改革制度中社会与技术发展不相适应的部分，充分发挥技术优势，并完善相关政策法律制度体系，以提高公共安全风险治理水平。新中国成立以来，我国应急管理制度的发展经历了3 个阶段：单灾种应急管理 (1949 ~ 2003 年)、作为整体的应急管理体系建立 (2003 ~ 2018 年) 与中国特色应急管理制度体系构建 (2018 年至今)。③ 结合信息技术的发展，我们从互联网及大数据技术发展视角，将公共安全风险治理制度演进发展分为"互联网技术产生前—互联网与大数据发展之间—大数据发展之后"三个阶段。从这三个阶段总结分析信息技术对公共安全风险治理制度的影响及制度发展特点。

(一) 互联网产生之前的灾害风险管理制度

新中国成立初期，我国遭遇了极其严重的自然灾害及各种突发事件，全国各地旱、冻、虫、风、雹、水、疫等灾害相继发生，尤以水灾最重。1949 年 12 月，中央人民政府向全国发出《关于生产救灾的指示》，1950 年 1 月又发出《关于生产救灾的补充指示》，要求各级人民政府提高对救灾重要性的认识，切实开展生产救灾工作，采取措施帮助灾民度过灾荒④。1950 年 2 月，救灾领导协调机构——中央救灾委员会正式成立。在救灾委员会成立大会上，党和政府首次提出

---

① 谷雪：《公共危机的政策分析》，北京大学出版社 2014 年版。
② 王福涛、张天昀：《如何实现技术创新与制度建设的良性互动》，载于《国家治理》2019 年第 46 期。
③ 张铮、李政华：《中国特色应急管理制度体系构建：现实基础、存在问题与发展策略》，载于《管理世界》2022 年第 1 期。
④ 周恩来：《中央人民政府政务院发布关于生产救灾指示》，载于《甘肃政报》1950 年第 2 期。

救灾工作方针，即：生产自救，节约度荒，群众互助，以工代赈，并辅之以必要的救济①。同时，1988年4月，国务院印发了《信息技术发展政策要点》，统筹兼顾包括微电子、计算机、软件、传感器、通信设备等技术领域的协调发展，并把应用信息技术提高国民经济各部门技术水平的措施纳入国家规划和计划。

这一阶段的灾害应对主要以传统的救灾、赈灾方式为主，还没有形成一套科学的灾害预警机制。1956年，首次召开的全国科技大会专题研究科技发展服务国家建设的问题，以举国体制拟定多项与灾害预报、卫生治疗相关的重大科技任务②。在20世纪50～60年代，灾害管理主要依靠的是管理者个人的专业技术素质、处理自然灾害和社会事故的经验以及对当地社会及自然情况的熟悉程度。多以灾害和事故现场观察/观测得来的各种信息，经分析判断做出决策，这种处理事故的方法属于经验型决策。灾害管理的成败在很大程度上取决于管理者判断的准确性和抢险救灾所需材料设备的充足程度以及具体行动是否正确。20世纪70～80年代，随着计算机技术的发展和遥测监控技术与仪表的实际应用，以及人们对事故灾害发生、发展规律认识的加深，使处置重大灾害事故从单纯的经验型步入现代科学的领域③。同时，进入90年代，国内外不少学科与部门已经建立了各自的专家系统。比如在火灾事故中，对火灾知识和经验等记录下来，然后汇集整理后利用计算机将其存储，然后利用一定的程序在需要时调用，利用计算机的高速度及稳定性来制定救灾指挥方案④。在灾害管理中利用计算机技术建立各种灾害专家系统，不仅可以高效、准确、周密、迅速地推出救灾的对策与方案，而且大大降低了人工应急决策时的失误率。1989年9月，在《国务院批转国家计委关于加强和改进全国抗灾救灾工作报告的通知》中指出，要充分利用卫星监测等现代科技手段，实现多渠道收集、使用信息。抗灾救灾工作要逐步建立信息联络网，配备必要的通信设施，特别是受灾频繁地区建立抗灾救灾紧急通信系统，保证受灾时通信畅通，现场情况清楚。

新中国成立后，由于科学技术发展相对落后，信息技术应用在政府自然灾害管理相关制度政策中体现得相对较少。从自然灾害预防/预警到救灾处理，较少通过技术辅助灾害管理，主要依靠人（管理者/决策者）来解决现实问题。从中央到地方政府之间，信息报送及中央决策传达依靠无线电通信设备（电话）。在20世纪90年代，计算机技术在国内逐步兴起并应用到各行业领域。灾害管理领

---

① 刘奎：《建国初期灾害救济的措施与成效》，载于《党的文献》2008年第3期。
② 吴海江：《以科技支撑赋能公共危机治理》，载于《人民论坛》2020年第Z1期。
③ 魏振宽、邹宏君、张力：《煤矿瓦斯爆炸事故的防治对策》，载于《工业安全与环保》2002年第10期。
④ 刘维庸、戚宜欣：《专家系统技术在矿井火灾救灾中的应用》，载于《煤炭学报》1994年第3期。

域主要应用历年自然灾害统计数据，风险及应急决策也主要依靠管理者经验和统计数据进行决策研判，即通过静态数据来获取信息并进行分析决策。这种数据具有局部性特征，局限于某一自然灾害领域或者某个地域范围内，在全国范围内还没有出现信息及数据共享技术和共享数据理念。

（二）互联网产生到大数据兴起之间的风险管理制度

20 世纪 90 年代，我国互联网技术逐步发展。由互联网技术发展引发的三次浪潮改变了国家（政府）治理、社会治理形态，同时也为应急管理带来了更大的挑战与机遇[①]。2006 年 2 月，《国家中长期科学和技术发展规划纲要》指出，在公共安全领域技术支持主要包括国家公共安全应急信息平台、重大生产事故预警与救援、食品安全与出入境检验检疫、突发公共事件防范与快速处置、生物安全保障、重大自然灾害监测与防御等。以信息技术应用为先导，发展国家公共安全多功能、一体化应急保障技术，形成科学预测、有效防控与高效应急的公共安全技术体系。同时，在实施《国家中长期科学和技术发展规划纲要（2006—2020 年）》的若干配套政策中，从科技投入、税收激励、金融支持、创新和保护知识产权、人才队伍建设等方面给予了全面的支持，为技术发展奠定了重要基础[②]。

互联网技术的发展推动了信息的广泛传播和快速扩散，与此同时，随着我国全球化、现代化进程的不断加快，各类突发公共事件不断上升，信息技术应用逐步进入了应急管理政策议程。2003 年的非典（SARS）事件直接促使我国"一案三制"（应急预案、应急管理体制、应急管理机制和应急管理法制）应急管理体系的建设，并于 2005 年国家批准在国务院办公厅设置国务院应急管理办公室[③]。2007 年我国颁布的《中华人民共和国突发事件应对法》中指出，鼓励、扶持教学科研机构和有关企业研究开发用于突发事件预防、监测、预警、应急处置与救援的新技术、新设备和新工具。2008 年汶川地震中出现的以互联网为交流空间和手段的公民自组织现象，并使互联网成长为"中国社会的主流媒体"[④]。在汶川地震救援中，计算机网络技术、无线通信技术、GIS 技术的使用，极大提高了国家抗震救灾水平。突发公共事件的不断增加，应急管理体制机制的形成、互联

---

① 宋劲松：《"互联网+"：应急管理的挑战与机遇》，载于《社会治理》2015 年第 3 期。

② 十一五：《实施〈国家中长期科学和技术发展规划纲要（2006—2020 年）〉的若干配套政策》，载于《建设科技》2006 年第 4 期。

③ 董泽宇、宋劲松：《我国应急预案体系建设与完善的思考》，载于《中国应急管理》2014 年第 11 期。

④ 邓兰花：《互联网事件研究》，南昌大学博士学位论文，2009 年。

网技术的应用、公众的参与，为政府应急及风险决策产生了深刻影响，政府不断重视对公共信息（数据）的开放共享，利用互联网技术解决风险及应急处置过程中的实际问题，为推进应急管理体系建设打开了"政策之窗"。随着互联网技术的发展，该阶段公共安全风险信息及数据不断增多，且信息及数据形态多样。对这些流动的网络信息及数据进行深度分析，为政府风险及应急决策提供了重要的科学依据，同时网民的网络舆论实际上无形中也影响和参与了政府的风险及应急决策过程。

互联网技术在应急管理领域的应用和推广，已经深刻影响了政府决策的整个过程，也直接影响到公共政策的制定，使公共政策制定更趋于理性①。从最初利用计算机网络对灾情数据的统计到目前互联网在公共安全中的深度应用，实质上体现的是从传统数据统计分析到现在动态实时数据的深度分析，从传统经验决策为主到现在的"经验决策+数据驱动决策"模式的形成，从传统灾害管理到现在实现多灾种、全过程的应急管理。此外，根据中央政府一系列互联网在应急管理应用中的政策，各地方政府、各行业协会根据实际情况也相继出台了一系列政策，对互联网技术在突发公共事件中风险防范及应急管理的实际应用做了具体安排和部署。

（三）大数据等新一代技术兴起后的综合应急管理制度

随着大数据等技术在应急管理应用中的深入和不断成熟，该阶段从中央政府到地方政府密集出台了相关政策，实现了大数据和人工智能在应急管理中的深度融合应用。习近平总书记在主持中央政治局第十九次集体学习时强调，要强化应急管理装备技术支撑，优化整合各类科技资源，推进应急管理科技自主创新，依靠科技提高应急管理的科学化、专业化、智能化、精细化水平。2018 年，应急管理部成立并印发了《应急管理信息化发展战略规划框架》和 2019 年地方应急管理信息化建设实施指南、建设任务书及系列标准规范，明确了地方建设重点、具体要求，全国应急管理信息化整体布局基本形成。2020 年初，突如其来的新冠肺炎事件在国内暴发。在疫情阻击战中，利用大数据防范疫情扩散风险并且在助力应急物资调配、医疗救治、复工复产等方面发挥了重要作用。从中央政府到地方政府再到各行业领域，大数据应用于新冠肺炎治理方面的政策频频出台。2020 年 2 月，习近平总书记在主持召开中央全面深化改革委员会第十二次会议时强调，要鼓励运用大数据、人工智能、云计算等数字技术，在疫情监测分析、病

---

① 黄丽华、姜晓宁：《互联网影响公共政策制定的初步分析》，载于《哈尔滨工业大学学报（社会科学版）》2008 年第 1 期。

毒溯源、防控救治、资源调配等方面更好发挥支撑作用①。

2020 年 2 月，国家卫生健康委发布《关于加强信息化支撑新型冠状病毒感染的肺炎疫情防控工作的通知》，要求各地积极运用互联网＋、大数据等信息技术，减少线下诊疗压力和交叉感染风险，减轻基层统计填报负担，以高效跟踪、筛查、预测疫情发展，为科学防治、精准施策、便民服务提供支撑②。2020 年 2 月，住房和城乡建设部办公厅《关于加强新冠肺炎疫情防控有序推动企业开复工工作的通知》中指出，推进大数据、物联网、建筑信息模型（BIM）、无人机等技术应用，提高工作效率，减少人员聚集和无序流动。2020 年 2 月，国家卫生健康委办公厅关于《在国家远程医疗与互联网医学中心开展新冠肺炎重症危重症患者国家级远程会诊工作的通知》中要求，由国家远程医疗与互联网医学中心承担新冠肺炎重症、危重症患者国家级远程会诊平台任务。国家远程中心会诊平台包括病历数据平台和视讯系统两部分，病历数据平台可以与不同的视讯系统配合使用，视讯系统可以兼容多种终端和通信方式。一般采用音视频交互式远程会诊，同时兼容多学科会诊和多层级会诊。2020 年 5 月，国务院应对新型冠状病毒感染肺炎疫情联防联控机制《关于做好新冠肺炎疫情常态化防控工作的指导意见》中指出，发挥大数据作用，依托全国一体化政务服务平台，全面推动各地落实"健康码"互通互认"一码通行"，及时将核酸和血清抗体检测结果、重点人员等信息共享到"健康码"数据库，推进人员安全有序流动。做好全国一体化政务服务平台"防疫健康信息码"入境人员版的推广应用，加强入境人员闭环管理，等等。

大数据等技术发展与风险/应急管理政策之间起到相互推动的作用。一方面，技术的创新发展为公共安全风险及应急管理及决策发挥了重要作用，另一方面，技术发展需要政策的有效调控及合理规制，以指引技术的创新优化升级，由此寻找二者良性的互动空间和合理的尺度规范，以符合公共安全风险及应急管理最终目标。另外，随着大数据等技术深入应用到公共安全风险/应急管理领域，其风险及应急管理政策涉及更多的部门和机构，制定统一的政策能指导各相关部门和机构协调行动，对于综合应急管理的有效运行起着至关紧要的作用。同时，大数据技术在不断创新发展过程中，相应的公共政策则需要对其进行规范与控制。2020 年 4 月公布的《中共中央　国务院关于构建更加完善的要素市场化配置体制机制的意见》，首次将数据与土地、劳动力、资本、技术等传统要素相并列，提出"加快培育数据要素市场"，强调推进政府数据开放共享、提升社会数据资

---

① 《习近平主持中共中央政治局第十九次集体学习并发表重要讲话》，http：//tv. cctv. com/2019/11/30/VIDEuPogKnymZyQie0EK6hqR191130. shtml。

② 国家卫生健康委：《国家卫生健康委办公厅关于加强信息化支撑新型冠状病毒感染的肺炎疫情防控工作的通知》，http：//www. nhc. gov. cn/guihuaxxs/gon11/202002/5ea1b9fca8b04225bbaad5978a91f49f. shtml。

源价值、加强数据资源整合和安全保护等①。2022 年 4 月，《中华人民共和国数据安全法》颁布，提出国家对数据实行分级分类保护、开展数据活动必须履行数据安全保护义务承担社会责任等②。除此之外，各地方政府、行业协会也出台了相应的政策来规范技术的应用，如《贵阳市大数据安全管理条例》作为全国首部大数据地方性法规，也明确措施防范数据泄露；《山西省政务数据资产管理试行办法》解决政务数据资产的权属问题。

综合上述三个阶段的分析，技术发展视角下公共安全风险/应急管理制度演进的特点如下：

（1）制度主题演变特征。首先，技术的发展是应急管理制度演进的重要动力。国家制度关注的焦点及对风险及应急管理问题与需求的解决由经验驱动型决策向科学理性化决策转变。其次，在信息技术的驱动下风险及应急管理制度由粗放转向精细化，技术应用从最初自然灾害单一领域应用为主向自然灾害、公共卫生、食品安全、社会安全等多领域并进，且技术应用深入各领域具体的风险/应急管理过程之中。最后，技术在应急管理制度中关注重点由开始的"亦步亦趋"模仿式技术应用转变为"超越式"自主创新技术，由前期事件处置中的技术嵌入转变为关口前移风险防范中的技术融合，特别是开展监测检测、预警预防和决策分析、科学处置等方面技术创新较为明显，从侧面展示了国家综合实力上升的轨迹。

（2）制度内容交叉特征。既有利用技术治理风险/应急事件的制度，又有在风险/应急事件治理过程中针对技术风险的治理内容。如既有充分利用互联网、大数据等技术支持风险/应急管理工作的政策，也有针对公共信息/数据安全以及由此引起的技术风险的治理政策。另外，技术发展视角下的应急管理政策，注重信息/数据资源的公开、共享和共建过程。从以政府部门为主导的信息（数据）公开，转向主要依靠互联网及大数据集聚整合公共信息（数据）资源，营造良好的数据共享共建生态，促进公共信息（数据）资源共享与流动。

（3）制度变迁形式特征。主要表现为突发性变迁与渐进性变迁并存。公共安全风险/应急治理制度变迁总体上是一个渐进变迁过程，长期处于一种相对稳定的均衡状态。从整体来看，计算机技术、互联网技术、大数据技术在风险/应急管理中的应用制度一般都是在前期基础上进行小规模或边际意义的调整和优化，新旧政策衔接较好。同时，通过国内几个重大突发公共事件来看，从新中国成立初期全国性的自然灾害到 2003 年非典事件和 2008 年汶川地震再到 2020 年新冠

---

① 中华人民共和国国务院：《中共中央　国务院关于构建更加完善的要素市场化配置体制机制的意见》，http://www.gov.cn/zhengce/2020-04/09/content_5500622.htm。

② 中国人大网：《中华人民共和国数据安全法（草案）》，http://www.npc.gov.cn/wxzl/gongbao/2017-02/20/content_2007537.htm。

肺炎等，这些事件发生的时间点上，由于制度环境的影响，突破性改革举措或政策方案的制定，使原有的制度变迁方向发生转变。如从本次新冠肺炎事件来看，健康码的应用制度突破了传统手动登记留痕的政策，并且在疫情防控常态化阶段继续推行健康码政策，使该制度进入新的稳定期和均衡期。重大突发事件本身也加速了技术与相应制度的推行。

二、数据驱动公共安全风险治理的制度安排

制度安排是一系列被制定出来的规则、服从程序和道德、伦理的行为规范。制度通过制度安排而实现，制度安排是制度的表现和具体化，是制度的实现形式[①]。数据驱动的公共安全风险治理有赖于一套科学有效的制度体系，它是实现公共安全风险治理以及公共安全风险大数据治理双重目标的一种复杂制度安排，也是构建数据驱动的公共安全风险治理体系的重要依据。我国国家制度体系由法律（可区分为宪法和一般性法律两类）、法规（可区分为行政法规和地方性法规两类，自治条例和单行条例与地方性法规性质类似）、规章（可区分为部门规章和地方政府规章两类）、行政规范性文件、司法解释、党内法规六大类组成。[②] 数据驱动公共安全风险治理体系是一个内涵丰富的复杂体系，要实现制度功能的最大化，应当区分层次性，根据组成制度体系的诸要素间的差异，将其分配在不同的层次。中共十九届四中全会将中国特色社会主义制度分为三个层次，即根本制度、基本制度、重要制度。考察我国大数据及公共安全风险治理相关制度，数据驱动公共安全风险治理制度既涉及较为宏观层面的大数据以及公共安全相关法律政策的根本制度，也涉及较为中观层面的数据技术标准规范、各行业领域应用等基本制度，更涉及不同组织不同行业领域数据技术应用管理的重要制度。总之，数据驱动公共安全风险治理制度在层次上主要包括宏观的法律政策、中观的标准规范和具体的管理指导制度。这一套由不同层次构成的制度体系为公共安全风险治理提供了重要保障。

（一）数据驱动公共安全风险治理的法律政策

从公共安全风险治理制度来看，目前从宏观层面颁布的法律政策主要聚焦于应急管理领域。特别是2003年国内暴发了"非典"疫情，党和国家意识到了应

---

① 王海传：《人的发展的制度安排》，华中师范大学出版社2007年版。

② 后向东：《国家制度体系信息平台建设：历史审视、国际经验与现实路径》，载于《电子政务》2021年第12期。

急管理体系建设不足的问题，我国开始建立健全应对重大突发公共事件的"一案三制"应急管理体系。2003 年 5 月正式颁布《突发公共卫生事件应急条例》，2005 年 4 月国务院印发了《国家突发公共事件总体应急预案》。2007 年 8 月出台的《突发事件应对法》明确规定，"国家建立统一领导、综合协调、分类管理、分级负责、属地为主的应急管理体制。"这是我国第一部应对各类突发事件的综合性法律，标志着我国确立了规范各类突发事件应对的基本法律制度。2014 年 4 月，习近平总书记在主持召开中央国家安全委员会第一次会议时提出，坚持总体国家安全观，走出一条中国特色国家安全道路。作为新时代中国特色社会主义思想重要内容的"总体国家安全观"，强调既重视外部安全又重视内部安全、既重视国土安全又重视国民安全、既重视传统安全又重视非传统安全等，构建集政治安全、国土安全、军事安全、经济安全、文化安全、社会安全、科技安全、网络安全、生态安全、资源安全、核安全、海外利益安全、生物安全、太空安全、极地安全、深海安全等于一体的国家安全体系，从系统、全面、整体的视角认识和把握国家安全问题①，这也为理解新时代公共安全的内涵和边界提供了基础理论指导。2015 年 7 月公布施行的《中华人民共和国国家安全法》中将"国家安全"定义为：国家政权、主权统一和领土完整，人民福祉、经济社会可持续发展和国家其他重大利益相对处于没有危险和不受内外威胁的状态，以及保障持续安全状态的能力。

近年来，尤其是党的十八大以来，应急管理相关的法律法规不断完善，整个应急管理法律体系以《宪法》（含紧急状态的法律法规）为依据，以《突发事件应对法》为核心，以相关单项法律法规为配套（如《防洪法》《消防法》《安全生产法》《传染病防治法》等），应急管理工作逐步走上了规范化、法制化的轨道（见表 10 - 1）。2018 年，我国在大部制改革进程持续推进背景下，制定了《深化党和国家机构改革方案》，提出"推动形成统一指挥、专常兼备、反应灵敏、上下联动、平战结合的中国特色应急管理体制"。我国应急管理法律体系经历了从无到有、从分散到综合的过程，取得了一系列成就，但还存在一些问题和不足。如一些法律法规，尤其是《突发事件应对法》的操作性不强；针对单一类型突发事件的单行法不够全面，缺乏有关领域的专门立法，如救助和补偿；许多立法在内容上较为原则、抽象，缺乏具体的配套制度、实施细则和办法，非政府力量参与应急救援尚未纳入我国应急管理法律体系；现有的应急管理法律法规需要清理，关键法律法规还须修订等。②

---

① 熊光清：《为什么要提出总体国家安全观》，载于《人民论坛》2017 年第 21 期。
② 钟雯彬：《〈突发事件应对法〉面临的新挑战与修改着力点》，载于《理论与改革》2020 年第 4 期。

表 10 - 1   **公共安全领域部分法律政策列举**

不同领域	部分法律
自然灾害类	《水法》《防汛条例》《蓄滞洪区运用补偿暂行办法》《防沙治沙法》《人工影响天气管理条例》《军队参加抢险救灾条例》《防震减灾法》《破坏性地震应急条例》《森林法》《森林防火条例》《森林病虫害防治条例》《森林法实施条例》《草原防火条例》《自然保护区条例》《地质灾害防治条例》《海洋石油勘探开发环境保护管理条例》《气象法》等
事故灾难类	《生产安全事故报告和调查处理条例》《建筑法》《消防法》《矿山安全法实施条例》《国务院关于预防煤矿生产安全事故的特别规定》《国务院关于特大安全事故行政责任追究的规定》《道路运输条例》《海上交通安全法》《计算机信息系统安全保护条例》《环境保护法民用核设施安全监督管理条例》《大气污染防治法》《水污染防治法》《海洋环境保护法》《森林法实施条例》《自然保护区条例》等
公共卫生事件类	《重大动物疫情应急条例》《传染病防治法》《传染病防治法实施办法》《突发公共卫生事件应急条例》《食品卫生法》《进出境动植物检疫法》《动物防疫法》《国境卫生检疫法》《进出境动植物检疫法》《植物检疫条例》《国境卫生检疫法实施细则》等
社会安全事件类	《民族区域自治法》《戒严法》《人民警察法》《企业劳动争议处理条例》《行政区域边界争议处理条例》《保险法》《预备役军官法》《领海及毗连区法》《民用运力国防动员条例》《退伍义务兵安置条例》《军人抚恤优待条例》《价格法》《农业法》《粮食流通管理条例》《民用爆炸物品管理条例》《野生动物保护法》《民用航空安全保卫条例》《水生野生动物保护实施条例》《陆生野生动物保护实施条例》等

    与此同时，在大数据时代，数据开放共享、数据产业发展与公共安全行业领域中数据应用相关政策不断出台（见表 10 - 2）。2015 年 9 月国务院印发了《促进大数据发展行动纲要》，提出未来 5 ~ 10 年我国大数据发展和应用要实现的目标。2016 年 7 月，中共中央办公厅、国务院办公厅印发《国家信息化发展战略纲要》，要求将信息化贯穿我国现代化进程始终，加快释放信息化发展的巨大潜能，以信息化驱动现代化，加快建设网络强国。2016 年国家发展和改革委员会围绕大数据基础技术和应用技术两个维度组建了 13 个国家级大数据实验室。

    2018 年，应急管理部成立并印发了《应急管理信息化发展战略规划框架》和 2019 年地方应急管理信息化建设实施指南、建设任务书及系列标准规范，明确了地方建设重点、具体要求，全国应急管理信息化整体布局基本形成。2021年 6 月我国通过了《数据安全法》，以规范数据处理活动，保障数据安全，促进数据开发利用，并明确指出"维护数据安全，应当坚持总体国家安全观，建立健全数据安全治理体系，提高数据安全保障能力"。自 2021 年 11 月 1 日起施行的《中华人民共和国个人信息保护法》，构建了我国个人信息保护的完整框架，强调规范个人信息处理活动、保障个人信息权益、规范个人信息跨境流动等内容。《数据安全法》和《个人信息保护法》的颁布实施预示着我国的数据治理、大数据开发与应用将全面进入法制化轨道。2021 年 5 月，为促进信息技术与应急管理业务深度融合，推动应急管理高质量发展，我国应急管理部印发了《应急管理部关于推进应急管理信息化建设的意见》，提出了坚持集约化发展、夯实大数据基础、深化应用系统建设、提高应急支撑能力、强化"智慧应急"试点示范带动、加大支持保障力度等六个具体工作要求。

表 10 - 2　　我国公共安全风险治理及大数据应用相关政策列举表

时间	政策文件名称	发布部门	政策类型
2015 年 8 月	《促进大数据发展行动纲要》	国务院	数据共享及数据产业发展政策
2016 年 8 月	《关于推进交通运输行业数据资源开放共享的实施意见》	交通运输部	
2016 年 12 月	《大数据产业发展规划（2016～2020 年)》	工业和信息化部	
2020 年 4 月	《关于工业大数据发展的指导意见》	工业和信息化部	
……			
2021 年 5 月	《应急管理部关于推进应急管理信息化建设的意见》	应急管理部	公共安全风险治理中大数据应用政策
2016 年 3 月	《生态环境大数据建设总体方案》	生态环境部	
2016 年 6 月	《关于促进和规范健康医疗大数据应用发展的指导意见》	国务院	
2017 年 4 月	《"十三五"公共安全科技创新专项规划》	科技部	
2017 年 4 月	《公安科技创新"十三五"专项规划》	公安部	
2018 年 1 月	《关于推进城市安全发展的意见》	国务院	
2018 年 12 月	应急管理信息化发展战略规划框架	应急管理部	
2019 年 5 月	《关于加强应急基础信息管理的通知》	国务院安委会办公室、国家减灾委办公室、应急管理部	

续表

时间	政策文件名称	发布部门	政策类型
2020 年 2 月	《关于加快煤矿智能化发展的指导意见》	国家发展改革委 国家能源局 应急管理部等八部门	公共安全风险治理中大数据应用政策
2020 年 12 月	《全国公共卫生信息化建设标准与规范（试行）》	国家卫生健康委员会	
2022 年 5 月	《"十四五"应急管理标准化发展计划》	应急管理部	
	……		

此外，《关键信息基础设施安全保护条例》《中华人民共和国网络安全法》《关于加强数字政府建设的指导意见》以及《中共中央、国务院关于加快建设全国统一大市场的意见》等，都为推动数据基础设施建设、数据要素流动、数据技术应用的政策法规，为数据驱动的公共安全风险治理创造了有利的制度环境。

（二）数据驱动公共安全风险治理的标准规范

标准化为公共安全管理的减灾、准备、应对、恢复等各个环节的检查评估提供了极为重要的衡量尺度，有利于发现问题、解决问题和改进管理水平。标准化还为有序应对、科学决策、迅速行动、资源的有效供给提供了指南，使得毫无公共安全管理经验的工作人员遇到公共安全风险时也能够有效地处理，同时也为工作人员和公众的公共安全培训提供了方便。[1] 我国在已经初步建立的国家、部门、地方、专项应急预案网络基础上，大力推进有关标准的制定和实施，按照预防和应急并重的原则来完善公共安全相关标准体系建设。

数据驱动的公共安全风险治理标准规范主要由大数据相关标准以及风险治理标准组成。从大数据标准来看，自 2015 年国务院印发《促进大数据发展行动纲要》提出实施国家大数据战略以来，大数据治理相关标准规范建设一直受到业界的关注和讨论。国家标准《信息技术大数据术语》（GB/T 35295—2017）中数据治理的定义是[2]：对数据进行处置、格式化和规范化的过程。数据治理是数据和数据系统管理的基本要素；数据治理涉及对数据全生命周期的管理，无论数据处

---

[1] 何祎、董寅、肖翔：《国内外大型活动公共安全管理标准研究述评》，载于《经济论坛》2012 年第 12 期。

514

[2] 《信息技术大数据术语》：全国信息技术标准化技术委员会，2017 年。

于静态、动态、未完成状态还是交易状态。大数据治理的核心目标是将数据作为政府及企业的核心资产进行应用和管理。合理的数据治理能够建立规范的数据应用标准，消除数据的不一致性，提高组织内部的数据质量，推动数据的广泛共享，充分发挥大数据对政府及企业的业务、管理以及战略决策的重要支撑作用。

大数据标准是支撑大数据产业发展和应用的重要基础。2014 年 12 月，全国信息技术标准化技术委员会大数据标准工作组成立，2016 年 4 月，全国信息技术标准化技术委员会大数据安全标准特别工作组成立，负责研究、制定和完善我国大数据领域标准体系。截至 2020 年 9 月，全国信标委大数据标准工作组已开展 33 项大数据国家标准的研制工作（其中 12 项已发布，见表 10-3），大数据安全标准特别工作组已开展 8 项大数据安全领域国家标准研制工作，旨在形成安全可靠、统一规范、便捷高效的数据标准体系。同时，在《国家智能制造标准体系建设指南（2018）》中对智能制造标准体系中的工业大数据标准给出了具体的描述：主要包括平台建设的要求、运维和检测评估等工业大数据平台标准；工业大数据采集、预处理、分析、可视化和访问等数据处理标准；数据质量、数据管理能力等数据管理标准；工厂内部数据共享、工厂外部数据交换等数据流通标准。主要用于典型智能制造模式中，提高产品全生命周期各个环节所产生的各类数据的处理和应用水平。

表 10-3　　　　　　　　已发布的大数据国家标准

序号	标准名称
1	信息技术大数据接口基本要求
2	信息技术大数据数据分类指南
3	信息技术大数据数据系统基本要求
4	信息技术大数据存储与处理系统功能测试要求
5	信息技术大数据分析系统功能测试要求
6	信息技术大数据计算系统通用要求
7	信息技术大数据系统运维和管理功能要求
8	信息技术大数据政务数据开放共享第 1 部分：总则
9	信息技术大数据政务数据开放共享第 2 部分：基本要求
10	信息技术大数据政务数据开放共享第 3 部分：开放程度评价
11	信息技术大数据工业应用参考架构
12	信息技术大数据工业产品核心元数据

　　针对大数据治理，2018 年全国信息安全标准化技术委员会大数据标准工作组重点围绕《数据治理能力成熟度评估模型》国家标准开展了标准应用推广工作。用来帮助和指导相关组织单位定位数据管理等级、加强数据管理能力，提升数据资产价值，同时对数据管理从业人员进行培训，提升数据管理和应用的技能，规范和指导大数据整个行业的高效、有序发展。《数据管理能力成熟度评估模型》包含数据战略、数据治理、数据架构、数据应用、数据安全、数据质量管理、数据标准、数据生命周期管理 8 个关键过程域，描述了每个过程域的建设目标和度量标准。2018 年 6 月，国家市场监督管理总局和国家标准化管理委员会发布《中华人民共和国国家标准公告》，批准《信息技术服务治理第 5 部分：数据治理规范》（以下称《数据治理规范》）国家标准发布并于 2019 年 1 月实施。《数据治理规范》是我国信息技术服务标准（ITSS）体系中的"服务管控"领域标准，属于《信息技术服务治理》的第 5 部分。该标准根据 GB/T 34960.1—2017《信息技术服务治理第 1 部分：通用要求》中的治理理念，在数据治理领域进行了细化，提出了数据治理的总则、框架，明确了数据治理的顶层设计、数据治理环境、数据治理域以及数据治理的过程，可对组织数据治理现状进行评估，指导组织建立数据治理体系，并监督其运行和完善。

　　此外，大数据白皮书的发布为大数据治理标准提供了依据和基础。全国信息技术标准化技术委员会大数据标准工作组发布的《大数据标准化白皮书》也从 2014 年版更新到 2022 年版，并提出了大数据标准体系框架图。《大数据安全标准化白皮书》也相应地给出了大数据安全标准化体系框架。《工业大数据白皮书（2019）》提炼了当前业界在工业数据管理体系、工业数据资源编目、工业数据质量管理、工业数据主数据管理、工业数据安全管理等方面的重要方法，基于工业大数据技术和产业发展需求，完善了工业大数据标准体系，为推动工业大数据落地应用和战略部署提供标准化支撑。根据大数据白皮书（2020），大数据标准体系由 7 个类别标准组成，分别为基础标准、数据标准、技术标准、平台/工具标准、治理与管理标准、安全和隐私标准、行业应用标准（见图 10 - 3）。这一标准体系为通用型大数据标准体系，为各行业大数据标准体系建设提供了技术参考。同时，《工业大数据白皮书（2019）》将白皮书大数据标准体系中的基础标准、管理标准纳入了标准体系建设，存在——对应的关系。但《工业大数据白皮书（2019 版）》中工业大数据标准体系根据自身需求，没有考虑安全和隐私标准、行业应用标准。另外，在行业应用领域中大数据标准也逐步发布施行。2021 年 1 月，中国公共关系协会国家文化大数据产业联盟发布了《国家文化大数据标准体系》。其中，标准体系构成包括：文化大数据基础应用标准体系、文化大数据监管标准体系、文化大数据供给端标准体系、文化大数据生产端标准体系、文化大数据云端标准体系、文化大数据需求端标准体系。该《标准体系》明确了国家文化大数据体系核心术语定义、文化大数据产业生态、标准体系结构图、标准编号规则、标准明细表、标准统计表和标准体系表编制说明等内容，为文化大数据体系良性发展提供了依据。

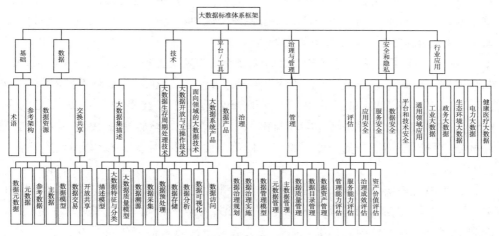

图 10 - 3 大数据标准体系框架

资料来源：《大数据标准化白皮书》，2020 年版。

近 20 年来，世界各国高度重视参与公共安全国际标准化工作，美国、日本和欧洲等均将其作为标准化战略的重点领域而大力推动，特别是在参加相关国际标准化活动中表现出争夺主导权、占领制高点的竞争态势，不仅积极参与 ISO 相关技术委员会，还积极争取承担有关国际标准的起草工作。国际标准化组织 ISO 一直在关注公共安全领域，随着世界范围内公共安全问题的发展，ISO 积极推动相关标准化活动。2003 年成立了 ISO 安全顾问组，2004 年升级为战略安全顾问组，由 ISO 和 IEC① 专家共同组成。2005 年 12 月，该顾问组成立了公共安全标准制定指南直属工作组，由 ISO 中央秘书处直接领导，指导社会安全技术委员会（TC）制定公共安全相关标准。2007 年，社会安全技术委员会发布了 ISO/PAS 22399：2007《社会安全应急准备及连续性管理指南》。特别是业务持续发展计划（BCP）国际标准于 2006 年启动，该标准有效引导建立在自身遭遇突发紧急事件时能尽快恢复的计划体系，满足各国应对突发事件等紧急状态的需要。ISO、IEC 完成公共安全标准制定指南、公共安全管理体系标准和 BCP 标准的制定任务后，

---

① IEC（International Electrotechnical Commission）即国际电工委员会，该机构专门制定和发布国际电工电子标准的非政府性国际机构。

将在世界范围内推行公共安全管理体系和 BCP 第三方认证，并将其作为进入某些领域的必备条件。相关国家的国家标准学会还专门成立了国土安全标准工作组（ANSI—HSSP），推动全国的安全标准化工作，并积极参与 ISO 公共安全标准化活动。比如，美国制定了《应急活动计划》《紧急通道的维护和运行》等应急救援标准。英国标准化协会（BSI）很早就制定了一系列与应急救援技术、产品、管理相对应的标准，如应急照明、声音系统、便携式呼吸器、应急通风设备的要求等。加拿大制定了《加拿大危险管理国家标准》和《加拿大应急预案国家标准》。日本制定了包括《业务持续性计划指南》《风险管理体系指南》《信息技术和信息安全管理体系规范》《企业危机管理手册》和《企业地震对策指南》等 30 多项较为完善的指南和标准。[1] 2009 年 ISO 风险管理技术委员会制定完成了《ISO 31000：风险管理原则与实施指南》，这是安全风险管理领域的一项新的国际标准，可以应用于任何企业、组织、协会、团体或个体等，在国际社会具有广泛的适用性。

在我国公共安全领域，通过查询全国标准信息公共服务平台[2]发现，现有相关标准主要集中在风险管理、应急管理、公共安全三个领域（见表 10-4）。标准制定部门主要包括国家标准化管理委员会、全国通信标准化技术委员会、政府各行业管理部门等。其中，企业制定的风险管理标准较多，涉及自然灾害、公共卫生、事故灾害等领域。公共安全领域以公安部主导的信息技术在社会安全领域的应用标准较多。如 2021 年 10 月，公安部集中发布了 100 项公共安全行业标准。相关标准包括刑事技术类、社会治安防控类、公安交通管理类三大类，其中属于全国刑事技术标准化技术委员会归口的标准有 90 项，属于全国安全防范报警系统标准化技术委员会归口的标准有 4 项，属于全国道路交通管理标准化技术委员会归口的标准有 6 项。

表 10-4　　　　风险管理、应急管理、公共安全相关标准列举

风险管理部分标准		
标准中文名称	实施日期	标准状态
风险管理术语	2014 年 7 月 1 日	现行
风险管理风险评估技术	2012 年 2 月 1 日	现行
风险管理原则与实施指南	2009 年 12 月 1 日	现行

① 何祎、董寅、肖期：《国内外大型活动公共安全管理标准研究述评》，载于《经济论坛》2012 年第 12 期。
② 《全国标准信息公共服务平台》，http://std.samr.gov.cn/。

续表

风险管理部分标准		
标准中文名称	实施日期	标准状态
公共事务活动风险管理指南	2017 年 7 月 1 日	现行
信息技术安全技术信息安全风险管理	2016 年 2 月 1 日	现行
有害生物风险管理综合措施	2012 年 4 月 1 日	现行
信息安全技术 ICT 供应链安全风险管理指南	2019 年 5 月 1 日	现行
应急管理部分标准		
标准中文名称	实施日期	标准状态
安全与韧性应急管理能力评估指南	2021 年 11 月 1 日	现行
公共安全应急管理公共预警指南	2021 年 10 月 1 日	现行
公共安全应急管理预警颜色指南	2019 年 6 月 1 日	现行
公共安全应急管理突发事件响应要求	2019 年 6 月 1 日	现行
自然灾害救助应急响应划分基本要求	2013 年 7 月 1 日	现行
应急物资分类及编码	2020 年 10 月 1 日	现行
公共安全部分标准		
标准中文名称	实施日期	标准状态
公共安全大规模疏散规划指南	2018 年 11 月 1 日	现行
公共安全视频监控联网技术测试规范	2021 年 6 月 1 日	现行
公共安全人脸识别应用图像技术要求	2018 年 7 月 1 日	现行
公共安全指纹识别应用图像技术要求	2018 年 7 月 1 日	现行
公共安全重点区域视频图像信息采集规范	2020 年 1 月 1 日	现行
公共安全视频监控数字视音频编解码技术要求	2017 年 6 月 1 日	现行

2022 年 5 月，我国应急管理部出台了《"十四五"应急管理标准化发展计划》（以下简称《计划》）。① 《计划》紧盯安全生产、消防救援、减灾救灾与综合性应急管理标准化领域，对"十四五"应急管理标准化重点工作做出部署。《计划》明确，要密切跟踪研究事故灾害暴露的标准化短板问题，对标落实法律法规要求，集中力量加快与人民生命安全关系最直接的标准供给。加强基础通用标准，个体防护装备标准，事故调查统计相关标准，矿山安全、危险化学品安

---

① 中华人民共和国应急管理部：《应急管理部关于印发〈"十四五"应急管理标准化发展计划〉的通知》，https：//www.mem.gov.cn/gk/zfxxgkpt/fdzdgknr/202205/t20220506_413015.shtml。

全、烟花爆竹安全生产、石油天然气开采安全标准，以及粉尘防爆、涂装作业、冶金有色、工贸安全等领域重要标准制修订；加快制修订消防救援站建设、装备建设、作战训练，消防通信指挥信息化、消防监督检查、消防产品监督管理、社会消防治理、火灾调查等相关标准；完善应急管理术语、符号、标记和分类等基础通用标准，风险监测和管控标准，水旱灾害应急管理标准，地震灾害、地质灾害应急救援相关标准，应急装备标准，应急管理信息化标准，救灾和物资保障标准，应急预案制定和演练、救援现场指挥、专业应急救援力量建设等标准规范。

（三）数据驱动公共安全风险治理的微观管理制度

国家（中央）层面的政策和制度表达着对某种理想状态和秩序的追求，但由于其内容的笼统、原则和不完备，需要地方政府在实施中细化、解释和再规划；同时地方政府还需根据本辖区的具体情势，就自己职责范围内的事务做出制度安排，地方政府在制度的生成和创新中扮演着重要的角色。[①] 数据驱动公共安全风险治理的微观管理制度主要体现在地方行政法规方面，各地方政府及组织因地制宜，形成微观层面的管理制度以具体指导地方公共安全风险治理。自 2008 年抗击南方雨雪冰冻灾害、应对"5·12"汶川特大地震等重大事件为标志，我国开始更加重视应急管理法制体系的构建，一些应急管理相关的法律法规中的部分条款、有关国际公约和协定、突发事件应急预案有力地补充了我国应急管理法律法规体系。各地方人民政府据此各自颁布了适用于本行政区域的地方性法规、地方规章和法规性文件，逐步形成了一个以《突发事件应对法》为核心的应急管理法律体系。

同时，随着大数据及人工智能技术的应用，信息技术应用政策在省级不同应急管理部门、公共卫生部门及公共安全部门的不同政策中有所体现。即在地方不同领域部门的应急预案、"十四五"应急规划等指导性政策中强调了数据及其技术的应用。如 2019 年 9 月，北京市人民政府办公厅印发的《关于推进城市安全发展的实施意见》中提出城市安全发展重点工程之一是综合应急信息平台建设工程。该重点工程主要内容包括：完善应急管理应用平台和应急管理数据库，利用物联网、航空遥感、视频识别、移动互联等技术统筹推动感知网络建设。建立安全生产、应急救援、消防安全、防灾减灾救灾等数据资源开放共享机制，完成系统整合和数据中心建设，综合应用大数据技术实现城市应急管理的系统化、智能化。特别是在新冠肺炎疫情期间，从中央到地方出台了系列政策，凸显智慧应急

---

① 靳文辉：《制度竞争、制度互补和制度学习：地方政府制度创新路径》，载于《中国行政管理》2017 年第 5 期。

功能的充分发挥。如徐州市应急管理局印发的《徐州市应急管理局关于有效应对疫情影响助力企业纾困解难政策措施》中提出的具体措施有：推进"智慧应急"惠企助企、提升安全应急数据共享覆盖面、强化远程监管服务等。

另外，省级政府大数据发展应用政策是公共安全风险大数据政策体系中极具实践指向的政策，发挥着"上承中央—下启基层"的衔接互动作用。在时间分布上，相关政策大都实施于 2016 年前后，为了响应数据要素的发展趋势和应用需求，大量省、区、市于 2019 年前后将"大数据发展应用条例"列为地方立法规划清单并加紧制定出台，部分省、市已于 2020 年形成立法草案（含议案、立法建议等）且诉诸公众意见征集，由此可见相关政策目前正处于更新升级的转折期；在形式分布上，有研究对 22 个省、区、市的 22 个大数据及其产业政策分析认为[1]，这些政策中位阶相对较高的条例 5 件、办法 2 件，9 件尚未出台的政策中条例 7 件、办法 1 件，其余政策大都为意见（5 件）、计划（4 件）和方案（4件）等规范性文件。与此同时，地方政府大数据及其产业相关政策与地方应急管理领域政策交相呼应，共同促进发展。继地方政府大数据及其产业政策推出后，在地方市、县级层面应急管理规划、应急预案等制度中也凸显了大数据及其技术应用的相关内容，并且逐步深入应急管理过程中（见表 10 - 5）。

表 10 - 5　　　地方省市应急管理及大数据应用相关政策列举

时间	政策文件名称	发布部门	政策类型
2014 年 2 月	《关于加快大数据产业发展应用若干政策的意见》《贵州省大数据产业发展应用规划纲要（2014—2020 年)》	贵州省政府	地方大数据产业发展政策
2019 年 8 月	《上海市公共数据开放暂行办法》	上海市政府	
——	《北京市公共数据管理办法（征求意见稿)》	北京市政府	
2019 年 1 月	《天津市促进大数据发展应用条例》	天津市政府	
2016 年 11 月	《内蒙古自治区促进大数据发展应用的若干政策》	内蒙古自治区政府	
2020 年 1 月	《辽宁省政务数据资源共享管理办法》	辽宁省政府	
2016 年 8 月	《江苏省大数据发展行动计划》	江苏省政府	

······

---

[1]　雷浩伟、廖秀健：《省级政府大数据发展应用政策的规制导向与执行优化研究——基于政策文本的分析》，载于《公共管理与政策评论》2022 年第 2 期。

续表

时间	政策文件名称	发布部门	政策类型
2021 年 7 月	上海市应急管理"十四五"规划	上海市政府	地方应急管理政策中大数据应用
2022 年 4 月	巫山县应急管理"十四五"规划	巫山县政府	
2022 年 4 月	关于有效应对疫情影响助力企业纾困解难政策措施	徐州市应急管理局	
2022 年 4 月	赣州市突发事件应急预案管理办法	赣州市政府	

......

三、数据驱动公共安全风险治理的制度困境

从上述数据驱动公共安全风险治理制度安排现状来看,目前还缺少明确的公共安全风险治理职能定位,相关法律体系零散且不健全,相关政府部门的公共安全权责不够明确;在整体上偏重于应急,缺少有效的风险预防的制度体系;公共安全治理技术应用制度不足,使数据治理与公共安全风险治理耦合度较差。尤其是在大数据发展应用政策方面存在政策法律化进阶过快而后劲不够、政策问题界定不清和调整不力、政策内部执行要素协调不良和配置不周,以及同外部执行环境衔接不好、对外部执行需求回应不足等一系列问题。[①] 目前虽然大数据环境下公共安全风险治理制度类型及内容丰富,并且已经构建起了复合性的制度架构,在公共安全风险治理技术应用和治理方面取得了一定成效。但当前的制度层次体系并不完善,与"系统完备、科学规范、运行高效"的制度标准尚有一定距离,存在着不容忽视的制度困境。所谓数据驱动公共安全风险治理的"制度困境",是指在公共安全风险治理中技术驱动治理制度所表现出的负面影响和内在缺陷。它具体表现在三个层面:一是结构性困境;二是过程性困境;三是效能性困境。

(一)数据驱动公共安全风险治理制度的结构性困境

结构性困境是指数据驱动公共安全风险治理的制度架构在结构层面存在诸多缺陷。从整体来看,大数据环境下的公共安全风险治理制度结构体系(宏观法律政策制度、中观标准规范、微观管理制度)之中的单项制度较为完善适用,但综

---

① 雷浩伟、廖秀健:《省级政府大数据发展应用政策的规制导向与执行优化研究——基于政策文本的分析》,载于《公共管理与政策评论》2022 年第 2 期。

合运用起来，则会出现衔接性不够、协调性不足的问题。当前，虽然相关政策制度的文件总量已经十分庞大，但不系统、不全面以及存在"漏项"的问题仍然比较突出。具体表现为三点：第一，制度覆盖范围不充分。一些重要的数据驱动公共安全风险治理议题缺少针对性治理制度，例如大数据应用及风险治理复合型人才培养、公共安全风险多中心治理中的数据共享、数据应用和管理、数据安全等。这些重要的公共安全风险治理议题上，尚未形成专门性的有效治理机制。制度供给的不足使数据驱动公共安全风险治理存在治理赤字。第二，制度架构碎片化。现有数据驱动公共安全风险治理制度虽然数量众多，但整体架构呈现零散、破碎的特征，缺少合理整合，处于碎片化状态。特别是在一些政策中，许多条款功能高度相近，或者在中央层面提出的智慧应急，到了市县一级要么干脆不提，要么可操作性不强。且不同领域数据技术应用程度在相关政策中体现也不同。同时，碎片化的治理制度，使治理主体的协调与合作更加复杂，造成了资源的浪费，提高了治理的成本，影响了公共安全风险的有效治理。第三，制度发展程度低。当前数据驱动公共安全风险治理制度普遍处于较低层次，缺乏完善高效的组织化的治理制度。例如已经出台的数据驱动公共安全风险治理制度中，在基础设施建设、人才培养、社会化保障等领域"留白"较多，数据技术应用与公共安全风险治理融合过程中的各种现实问题与相应法律法规的缺位性矛盾比较突出。制度发展程度的低下使现有的公共安全风险治理无法有效发挥数据技术的作用，难以实现管控和化解安全威胁的治理目标。

同时，数据驱动公共安全风险治理制度的整合性存在缺陷。数据融合公共安全风险治理制度结构体系涉及各个系统、诸多领域、众多部门，涉及各有关部门的重大利益格局调整，迫切需要加强各部门之间的统一性和协调性。有些制度"各管各的"领域，无视其他领域，相互衔接断裂，例如公共安全风险治理中数据要素的基础性制度包括产权制度、供给制度、流通制度、分配制度和跨境制度等，其缺乏致使治理实践存在问题。大数据产业发展、数据开放与共享相关政策丰富且更为细致，而公共安全风险治理领域大数据应用仅仅是指导性、规划性政策。实际上从公共安全风险治理智能化的视角看，这两类制度融合发展更能推进公共安全风险治理现代化，政策协同更能促进大数据产业发展及提升公共安全风险治理效能。

（二）数据驱动公共安全风险治理制度的过程性困境

过程性困境（执行性困境）主要是指数据驱动公共安全风险治理的制度架构在其机制运行过程中面临着多种阻碍因素，治理合作的推进困难重重。数据驱动公共安全风险治理制度的过程性/执行性困境主要体现在其制度的协调性及操作性层面。

（1）数据驱动公共安全风险治理制度协调性不足。协调与合作是公共安全治理机制运行的核心，当前数据驱动公共安全风险治理虽然形成了相对完整的制度架构，但在机制运行过程中，不同领域不同区域的治理主体之间实质性的利益协调与安全合作面临着诸多困难和挑战。一方面，我国数字资源禀赋及数字能力在不同区域不同领域间呈现差异性，导致数据技术、数据共享方面制度协同存在困难。另一方面，治理主体的职责权利规定得较为模糊，公共安全风险治理合作面临挑战。对于公共安全风险的防范和应对我国已建立了多项法律法规，如《突发事件应对法》《安全生产法》《突发公共卫生事件应急条例》等，这些法律法规中对于除政府部门之外的其他主体，例如非营利组织、企业、媒体、社区和社会公众如何有序参与公共风险治理及参与过程中的权责利等还缺少明确细致的规定。此外，我国公共安全风险应急预案的建设相对较为迅速，不同政府部门的相关应急管理职能在应急预案中有所规定，但是相互之间如何协调、如何达到有效配合则缺乏相应规定。①

（2）数据驱动公共安全风险治理制度操作性不足。制度的可操作性是检验制度成熟程度的重要指标。可操作性标准是指制度体系应当具有可操作性，制度条文在内容上要具体明确，语言表达浅显易懂，逻辑严谨，利于操作。尽管政府部门针对不同行业领域（社会安全、公共卫生、生态环境、安全生产等领域）也出台了一系列大数据应用制度，但从国家到地方政府，纲领性、规划性政策文件居多，可操作性、可全面执行的政策较少。尤其是公共安全风险治理大数据政策没有深入治理过程治理环节之中。如大数据深入风险治理流程（风险识别、评估、处置、沟通等）、突发公共事件治理过程（预警预测、应急准备与响应、恢复等）中的具体政策较少。且大多政策只强调单一行业领域中的应用，没有全面统筹不同行业领域中大数据统一应用。

另外，制度执行者落实制度的力度欠缺。制度执行力度欠缺影响制度效力的完全释放。一是不完全执行。以个人利益或部门利益为依据，以实用主义的态度执行制度，使制度成为个人或部门谋利的工具。如公共安全风险数据共享涉及多部门利益，不同地域和部门存在着不愿开放共享、不敢开放共享、不会开放共享的问题。二是消极执行。在现实中，有些部门、有些地区对中央和地方设计的数据驱动公共安全风险治理制度安排敷衍塞责、延宕推脱，致使好的制度资源被忽视，在执行中难以转化为治理效能，达不到预期效果。如相关公共安全风险治理制度的执行停留

---

① 霍晓英：《我国公共风险治理模式的制度困境与路径优化》，载于《广西社会科学》2014 年第 11 期。

在口号、文件中，而致使制度效果在层层下达过程中大打折扣。这样执行公共安全风险治理相关制度的结果恰好违背了制度设计宗旨和设计理念，显示出落实制度的自觉意识欠缺，表现为执行者在相关制度的执行力方面欠缺。

（三）数据驱动公共安全风险治理制度的效能性困境

效能性困境指数据驱动公共安全风险治理的制度架构难以完成预期的治理目标，存在治理失灵的问题。制度能否起到应有的作用、能达到什么程度，就体现在效能上。现阶段治理制度架构中存在的最大缺陷就是缺乏数据驱动公共安全风险治理的相关评价和反馈制度。数据驱动公共安全风险治理的评价制度是一项复杂的系统性活动，涉及评价的功能、目标、内容、方法、组织等多种要素。将各种要素进行系统组织与特征化，形成治理效能评价活动所需要遵从的特定行为准则和规范，即数据驱动公共安全风险治理评价制度。目前我国虽然有一些数据技术及风险治理的标准规范，但这些只是治理前的标准规范，对于治理后效能如何，大数据及数据技术在公共安全风险治理中多大程度上发挥了作用，这方面没有相关的制度规定。具体来说，表现为数据质量检测制度、风险治理绩效（责任）制度以及外部评价制度等缺失。治理制度的这种效能性困境，主要表现在由治理对象的复杂特性导致的。一方面公共安全风险的复杂性、情景性增加了治理评价的难度，另一方面，治理主体间协调不足，职能定位不清晰，责任不明确等增加了治理评价的难度。

同时，制度自我调整机制的缺失。一个完善的制度不仅包括决策形成和执行过程，还应该包括制度的自身补救措施和制度自我调整机制。目前，数据驱动公共安全风险治理制度体系中缺乏制度效果的反馈机制，如相关调查研究与巡视督查、独立评估以及民主参与意见表达等制度。这一机制的缺失导致难以实现制度自身的不断调适与优化。另外，制度也存有冗余繁杂现象。这些制度中，有些已经不能适应当前新的国有资产管理体制要求，还有些具体工作缺乏规范性要求、工作的具体办法、实施细则和配套文件。政策制度体系需要大量的配套政策与实施办法作支撑，才能构建起微观运行机制，进而较好发挥出激励约束效果。但当前数据驱动公共安全风险治理诸多领域没有针对实践中的具体矛盾出台相应措施办法，而且已经出台的配套政策与措施办法过于战略与原则性，规范内容不够具体，导致可操作性不强，难以落地执行。

四、数据驱动公共安全风险治理的制度建设

制度建设是公共安全风险治理效能提升的关键。通过制度建设，实现各项制

525

度的有效运行，激活制度资源、优化制度生态、激发制度活力[①]。在当前和今后一个时期，我国数据驱动公共安全治理制度建设仍处于战略机遇期，但也面临着新的挑战，一些现行制度的弊端与问题愈发凸显，其主要存在于理念导向、制度设计、主体选择与执行变异等方面[②]。传统单一、固化的公共安全制度安排已不能适应当前数字时代发展的要求，特别是制度结构发展不平衡、制度过程不协调、制度效能不明显形成叠加，增加了公共安全风险治理效能提升的压力和难度。在此背景下，推动数据驱动公共安全风险治理效能提升，需要将制度建设摆在突出位置，发挥其在治理效能提升中的功能和优势。对此，应从重塑制度理念、优化制度内容、主体及流程等方面进一步完善数据驱动公共安全风险治理制度。

（一）制度理念：以需求牵引和目标导向为原则

数据驱动公共安全风险治理的重大现实需求既要符合数据技术在公共安全风险治理中的有序应用，也要使数据及其技术在公共安全风险治理应用的效用最大化。现实需求是制度建设的前提，目标价值是制度发展的内核。因此，从现实需求、目标价值出发，理解数据驱动公共安全风险治理制度理念是转变传统公共安全风险治理制度，融合数据驱动制度的关键。

坚持以公共安全风险治理中的实际问题以及实践需求牵引为导向，构建与数字时代相适应的公共安全风险治理制度。从目前来看，大数据及其产业制度和公共安全风险治理制度较为丰富，但数据驱动公共安全风险治理的融合、交叉制度较为零散。分散化的制度体系易引发矛盾与冲突，不能满足数字时代公共安全风险治理的特点和需求。根据大数据在公共安全风险治理中的发展需要，顺应智慧城市、数字政府、智慧应急等数字化转型发展，构建与数字化时代相适应的公共安全风险治理制度，并审视现行风险管理、应急管理以及公共安全管理中制度的完整性和定位的准确性。

坚持统筹安全与发展为目标导向，构建以"人民至上"为价值理念的科学制度体系。中国统筹发展和安全的历史不仅是对制度规则、政策任务、组织激励的临时纠偏，而且是围绕悖论进行的阶段性体制重塑。[③] 在数据驱动公共安全风险

---

① 秦国民、曹灿：《把制度建设摆在突出位置：国家治理效能提升的关键》，载于《中州学刊》2021年第10期。

② 原珂：《公共冲突治理视域下中国社会治理制度建设的反思与前瞻》，载于《江海学刊》2021年第6期。

③ 何艳玲、汪广龙：《统筹的逻辑：中国兼顾发展和安全的实践分析》，载于《治理研究》2022年第2期。

治理中，如何实现数据安全及公共安全风险治理发展，需要从制度设计层面做出安排，搭建多维度、多主体共同参与数据安全与发展"共建共治共享"的制度框架，加快建设统筹数据安全与发展动态平衡的制度路径，实现两者的融合共进，以此推动新时代公共安全风险治理持续健康发展。同时，人民至上是一系列社会主义新制度确立的价值源泉。把"人民至上"价值理念落实到具体体制、机制和治理活动中，构成了横向日益全面、纵向日益彻底的"人民至上"价值原则的制度实现体系，使得"人民至上"的价值原则能够不断充分地体现和实现，得到了广大人民的认同和支持。以"人民至上"为制度建设理念，并统筹安全与发展的制度建设目标是数据驱动公共安全风险治理的根本保障。因此，数据驱动公共安全风险治理制度必须从公众生命安全和实践需求出发，深入调查研究，把握风险治理转型实际、阶段特征及发展规律，整合公众行为特点、价值偏好和利益诉求，通过教育、宣传、试点和推广等途径，从而建构最符合广大人民根本利益的公共安全风险治理制度体系。

（二）制度主体：完善政府主导下多元主体参与机制

现有数据驱动公共安全风险治理制度大多是由政府主导的产物。从既有相关法律制度来看，公众参与决策及政策都得到了大力倡导，但对具体参与的范围、方式、程序等大多缺乏明确规定。从某种意义来说，数据驱动公共安全风险治理制度设计到落实的本质是权力、权利和利益的博弈，而制度就是为了实现各个利益主体博弈均衡。作为权力、权利和资源分配的内生规则，数据驱动公共安全风险治理制度通过具体的、可操作规则和程序来规范公众行为，推动主体利益关系协调。构建并完善以利益表达、协商和保障为重点的利益和谐机制，建立以公共利益为基础的公平讨论对话协商机制，促进不同主体之间的互信、互动。完善公众参与、专家论证、风险评估、合法性审查、集体讨论决定等法定程序和配套制度，健全并实施公共安全风险治理决策责任倒查和追究机制。因此，数据驱动公共安全风险治理制度应注重自上而下的顶层设计与自下而上的基层探索相结合、政治精英的理性规划与社会公众的有序参与相结合、各级政府科学主导与多元主体良性互动相结合，推动数据驱动公共安全风险治理制度协同创新。

构建政府主导下的多元主体参与数据驱动公共安全风险治理制度机制，其核心都是鼓励构建以政府为主导、社会组织和公众为重要组成部分的全方位的制度网络体系，以期构建完整稳定的风险治理制度系统。一方面，要强调政府在公共安全风险应对中的核心与主导作用，使政府统一指挥领导成为公共安全风险治理的中枢神经，也是公共安全风险治理制度的责任主体。另一方面，要引导非政府组织、企业、媒体和公众等社会力量积极有序地参与到公共安全风险治理制度建设中，政府真正感知其他主体的公共安全风险治理制度需求，同时更好地得到其他参与主体的支持。

（三）制度结构：强化分层制度体系的衔接、兼容与互补

制度结构分层体系设计是为了更好地区分制度类型、制度边界以及制度内容。但这种分层制度体系往往需要强化其制度间的衔接、兼容及互补问题。目前，数据驱动公共安全风险治理制度初步形成了宏观的法律政策、中观的标准规范、微观的管理指导制度三个层级结构。这三个层次的制度重点和工作要求不同，制度管理的方法和形式也不同。制度之间的衔接、兼容与互补是充分发挥制度功能的重要条件，以兼容和互补的原则合理安排数据驱动公共安全风险治理制度各层次和各维度的制度单元，是完善公共安全风险治理制度的重要原则，同时必须实现与数据权益制度、数据安全制度、数据监管制度的兼容互补。如公共安全数据的自由流通和利用势必增加侵权风险，为此要对可能的滥用行为进行规制。滥用行为一般分为两类：一类是对个人信息的滥用；另一类是对基础数据的滥用。[①] 因此，还要做好权益保护、数据利用与滥用规制三位一体制度设计，实现个人信息权益与数据利用公共利益的均衡。

在分层制度体系建设的基础上，根据各地方大数据发展及公共安全治理的实际需求，配套差异化的具体制度安排。现有分层制度虽然仍存在较多待改善的地方，但也为以后进一步优化改革积累了宝贵的经验，在分层制度基础上引入差异化的制度安排，可以为处于不同发展阶段和具有不同区域或领域需求的地方政府提供与其相适应的治理环境。同时，制度类型及边界的区分是为了更加明确制度之间的衔接和互补问题。数据驱动公共安全风险治理制度要区分重要制度和一般制度。重要制度是对数据驱动公共安全风险治理影响较大的制度，一般制度是职能相对单一，影响较小的制度。在制度落实上，重要制度的综合性强，应该提升到管理决策层组织落实，一般制度则完全可以从业务管理层的专业特点出发予以明确，而配套细则应当与实际操作和具体落实的单位或部门结合起来，共同面对和解决具体问题。

同时，数据驱动公共安全风险治理的正式制度与非正式制度之间是一种"互补"的关系。正式制度对政府治理中的行为主体具有刚性约束，而注重习俗和道德约束效力的非正式制度则有助于行为主体之间的互动与合作，二者在功能上是

---

① 靳雨露：《个人信息"控制—利用二元论"的提出及其制度优化》，载于《大连理工大学学报（社会科学版）》2022 年第 3 期。

互补且不可替代的[①]。如公共安全数据伦理、公共安全数据文化、公共安全数据价值及理念、风险及安全文化意识等，在一定程度上影响数据驱动公共安全风险治理制度的进程及内容，也是对公共安全风险治理制度的一种补充。

（四）制度内容：恰适性逻辑下的动态调整、优化与落实

制度的恰适性逻辑就是制度对其存在的环境和对与制度相关主体的恰当性、适应性，是制度与环境和人的和谐有机统一。[②] 从行为选择的适当性与制度安排的适宜性两个层面，研究两者之间相互影响并实现良性互动的过程。[③] 从制度恰适性逻辑来看，理解数据驱动公共安全风险治理制度的恰适性需要注意：第一，制度在时间上的动态性和一定历史时段内空间上的稳定性相结合。第二，制度的宏观稳定性与微观灵活性相结合。第三，制度与人双方的互推共进。数据驱动公共安全风险治理制度并不是一种静态结构，而是一个制度安排随着社会情境改变而不断变化的动态过程。促使这种变化的内在机制则在于制度安排对于治理场域的"恰适性"。[④]

数据驱动公共安全风险治理制度的动态调适思路主要有：一是根据法律、法规、规章、规范性文件修、改、废情况对中央及地方各级各类政府组织的数据及其技术应用、各领域公共安全数据公开及使用清单、公共安全风险清单和责任清单等进行更新、调整或取消。通过梳理原有制度，落实权责清单的动态调整制度，进一步明晰各治理主体所涉权力和责任，推进数据驱动公共安全风险治理制度清晰化、条理化、透明化。二是根据政府数字化转型及应急管理业务数字化转型政策调整情况，对公共安全领域不同级别不同领域的具体制度事项进行取消、新增、调整。通过梳理现有数字技术融合风险治理制度，强化制度的可操作性、规范性以及科学性。三是对照中央和省级数据驱动公共安全风险治理制度相关事项，根据公共安全风险及大数据融合发展需求，制定、完善及改进公共安全风险相关业务及行业标准。四是建立健全制度效果的反馈机制以实现制度自身的不断调适与优化。这种反馈可以通过自上而下的调查研究与巡视督查，相关社会组织的独立评估，自下而上的民主参与和意见表达等途径来实现。在上述动态调适思路下，数据驱动公共安全风险治理制度结构内容持续优化，制度体系不断健全。

---

① 李慧凤：《制度结构、行为主体与基层政府治理》，载于《南京社会科学》2014 年第 2 期。

② 秦国民、高亚林：《恰适性：推进国家治理现代化的制度建设原则》，载于《中国行政管理》2015 年第 9 期。

③ 潘加军、蔡小慎：《社会治理制度创新的恰适性路径探析》，载于《理论探讨》2014 年第 4 期。

④ 刘振、徐立娟：《基层社会治理实践中制度选择的"恰适性"逻辑》，载于《深圳大学学报（人文社会科学版）》2017 年第 5 期。

　　同时，落实公共安全风险治理主体责任，增强制度执行力。党的十八大以来，习近平总书记多次强调制度执行力问题。在党的群众路线教育实践活动总结大会上，他郑重指出，要增强制度执行力，制度执行要到人到事。从实践层面来看，党的十八大以来，党中央在制度治党方面着重从抓好主体责任，用好巡视、监察、问责等"武器"，落实好"两个责任"，聚焦到"关键少数"等方面扎紧制度的篱笆，以"硬约束""强监督"为举措，不断提高制度执行的效力。从宏观层面制度看，相关制度为落实责任，建立快速反应、协同应对的机制，增强制度执行力提出了要求。如我国《突发事件应对法》第4条规定：国家建立统一领导、综合协调、分类管理、分级负责、属地管理为主的应急管理体制。从微观层面地方制度来看，对于主体责任及落实执行进一步做了详细和明确的规定。如2022年3月，上海市政府发布《上海市人民政府关于进一步加强公共安全风险管理和隐患排查工作的意见》，明确加强公共安全风险管理和隐患排查的工作原则、重点范围和具体任务。工作原则有：明晰责任，齐抓共管、分类管理，分级负责、查改并举，重在治理。重点范围对危险源、危险区域、重点行业、重点企业、重点领域等。具体任务包括建立健全风险评估机制、隐患排查机制、风险隐患举报机制、风险隐患信息管理机制、风险应急准备和隐患治理机制等。同时，还提出了具体工作要求。

附 录 1

纳入文献的基本情况

编号	作者	年份	风险类型	策略	定量/定性	研究方法
1	杜雪蕾等	2012	一般意义上的风险	文字概率	定性	—
2	李萌等	2012	医疗健康风险	绝对概率和相对概率	定量	实验法
3	余升翱等	2012	环境风险	概率、时间、空间转换	定性	—
4	孙庆洲等	2019	一般意义上的风险	改变概率的描述形式、结果的情绪体验、损益的参照点、风险的心理距离	定性	—
5	夏春	2015	医疗健康风险	图标阵列	定性	—
6	张力伟等	2020	一般意义上的风险	语言概率转数字概率	定性	循证
7	Ancker, Jessica S. et al.	2011	医疗健康风险	图标阵列（顺序、随机）	定量	调查问卷
8	Berry, Dianne C. et al.	2006	医疗健康风险	口头和数字概率	定量	实验法
9	Chapman, Andy R. et al.	2015	医疗健康风险	频率、百分比、口头描述语	定量	实验法
10	Cheung, Yin Bun et al.	2010	医疗健康风险	频率、百分比、口头描述语	定量	实验法
11	Cuite, Cara L. et al.	2008	医疗健康风险	百分比、频率、1 in N	定量	问卷调查
12	de Bruin, Waendi Bruine et al.	2013	弹药爆炸风险	文本、条形图、分数、不确定性信息	定量	实验法

续表

编号	作者	年份	风险类型	策略	定量/定性	研究方法
13	Dolan, James G. et al.	2012	医疗健康风险	表格，条形图，风险阶梯，流程图，图标阵列	定量	问卷调查
14	Fagerlin, A. et al.	2011	医疗健康风险	改善风险沟通的十个步骤	定性	—
15	Fraenkel, Liana et al.	2018	医疗健康风险	数字（概率，自然频率），图形（图标阵列），概念插图（说明疾病的原因，天平失衡，说明用药的好处，天平恢复平衡）	定量	实验法
16	Gaissmaier, Wolfgang et al.	2008	医疗健康风险	绝对或相对概率，概率和条件概率，自然频率和频率（参考类别）	定性	—
17	Galesic, Mirta et al.	2009	医疗健康风险	图标阵列	定量	实验法
18	Garcia – Retamero, Rocio et al.	2013	医疗健康风险	频率，概率，图标阵列	定量	实验法
19	Ghosh, Karthik et al.	2008	医疗健康风险	条形图，图标阵列100	定量	实验法
20	Gigerenzer, Gerd et al.	2007	医疗健康风险	频率，概率，相对和绝对风险，死亡率和生存率，自然频率和条件概率	定性	—
21	Gurmankin, A. D. et al.	2004	医疗健康风险	语言和数字概率（百分比，分数）	定量	问卷调查
22	Handmer, John et al.	2007	环境风险	数字概率，语言概率	定性	综合过往调查
23	Henneman, Lidewij et al.	2020	医疗健康风险	百分比，频率，图标阵列，接下来10年的风险	定量	实验法
24	Hibbard, J. H. et al.	2003	医疗健康风险	初始框架 – 信息呈现方法（不局限于信息）	定性	—
25	Hilton, N. Zoe et al.	2008	暴力风险	数字概率，语言概率	定量	调查问卷

续表

编号	作者	年份	风险类型	策略	定量/定性	研究方法
26	Housten, Ashley J. et al.	2020	医疗健康风险	视频（动态图标阵列，静态图标阵列），有声读物（静态图标阵列）	定量	实验法
27	Juanchich, Marie et al.	2020	医疗健康风险	语言概率，数字概率	定量	实验法
28	Karelitz, T. M. et al.	2004	一般意义上的风险	语言概率	定量	实验法（电脑）
29	Knapp, P. et al.	2004	医疗健康风险	语言和数字概率	定量	实验法
30	Krumpal, Ivar et al.	2011	恐怖犯罪风险	语言，主观概率	定量	实验法
31	Kunneman, Marleen et al.	2020	医疗健康风险	语言概率转数字概率	定量	调查问卷
32	Lee, D. H. et al.	2003	医疗健康风险	风险阶梯，书面概率	定量	问卷调查
33	Leonhardt, James M. et al.	2018	医疗健康风险	图标阵列，数字 1 in X	定量	实验法
34	Man – Son – Hing, Malcolm et al.	2002	医疗健康风险	数字和语言概率（定量和定性）	定量	实验法
35	McCrorie, Alan David et al.	2018	医疗健康风险	文本信息，图标阵列（顺序）	定量	混合研究：实验法，内容分析
36	Mevissen, Fraukje E. F. et al.	2010	医疗健康风险	累积概率和单词概率	定量	实验法
37	Ohnishi, M. et al.	2002	医疗健康风险	语言和数字概率	定量	问卷调查
38	Oudhoff, Jurriaan P. et al.	2015	赌博风险	数字：X%，X in 100，1 in X；图形：条形图，图标阵列	定量	实验法

533

续表

编号	作者	年份	风险类型	策略	定量/定性	研究方法
39	Pighin, Stefania et al.	2011	医疗健康风险	比率：1 in X；比例：N in X；对应的图标阵列	定量	实验法
40	Price, Melanie et al.	2007	医疗健康风险	图标阵列（单个，水平，阴影）	定量	实验法
41	Raphael, D. B. et al.	2020	医疗健康风险	具有逐步渐变颜色的图标阵列	定性	头脑风暴
42	Ruland, C. M.	2004	医疗健康风险	多元化（交互，呈现方式，个性化风险）	定性	—
43	Schapira, Marilyn M. et al.	2006	医疗健康风险	图形显示	定量	实验法
44	Schirillo, J. A. et al.	2005	一般意义上的风险	图形显示和数字显示	定量	实验法
45	Siegrist, Michael et al.	2008	医疗健康风险	1 in N, n in 1 000, 风险阶梯，图标阵列，风险阶梯的表格形式	定量	实验法
46	Sinayev, Aleksandr et al.	2015	医疗健康风险	百分比，频率，风险标签（语言概率）	定量	实验法
47	Slovic, P. et al.	2000	暴力风险	频率和概率格式	定量	调查问卷
48	Smerecnik, Chris M. R. et al.	2010	医疗健康风险	图形格式	定量	实验法（眼动仪）
49	Stone, E. R. et al.	2003	一般意义上的风险	图形概率：前景和背景	定量	实验法
50	Strathie, A. et al.	2017	环境风险	数字概率（百分比，频率，年份），洪水范围图（以概率高低为深浅来作图，把概率和空间结合起来）	定量	问卷调查
51	Timmermans, D. .	2004	医疗健康风险	数字，堆积条形图，随机图标阵列	定量	实验法
52	Ulph, Fiona et al.	2009	医疗健康风险	语言数字和图形概率	定量	实验法

数据驱动的公共安全风险治理

续表

编号	作者	年份	风险类型	策略	定量/定性	研究方法
53	Vromans, Ruben D. et al.	2020	医疗健康风险	语言和数字概率（单独和配合），基于人群的一般风险，基于特定人群的个性化风险	定量	实验法
54	Waters, E. A. et al.	2006	医疗健康风险	图形展示和数值格式	定量	实验法
55	Wiles, M. D. et al.	2020	医疗健康风险	语言和数字概率	定量	实验法
56	Wu, Alexander et al.	2013	道路安全风险	统计格式（频率、概率）和人口特异性（美国、拿骚县）	定量	实验法
57	Young, Sean et al.	2009	医疗健康风险	语言和数字概率（单独和配合）	定量	实验法

参 考 文 献

［1］［英］安东尼·吉登斯：《现代性的后果》，田禾译，译林出版社 2000 年版。

［2］安小米、白献阳、洪学海：《政府大数据治理体系构成要素研究——基于贵州省的案例分析》，载于《电子政务》2019 年第 2 期。

［3］安小米、王丽丽：《大数据治理体系构建方法论框架研究》，载于《图书情报工作》2019 年第 24 期。

［4］巴志超、李纲、安璐、毛进：《国家安全大数据综合信息集成：应用架构与实现路径》，载于《中国软科学》2018 年第 7 期。

［5］［英］芭芭拉·亚当、乌尔里希·贝克、约斯特·房·龙：《风险社会及其超越：社会理论的关键议题》，赵延东、马缨等译，北京出版社 2005 年版。

［6］［英］彼得·泰勒－顾柏、詹斯·O. 金：《社会科学中的风险研究》，黄觉译，中国劳动社会保障出版社 2010 年版。

［7］蔡毅：《全球公共卫生安全能力评估标准——基于中国抗击新冠肺炎疫情实践的启示》，载于《中国行政管理》2021 年第 6 期。

［8］曹策俊、李从东、王玉、李文博、张帆顺：《大数据时代城市公共安全风险治理模式研究》，载于《城市发展研究》2017 年第 11 期。

［9］曹惠民：《治理现代化视角下的城市公共安全风险治理研究》，载于《湖北大学学报（哲学社会科学版）》2020 年第 1 期。

［10］查云飞：《健康码：个人疫情风险的自动化评级与利用》，载于《浙江学刊》2020 年第 3 期。

［11］常硕峰、伍麟：《风险的社会放大：特征、危害及规避措施》，载于《学术交流》2013 年第 12 期。

［12］陈成文：《论市域社会治理的风险防控能力》，载于《社会科学家》2020 年第 8 期。

［13］陈默、张景祥、胡恩华、吴林海、张义：《基于结构化分析和语义相

似度的食品安全事件领域数据挖掘模型》，载于《食品科学》2021 年第 7 期。

［14］陈天祥：《刍议公共治理中的公民参与》，载于《人民论坛》2014 年第 6 期。

［15］陈文方、端义宏、陆逸、方佳毅、石先武、任福民：《热带气旋灾害风险评估现状综述》，载于《灾害学》2017 年第 4 期。

［16］陈玉梅：《协同治理下应急管理协作中的信息共享之关键影响因素分析》，载于《暨南学报（哲学社会科学版）》2018 年第 12 期。

［17］陈振明：《政府治理变革的技术基础——大数据与智能化时代的政府改革述评》，载于《行政论坛》2015 年第 6 期。

［18］陈之常：《应用大数据推进政府治理能力现代化——以北京市东城区为例》，载于《中国行政管理》2015 年第 2 期。

［19］程铁军、冯兰萍：《大数据背景下我国食品安全风险预警因素研究》，载于《科技管理研究》2018 年第 17 期。

［20］单勇：《健康码应用的正当性及其完善》，载于《中国行政管理》2021 年第 5 期。

［21］［澳］狄波拉·勒普顿：《风险》，雷云飞译，南京大学出版社 2016 年版。

［22］迪莉娅：《大数据算法决策的问责与对策研究》，载于《现代情报》2020 年第 6 期。

［23］丁波涛：《大数据条件下的城市公共安全应对机制》，载于《上海城市管理》2015 年第 5 期。

［24］丁红发、孟秋晴、王祥、蒋合领：《面向数据生命周期的政府数据开放的数据安全与隐私保护对策分析》，载于《情报杂志》2019 年第 7 期。

［25］丁翔、张海波：《大数据与公共安全：概念、维度与关系》，载于《中国行政管理》2017 年第 8 期。

［26］丁晓蔚：《大数据、情绪分析和风险管理：舆情研究的现状评析和态势展望》，载于《南京社会科学》2017 年第 6 期。

［27］董泽宇、宋劲松：《我国应急预案体系建设与完善的思考》，载于《中国应急管理》2014 年第 11 期。

［28］樊博、聂爽：《应急管理中的"脆弱性"与"抗逆力"：从隐喻到功能实现》，载于《公共管理学报》2017 年第 4 期。

［29］樊治平、姜艳萍、刘洋：《突发事件应急方案选择的决策方法研究》，科学出版社 2016 年版。

［30］樊治平、刘洋、沈荣鉴：《基于前景理论的突发事件应急响应的风险

决策方法》，载于《系统工程理论与实践》2012 年第 5 期。

[31] 范如国：《复杂网络结构范型下的社会治理协同创新》，载于《中国社会科学》2014 年第 4 期。

[32] 范如国：《"全球风险社会"治理：复杂性范式与中国参与》，载于《中国社会科学》2017 年第 2 期。

[33] 范维澄、刘奕：《城市公共安全体系架构分析》，载于《城市管理与科技》2009 年第 5 期。

[34] 范维澄、刘奕、翁文国：《公共安全科技的"三角形"框架与"4+1"方法学》，载于《科技导报》2009 年第 6 期。

[35] 范维澄、刘奕、翁文国、申世飞：《公共安全科学导论》，科学出版社 2013 年版。

[36] 范维澄、闪淳昌等：《公共安全与应急管理》，科学出版社 2017 年版。

[37] 方兴东、严峰：《"健康码"背后的数字社会治理挑战研究》，载于《人民论坛·学术前沿》2020 年第 16 期。

[38] 冯佳昊、陈宁：《基于 DIIS 方法的中国区域应急表现能力评价研究》，载于《安全》2020 年第 12 期。

[39] 冯志刚、张志强：《新美国安全中心：美国国家安全政策核心智库》，载于《智库理论与实践》2018 年第 6 期。

[40] 付丽媛、常健：《风险决策中主张分歧的原因及其管理路径》，载于《南开学报（哲学社会科学版）》2022 年第 3 期。

[41] 傅广宛：《信访大数据与重复上访现象治理的变革》，载于《中国行政管理》2019 年第 11 期。

[42] 盖宏伟、牛朝文：《从"刚性"到"韧性"——社区风险治理的范式嬗变及制度因应》，载于《青海社会科学》2021 年第 6 期。

[43] 高小平、张强：《再综合化：常态与应急态协同治理制度体系研究》，载于《行政论坛》2021 年第 1 期。

[44] 高智林：《现代风险社会视角下的政府风险管理机制构建——以新冠肺炎疫情防治为例》，载于《财会研究》2020 年第 6 期。

[45] 谷雪：《公共危机的政策分析》，北京大学出版社 2014 年版。

[46] 郭宁、郭鹏、赵静：《基于复杂网络的串联式项目群结构脆弱性分析》，载于《工业工程与管理》2019 年第 4 期。

[47] 韩国元、冷雪忠：《国内公共卫生安全研究的文献计量分析》，载于《中国安全生产科学技术》2022 年第 1 期。

[48] 韩啸、陈亮：《政府数据开放价值创造缘何失败？——基于价值共同

破坏视角的新解释》，载于《公共管理评论》2021 年第 3 期。

[49] 韩欲立：《风险社会理论与重大疫情事件中的思想政治价值引导》，载于《贵州社会科学》2020 年第 2 期。

[50] 何继新、韩艳秋：《公用设施安全治理与城市公共安全风险规避》，载于《学术探索》2018 年第 1 期。

[51] 何珊君：《高风险社会的表现、特征及缘由——基于风险社会理论的中国视角》，载于《西北师大学报（社会科学版）》2018 年第 1 期。

[52] 何艳玲、汪广龙：《统筹的逻辑：中国兼顾发展和安全的实践分析》，载于《治理研究》2022 年第 2 期。

[53] 何祎、董寅、肖翔：《国内外大型活动公共安全管理标准研究述评》，载于《经济论坛》2012 年第 12 期。

[54] 何振、彭海艳：《人工智能背景下政府数据治理新挑战、新特征与新路径》，载于《湘潭大学学报（哲学社会科学版）》2021 年第 6 期。

[55] 贺芳芳、梁卓然、董广涛：《上海地区洪涝致灾因子复合概率及未来变化分析》，载于《灾害学》2021 年第 2 期。

[56] 贺桂珍、吕永龙：《风险地图——环境风险管理的有效新工具》，载于《生态毒理学报》2012 年第 1 期。

[57] 衡霞、陈鑫瑶：《邻避风险演化机理的系统仿真模拟研究》，载于《上海行政学院学报》2020 年第 5 期。

[58] 洪伟达、马海群：《我国政府数据治理协同机制的对策研究》，载于《图书馆学研究》2019 年第 19 期。

[59] 侯燕军、周小龙、石鹏卿、郭富赟：《"空—天—地"一体化技术在滑坡隐患早期识别中的应用——以兰州普兰太公司滑坡为例》，载于《中国地质灾害与防治学报》2020 年第 6 期。

[60] 胡剑、朱鹏、戚湧：《基于区块链的重大公共卫生事件下应急情报体系构建》，载于《情报理论与实践》2022 年第 5 期。

[61] 胡税根、单立栋、徐靖芮：《基于大数据的智慧公共决策特征研究》，载于《浙江大学学报（人文社会科学版）》2015 年第 3 期。

[62] 胡税根、王汇宇、莫锦江：《基于大数据的智慧政府治理创新研究》，载于《探索》2017 年第 1 期。

[63] 胡税根、余潇枫、何文炯等：《公共危机管理通论》，浙江大学出版社 2009 年版。

[64] 胡颖廉：《动力和行动：食品安全协同治理机制——以"地沟油"为例》，载于《学术研究》2020 年第 12 期。

［65］华岗：《城市大数据：内涵、服务架构与实施路径》，载于《大数据》2016 年第 6 期。

［66］黄河、刘琳琳：《风险沟通如何做到以受众为中心——兼论风险沟通的演进和受众角色的变化》，载于《国际新闻界》2015 年第 6 期。

［67］黄璜：《对"数据流动"的治理——论政府数据治理的理论嬗变与框架》，载于《南京社会科学》2018 年第 2 期。

［68］黄璜：《美国联邦政府数据治理：政策与结构》，载于《中国行政管理》2017 年第 8 期。

［69］黄辉、吴翰、杨佳祺、未珂：《基于实时路况信息的灾后应急配送路径选择系统》，载于《系统管理学报》2018 年第 1 期。

［70］黄建毅、刘毅、马丽、李鹤、苏飞：《国外脆弱性理论模型与评估框架研究评述》，载于《地域研究与开发》2012 年第 5 期。

［71］黄静、周锐：《基于信息生命周期管理理论的政府数据治理框架构建研究》，载于《电子政务》2019 年第 9 期。

［72］黄全义、夏金超、杨秀中、宋玉刚：《城市公共安全大数据》，载于《地理空间信息》2017 年第 7 期。

［73］黄如花、赖彤：《数据生命周期视角下我国政府数据开放的障碍研究》，载于《情报理论与实践》2018 年第 2 期。

［74］黄炜、孟慧莹：《面向公共卫生事件的大数据治理能力评价与应急管理策略研究》，载于《现代情报》2021 年第 10 期。

［75］黄欣卓、李大宇：《大数据驱动的公共管理学科现代化——〈公共管理学报〉高端学术研讨会视点》，载于《公共管理学报》2018 年第 1 期。

［76］黄兆宏：《历代西北防治自然灾害的对策及经验》，载于《青海民族大学学报（社会科学版）》2011 年第 2 期。

［77］霍晓英：《我国公共风险治理模式的制度困境与路径优化》，载于《广西社会科学》2014 年第 11 期。

［78］建毅、刘毅、马丽、李鹤、苏飞：《国外脆弱性理论模型与评估框架研究评述》，载于《地域研究与开发》2012 年第 5 期。

［79］江卫华、蔡仲：《风险概念之演变——从贝克到拉图尔》，载于《自然辩证法通讯》2019 年第 5 期。

［80］姜卉、侯建盛：《基于情景重建的非常规突发事件应急处置方案的快速生成方法研究》，载于《中国应急管理》2012 年第 1 期。

［81］姜艳萍、梁霞、张浩：《考虑后悔与失望行为的应急方案选择方法》，载于《运筹与管理》2019 年第 11 期。

数据驱动的公共安全风险治理

[82] 蒋敏娟：《中国政府跨部门协同机制研究》，北京大学出版社 2016 年版。

[83] 蒋瑛：《突发事件舆情导控中风险决策和行动协同模型建构》，载于《行政与法》2018 年第 11 期。

[84] 金太军：《政府公共危机管理失灵：内在机理与消解路径——基于风险社会视域》，载于《学术月刊》2011 年第 9 期。

[85] 靳文辉：《制度竞争、制度互补和制度学习：地方政府制度创新路径》，载于《中国行政管理》2017 年第 5 期。

[86] 赖先进：《论政府跨部门协同治理》，北京大学出版社 2015 年版。

[87] 赖先进：《治理现代化场景下复合型协同治理及实现路径》，载于《理论视野》2021 年第 2 期。

[88] 雷浩伟、廖秀健：《省级政府大数据发展应用政策的规制导向与执行优化研究——基于政策文本的分析》，载于《公共管理与政策评论》2022 年第 2 期。

[89] 李丹阳：《大数据背景下的中国应急管理体制改革初探》，载于《江海学刊》2014 年第 2 期。

[90] 李鹤、张平宇、程叶青：《脆弱性的概念及其评价方法》，载于《地理科学进展》2008 年第 2 期。

[91] 李慧凤：《制度结构、行为主体与基层政府治理》，载于《南京社会科学》2014 年第 2 期。

[92] 李健、宋昱光、张文：《区块链在突发事件应急管理中的应用研究》，载于《经济与管理评论》2020 年第 4 期。

[93] 李江静：《大数据对国家治理能力现代化的作用及其提升路径》，载于《中共中央党校学报》2015 年第 4 期。

[94] 李明：《大数据技术与公共安全信息共享能力》，载于《电子政务》2014 年第 6 期。

[95] 李平：《风险决策背景下的预警原则争议及启示》，载于《自然辩证法通讯》2011 年第 2 期。

[96] 李琦：《大数据视域下的应急管理思维转变》，载于《学习与探索》2018 年第 2 期。

[97] 梁宇、郑易平：《我国政府数据协同治理的困境及应对研究》，载于《情报杂志》2021 年第 9 期。

[98] 刘冰、肖高飞、霍亮：《重大突发疫情风险研判与决策柔性协同机制研究：基于信息聚合与知识发现》，载于《图书与情报》2021 年第 5 期。

[99] 刘传正：《崩塌滑坡灾害风险识别方法初步研究》，载于《工程地质学

报》2019 年第 1 期。

[100] 刘桂锋、钱锦琳、卢章平：《国内外数据治理研究进展：内涵、要素、模型与框架》，载于《图书情报工作》2017 年第 21 期。

[101] 刘慧君、李树茁：《性别失衡背景下的社会风险放大及其治理——基于群体性事件的案例分析》，载于《中国软科学》2010 年第 5 期。

[102] 刘佳燕、沈毓颖：《面向风险治理的社区韧性研究》，载于《城市发展研究》2017 年第 12 期。

[103] 刘婧、史培军、葛怡、王静爱、吕红峰：《灾害恢复力研究进展综述》，载于《地球科学进展》2006 年第 2 期。

[104] 刘钧等：《风险管理概论（第 3 版）》，清华大学出版社 2013 年版。

[105] 刘奎：《建国初期灾害救济的措施与成效》，载于《党的文献》2008年第 3 期。

[106] 刘鹏：《科学与价值：新冠肺炎疫情背景下的风险决策机制及其优化》，载于《治理研究》2020 年第 2 期。

[107] 刘淑春：《数字政府战略意蕴、技术构架与路径设计——基于浙江改革的实践与探索》，载于《中国行政管理》2018 年第 9 期。

[108] 刘霞：《非常规突发事件动态应急群决策："情景—权变"范式》，载于《云南社会科学》2010 年第 5 期。

[109] 刘霞：《风险决策：过程、心理与文化》，经济科学出版社 1998 年版。

[110] 刘岩：《"风险社会"三论及其应用价值》，载于《浙江社会科学》2009 年第 3 期。

[111] 刘奕、倪顺江、翁文国、范维澄：《公共安全体系发展与安全保障型社会》，载于《中国工程科学》2017 年第 1 期。

[112] 刘奕：《以大数据筑牢公共卫生安全网：应用前景及政策建议》，载于《改革》2020 年第 4 期。

[113] 刘永谋、李尉博：《从"大设计"到"小设计"：大数据时代的社会规则之变》，载于《哲学分析》2022 年第 1 期。

[114] 刘友华：《算法偏见及其规制路径研究》，载于《法学杂志》2019 年第 6 期。

[115] 刘泽照、朱正威：《大数据平台下的社会稳定风险评估：研究前瞻与应用挑战》，载于《华东理工大学学报（社会科学版）》2015 年第 1 期。

[116] 刘振、徐立娟：《基层社会治理实践中制度选择的"恰适性"逻辑》，载于《深圳大学学报（人文社会科学版）》2017 年第 5 期。

[117] 刘志欣：《风险规制视域下我国政府应急管理回应模式研究》，上海

交通大学出版社 2018 年版。

[118] 柳恒超：《风险沟通与危机沟通：两者的异同及其整合模式》，载于《中国行政管理》2018 年第 10 期。

[119] 卢文刚、张雨荷：《中美雾霾应急治理比较研究——基于灾害系统结构体系理论的视角》，载于《广州大学学报（社会科学版）》2015 年第 10 期。

[120] 陆莉：《"数据资产框架"视角下我国政府公共安全风险大数据开放现状、问题与对策》，载于《情报杂志》2020 年第 10 期。

[121] 吕德文：《社区疫情防控模式及其运作机制》，载于《暨南学报（哲学社会科学版）》2020 年第 11 期。

[122] 吕途、陈昊、林欢等：《突发公共事件下网络谣言治理策略对谣言传播意愿的影响研究》，载于《情报杂志》2020 年第 7 期。

[123] 吕志奎、朱正威：《美国州际区域应急管理协作：经验及其借鉴》，载于《中国行政管理》2010 年第 11 期。

[124] 马奔、毛庆铎：《大数据在应急管理中的应用》，载于《中国行政管理》2015 年第 3 期。

[125] 马卫红、耿旭：《技术治理对现代国家治理基础的解构》，载于《探索与争鸣》2019 年第 6 期。

[126] 马文·拉桑德：《风险评估：理论，方法与应用》，刘一骝译，清华大学出版社 2013 年版。

[127] 孟荣清、邱晓刚、陈彬、樊宗臣、张鹏：《平行应急管理中人工社会计算实验的管控设计》，载于《系统仿真学报》2014 年第 10 期。

[128] 孟天广、李珍珍：《治理算法：算法风险的伦理原则及其治理逻辑》，载于《学术论坛》2022 年第 1 期。

[129] 孟天广、郑思尧：《信息、传播与影响：网络治理中的政府新媒体——结合大数据与小数据分析的探索》，载于《公共行政评论》2017 年第 1 期。

[130] 孟小峰：《破解数据垄断的几种治理模式研究》，载于《人民论坛》2020 年第 27 期。

[131] 米加宁、章昌平、李大宇、林涛：《第四研究范式：大数据驱动的社会科学研究转型》，载于《学海》2018 年第 2 期。

[132] ［美］米歇尔·渥克：《灰犀牛：如何应对大概率危机》，王丽云译，中信出版社 2017 年版。

[133] 明欣、安小米、宋刚：《智慧城市背景下的数据治理框架研究》，载于《电子政务》2018 年第 8 期。

[134] 莫春雷：《风险管理体系建设》，经济管理出版社 2019 年版。

543

[135] ［美］纳西姆·尼古拉斯·塔勒布：《黑天鹅：如何应对不可预知的未来》，万丹译，中信出版社 2008 年版。

[136] 牛春华、江志欣：《重大公共安全事件防控的风险沟通：整合框架与可能路径》，载于《兰州大学学报（社会科学版）》2020 年第 2 期。

[137] 潘玉、陈虹：《基于大数据的城市灾难事件舆情治理研究与路径转向》，载于《新闻大学》2019 年第 5 期。

[138] 彭春、李金林、王珊珊、冉伦：《多类应急资源配置的鲁棒选址—路径优化》，载于《中国管理科学》2017 年第 6 期。

[139] 齐力：《公共安全大数据技术与应用》，上海科学技术出版社 2017 年版。

[140] 钱亚梅：《论风险社会的责任机理》，载于《湖北师范大学学报（哲学社会科学版）》2017 年第 1 期。

[141] 乔卫亮、刘阳、周群、马晓雪：《基于模糊人工神经网络的安全风险评估模型》，载于《安全与环境学报》2021 年第 4 期。

[142] 秦国民、高亚林：《恰适性：推进国家治理现代化的制度建设原则》，载于《中国行政管理》2015 年第 9 期。

[143] 邱国栋、王易：《"数据—智慧"决策模型：基于大数据的理论构建研究》，载于《中国软科学》2018 年第 12 期。

[144] 邱晓刚、陈彬、张鹏：《面向应急管理的人工社会构建与计算实验》，科学出版社 2017 年版。

[145] 邱晓刚、樊宗臣、陈彬、曹志冬、王飞跃：《非常规突发事件应急管理仿真的需求与挑战》，载于《系统仿真技术》2011 年第 3 期。

[146] 汝绪华：《算法政治：风险、发生逻辑与治理》，载于《厦门大学学报（哲学社会科学版）》2018 年第 6 期。

[147] 沙勇忠等：《公共危机信息管理》，中国社会科学出版社 2014 年版。

[148] 沙勇忠、陆莉：《公共安全数据管理：新领域与新方向》，载于《图书与情报》2019 年第 4 期。

[149] 沙勇忠、陆莉：《公共安全数据协同治理的逻辑框架与网络形式——以兰州市食品安全领域为例》，载于《信息资源管理学报》2022 年第 3 期。

[150] 沙勇忠、牛春华等：《信息分析（第 2 版）》，科学出版社 2016 年版。

[151] 沙勇忠、王超：《大数据驱动的公共安全风险治理——基于"结构—过程—价值"的分析框架》，载于《兰州大学学报（社会科学版）》2020 年第 2 期。

[152] 石勇、许世远、石纯：《自然灾害脆弱性研究进展》，载于《自然灾害学报》2011 年第 2 期。

[153] 史晨、马亮：《基于"健康码"的案例研究》，载于《党政研究》2020 年第 4 期。

[154] 史培军：《三论灾害研究的理论与实践》，载于《自然灾害学报》2002 年第 3 期。

[155] 舒建峰：《基于 AHP – 模糊综合评价模型的城市应急管理能力评估》，载于《现代职业安全》2020 年第 8 期。

[156] 宋劲松：《"互联网 +"：应急管理的挑战与机遇》，载于《社会治理》2015 年第 3 期。

[157] 宋轩：《大数据下的灾难行为分析和城市应急管理》，载于《中国计算机学会通讯》2013 年第 8 期。

[158] 宋亚辉：《风险控制的部门法思路及其超越》，载于《中国社会科学》2017 年第 10 期。

[159] 宋艳、陈琳、李琴、何嘉欣、汪悦：《人工智能伦理风险感知、信任与公众参与》，载于《科学学研究》2022 年第 7 期。

[160] 苏玉娟：《政府数据治理的五重系统特性探讨》，载于《理论探索》2016 年第 2 期。

[161] 孙金阳、龚维斌：《城市公共安全风险治理的现实困境及其破解路径》，载于《中共中央党校（国家行政学院）学报》2020 年第 4 期。

[162] 孙粤文：《大数据：风险社会公共安全治理的新思维与新技术》，载于《求实》2016 年第 12 期。

[163] 孙宗锋、姜楠、郑崇明：《大数据在国外政府治理中的应用及其启示》，载于《甘肃行政学院学报》2018 年第 4 期。

[164] 谭海波、孟庆国：《政府 3.0：大数据时代的政府治理创新》，载于《学术研究》2018 年第 12 期。

[165] 唐超：《基于开源情报的风险监测—预警—决策系统构建》，载于《情报杂志》2013 年第 1 期。

[166] 唐钧：《社会公共安全风险防控的困境与对策》，载于《教学与研究》2017 年第 10 期。

[167] 唐璐、张志强：《新美国安全中心"美国国家技术战略"报告剖析及启示》，载于《图书与情报》2022 年第 1 期。

[168] 唐燕：《新冠肺炎疫情防控中的社区治理挑战应对：基于城乡规划与公共卫生视角》，载于《南京社会科学》2020 年第 3 期。

[169] 唐玉青：《大数据时代公共突发事件中政府的跨域协同治理》，载于《江汉论坛》2022 年第 5 期。

[170] 陶鹏、李欣欣:《突发事件风险管理的政策工具及使用偏好——以文本大数据为基础的扎根理论分析》,载于《北京行政学院学报》2019 年第 1 期。

[171] 陶振:《突发事件应急预案:体系、编制与优化》,载于《行政论坛》2013 年第 5 期。

[172] 体正:《人工智能辅助刑事裁判的不确定性风险及其防范——美国威斯康星州诉卢米斯案的启示》,载于《浙江社会科学》2018 年第 6 期。

[173] 田水承、张成镇:《安全工程领域脆弱性"玻璃心"模型构建》,载于《中国安全生产科学技术》2018 年第 6 期。

[174] 田玉麒:《制度形式,关系结构与决策过程:协同治理的本质属性论析》,载于《社会科学战线》2018 年第 1 期。

[175] 童星:《从科层制管理走向网络型治理——社会治理创新的关键路径》,载于《学术月刊》2015 年第 10 期。

[176] 童星、丁翔:《风险灾害危机管理与研究中的大数据分析》,载于《学海》2018 年第 2 期。

[177] 童星:《风险灾害危机连续统与全过程应对体系》,载于《学习论坛》2012 年第 8 期。

[178] 童星:《论风险灾害危机管理的跨学科研究》,载于《学海》2016 年第 2 期。

[179] 童星、张海波:《基于中国问题的灾害管理分析框架》,载于《中国社会科学》2010 年第 1 期。

[180] 汪静、雷晓康:《韧性能力何以实现:社区风险治理的结构调适与功能复合》,载于《西北大学学报(哲学社会科学版)》2021 年第 6 期。

[181] 汪明:《第一次全国自然灾害综合风险普查总体技术体系解读》,载于《城市与减灾》2021 年第 2 期。

[182] 汪臻真、褚建勋:《情境危机传播理论:危机传播研究的新视角》,载于《华东经济管理》2012 年第 1 期。

[183] 汪忠、黄瑞华:《国外风险管理研究的理论、方法及其进展》,载于《外国经济与管理》2005 年第 2 期。

[184] 王超、宋向嵘:《美国警务大数据:实践进展、风险议题与政策启示》,载于《图书与情报》2019 年第 4 期。

[185] 王法硕、张桓朋:《重大公共危机事件背景下爆发式政策扩散研究——基于健康码省际扩散的事件史分析》,载于《电子政务》2021 年第 1 期。

[186] 王飞跃:《平行应急管理系统 PeMS 的体系框架及其应用研究》,载于《中国应急管理》2007 年第 12 期。

[187] 王锋：《当代风险感知理论研究：流派、趋势与论争》，载于《北京航空航天大学学报（社会科学版）》2013 年第 3 期。

[188] 王刚、张霞飞：《风险的社会放大分析框架下沿海核电"去污名化"研究》，载于《中国行政管理》2017 年第 3 期。

[189] 王金水、张德财：《以数据治理推动政府治理创新：困境辨识、行动框架与实现路径》，载于《当代世界与社会主义》2019 年第 5 期。

[190] 王璞：《英美两国制定数据管理计划的政策、内容与工具》，载于《图书与情报》2015 年第 3 期。

[191] 王旭、王昀、陈宝欣、王秀琴、李斌：《塔里木盆地风沙灾害强度和频次的时空分布特征》，载于《干旱区地理》2021 年第 6 期。

[192] 王亚婷、孔繁斌：《信息技术何以赋权？网络平台的参与空间与政府治理创新——基于 2018 年疫苗事件相关微博博文的分析》，载于《电子政务》2019 年第 11 期。

[193] 王宇亮：《基于 TFRN 和 CPT 的风险控制方案评估研究》，载于《软科学》2022 年第 4 期。

[194] 魏鸿：《领导决策中的隐性风险与防避之道》，载于《领导科学》2019 年第 17 期。

[195] 魏玖长：《风险耦合与级联：社会新兴风险演化态势的复杂性成因》，载于《学海》2019 年第 4 期。

[196] 文宏、林彬：《应急需求、技术赋能与政务服务创新——对"健康码"数据流转的考察》，载于《电子政务》2021 年第 1 期。

[197] 翁文国、倪顺江、申世飞、袁宏永：《复杂网络上灾害蔓延动力学研究》，载于《物理学报》2007 年第 4 期。

[198] ［德］乌尔里希·贝克：《风险社会》，何博闻译，译林出版社 2004 年版。

[199] 吴超：《安全科学原理》，机械工业出版社 2018 年版。

[200] 吴冠军：《健康码、数字人与余数生命——技术政治学与生命政治学的反思》，载于《探索与争鸣》2020 年第 9 期。

[201] 吴广谋、赵伟川、江亿平：《城市重特大事故情景再现与态势推演决策模型研究》，载于《东南大学学报（哲学社会科学版）》2011 年第 1 期。

[202] 吴吉东、张化、许映军、朱秀芳、叶涛：《承灾体调查总体情况介绍》，载于《城市与减灾》2021 年第 2 期。

[203] 吴文菁、陈佳颖、叶润宇、李杨帆：《台风灾害下海岸带城市社会－生态系统脆弱性评估——大数据视角》，载于《生态学报》2019 年第 19 期。

［204］吴湛微：《大数据如何改善社会治理》，载于《中国行政管理》2016年第1期。

［205］吴志敏：《大数据与城市应急管理：态势、挑战与展望》，载于《管理世界》2017年第9期。

［206］伍麟：《风险概念的哲学理路》，载于《哲学动态》2011年第7期。

［207］习聪望、何少林、王晓青、吴健、陈文凯：《甘肃陇南地区地震灾害人口风险评估》，载于《自然灾害学报》2017年第1期。

［208］夏锦文：《共建共治共享的社会治理格局：理论构建与实践探索》，载于《江苏社会科学》2018年第3期。

［209］向玉琼：《精确性与情境性：数据治理的两个面向》，载于《浙江学刊》2019年第5期。

［210］肖红军：《构建负责任的平台算法》，载于《西安交通大学学报（社会科学版）》2022年第1期。

［211］肖红军：《算法责任：理论证成、全景画像与治理范式》，载于《管理世界》2022年第4期。

［212］肖梦黎、陈肇新：《突发公共危机治理中的风险沟通模式——基于专家知识与民众认知差异的视角》，载于《武汉大学学报（哲学社会科学版）》2021年第6期。

［213］肖鹏军编著，彭未名主编：《社会危机管理》，华南理工大学出版社2018年版。

［214］肖芸茹：《论不确定条件下的风险决策》，载于《南开经济研究》2003年第1期。

［215］［英］谢尔顿·克里姆斯基、多米尼克·戈尔丁：《风险的社会理论学说》，徐元玲、孟毓焕、徐玲等译，北京出版社2005年版。

［216］谢起慧、褚建勋：《基于社交媒体的公众参与政府危机传播研究——中美案例比较视角》，载于《中国软科学》2016年第3期。

［217］谢治菊：《大数据与重大公共决策风险治理》，载于《河海大学学报（哲学社会科学版）》2019年第5期。

［218］熊光清：《为什么要提出总体国家安全观》，载于《人民论坛》2017年第21期。

［219］徐戈、冯项楠、李宜威、陈晓红、贾建民：《雾霾感知风险与公众应对行为的实证分析》，载于《管理科学学报》2017年第9期。

［220］徐晔、张明、黄玲玲：《大数据与公共安全治理》，载于《大数据》2017年第3期。

［221］徐宗本、冯芷艳、郭迅华、曾大军、陈国青：《大数据驱动的管理与决策前沿课题》，载于《管理世界》2014 年第 11 期。

［222］许皓、杨宗龙：《地方政府危机管理能力评价的研究》，载于《中国行政管理》2007 年第 5 期。

［223］许欢、孟庆国：《大数据公共治理价值观：基于国家和行政层面的分析》，载于《南京社会科学》2017 年第 1 期。

［224］许欢、彭康珺、魏娜：《预测赋能决策：从传统模型到大数据的方案——新冠疫情趋势研判的启示》，载于《公共管理学报》2021 年第 4 期。

［225］许可：《重大公共卫生事件的数据治理》，载于《暨南学报：哲学社会科学版》2021 年第 1 期。

［226］许强、董秀军、李为乐：《基于天—空—地一体化的重大地质灾害隐患早期识别与监测预警》，载于《武汉大学学报（信息科学版）》2019 年第 7 期。

［227］许晓东、彭娴、芮跃锋、邝岩、魏红霞、肖华、魏志轩：《基于大数据的公共价值决策模式研究》，载于《管理学报》2020 年第 1 期。

［228］薛澜、周玲、朱琴：《风险治理：完善与提升国家公共安全管理的基石》，载于《江苏社会科学》2008 年第 6 期。

［229］严昕、孙红蕾、郑建明：《城镇信息化中的数据治理问题研究》，载于《情报科学》2017 年第 9 期。

［230］杨安华：《论企业参与应急管理的制度化建设》，载于《探索》2020 年第 5 期。

［231］杨昌勇、奚洁人：《大数据时代背景下的政府治理创新探析》，载于《上海行政学院学报》2020 年第 1 期。

［232］杨开峰、魏夏楠：《政府循证决策：美国联邦政府的实践及启示》，载于《经济社会体制比较》2021 年第 3 期。

［233］杨嵘均：《韧性城市建设：不确定性风险下"技治主义"城市治理范式的转型方向》，载于《探索》2022 年第 1 期。

［234］杨赛霓：《自然灾害综合风险评估》，载于《城市与减灾》2021 年第 2 期。

［235］杨雪冬：《风险社会中的复合治理与和谐社会》，载于《探索与争鸣》2007 年第 2 期。

［236］姚靖、唐皇凤：《新冠肺炎疫情防控中的政治动员：实践策略与成功经验》，载于《湖北社会科学》2021 年第 3 期。

［237］殷丹、丁立国、任聃：《洪水风险图在辽宁台安县应急预案编制中的

应用》，载于《中国防汛抗旱》2019 年第 12 期。

[238] 殷俊、胡登全、邓若伊：《我国受众风险感知情况及对策研究——基于媒介使用的视角》，载于《现代传播（中国传媒大学学报）》2014 年第 3 期。

[239] 于希令：《聚力打造灾害综合风险普查"岚山模式"》，载于《城市与减灾》2021 年第 2 期。

[240] 郁建兴、陈韶晖：《从技术赋能到系统重塑：数字时代的应急管理体制机制创新》，载于《浙江社会科学》2022 年第 5 期。

[241] 原珂：《公共冲突治理视域下中国社会治理制度建设的反思与前瞻》，载于《江海学刊》2021 年第 6 期。

[242] 岳向华、林毓铭、许明辉：《大数据在政府应急管理中的应用》，载于《电子政务》2016 年第 10 期。

[243] 曾渝、黄璜：《数字化协同治理模式探究》，载于《中国行政管理》2021 年第 12 期。

[244] 曾宇航：《大数据背景下的政府应急管理协同机制构建》，载于《中国行政管理》2017 年第 10 期。

[245] 曾子明、杨倩雯：《面向第四范式的城市公共安全数据监管体系研究》，载于《情报理论与实践》2018 年第 2 期。

[246] 张成福、唐钧：《政府危机管理能力评估——知识框架与指标体系研究》，中国人民大学出版社 2009 年版。

[247] 张成岗：《灾害情境下的风险治理：问题、挑战及趋向——关于后疫情时代社会治理的探索》，载于《武汉大学学报（哲学社会科学版）》2020 年第 5 期。

[248] 张弛、周洪建：《全球 10 大灾害风险评估（信息）平台（三）》，载于《中国减灾》2017 年第 15 期。

[249] 张春艳：《大数据时代的公共安全治理》，载于《国家行政学院学报》2014 年第 5 期。

[250] 张广利、黄成亮：《风险社会理论本土化：理论、经验及限度》，载于《华东理工大学学报（社会科学）》2018 年第 2 期。

[251] 张广泉、董传仪、孙守军、张天莹、付瑞平：《我国应急管理关键核心技术的应用和创新中国应急管理》，载于《中国应急管理》2020 年第 12 期。

[252] 张贵祥：《风险认知的两种哲学视角及其融合趋势》，载于《自然辩证法通讯》2016 年第 4 期。

[253] 张海波：《大数据驱动社会治理》，载于《经济社会体制比较》2017 年第 3 期。

数据驱动的公共安全风险治理

[254] 张海波：《风险社会与公共危机》，载于《江海学刊》2006 年第 2 期。

[255] 张海波：《公共安全管理：整合与重构》，生活·读书·新知三联书店 2012 年版。

[256] 张海波：《社会风险研究的范式》，载于《南京大学学报（哲学·人文科学·社会科学版）》2007 年第 2 期。

[257] 张海波、童星：《广义应急管理的理论框架》，载于《风险灾害危机研究》，2018 年版。

[258] 张海波、童星：《中国应急管理结构变化及其理论概化》，载于《中国社会科学》2015 年第 3 期。

[259] 张海波：《信访大数据与社会风险预警》，载于《学海》2017 年第 6 期。

[260] 张红霞：《我国食品安全风险因素识别与分布特征——基于 9314 起食品安全事件的实证分析》，载于《当代经济管理》2021 年第 4 期。

[261] 张欢：《应急管理与危机管理的概念辨析》，载于《中国应急管理》2010 年第 6 期。

[262] 张力伟、李慧杰：《循证方法的情报分析研究进展及其对有效风险沟通的借鉴》，载于《情报杂志》2020 年第 5 期。

[263] 张良：《风险治理视角下城市风险事件预警响应框架构建研究》，载于《华东理工大学学报（社会科学版）》2020 年第 3 期。

[264] 张庆霞：《城市洪涝灾害治理的社会韧性研究》，兰州大学博士学位论文，2021 年。

[265] 张文霞、赵延东：《风险社会：概念的提出及研究进展》，载于《科学与社会》2011 年第 2 期。

[266] 张翔：《"复式转型"：地方政府大数据治理改革的逻辑分析》，载于《中国行政管理》2018 年第 12 期。

[267] 张晓娟、刘亚茹：《中国政府信息公开目录体系建设研究——基于省级和部委政府网站的调查与分析》，载于《电子政务》2017 年第 7 期。

[268] 张晓敏、阎波、朱衡、刘瑶：《"码"上联结：流动性社会中的治理何以可能？》，载于《电子政务》2022 年第 4 期。

[269] 张鑫：《智慧赋能应急管理决策的范式转变与使能创新》，载于《江苏社会科学》2021 年第 5 期。

[270] 张玉磊：《城市公共安全的跨界治理：属性特征、治理困境与模式构建》，载于《湘潭大学学报（哲学社会科学版）》2020 年第 6 期。

[271] 张云山：《7 天，"健康码"从杭州跑遍全国一人一码，大数据助力精准防疫》，载于《钱江晚报》2020－02－24（A0019）。

[272] 张铮、李政华:《中国特色应急管理制度体系构建:现实基础、存在问题与发展策略》,载于《管理世界》2022 年第 1 期。

[273] 章楚加:《环境风险规制中的民意困局及其破解》,载于《中南大学学报(社会科学版)》2021 年第 1 期。

[274] 赵发珍、王超、曲宗希:《大数据驱动的城市公共安全治理模式研究——一个整合性分析框架》,载于《情报杂志》2020 年第 6 期。

[275] 赵龙、刘艳红:《司法大数据一体化共享的实践探微——以破除"数据孤岛"为切入点的逻辑证成》,载于《安徽大学学报(哲学社会科学版)》2019 年第 6 期。

[276] 赵隆:《全球治理中的议题设定:要素互动与模式适应》,载于《国际关系研究》2013 年第 4 期。

[277] 赵宇峰:《城市治理新形态:沟通、参与与共同体》,载于《中国行政管理》2017 年第 7 期。

[278] 郑大庆、黄丽华、张成洪、张绍华:《大数据治理的概念及其参考架构》,载于《研究与发展管理》2017 年第 4 期。

[279] 郑元景:《大数据环境下我国意识形态安全风险与治理策略》,载于《中国社会科学院研究生院学报》2016 年第 5 期。

[280] 郑作彧、吴晓光:《卢曼的风险理论及其风险》,载于《吉林大学社会科学学报》2021 年第 6 期。

[281] 钟雯彬:《〈突发事件应对法〉面临的新挑战与修改着力点》,载于《理论与改革》2020 年第 4 期。

[282] 周芳检:《"数据—智慧"决策模型:大数据赋能的城市公共危机决策创新》,载于《图书与情报》2021 年第 1 期。

[283] 周利敏:《从结构式减灾到非结构式减灾:国际减灾政策的新动向》,载于《中国行政管理》2013 年第 12 期。

[284] 周利敏:《从经典灾害社会学、社会脆弱性到社会建构主义——西方灾害社会学研究的最新进展及比较启示》,载于《广州大学学报(社会科学版)》2012 年第 6 期。

[285] 周利敏:《迈向大数据时代的城市风险治理——基于多案例的研究》,载于《西南民族大学学报(人文社科版)》2016 年第 9 期。

[286] 周利敏:《韧性城市:风险治理及指标建构——兼论国际案例》,载于《北京行政学院学报》2016 年第 2 期。

[287] 周利敏、童星:《灾害响应 2.0:大数据时代的灾害治理——基于"阳江经验"的个案研究》,载于《中国软科学》2019 年第 10 期。

[288] 周利敏、钟海欣：《"社会 5.0"时代的大数据风险治理》，载于《北京行政学院学报》2019 年第 1 期。

[289] 周庆智：《道术之辨：大数据治理的原则和边界——以基层社会秩序变革为中心》，载于《学海》2019 年第 5 期。

[290] 周扬、李宁、吴文祥：《自然灾害社会脆弱性研究进展》，载于《灾害学》2014 年第 2 期。

[291] 朱力：《突发事件的概念、要素与类型》，载于《南京社会科学》2007 年第 11 期。

[292] 朱启超、陈英武、匡兴华：《现代技术项目风险管理研究的理论热点与展望》，载于《科学管理研究》2005 年第 2 期。

[293] 朱正威、刘泽照、张小明：《国际风险治理：理论、模态与趋势》，载于《中国行政管理》2014 年第 4 期。

[294] 朱正威、王琼、吕书鹏：《多元主体风险感知与社会冲突差异性研究——基于 Z 核电项目的实证考察》，载于《公共管理学报》2016 年第 2 期。

[295] 朱正威、吴佳：《中国应急管理的理念重塑与制度变革——基于总体国家安全观与应急管理机构改革的探讨》，载于《中国行政管理》2019 年第 6 期。

[296] 邹新华、刘峰贵、张德锂等：《基于县域尺度的青藏高原洪涝灾害风险分析》，载于《自然灾害学报》2013 年第 5 期。

[297] 左文明、朱文峰、毕凌燕：《基于大数据的重大公共事务决策风险治理研究》，载于《电子政务》2019 年第 11 期。

[298] Abdelkarim A., Gaber A. F. D., Youssef A. M., et al. Flood Hazard Assessment of the Urban Area of Tabuk City, Kingdom of Saudi Arabia by Integrating Spatial-Based Hydrologic and Hydrodynamic Modeling [J]. *Sensors*, 2019, 19 (5): 1024.

[299] Abebe Y. A., Ghorbani A., Nikolic I., Vojinovic Z., Sanchez A. Flood Risk Management in Sint Maarten – A coupled Agent-based and Flood Modelling Method [J]. *Journal of Environmental Management*, 2019, 248: 109317.

[300] Abraham R., Schneider J., Vom Brocke J. Data Governance: A Conceptual Framework, Structured Review, and Research Agenda [J]. *International Journal of Information Management*, 2019 (49): 424 – 438.

[301] Adger W. N., Brooks N., Bentham G., Agnew M., Eriksen S. New Indicators of Vulnerability and Adaptive Capacity [R]. Tyndall Centre for Climate Change Research Norwich, 2004.

［302］Adger W. N. , Kelly P. M. , Nguyen Huu Ninh. *Living with Environmental Change*: *Social Vulnerability*, *Adaptation and Resilience in Vietnam* ［M］. London: Routledge, 2001.

［303］Aditian A. , Kubota T. , Shinohara Y. Comparison of GIS – based Landslide Susceptibility Models Using Frequency Ratio, Logistic Regression, and Artificial Neural Network in a Tertiary Region of Ambon, Indonesia ［J］. *Geomorphology*, 2018, 318: 101 – 111.

［304］Adjiski V. , Zubicek V. , Despodov Z. Monte Carlo Simulation of Uncertain Parameters to Evaluate the Evacuation Process in an Underground Mine Fire Emergency ［J］. *Journal of the Southern African Institute of Mining and Metallurgy*, 2019, 119 (11): 907 – 917.

［305］Agarwal P. , Tang J. , Narayanan A, et al. Big Data and Predictive Analytics in Fire Risk Using Weather Data ［J］. *Risk Analysis*, 2020, 40 (7): 1438 – 1449.

［306］Ager A. A. , Vaillant N. M. , Finney M. A. A. Comparison of Landscape Fuel Treatment Strategies to Mitigate Wildland Fire Risk in the Urban Interface and Preserve Old Forest Structure ［J］. *Forest Ecology and Management*, 2010, 259 (8): 1556 – 1570.

［307］Ahmar A. S. , Del Val E. B. Sutte ARIMA: Short-term Forecasting Method, a Case: Covid – 19 and Stock Market in Spain ［J］. *Science of the Total Environment*, 2020, 729: 138883.

［308］Ailamaki A. , Kantere V. , Dash D. Managing Scientific Data ［J］. *Communications of the ACM*, 2010, 53 (6): 68 – 78.

［309］Albadi A. H. , Tarhini A. , Khan A. I. Exploring Big Data Governance Frameworks ［J］. *Procedia Computer Science*, 2018, 141: 271 – 277.

［310］Al – Bahar J. F. , Crandall K. C. Systematic Risk Management Approach for Construction Projects ［J］. *Journal of Construction Engineering and Management*, 1990, 116 (3): 533 – 546.

［311］Ale B. Risk Analysis and Big Data ［J］. *Safety and Reliability*, 2016, 36 (3): 153 – 165.

［312］Allard S. DataONE: Facilitating eScience through Collaboration ［J］. *Journal of eScience Librarianship*, 2012, 1 (1): 4 – 17.

［313］Allen L N. , Fox N. , Ambrose A. Quantifying Research Output on Poverty and Non-communicable Disease Behavioural Risk Factors in Low-income and Lower

Middle-income Countries：A Bibliometric Analysis［J］. *BMJ Open*，2017，7（11）：e014715.

［314］Alshammari M. ，Simpson A. Personal Data Management：An Abstract Personal Data Lifecycle Model［C］//Business Process Management Workshops：BPM 2017 International Workshops，Barcelona，Spain，September 10 – 11，2017，Revised Papers 15. Springer International Publishing，2018：685 – 697.

［315］Alter，George，Gonzalez，Richard. Responsible Practices for Data Sharing［J］. *The American Psychologist*，2018，73（2）：146.

［316］Althaus C. E. A Disciplinary Perspective on the Epistemological Status of Risk［J］. *Risk Analysis：An International Journal*，2005，25（3）：567 – 588.

［317］Amaye A. ，Neville K. ，Pope A. Big Promises：Using Organizational Mindfulness to Integrate Big Data in Emergency Management Decision Making［J］. *Journal of Decision Systems*，2016，25（1）：76 – 84.

［318］Ancker J. S. ，Weber E. U. ，Kukafka R. Effect of Arrangement of Stick Figures on Estimates of Proportion in Risk Graphics［J］. *Medical Decision Making*，2011，31（1）：143 – 150.

［319］Ancker J. S. ，Weber E. U. ，Kukafka R. Effects of Game-like Interactive Graphics on Risk Perceptions and Decisions［J］. *Medical Decision Making*，2011，31（1）：130 – 142.

［320］Anderson C. The End of Theory：The Data Deluge Makes the Scientific Method Obsolete［J］. *Wired Magazine*，2008，16（7）：16 – 07.

［321］Anderson M. B. Vulnerability to Disaster and Sustainable Development：A General Framework for Assessing Vulnerability［J］. *Disaster Prevention for Sustainable Development：Economic and Policy Issues*，Washington，DC：World Bank，1995：41 – 59.

［322］Andrienko N. ，Andrienko G. ，Gatalsky P. Exploratory Spatio-temporal Visualization：An Analytical Review［J］. *Journal of Visual Languages & Computing*，2003，14（6）：503 – 541.

［323］A. O. de Oliveira，Bonetti J. Dynamical Descriptors of Physical Vulnerability to Sea-level Rise in Sheltered Coastal Systems：A Methodological Framework［J］. *Estuarine，Coastal and Shelf Science*，2021，249：107118.

［324］Apostolakis G. E. How Useful is Quantitative Risk Assessment？［J］. *Risk Analysis：An International Journal*，2004，24（3）：515 – 520.

［325］Asa Boholm，Herve Corvellec. A Relational Theory of Risk［J］. *Journal of Risk Research*，2011，14（1/2）：175 – 190.

［326］Assuno M. D.，Calheiros R. N.，Bianchi S.，et al. Big Data Computing and Clouds：Trends and Future Directions［J］. *Journal of Parallel and Distributed Computing*，2015，79（Supplement C）：3 – 15.

［327］At Crisis24，We Know How to Manage Security Risk［EB/OL］. https：//crisis24. garda. com/insights-intelligence/intelligence/risk-maps/global-security-hotspots-map，2022 – 03 – 15.

［328］Athey S. Beyond Prediction：Using Big Data for Policy Problems［J］. *Science*，2017，355（6324）：483 – 485.

［329］Aven T. An Emerging New Risk Analysis Science：Foundations and Implications［J］. *Risk Analysis*，2018，38（5）：876 – 888.

［330］Aven T.，Kristensen V. Perspectives on Risk：Review and Discussion of the Basis for Establishing a Unified and Holistic Approach［J］. *Reliability Engineering & System Safety*，2005，90（1）：1 – 14.

［331］Aven T. Risk Assessment and Risk Management：Review of Recent Advances on their Foundation［J］. *European Journal of Operational Research*，2016，253（1）：1 – 13.

［332］Aven T. The Risk Concept—historical and Recent Development Trends［J］. *Reliability Engineering & System Safety*，2012，99：33 – 44.

［333］Aven T.，Ylönen M. How the Risk Science can Help Us Establish a Good Safety Culture［J］. *Journal of Risk Research*，2021，24（11）：1349 – 1367.

［334］Aven T.，Zio E. Foundational Issues in Risk Assessment and Risk Management［J］. *Risk Analysis*，2012，34（7）：1647 – 1656.

［335］Ayk A.，Gl B. Developing a Multi-facet Social Vulnerability Measure for Flood Disasters at the Micro-level Assessment［J］. *International Journal of Disaster Risk Reduction*，2020，49（2）：101679.

［336］Babar M.，Arif F.，Jan M. A.，et al. Urban Data Management System：Towards Big Data Analytics for Internet of Things based Smart Urban Environment Using Customized Hadoop［J］. *Future Generation Computer Systems*，2019，96：398 – 409.

［337］Baker F. Risk Communication about Environmental Hazards［J］. *Journal of Public Health Policy*，1990，11（3）：341 – 359.

［338］Ball A. *Review of Data Management Lifecycle Models*［M］. University of Bath，IDMRC，2012.

［339］Bansal S.，Chowell G.，Simonsen L.，et al. Big Data for Infectious Disease Surveillance and Modeling〔J〕. *The Journal of Infectious Diseases*, 2016, 214 (suppl_4): S375 – S379.

〔340〕Büchele B., Kreibich H., Kron A., et al. Flood-risk Mapping: Contributions towards an Enhanced Assessment of Extreme Events and Associated Risks〔J〕. *Natural Hazards and Earth System Sciences*, 2006, 6 (4): 485 – 503.

〔341〕Beck U. *Risk Society: Towards a New Modernity*〔M〕. Sage, 1992.

〔342〕Bell D. E. Regret in Decision Making under Uncertainty〔J〕. *Operations Research*, 1982, 30 (5): 961 – 981.

〔343〕Benfeldt O., Persson J. S., Madsen S. Data Governance as a Collective Action Problem〔J〕. *Information Systems Frontiers*, 2020, 22: 299 – 313.

〔344〕Benvenuto D., Giovanetti M., Vassallo L., et al. Application of the ARIMA Model on the COVID – 2019 Epidemic Dataset〔J〕. *Data in Brief*, 2020, 29: 105340.

〔345〕Bier V. M.. On the State of the Art: Risk Communication to the Public〔J〕. *Reliability Engineering & System Safety*, 2001, 71 (2): 139 – 150.

〔346〕Birkmann J., Cardona O. D., Carreño M. L., et al. Framing Vulnerability, Risk and Societal Responses: The MOVE framework〔J〕. *Natural Hazards*, 2013, 67 (2): 193 – 211.

〔347〕Birkmann J. *Measuring Vulnerability to Natural Hazards: Towards Disaster Resilient Societies*〔M〕. New York: United Nations University, 2006.

〔348〕Bishop W., Grubesic T. H. Data Lifecycle〔J〕. *Geographic Information*, 2016: 169 – 186.

〔349〕Blaikie P., Cannon T., Davis I., et al. *At Risk: Natural Hazards, People's Vulnerability and Disasters*〔M〕. De Gruyter, 2004.

〔350〕Blok C. Monitoring Change: Characteristics of Dynamic Geo-spatial Phenomena for Visual Exploration〔J〕. *Spatial Cognition* Ⅱ: Springer, 2000: 16 – 30.

〔351〕Boholm A., Corvellec H. A. Relational Theory of Risk〔J〕. *Journal of Risk Research*, 2011, 14 (1/2): 175 – 190.

〔352〕Boholm A. Lessons of Success and Failure: Practicing Risk Communication At Government Agencies〔J〕. *Safety Science*, 2019, 118: 158 – 167.

〔353〕Borzi B., Onida M., Faravelli M., et al. IRMA Platform for the Calculation of Damages and Risks of Italian Residential Buildings〔J〕. *Bulletin of Earthquake Engineering*, 2021, 19 (8): 3033 – 3055.

〔354〕Brendan, William, Munzer, Mohammad, Mairaj, Khan, Barbara, Shipman, Prashant, Mahajan. Augmented Reality in Emergency Medicine: A Scoping Review [J]. *Journal of Medical Internet Research*, 2019, 21 (4): e12368.

[355] Brun W. Cognitive Components in Risk Perception: Natural Versus Manmade Risks [J]. *Journal of Behavioral Decision Making*, 1992, 5 (2): 117 – 132.

[356] Brynjolfsson E., Hitt L. M., Kim H. H. Strength in Numbers: How Does Data – Driven Decisionmaking Affect Firm Performance? [J]. *Social Science Electronic Publishing*, 2011.

[357] Budescu D. V., Weinberg S., Wallsten T. S. Decisions Based on Numerically and Verbally Expressed Uncertainties [J]. *Journal of Experimental Psychology: Human Perception and Performance*, 1988, 14 (2): 281.

[358] Bui Q. T., Nguyen Q. H., Pham V. M., et al. Understanding Spatial Variations of Malaria in Vietnam Using Remotely Sensed data Integrated Into GIS and Machine Learning Classifiers [J]. *Geocarto International*, 2019, 34 (12): 1300 – 1314.

[359] Burton I., Kates R. W., White G. F. *The Environment as Hazard* [M]. Oxford: Oxford University Press, 1993.

[360] Calkin D. E, Cohen J. D., Finney M. A., et al. How Risk Management can Prevent Future Wildfire Disasters in the Wildland-urban Interface [J]. *Proceedings of the National Academy of Sciences*, 2014, 111 (2): 746 – 751.

[361] Cao Z., Wang Y., Zhang L. Real-time Acute Stress Facilitates Allocentric Spatial Processing in a Virtual Fire Disaster [J]. *Scientific Reports*, 2017, 7 (1): 1 – 11.

[362] Card D., Kluve J., Weber A. Active Labour Market Policy Evaluations: a Meta-analysis [J]. *The Economic Journal*, 2010, 120 (548): F452 – F477.

[363] Cardullo P. K. R. Being a "citizen" in the Smart City: up and Down the Scaffold of Smart Citizen Participation in Dublin, Ireland [J]. *Geo Journal*, 2019 (1): 1 – 13.

[364] Carlson J. The Use of Life Cycle Models in Developing and Supporting Data Services [J]. *Research Data Management: Practical Strategies for Information Professionals*, 2014: 63 – 86.

[365] Carreño M. L., Cardona O. D., Barbat A. H. New Methodology for Urban Seismic Risk Assessment from a Holistic Perspective [J]. *Bulletin of Earthquake Engineering*, 2012, 10 (2): 547 – 565.

[366] Carreño M. L., Cardona O. D., Barbat A. H. Urban Seismic Risk Evalua-

数据驱动的公共安全风险治理

tion：A Holistic Approach ［J］. *Natural Hazards*，2007，40（1）：132 – 137.

［367］ Casado R. ，Younas M. Emerging Trends and Technologies in Big data Processing ［J］. *Concurrency and Computation：Practice and Experience*，2015，27（8）：2078 – 2091.

［368］ Cervone G. ，Schnebele E. ，Waters N. ，et al. *Using Social Media and Satellite Data for Damage Assessment in Urban Areas During Emergencies* ［M］ Seeing Cities Through Big Data，Springer，Cham，2017：443 – 4.

［369］ Chan F. K. S. ，Griffiths J. A. ，Higgitt D. ，et al. "Sponge City" in China—A Breakthrough of Planning and Flood Risk Management in the Urban Context ［J］. *Land Use Policy*，2018，76：772 – 778.

［370］ Chapman A. R. ，Litton E. ，Chamberlain J. ，et al. The Effect of Prognostic data Presentation Format on Perceived Risk Among Surrogate Decision Makers of Critically ill Patients：A Randomized Comparative Trial ［J］. *Journal of Critical Care*，2015，30（2）：231 – 235.

［371］ Charrière M. K. M. ，Junier S. J. ，Mostert E. ，et al. Flood Risk Communication：Visualization Tools and Evaluations of Effectiveness ［J］. *Comprehensive Flood Risk Management：Research for Policy and Practice*，2012，367.

［372］ Chen，C. CiteSpace Ⅱ：Detecting and Visualizing Emerging Trends and Transient Patternsin Scientific Literature ［J］. *Journal of the American Society for Information Science and Technology*，2006，57（3）：359 – 377.

［373］ Chen H. ，Chiang R. H. L. ，Storey V. C. Business Intelligence and Analytics：From Big data to Big Impact ［J］. *MIS Quarterly*，2012：1165 – 1188.

［374］ Chen R. ，Sharman R. ，Rao H. R. ，et al. Data Model Development for Fire Related Extreme Events：An Activity Theory Approach ［J］. *MIS Quarterly*，2013：125 – 147.

［375］ Chess C. ，Hance B. J. ，Sandman P. M. *Planning Dialogue with Communities：A Risk Communication Workbook* ［M］. Environmental Communication Research Program，1989.

［376］ Choi T. M. ，Lambert J. H. Advances in Risk Analysis with Big Data ［J］. *Risk Analysis*，2017，37（8）：1435 – 1442.

［377］ Cho T. J. ，Kim N. H. ，Hong Y. J. ，et al. Development of an Effective Tool for Risk Communication About Food Safety Issues After the Fukushima Nuclear Accident：What Should be Considered? ［J］. *Food Control*，2017，79：17 – 26.

［378］ Christoffersen，Gabriel M. Risk，Danger，and Trust：Refining the Relational Theory of Risk [J]. *Journal of Risk Research*, 2018, 21 (10): 1233 – 1247.

[379] Clarke A. , Margetts H. Governments and Citizens Getting to Know Each Other? Open, Closed, and Big Data in Public Management Reform [J]. *Policy & Internet*, 2014 (4): 393 – 417.

[380] Connelly N. A. , Knuth B. A. Evaluating Risk Communication: Examining Target Audience Perceptions About Four Presentation Formats for Fish Consumption Health Advisory Information [J]. *Risk Analysis*, 1998, 18 (5): 649 – 659.

[381] Constantiou I. D. , Kallinikos J. New Games, New Rules: Big Data and the Changing Context of Strategy [J]. *Journal of Information Technology*, 2015, 30 (1): 44 – 57.

[382] Cool C. T. , Claravall M. C. , Hall J. L. , et al. Social Media as a Risk Communication Tool Following Typhoon Haiyan [J]. *Western Pacific Surveillance and Response Journal*: WPSAR, 2015, 6 (Suppl 1): 86.

[383] Coombs W. T. Crisis Communication and Its Allied Fields, Coombs W. T. , Holladay S. J. , editor, *The Handbook of Crisis Communication* [M]. Hoboken, NJ: Blackwell Publishing Ltd, 2010: 54 – 64.

[384] Coombs W. T. Designing Post – Crisis Messages: Lessons for Crisis Response Strategies [J]. *Review of Business*, 2000, 21 (3 – 4): 37.

[385] Cori L. , Bianchi F. , Cadum E. , et al. Risk Perception and COVID – 19 [J]. *International Journal of Environmental Research and Public Health*, 2020 (17): 1 – 6.

[386] Country Risk Map [EB/OL]. https://group. atradius. com/publications/trading-briefs/risk-map. html, 2022 – 03 – 15.

[387] Coyne E. M. , Coyne J. G. , Walker K. B. Big Data Information Governance by Accountants [J]. *International Journal of Accounting and Information Management*, 2018, 26 (1): 153 – 170.

[388] Crovato S. , Pinto A. , Giardullo P. , et al. Food Safety and Young Consumers: Testing a Serious Game as a Risk Communication Tool [J]. *Food Control*, 2016, 62: 134 – 141.

[389] CSIRO. Visualising and Analysing Spatial Data [EB/OL] . https://data61. csiro. au/en/Our – Research/Our – Work/Monitoring-the – Environment/Visualising-the-world/Terria, 2022 – 03 – 23.

[390] Curtis J. , Curtis A. Geospatial Approaches for Disease Risk Communication in Marginalized Communities [J]. *Progress in Community Health Partnerships*: Re-

search，*Education*，*and Action*，2008，2（1）：61－72.

［391］Cutter S. L.，Barnes L.，Berry M.，et al. A Place-based Model for Understanding Community Resilience to Natural Disasters［J］. *Global Environmental Change*，2008，18（4）：598－606.

［392］Cutter S. L.，Boruff B. J.，Shirley W. L. Social Vulnerability to Environmental Hazards［J］. *Social Science Quarterly*，2003，84（2）：242－261.

［393］Cutter S. L. Societal Vulnerability to Environmental Hazards［J］. *Progress in Human Geography*，1996，20（4）：529－539.

［394］Dale M.，Wicks J.，Mylne K.，et al. Probabilistic Flood Forecasting and Decision-making：An Innovative Risk-based Approach［J］. *Natural Hazards*，2014，70（1）：159－172.

［395］Danaher J.，Hogan M. J.，Noone C.，et al. Algorithmic Governance：Developing a Research Agenda Through the Power of Collective Intelligence［J］. *Big Data & Society*，2017，4（2）：2053951717726554.

［396］Davidson S. Spinning the Wheel of Empowerment［J］. *Planning*，1998，1262（3）：14－15.

［397］Davis F. D. Perceived Usefulness，Perceived Ease of Use，and User Acceptance of Information Technology［J］. *MIS Quarterly*，1989：319－340.

［398］De Bruin W. B.，Stone E. R.，Gibson J. M.，et al. The Effect of Communication Design and Recipients' Numeracy on Responses to UXO risk［J］. *Journal of Risk Research*，2013，16（8）：981－1004.

［399］De Groot K.，Thurik R. Disentangling Risk and Uncertainty：When Risk-taking Measures are Not about Risk［J］. *Frontiers in Psychology*，2018，9：2194.

［400］Delgado－Álvarez C. A.，Olaya－Morales Y. Modeling Disaster Operations Management Problems with System Dynamics［J］. *Decision-making in Humanitarian Operations*：Springer，2019：223－248.

［401］De Moel H. D.，Van Alphen J.，Aerts J. Flood Maps in Europe－Methods，Availability and Use［J］. *Natural Hazards & Earth System Sciences*，2009，9（2）：289－301.

［402］Demuth J. L.，Bostrom A.，Lazo J. K.，et al. Flash Flood Risks and Warning Decisions in Boulder，Colorado：A Mental Models Study of Forecasters，Public Officials，and Media Broadcasters［J］. *Risk Anal*，2015，35：2009－2028.

［403］Designate Official Sources of Information to Quell Crisis Rumors［J］. *Nonprofit Communications Report*，2019，17（5）：5－5.

［404］Devarajan J. P. , Manimuthu A. , Sreedharan V. R. Healthcare Operations and Black Swanevent for COVID – 19 Pandemic: A Predictive Analytics ［J］. *IEEE Transactions on Engineering Management*, 2023, 70 (9): 3229 – 3243.

［405］DHA U. N. Internationally Agreed Glossary of Basic Terms Related to Disaster Management ［J］. *UN DHA* (*United Nations Department of Humanitarian Affairs*), Geneva, 1992.

［406］Diaz R. , Behr J. G. , Longo F. , et al. Supply Chain Modeling in the Aftermath of a Disaster: a System Dynamics Approach in Housing Recovery ［J］. *IEEE Transactions on Engineering Management*, 2019, 67 (3): 531 – 544.

［407］Dikmen S. Ü. , Akbiyikli R. , Sönmez M. Assessment of the Disaster Recovery Progress Through Mathematical Modelling ［J］. *Teknik Dergi*, 2020, 31 (4): 10113 – 10126.

［408］Dooris M. , Heritage Z. Healthy Cities: Facilitating the Active Participation and Empowerment of Local People ［J］. *Journal of Urban Health*, 2013, 90 (S1): 74 – 91.

［409］Doyle E. E. H. , Johnston D. M. , Smith R , et al. Communicating Model Uncertainty for Natural Hazards: A Qualitative Systematic Thematic Review ［J］. *International Journal of Disaster Risk Reduction*, 2019, 33: 449 – 476.

［410］Dransch D. , Rotzoll H. , Poser K. The Contribution of Maps to the Challenges of Risk Communication to the Public ［J］. *International Journal of Digital Earth*, 2010, 3 (3): 292 – 311.

［411］Echterhoff G. , Hirst W. , Hussy W. How Eyewitnesses Resist Misinformation: Social Postwarnings and the Monitoring of Memory Characteristics ［J］. *Memory & Cognition*, 2005, 33 (5): 770 – 782.

［412］Ecker U. K. H. , Lewandowsky S. , Tang D. T. W. Explicit Warnings Reduce but do not Eliminate the Continued Influence of Misinformation ［J］. *Memory & Cognition*, 2010, 38 (8): 1087 – 1100.

［413］Ekström M. , Kuruppu N. , Wilby R. L. , et al. Examination of Climate Risk Using a Modified Uncertainty Matrix Framework—Applications in the Water Sector ［J］. *Global Environmental Change*, 2013, 23 (1): 115 – 129.

［414］Elgendy N. , Elragal A. Big data Analytics in Support of the Decision Making Process ［J］. *Procedia Computer Science*, 2016, 100: 1071 – 1084.

［415］Emerson K. , Nabatchi T. , Balogh S. An Integrative Framework for Collaborative Governance ［J］. *Journal of Public Administration Research and Theory*,

2012，22（1）：1－29.

［416］Erdik M. Earthquake Risk Assessment ［J］. *Bulletin of Earthquake Engineering*，2017，15（12）：5055－5092.

［417］Erikson S. L. Cell Phones≠ Self and Other Problems With big data Detection and Containment During Epidemics ［J］. *Medical Anthropology Quarterly*，2018，32（3）：315－339.

［418］Esmalian A.，Ramaswamy M.，Rasoulkhani K.，et al. Agent-based Modeling Framework for Simulation of Societal Impacts of Infrastructure Service Disruptions During Disasters ［C］//ASCE International Conference on Computing in Civil Engineering 2019. Reston，VA：American Society of Civil Engineers，2019：16－23.

［419］Ezell B. C.，Bennett S. P.，Von Winterfeldt D.，et al. Probabilistic Risk Analysis and Terrorism Risk ［J］. *Risk Analysis*：*An International Journal*，2010，30（4）：575－589.

［420］Ezell B. C. Infrastructure Vulnerability Assessment Model（I－VAM）［J］. *Risk Analysis*，2010，27（3）：571－583.

［421］Fa N. P.，Xie Y.，Qi J.，et al. Vulnerability of a Coupled Natural and Human System in a Changing Environment：Dynamics of Lanzhou's Urban Landscape ［J］. *Landscape Ecology*，2014，29（10）：1709－1723.

［422］Faridatul M. I.，Wu B.，Zhu X. Assessing Long-term Urban Surface Water Changes Using Multi-year Satellite Images：A Tale of Two Cities，Dhaka and Hong Kong ［J］. *Journal of Environmental Management*，2019，243（8）：287－298.

［423］Federal Emergency Management Agency. Increasing Resilience Using THIRA/SPR and Mitigation Planning ［R/OL］. 2020－08.［2022－03－22］. https：//www. fema. gov/sites/default/files/2020－09/fema_thira-hmp_joba.

［424］Federal Emergency Management Agency. Risk MAP Products ［EB/OL］. https：//www. fema. gov/flood-maps/tools-resources/risk-map/products，2022－03－22.

［425］Fedulova I.，Lanovska H. Risk Identification：Essence and Detection Methods ［J］. *Public Security and Public Order*，2018（21）.

［426］Fiaz A. S.，Asha N.，Sumathi D.，et al. Data Visualization：Enhancing Big Data More Adaptable and Valuable ［J］. *International Journal of Applied Engineering Research*，2016，11（4）：2801－2804.

［427］Fitzpatrick K. M.，Drawve G.，Harris C. Facing New Fears During the COVID－19 Pandemic：The State of America's Mental Health ［J］. *Journal of Anxiety Disorders*，2020，75：102291.

［428］Florin M. V. , Bürkler M. T. Introduction to the IRGC Risk Governance Framework ［R］. EPFL, 2017.

［429］Freudenburg W. R. Perceived risk, Real Risk：Social Science and the Art of Probabilistic Risk Assessment ［J］. *Science*, 1988, 242 (4875)：44 – 49.

［430］Frost M. , Li R. , Moolenaar R. , et al. Progress in Public Health Risk Communication in China：Lessons Learned from SARS to H7N9 ［J］. *BMC Public Health*, 2019, 19 (3)：1 – 9.

［431］Fuchs S. , Heiss K. , J. Hübl. Towards an Empirical Vulnerability Function for Use in Debris Flow Risk Assessment ［J］. *Natural Hazards & Earth System Science*, 2007, 7 (5)：495 – 506.

［432］Furedi F. The Changing Meaning of Disaster ［J］. *Area*, 2007, 39 (4)：482 – 489.

［433］Fu X. , Zhai W. Examining the Spatial and Temporal Relationship Between Social Vulnerability and Stay-at-home Behaviors in New York City During the COVID – 19 Pandemic ［J］. *Sustainable Cities and Society*, 2021, 67：102757.

［434］Greene E. , Flynnms, Loftus E. F. Inducing Resistance to Misleading Information ［J］. *Journal of Verbal Learning and Verbal Behavior*, 1982, 21 (2)：207 – 219.

［435］Gabrys J. Programming Environments：Environmentality and Citizen Sensing in the Smart city ［J］. *Environment and Planning D：Society and Space*, 2014, 12 (1)：30 – 48.

［436］Galesic M. , Garcia – Retamero R. , Gigerenzer G. Using icon Arrays to Communicate Medical Risks：Overcoming Low Numeracy ［J］. *Health Psychology*, 2009, 28 (2)：210 – 216.

［437］Ganbat T. , Chong H. Y. , Liao P. C. , et al. A Bibliometric Review on Risk Management and Building Information Modeling for International Construction ［J］. *Advances in Civil Engineering*, 2018, 2018 (1)：1 – 13.

［438］Ganti R. , Ye F. , Lei H. Mobile Crowdsensing：Current State and Future Challenges ［J］. *IEEE Communications Magazine*, 2011, 49 (11)：32 – 39.

［439］Garcia J. Understanding Food Security and International Security Links in the Context of Climate Change ［J］. *Third World Quarterly*, 2016, 37 (6)：975 – 997.

［440］GEN, CSSE. Global Earthquake Risk and Covid Map ［EB/OL］. https：// maps. openquake. org/map/covid – 19 – 2020 – 05 – 20v3 – grm/#2/39. 1/2. 5, 2022 –

03 – 24.

［441］ Ghosh A. K. , Ghosh K. Translating Evidence-based Information into Effective Risk Communication： Current Challenges and Opportunities ［J］. *Journal of Laboratory and Clinical Medicine*, 2005, 145 （4）： 171 – 180.

［442］ Ghosh K. , Crawford B. J. , Pruthi S. , et al. Frequency Format Diagram and Probability Chart for Breast Cancer Risk Communication： A Prospective, Randomized Trial ［J］. *BMC Women's Health*, 2008, 8 （1）： 1 – 8.

［443］ Gierlach E. , Belsher B. E. , Beutler L. E. Cross-cultural Differences in Risk Perceptions of Disasters ［J］. *Risk Analysis*, 2010, 30 （10）： 1539 – 1549.

［444］ Gilbert G. L. , Degeling C. J. , Johnson J. Communicable Disease Surveillance Ethics in the Age of Big Data and New Technology ［J］. *Asian Bioethics Review*, 2019 （2）： 173 – 187.

［445］ Glade T. , Nadim F. Early Warning Systems for Natural Hazards and Risks ［J］. *Natural Hazards*, 2014, 70 （3）： 1669 – 1671.

［446］ Global Guardian. 2021 Risk Assessment Map ［EB/OL］. https：//www. globalguardian. com/global-digest/2021-risk-map, 2022 – 03 – 15.

［447］ Goerlandt F. , Khakzad N. , Reniers G. Validity and Validation of Safety-related Quantitative Risk Analysis： A Review ［J］. *Safety Science*, 2017, 99 （1）： 127 – 139.

［448］ Goodchild M. F. Citizens as Sensors： The World of Volunteered Geography ［J］. *Geo Journal*, 2007, 69 （4）： 211 – 221.

［449］ Graham L. , Robert S. An Alternative Theory of Rational Choice Under Uncertainty ［J］. *The Economic Journal*, 1982, 92 （368）： 805 – 824.

［450］ Gray J. , Liu D. T. , Nieto – Santisteban M, et al. Scientific Data Management in the Coming Decade ［J］. *Acm Sigmod Record*, 2005, 34 （4）： 34 – 41.

［451］ Gregory R. , Slovic P. , Flynn J. Risk Perceptions, Stigma, and Health Policy ［J］. *Health & Place*, 1996, 2 （4）： 213 – 220.

［452］ Gunturi V. M. V. , Shekhar S. Big Spatio-temporal Network Data Analytics for Smart Cities： Research Needs ［J］. *Seeing Cities Through Big Data： Research, Methods and Applications in Urban Informatics*, 2017： 127 – 140.

［453］ Guo H. , Liu Y. , Shi X. , et al. The Role of E-commerce in the Urban Food System Under COVID – 19： Lessons From China ［J］. *China Agricultural Economic Review*, 2021, 13 （2）： 436 – 455.

［454］ Guo Y. , Hou Y. , Qi P. Analysis of Typhoon Wind Hazard in Shenzhen

City by Monte – Carlo Simulation ［J］. *Journal of Oceanology and Limnology*，2019，37（6）：1994 – 2013.

［455］Hagemeier – Klose M.，Wagner K. Evaluation of Flood Hazard Maps in Print and Web Mapping Services as Information Tools in Flood Risk Communication ［J］. *Natural Hazards and Earth System Sciences*，2009，9（2）：563 – 574.

［456］Haimes Y. Y. On the Definition of Vulnerabilities in Measuring Risk to Infrastructures ［J］. *Risk Analysis*，2006，26（2）：293 – 296.

［457］Hanea A. M.，Hemming V.，Nane G. F. Uncertainty Quantification With Experts：Present Status and Research Needs ［J］. *Risk Analysis*，2021.

［458］Han P. K. J.，Zikmund – Fisher B. J.，Duarte C. W.，et al. Communication of Scientific Uncertainty About a Novel Pandemic Health Threat：Ambiguity Aversion and its Mechanisms ［J］. Journal of Health Communication，2018，23（5）：435 – 444.

［459］Hansson S. O.，Aven T. Is Risk Analysis Scientific ［J］. *Risk Analysis*，2014，34（7）：1173 – 1183.

［460］Han X.，Wang J. Using Social Media to Mine and Analyze Public Sentiment During a Disaster：A Case Study of the 2018 Shouguang City Flood in China ［J］. *ISPRS International Journal of Geo – Information*，2019，8（4）：185.

［461］Hariri R. H.，Fredericks E. M.，Bowers K. M. Uncertainty in Big Data Analytics：Survey，Opportunities，and Challenges ［J］. *Journal of Big Data*，2019，6（1）：1 – 16.

［462］Helsloot I.，Ruitenberg A. Citizen Response to Disasters：A Survey of Literature and Some Practical Implications ［J］. *Journal of Contingencies and Crisis Management*，2004，12（3）：98 – 111.

［463］Hexagon Launches Public Safety Data Visualization and Analytics Software ［EB/OL］. https：//www. hexagonsafetyinfrastructure. com/news-releases/hexagon-launches-public-safety-data-visualization-a.

［464］Hey A. J.，Tansley S.，Tolle K. M. *The Fourth Paradigm*：*Data-intensive Scientific Discovery* ［M］. Microsoft Research Redmond，WA，2009.

［465］He Z.，Weng W. Synergic Effects in the Assessment of Multi-hazard Coupling Disasters：Fires，Explosions，and Toxicant Leaks ［J］. *Journal of Hazardous Materials*，2020：121813.

［466］Hibbard J. H.，Peters E. Supporting Informed Consumer Health Care Decisions：Data Presentation Approaches That Facilitate the Use of Information in Choice

[J]. *Annual Review of Public Health*, 2003, 24 (1): 413 – 433.

[467] Hibbard J. H., Slovic P., Peters E., et al. Strategies for Reporting Health Plan Performance Information to Consumers: Evidence From Controlled Studies [J]. *Health Services Research*, 2002, 37 (2): 291 – 313.

[468] Hofstede G. Cultures and Organizations: Software of the Mind [J]. *Administrative Science Quarterly*, 2014, 23 (1): 113 – 9.

[469] Hsee C. K. Less is better: When Low-value Options are Valued More Highly Than High-value Options [J]. *Journal of Behavioral Decision Making*, 1998, 11 (2): 107 – 121.

[470] Huang J., Zhang L., Liu X., et al. Global Prediction System for COVID – 19 Pandemic [J]. *Science Bulletin*, 2020, 65 (22): 1884 – 1887.

[471] Huang X., Li H., Zhang X., et al. Land Use Policy as an Instrument of Rural Resilience – The Case of Land Withdrawal Mechanism for Rural Homesteads in China [J]. *Ecological Indicators*, 2018, 87: 47 – 55.

[472] Hyland – Wood B., Gardner J., Leask J., et al. Toward Effective Government Communication Strategies in the Era of COVID – 19 [J]. *Humanities and Social Sciences Communications*, 2021, 8 (1): 1 – 11.

[473] Hyvärinen J., Vos M. Developing a Conceptual Framework for Investigating Communication Supporting Community Resilience [J]. *Societies*, 2015, 5 (3): 583 – 597.

[474] International SOS. COVID – 19 Travel Map [EB/OL]. https://www.travelriskmap.com/#/planner/map/, 2022 – 05 – 19.

[475] Ingrams A. Public Values in the Age of Big Data: A Public Information Perspective [J]. *Policy & Internet*, 2019, 11 (2): 128 – 148.

[476] Jamshidi A., Faghih – Roohi S., Hajizadeh S., et al. A Big Data Analysis Approach for Rail Failure Risk Assessment [J]. *Risk Analysis*, 2017, 37 (8): 1495 – 1507.

[477] Jansen T., Claassen L., Van Kamp I., et al. Understanding of the Concept of "Uncertain Risk": A Qualitative Study Among Different Societal Groups [J]. *Journal of Risk Research*, 2019, 22 (5): 658 – 672.

[478] Janssen M. A., Ostrom E. Resilience, Vulnerability, and Adaptation: A Cross-cutting Theme of the International Human Dimensions Programme on Global Environmental Change [J]. *Global Environmental Change*, 2006, 16 (3): 237 – 239.

[479] Janssen M., Haiko V., Wahyudi A. Factors Influencing Big Data Deci-

sion-making Quality〔J〕. *Journal of Business Research*，2017，70（JAN. ）：338 -
345.

〔480〕Jasanoff S. Bridging the Two Cultures of Risk Analysis1，2〔J〕. *Risk Analysis*，1993，13（2）：123 -129.

〔481〕Jennings E. A. ，Arlikatti S. ，Andrew S. A. ，et al. Adoption of Information and Communication Technologies（ICTs）by Local Emergency Management Agencies in the United States〔J〕. *International Review of Public Administration*，2017，22（2）：193 -210.

〔482〕Jha A. K. ，Bloch R. ，Lamond J. *Cities and Flooding*：*A Guide to Integrated Urban Flood Risk Management for the 21st Century*〔M〕. World Bank Publications，2012.

〔483〕Johnston E. W. ，Hicks D. ，Nan N. ，Auer J. C. Managing the Inclusion Process in Collaborative Governance〔J〕. *Journal of Public Administration Research and Theory*，2011，21（4）：699 -721.

〔484〕Jony R. I. ，Rony R. I. ，Rahman M. ，et al. Big Data Characteristics，Value Chain and Challenges〔C〕//Proceedings of the 1st International Conference on Advanced Information and Communication Technology. Bangladesh. 2016.

〔485〕Julio Garcia. The Hazard Component of the SARA Project〔EB/OL〕. https：//sara. openquake. org/hazard. 2016 -05 -23/2022 -03 -24.

〔486〕Kang H. S. ，Kim Y. T. The Physical Vulnerability of Different Types of Building Structure to Debris Flow Events〔J〕. *Natural Hazards*，2016，80（3）：1475 -1493.

〔487〕Kasperson J. X. ，Kasperson R. E. ，Pidgeon N. ，et al. The Social Amplification of Risk：Assessing 15 Years of Research and Theory〔J〕. *Social Contours of Risk*，2012：217 -245.

〔488〕Kasperson R. E. Four Questions for Risk Communication〔J〕. *Journal of Risk Research*，2014，17（10）：1233 -1239.

〔489〕Kasperson R. E. Six Propositions on Public Participation and Their Relevance for Risk Communication〔J〕. *Risk Analysis*，1986，6（3）：275 -281.

〔490〕Khatri V. ，Brown C. V. Designing Data Governance〔J〕. *Communications of the ACM*，2010，53（1）：148 -152.

〔491〕Khazai B. and Bendimerad F. Disaster Risk Reduction in Greater Mumbai -Risk and Resiliency Indicators〔R〕. EMI Topical Report TR -11 -03，2011：1 -103.

〔492〕Kim G. H. ，Trimi S. ，Chung J. H. Big-data Applications in the Government Sector〔J〕. *Communications of the ACM*，2014，57（3）：78 – 85.

〔493〕Kim S. ，Kim S. Impact of the Fukushima Nuclear Accident on Belief in Rumors：The Role of Risk Perception and Communication〔J〕. *Sustainability*，2017，9（12）：2188.

〔494〕Kirchgässner G. ，Wolters J. ，Hassler U. *Introduction to Modern Time Series Analysis*〔M〕. Springer Science & Business Media，2012.

〔495〕Koch Z. ，Yuan M. ，Bristow E. Emergency Response After Disaster Strikes：Agent-based Simulation of Ambulances in New Windsor，NY〔J〕. *Journal of Infrastructure Systems*，2020，26（3）：06020001.

〔496〕Kofod – Petersen A. ，Cassens J. Using Activity Theory to Model Context Awareness〔C〕//International Workshop on Modeling and Retrieval of Context. Berlin，Heidelberg：Springer Berlin Heidelberg，2005：1 – 17.

〔497〕Koivusalo，Meri and Mackintosh，Maureen. Global Public Health Security：Inequality，Vulnerability and Public Health System Capabilities〔J〕. *Development and Change*，2008，39（6）：1163 –1169.

〔498〕Kothandaraman P. ，Wilson D. T. The Future of Competition – Value-creating Networks〔J〕. *Industrial Marketing Management*，2001，30（4）：379 – 389.

〔499〕Krisp J. M. Planning Fire and Rescue Services by Visualizing Mobile Phone Density〔J〕. *Journal of Urban Technology*，2010，17（1）：61 – 69.

〔500〕Kundzewicz Z. W. ，Kanae S. ，Seneviratne S. I. ，et al. Flood Risk and Climate Change：Global and Regional Perspectives〔J〕. *Hydrological Sciences Journal*，2014，59（1）：1 – 28.

〔501〕Kunneman M. ，Stiggelbout A. M. ，Pieterse A. H. Do Clinicians Convey What They Intend? Lay Interpretation of Verbal Risk Labels Used in Decision Encounters〔J〕. *Patient Education and Counseling*，2020，103（2）：418 – 422.

〔502〕Lagadec P. A New Cosmology of Risks and Crises：Time for a Radical Shift in Paradigm and Practice〔J〕. *Review of Policy Research*，2009，26（4）：473 – 486.

〔503〕Lahr J. ，Kooistra L. Environmental Risk Mapping of Pollutants：State of the Art and Communication Aspects〔J〕. *The Science of the Total Environment*，2010，408（18）：3899 –3907.

〔504〕Lapaglia J. A. ，Chan J. ，Dalby A. R. Telling a Good Story：The Effects of Memory Retrieval and Context Processing on Eyewitness Suggestibility〔J〕. *Plos One*，2019，14（2）.

〔505〕Lazer D. ，Radford J. Data ex Eachina：Introduction to Big Data〔J〕.

Annual Review of Sociology, 2017, 43: 19 – 39.

［506］Leary R. O., Gerard C., Bingham L. B. Introduction to the Symposium on Collaborative Public Management ［J］. *Public Administration Review*, 2006, 66 (7): 6 – 9.

［507］Lee D. H., Mehta M. D. Evaluation of a Visual Risk Communication Tool: Effects on Knowledge and Perception of Blood Transfusion Risk ［J］. *Transfusion*, 2003, 43 (6): 779 – 787.

［508］Lee F., Yamori K. Gaming Approach to Disaster Risk Communication: Development and Application of the "Crossroad Game" ［J］. *Disaster Risk Communication: A Challenge from a Social Psychological Perspective*, 2020: 51 – 64.

［509］Leiserowitz A. A. American Risk Perceptions: Is Climate Change Dangerous? ［J］. *Risk Analysis*, 2005, 25 (6): 1433 – 1442.

［510］Leiss W. Three Phases in the Evolution of Risk Communication Practice ［J］. *Annals of the American Academy of Political and Social Science*, 1996, 545: 85 – 94.

［511］Liang F. COVID – 19 and Health Code: How Digital Platforms Tackle the Pandemic in China ［J］. *SAGE Public Health Emergency Collection*, 2020, 6 (03): 1 – 4.

［512］Lian J., Xu H., Xu K. and Ma C. Optimal Management of the Flooding Risk Caused by the Joint Occurrence of Extreme Rainfall and High Tide Level in a Coastal City ［J］. *Natural Hazards*, 2017, 89, 183 – 200.

［513］Li L., Yang S., Wang Z., et al. Evidence of Warming and Wetting Climate over the Qinghai – Tibet Plateau ［J］. *Arctic, Antarctic, and Alpine Research*, 2010, 42 (4): 449 – 457.

［514］Lin S., Shaw D., Ho M. C. Why are Flood and Landslide Victims Less Willing to Take Mitigation Measures Than the Public? ［J］. *Natural Hazards*, 2008, 44 (2): 305 – 314.

［515］Lin Y., Cai Z., Wang X., et al. Incentive Mechanisms for Crowdblocking Rumors in Mobile Social Networks ［J］. *IEEE Transactions on Vehicular Technology*, 2019, (99): 1 – 1.

［516］Lipkus I. M., Hollands J. G. The Visual Communication of Risk ［J］. *JNCI Monographs*, 1999 (25): 149 – 163.

［517］Liu J., Shi Y., Fadlullah Z. M., et al. Space – Air – Ground Integrated Network: A Survey ［J］. *IEEE Communications Surveys & Tutorials*, 2018, 20 (4):

2714 – 2741.

[518] Liu J. , Wang H. Risk Assessment of International Electric Power Engineering Project Based on Improved Interpretation Structure Model [J]. *International Core Journal of Engineering*, 2019, 5 (10): 277 – 287.

[519] Liu Z. G. , Li X. Y. , Zhu X. H. Joint Risk Assessment of the Secondary Disasters of Rainstorms based on Multisource Spatial Data in Wuhan, China [J]. *Natural Hazards Review*, 2020, 21 (4): 04020033.

[520] Liu Z. , Li X. , Zhu X. Scenario Modeling for Government Big Data Governance Decision-Making: Chinese Experience With Public Safety Services [J]. *Information & Management*, 2022, 59 (3): 103622.

[521] L. , J. , Frewer, et al. What Determines Trust in Information About Food – Related Risks? Underlying Psychological Constructs [J]. *Risk Analysis*, 1996, 16 (4): 473 – 486.

[522] Loefstedt R. E. , Perri. What Environmental and Technological Risk Communication Research and Health Risk Research Can Learn From Each Other [J]. *Journal of Risk Research*, 2008, 11 (1 – 2): 141 – 167.

[523] Longstaff P. H. , Yang S. U. Communication Management and Trust: Their Role in Building Resilience to "Surprises" Such as Natural Disasters, Pandemic Flu, and Terrorism [J]. *Ecology and Society*, 2008, 13 (1).

[524] Loomes G. , Sugden R. Regret Theory: An Alternative Theory of Rational Choice Under Uncertainty [J]. *Economic Journal*, 1982, 92 (368) 805 – 824.

[525] Lyu H. M. , Sun W. J. , Shen S. L. , et al. Flood Risk Assessment in Metro Systems of Mega-Cities Using a GIS – based Modeling Approach [J]. *Science of the Total Environment*, 2018, 626: 1012 – 1025.

[526] Macmillan Dictionary. Definition of "Grey Swan" [EB/OL]. https: //www. macmillandictionary. com/us/dictionary/american/grey-swan, 2022 – 05 – 11.

[527] Mauelshagen C. , Smith M. , Schiller F. , et al. Effective Risk Governance for Environmental Policy Making: A Knowledge Management Perspective [J]. *Environmental Science & Policy*, 2014, 41: 23 – 32.

[528] Mavrodieva A. V. , Shaw R. Social Media in Disaster Management [J]. *Media and Disaster Risk Reduction: Advances, Challenges and Potentials*, 2021: 55 – 73.

[529] McComas K. A. Defining Moments in Risk Communication Research: 1996 – 2005 [J]. *Journal of Health Communication*, 2006, 11 (1): 75 – 91.

［530］ Measham T. G. , Preston B. L. , Smith T. F. , et al. Adapting to Climate Change Through Local Municipal Planning: Barriers and Challenges ［J］. *Mitigation and Adaptation Strategies for Global Change*, 2011, 16 (8): 889 - 909.

［531］ Meerow S. , Newell J. P. , Stults M. Defining Urban Resilience: A Review ［J］. *Landscape and Urban Planning*, 2016, 147: 38 - 49.

［532］ Meijer A. J. , Lips M. , Chen K. Open Governance: A New Paradigm for Understanding Urban Governance in an Information age ［J］. *Frontiers in Sustainable Cities*, 2019, 1: 3.

［533］ Meijer A. , Potjer S. Citizen-Generated Open Data: An Explorative Analysis of 25 Cases ［J］. *Government Information Quarterly*, 2018, 35 (4): 613 - 621.

［534］ Menadue C. B. Pandemics, Epidemics, Viruses, Plagues, and Disease: Comparative Frequency Analysis of a Cultural Pathology Reflected in Science Fiction Magazines From 1926 to 2015 ［J］. *Social Sciences & Humanities Open*, 2020, 2 (1): 100048.

［535］ Merler S. , Ajelli M. The Role of Population Heterogeneity and Human Mobility in the Spread of Pandemic Influenza ［J］. *Proceedings of The Royal Society B: Biological Sciences*, 2010, 277 (1681): 557 - 565.

［536］ Merz B. , Thieken A. H. and Gocht M. Flood Risk Mapping at the Local Scale: Concepts and Challenges ［J］. *Flood Risk Management in Europe. Springer Netherlands, Dordrecht*, 2007, 231 - 251.

［537］ Metzger M. J. , Leemans R. , Schröter D. A Multidisciplinary Multi-scale Framework for Assessing Vulnerabilities to Global Change ［J］. *International Journal of Applied Earth Observation and Geoinformation*, 2005, 7 (4): 253 - 267.

［538］ Michel J. B. , Yuan K. S. , Aiden A. P. , et al. Quantitative Analysis of Culture Using Millions of Digitized Books ［J］. *Science*, 2011, 331 (6014): 176 - 182.

［539］ Miles S. , Frewer L. J. Public Perception of Scientific Uncertainty in Relation to Food Hazards ［J］. *Journal of Risk Research*, 2003, 6 (3): 267 - 283.

［540］ Mirahadi F. , McCabe B. , Shahi A. IFC - Centric Performance-Based Evaluation of Building Evacuations Using Fire Dynamics Simulation and Agent-based Modeling ［J］. *Automation in Construction*, 2019 (101): 1 - 16.

［541］ Mooney P. , Corcoran P. Analysis of Interaction and Co-editing Patterns Amongst OpenStreetMap Contributors ［J］. *Transactions in Gis*, 2014 (5): 633 - 659.

［542］ Moran K. R. , Fairchild G. , Generous N. , et al. Epidemic Forecasting is

数据驱动的公共安全风险治理

Messier Than Weather Forecasting: the Role of Human Behavior and Internet Data Streams in Epidemic Forecast [J]. *The Journal of Infectious Diseases*, 2016, 214 (suppl_4): S404 – S408.

[543] Murphy V. L., Littlejohn A., Rienties B. C. Social Network Analysis and Activity Theory: A Symbiotic Relationship [M]//Mixed Methods Social Network Analysis. Routledge, 2019: 113 – 125.

[544] Musgrave G., Larsen A., Sgobba T. *Safety Design for Space Systems* [M]. Butterworth – Heinemann, 2009.

[545] Na H. S., Banerjee A. Agent-based Discrete-event Simulation Model for No-notice Natural Disaster Evacuation Planning [J]. *Computers & Industrial Engineering*, 2019: 44 – 55.

[546] Nateghi R., Aven T. Risk Analysis in the Age of Big Data: The Promises and Pitfalls [J]. *Risk Analysis*, 2021, 41 (10): 1751 – 1758.

[547] National Research Council. *Improving Disaster Management: The Role of IT in Mitigation, Preparedness, Response, and Recovery* [M]. National Academies Press, 2007.

[548] National Research Council of the National Academies. *Review of the Department of Homeland Security's Approach to Risk Analysis* [M]. National Academies Press, Washington, D. C., 2010: 129 – 176.

[549] Nduwayezu M., Satyabrata A., Han S. Y., et al. Malaria Epidemic Prediction Model by Using Twitter Data and Precipitation Volume in Nigeria [J]. *Journal of Korea Multimedia Society*, 2019, 22 (5): 588 – 600.

[550] Neuner O. Early Warning Alerts for Extreme Natural Hazard Events: A Review of Worldwide Practices [J]. *International Journal of Disaster Risk Reduction*, 2021, 60 (2): 102295.

[551] Noar, Seth M. A 10 – year Retrospective of Research in Health Mass Media Campaigns: Where do We go From Here? [J]. *Journal of Health Communication*, 2006, 11 (1): 21 – 42.

[552] Oliveira M. I. S., Oliveira L. A. Open Government Data Portals Analysis: The Brazilian Case [C]. International Digital Government Research Conference on Digital Government Research, ACM, 2016: 415 – 424.

[553] Olivera S. and Heard C. Increases in the Extreme Rainfall Events: Using the Weibull Distribution [J]. *Environmetrics*, 2018, 30 (4), e2532.

[554] Olshannikova, E., Ometov, A., Koucheryavy, Y. et al. Visualizing Big

Data With Augmented and Virtual Reality: Challenges and Research agenda [J]. *Journal of Big Data*, 2015, 2 (1): 22.

[555] O. R. *Risk governance* [M]. 243, Risk Conundrums. Routledge in Association With GSE Research, 2017: 243 – 259.

[556] Otay İ., Jaller M. Multi-expert Disaster Risk Management & Response Capabilities Assessment using Interval-valued Intuitionistic Fuzzy Sets [J]. *Journal of Intelligent & Fuzzy Systems*, 2020, 38 (1): 835.

[557] Ouma Y. O., Tateishi R. Urban Flood Vulnerability and Risk Mapping Using Integrated Multi-parametric AHP and GIS: Methodological Overview and Case Study Assessment [J]. *Water*, 2014, 6 (6): 1515 – 1545.

[558] Ozturk P., Li H., Sakamoto Y. Combating Rumor Spread on Social Media: The Effectiveness of Refutation and Warning [J]. *IEEE*, 2015.

[559] Pentland A., Eagle N., Lazer D. Inferring Social Network Structure Using Mobile Phone Data [J]. *Proceedings of the National Academy of Sciences (PNAS)*, 2009, 106 (36): 15274 – 15278.

[560] Paek H – J. Effective Risk Governance Requires Risk Communication Experts [J]. *Epidemiology and Health*, 2016, 38: e2016055.

[561] Paek H – J., Hove T. Communicating Uncertainties During the COVID – 19 Outbreak [J]. *Health Communication*, 2020, 35 (14): 1729 – 1731.

[562] Paek H – J., Hove T. Effective Strategies for Responding to Rumors About Risks: The Case of Radiation-Contaminated Food in South Korea [J]. *Public Relations Review*, 2019, 45 (3): 175 – 183.

[563] Paltrinieri N., Massaiu S., Matteini A. Human Reliability Analysis in the Petroleum Industry: Tutorial and Examples [J]. *Dynamic Risk Analysis in the Chemical and Petroleum Industry*, 2016: 181 – 192.

[564] Palttala P., Vos M. Quality Indicators for Crisis Communication to Support Emergency Management by Public Authorities [J]. *Journal of Contingencies and Crisis Management*, 2012, 20 (1): 39 – 51.

[565] Papathoma – Köhle M., Kappes M., Keiler M., et al. Physical Vulnerability Assessment for Alpine Hazards: State of the art and Future Needs [J]. *Natural Hazards*, 2011, 58 (2): 645 – 680.

[566] Papathoma – Köhle M., Neuhäuser B., Ratzinger K., et al. Elements at risk as a Framework for Assessing the Vulnerability of Communities to Landslides [J]. *Natural Hazards and Earth System Sciences*, 2007, 7 (6): 765 – 779.

［567］Park H. ，Lee D. Disaster Prediction and Policy Simulation For Evaluating Mitigation Effects Using Machine Learning and System Dynamics：Case Study of Seasonal Drought in Gyeonggi Province ［J］. *Journal of the Korean Society of Hazard Mitigation*，2019（1）：45 – 53.

［568］Park H. ，Lee T. Adoption of E-government Applications for Public Health Risk Communication：Government Trust and Social Media Competence as Primary Drivers ［J］. *Journal of Health Communication*，2018，23（8）：712 – 723.

［569］Pasman H. ，Reniers G. Past，Present and Future of Quantitative Risk Assessment（QRA）and the Incentive it Obtained From Land – Use Planning（LUP）［J］. *Journal of Loss Prevention in the Process Industries*，2014，28：2 – 9.

［570］Pennycook G. ，Epstein Z. ，Mosleh M. ，et al. Understanding and Reducing the Spread of Misinformation Online ［J］. *ACR North American Advances*，2020.

［571］Pennycook G. ，Mcphetres J. ，Zhang Y. ，et al. Fighting COVID – 19 Misinformation on Social Media：Experimental Evidence for a Scalable Accuracy – Nudge Intervention ［J］. *Psychological Science*，2020，31（7）：7.

［572］Pennycook G. ，Rand D. G. Fighting Misinformation on Social Media Using Crowdsourced Judgments of News Source Quality ［J］. *Proceedings of the National Academy of Sciences*，2019，116（7）：2521 – 2526.

［573］Perez R. T. ，Feir R. B. ，Carandang E. ，et al. Potential Impacts of Sea Level Rise on the Coastal Resources of Manila Bay：A Preliminary Vulnerability Assessment ［J］. *Water，Air，and Soil Pollution*，1996，92（1）：137 – 147.

［574］Perko T. Importance of Risk Communication During and After a Nuclear Accident ［J］. *Integrated Environmental Assessment and Management*，2011，7（3）：388 – 392.

［575］Peuquet D. J. ，Kraak M – J. Geobrowsing：Creative Thinking and Knowledge Discovery Using Geographic Visualization ［J］. *Information Visualization*，2002（1）：80 – 91.

［576］Phonphoton N. ，Pharino C. A System Dynamics Modeling to Evaluate Flooding Impacts on Municipal Solid Waste Management Services ［J］. *Waste Management*，2019：525 – 536.

［577］Pinto M. R. ，Lima Y. ，Barbosa C. E. ，et al. Towards Fact – Checking through Crowdsourcing ［C］. 2019 IEEE 23rd International Conference on Computer Supported Cooperative Work in Design（CSCWD），2019.

［578］Polsky C. ，Neff R. ，Yarnal B. Building Comparable Global Change Vulnerability Assessments: The Vulnerability Scoping Diagram [J]. *Global Environmental Change*, 2007, 17 (3): 472 –485.

[579] Pourghasemi H. R., Pouyan S., Farajzadeh Z., et al. Assessment of the Outbreak Risk, Mapping and Infection Behavior of COVID – 19: Application of the Autoregressive Integrated-Moving Average (ARIMA) and Polynomial Models [J]. *Plos one*, 2020, 15 (7): e0236238.

[580] Powell M., Dunwoody S., Griffin R., et al. Exploring Lay Uncertainty About an Environmental Health Risk [J]. *Public Understanding of Science*, 2007, 16 (3): 323 –343.

[581] Price M., Cameron R., Butow P. Communicating Risk Information: The Influence of Graphical Display Format on Quantitative Information Perception——Accuracy, Comprehension and Preferences [J]. *Patient Education and Counseling*, 2007, 69 (1 –3): 121 –128.

[582] Provost F., Fawcett T. Data Science and its Relationship to Big Data and Data – Driven Decision Making [J]. *Big Data*, 2013, 1 (1): 51 –59.

[583] Qadir J. A. A., ur Rasool R., et al. Crisis Analytics: Big Data-driven Crisis Response [J]. *Journal of International Humanitarian Action*, 2016 (1): 12.

[584] Qian Y. Exploration of Machine Algorithms Based on Deep Learning Model and Feature Extraction [J]. *Mathematical Biosciences and Engineering*, 2021, 18 (6): 7602 –7618.

[585] Quan Luna B., Blahut J., Van Westen C. J., et al. The Application of Numerical Debris Flow Modelling for the Generation of Physical Vulnerability Curves [J]. *Natural Hazards and Earth System Sciences*, 2011, 11 (7): 2047 –2060.

[586] Raaijmakers R., Krywkow J., Der Veen A. V., et al. Flood Risk Perceptions and Spatial Multi-criteria Analysis: An Exploratory Research for Hazard Mitigation [J]. *Natural Hazards*, 2008, 46 (3): 307 –322.

[587] Radovic V., Mercantini J. M. *The Importance of Risk Communication as an Integral Part of Risk Management in the Republic of Serbia* [M]//Risk and Cognition. Springer, Berlin, Heidelberg, 2015: 61 –88.

[588] Rajaram Sekar A. Analysis on Tenerife Airport Disaster due to Human error on Monte Carlo Method [D]. Instytut Techniki Lotniczej i Mechaniki Stosowanej, 2020.

[589] Ran J., Nedovic – Budic Z. Integrating Flood Risk Management and Spatial Planning: Legislation, Policy, and Development Practice [J]. *Journal of Urban*

数据驱动的公共安全风险治理

Planning and Development，2017，143（3）：05017002.

［590］Raphael D.，Russell N.，Immink J.，et al. Risk Communication in A Patient Decision aid for Radiotherapy in Breast Cancer：How to Deal With Uncertainty？［J］. *The Breast*，2020，51：105 – 113.

［591］Reamer D. "Risk = Probability × Consequences"：Probability，Uncertainty，and the Nuclear Regulatory Commission's Evolving Risk Communication Rhetoric ［J］. *Technical Communication Quarterly*，2015.

［592］Refan M.，Romanic D.，Parvu D.，Michel G. Tornado Loss Model of Oklahoma and Kansas，United States，Based on the Historical Tornado Data and Monte Carlo Simulation ［J］. *International Journal of Disaster Risk Reduction*，2020：101369.

［593］Renn O. and Walker K. The IRGC risk Governance Framework：Concepts and Practice ［J］. *Heidelberg and New York*：*Springer*，2008.

［594］Renn O.，Klinke A.，Schweizer P. Risk Governance：Application to Urban Challenges ［J］. *International Journal of Disaster Risk Science*，2018，9（4）：434 – 444.

［595］Renn O.，Klinke A. Systemic Risks：A New Challenge for Risk Management ［J］. *EMBO Reports*，2004，5（1S）：S41 – S46.

［596］Renn O. Perception of Risks ［J］. *Geneva Papers on Risk & Insurance Issues & Practice*，2004，149（1 – 3）：405 – 413.

［597］Renn O. *Risk Governance*：*Coping With Uncertainty in a Complex World* ［M］. Landon：Routledge，2017（259）：243 – 259.

［598］Renn，Ortwin. Risk Communication and the Social Amplification of Risk ［J］. *Communicating Risk to the Public*，1991：287 – 324.

［599］Renn，Ortwin. *Risk Governance*：*Coping with Uncertainty in a Complex World* ［M］. London：Earthscan，2008：67 – 79.

［600］Renn O. Three Decades of Risk Research：Accomplishments and New Challenges ［J］. *Journal of Risk Research*，1998，1（1）：49 – 71.

［601］Reynard N. S.，Prudhomme C. and Crooks S. M. The Flood Characteristics of Large UK Rivers：Potential Effects of Changing Climate and Land Use ［J］. *Climatic Change*，2001，48（2 – 3），343 – 359.

［602］Reyna V. F.，Brainerd C. J. Fuzzy-trace Theory：an Interim Synthesis ［J］. *Learning and Individual Differences*，1995，7（1）：1 – 75.

［603］Reynolds B.，W. Seeger M. Crisis and Emergency Risk Communication as an Integrative Model ［J］. *Journal of Health Communication*，2005，10（1）：43 – 55.

577

［604］Rohrmann，B. Risk Perception of Different Social Groups：A Cross-national Comparison［J］. *Australian Journal of Psychology*，1994，46：151 – 167.

［605］Rosa E. A. The Logical Structure of the Social Amplification of Risk Framework（SARF）：Metatheoretical Foundations and Policy Implications［J］. *The Social Amplification of Risk*，2003，47：47 – 49.

［606］Ross V. L.，Malone E. L.，Kinnear S. Understanding the Role of Trust in Network-based Responses to Disaster Management and Climate Change Adaptation in the Asia – Pacific Region［J］. *Climate Change in the Asia – Pacific Region*，2015：157 – 171.

［607］Rowell A.，Bacon D. Gamifying Risk Communication：The Game of Mortality［J］. *Social Science Research Network*，2016.

［608］Rubin G. J.，Amlôt R.，Page L. The London Polonium Incident：Lessons in Risk Communications［J］. *Health Physics*，2011，101（5）：545 – 550.

［609］Saba A. I.，Elsheikh A. H. Forecasting the Prevalence of COVID – 19 Outbreak in Egypt Using Nonlinear Autoregressive Artificial Neural Networks［J］. *Process Safety and Environmental Protection*，2020，141：1 – 8.

［610］Sadilek A.，Hswen Y.，Bavadekar S.，et al. Lymelight：Forecasting Lyme Disease Risk Using Web Search Data［J］. *NPJ Digital Medicine*，2020，3（1）：16.

［611］Saggi M. K.，Jain S. A Survey Towards an Integration of Big Data Analytics to Big Insights for Value-creation［J］. *Information Processing & Management*，2018，54（5）：758 – 790.

［612］Saha T. K.，Pal S. Exploring Physical Wetland Vulnerability of Atreyee River Basin in India and Bangladesh Using Logistic Regression and Fuzzy Logic Approaches［J］. *Ecological Indicators*，2019，98：251 – 265.

［613］Salmon P. M.，Neville A. S.，Jenkins D. P.，et al. Coordination During Multi-agency Emergency Response：Issues and Solutions［J］. *Disaster Prevention and Management*，2011，20（2）：140 – 158.

［614］Sanchez – Cazorla A.，Alfalla – Luque，Irimia – Diéguez. Risk Identification in Megaprojects as a Crucial Phase of Risk Management：A Literature Review［J］. *Project Management Journal*，2017，47（6）：75.

［615］Schapira M. M.，Nattinger A. B.，Mchorney C. A. Frequency or Probability? A Qualitative Study of Risk Communication Formats Used in Health Care［J］. *Medical Decision Making*，2001，21（6）：459 – 467.

［616］Schildt H. Big Data and Organizational Design-the Brave New World of Algorithmic Management and Computer Augmented Transparency ［J］. *Innovation*, 2017, 19（1）：23－30.

［617］Schultz F., Utz S., Göritz A. Is the Medium the Message? Perceptions of and Reactions to Crisis Communication via Twitter, Blogs and Traditional Media ［J］. *Public Relations Review*, 2011, 37（1）：20－27.

［618］Seeger M. W., Sellnow T. L., Ulmer R. R. Public Relations and Crisis Communication：Organizing and Chaos ［J］. *Handbook of Public Relations*, 2001：155－166.

［619］Sellnow T. L., Sellnow D. D., Lane D R, et al. The Value of Instructional Communication in Crisis Situations：Restoring Order to Chaos ［J］. *Risk Analysis：An International Journal*, 2012, 32（4）：633－643.

［620］Shaji J. Evaluating Social Vulnerability of People Inhabiting a Tropical Coast in Kerala, South West Coast of India ［J］. *International Journal of Disaster Risk Reduction*, 2021, 56：102130.

［621］Shamim S., Zeng J., Shariq S. M., et al. Role of Big Data Management in Enhancing Big Data Decision-Making Capability and Quality Among Chinese Firms：A Dynamic Capabilities View ［J］. *Information & Management*, 2019, 56（6）：103135.

［622］Sharkey J., Scarfe L., Santeramo I., et al. Imaging Technologies for Monitoring the Safety, Efficacy and Mechanisms of Action of Cell-based Regenerative Medicine Therapies in Models of Kidney Disease ［J］. *European Journal of Pharmacology*, 2016, 790：74－82.

［623］Sha Y., Shao R., Lu L., et al. Estimating the Impact of Urban Space Competition on Flood Risk：Case Study of the Lanzhou Reaches of Yellow River, China ［J］. *Natural Hazards Review*, 2021, 22（3）：04021025.

［624］Sha Y., Song X., Zhan J., et al. Regional Character, Restaurant Size, and Food Safety Risk：Evidence From Food Safety Violation Data in Gansu Province, China ［J］. *Journal of Food Protection*, 2020, 83（4）：677－685.

［625］Sheng J., Cai X., Li Q., et al. Space-air-ground Integrated Network Development and Applications in High-speed Railways：A Survey ［J］. *IEEE Transactions on Intelligent Transportation Systems*, 2021, 23（8）：10066－10085.

［626］Shi P., Ye T., Wang Y., et al. Disaster Risk Science：A Geographical Perspective and a Research Framework ［J］. *International Journal of Disaster Risk Sci-

ence，2020，11（4）：426－440.

［627］Shrivastava P. The Evolution of Research on Technological Crises in the US ［J］. *Journal of Contingencies and Crisis Management*，1994，2（1）：10－20.

［628］Siegrist M. ，Cvetkovich G. ，Roth C. Salient Value Similarity，Social Trust，and Risk/benefit Perception ［J］. *Risk Analysis*，2000，20（3）：353－362.

［629］Siegrist M. Trust and Risk Perception：A Critical Review of the Literature ［J］. *Risk Analysis*，2021，41（3）：480－490.

［630］Si H. ，Ji H. ，Zeng X. Quantitative Risk Assessment Model of Hazardous Chemicals Leakage and Application ［J］. *Safety Science*，2012，50（7）：1452－1461.

［631］Silva M. ，Pereira S. Assessment of Physical Vulnerability and Potential Losses of Buildings Due to Shallow Slides ［J］. *Natural Hazards*，2014，72（2）：1029－1050.

［632］Jasanoff S. Bridging the Two Culture of Risk Analysis ［J］. *Risk Analysis*，1993，13：123－123.

［633］Lennart S. Factors in Risk Perception ［J］. *Risk Analysis*，2000，20（1）：1－11.

［634］Skakun S. ，Kussul N. ，Shelestov A and Kussul O. Flood Hazard and Flood Risk Assessment Using a Time Series of Satellite Images：A Case Study in Namibia ［J］. *Risk Analysis*，2014，34（8）：1521－1537.

［635］Skeels M. ，Lee B. ，Smith G. ，et al. Revealing Uncertainty for Information Visualization ［C］//Proceedings of the Working Conference on Advanced Visual Interfaces，2008：376－379.

［636］Slovic P. Informing and Educating the Public About Risk ［J］. *Risk Analysis*，1986，6（4）：403－415.

［637］Slovic P. Perception of Risk ［J］. *Science*（New York，N. Y. ），2019，1987（4799）：280－5.

［638］Slovic P. The Perception of Risk ［J］. *Risk Society & Policy*，2000，69（3）：112－112.

［639］van der Sluijs J. P. ，Petersen A. ，Funtowicz S. 14 Reflective Approaches to Uncertainty Assessment and Communication ［J］. *The Politics of Scientific Advice：Institutional Design for Quality Assurance*，2011：259.

［640］Smillie L. ，Blissett A. A Model for Developing Risk Communication Strategy ［J］. *Journal of Risk Research*，2010，13（1）：115－134.

［641］Noveck B. S. *Smart Citizens*, *Smarter State*: *The Technologies of Expertise and the Future of Governing* ［M］. Harvard University Press, 2015.

［642］Song X., Zhang H., Akerkar R., et al. Big Data and Emergency Management: Concepts, Methodologies, and Applications ［J］. *IEEE Transactions on Big Data*, 2020, 8（2）: 397 – 419.

［643］Starr C. Social Benefit Versus Technological Risk: What is our Society Willing to Pay for Safety? ［J］. *Science*, 1969, 165（3899）: 1232 – 1238.

［644］Starr C., Whipple C. Risks of Risk Decisions ［J］. *Science*, 1980, 208（4448）: 1114 – 1119.

［645］Syphard A. D., Radeloff V. C., Keeley J. E., et al. Human Influence on California Fire Regimes ［J］. *Ecological Applications*, 2007, 17（5）: 1388 – 1402.

［646］Tang M., Liao H. From Conventional Group Decision Making to Large-scale Group Decision Making: What are the Challenges and How to Meet Them in Big Data era? A State-of-the-art Survey ［J］. *Omega*, 2021, 100: 102141.

［647］Tao F., Cheng J., Qi Q., et al. Digital Twin-Driven Product Design, Manufacturing and Service With Big Data ［J］. *The International Journal of Advanced Manufacturing Technology*, 2018, 94: 3563 – 3576.

［648］Taylor – Gooby P., Zinn J. O. Current Directions in Risk Research: New Developments in Psychology and Sociology ［J］. *Risk Analysis*: *An International Journal*, 2006, 26（2）: 397 – 411.

［649］Zinn J. O., Taylor – Gooby P. Risk as an Interdisciplinary Research Area ［J］. *Risk in Social Science*, 2006, 1: 20 – 53.

［650］Taylor – Gooby P., Zinn J. O. The Current Significance of Risk ［J］. *Risk in Social Science*, 2006: 1 – 20.

［651］Teng J., Jakeman A. J., Vaze J., et al. Flood Inundation Modelling: A Review of Methods, Recent Advances and Uncertainty Analysis ［J］. *Environmental Modelling & Software*, 2017, 90: 201 – 216.

［652］Thai Pham B., Tien Bui D., Prakash I. Landslide Susceptibility Modelling Using Different Advanced Decision Trees Methods ［J］. *Civil Engineering and Environmental Systems*, 2018, 35（1 – 4）: 139 – 157.

［653］Thakuriah P., Tilahun N. Y., Zellner M. Big Data and Urban Informatics: Innovations and Challenges to Urban Planning and Knowledge Discovery ［J］. *Seeing Cities Through Big Data*: *Research*, *Methods and Applications in Urban Informatics*, 2017: 11 – 45.

［654］ The Centers for Disease Control and Prevention（CDC）. Advancing the Global Health Security Agenda：CDC Achievements & Impact—2017［R］. U. S. Department of Health and Human Services，2018.

［655］Thompson N. ，Ravindran R. ，Nicosia S. Government Data Does not Mean Data Governance：Lessons Learned From a Public Sector application Audit［J］. *Government Information Quarterly*，2015，32（3）：316 – 322.

［656］Tiozzo B. ，Mari S. ，Magaudda P. ，et al. Development and Evaluation of a Risk-communication Campaign on Salmonellosis［J］. *Food Control*，2011，22（1）：109 – 117.

［657］Tixier J. ，Dandrieux A. ，Dusserre G. ，et al. Environmental Vulnerability Assessment in the Vicinity of an Industrial Site in the Frame of ARAMIS European Project［J］. *Journal of Hazardous Materials*，2006，130（3）：251 – 264.

［658］Totschnig R. ，Fuchs S. Mountain Torrents：Quantifying Vulnerability and Assessing Uncertainties［J］. *Engineering Geology*，2013，155（2）：31 – 44.

［659］Trumbo C. W. ，McComas K. A. The Function of Credibility in Information Processing for Risk Perception［J］. *Risk Analysis：An International Journal*，2003，23（2）：343 – 353.

［660］Tuegel E. The Airframe Digital Twin：Some Challenges to Realization［C］//53rd AIAA/ASME/ASCE/AHS/ASC Structures，Structural Dynamics and Materials Conference 20th AIAA/ASME/AHS Adaptive Structures Conference 14th AIAA，2012：1812.

［661］Turner B. ，Kasperson R. E. ，Matson P. A. ，et al. A Framework for Vulnerability Analysis in Sustainability Science［J］. *Proceedings of the National Academy of Sciences*，2003，100（14）：8074 – 8079.

［662］Tversky A. ，Kahneman D. The Framing of Decisions and the Psychology of Choice［J］. *Science*，1981，211（4481）：453 – 458.

［663］Van Asselt M. B. A. ，Renn O. Risk Governance［J］. *Journal of Risk Research*，2011，14（4）：431 – 449.

［664］Van D. ，Clarke C. E. ，Maibach E. W. Highlighting Consensus Among Medical Scientists Increases Public Support for Vaccines：Evidence From a Randomized Experiment［J］. *BMC Public Health*，2015，15（1）：1 – 5.

［665］Van Duijne F. H. ，van Aken D. ，Schouten E. G. Considerations in Developing Complete and Quantified Methods for Risk Assessment［J］. *Safety Science*，2008，46（2）：245 – 254.

［666］ Van Heerden I. L. The Failure of the New Orleans Levee System Following Hurricane Katrina and the Pathway Forward ［J］. *Public Administration Review*, 2007, 67: 24 – 35.

［667］ Veil S. R., Buehner T., Palenchar M. J. A Work-in-process Literature Review: Incorporating Social Media in Risk and Crisis Communication ［J］. *Journal of Contingencies and Crisis Management*, 2011, 19 (2): 110 – 122.

［668］ Vetro A., Canova L., Torchiano M., et al. Open Data Quality Measurement Framework: Definition and Application to Open Government Data ［J］. *Government Information Quarterly*, 2016, 33 (2): 325 – 337.

［669］ Vicente R., Parodi S., Lagomarsino S., et al. Seismic Vulnerability and Risk Assessment: Case Study of the Historic City Centre of Coimbra, Portugal ［J］. *Bulletin of Earthquake Engineering*, 2011, 9 (4): 1067 – 1096.

［670］ Villanustre F., Chala A., Dev R., et al. Modeling and Tracking Covid – 19 Cases Using Big Data Analytics on HPCC System Platform ［J］. *Journal of Big Data*, 2021, 8 (1): 1 – 24.

［671］ Visschers V. H., Meertens R. M., Passchier W. W., et al. Probability Information in Risk Communication: A Review of the Research Literature ［J］. *Risk Analysis: An International Journal*, 2009, 29 (2): 267 – 287.

［672］ Visser F. Rapid Mapping of Urban Development From Historic Ordnance Survey Maps: An Application for Pluvial Flood Risk in Worcester ［J］. *Journal of Maps*, 2014, 10 (2): 276 – 288.

［673］ Vojtek M., Vojteková J. Flood Hazard and Flood Risk Assessment at the Local Spatial Scale: a Case Study ［J］. *Geomatics, Natural Hazards and Risk*, 2016, 7 (6): 1973 – 1992.

［674］ Wang F. Y. The Emergence of Intelligent Enterprises: From CPS to CPSS ［J］. *IEEE Intelligent Systems*, 2010, 25 (4): 85 – 88.

［675］ Wachinger G., Renn O., Begg C., et al. The Risk Perception Paradox—Implications for Governance and Communication of Natural Hazards ［J］. *Risk Analysis*, 2013, 33 (6): 1049 – 1065.

［676］ Walker V. R. Direct Inference, Probability, and a Conceptual Gulf in Risk Communication ［J］. *Risk Analysis*, 1995, 15 (5): 603 – 609.

［677］ Walker W. E., Harremoës P., Rotmans J., et al. Defining Uncertainty: A Conceptual Basis for Uncertainty Management in Model-based Decision Support ［J］. *Integrated Assessment*, 2003, 4 (1): 5 – 17.

［678］Wang B. , Wang Y. Big Data in Safety Management: An Overview ［J］. *Safety Science*, 2021, 143: 105414.

［679］Wang B. , Wu C. , Shi B. , et al. Evidence-Based Safety (EBS) Management: A New Approach to Teaching the Practice of Safety Management (SM) ［J］. *Journal of Safety Research*, 2017, 63: 21 – 28.

［680］Wang D. , Wang Y. Emergency Capacity of Small Towns to Endure Sudden Environmental Pollution Accidents: Construction and Application of an Evaluation model ［J］. *Sustainability*, 2021, 13 (10): 5511.

［681］Wang F. Understanding the Dynamic Mechanism of Interagency Government Data Sharing ［J］. *Government Information Quarterly*, 2018, 35 (4): 536 – 546.

［682］Wang H. , Xu Z. , Fujita H. , et al. Towards Felicitous Decision Making: An Overview on Challenges and Trends of Big Data ［J］. *Information Sciences*, 2016, 367: 747 – 765.

［683］Wang H. , Yang Z. , Saito Y. , Liu J. P. , Sun X. Interannual and Seasonal Variation of the Huanghe (Yellow River) Water Discharge Over the Past 50 Years: Connections to Impacts From ENSO Events and Dams ［J］. *Global & Planetary Change*, 2006, 50 (3 – 4): 212 – 225.

［684］Wang N. , Fu Y. , Zhang H. , et al. An Evaluation of Mathematical Models for the Outbreak of COVID – 19 ［J］. *Precision Clinical Medicine*, 2020, 3 (2): 85 – 93.

［685］Wang T. , Ke H. , Zheng X. , et al. Big Data Cleaning Based on Mobile Edge Computing in Industrial Sensor-cloud ［J］. *IEEE Transactions on Industrial Informatics*, 2019, 16 (2): 1321 – 1329.

［686］Wang X. , He Y. Learning From Uncertainty for Big Data: Future Analytical Challenges and Strategies ［J］. *IEEE Systems, Man, and Cybernetics Magazine*, 2016, 2 (2): 26 – 31.

［687］Wang X. , Sugumaran V. , Zhang H. , et al. A Capability Assessment Model for Emergency Management Organizations ［J］. *Information Systems Frontiers*, 2018, 20 (4): 653 – 667.

［688］Wang Y. , Fang Z. , Hong H. Comparison of Convolutional Neural Networks for Landslide Susceptibility Mapping in Yanshan County, China ［J］. *Science of The Total Environment*, 2019, 666: 975 – 993.

［689］Wang Y. , Fang Z. , Wang M. , et al. Comparative Study of Landslide Susceptibility Mapping With Different Recurrent Neural Networks ［J］. *Computers & Ge-*

osciences, 2020, 138: 104445.

［690］Wang Z., Xu J., He X., et al. Analysis of Spatiotemporal Influence Patterns of Toxic Gas Monitoring Concentrations in an Urban Drainage Network Based on IoT and GIS ［J］. *Pattern Recognition Letters*, 2020, 138: 237 – 246.

［691］Wang Z., Zhang J. Agent-based Evaluation of Humanitarian Relief Goods Supply Capability ［J］. *International Journal of Disaster Risk Reduction*, 2019, 36: 101105.

［692］Waters R. D., Burnett E., Lamm A., et al. Engaging Stakeholders Through Social Networking: How Nonprofit Organizations are Using Facebook ［J］. *Public Relations Review*, 2009, 35 (2): 102 – 106.

［693］Watts M. J., Bohle H. G. The Space of Vulnerability: The Causal Structure of Hunger and Famine ［J］. *Progress in Human Geography*, 1993, 17 (1): 43 – 67.

［694］Wirtz B. W., Piehler R., Daiser P. E – government Portal Characteristics and Individual Appeal: An Examination of E-government and Citizen Acceptance in the Context of Local Administration Portals ［J］. *Journal of Nonprofit & Public Sector Marketing*, 2015, 27 (1): 70 – 98.

［695］Wisner B. Risk and the Neoliberal State: Why Post – Mitch Lessons Didn't Reduce El Salvador's Earthquake Osses ［J］. *Disasters*, 2001, 25 (3): 251 – 268.

［696］Wood, L. J. *Crisis and Control: The Militarization of Protest Policing* ［M］. London: Pluto Press, 2014.

［697］Woo H., Cho Y., Shim E., et al. Public Trauma After the Sewol Ferry disaster: The Role of Social Media in Understanding the Public Mood ［J］. *International Journal of Environmental Research and Public Health*, 2015, 12 (9): 10974 – 10983.

［698］World Health Organization. Rapid Risk Assessment of Acute Public Health Events ［R］. Geneva, Switzerland: World Health Organization, 2012.

［699］Xu X., Yin X., Chen X. A Large-group Emergency Risk Decision Method Based on Data Mining of Public Attribute Preferences ［J］. *Knowledge – Based Systems*, 2019, 163: 495 – 509.

［700］Yavuz Kumlu K. B., Tüde. Determination of Earthquake-risky Areas in Yalova City Center (Marmara region, Turkey) using GIS – based Multicriteria Decision-making Techniques (Analytical Hierarchy Process and Technique for Order Preference by Similarity to Ideal Solution) ［J］. *Natural Hazards*, 2019, 96 (3): 999 –

1018.

［701］Ying Wang, Yichun Xu, Yuan Zhang, Ping Zhang. Hybrid Satellite – Aerial – Terrestrial Networks in Emergency Scenarios: A Survey ［J］. *China Communications*, 2017, 14 (07): 204 – 216.

［702］Yin J. , Ye M. , Yin Z. and Xu S. A Review of Advances in Urban Flood Risk Analysis Over China ［J］. *Stochastic Environmental Research and Risk Assessment*, 2015, 29 (3): 1063 – 1070.

［703］Yin J. , Yu D. , Yin Z. , et al. Evaluating the Impact and Risk of Pluvial Flash Flood on Intra-Urban Road Network: A Case Study in the City Center of Shanghai, China ［J］. *Journal of Hydrology*, 2016, 537: 138 – 145.

［704］Yin J. , Zheng X – m, Tsaur R – C. Occurrence Mechanism and Coping Paths of Accidents of Highly Aggregated Tourist Crowds Based on System Dynamics ［J］. *PloS one*, 2019 (9): e0222389.

［705］Ylijoki O. , Porras J. Conceptualizing Big Data: Analysis of Case Studies ［J］. *Intelligent Systems in Accounting*, *Finance and Management*, 2016, 23 (4): 295 – 310.

［706］Young S. , Oppenheimer D. M. Effect of Communication Strategy on Personal Risk Perception and Treatment Adherence Intentions ［J］. *Psychology Health & Medicine*, 2009, 14 (4): 430 – 442.

［707］Zaniboni F. , Tinti S. Numerical Simulations of the 1963 Vajont Landslide, Italy: Application of 1D Lagrangian Modelling ［J］. *Natural Hazards*, 2014, 70 (1): 567 – 592.

［708］Zeballos Rivas D. R. , Lopez Jaldin M. L. , Nina Canaviri B. , et al. Social Media Exposure, Risk Perception, Preventive Behaviors and Attitudes During the COVID – 19 Epidemic in La Paz, Bolivia: A Cross Sectional Study ［J］. *PloS one*, 2021, 16 (1): e0245859.

［709］Zeng J. , Chan C. , Fu K. How Social Media Construct "truth" Around Crisis Events: Weibo's Rumor Management Strategies After the 2015 Tianjin Blasts ［J］. *Policy & Internet*, 2017, 9 (3): 297 – 320.

［710］Zhang S. H. , Pan R. , Zong Y. W. *Big Data Technology and Application Series* ［M］. Shanghai: Shanghai Scientific & Technical Publishers, 2016: 1 – 224 (in Chinese).

［711］Zhang S. , Zhang L. , Li X. , Guo Q. Physical Vulnerability Models for Assessing Building Damage by Debris Flows ［J］. *Engineering Geology*, 2018, 247:

145 – 158.

［712］Zhang X. , Li H. Urban Resilience and Urban Sustainability：What we Know and What do not Know？［J］. *Cities*，2018，72：141 – 148.

［713］Zhang X. , Zhang J. Complex Big Data Analysis Based on Multi-granularity Generalized Functions ［J］. *International Journal of Online Engineering*，2018，14 （4）：43 – 57.

［714］Zhenkai L. , Yimin D. , Jinping L. Analysis Model of Terrorist Attacks Based on Big Data ［A］. 2020 Chinese Control And Decision Conference （CCDC）［C］. IEEE，2020：3622 – 3628.

［715］Zhou Q. L. J. The Risk Management Using Limit Theory of Statistics on Extremes on the Big Data Era ［J］. *Journal of Computational and Theoretical Nanoscience*，2015，12 （12）：6237 – 6243.

［716］Zhou Q. , Mikkelsen P. S. , Halsnæs K. , et al. Framework for Economic Pluvial Flood Risk Assessment Considering Climate Change Effects and Adaptation Benefits ［J］. *Journal of Hydrology*，2012，414：539 – 549.

教育部哲学社会科学研究重大课题攻関项目
成果出版列表

序号	书　名	首席专家
1	《马克思主义基础理论若干重大问题研究》	陈先达
2	《马克思主义理论学科体系建构与建设研究》	张雷声
3	《马克思主义整体性研究》	逄锦聚
4	《改革开放以来马克思主义在中国的发展》	顾钰民
5	《新时期　新探索　新征程 ——当代资本主义国家共产党的理论与实践研究》	聂运麟
6	《坚持马克思主义在意识形态领域指导地位研究》	陈先达
7	《当代资本主义新变化的批判性解读》	唐正东
8	《当代中国人精神生活研究》	童世骏
9	《弘扬与培育民族精神研究》	杨叔子
10	《当代科学哲学的发展趋势》	郭贵春
11	《服务型政府建设规律研究》	朱光磊
12	《地方政府改革与深化行政管理体制改革研究》	沈荣华
13	《面向知识表示与推理的自然语言逻辑》	鞠实儿
14	《当代宗教冲突与对话研究》	张志刚
15	《马克思主义文艺理论中国化研究》	朱立元
16	《历史题材文学创作重大问题研究》	童庆炳
17	《现代中西高校公共艺术教育比较研究》	曾繁仁
18	《西方文论中国化与中国文论建设》	王一川
19	《中华民族音乐文化的国际传播与推广》	王耀华
20	《楚地出土战国简册［十四种］》	陈　伟
21	《近代中国的知识与制度转型》	桑　兵
22	《中国抗战在世界反法西斯战争中的历史地位》	胡德坤
23	《近代以来日本对华认识及其行动选择研究》	杨栋梁
24	《京津冀都市圈的崛起与中国经济发展》	周立群
25	《金融市场全球化下的中国监管体系研究》	曹凤岐
26	《中国市场经济发展研究》	刘　伟
27	《全球经济调整中的中国经济增长与宏观调控体系研究》	黄　达
28	《中国特大都市圈与世界制造业中心研究》	李廉水

序号	书　名	首席专家
29	《中国产业竞争力研究》	赵彦云
30	《东北老工业基地资源型城市发展可持续产业问题研究》	宋冬林
31	《转型时期消费需求升级与产业发展研究》	臧旭恒
32	《中国金融国际化中的风险防范与金融安全研究》	刘锡良
33	《全球新型金融危机与中国的外汇储备战略》	陈雨露
34	《全球金融危机与新常态下的中国产业发展》	段文斌
35	《中国民营经济制度创新与发展》	李维安
36	《中国现代服务经济理论与发展战略研究》	陈　宪
37	《中国转型期的社会风险及公共危机管理研究》	丁烈云
38	《人文社会科学研究成果评价体系研究》	刘大椿
39	《中国工业化、城镇化进程中的农村土地问题研究》	曲福田
40	《中国农村社区建设研究》	项继权
41	《东北老工业基地改造与振兴研究》	程　伟
42	《全面建设小康社会进程中的我国就业发展战略研究》	曾湘泉
43	《自主创新战略与国际竞争力研究》	吴贵生
44	《转轨经济中的反行政性垄断与促进竞争政策研究》	于良春
45	《面向公共服务的电子政务管理体系研究》	孙宝文
46	《产权理论比较与中国产权制度变革》	黄少安
47	《中国企业集团成长与重组研究》	蓝海林
48	《我国资源、环境、人口与经济承载能力研究》	邱　东
49	《"病有所医"——目标、路径与战略选择》	高建民
50	《税收对国民收入分配调控作用研究》	郭庆旺
51	《多党合作与中国共产党执政能力建设研究》	周淑真
52	《规范收入分配秩序研究》	杨灿明
53	《中国社会转型中的政府治理模式研究》	娄成武
54	《中国加入区域经济一体化研究》	黄卫平
55	《金融体制改革和货币问题研究》	王广谦
56	《人民币均衡汇率问题研究》	姜波克
57	《我国土地制度与社会经济协调发展研究》	黄祖辉
58	《南水北调工程与中部地区经济社会可持续发展研究》	杨云彦
59	《产业集聚与区域经济协调发展研究》	王　珺

序号	书　名	首席专家
60	《我国货币政策体系与传导机制研究》	刘　伟
61	《我国民法典体系问题研究》	王利明
62	《中国司法制度的基础理论问题研究》	陈光中
63	《多元化纠纷解决机制与和谐社会的构建》	范　愉
64	《中国和平发展的重大前沿国际法律问题研究》	曾令良
65	《中国法制现代化的理论与实践》	徐显明
66	《农村土地问题立法研究》	陈小君
67	《知识产权制度变革与发展研究》	吴汉东
68	《中国能源安全若干法律与政策问题研究》	黄　进
69	《城乡统筹视角下我国城乡双向商贸流通体系研究》	任保平
70	《产权强度、土地流转与农民权益保护》	罗必良
71	《我国建设用地总量控制与差别化管理政策研究》	欧名豪
72	《矿产资源有偿使用制度与生态补偿机制》	李国平
73	《巨灾风险管理制度创新研究》	卓　志
74	《国有资产法律保护机制研究》	李曙光
75	《中国与全球油气资源重点区域合作研究》	王　震
76	《可持续发展的中国新型农村社会养老保险制度研究》	邓大松
77	《农民工权益保护理论与实践研究》	刘林平
78	《大学生就业创业教育研究》	杨晓慧
79	《新能源与可再生能源法律与政策研究》	李艳芳
80	《中国海外投资的风险防范与管控体系研究》	陈菲琼
81	《生活质量的指标构建与现状评价》	周长城
82	《中国公民人文素质研究》	石亚军
83	《城市化进程中的重大社会问题及其对策研究》	李　强
84	《中国农村与农民问题前沿研究》	徐　勇
85	《西部开发中的人口流动与族际交往研究》	马　戎
86	《现代农业发展战略研究》	周应恒
87	《综合交通运输体系研究——认知与建构》	荣朝和
88	《中国独生子女问题研究》	风笑天
89	《我国粮食安全保障体系研究》	胡小平
90	《我国食品安全风险防控研究》	王　硕

序号	书　名	首席专家
91	《城市新移民问题及其对策研究》	周大鸣
92	《新农村建设与城镇化推进中农村教育布局调整研究》	史宁中
93	《农村公共产品供给与农村和谐社会建设》	王国华
94	《中国大城市户籍制度改革研究》	彭希哲
95	《国家惠农政策的成效评价与完善研究》	邓大才
96	《以民主促进和谐——和谐社会构建中的基层民主政治建设研究》	徐　勇
97	《城市文化与国家治理——当代中国城市建设理论内涵与发展模式建构》	皇甫晓涛
98	《中国边疆治理研究》	周　平
99	《边疆多民族地区构建社会主义和谐社会研究》	张先亮
100	《新疆民族文化、民族心理与社会长治久安》	高静文
101	《中国大众媒介的传播效果与公信力研究》	喻国明
102	《媒介素养：理念、认知、参与》	陆　晔
103	《创新型国家的知识信息服务体系研究》	胡昌平
104	《数字信息资源规划、管理与利用研究》	马费成
105	《新闻传媒发展与建构和谐社会关系研究》	罗以澄
106	《数字传播技术与媒体产业发展研究》	黄升民
107	《互联网等新媒体对社会舆论影响与利用研究》	谢新洲
108	《网络舆论监测与安全研究》	黄永林
109	《中国文化产业发展战略论》	胡惠林
110	《20 世纪中国古代文化经典在域外的传播与影响研究》	张西平
111	《国际传播的理论、现状和发展趋势研究》	吴　飞
112	《教育投入、资源配置与人力资本收益》	闵维方
113	《创新人才与教育创新研究》	林崇德
114	《中国农村教育发展指标体系研究》	袁桂林
115	《高校思想政治理论课程建设研究》	顾海良
116	《网络思想政治教育研究》	张再兴
117	《高校招生考试制度改革研究》	刘海峰
118	《基础教育改革与中国教育学理论重建研究》	叶　澜
119	《我国研究生教育结构调整问题研究》	袁本涛 王传毅
120	《公共财政框架下公共教育财政制度研究》	王善迈

序号	书 名	首席专家
121	《农民工子女问题研究》	袁振国
122	《当代大学生诚信制度建设及加强大学生思想政治工作研究》	黄蓉生
123	《从失衡走向平衡：素质教育课程评价体系研究》	钟启泉 崔允漷
124	《构建城乡一体化的教育体制机制研究》	李 玲
125	《高校思想政治理论课教育教学质量监测体系研究》	张耀灿
126	《处境不利儿童的心理发展现状与教育对策研究》	申继亮
127	《学习过程与机制研究》	莫 雷
128	《青少年心理健康素质调查研究》	沈德立
129	《灾后中小学生心理疏导研究》	林崇德
130	《民族地区教育优先发展研究》	张诗亚
131	《WTO 主要成员贸易政策体系与对策研究》	张汉林
132	《中国和平发展的国际环境分析》	叶自成
133	《冷战时期美国重大外交政策案例研究》	沈志华
134	《新时期中非合作关系研究》	刘鸿武
135	《我国的地缘政治及其战略研究》	倪世雄
136	《中国海洋发展战略研究》	徐祥民
137	《深化医药卫生体制改革研究》	孟庆跃
138	《华侨华人在中国软实力建设中的作用研究》	黄 平
139	《我国地方法制建设理论与实践研究》	葛洪义
140	《城市化理论重构与城市化战略研究》	张鸿雁
141	《境外宗教渗透论》	段德智
142	《中部崛起过程中的新型工业化研究》	陈晓红
143	《农村社会保障制度研究》	赵 曼
144	《中国艺术学学科体系建设研究》	黄会林
145	《人工耳蜗术后儿童康复教育的原理与方法》	黄昭鸣
146	《我国少数民族音乐资源的保护与开发研究》	樊祖荫
147	《中国道德文化的传统理念与现代践行研究》	李建华
148	《低碳经济转型下的中国排放权交易体系》	齐绍洲
149	《中国东北亚战略与政策研究》	刘清才
150	《促进经济发展方式转变的地方财税体制改革研究》	钟晓敏
151	《中国—东盟区域经济一体化》	范祚军

序号	书 名	首席专家
184	《区域经济一体化中府际合作的法律问题研究》	石佑启
185	《城乡劳动力平等就业研究》	姚先国
186	《20世纪朱子学研究精华集成——从学术思想史的视角》	乐爱国
187	《拔尖创新人才成长规律与培养模式研究》	林崇德
188	《生态文明制度建设研究》	陈晓红
189	《我国城镇住房保障体系及运行机制研究》	虞晓芬
190	《中国战略性新兴产业国际化战略研究》	汪 涛
191	《证据科学论纲》	张保生
192	《要素成本上升背景下我国外贸中长期发展趋势研究》	黄建忠
193	《中国历代长城研究》	段清波
194	《当代技术哲学的发展趋势研究》	吴国林
195	《20世纪中国社会思潮研究》	高瑞泉
196	《中国社会保障制度整合与体系完善重大问题研究》	丁建定
197	《民族地区特殊类型贫困与反贫困研究》	李俊杰
198	《扩大消费需求的长效机制研究》	臧旭恒
199	《我国土地出让制度改革及收益共享机制研究》	石晓平
200	《高等学校分类体系及其设置标准研究》	史秋衡
201	《全面加强学校德育体系建设研究》	杜时忠
202	《生态环境公益诉讼机制研究》	颜运秋
203	《科学研究与高等教育深度融合的知识创新体系建设研究》	杜德斌
204	《女性高层次人才成长规律与发展对策研究》	罗瑾琏
205	《岳麓秦简与秦代法律制度研究》	陈松长
206	《民办教育分类管理政策实施跟踪与评估研究》	周海涛
207	《建立城乡统一的建设用地市场研究》	张安录
208	《迈向高质量发展的经济结构转变研究》	郭熙保
209	《中国社会福利理论与制度构建——以适度普惠社会福利制度为例》	彭华民
210	《提高教育系统廉政文化建设实效性和针对性研究》	罗国振
211	《毒品成瘾及其复吸行为——心理学的研究视角》	沈模卫
212	《英语世界的中国文学译介与研究》	曹顺庆
213	《建立公开规范的住房公积金制度研究》	王先柱

序号	书 名	首席专家
214	《现代归纳逻辑理论及其应用研究》	何向东
215	《时代变迁、技术扩散与教育变革：信息化教育的理论与实践探索》	杨 浩
216	《城镇化进程中新生代农民工职业教育与社会融合问题研究》	褚宏启 薛二勇
217	《我国先进制造业发展战略研究》	唐晓华
218	《融合与修正：跨文化交流的逻辑与认知研究》	鞠实儿
219	《中国新生代农民工收入状况与消费行为研究》	金晓彤
220	《高校少数民族应用型人才培养模式综合改革研究》	张学敏
221	《中国的立法体制研究》	陈 俊
222	《教师社会经济地位问题：现实与选择》	劳凯声
223	《中国现代职业教育质量保障体系研究》	赵志群
224	《欧洲农村城镇化进程及其借鉴意义》	刘景华
225	《国际金融危机后全球需求结构变化及其对中国的影响》	陈万灵
226	《创新法治人才培养机制》	杜承铭
227	《法治中国建设背景下警察权研究》	余凌云
228	《高校财务管理创新与财务风险防范机制研究》	徐明稚
229	《义务教育学校布局问题研究》	雷万鹏
230	《高校党员领导干部清正、党政领导班子清廉的长效机制研究》	汪 曥
231	《二十国集团与全球经济治理研究》	黄茂兴
232	《高校内部权力运行制约与监督体系研究》	张德祥
233	《职业教育办学模式改革研究》	石伟平
234	《职业教育现代学徒制理论研究与实践探索》	徐国庆
235	《全球化背景下国际秩序重构与中国国家安全战略研究》	张汉林
236	《进一步扩大服务业开放的模式和路径研究》	申明浩
237	《自然资源管理体制研究》	宋马林
238	《高考改革试点方案跟踪与评估研究》	钟秉林
239	《全面提高党的建设科学化水平》	齐卫平
240	《"绿色化"的重大意义及实现途径研究》	张俊飚
241	《利率市场化背景下的金融风险研究》	田利辉
242	《经济全球化背景下中国反垄断战略研究》	王先林

序号	书 名	首席专家
243	《中华文化的跨文化阐释与对外传播研究》	李庆本
244	《世界一流大学和一流学科评价体系与推进战略》	王战军
245	《新常态下中国经济运行机制的变革与中国宏观调控模式重构研究》	袁晓玲
246	《推进21世纪海上丝绸之路建设研究》	梁 颖
247	《现代大学治理结构中的纪律建设、德治礼序和权力配置协调机制研究》	周作宇
248	《渐进式延迟退休政策的社会经济效应研究》	席 恒
249	《经济发展新常态下我国货币政策体系建设研究》	潘 敏
250	《推动智库建设健康发展研究》	李 刚
251	《农业转移人口市民化转型：理论与中国经验》	潘泽泉
252	《电子商务发展趋势及对国内外贸易发展的影响机制研究》	孙宝文
253	《创新专业学位研究生培养模式研究》	贺克斌
254	《医患信任关系建设的社会心理机制研究》	汪新建
255	《司法管理体制改革基础理论研究》	徐汉明
256	《建构立体形式反腐败体系研究》	徐玉生
257	《重大突发事件社会舆情演化规律及应对策略研究》	傅昌波
258	《中国社会需求变化与学位授予体系发展前瞻研究》	姚 云
259	《非营利性民办学校办学模式创新研究》	周海涛
260	《基于"零废弃"的城市生活垃圾管理政策研究》	褚祝杰
261	《城镇化背景下我国义务教育改革和发展机制研究》	邬志辉
262	《中国满族语言文字保护抢救口述史》	刘厚生
263	《构建公平合理的国际气候治理体系研究》	薄 燕
264	《新时代治国理政方略研究》	刘焕明
265	《新时代高校党的领导体制机制研究》	黄建军
266	《东亚国家语言中汉字词汇使用现状研究》	施建军
267	《中国传统道德文化的现代阐释和实践路径研究》	吴根友
268	《创新社会治理体制与社会和谐稳定长效机制研究》	金太军
269	《文艺评论价值体系的理论建设与实践研究》	刘俐俐
270	《新形势下弘扬爱国主义重大理论和现实问题研究》	王泽应